淮北年鉴

2017

淮北市人民政府主办

淮北市地方志编纂委员会 编

方志出版社
Publishing House of Local Records

图书在版编目(CIP)数据

淮北年鉴.2017/淮北市地方志编纂委员会编.--
北京:方志出版社,2017.10
ISBN 978-7-5144-2587-1

Ⅰ.①淮… Ⅱ.①淮… Ⅲ.①淮北—2017—年鉴
Ⅳ.①Z525.43

中国版本图书馆CIP数据核字(2017)第252588号

淮北年鉴(2017)

编　　者:淮北市地方志编纂委员会
责任编辑:朱　姝

出 版 人:冀祥德
出 版 者:方志出版社
地址　北京市朝阳区潘家园东里9号(国家方志馆4层)
邮编　100021
网址　http://www.fzph.org
发　　行:方志出版社图书经销中心
电话(010)67110500
经　　销:各地新华书店
印　　刷:山东新华印务有限责任公司(82079209)

开　　本:889mm×1194mm　1/16
印　　张:27.875
字　　数:970千字
版　　次:2017年10月第1版
印　　次:2017年10月第1次印刷
印　　数:0001～1000册

ISBN 978-7-5144-2587-1　定　价:220.00元

城市新貌
Chengshi Xinmao

柳孜文化园

城市夜景

桓谭荷韵

南山风光

乡村旅游

淮北市创新推动智慧城市建设，大力实施智慧政务、智慧教育、智慧医疗、智慧交通、智慧环保等24项智慧工程，助力淮北转型崛起。

市委书记、市人大常委会主任黄晓武（左五）率团参加2017贵阳数博会，并应邀作题为《用好政务数据，打开智慧之门》的主旨发言

淮北市推进智慧城市社会管理平台建设，让市民享受“互联网+政务”的便利

2016年7月，淮北市被全国双拥工作领导小组、民政部、中央军委政治部授予“全国双拥模范城”称号

烈山区为现役军人家庭发放“光荣军属”牌

淮北市税务人员在“复员退伍转业军人办税绿色通道”窗口向即将退伍的老兵介绍退伍军人创业有关税收优惠政策

2016年3月，淮北市被全国绿化委员会授予“全国绿化模范城市”称号

淮北市大力开展石质山造林、相山绿化、东部山场绿化等石山造林绿化工程，全市石质山已全部披上绿装

2016年2月，淮北市四季榴园景区被评为国家AAAA级旅游景区

2016年，淮北市荣获“安徽省卫生城市创建工作先进城市”称号

病媒生物防制人员
在市区投放灭鼠毒饵盒

推进农贸市场改造，规范市场管理

淮北市大力开展城乡环境综合治理，改善人居环境

2016年，淮北市获“全省综治工作（平安建设）先进市”称号。

摩托特警街头巡逻

淮北市实施积极就业政策，组织“暖风行动”等专场招聘会，有效化解过剩产能分流职工安置问题

8月5日，全省棚户区改造货币化安置暨房产超市平台服务现场会在淮北市召开

淮北市出台鼓励农民进城购房落户优惠政策，加快推进棚户区改造货币化安置工作；在国内首创“房产超市”，市民“一站式”办理房产相关业务

3月31日，全市城市规划建设管理暨文明创建工作大会召开

4月19日，全市“两学一做”学习教育工作会议召开

4月22日，省股权托管交易中心皖北融资中心揭牌仪式举行

9月11日，中国碳谷·绿金淮北国家创新驱动试验区相关项目签约仪式举行

9月21日，中国共产党淮北市第八次代表大会召开

9月28日，“中国创翼”青年创业创新大赛颁奖典礼举行

10月18日，2016中国国际徽商大会淮北市经济交流恳谈会暨项目签约仪式在合肥市举行

12月28日，淮北陶铝新材料产业发展座谈会举行

淮北军分区

3 月 18 日，淮北市民兵武器装备仓库看管人员进行防爆恐袭击演练

1 月 31 日，军分区司令员曾明到扶贫户家中走访慰问

2 月 19 日，军分区组织条令整训活动队列会操

1 月 22 日，军分区组织三区一县 4 个民兵应急排战备拉动演练

6月6日，军分区政委郭念华到扶贫点刘楼村捐赠农机设备

4月12日，征兵工作人员到淮北市七中开展征兵宣传活动

8月1日，组织军嫂到葡萄园开展采摘活动

9月9日，军分区开展捐资助学活动

淮北市中级人民法院

市委书记、市人大常委会主任黄晓武（右一）到市中级人民法院调研指导工作

2016年，全市法院牢牢把握司法为民、公正司法工作主线，以服务大局为中心，以执法办案为重点，以改革创新为动力，以队伍建设为保障，忠实履行宪法和法律赋予的职责，各项工作取得新进展。全市法院共受理案件37459件，审执结34967件，结案标的额73.9亿元，同比分别上升51.8%、71.1%、44.3%；其中，市中院受理案件2987件，审执结2664件，同比分别上升16.6%、39%。审判质效持续向好，法定审限内结案率100%，生效裁判服判息诉率99.9%，办案质效连续三年位居全省前列。

市中级人民法院组织到金寨开展法官宣誓活动

市中级人民法院集中发放执行款

省高院党组书记、院长张坚（左二）在市委副书记、市长戴启远（左三）的陪同下到市中级人民法院调研指导工作

市中级人民法院党组书记、院长余跃武参观淮北军分区军史馆

市中级人民法院诉讼服务中心

市中级人民法院召开房地产和解案债权人会议

淮北市公安局

交通安全宣传进校园

2016年，全市公安机关围绕争创“全国社会治安综合治理优秀城市”的目标，以打造“五个公安”为抓手，以“四项建设”为重点，以“守护平安”系列行动为载体，以“4+1”岗位争先活动为保障，确保全市社会大局稳定、治安局势稳定、公共安全管理形势稳定、公安队伍稳定及执法安全，全市公安工作呈现出“五降五升”的良好态势。刑事案件发案数下降7.2%、八类案件发案数下降10.5%、交通事故起数下降8%、火灾起数下降18%、信访总量下降4.9%；破案总数上升37.9%、破现案数上升24.5%、刑事拘留数上升3.1%、提请逮捕数上升13.1%、移送起诉数上升16.9%。省统计局调查显示，2016年淮北市群众安全感为95.35%，同比上升0.82个百分点；群众对公安工作满意度为94.9%，同比上升3.11个百分点。安全感和满意度双提升，均高于全省平均水平，其中群众对公安工作满意度位居全省第一。

烈日下执勤

庆“三八”过“廉节”

社区民警深入社区走访宣传

屯警街头

指挥交通

特警在火车站
开展巡逻活动

淮北市城乡建设委员会

淮北市开展老干部“看淮北”活动，市委书记、市人大常委会主任黄晓武（左三）等陪同观摩重点项目建设情况

东湖暮色

淮北市建筑工程施工现场专业人员培训班

淮北华润燃气公司开展“五四”团员青年爱国主义教育活动

城市亮化

通畅的城市道路

淮北市财政局（国有资产管理局）

市委书记、市人大常委会主任黄晓武（中）调研民营企业

省财政厅党组书记、厅长罗建国调研濉溪县南关棚户区改造项目

农村饮水安全工程入户通水

2016 年，全市财政总收入完成 93.3 亿元，完成调整预算的 100%，与 2015 年持平，其中地方一般公共预算收入完成 59.18 亿元，同比下降 1.75%。一般公共预算支出完成 142.5 亿元，同比增长 8.4%。

市财政有力支持“九个一工程”建设，图为南湖湿地公园

淮北市林业局

市委书记、市人大常委会主任黄晓武（中）参加义务植树活动

市委副书记、市长戴启远（中）参加义务植树活动

护林员巡山

2016 年，淮北市林业局围绕创建国家森林城市的总体目标，以大地增绿、林业增效、农民增收为重点，以建设绿金淮北为抓手，认真贯彻党和国家大力发展林业的法律法规、方针政策，积极进取，扎实工作，全市林业工作取得显著成效。3 月，淮北市荣获“全国绿化模范城市”称号；10 月，淮北市林业局荣获“全国绿化先进集体”称号。

城区东部山场绿化效果显著

淮北市工商行政管理局

10 月 14 日，省工商局党组成员、副局长吴良斯在市工商局党组书记、局长赵健等陪同下调研商事制度改革推进情况

4 月 21 日，省工商局与淮北市签订《推进商标品牌战略合作备忘录》

消费维权信息化建设

8 月 26 日，在市政务服务中心工商窗口，副市长王莉莉（右）发放首张“五证合一”营业执照

高考前夕，市工商部门执法人员在考场周边的文具店进行检查

淮北市粮食局

市委常委、副市长孙劲飚（右二）调研夏粮收购工作

市粮食局党委书记、局长王俊敏深入帮扶村慰问困难群众

市粮食局开展志愿服务活动

淮北市粮食局是市政府主管全市粮食流通工作和各级储备粮管理的直属部门，主要负责粮食收购、储备、加工、军粮供应、粮食产业化、粮食监督检查及市区国有粮食购销企业的管理等工作。市局下辖濉溪县粮食局和市区 9 家国有粮食收储企业，有职工 526 人，其中市区 265 人。2016 年，淮北市粮食局荣获全省“粮食系统先进集体”称号。

淮北市第四届粮食行业职业技能大赛举办

淮北市政务服务中心

11 月 4 日，联合国人居署专家组到市政务服务中心调研

1 月 20 日，副省长花建慧（中）到市政务服务中心调研商事制度改革

市政务服务中心开展“两学一做”学习教育基层讲党课活动

2016 年，市政务服务中心获中华全国总工会“工人先锋号”称号

10 月 26 日，市政务服务中心举办文明礼仪大赛

淮北市邮政管理局

市人大常委会副主任余敏辉（左二）到淮北市凤凰山电商快递物流园实地视察

市邮政管理局组织召开全市邮政行业“十三五”规划征求意见座谈会

市邮政管理局开展寄递安全宣传

市邮政管理局举办消防演练活动

淮北市房地产管理局

11 月 19 日，市委书记、市人大常委会主任黄晓武（右一）调研棚户区改造工作

6 月 29 日，市棚改工作领导小组实地调研棚改工作

2016 年，淮北市棚户区改造开工 48501 套，完成省下达任务 13142 套的 369.1%；棚户区改造和保障房基本建成 27566 套，完成省下达任务 8500 套的 324.3%，开工建设率、基本建成率均位列全省第一。

2016 年，淮北市房地产库存面积 190.8 万平方米，较年初下降 57.09 万平方米，同比下降 20.7%，商品房去化周期 16 个月，其中住宅 8 个月，库存压力较小，市场发展较好。完成房屋征收 533.53 万平方米，搬迁居民 25727 户，完成全年任务的 395%。

房产超市服务便捷、运行顺畅、办事高效、群众满意。房产超市窗口被先后授予“工人先锋号”“青年文明号”“巾帼文明岗”“学雷锋活动示范点”“淮北市十佳文明窗口”等多项省、市级荣誉。

4 月，第十届房地产展示交易会举行

市房管局局长李建华调研众安房地产开发有限公司

丁楼棚户区居民领取购房券

棚改居民踊跃签约

居民小区

安徽（淮北）新型煤化工合成材料基地

10月27日，2016中国·淮北煤基新材料及化学品发展论坛在口子国际大酒店举行

安徽（淮北）新型煤化工合成材料基地（原安徽淮北临涣工业园）坐落在濉溪县境内，距淮北市区50公里。东临合徐高速，北靠泗许高速；青芦煤矿铁路专用线从园区穿过，符夹线、青阜线在园区交汇，与京沪线、陇海线相连。周边有浍河、涡河，建设中的临涣、南坪码头，可通过淮河、洪泽湖直达上海出海口，交通十分便捷。它是振兴皖北的“一号工程”，是全省重点建设的煤化工产业基地之一。

基地于2005年启动建设，2010年，经安徽省政府批准设立为省级工业园；2011年9月，被安徽省发改委正式确定为省级循环经济示范园区；2012年3月，被工信部批准为“安徽淮北临涣工业园煤—焦—化—电—建循环经济示范园区”，成为第一批国家级循环经济示范园区；2012年7月，被安徽省经济和信息化委员会确定为省级新型工业化产业示范基地。2015年4月，更名为“安徽（淮北）新型煤化工合成材料基地”。2015年5月，被中国石油和化工联合会授予“全国十大最具发展潜力园区”称号。截至2016年，基地建成区面积4.9平方公里，其中工业建成区面积3.45平方公里，入驻规模以上企业8家，总投资突破181亿元，形成煤、焦、化、电、建循环生产，下游精细化工同步发展的格局。

安徽（淮北）新型煤化工合成材料基地实景图

安徽（淮北）新型煤化工合成材料基地全景

安徽卓泰化工科技有限公司

临涣焦化股份有限公司

淮北市国家税务局

市委书记、市人大常委会主任黄晓武（右二）在办税服务厅实地调研营改增推行情况

市国税局党组书记、局长何章礼到南坪耿庙村了解驻村国税干部扶贫工作情况

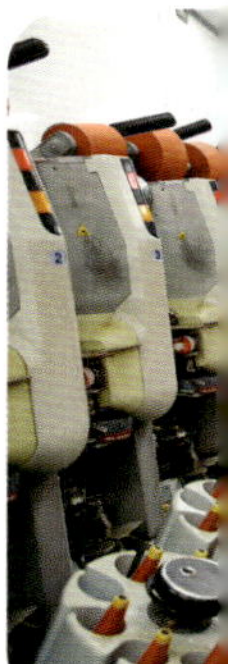

国税人员深入企业开展税收政策辅导

省国税局党组成员、总会计师张宝江现场查看淮北市营改增纳税人开票流程

积极探索“互联网 +”服务新模式，设立自助办税服务区，快速申报

市国税系统党组书记抓基层党建工作述职评议考核会召开

淮北市第一张房地产业增值税发票顺利开出

市国税系统金税三期成功上线运行

淮北市地方税务局

市委书记、市人大常委会主任黄晓武（左二）检查指导地税工作

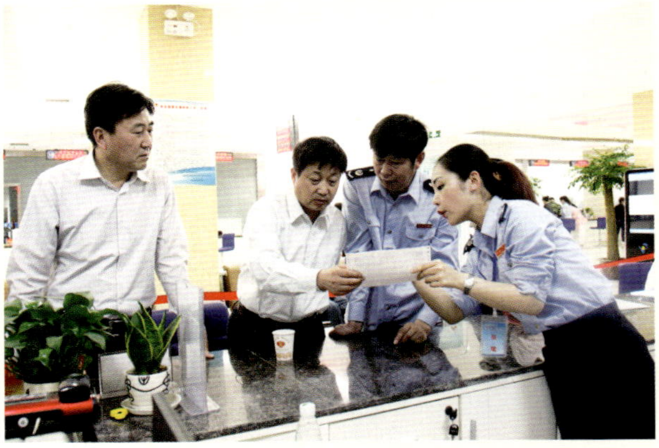

市地税局党委书记、局长戴国琨督察指导营改增工作

淮北市地税局纳税人学堂举办

市国税局、地税局合作研究增值税发票系统

市地税局召开"讲看齐、见行动"学习讨论动员会

市国税局、地税局联合开展第25个"税收宣传月"活动

市地税局组织参加淮北市"滨湖新城"杯窗口行业服务礼仪大赛，获得小组第一名

市地税局参加淮北市"爱党·爱国·爱淮北"庆祝中国共产党成立95周年歌咏比赛

淮北市烟草专卖局（公司）

4月12日，省局局长、总经理问武到淮北市调研

淮北市烟草专卖局（公司）成立于1981年，隶属于安徽省烟草专卖局（公司），属政企合一的国有独资单位，接受安徽省烟草专卖局（公司）和淮北市委、市政府双重领导，以安徽省烟草专卖局（公司）领导为主，实行企业化运作，承担着淮北市三区一县的烟草专卖行政管理和卷烟营销职能。下辖濉溪县烟草专卖局（营销部）、直属分局（营销部），设办公室（行政管理中心）、专卖监督管理科（内部专卖管理监督科）、营销中心、物流中心等13个部门。

3月16日，淮北市局（公司）机关党委组织开展党员植树活动

6月15日，省局副巡视员、副总经理卓俭华在淮北市调研

3月31日，淮北市局（公司）召开专题学习暨工作部署会议

12月12日，市烟草专卖局（公司）局长、总经理蒋跃进到省局作经验介绍

6月1日，市烟草专卖局（公司）组织爱心助学活动

7月22日，淮北市感知徽映直营店揭牌

国网淮北供电公司

公司开展员工职业技能竞赛

淮北供电公司营业厅工作人员走进社区，零距离服务客户

公司开展营业厅员工礼仪培训

公司党员服务队关爱留守儿童

淮北电力史迹馆

公司员工在廉洁从业承诺墙上签名

实施电网升级工程，建设 110 千伏口子变电站

公司员工在风雪天中进行线路特巡，保障电网安全可靠供电

迎峰度夏期间，公司共产党员服务队进行电力线路改造

中国电信淮北分公司

云上淮北发布会在口子国际大酒店举办

中国电信淮北分公司是国有大型通信骨干企业。固定资产规模超过11亿元。拥有旗舰店、专营店等各类服务网点近900家，遍布城区、乡镇和自然村，为政府企事业单位及市民提供优质便利的服务。

公司积极落实“宽带中国”国家战略和“互联网+”行动计划，大力推进全光网络和智慧城市建设。率先在农村自然村实现光网100%全覆盖，消除城乡之间“数字鸿沟”，淮北市顺利迈入“全光网城市”的行列。

公司举行迎新春职工拔河比赛

公司开展雷锋日志愿者活动

公司开展服务礼仪培训

中国农业银行股份有限公司淮北分行

12 月 31 日，淮北分行召开 2017 年“春天行动”综合营销动员大会

截至 2016 年 12 月底，全行人民币各项存款（不含同业）余额 144.48 亿元，较年初增加 20.29 亿元，较上年同期多增 18.63 亿元，市场份额同比上升 2 个位次，其中对公存款增长 14.57 亿元，居四大行第一。信贷投放稳中有进，不良贷款实现双降。各项贷款余额 76.9 亿元，较年初净上升 4.5 亿元，居四大行第一（不含票据）；其中，个人贷款（不含三农）余额 12.38 亿元，较年初增长 2.34 亿元，增量四大行第一；个人住房贷款余额 10.63 亿元，较年初增加 2.64 亿元，增量四大行第一。不良贷款余额 1.9 亿元，比年初减少 1724 万元，不良率 2.47%，较年初下降 0.39 个百分点，不良贷款余额与占比实现“双降”。

分行推出“农民安家贷”业务，支持农民进城购房，为政府房地产“去库存”做出积极贡献

7 月 1 日，淮北分行分批组织党员干部赴淮海战役双堆集烈士陵园，重温入党誓词，接受红色革命传统教育洗礼

徽商银行淮北分行

淮北分行行长韩东升走访濉溪经济开发区内企业

徽商银行淮北分行办公大楼

截至2016年年末，徽商银行淮北分行各项存款228.4亿元，各项贷款120亿元，存、贷款市场份额均居全市金融机构首位；成功投放中湖治理PPP项目贷款2.5亿元；“小记者”联名卡首发成功，获徽商银行优秀产品创新奖；全年投放基金49.5亿元，有力地支持地方经济发展。

徽商银行淮北分行被人民银行授予“2016年度人民币流通管理优秀单位”称号，行长韩东升荣获“淮北市2015年经济人物”称号，国家外汇管理局淮北市中心支局将分行评为“2016年度执行外汇管理规定A类银行”。分行前吕楼村金融服务室获市级“五星级惠农服务室”称号，淮北相西支行获“淮北市青年文明号”称号。

淮北分行与淮北师范大学经济学院联合建立实习基地

淮北分行参加淮北市窗口行业服务礼仪大赛

7 月 16 日，中国共产党徽商银行淮北分行第一次党员大会召开

淮北职业技术学院

12 月 19 日，市委副书记、市长戴启远（左二）到淮北职业技术学院新校区调研职业教育发展情况

师生积极备战技能大赛

淮北职业技术学院是 1999 年 7 月经教育部批准成立的公办全日制普通高职院校，是安徽省被教育部批准备案的四所高职院校之一，由原淮北矿务局职工大学、淮北教育学院和安徽广播电视大学淮北分校合并组建而成，2002 年，淮北财政学校并入学院。

学院以举办高职教育为主，同时开展中职教育、成人高等教育和职业技能培训。高职教育开设 57 个专业，形成机电类、电子信息类、医护类、建筑类、纺织服装类、财经类、文化艺术类、旅游管理类、交通服务类、食品类等多行业类专业发展的格局。占地 1065 亩，建筑面积 32 万平方米，固定资产 2.4 亿元，图书馆藏资

2016 级新生军训

7 月 26 日，中国共产党淮北职业技术学院第一次代表大会召开

5 月 13 日，学院“关爱留守儿童 播撒爱心阳光”——周晓梅　谢军剪纸艺术展在淮北市总工会展厅展出

料 68.5 万册，电子图书 8192GB、专业期刊 2.4 万种、电子专业期刊 12 万种；拥有校内实践基地 60 个，校外实习实训基地 110 个，职业技能鉴定机构 26 个。有专兼职教师 918 人，全日制高职在校生 1.2 万人，中职在校生 1000 余人，电大、成教在册生 5000 余人，年均社会培训 2 万多人。

学院先后被评为安徽省普通高校思想政治教育工作优秀单位、安徽省普通高校毕业生就业工作标兵单位和安徽省就业工作先进单位、安徽省普通高校创新创业示范校、安徽省园林式单位等。

4 月 23 日，学院在新校区中心广场举办 2016 年淮北职业技术学院毕业生供需见面会暨淮北市春季人才交流大会

学院举办元旦文艺晚会

学院举办 2016 年辅导员技能大赛

淮北市人民医院

医院开展院感暴发应急防控模拟演练

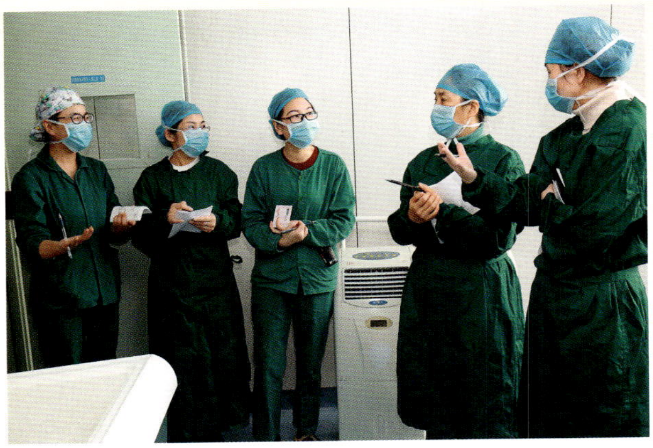

安徽省大型医院巡查检查组深入临床一线检查市人民医院工作

医院大力宣传“淮北文明 18 条”

淮北市人民医院是淮北市唯一一家市级综合性公立医院，是淮北地区医疗、科研、预防、保健、康复、急救中心，是安徽医科大学淮北临床学院和蚌埠医学院、安徽中医药大学等医学院校的教学医院，国家卫生计生委（耳鼻咽喉）内镜、腔镜培训基地，淮北市全科医生转岗培训基地。2004 年，被评为淮北市首家三级甲等医院。

医院占地面积 84.7 亩，建筑面积 77553 平方米。有编制床位 1327 张，实际开放床位 1292 张，拥有临床科室 35 个，医技科室 8 个，省级临床医学特色专科 1 个，市级重点学科 10 个，市级特色专科 1 个。有中级及以上的技术职称专业技术人员 660 名，副高及以上专业技术人员 182 名，硕士研究生 63 人，江淮名医 3 人，省学科带头人培养对象 2 人，淮北名医 38 人。

2016 年，医院荣获“全国百姓放心百佳示范医院”“安徽省健康促进医院创建优秀单位”“安徽省手卫生管理优胜单位”等称号。

住院部大楼

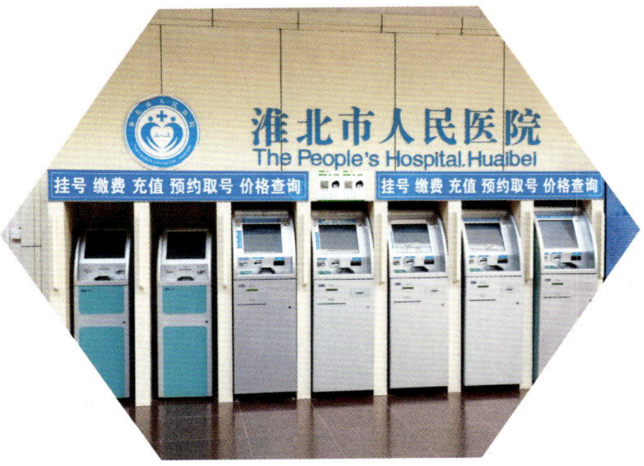

医院设置自助设备，方便患者挂号、缴费

淮北市中医医院

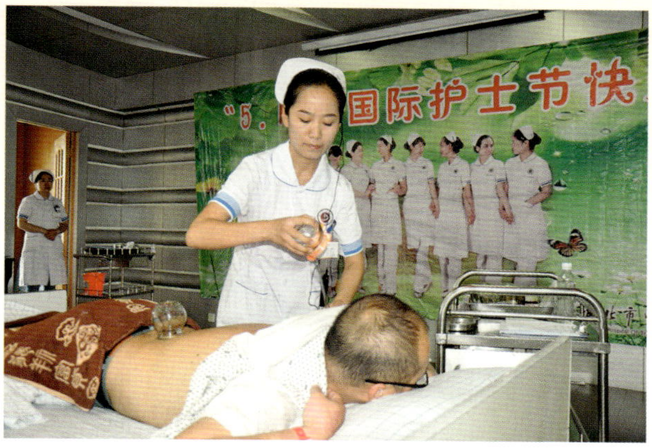

医院举办护理技能大赛，庆祝“5·12”国际护士节

淮北市中医医院名医堂开诊

中医专家任少杰在相山书院向社区居民传播中医养生文化

淮北市中医医院是皖北地区中医特色突出的集医疗、教学、科研、保健养生、医养结合于一体的综合性的国家三级甲等中医医院、安徽省示范中医医院、安徽中医药大学教学医院、安徽中医药高等专科学校附属医院，国家中医药公共卫生专项重大疑难疾病（哮喘病、糖尿病）临床防治分中心，安徽省中医药防治传染病临床基地，安徽省中医住院医师规范化培训基地，安徽省全科医师培训基地，国家中医“腹针”“肛肠”“推拿”技术协作单位。医院有内、外、妇、儿、康复、老年病及治未病等40多个专（病）科和医技科室。拥有江淮名医1名，安徽省名中医1名，省级名老中医3名，安徽省中青年中医学术带头人3名，淮北市名老中医2名，淮北市名医7名，淮北市优秀中青年中医6名。

2016年，医院被评为安徽省节约型公共机构示范单位、安徽省健康促进医院，获得安徽省中医护理技能竞赛团体三等奖等。

参加市卫计委组织的市歌大赛，丰富职工文化生活

淮北市疾病预防控制中心

市委副书记李明（左一）督导 H7N9 流感防控工作

淮北市疾病预防控制中心主要承担全市的疾病预防与控制，突发公共卫生事件应急处置，突发公共卫生事件报告、疾病及危害因素监测与干预，实验室检测分析与评价，预防接种，预防性健康体检等职能。

中心始终坚持预防为主方针，以重大公共卫生项目和民生工程为抓手，积极探索结核病等疾病防治新途径、新模式，地方病防治、食品安全风险监测覆盖率和食源性疾病监测报告率、传染病网络报告质量、实验室管理水平和检测能力均位居全省前列。

市疾控中心开展病媒生物密度监测

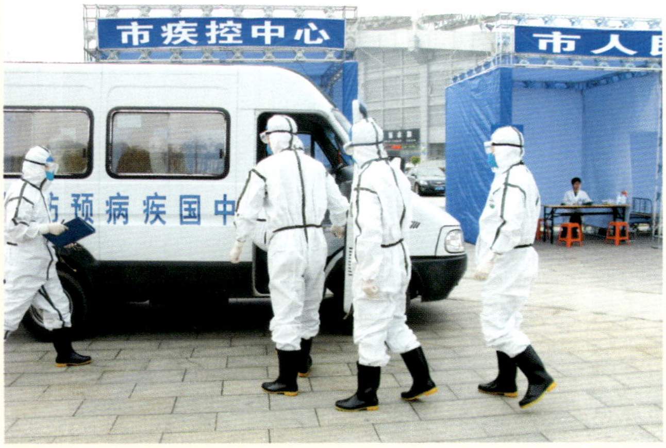

市疾控中心开展突发事件应急处置演练

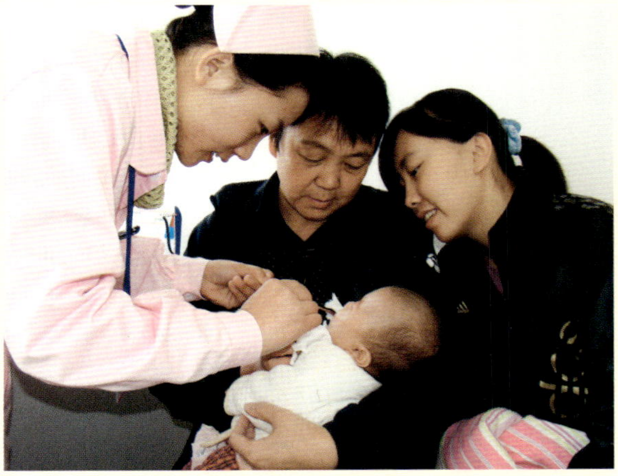

预防接种人员为婴儿口服糖丸

淮北车务段

淮北车务段完成新兵运输任务

上海铁路局局长郭竹学（左三）调研淮北站工作

淮北车务段位于淮北市相山区闸河路35号。所辖30个车站分布在苏豫皖三省境内，管内符夹线、青阜线、京沪线以及宿淮铁路四条线营业里程380公里。主要担负着铁路网中以徐州北为支点向向塘西、艮山门方向的列车分流，安徽淮北、皖北，河南永城、神火四大煤电集团，大唐、国安、华电、国电四大发电厂，临涣、徐州华裕两大焦化厂等大中型企业的煤炭、焦炭运输，符离集、闸河、萧县三大石料基地的石料运输任务，皖北地区的工矿设备、粮食、农副产品运输和周边吸引区旅客运输任务。2016年，实现运输安全3803天，完成客运收入34108.1万元。

春运期间，淮北车务段开展志愿服务活动

车务段举办职工文体活动

中国人寿保险股份有限公司淮北分公司

“3·15”消费者权益日，公司开展咨询服务活动

中国人寿保险股份有限公司淮北分公司是中国人寿保险股份有限公司三级分设机构，总部位于北京。公司下辖员工156人，保险销售与服务人员2000余人。2016年，公司保费规模超5亿元，保险理赔与分红给付超2亿元，上缴税收超600万元。

截至2016年12月31日，公司拥有近30万份个人和团体意外险及短期健康险保单，拥有和管理的有效长期寿险保单超过10万份，为所有长期和短期保单客户提供约50万人次的服务，解决就业3000余人次。

公司参加爱心助考活动

公司扶贫工作小组赴濉溪县光荣院看望老人

柜面客户服务队伍

濉溪县百善镇

安徽神华肉制品有限公司

百善镇位于濉溪县中部，古运河畔，二 2014 年被列为全国重点镇，是全省重点中心建制镇，全省第一批综合改革试点镇，也是省级产业集群镇，省级现代农业综合开发示范区。省道泗永路、淮六路、萧淮路交汇于镇中心，泗许高速公路在距镇西南一公里处设有出入口、服务区，青阜铁路穿镇而过，百善煤矿、卧龙煤矿专用铁路横贯东西。镇域面积 260 平方公里，下辖 22 个行政村，人口 12 万人，耕地面积 22 万亩。2016 年，全镇完成生产总值 83 亿元，财政收入 1.57 亿元。

柳孜文化园一隅

柳孜隋唐大运河码头遗址

安徽华安丰实业有限公司

濉溪经济开发区

濉溪经济开发区于1993年成立，1998年被批准成为省级开发区。开发区先后获中国中小企业创新服务先进单位、浙商最具投资价值开发区、全国首批创建生态文明典范园区、中国百佳科学发展示范园区、省装备制造产业化示范基地、省创新型园区、省铝基高端金属材料战略性新兴产业集聚发展基地、省投资环境十佳开发区、省知识产权示范园区等称号。

2016年，濉溪经济开发区入驻企业230余家，其中规模企业89家，

市委书记、市人大常委会主任黄晓武（左一）到濉溪经济开发区调研

9月28日，濉溪经济开发区承办的上海铝基招商会

5月19日，濉溪县铝产业招商暨发展论坛在濉溪经济开发区举行

风景如画的濉溪经济开发区一角——努力打造产城融合园区

国家级高新技术企业20家。初步形成三大主导产业：以富士特铝业、华中天力、美信铝业等为代表的（铝基）新材料产业，以矿山机器、高罗装备为代表的机电装备制造产业和以鸿源煤化、巨成化工为代表的精细化工产业。

安徽理士电池生产车间

安徽宝隽机车部件有限公司生产车间

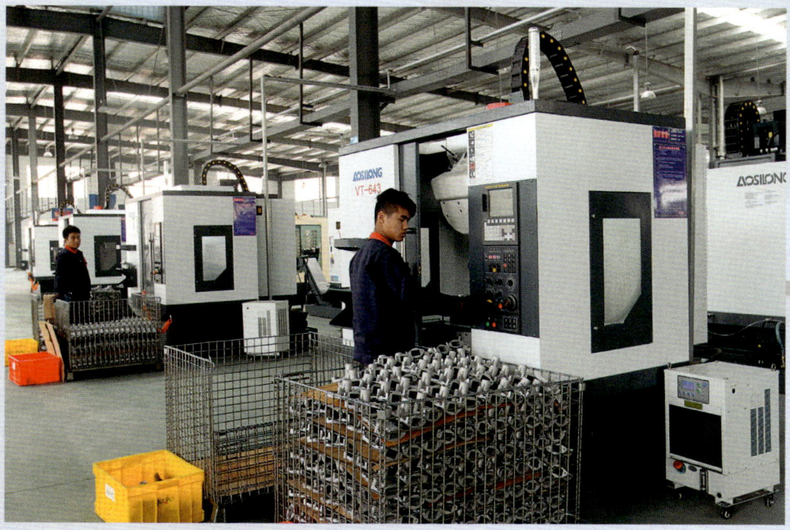

安徽金力泵业科技有限公司生产车间

濉溪县临涣镇

临涣镇实施绿地植树项目

“村村通”公路

全国重点文物保护单位——临涣古城墙

民俗表演——独杆轿

临涣镇地处濉溪县西南部，距县城35公里，镇域总面积168平方公里，辖19个行政村，总人口8.9万人。煤炭、农业资源丰富，境内有青东、海孜两大煤矿，耕地面积16.8万亩。交通区位优越，青阜铁路、泗许高速、省道202线穿境而过，淮河两条重要支流浍河、包河在此交汇；历史文化底蕴丰富，现存临涣古城墙和淮海战役总前委指挥部旧址两处国家级文物保护单位，另有蹇叔墓等十余处省、市、县级文物保护单位，是安徽省历史文化名镇、全国发展改革试点镇、中国民间文化艺术之乡。

2016年，全镇固定资产投资累计完成13.17亿元，规模工业增加值累计5.67亿元，完成财政收入1.17亿元，农民人均可支配收入达10022元。是年，被评为安徽省第三批“千年古镇”。

临涣镇大力推进美丽乡村建设

濉溪县五沟镇

五沟镇实施塌陷复垦工程

五沟镇位于濉溪县西南部，南与蒙城县交界，西与涡阳县接壤。辖5个集市、21个行政村，总人口10.55万人，面积210平方公里，耕地19.6万亩。

五沟镇交通便捷，省道淮六路、宿涡路穿境而过，宿马公路、青芦铁路横贯五沟北部。煤炭资源丰富，五沟、界沟、童亭、袁店4座大型煤矿坐落境内。

2016年，全镇财政总收入1.66亿元，固定资产投资10. 6亿元，农民人均可支配收入11938元。

通过土地流转，五沟镇农民在收取土地租金的同时又被返聘到示范园，就地转化为产业工人，成为“双薪农民”

五沟镇天禾不锈钢水塔远销附近的5个地市

关爱留守儿童

五沟新区

潍溪县孙疃镇

市委常委、县委书记李加玉（右一）指导孙疃镇禁烧工作

孙疃镇大力实施党员创业带富工程

孙疃镇“小微权力清单”让群众心里有本明白账

孙疃镇千亩桃花盛开，引来游人赏花采风

孙疃镇为浍河通航做先期准备

杜集区朔里镇

4月26日，省人大常委会副主任梁卫国（左二）到朔里镇指导工作

4月11日，市委副书记、市长黄晓武（左四）到朔里镇调研观摩招商引资项目

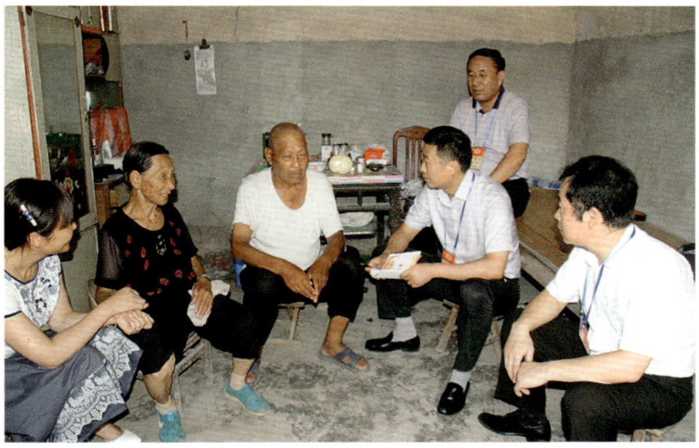

8月15日，朔里镇党委书记王忠锦走访群众

朔里镇位于淮北市北部，总面积50.05平方公里，耕地2.73万亩，塌陷地2.3万亩，优质水面0.83万亩。下辖8个行政村，3个居委会，总人口7.1万。交通区位优越，距市中心18公里，距连霍高速出口1.2公里，省道202穿境而过，淮北高铁站“坡里站”位于境内。朔里镇被评为全国重点镇、安徽省矿山机械制造产业集群专业镇、安徽省特色小镇。

2016年，朔里镇完成地方财政收入2900万元，规模企业产值47亿元，固定资产投资33.55亿元，外贸进出口320万美元，社会消费品零售总额6.18亿元。农村常住居民人均可支配收入11286元，城镇常住居民人均可支配收入26989元。

9月13日，朔里镇举办迎中秋腰鼓广场舞大赛

朔西湖

石台镇区入口景观

杜集区石台镇

石台镇位于淮北市东北部，镇域面积51.3平方公里，辖6村2居（含矿社区1个），总人口5.7万人，城镇建成区面积4.2平方公里，镇区人口3.1万人。全镇可耕面积3.53万亩。塌陷区面积1.14万亩。1996年，石台镇被批准为全省首批综合改革试点镇；1999年，被批准为中心建制镇；2006年，被列为新农村示范镇；2009年，被列为省扩权强镇试点镇；2010年，被列为淮北市城乡一体化改革试点镇；2015年，获“全国文明镇”称号；2016年，被授予“安徽省森林城镇”。

石台镇属典型近郊溶矿镇，农业以小麦、玉米、大豆、蔬菜瓜果农作物种植为主，畜牧养殖已形成一定规模。境内国家统配煤矿有朔石矿业石台井和以江苏省盐城市新光集团为主的股份制企业金石矿业2家煤矿企业。历史文化底蕴丰厚，是孔子七十二贤之一颛孙子张故里，有汉代古梧国遗址、楼顶山岩画、汉画像石等文物古迹。

11月16日，省人大常委会副主任花建慧（左二）到石台镇看望贫困户危房改造项目

4月10日，市委副书记、市长黄晓武（中）调研石台镇口子产业园区

淮北市第一家“公办民营”养老院落户在石台镇

石台镇开展法制宣传活动

烈山区宋疃镇

黄营灵枣喜获丰收

和村苹果喜获丰收

宋疃镇位于烈山区东南部。东部、南部以山为界与宿州市毗邻，西与古饶镇隔濉河相望，北与烈山镇以合徐高速公路入口为连。下辖6个行政村、7个居委会，总人口7.2万人。土地面积101.8平方公里，可用耕地5.6万亩。合徐高速公路、101省道、符夹铁路、濉河航道穿境而过。国安电力、大唐虎山电厂、淮北选煤厂均坐落镇内。

宋疃镇自然条件优越、土地肥沃，农业资源丰富，特色产业发展迅猛，已形成和村万亩苹果、黄营灵枣等水果基地，以王楼芦蒿为主的特色蔬菜基地，以宋疃香菇为主的食用菌基地。

2016年实现财政收入2424万元，固定资产投资10.35亿元，规模工业总产值22.3亿元，工业增加值8.1亿元。

4月，和村举办赏花活动

4月5日，七彩和村赏花活动开幕式现场

金龙机电（淮北）有限公司

产品可靠性试验区

产品质量检测线

金龙机电（淮北）有限公司是一家上市公司，是注册资金1.2亿元的全国性无区域企业，是无辐射无污染的绿色企业，已与苹果、三星、微软、联想、华为、小米、OPPO、VIVO、HTC、中兴等国内外著名手机制造商建立战略合作伙伴关系。总部位于温州，是国内直流微特电机领域的领导企业，主导产品为手机用微特马达、触控模组、摄像模组。

公司在烈山经济开发区新蔡工业园投资3.1亿元，征用土地100亩，建设13.3万平方米的办公及生产用房。2013年9月20日，公司转入生产，截至2016年底，拥有员工2600多名，月生产手机用扁平马达1200万只以上、实心马达

公司外景

600 万只、空心杯马达 200 万以上。年实现产值 4 亿元、利税 7500 万元。

企业取得质量、环境、职业安全三大国际体系认证，荣获安徽省最佳品牌企业、全省先进基层党组织、省非公企业示范工会、省电子信息系统劳动竞赛先进集体、安全生产标准化二级企业、安徽省信息化与工业化融合示范企业、第三批省级优秀“双强六好”企业党组织、安徽省专精特新中小企业等称号，被淮北市评为纳税二十强企业、民营纳税十强企业、安置就业十强企业、淮北市第五批“555”产业创新团队设立单位。

全自动化生产设备

公司员工规范操作

产品检测线

马达生产线

安徽省矿业机电装备有限责任公司

干净整洁的机械加工生产线

销往越南九一煤矿的柔性液压支架系列产品

安徽省矿业机电装备有限责任公司隶属于安徽淮海实业发展集团，是国家煤机装备制造业骨干企业、国家级高新技术企业，拥有矿山工程总承包三级资质和机电工程总承包二级资质，是国内首批通过“职业健康安全、环境、质量”三管理体系认证的煤机制造企业之一。2016 年，公司在国内煤机行业排名第 14 位，实现年销售收入 12.6 亿元，利润 400 多万元。

公司占地面积近千亩，在岗职工 1100 余人。拥有各类机床及高精设备 1300 余台。下设 1 个国家级检测中心、1 个省级技术中心、1 个工程硕士培养工作站，是安徽省产学研合作基地和教学实习基地、安徽省煤矿机械标准化技术委员会基地。辖有 1 个全资子公司——淮北迅腾贸易公司，5 个控股子公司——安徽中捷矿山运输设备有限公司、安徽淮海奥可装备再制造有限公司、宁夏皖银矿业机电装备公司、淮北弘武液压机械有限公司和安徽省皖鑫锌业科技有限责任公司。

花园式工厂

公司“四机一架”主导产品

煤矿井下综采工作面
“三机配套”装备

花园式职工家属区

“皖星”牌刮板输送机

厂区一隅

“擎宇”牌液压支架

淮北矿山机电装备科技企业孵化器及矿山机电众创空间

宁波市鄞州区委副书记、区长陈国军到淮北矿山机电装备科技企业孵化器考察

办公大楼

淮北矿山机电装备科技企业孵化器是朔里镇重点科技创新项目，位于葛塘村众帮创业园内，孵化场地总面积6003平方米。2014年5月，被省科技厅认定为省级科技企业孵化器，是皖北唯一一家省级孵化器。2015年2月，淮北矿山机电装备科技企业孵化器当选为省孵化器协会39家理事单位之一。

截至2016年底，孵化器累计入孵企业44家，毕业企业24家，获取各种知识产权42件，培育高新技术企业2家。孵化器全年在孵企业实现总收入近亿元，利税近800万元，解决就业500多人。

2016年1月，矿山机电众创获安徽省首批众创空间项目拟立项，并获得省科技厅50万元资金支持。12月，众创空间成为省级备案众创空间。引进创业团队13个，包括中国矿业大学教授程刚带领的工业智能机器人研发团队、中国矿业大学教授李文胜创立的矿业物联网研发团队等。

9 月 28 日，淮北矿业机电科技企业孵化器 31 家在孵科技企业与金融机构开展资本对接会

7 月 11 日，组织企业参加第五届中国创新创业大赛

淮北市安居房地产开发有限公司

淮北市安居房地产开发公司位于淮北市淮海路世纪大厦。于1993年6月在淮北市工商局注册成立，注册资本为501万元。公司主要经营房地产开发，销售建筑材料，门窗生产、加工，承接室内外装潢工程等。

公司开发建设“五号公馆”项目

淮北市地方志编纂委员会

主　　任：黄晓武

常务副主任：王莉莉

副 主 任：李　明　寇鹏飞　刘　政　周　杰　陈爱军
张继玲

委　　员：方良才　龚乃勤　王建刚　魏仕民　胡　亮
陈瑞春　黄　晋　从德斌　梁龙义　王合军
孙光伦　梁卫华　李令安　袁九森　陈新华
王淮海　黄思敏　王治江　刘继英　姜　颖
徐福信　曹宏新　郭海磊　张　力　李公峰
王家春　王明新　陈　英　孙兴学　李　强
张　辉　王亚辉　赵　健　王俊敏　王永涛
朱　龙　张洪海　王全军　李建华　刘　峰
任宇慧　任启峰　任予俊　于勤周　张香娥
张红君　刘妍梅　陈　辉　韩　敏　王　雷
吴鸿雁　张士锋　赵德志　胡启书　徐　涛
岳军芝　张　红

《淮北年鉴》编辑部

主　编：张继玲

副主编：张　红

编　辑：牛　婷　郝建华　董　杨

编辑说明

一、《淮北年鉴》是由淮北市人民政府主办、淮北市地方志编纂委员会组织编纂的资料性文献。《淮北年鉴》自2000年起，逐年编辑出版。

二、《淮北年鉴（2017）》全面、系统、翔实地记载2016年淮北市国民经济和社会发展的各类有效信息资料，全面、系统地反映该年度内淮北市的基本面貌和发展情况，为社会各界提供咨询服务，为各级领导提供决策依据，为续修方志储备资料，是了解、研究淮北的全息窗口。

三、本卷年鉴采用分类法编纂，框架结构由卷首、百科、卷尾3个主要部分和类目、分目、条目3个基本层次组成。本卷在“工业”“教育”“卫生”等类目下设子目，记述基层单位的活动。内容表述形式有文章、条目、图表、照片、文献资料等，图文并茂，条目是编写的基本单元，一般标示黑括号【】。

四、本卷年鉴所载资料均由全市各相关部门、单位提供，并经撰稿单位领导审核。撰稿人员在词条后署名。

五、本卷年鉴统计数据均以市统计局公布的数据为准。统计部门未统计资料，依据有关部门提供数据为准。

六、全书文字、数字、计量单位的使用均依照国家规定执行。

七、《淮北年鉴》的编辑工作，得到全市各级各部门的热情支持，编纂人员为年鉴撰稿、编辑、校对付出了辛勤劳动，在此深表感谢。由于水平有限，书中疏漏之处恳请广大读者提出宝贵意见。

目 录

特 载

大事记

市情综述

中共淮北市委员会

淮北市人民代表大会常务委员会

淮北市人民政府

中国人民政治协商会议淮北市委员会

纪检·监察

军　事

民主党派·工商联

社会团体

法　治

工 业

民营经济

农　业

城乡建设

交通运输·邮电·信息化

商贸·旅游

财政·税务

金 融

综合经济管理

教　育

科学技术

文化·传媒·体育

卫 生

社会生活

经济开发区

县区概况

人　物

专　文

经济论坛

附　录

索　引

Main Contents

SPECIAL PUBLICATION

CHRONOLOGIGAL EVENTS

SUMMARY OF HUAIBEI MUNICIPAL SITUATION

HUAIBEI MUNICIPAL COMMITTEE OF CPC

HUAIBEI MUNICIPAL PEOPLE' S CONGRESS

THE PEOPLE' S GOVERNMENT OF HUAIBEI MUNICIPALITY

HUAIBEI MUNICIPAL COMMITTEE OF CPPCC

DISCIPLINE INSPECTION

MILITARY AFFAIRS

DEMOCRATIC PARTIES, ASSOCIATION OF INDUSTRY AND COMMERCE

MASS ORGANIZATION

POLITICS AND LAW

INDUSTRY

PRIVATE ECONMY

AGRICULTURE

URBAN AND RURAL CONSTRUCTION

TRANSPORTATION, POST AND TELECOMMUNICATIONS, INFORMATION

COMMERCE AND TRADE, TOURISM

PUBLIC FINANCE AND TAXATION

FINANCE

COMPREHENSIVE ECONOMIC MANAGEMENT

EDUCATION

SCIENCE AND TECHNOLOGY

CULTURE, MEDIA AND SPORT

HYGIENE

SOCIAL LIFE

ECONOMIC DEVELOPMENT ZONE

COUNTY AND DISTRICT

PERSONAGE

MONOGRAPH

ECONOMIC FORUM

APPENDIX

INDEX

特 载

■市长戴启远在淮北市第十五届人民代表大会第七次会议上的讲话

政府工作报告（节选）

（2017年1月10日在淮北市第十五届人民代表大会第七次会议上）

淮北市人民政府市长　戴启远

刚刚过去的一年，是“十三五”的开局之年，也是我市应对各种风险挑战，探索转型发展新路的一年。一年来，在市委的坚强领导下，在市人大、市政协的监督支持下，市政府团结带领全市人民，坚持稳中求进工作总基调，以供给侧结构性改革为主抓手，统筹推进稳增长、调结构、惠民生、防风险各项工作，经济发展稳中有升，社会大局和谐稳定。预计全年生产总值780亿元，比上年增长5%。固定资产投资963亿元，增长4%。财政收入93.3亿元，较上年略有增长；财政支出142.5亿元，较上年增加11.1亿元。社会消费品零售总额315.1亿元，增长11.2%。外贸进出口总额6亿美元，增长5%。城镇、农村居民可支配收入27230元、10570元，分别增长6%、7%。城镇新增就业超过全年目标。节能减排完成省定任务。

一年来，主要做了以下工作：

一是扎实推进“去降补”，经济实现平稳增长。制定供给侧结构性改革总体方案和配套政策措施，推动改革任务落地生根。六大行业全面回升，省属企业扭亏增盈，县区工业提质增效。去产能方面，压减煤炭过剩产能489万吨，妥善分流安置职工9789人，顺利通过省和国家级勘察验收。全力支持企业脱困转型发展，累计为省属煤炭企业协调融资189亿元。去库存方面，以满足新市民住房需求为重点，出台鼓励农民进城购房落户优惠政策。全市房地产库存面积同比下降21%，其中商品住宅去化周期8个月，处于合理区间。降成本方面，全面落实降成本“21条”措施，打出“组合拳”。规模以上工业企业百元主营业务收入成本同比下降1.6%。预计减免抵退各项税费10亿元，企业缓缴社保费11.2亿元。新增电力直接交易用户9家，年节约企业购电成本1.6亿元。工商业电价实现“三连降”。开展“干部帮联企业”“百名金融顾问服务百家企业”等系列活动，为企业解决实际问题239个，发放续贷过桥资金18.1亿元。补短板方面，累计完成基础设施建设投资104.4亿元，增长80.6%。淮萧客车联络线工程主体完成，符夹线扩能改造工程稳步推进，淮北—合肥、淮北—阜阳城际铁路项目纳入皖北城际铁路网规划，徐州—淮北—阜阳高速公路项目列入省级规划。组织实施PPP项目6个、总投资57亿元，其中淮水北调市级配水工程、中湖地质环境治理、梧桐中路改造入选全国第三批PPP示范项目。南坪船闸和浍河航道疏浚工程开工建设。S101合相路一期建成通车，S203煤化工快速通道全线贯通，主城区与南部次中心的交通联系更加紧密。

二是全面实施“调转促”，转型升级步伐加快。全市战略性新兴产业实现产值280亿元，占规模以上工业比重达15.4%。规模以上工业企业总数达838家。规模以上工业增加值460亿元，增长3.5%。加强产业升级和技术改造，完成技改投资192亿元，新增“安徽工业精品”4个，安徽矿机电液控液压支架入选省重大技术装备首台（套）名单，陶铝新材料推广应用得到省委、省政府大力支持。召开企业家创新创业大会，支持民营经济发展，民营经济增加值占生产总值比重达57%。传化公路港物流、凤凰山邮政快递物流园投入运营。濉溪县获批全国电子商务进农村综合示范县。隋唐运河古镇“五凤三阁”建成开放，并获批省影视制作园区。四季榴园获批国家4A级旅游景区、南湖景区通过专家评审。相山区、烈山区入选第二批国家全域旅游示范区创建名单。全年粮食总产126.9万吨，实现“十三连丰”，专用品牌粮食建设走在全省前列。家庭农场、农民合作社分别发展到2145个、1294个，规模以上农产品加工企业达213家。“四新”经济加快成长，“双创”活力加速释放，“源创客”“梧桐树”“方正智谷”等众创空间建成运营。果力科技“柔性智能机械手”获首届中国“双创”机器人创客大赛第一名。新认定国家高新技术企业21家，全市高新技术产业增加值114亿元，占规模以上工业比重达24.8%。万人发明专利拥有量达4.23件。培育中国驰名商标5件，“淮北石榴”成为我市首个中国地理标志商标。安徽省铝制品质量监督检验中心建成使用，中国芳香产业技术创新战略联盟落户相山，杜集高端装备制造基地被认定为国家火炬特色产业基地。濉溪县位列全国县域经济投资潜力百强县（市）第49位。

三是强力推进招商引资，开放合作持续深化。建立“4664”招商工作机制，坚持市级领导带头招商、招商团重点招商，招商项目数量和质量显著提升，全年新签约项目322个，新开工项目271个，其中新开工5亿元以上项目20个。12个重大招商项目顺利推进，相山海螺水泥、企成电气、瑞柯玛锂离子动力电池、台湾文创园等一批项目签约或开工建设，完美食品、南翔云集文化特色街区等一批项目成功引进。产业招商取得新突破，煤化工基地焦化二期、卓泰一期建成投产，填补我市“有焦无化”的空白；金龙机电二期、京信电子等企业落户，壮大电子信息产业；万达城市综合体、中农批物流园开工建设，有力带动现代服务业提档升级。节会招商取得新进展，成功举办2016淮北食品工业博览会、淮北煤基新材料及化学品发展论坛、石榴文化旅游节等盛会，提升了城市知名度和影响力。加快园区转型升级，开展国家新一轮开发区审核公告目录修订工作，清理盘活闲置厂房70余万平方米，以“二次招商”推动“腾笼换鸟”。积极培育外贸主体，新增进出口实绩企业18家。青龙山铁路无水港基本建成，海聚科技公用型保税仓库建成运营，贸易便利化水平明显提升，促进我市外向型经济快速发展。

*四是统筹推进城乡建设，城市功能更加完善。*组织新一轮城市总体规划修编，编制完成城市特色风貌规划、海绵城市建设规划、城市管廊规划、省级开发区总体规划及控制性规划。获批国家低碳城市、国家气候适应型城市建设试点。结合采煤塌陷实际，争取国土部核减耕地保有量面积20.9万亩、基本农田面积12.9万亩，为城市建设提供有力保障。把文明城市创建与城乡建设相结合，鹰山南路、长山南路铁路立交桥等10个项目建成通车，东部新城、高铁新区11条路网加快推进，惠苑路步行街、环山东路西段等5条“断头路”顺利贯通。新建雨水管涵14公里，改造雨水泵站8座，有效应对夏季两轮特大暴雨袭击。完成黑臭水体调查摸底，建成污水管网三期工程15.3公里，实施长山南路绿带等10条道路绿化、黎苑公园等14个游园节点提升工程，新建绿道36公里，造林绿化面积2.9万亩，东湖宜园建成并向市民开放，生态城市展露迷人新姿。新铺设供水主干管网60.5公里，新建、改造燃气管网85公里，增开107路、109路等公交线路6条，城乡基础设施一体化加快推进。开展相山路等城市管理示范路创建活动，餐厨垃圾处理厂建成试运行。推动棚户区改造与老旧小区整治、公共设施完善相结合，实施棚改项目90个、改造4.8万套，货币化安置率达87.4%。相山公园二号门停车场等一批便民设施建成使用，拓展了城市公共活动空间。美丽乡村建设全面铺开，完成农村道路畅通工程511公里、改造农村危房900户，解决了2.3万人饮水安全问题，316个自然村同步启动村庄环境整治。烈山区美丽乡村标准化试点通过国家验收，朔里镇入选省首批特色小镇。智慧城市建设成效显著，引进华为科技、北大方正、科大讯飞等行业领军企业，在全国首创以PPP模式建设智慧城市。社会服务管理信息化平台覆盖全部城区和276个农村居委会，下沉服务事项居全省首位，“爱·淮北”门户网站和APP上线运行，变群众跑腿为数据跑路，共享指尖上的智慧生活。

*五是深化重点领域改革，发展活力显著增强。*持续深化“放管服”改革，市级行政审批项目精简到151项，精简率达61%。在全省率先全面启用政府权力清单网上运行平台，市县两级13013项涉权事项全部上网运行，行政权力网上运行监管与编制实名制管理实现互联。建立公共服务清单和行政权力中介服务清单，形成“3+2”新型清单制度体系。推进商事制度改革，在全省较早实行“五证合一、一照一码”登记制度，新增私营企业4141户、个体工商户1.2万户，分别增长26.6%、14.6%。开展市直行政事业单位国有资产清查，摸清“家底”，盘活市工业学校原校区等5处闲置资产。市建投集团持续做大做强，县区融资平台改革全面启动。设立徽银城镇化、安元、天使等一批基金，首次发行15亿元小微企业增信集合债。全省唯一的股权托管交易中心皖北融资中心建成运营，38家企业在省区域四板、3家企业在“新三板”挂牌。创新开展税融通、“4321”新型政银担等业务，全市新增贷款、直接融资双双突破百亿元。机关事业单位工作人员养老保险制度改革全面实施。公务用车制度改革走在全省前列。成立市城市管理工作委员会，调整完善市、区规划建设管理体制，事权财权和人员编制划转实现平稳过渡。农村土地确权登记颁证工作基本完成，颁发土地确权证书31.3万张。杜集区双楼村成为我市首个集体经济“股份村”。我市获批创建国家社会信用体系建设示范城市。

*六是着力保障改善民生，社会大局和谐稳定。*34项民生工程全面完成，民生工作连续9年稳居全省第一方阵。扎实推进脱贫攻坚，22个贫困村结对帮扶实现全覆盖，全年4个贫困村出列、18790人脱贫。企业退休人员基本养老金实现“十二连涨”，城乡低保标准实现“六连增”，提前实现农村低保标准和扶贫标准“两线合一”。超额完成学前教育三年行动计划第二期任务。淮北技师学院正式挂牌，“相城金蓝领”万人计划启动实施。市博物馆入选首批中国华侨国际文化交流基地。综合医改深入推进，市县区计划生育年度考核全面实现争先进位，相山区荣获全国计划生育优质服务先进单位称号。新型农村合作医疗工作领跑全省。上榜“中国好人”127位，名列全省第一、全国前列，连续五届蝉联全国无偿献血先进城市。平安淮北建设成效明显，综治维稳信访信息系统和基层工作中心（站）全面建成，群众安全感和满意度指数保持皖北首位。探索司法破产和解新路径，成功化解房地产领域若干历史遗留问题。深入开展“查尽责、查隐患、查投入，保安全”专项行动，举行省市联合突

发环境事件应急演练，安全生产形势保持稳定。加大食品药品安全整治力度，保障群众饮食用药安全。加强大气污染防治，淘汰黄标车老旧车9971辆，秸秆禁烧实现“零火点”。我市运动员王键勇夺里约残奥会举重银牌。防震减灾工作获全省综合考评一等奖。档案、地方志等工作继续加强，民族宗教、妇女儿童、老龄等事业取得新成绩，气象、机关事务等工作取得新进展。

*七是加强政府自身建设，治理能力不断提升。*深入践行“三严三实”，扎实开展“两学一做”学习教育、“讲看齐、见行动”学习讨论和“淮北转型靠什么、我为崛起做什么”大讨论活动。我市首部地方性法规《淮北市城乡规划条例》正式施行。在全省率先建立“1+8+17+10”政府重大事项决策机制，决策科学化、民主化、法治化水平显著提升。“七五”普法规划全面启动。自觉接受人大监督和政协监督，办理市人大代表议案2件、建议100件，市政协委员提案175件。市长热线、市长信箱办结率100%，获评全国网民留言办理工作先进单位。加大反腐倡廉力度，强化行政监察，推动经济责任审计全覆盖，惩治和预防腐败体系建设进一步加强。

回顾过去的一年，我们倍感欣慰的是，在困难和挑战面前，全市上下始终坚持发展为上，经济社会发展呈现十大亮点：一是荣获全国绿化模范城市、全国双拥模范城称号，文明城市创建再添重要砝码；二是在合肥成功举办《中国碳谷·绿金淮北国家创新驱动试验区发展报告》征求意见会和陶铝新材料产业发展座谈会；三是平山电厂二期、相邦陶铝新材料、万达城市综合体等一批重大项目落地，结束了我市产业“有山无峰”“缺大少强”的历史；四是民生领域投入财政资金累计达117.5亿元，为历年最多，群众拥有实实在在的获得感；五是全市工业企业利税、利润增速双升至全省第2位；六是濉溪铝基高端金属材料产业集聚发展基地获批第二批省级战略性新兴产业集聚发展基地；七是服务业对经济增长的贡献率达51.4%；八是棚改获批资金额度、开工建设率、基本建成率均居全省第一，投资力度、推进速度、工作透明度前所未有；九是建成五大利企便民服务中心，“房产超市”经验在全省复制、全国推广；十是成功举办第二届“中国创翼”青年创业创新大赛“互联网+”单项赛全国总决赛。

回顾过去的一年，我们倍受鼓舞的是，市第八次党代会描绘了淮北未来五年的发展蓝图，确立了闯出转型崛起的“七条新路”。在历届市委、市政府艰辛探索的基础上，我们紧紧围绕习近平总书记关于“绿水青山就是金山银山”的重要论述，借助国家智库力量，高起点谋划并推动争创中国碳谷·绿金淮北国家创新驱动试验区战略，寻求破解难题的“金钥匙”、思考医治“矿竭城衰”的“良药方”，集聚转型升级的“全要素”，建设政治生态、经济生态、自然生态“三位一体”的绿金样板城市，得到省委、省政府充分肯定和大力支持，全市形成广泛共识，为我们在新形势谋求新发展、新起点，创造新业绩增添了强大动力。

回顾过去的一年，我们倍加珍惜的是，全市经济社会发展成绩来之不易，这是省委、省政府和市委正确领导的结果，是全市人民团结奋斗的结果，是历届历任班子坚持不懈、奋发进取打下坚实基础的结果。在此，我代表市人民政府，向全市人民，向各民主党派、各人民团体和各界人士，向各位老领导、老同志，向驻淮解放军指战员、武警官兵和政法公安干警，向中央及省驻淮单位，向所有关心、支持、参与淮北发展的投资者、建设者，表示诚挚的感谢，并致以崇高的敬意！

我们也清醒地看到，在转型崛起的征程中，还存在不少问题和挑战。经济总量较小，实体经济困难较多，稳定经济发展和财政增长的压力大、任务重、挑战多；战略性新兴产业比重较低，现代服务业发展较慢，民营经济发展不足；城乡发展不够均衡，基础设施、社会建设和民生领域还有大量短板亟待补齐；少数干部观念落后，担当不足，创新不够，效能建设、作风建设、廉政建设需要进一步深化。对此，我们一定高度重视，采取有力措施，切实加以解决。

大事记

■2016 年 2 月，淮北市四季榴园景区被评为国家 AAAA 级旅游景区

■2016 年 3 月，淮北市被全国绿化委员会授予“全国绿化模范城市”称号

■2016 年 7 月，淮北市被全国双拥工作领导小组、民政部、中央军委政治工作部授予“全国双拥模范城”称号

■2016 年 9 月，市政府与国兴金控、国创联合控股签订《中国碳谷 · 绿金淮北国家创新驱动试验区战略合作协议》

■2016 年 9 月 21—23 日，中国共产党淮北市第八次代表大会在淮北矿业集团会议中心举行

■2016 年 12 月，中国隋唐大运河博物馆入选中国华侨国际文化交流基地名单

2016年大事记

1月

1日 淮北市举行元旦长跑暨“美丽南湖”徒步行活动。市直各部门、单位，各中小学、企业，驻淮北部队、社区健身点、体育运动协会和各户外徒步群等8000余人参加活动。

是日 淮北市人民政府与上海铁路局在上海铁路局签订青龙山铁路枢纽“无水港”合作协议。铁路无水港项目位于烈山区原青龙山货场，占地面积8000平方米。

是日 淮北市2015年青年电子商务创客大赛颁奖仪式暨青年创业工作巡礼活动在市广电中心举行。市委书记、市人大常委会主任肖超英为青年创业导师颁发聘书；团省委书记李红，市领导戴启远、方宗泽等为获奖者颁奖。

13—15日 淮北市第十五届人大五次会议在相王府宾馆会议中心举行，会议通过关于市“十三五”规划纲要、市人大常委会工作报告等7项决议。选举方宗泽为省十二届人大代表、市人大常委会副主任，选举余跃武为市中级人民法院院长。

15日至3月5日 淮北市开展以真心相助、真情帮扶、真诚服务为主题的“春风行动”活动，鼓励农民工返乡创业、引导农民工返乡就业，参与家乡建设发展。活动期间共发放春风卡、《致返乡农民工朋友的一封信》《劳动维权手册》等宣传资料11.28万份，为34690名劳动者提供劳动维权和法律援助服务。市直和三区一县公共就业服务机构连续举办返乡农民工、失地农民专场招聘会15场，入场参与招聘单位3278家次，提供就业岗位7280个次；为4.1万余名求职者提供免费就业服务，达成就业意向3773人；活动中报名参加就业创业培训的劳动者782名。

21日 淮北市贸促会由中国国际贸易促进委员会授权成为优惠原产地证直接签发机构。淮北市企业在本地区即可办理优惠原产地证。

27日 中国气象局党组成员、副局长矫梅燕到淮北市检查指导工作，实地察看市气象局科普馆和气象台，并听取淮北市气象局的工作汇报。

28日 淮北市公务用车制度改革第一辆公务用车在市公共资源交易中心通过网络竞价拍出，公务用车制度改革开始实施。

29日 感动淮北2015最美人物颁奖典礼在市广电中心举行。省委宣传部副部长、省文明办主任贺懋燮，市领导肖超英、黄晓武、曾凡银、戴启远、方宗泽、赵怀印、沈光继、谌伟、宰学明、朱浩东、顾文，省文明办副主任王运慧等出席颁奖典礼。

是月 在团中央学校部、全国学联秘书处联合中国青年报社组织的树立和践行社会主义核心价值观最美中学生和最美中职生活动评选中，淮北市濉溪职教中心的郭子文获得“2015年度全国最美中职生标兵”称号，淮北市第一中学的王斐然、孙疃中心学校的王梦瑶获得“全国最美中学生”称号，淮北工业学校的谢怡清获得“全国最美中职生”称号。

是月 在教育部在线教育研究中心在线教育奖励基金评选活动中，淮北市智慧校园首席名师、市梅苑学校校长段红波获得优秀个人奖。

是月 烈山区四季榴园旅游发展集聚区被安徽省人民政府评为省级服务业集聚区。集聚区规划面积9.86平方公里，总投资21亿元。东至宿州界，南至龙脊山北麓，西至华家湖村，北至榴园村塔山。主要包括流光溢彩发展轴、华家湖浪漫主体度假区等七大功能区。

是月 淮北欣矿机械电子科技有限公司、安徽金达节能材料发展有限公司、安徽金环电气设备有限责任公司和安徽康尔欣生物制药有限公司4家企业经省发改委、省统计局核定，被评为战略性新兴产业企业。

是月 安徽巨成精细化工有限公司工会被中华全国总工会授予“全国模范职工之家”称号。

是月 安徽和正农牧股份有限公司（证券代码835299）在全国股转系统挂牌交易。2月29日，“南山农业”（企业代码：710195）在安徽省股权托管交易中心挂牌上市。

是月 淮北市出台《关于促进慈善事业健康发展的实施意见》。鼓励社会各界以各类社会救助对象为重点，广泛开展扶贫济困、赈灾救孤、扶老助残、助学助医等慈善活动；各级慈善组织针对性设计慈善项目，围绕困难群体的迫切需要开展慈善活动。

是月 《淮北市水污染防治工作方案》出台。该方案围绕全力保障水生态环境、全面控制污染物排放、推动经济结构转型升级、着力节约保护水资源等4个方面，明确全市 2020 年、2030 年、2050 年水污染防治工作主要指标任务。

是月 淮北市工商局被国家工商总局评为全国工商系统 2014—2015 年度诚信市场创建工作突出单位，濉溪县中瑞农产品批发市场被评为全国 2014—2015 年度诚信示范市场。

是月 淮北市振淮粮食物流有限责任公司被评为全国粮食系统弘扬“四无粮仓精神”先进单位。

是月 淮北市首次采用因素法分配民生工程绩效奖补资金，相山区、杜集区、烈山区分别获得 8.7 万元、9.2 万元、10.3 万元的建后管养及民生办工作经费。

2 月

2 日 经安徽省人民政府批准，杜集区高岳街道与朔里镇的部分行政区划进行调整。杜集区高岳街道办事处管辖的双楼村、任庄村、李洼村、孙庄村的北外环路北侧的村民组（面积 8 平方公里，人口 2.1 万人），划归杜集区朔里镇管辖。

3 日 市委书记、市人大常委会主任肖超英，市委副书记、市长黄晓武会见中煤矿建集团董事长、党委书记赵士兵一行。双方就加强合作交流，促进共同发展进行洽谈。

5 日 市委、市政府举行 2016 年春节团拜会。全市各界人士 200 多人欢聚一堂，辞旧迎新，共话发展。市领导肖超英、黄晓武、曾凡银、戴启远、方宗泽、赵怀印、沈光继、谌伟、宰学明、朱浩东、顾文、曾明等出席团拜会。

14 日 全市招商引资工作会议召开。会上，市委书记、市人大常委会主任肖超英，市委副书记、市长黄晓武分别对招商工作提出明确指示和具体要求，市委常委、副市长朱浩东代表市委、市政府与各县区、市经济开发区、新型煤化工合成材料基地签订 2016 年招商引资目标责任书。

17 日 第 16 届国际现代刻字交流展暨国际刻字艺术大赛在日本东京上野美术馆举行。淮北市书协主席陈辉作品《管子》、市书协副秘书长孙健的刻字作品《惜寸阴》入展。

21 日 从是日起，淮北市职工住房公积金存款利率统一调整，当年归集和上年结转的分别按活期存款利率 0.35% 和三个月定期存款利率 1.10% 统一上调至 1.50%。

29 日 淮海集团与海螺集团合作项目签约仪式举行。淮海集团党委副书记、总经理童伯根与海螺集团副总经理、海螺水泥副董事长王建超代表合作双方签署投资协议和股权转让协议。

是月 淮北市 2016 年度国家农业综合开发土地治理项目实施计划编制完成。实施计划涉及 5 个土地治理项目，计划总投资 3354.48 万元，治理土地面积 2.53 万亩，均为高标准农田建设项目。

是月 由淮北市委党史研究室编纂的《岁月如歌——淮北煤矿的早期开发和建设（1949.10—1978.12）》由中共党史出版社出版发行。全书 62.2 万字，收录 1949 年 10 月至 1978 年 12 月淮北煤矿开发建设的文献资料、专题资料、纪实资料、大事记等 91 篇，反映淮北煤矿早期开发和建设的历史风貌。

是月 淮北市高铁新区市政道路路网建设勘察设计项目招标工作结束。安徽省交通规划设计研究总院股份有限公司以 325 万元获得第一中标人资格。该项目涵盖站前路、建设路、紫昱路、繁华路 4 条高铁新区配套市政道路的勘察设计，工程项目概算约 4.43 亿元。

是月 《淮北市石质山场森林多目标经营规划（2016—2025）》实施。

是月 濉溪县被中国科协命名为 2016—2020 年度全国科普示范县。

是月 淮北市四季榴园景区被评为国家 AAAA 级旅游景区。四季榴园旅游景区位于烈山区东部，距市区约 15 公里。东邻宿州市五柳风景区，南依龙脊山风景区，西靠京台高速公路。

是月 濉溪县四铺镇青年花鼓剧团获“第六届全国服务农民服务基层文化建设文艺院团（含民营文艺表演团体）先进集体”称号。

是月 淮北市消费者协会被中国消费者协会授予“全国消协组织消费维权先进集体”称号。2015 年全市消协组织共处理投诉 418 件，解决 418 件，投诉处理率 100%，为消费者挽回经济损失 130 万元。

是月 淮北市华力蔬菜专业合作社、淮北市烈山区富民果蔬专业合作社通过国家级蔬菜标准园考核验收。

是月 濉溪县五沟镇白沙村、南坪镇黄沟村 2 个中心村；相山区渠沟镇，杜集区石台镇、朔里镇、段园镇，烈山区宋疃镇，濉溪县刘桥镇、韩村镇、临涣镇、百善镇、五沟镇、南坪镇等 11 个镇政府驻地建成区被安徽省美丽办列入 2016 年度全省美丽乡村建设名单。

是月 淮北供电公司发明的“一种开关柜柜门”获得国家知识产权局授权。“一种 10kV 架空绝缘线路防雷击断线和方法”“免扎线绝缘子”发明获国家发明专利授权，“负荷切断式引流工具”获得实用新型专利授权。

是月 “韩式企业”“恒洁”等 14 件淮北市注册商标被认定为 2015 年安徽省著名商标。

3月

1日　市领导肖超英、戴启远、方宗泽、赵怀印、沈光继、谌伟、宰学明、朱浩东、曾明等和广大干部群众一起在华家湖东岸开展义务植树活动。

是日　“精致淮北·法治力量”淮北法治人物颁奖典礼在市广电中心举行。市委书记、市人大常委会主任肖超英出席颁奖典礼并为法治人物颁奖。

是日　《中华人民共和国反家庭暴力法》施行。是日，由市妇联、市综治办、市司法局联合开展的2016淮北市“三八”维权月暨反家庭暴力主题活动在两宫广场举行。

3日　淮北志愿服务网上线运行。

4日　淮北市纪念“三八”妇女节106周年大会暨第三届家庭文化艺术节开幕式举行。会上，市领导为获得全国三八红旗手，省、市三八红旗手和三八红旗集体等称号的先进集体、先进个人代表颁奖。

5—13日　“2016相山·黄里杏花观赏节”在相山区黄里村举办。观赏节期间，举办黄里杏花园徒步游、黄里摄影交流会以及精品电影放映等活动。黄里杏园占地6000余亩，栽种着6种近15万株杏树。

10日　宁夏回族自治区石嘴山市委书记、市人大常委会主任彭友东率党政考察团到淮北市考察。考察团到安徽（淮北）新型煤化工合成材料基地、濉溪经济开发区、烈山经济开发区、淮北经济开发区，考察临涣焦化、中利发电、理士电源、华中天力铝业、金龙机电、华润金蟾药业，了解淮北市传统产业改造升级情况。到淮北市政务服务中心、金融服务中心、房地产交易及不动产登记中心、房产超市、职教园区和南湖采煤沉陷区综合治理项目实地察看，了解淮北转型发展以及公共服务建设情况。

14日　总投资5亿元的锂离子动力电池项目在淮北经济开发区签约。该项目由深圳市皖粤动力新能源股份有限公司投资建设，主要建设内容为日产30万颗锂离子动力电池生产线。

是日　淮北市中湖矿山地质环境治理PPP项目开工建设。项目位于朱庄—杨庄矿塌陷区，总治理面积3.61万亩，总投资约22亿元。

16日　淮北市召开新任领导干部集体廉政谈话会议。市领导肖超英、戴启远、宰学明出席会议。

17日　全市领导干部学习贯彻中共十八届五中全会精神集中轮训班在市委党校开班。培训班上，省政协教科文卫体委员会主任韦伟作《适应新常态 实现转型发展》专题报告。市领导肖超英、黄晓武、戴启远等领导出席开班式，并现场聆听报告。

是日　《淮北市人民政府贯彻省人民政府〈关于促进经济持续健康较快发展的意见〉的实施意见》发布会举行。市发改委、市经信委、市科技局、市财政局等8家单位从不同角度对该《实施意见》进行解读。全市百余家企业代表参加发布会。

22—27日　2016年“威克多杯”全国青少年羽毛球分站赛（淮北站）在市体育馆举行，全国20个省市代表队近400名青少年羽毛球运动员参赛。上海、湖北、八一代表队分别获得两枚金牌，广东、天津、福建、广州代表队各获一枚金牌。从安徽队输送到八一队的谭越、余雪盈获得甲组女子双打第一名。

24日　安徽（淮北）新型煤化工合成材料基地燃气设施配套工程项目签约。煤化工基地管委会、淮北华润燃气负责人分别代表双方签订协议书。项目总投资2亿元，主要内容包括天然气管网铺设以及综合站建设。

是日　淮北市首座遗体（器官）捐献者纪念碑在福寿园纪念陵落成。该陵园同时被命名为“淮北市红十字教育基地”。

27日　500千伏濉淝（濉溪变—淝河变）线路工程（平山电厂电力外送工程）完成启动调试并投入运行。

31日　淮北市召开城市规划建设管理暨文明创建工作大会。会议贯彻中央城市工作会议和全省经济工作暨城市工作会议精神，动员全市上下奋力争创第五届全国文明城市。市领导肖超英、黄晓武、戴启远等，省委宣传部副部长、省文明办主任贺懋燮，省文明办副主任杨明世等参加会议。

是月　淮北矿业股份有限公司、淮北矿业股份有限公司许疃煤矿与中国矿业大学联合完成的“厚层红层下煤层瓦斯赋存规律及安全一体化开采技术”；淮北矿业股份有限公司与安徽理工大学联合完成的“矿用蓄电池电机车安全控制关键技术研究与应用”；淮北师范大学与合肥师范学院、中国科学院合肥物质科学研究院联合完成的“铁（锰）基氧化物的低维化磁性及其应用研究”获2015年度安徽省科学技术奖二等奖。淮北朔里矿业有限责任公司、淮北矿业（集团）有限责任公司与徐州中矿大洋通信设备有限公司合作项目；中煤矿山建设集团有限责任公司与中国矿业大学合作项目；安徽曦强乳业集团有限公司与合肥工业大学合作项目获三等奖。

是月　淮北市总工会荣获“2015年度全省农民工入会工作先进集体”称号，同时获得安徽省五一劳动奖状。

是月　淮北市杜集区矿山集农贸市场被省工商局、省文明办、省农委等7部门联合授予“2014—2015年度安徽省文明集市”称号。

是月 淮北市相山区列入《全国老工业基地调整改造规划（2013—2022）》。相山区老工业区北至环山路，东至方安路，南至刘桥矿铁路专用线及科技路，西至西山路及虎山北路。搬迁改造实施方案涉及老工业企业调整改造、新产业培育发展、腾空厂区厂房设施改造、市政公共基础设施改扩建、生态环境治理、棚户区拆迁改造、社会事业发展等7大类、218个项目，总投资489.88亿元。

是月 淮北市被全国绿化委员会授予“全国绿化模范城市”称号。

是月 杜集区文化志愿者“百人千家种文化、优秀文化进万家”群众文化活动品牌入选文化部2015年文化志愿服务活动典型案例名单。

是月 临涣古镇荣获长三角城市群“岁月余味”体验之旅示范点称号。评选活动由上海市旅游局、江苏省旅游局、浙江省旅游局、安徽省旅游局共同主办。

是月 淮北市出台政策，对应征入伍的大学生发放一次性经济奖励。在享受国家和省相关优惠政策的同时，按本科以上学历奖励8000元、大专学历6000元发放一次性经济奖励。

4月

1日 2016年全市“食品安全江淮行”活动启动仪式举行。

6日 市委书记、市人大常委会主任肖超英到濉溪县调研镇党委换届工作。实地到刘桥镇王堰村和后吕楼村，慰问村干部和工作人员，听取美丽乡村建设情况介绍，询问村“两委”服务群众、发展集体经济、繁荣乡村文化工作中的有关问题。

7日 淮北市召开领导干部大会，对2015年度省管领导班子和领导干部综合考核工作进行动员部署，会议还进行民主测评和民主评议。省委第五考核组组长、省人大常委会人事代表选举工委主任陈启涛，市委书记、市人大常委会主任肖超英，市委副书记、市长黄晓武等出席会议。5月15日，淮北市领导干部大会召开，听取省委考核组对淮北市2015年度省管领导班子和领导干部综合考核情况反馈。

是日 市委副书记、市长黄晓武到濉溪县调研扶贫开发和采煤塌陷村庄搬迁工作。实地到刘桥镇任圩村、临涣镇高皇村压煤村庄搬迁安置居住区施工现场等地察看，听取濉溪县关于扶贫开发和采煤塌陷村庄搬迁进展情况的汇报，并与淮北矿业、皖北煤电有关负责人就搬迁具体事宜达成共识。

11日 市委副书记、市长黄晓武会见到淮北市考察的上海浦发集团副总经理、上海浦东环保发展有限公司董事长王鸿一行，双方就深入合作发展进行交流。

是日 从是日起淮北市直、县（区）直各部门全面启用政府权力清单运行平台，入库的权力事项全部在网上受理、办理。

12日 安徽矿业职业技术学院与北方天途航空技术发展有限公司签订战略合作协议，双方共建无人机应用技术专业，携手打造职教领域的航空品牌，从2016级开始举办该专业的冠名班“天途航空班”。

13日 《淮北市人民政府关于加快建设战略性新兴产业集聚发展基地的意见》出台。意见提出到2017年，单个基地的产业链上下游企业总产值达到300亿元或三年（2015—2018年）翻一番，税收累计增长不低于50%。到2020年，单个基地的产业链上下游企业总产值超过600亿元或三年再翻一番，税收累计增长不低于30%。

是日 淮北广播电视报社有限公司整体划入淮北建投控股集团有限公司管理。

14日 市委书记、市人大常委会主任肖超英调研南湖景区建设工作。实地到南湖八角亭、滨水广场、矿山博物馆、十七孔桥、牡丹园、游客中心等地，了解工程建设进展及矿山博物馆运行情况，听取对南湖景区建设的意见和建议。

14—15日 市委副书记、市长黄晓武率团到上海市开展招商引资活动，推进淮北与上海两市共同加快产业转移及在淮合作项目建设。实地走访上海均瑶集团、杉杉控股、申能集团、华谊集团、浦发集团、上海电气、漕河泾新兴技术开发区，就加快均瑶“味动力”系列饮品生产线、纳米陶瓷合成新材料生产基地、平山电厂二期、秸秆发电厂等合作项目在淮建设达成共识。

15日 “2016海峡两岸休闲有机农业发展交流会”在口子国际大酒店举办。海峡两岸休闲有机农业界科技专家、企业家，关心农业的学者等60多人参加会议。

15日至5月5日 在第119届中国进出口商品交易会上，淮北市有11家出口企业参展。参展产品包括电池技术设备、家用电器、玻璃工艺品、纺织面料、箱包等近百种产品。电池设备配件成交1100万美元，同比增长19%；玻璃制品、相框工艺品成交1400万美元，同比增长21%；纺织面料、箱包成交600万美元，同比增长20%。以欧美客户采购商为主，成交额1500万美元，占全市交易组团总成交额的48%。

16日 濉溪县人民政府与宁波天邦汉世伟食品集团有限公司签约8亿元“60万头生猪产业化联合体建设项目”。

16—18 日 市委书记、市人大常委会主任肖超英到烈山区宋疃镇、烈山镇重点就基层党组织建设、推动新常态下经济社会发展等工作进行走访调研。实地到宋疃镇和村社区、费寨村看望群众，参观现代农业企业；到烈山镇察看老毛洞生态园、廻龙寺、南湖泰山寺居士林、四季榴园游客中心等地，了解各旅游景点情况。

17 日 在全国检察机关先进基层检察院表彰大会上，烈山区人民检察院被最高人民检察院授予“第六届全国先进基层检察院”称号。

19 日 淮北市“两学一做”学习教育工作会议召开。动员全市开展“两学一做”学习教育活动，全力以赴把管党治党任务落实好，不断提高全面从严治党科学化水平。市领导肖超英、黄晓武、戴启远等出席会议。

是日 濉溪镇黄桥敬老院、五沟镇五沟敬老院、刘桥镇敬老院、濉溪县开发区敬老院、相山区社会福利中心、矿山集敬老院、石台敬老院、朔里敬老院、高岳敬老院、古饶镇秦楼敬老院、古饶镇赵集敬老院被评为淮北市第一批三星级敬老院。

是日 市扶贫办分两组对一县三区精准扶贫及驻村工作队工作开展情况进行督查。查看铁佛镇、四铺镇、宋疃镇等 5 个镇的 10 个村。重点查看各县区扶贫对象精准核查月开展情况、扶贫工作队履职情况、扶贫脱贫作战指挥图上墙情况、扶贫档案资料建设情况、扶贫手册填写情况及镇、村开展精准扶贫宣传、营造氛围情况等。

20 日 安徽千一智能设备股份有限公司取得全国中小企业股份转让系统挂牌资格（证券代码为 837017），成为淮北经济开发区首家登陆“新三板”的企业。

是日 安徽省铝制品质量监督检验中心在濉溪经济开发区新办公楼举行揭牌仪式。该中心为濉溪县市场监督管理局直属事业单位，是安徽省设立的唯一铝制品检验机构。

是日 工业和信息化部消费品司副巡视员汪敏燕率国家联合考核工作组到淮北市检查考核 2015 年淘汰落后和过剩产能工作。工作组实地检查窦庄煤矿的关闭矿井和淮北众城水泥公司的拆除现场，对淮北市相关工作给予肯定。

21—23 日 2016 淮北食品工业博览会在市体育中心举行。国内外约 481 家食品企业和 222 家采购商参会，展览展示内容涉及糖酒、饮料、粮油、烘焙食品、休闲食品等多个种类。在食博会投资说明会暨项目签约仪式上，43 个招商引资项目集中签约，投资总额 112.96 亿元；22 日，京东“中国特产·淮北馆”正式投入运营。

22 日 安徽省股权托管交易中心皖北融资中心及淮北安元投资基金有限公司揭牌仪式举行。市委书记、市人大常委会主任肖超英，国元集团党委委员、国元证券董事长蔡咏共同为皖北融资中心及安元投资基金公司揭牌。5 月 31 日，安徽省股权托管交易中心在淮北市举办 2016 年度淮北专场企业挂牌仪式，淮北市 16 家企业在省股权托管交易中心皖北融资中心挂牌。

23 日 在 2015 年度“江淮乡村好教师、江淮好班主任、江淮好学科名师”颁奖大会上，淮北市烈山区宋疃镇古饶小学李红军获“江淮乡村好教师”称号，市实验小学冯春燕获评“江淮好班主任”，市一中陈红文被评为“江淮好学科名师”，市一中李伟获“江淮好班主任提名奖”。

26 日 淮北市举行纪念“五一”国际劳动节暨“当好主力军建功十三五”动员大会。市领导肖超英、戴启远、方宗泽等领导出席会议，并为全国、省、市获奖先进集体和先进个人进行颁奖。

27 日 全市工业和非公经济暨科技创新会议召开。会议研究统筹推进工业经济、非公经济、科技创新三项工作，进一步推动全市经济止滑企稳、提质增效。会议还对民营企业综合排名十强、工业企业纳税二十强代表和第十七次科学技术成果一等奖单位进行授牌表彰。

28 日 全市“九个一工程”调研及述职会议举行。市领导戴启远、方宗泽等参加活动。会前，市领导实地到淮萧客车联络线工程（坡里站）、中湖治理工程现场，梧桐中路（南闸河桥）、金龙机电以及梅苑路铁路道口建设现场、李桥社区社管平台，淮水北调淮北配水工程乾隆湖与相湖连通工程现场、省道 203 煤化工快速通道，对部分在建项目进行观摩调研。

29 日至 5 月 3 日 淮北市举办第十届房地产展示交易会。交易会活动成交房产 2907 套，面积 30.17 万平方米，金额 13.34 亿元。其中使用购房券购房 509 套，面积 6.15 万平方米，金额 3.04 亿元。

是月 安徽（淮北）新型煤化工合成材料基地管委会与淮北弘旗环保工程有限公司签约，污水处理项目入驻该基地。项目由弘旗信息安全技术（上海）有限公司总投资约 5.3 亿元建设，建设内容为日处理 12 万吨的工业污水集中处理厂。

是月 淮北市城乡建委“李子明志愿服务队”被中央文明办授予全国最佳志愿服务组织称号。

是月 安徽巨成精细化工有限公司的“一种高分子量阳离子聚丙烯酰胺的制备方法专利项目” 在第四届安徽省专利奖评选活动中获专利金奖，安徽家园铝业有限公司的专利项目“氧化着色电泳涂漆铝合金型材的生产方法”和淮北宇鑫新型材料有限公司的专利项目“一种晶须增强型玻璃纤维全螺纹锚杆的制作方法”获专利优秀奖。

是月 淮北市莱博特相框制造、亿隆塑业、佳瑞印刷包装3家企业被评为2015年度安徽民营文化企业100强。

是月 杜集高端矿山装备特色产业基地被科技部火炬中心评为2015年第二批国家火炬特色产业基地。

5月

1日 是日起，淮北市全面推开营改增试点，建筑业、房地产业、金融业、生活服务业纳入试点范围。把产品和服务一并纳入增值税征收范围，不再对服务征收营业税。

3日 市委副书记、市长黄晓武实地到市行政服务中心国税局和地税局办税服务窗口、房产超市地税局两税征收窗口，与工作人员和办理营改增业务的纳税人进行交谈，了解营改增工作进展等情况。

4日 市委书记、市人大常委会主任肖超英到濉溪县调研扶贫工作。实地到临涣镇湖沟村驻村扶贫工作队办公室，随机走访看望冯金山、王成山、刘恒英3户贫困户，询问了解扶贫工作进展情况。

7日 淮北市首届青春毅行活动举行。2800余名参赛者徒步20公里，从体育场出发，途径南湖公园中心、岱河桥、时代广场，最后回到体育场，以此倡导健康的生活方式和文明理念。

9—10日 市委副书记、市长黄晓武率淮北市代表团到合肥参加安徽省与全国知名民营企业推动长江经济带战略发展洽谈会。洽谈会上，签约亿元以上合同项目29个，投资规模133.93亿元，其中5亿元以上项目12个，投资额99.3亿元；汽车铝合金轮毂生产线、通利金属制品等5个项目参加现场签约，总投资42.1亿元。

14—21日 2016年淮北市科技活动周举办。科技活动周以“创新引领、共享发展”为主题，重点在展示科技创新成果、组织科技资源开放、普及科学技术知识、推动科技服务基层四个方面开展主题鲜明、形式多样、覆盖面广的科普宣传活动。

15日 全国妇联在人民大会堂举行的2016全国“最美家庭”揭晓暨全国五好文明家庭表彰大会上，淮北市罗大山家庭、田建园家庭、陈静家庭获全国“最美家庭”称号，赵先爱家庭、王国化家庭获评“第十届全国五好文明家庭”称号。

16—17日 全省现代生态农业（专用品牌粮食）产业化现场会在淮北市召开。会上，濉溪县作典型发言，淮北市皓晟面粉有限责任公司、亳州市丰瑞粮食产业化联合体、宿州市皖神面制品有限公司等6家企业作交流发言。会议期间，与会人员实地到韩村镇兴海面粉企业、四铺镇颜道口村、五铺农场、淮北普豪生物科技有限公司、百善现代农业示范区服务中心进行考察。

17日 淮北市党风廉政建设集体约谈会召开。会上，市委常委、市纪委书记辛学明以案释纪，全面通报淮北市党风廉政建设方面存在的问题；市中级人民法院院长余跃武以案释法，解读《最高人民法院、最高人民检察院关于办理贪污贿赂刑事案件适用法律若干问题的解释》。

18日 中国共产党淮北市第七届委员会第十二次全体会议在相城举行。会议听取市委书记、市人大常委会主任肖超英所作的《关于〈中共淮北市委关于深入推进全面从严治党的实施意见〉的说明》等。审议通过《中共淮北市委关于深入推进全面从严治党的实施意见》和《中国共产党淮北市第七届委员会第十二次全体会议决议》。全会决定，中国共产党淮北市第八次代表大会于2016年9月在相城召开。

是日 淮北市首个消防体验馆在三堤口街道虎山北路社区开馆。

19日 濉溪县铝产业招商暨发展论坛在濉溪经济开发区举行。中国开发区协会秘书长关嵘、清华大学教授李建国、上海交通大学博士生导师王浩伟围绕工业园区产业现状与趋势、铝产业高端产品技术、纳米陶瓷铝合金等内容，分别作主旨报告。濉溪县负责人作县情介绍和投资说明。市委副书记、市长黄晓武，市政协主席曾凡银等出席论坛。

20日 市委副书记、市长黄晓武到濉溪县百善镇丁楼村和张庄村、安徽（淮北）新型煤化工合成材料基地集中安置区以及省道203煤化工快速通道施工现场，督查调研淮北市部分基层党组织“两学一做”学习教育以及集中安置项目区建设前期工作、美丽乡村建设工作开展情况。

25—26日 省政协委员、亳州市政协主席汤涌率驻亳州省政协委员到淮北市考察。实地察看柳孜运河码头遗址、濉溪县黄新庄村、安徽美信铝业股份有限公司、安徽华中天力铝业有限公司、安徽口子酒业股份有限公司、南湖湿地公园、淮北矿山博物馆、烈山区榴园村、杜集区南山村等地，了解淮北市经济、社会、文化等方面的发展情况。

30日 在2016年全国高校商业精英挑战赛国际贸易竞赛全国总决赛中，淮北市的“相土风情·石榴酒”荣获三等奖。

是月 淮北市首个A2牵引车考试场地——汽运驾校牵引车考场通过安徽省交警总队审批验收。

是月 《淮北市高层次人才引进办法》出台。高层次人才指从国内外引进到淮北市企业的能够突破关键技术、提升传统产业、发展高新产业的高层次创新创业团队及人才，主要分为国内外顶尖人才（A类）、国家级领军人才（B类）、省级领军人才（C类）、其他高级人才（D类）（团队成员按实际情况归并到相应类别中）。

是月 在2015年全国成人教育先进单位和全国“百姓学习之星”评选活动中，相山区荣获2015年全民终身学习活动周“成功组织奖”，杜集区高岳街道王璐荣获2015年度全国“百姓学习之星”称号。

是月 在团中央主办的2016年“全国向上向善好青年”推选活动中，大唐淮北发电厂集控运行值班员吴伟伟被评为“全国向上向善好青年”。

是月 淮北市出台《加快电动汽车充电基础设施建设实施方案》，在老旧住宅小区、公共建筑物和社会公共停车场等处，将通过改造和加装等方式提供电动汽车充电基础设施，到2020年将不低于总停车位数量的10%。

是月 淮北矿山机电装备科技企业孵化器被安徽省科技厅认定为2016年安徽省科技企业孵化器。

是月 淮北市桓谭廉洁文化主题公园被安徽省政府命名为全省廉政教育基地。

是月 在2016年中国大学生计算机设计大赛安徽省赛决赛中，淮北师范大学学生提交的微电影作品获安徽省赛一等奖1项、二等奖4项、三等奖4项。获一等奖的作品《茶·戏》入围全国赛事。

是月 在2016年安徽省科技创新大赛决赛上，淮北市选拔出青少年科技创新、科技创意、少儿科幻画、科技实践活动等方面的49个作品（项目）参加比赛，共获省一等奖7项、二等奖21项、三等奖10项。

是月 淮北市隋唐运河古镇项目入选2016全国优选旅游项目名录。古镇项目位于南黎路以南、长山路以东、南湖路以西的跃进河周边地块。规划占地960亩，总建筑面积约79万平方米，总投资约25亿元，分两期开发建设。

是月 淮北市被批准为国家创建社会信用体系建设示范城市，是全国32个城市（城区）国家创建社会信用体系建设示范城市（城区）之一。

6月

1日 从是日起，淮北市个体工商户、自由职业者等可个人缴存及使用住房公积金。

是日 从是日起，相山区将环卫清运推向市场，辖区所属的6个垃圾中转站及15个垃圾大箱的清运处理全部交由深圳龙吉顺、广州侨银两家公司，彻底解决部分区域垃圾不能及时清运、群众投诉“倒不掉”的现象。

是日 淮北市民营企业“民企帮村”精准扶贫行动启动仪式举行。启动仪式上，淮北市部分结对企业代表和结对村代表签署结对帮扶协议书。

2日 《淮北市电子商务十三五发展规划（2016—2020年）》颁布实施。

5日 淮北颐高国际电子商务产业园签约仪式在颐高集团杭州总部举行。

13—25日 2016年“我爱足球”中国足球民间争霸赛淮北赛区海选赛暨淮北市职工甲、乙级足球联赛在市体育中心举行。共有14支代表队、350多名业余足球爱好者参赛，其中甲级联赛共有8支代表队，乙级联赛有6支代表队报名参加。淮北老朋友俱乐部、淮北市金仕堡足球队分别获得甲、乙组第一名。

14—18日 全省残疾人工作者手语翻译员（初级）培训班在淮北市举行，全省60余名学员参加培训。授课内容包括残疾人日常生活用语、文化体育用语、教育就业工作用语，以及残疾人心理健康、医疗康复等。

15日 安徽省担保集团与市建投集团签署合作协议，共同成立淮北天使投资基金。资金用于扶持淮北市符合条件的种子期、初创期科技型中小微企业。基金总规模1亿元，首期规模2000万元，重点支持高端装备制造、精细煤化工、智能制造、新能源、新材料、生物医药、新一代信息技术（云计算、大数据、物联网）、现代农业、现代服务业、文化（体育）创业产业等领域的企业。

15—16日 全市基层党务骨干示范培训班在市委党校举行。各县区委组织部分管副部长或“两学一做”学习教育负责人，街道、社区、机关、事业单位、国有企业、非公企业和社会组织等领域与行业的基层党组织书记80余人参加培训。

20日 安徽矿业职业技术学院、北方天途航空技术发展有限公司联合举办的首期无人机驾驶员培训班在安徽矿院新校区举行。

21日 淮北市专项整治推进会议召开。会议贯彻落实中央巡视组巡视安徽“回头看”反馈意见整改暨专项清理推进会精神，部署“酒桌办公”等四个专项整治工作。市委副书记戴启远，市委常委、市委秘书长、市委统战部部长谌伟，市委常委、市纪委书记宰学明，市委常委、副市长孙劲飚等出席会议。

22—23日 中共淮北市杜集区第七次代表大会召开。大会选举产生七届区委委员31名、候补委员8名和七届区纪委委员17名，出席市第八次党代会的代表36名。23日，杜集区委七届一次会议选举张保成为书记，徐涛、郑晓野为副书记。

22—24日 中共淮北市相山区第八次代表大会召开。大会选举出八届区委委员31名、候补委员7名；选举出八届区纪委委员17名；选举出席市第八次党代会代表40名。24日，区委八届一次全体会议选举王波为书记，胡启书、郜锦华为副书记。

23日 2016年全省高考成绩揭晓，市文科最高分644分，考生为淮北一中葛宇；理科最高分682分，考生为淮北一中甘释宇。

24—25日 中国共产党濉溪县第十一次代表大会召开。大会应到代表339名，实到代表326名。大会选举出中共濉溪县第十一届委员会委员35人，候补委员7人；选举出中共濉溪县第十一届纪律检查委员会委员19人，大会还选举出席淮北市第八次党代会代表96人。25日，濉溪县委十一届一次全体会议选举李加玉为书记，赵德志、徐从亮为副书记。

24—25日 中国共产党烈山区第七次代表大会召开。大会选举产生新一届区委委员、候补委员，区纪委委员和烈山区出席市第八次党代会代表。25日，烈山区委七届一次会议选举胡百平为书记，岳军芝、周无事为副书记。

27日 淮北市首批不动产权证在市不动产登记中心向群众颁发。市委副书记、市长黄晓武等出席颁证仪式并颁证。

28日 淮北市举行庆祝中国共产党成立95周年大会。大会表彰全市优秀共产党员、优秀党务工作者、先进基层党组织和优秀镇（街道）党（工）委书记、优秀村（社区）党组织书记。

是日 市委副书记、市长黄晓武调研部分“九个一工程”和城市路网重点工程建设情况。实地察看“九个一工程”中的淮水北调工程相山南路段、中湖治理项目区，符夹线扩能改造配套道口中的渠沟东路立交、孟山南路立交、长山南路立交，城市道路和城区“断头路”项目，惠苑路步行街、方安路、梧桐中路南段，保障性安居工程配套道路泉山支路、勤学路，东部新城区路网项目花山东路南段。了解项目推进情况，现场协调项目推进过程中遇到的困难和问题。

是日 淮北市举办2015年度经济人物推荐评选颁奖盛典。王瑾、王增友、刘永红、孙安、余莉、张录文、赵士元、韩东升、秦艳、潘林10名企业家获评2015年度经济人物，史华利、宋继承、张星拳、吴锐、胡开霞、赵毅、段中淮、董捷8人获得年度经济人物提名奖。

是日 由江苏省矿业工程集团有限公司投资建设的淮北经济开发区新区功能性基础设施项目在开发区新区签约。项目总投资1.8亿元，建设内容为新区二期创业园8栋约8万平方米标准化厂房、华孚公司南占地约20亩的1.5万平方米商业综合体。

29日 方正智谷科技园启动仪式暨项目推介会在淮北市举行。市领导黄晓武、曾凡银、戴启远等领导出席启动仪式，并与方正国际CEO、淮北智投董事长周大良，方正国际副总裁李云杰，省信用担保集团风控总监李真，为方正智谷科技园、创业学院以及天使基金揭牌。

是日 “精致淮北　党旗飘扬”庆祝中国共产党成立95周年文艺演出在淮北矿业集团会议中心举行。

是月 安徽科宝生物工程有限公司博士后科研工作站揭牌，该站是经安徽省人社厅批准设立的生物工程领域科研工作站。

是月 淮北市首位捐献造血干细胞的志愿者张秀丽，被国家卫计委、红十字会总会等联合评为全国“五星级志愿者”。

是月 东山公园建设完成向市民开放。东山公园位于杜集区省道202与北外环交口处，于2016年3月开始施工，面积约10000平方米，建设投资256万元。

是月 在2016中国香港第五届国际中老年艺术大赛中，淮北市合唱团以一曲《你是我的玫瑰花》获得特金奖。

是月 陈氏剪纸、葛式木雕、李氏糖画、花鸟字组合等14项非物质文化遗产入选淮北市第三批市级非物质文化遗产名录。至是月，市级非物质文化遗产项目共计47项，涵盖民间文学、民间美术、民间音乐、戏曲、曲艺、民间手工技艺、消费习俗、人生礼俗、民间知识、游戏传统体育与竞技十大类。

是月 淮北市启动农业三项补贴合并改革。农业“三合一”改革，指农作物良种补贴、种粮农民直接补贴和农资综合补贴等农业三项补贴合并为农业支持保护补贴，支持耕地地力保护和粮食适度规模经营。

是月 濉溪县濉溪镇“党委110”志愿服务工程入选全省精神文明建设创新案例，创新案例是《安徽省文明县（县城、城区）测评体系》的特色加分指标。

是月 濉溪县获得2016全国电子商务进农村综合示范县称号。

是月 上海电气（淮北）生物质热电有限公司项目开工建设。项目位于杜集区矿山集街道境内，总投资约5亿元，主要利用农作物秸秆、果木废弃物和板材加工废弃物等生物质能发电。

7月

1日 在庆祝中国共产党成立95周年大会上，杜集区高岳街道双楼村党总支获“全国先进基层党组织”称号。

12 月，双楼村瓦房自然村成为淮北市首个集体经济“股份村”。同月，双楼村入选 2016 中国名村影响力排行榜，全省共有 6 个村上榜。

是日 从是日起，淮北市统一调整全市社会保险缴费基数。其中参保单位职工缴费基数依据 2015 年度全省非私营单位在岗职工月平均工资的 60% ~ 300% 确定；灵活就业人员缴纳城镇职工基本养老保险的缴费基数在 2015 年度全省非私营单位在岗职工月平均工资的 60% ~ 100% 之间，可自行选择。

是日 从是日起，淮北市城乡居民最低生活保障标准再次提高。城市低保，市辖三区由 460 元 / 月提高至 510 元 / 月。濉溪县由 430 元 / 月提高至 475 元 / 月。市辖三区及濉溪县农村低保标准由 2520 元 / 年提高至 3150 元 / 年，农村低保标准和扶贫标准“两线合一”后，符合低保条件的扶贫对象将按程序纳入保障范围。

是日 从是日起，淮北市提高 9000 余名失业人员在领取失业金期间的医疗保险待遇。根据规定，年龄在 45 岁及 45 岁以下的失业人员，每月医疗个人账户提高到每月 85.47 元，年龄在 45 岁以上的失业人员，每月医疗个人账户提高到每月 96.87 元。

4 日 淮北市市县一体化公共资源交易平台上线运行。

11 日 《淮北市人民政府办公室关于促进快递业发展的实施意见》出台。明确淮北市快递业发展的内容、任务及实施举措。

16 日 武警安徽总队淮北支队紧急抽组 110 名兵力，到望江县杨湾镇进行抗洪抢险救灾。20 日，市双拥工委组织淮北市“两新”组织（新经济组织、新社会组织）代表，向奋战在杨湾镇抗洪第一线的武警官兵送去价值近 15 万元的慰问物品。

是日 广东省淮北商会成立大会暨招商推介会在深圳市举行。市委常委、常务副市长沈光继，市人大常委会副主任李晓光，市政协副主席陈美德等出席会议。

18 日 淮北市人民政府、相山区政府与中农批建设开发有限公司签订中国供销・淮北新农商项目三方合作协议，在凤凰山食品经济开发区投资建设中国供销・淮北新农商项目，打造辐射苏鲁豫皖的核心农副产品物流园。

24 日 国务院侨务办公室原副主任任启亮，完美（中国）有限公司董事长、中国侨商投资企业协会常务副会长古润金，北京宝德瑞食品科技有限公司董事长刘伟，广东爱科建设集团有限公司董事长、中山江苏商会会长校荣保到淮北市投资考察。任启亮、古润金一行实地到凤凰山食品经济开发区曦强乳业、徽香昱原、思朗食品、贝宝食品等企业考察，参观凤凰山科创大厦食品展示间。

29 日 市委副书记、市长黄晓武率团到北京参加第二届中国智慧城市国际博览会，并应邀在 2016 中国智慧城市年度论坛上作《建设智慧淮北、助推转型发展》主题演讲，与国内外城市和企业分享淮北智慧城市建设的创新做法和经验。

是日 全国双拥模范城（县）命名暨双拥模范单位和个人表彰大会在北京召开，淮北市被全国双拥领导小组、民政部、中央军委政治工作部授予“全国双拥模范城”称号。

是月 淮北市出台《关于供给侧结构性改革房地产去库存的实施方案》，鼓励、支持城镇居民住房消费，提高群众宜居水平。

是月 安徽淮北煤炭高级技工学校实训楼及购置设备建设项目被纳入国家发改委职业教育产教融合工程，并获得 2016 年中央预算内投资 2000 万元资金支持。

是月 淮北市濉溪路小学、淮纺路小学、濉溪县南坪中心学校和淮北市实验高中获“全国学校体育工作示范校”称号。

是月 淮北凌云电力实业总公司、淮北矿业（集团）工程建设有限责任公司、淮北市第三建筑安装公司、安徽曦强乳业集团有限公司、安徽中意胶带有限责任公司、安徽龙波电气有限公司、淮北双龙矿业有限责任公司、安徽蓝宇物流有限公司企业被国家工商总局评为 2014—2015 年度国家级守合同重信用企业。

是月 淮北市人民政府授予淮北徽香昱原早餐工程有限责任公司和淮北顺发食品有限公司第五届“市长质量奖”称号。

是月 淮北市文明委出台《淮北文明 18 条》，明确文明新标准，倡导文明新风尚。

8 月

3 日 淮北市召开中小城市综合改革试点暨新型城镇化建设工作推进会。会议听取市发改委（物价局）关于全市中小城市综合改革试点和新型城镇化建设工作任务进展情况的汇报。2015 年，全市城镇化率达 60.76%，居全省第 4。

4—5 日 上海仪电集团有限公司监事会主席李耀新、上海产业合作促进中心主任唐德根率上海企业家代表团到淮北市考察。考察期间，代表团实地到淮北经济开发区及新区、杜集经济开发区、濉溪经济开发区、安徽（淮北）新型煤化工合成材料基地，以及相邦新材料、天路航空、安徽矿机、华中天力、富士特铝业、平山电厂等企业考察。

5日 全省棚户区改造货币化安置暨房产超市平台服务现场会在淮北市召开。与会人员实地到相山区相阳棚户区、市棚改指挥部和房产超市观摩，听取淮北市关于加快推进棚户区改造工作和房产超市平台服务创新发展经验、方法的汇报。

9日 市委副书记、市长黄晓武会见到淮北市投资考察的澳大利亚协同制造系统控股有限公司常务董事、总经理肖恩·斯泰纳一行。双方就该公司拟在相山区投资建设氢能源项目进行磋商。

10日 2016淮北市第三届段园葡萄采摘节装备制造产业发展论坛在口子国际大酒店举行。论坛以“转型与智造”为主题，由中国机械工业联合会特聘专家、绿色制造产业技术创新战略联盟副秘书长、教授级高级工程师、研究员方杰作题为《“十三五”中国装备制造业科技发展方向》的报告，安徽理工大学机械工程学院副院长、教授王开松作题为《智能矿山技术发展及装备应用》的报告，中国矿业大学博士、教授、博士生导师程刚作题为《工业机器人的应用及其发展》的报告，中国科学技术大学博士、教授陈锋作题为《国产龙芯处理器与智能制造》的报告。

是日 淮北市人民政府召开补短板降成本推进供给侧改革新闻发布会，向省驻淮北市新闻单位和市属媒体解读补齐行业发展短板，降低行业发展成本，推进供给侧结构性改革相关情况。市交通、民政、公安、邮政管理、防空防震办、残联6家部门结合各自职能，就推进供给侧结构性改革情况进行通报。

10—14日 在2016安徽省青少年羽毛球锦标赛中，淮北市两支代表队共获得9项第一，其中淮北和氏体育羽毛球队获得青少年组男子团体，青少年组男双、女双，少儿甲组男单、女单、男双、女双7个单项第一名，全国羽毛球（淮北）后备人才基地获得青少年组男单、女单两项冠军。

11日 市政府与国创联合控股投资有限公司签订《淮北市绿金产业系列项目合作协议书》。签约仪式上，市政府、国兴金控、国创联合控股、市建投集团共同签订《淮北市文化旅游产业投资基金合作框架协议书》；市政府与国经环球控股签订《淮北市系统推进全面创新改革试验区——“绿金产业·中国碳谷”可行性研究报告协议》，并就相关工作开展课题研究。9月10—11日，中共中央政策研究室原副主任、中国国际经济交流中心副理事长郑新立率咨询专家团一行70余人到淮北市考察，就淮北市争创中国碳谷·绿金淮北国家创新驱动试验区、打造国家绿色低碳发展样板城市把脉问诊。其间，市政府与国兴金控、国创联合控股签订《中国碳谷·绿金淮北国家创新驱动试验区战略合作协议》，淮北经济开发区与湖北宇能动力、湖北保灵华量子碳素科技分别签订《动力电池项目投资协议》《碳素科技产业园项目投资协议》，安徽（淮北）新型煤化工合成材料基地与国创（安徽）土壤科技公司签订《钾德金项目投资协议》。

12日 市委副书记、市长黄晓武会见到淮北市投资考察的德国Geohumus公司董事长贝伦斯、国创联合控股投资有限公司董事长黄书东一行，双方就实现互惠互利、合作共赢进行交流。考察期间，贝伦斯一行还实地考察安徽海聚信息科技有限责任公司、淮北经济开发区新区、华润雪花啤酒（淮北）有限公司。16日，在国创联合控股投资有限公司，淮北市与德国Geohumus公司签订中国淮北德国专利产业园合作备忘录。

19日 濉溪经济开发区铝基高端金属材料产业集聚发展基地被安徽省政府评为全省第二批10家战略性新兴产业集聚发展基地之一。

19—24日 2016省青少年拳击锦标赛在淮北市体育馆举行，全省13个市代表队、409名运动员参赛。淮北代表队获得1金4铜，并获得体育道德风尚奖。

22日 在由市商务局和淮北日报社联合主办的淮北十大土特产（食品）评选活动中，食亿鲜牌牛肉酱、程世举牌烧鸡、桂临牌培乳肉、相土风情牌石榴酒等10种产品获得“淮北市十大土特产食品”称号；相山牌老酸奶、亲爷俩牌小磨麻油获“市民最喜爱的土特产食品”称号；浩大牌紫薯粉丝、芋蔬宝牌膳食纤维饮品等4种产品获得“最具市场潜力的土特产食品”称号；蜂王山牌蜂巢蜜、辣魔王牌魔芋素毛肚等3种产品获得“土特产食品特别提名奖”。

27日 2016中国企业500强榜单发布。淮北矿业集团位居第253位，皖北煤电集团位居474位。

31日 淮北市委召开全市领导干部会议。省委常委、省委组织部部长邓向阳出席会议，省委组织部常务副部长何军宣布黄晓武任淮北市委书记，肖超英任省委组织部副部长，肖超英不再担任淮北市委书记、常委、委员职务。

是月 淮北市出台《完善机动车停放服务收费政策的指导意见》。完善由市场决定价格的停车服务收费机制，推行差别化收费，对短时间停车和新能源汽车停车收费实行优惠。具有自然垄断经营和公益性特征的停车服务由政府定价。

是月 在第八次全国法治宣传教育工作会议上，市司法局荣获“全国法治宣传教育先进单位”称号，杜集区荣获“全国法治宣传教育先进县（市、区）”称号，相山区司法局局长程启军被评为“全国法治宣传教育先进个人”。

是月 淮北供电公司张涛技能大师工作室、淮北矿业集团扣红卫技能大师工作室被淮北市评定为首批市级技能大师工作室。

是月 淮北卫校被教育部、民政部、国家卫生与计划生育委员会三部门评为首批全国职业院校养老服务类示范专业点。

是月 由安徽海聚信息科技有限责任公司申请设立的淮北市首家公用型保税仓库通过合肥海关验收。该仓库位于淮北经济开发区龙湖高新区，面积2276平方米。

9月

1日 淮北市市区首条电动公交线路开通，原中北巴士公司7路公交车改名为107路，全线15台纯电动新能源公交车投入使用，淮北市汽运公司公交第二分公司负责运营。

是日 中国侨联第六届新侨创新创业成果交流暨联盟成立大会在北京召开。会上安徽海聚信息科技有限责任公司获“中国侨界（创新企业）贡献奖”，理士电源董捷率领的冲网UPS电池的研发创新团队获“中国侨界（创新团队）贡献奖”。

4日 在G20杭州峰会晚会现场，淮北工业与艺术学校29名学生参加《难忘茉莉花》《采茶舞》《欢乐颂》3个节目的表演，向全世界展示中国形象和淮北中职学生风采。

5日 淮北军分区党委第一书记任职大会召开。省军区政委戴勇出席会议并代表省军区党委宣布黄晓武任淮北军分区党委委员、常委、第一书记。

7日 中国共产党淮北市第七届委员会第十三次全体会议举行。会议听取市委常委、市委秘书长、市委统战部部长谌伟所作的关于中国共产党淮北市第七届委员会工作报告起草情况的说明等。会议分组讨论并原则同意中国共产党淮北市第七届委员会工作报告（讨论稿）和中国共产党淮北市第七届纪律检查委员会工作报告（讨论稿）等。会议票决通过淮北市出席中国共产党安徽省第十次代表大会代表候选人预备人选名单，并提交中国共产党淮北市第八次代表大会酝酿选举。全会决定，中国共产党淮北市第八次代表大会于2016年9月20日召开。

是日 市委书记黄晓武率队到濉溪县四铺镇贫困村周陈村、北陈村调研淮北市精准扶贫工作。实地到两村村部，张凤兰、肖超军、周吉文、陈钦超等贫困户家庭走访，并听取市扶贫办、濉溪县委、四铺镇所作的市、县、镇扶贫工作汇报。

9日 淮北市召开供给侧结构性改革暨科技创新大会，通报全市供给侧结构性改革和科技创新工作，动员全市加快转型升级步伐。市领导黄晓武、戴启远、李明等参加会议。市委常委、常务副市长沈光继作全市供给侧结构性改革工作报告。市委常委、副市长朱浩东作全市科技创新工作报告。

是日 淮北市组团参加2016中国安徽名优农产品暨农业产业化交易会。会上共签订2个招商项目，投资总额达12亿元。淮北市有186个产品参展，展品涵盖鲜果、粮油、卤制品、面制品、饮料酒等多个种类，口子酒业、曦强乳业、顺发食品、思朗食品、康尔欣生物制药等14家企业和淮北市相山区三新家庭农场、淮北市舞彩家庭农场、淮北市相山区穷游忆味家庭农场等7个合作社、家庭农场进行展示品牌展示和贸易展销。

10—12日 中央电视台第七套节目《美丽中国乡村行》栏目摄制组走进烈山区烈山镇榴园村拍摄专题片。21日，央视新闻频道《新闻直播间》栏目对烈山区榴园村的生态建设和石榴采摘进行报道。

12日 淮北市第十五届人民代表大会第六次会议召开，应到代表302人，实到代表273人，符合法定人数。会议选举黄晓武为市人大常委会主任，选举戴启远为淮北市人民政府市长，选举唐保银为市人民检察院检察长。

19日 在全国第十二届中国公民道德论坛会议上，市委书记、市人大常委会主任黄晓武作为全国地级市代表，在论坛上作题为《坚持不懈构建优化好人生态圈，让淮北好人引领核心价值追求》的典型经验发言。

21—23日 中国共产党淮北市第八次代表大会在淮北矿业集团会议中心召开。大会选举产生中国共产党淮北市第八届委员会委员52名、候补委员10名，中国共产党淮北市第八届纪律检查委员会委员35名和淮北市出席中国共产党安徽省第十次代表大会代表25名。大会以举手表决方式，一致通过《中国共产党淮北市第八次代表大会关于七届市委工作报告的决议》和《中国共产党淮北市第八次代表大会关于七届市纪委工作报告的决议》。中共淮北市第八届委员会第一次全体会议举行，会议以无记名投票的方式，选举黄晓武为中共淮北市第八届委员会书记；选举戴启远、李明为中共淮北市第八届委员会副书记。

22日 在淮北市公共资源交易中心拍卖大厅，位于南湖路东、桓谭路南、权园路北的淮国土挂（2016）20号地块被大连万达商业地产股份有限公司以10690万元摘牌，万达商业广场项目落户淮北。12月28日，万达广场项目开工建设。项目总投资约15亿元，占地89.1亩，建筑面积11.7万平方米，是集休闲、购物、文化娱乐于一体的大型城市综合体。

25日 由中国农业电影电视协会（CCTV7中央电视台农业频道）和南京广播电视集团主办、淮北市人民政府协办的2016中国好食品高峰论坛在北京举行。市委书记、市人大常委会主任黄晓武在论坛上作题为《打造中国好食品，建设绿色食品城》的演讲，并参加《中国好食品》大型电视节目启动仪式。

是日 2016中国改革与发展论坛——信用建设与经济发展新常态峰会在北京举行。市委副书记、市长戴启远率淮北市代表团参会。

26—28日 由人社部、中国宋庆龄基金会主办，淮北市人民政府、淮北恒源泰科技孵化器有限公司承办的“中国创翼”青年创业创新大赛“互联网+”单项赛全国总决赛在淮北市举行。共有团队组与企业组各20支队伍参加总决赛。14支队伍获得大赛的一、二、三等奖及最佳创意奖、最具潜力奖。11支参赛队伍与淮北恒源泰科技孵化器有限责任公司签约，入驻“源创客”孵化器。

27日 隋唐运河古镇、中央新影影视基地“五凤三阁”落成揭牌仪式暨项目建设推进会在五凤门广场举行。12月，隋唐运河古镇被省新闻出版广电局授予“安徽省广播影视产业园区”称号。

28日 “江淮双创汇·走进淮北”活动启动，开展各具特色的创新创业活动。淮北方正智谷科技园举办智慧城市项目路演、创业学院公开课（第二期培训班），邀请知名创业导师为创客开展创业培训；濉溪县电子商务产业园举办互联网进农村发展论坛、阿里巴巴·农村淘宝创业路演；凤凰山科创大厦梧桐树众创空间开展互联网+绿色食品创业讲座，并对国内互联网+绿色食品案例进行分析研讨，创业团队及企业开展路演模拟实训；淮北矿山机电科技企业孵化器31家在孵科技企业与金融机构举办资本对接会。

是日 均瑶集团与淮北市战略合作协议暨“精准扶贫”签约仪式在淮北市举行。上海均瑶集团总裁王均豪和市委常委、副市长朱浩东代表双方签订均瑶集团与淮北市战略合作协议，王均豪与濉溪县签订精准扶贫协议，王均豪与市委副书记、市长戴启远共同为均瑶食品（淮北）有限公司揭牌。

是日 淮北市人民政府与农业部农村社会事业发展中心签订推动淮北市农业农村经济发展战略合作协议，与创翼私募股权投资基金签订创翼（淮北）私募投资基金战略合作协议。私募投资基金总规模10亿元人民币。

是日 淮北市推进中国陶铝峰建设暨陶铝新材料应用座谈会在淮北矿业会议中心举行。中国科学院院士、新材料方面专家周尧和，上海交通大学电子信息与电气工程学院党委书记苏跃增，上海交通大学材料科学与工程学院党委书记单爱党，上海交通大学教授、长江学者王浩伟，上海均瑶集团总裁王均豪，中国宋庆龄基金会事业发展中心常务副主任陈月仙；市领导黄晓武、戴启远、李明等出席座谈会。

29—30日 第七届石榴文化旅游节开幕式暨国家AAAA级旅游景区四季榴园揭牌在烈山区榴园村景区游客中心举行。其间，举办“淮北是我家”主题系列文艺汇演，品评民俗文化气息，“相土物语”民俗文化手工艺术品展、“四季榴园·独揽风华”精品书画摄影展等活动。

30日 市委书记、市人大常委会主任黄晓武接见里约残奥会获奖选手王键。王健自幼因患小儿麻痹症造成重度残疾，9月10日，在里约残奥会上他以170公斤的优异成绩夺得男子54公斤级举重比赛银牌。

是日 中共淮北市委举行法律顾问聘任仪式。市委书记、市人大常委会主任黄晓武为受聘的市中级人民法院民事审判一庭庭长朱文、淮北师范大学政法学院法学系主任张训、镜远律师事务所主任任清华3人颁发聘书。

是月 淮北市出台《煤炭行业化解过剩产能实现脱困发展实施方案》。至2019年年底前，淮北市将关闭煤炭生产矿井13对，化解煤炭过剩产能1705万吨，并相应分流安置退出产能矿井人员37375人。

是月 在农业部组织的中国农产品地理标志登记专家评审会上，相山区申报的“黄里笆斗杏”通过专家评审。

是月 淮北市首个高速公路电动汽车充电站建成。该充电站为快速充电站，位于泗许高速公路濉溪服务区，共有4个电动车充电工位、2台分体式直流充电机，可同时为4辆车充电，每辆车充电时间为20至30分钟。

是月 杜集区朔里镇、濉溪县百善镇被住建部、国家发改委等七部委联合评为最新一批全国重点镇。

10月

12—23日 在安徽省第四届全民健身运动会上，淮北市有265名选手参加22个项目的比赛，共获得19个一等奖、42个二等奖、47个三等奖，同时获优秀组织奖、体育道德风尚奖。

17日 在2016年安徽省“最美家庭”“最美家庭成员”评选活动中，淮北市王忠才、陈鹏等15户家庭当选安徽省“最美家庭”，郭俊芳、鲁传英等6人当选安徽省“最美婆媳”，张海黎、周炜等6人当选为安徽省“最美爸妈”，殷春燕、苏哲等5人当选为安徽省“最美儿女”。

17—18日 全国医药卫生职业教育联盟2016年财

务后勤管理会议在淮北市举行，来自云南、重庆、河南、安徽等省内外10余家医药卫生职业院校的领导、财务后勤部门负责人以及淮北市卫计委、市职教办相关部门负责人共50余人参加会议。

18日 淮北市在合肥举办2016中国国际徽商大会淮北市经济交流恳谈会。钾德金土壤科技、德国专利产业园、“源创客”高新科技加速器等12个项目现场签约，签约投资总额达78.38亿元人民币。会上，市委副书记、市长戴启远为德国吉奥姆斯有限公司总经理、首席执行官霍尔格·贝伦斯先生颁发“淮北荣誉市民”证书，为国创联合控股投资有限公司董事长黄书东、欧盟中国经济文化委员会秘书长谢建中颁发“淮北德国专利产业园建设顾问”证书。其间，在徽商大会集中签约仪式上，台湾美莱国际股份有限公司投资建设的淮北文创科教城项目、德国吉奥姆斯公司和中国北京国创联合控股投资有限公司联合投资的德国专利产业园区建设项目、东莞金里实业有限公司投资建设的高储能锂离子动力电池生产线项目3个项目签约。

是日 在合肥举办的首届中国创新创业大赛机器人创客大赛总决赛上，安徽果力智能科技有限公司的项目“面向工业4.0柔性制造的智能机械手”代表淮北参赛并获冠军。共有20个优秀项目参加决赛。

19—21日 市委书记、市人大常委会主任黄晓武率队到黑龙江省肇东市、哈尔滨市，河北省固安县，北京市学习考察。

20日 “行走隋唐大运河”考察组结束对北京通州隋唐大运河遗产点的考察，历时3年的考察活动结束。考察活动由淮北师范大学皖北经济与社会发展研究中心、市隋唐大运河研究会、市文广新局、市文联共同发起并举办。由文化学者、民俗专家、新闻记者组成，文化学者、淮北师范大学教授张秉政担任领队。考察活动从2013年9月开始，以洛阳为中心，以通济渠、永济渠为半径，西至洛阳，北至北京，南至扬州，对隋唐大运河沿线5个省、2个直辖市及30余个地、县、市境内的大运河古道进行实地考察，对河岸重要城市、码头、遗址等进行动态行进式反映。

21—22日 国家发改委和住建部调研组调研淮北市申报气候适应型城市建设试点工作。调研组实地考察南湖湿地、东部山场和矿山地质环境治理项目，听取淮北市申报气候适应型城市建设试点工作开展情况的汇报，了解淮北市的基础和优势。

23日 “健康安徽”2016年环江淮万人骑行大赛（淮北站）暨“徽商银行杯”淮北市第五届环湖自行车赛在烈山区华家湖风景区举行。本届赛事赛道为半程公路半程越野，环线距离为6000米，比赛设男子山地精英组、男子山地壮年组、女子山地精英组3个组别，辽宁、重庆、山西、江苏、贵州等13个省、32支车队近200名选手参赛。

25日 市委书记、市人大常委会主任黄晓武到杜集区调研“淮北转型靠什么、我为崛起做什么”大讨论活动开展情况。实地考察在建的口子产业园、淮海实业集团产能置换新型干法水泥熟料生产线项目和已投产的贝仕达电子科技项目、安徽淮海奥可装备再制造项目，并听取杜集区关于大讨论活动开展情况的汇报。27日，实地到相山区调研，考察春秋社区、凤凰山食品经济开发区的安徽果力智能科技有限公司，听取相山区关于大讨论活动开展情况的汇报。28日，到烈山区调研，考察青龙山现代物流产城一体配套服务中心、传化公路港物流、烈山镇宁山棚户区改造、金龙电子等企业或项目现场，并听取烈山区关于大讨论活动开展情况的汇报。

26日 市委书记、市人大常委会主任黄晓武做客淮北师范大学，以《不断深化市校合作、携手推动转型崛起》为题作专题报告。

27日 由中国石油和化学工业联合会、淮北市政府联合主办的2016中国·淮北煤基新材料及化学品发展论坛在口子国际大酒店举行。中国石油和化学工业联合会副会长周竹叶，省政府副秘书长汪莹纯，工信部原材料司石化处处长、高级工程师朱宝菊，中国石油和化学工业联合会煤化工专委会副秘书长王秀江，省重化工专家办公室主任李朝东；中国工程院院士、清华大学教授金涌，清华大学山西清洁能源研究院常务副院长张建胜等有关专家学者、行业协会和企业家代表出席论坛。市领导黄晓武、戴启远、曾凡银、李明等出席论坛。清华大学教授金涌被聘为淮北市人民政府产业发展顾问。

31日 省委副书记、代省长李国英到安徽省第十次党代会淮北市代表团，与代表们一起讨论省委工作报告，听取代表们的意见和建议。淮北市代表团团长、市委书记、市人大常委会主任黄晓武主持代表团会议，代表团副团长、市委副书记、市长戴启远等全体代表参加讨论。

是月 省道202萧淮公路临涣段浍河新建余大桥通车。余大桥长996米，接线长1.61公里，桥梁路基同宽24.5米，双向四车道，按一级公路标准建设，设计时速80公里。

是月 中意胶带生产的“淮兴牌”阻燃输送带荣获“2015年度苏浙皖赣沪名牌产品50佳”称号。

是月 在中国社会科学院财经战略研究院发布的《中国县域经济发展报告（2016）》中，濉溪县跻身全国县域经济投资潜力百强县（市），名列第49位。

是月 淮水北调淮北市配水工程、中湖地质环境治理、梧桐中路改造3个项目被列为第三批政府和社会资本合作国家示范项目。

是月 在第四届中国非物质文化遗产博览会上，淮北市选送的非遗项目“庞氏棕编”在传统工艺类草柳藤编比赛中获铜奖，这是淮北市非遗项目在文化部主办的手工技艺类比赛中首次选送、首次参赛、首次获奖。

是月 安徽曦强乳业集团有限公司总经理王瑾、安徽理士电源技术有限公司总裁董捷获得2015年度“皖北工业经济人物”称号。

是月 总投资50亿元的平山电厂二期工程项目和总投资18亿元的淮北文创科教城项目奠基开工建设。平山电厂二期工程项目是国家火电示范工程，采用国际首创的高低位布置双轴二次中间再热技术，建造国际最先进的单机容量达135万千瓦的新型高效、洁净、低碳燃煤发电机组；淮北文创科教城项目建设内容包括文创科教城室内动感娱乐场所、文化创意服务基地、文化创意制作服务基地、中德文化及大学生创业培训基地等。

是月 在第五届全国老年大学文艺汇演比赛中，市老年大学舞蹈队表演的节目《繁花似锦》获汇演最高奖金牡丹奖。全国75所老年大学的100多个老年艺术团体参加比赛。

是月 在第一届全国检察机关案件管理业务竞赛活动中，淮北市检察干警陈慧丽代表安徽省人民检察院出赛，并被授予“全国业务能手”称号，入选全国检察机关案件管理人才库。

11月

4日 市委书记、市人大常委会主任黄晓武会见联合国人居署绿色海绵智慧城市国际咨询专家王洪卫，上海基本建设优化研究所所长、联合国绿色海绵智慧城市项目上海代表处主任韩国栋一行。双方就推进淮北市绿色海绵智慧城市建设进行交流。

5日 淮北豪晟创新科技园产学研基地暨首批入驻企业签约仪式举行。

是日 永瑞农业濉溪县刘桥镇周口村40兆瓦农光互补光伏发电站项目开工建设。项目装机容量40兆瓦，总投资额3.6亿元，占地1200余亩，采取优质特色生态农业与光伏发电的综合开发利用方案，实现“上发电、下种植”的有机结合。

8日 市政府新任命国家工作人员向宪法宣誓仪式在市行政中心举行，13名政府新任命国家工作人员向宪法作出庄严承诺。市委副书记、市长戴启远，市委常委、常务副市长沈光继参加宣誓仪式。

9日 市委书记、市人大常委会主任、市文明委主任、市创城指挥部政委黄晓武率队开展“行走淮北”督查活动。实地到凤凰山隧道东棚户区改造项目、古城中路沿路街巷、相阳棚户区改造项目、惠苑社区、方顶棚户区改造项目、岱东社区、长山路菜市场，察看各棚户区改造进度，听取拆迁群众对棚改工作的意见和建议，督导省测评组以及省文明办发现的街巷及小区环境整治、道路沿线机动车停放等问题的整改落实工作。

10日 在安徽省十二届人大常委会第三十四次会议上，《淮北市城乡规划条例》经审查获得批准，成为淮北市获得立法权后的首部地方性法规。

是日 《淮北市关于建立新型政商关系的暂行规定》印发实施，对建立新型政商关系分别列出“正面”清单和“负面”清单。

12日 在国家新型智慧城市创新发展论坛（第二期）暨新型智慧城市评价模拟路演上，淮北市荣获国家新型智慧城市模拟路演优秀城市奖。

12—21日 市委书记、市人大常委会主任黄晓武应邀率团访问阿联酋、肯尼亚和南非三国。

14日 市委副书记、市长戴启远到百善镇丁楼村，实地调研濉溪县精准扶贫工作。实地走访李现荣、丁廷坤、陈钦斗、陈若武4家贫困户，对照帮扶措施和帮扶效果记录，与户主面对面进行核实。

16日 “相城金蓝领”万人行动计划活动暨安徽淮北技师学院揭牌仪式举行。万人行动计划活动到2020年培养“金蓝领”高技能人才12000名，建成6个市级公共职业训练基地、7个技能大师工作室、8个高技能人才培训基地、15个高标准职业技能鉴定机构。

18日 淮北市邮政管理局联合市公安局交警支队出台《淮北市邮政快递揽投车辆市区通行管理暂行办法》，对邮政快递企业揽投车辆应符合的标准和要求、外观标识，车辆备案审核管理等作出规定。该《办法》自2017年1月1日起施行。

是日 在安徽省第二届农民跳绳大赛暨特色健身项目展示活动中，淮北市代表队4名队员获花样跳绳第一名、第三名和女子青年组单摇跳第二名。

19—20日 安徽省首届唢呐大赛在濉溪县举办。省内外十多个地市的500多名唢呐选手参加比赛，有190个节目参加初赛和决赛，评出金奖20个、“安徽唢呐十大名班”等奖项。濉溪县选送的唢呐独奏、唢呐合奏获金奖2个；濉溪县民乐团获“安徽唢呐十大名班”；濉溪县文化馆获优秀组织奖。

20日 在2016年世界青少年美式台球锦标赛上，淮北市台球小将郑肖淮在少年组决赛中获冠军。

22—24日 全省白酒生产企业质量安全追溯体系建设培训班在淮北市举行。全省各地市、县（区）食药监系统负责食品生产监管环节的分管领导、科室业务骨干以及安徽省重点白酒生产企业的代表190余人参加培训。

26日 市委书记、市人大常委会主任黄晓武率团参加在北京国家会议中心举行的2016中国城市大会，并在首届海绵城市发展论坛上作题为《借“海绵”造“绿海”变“黑金”为“绿金”》的演讲。

是日 淮北市举行纪念红军长征胜利80周年暨第二届百里毅行公益活动。从早8时40分到晚8时30分，近2600名毅行者（包括志愿者）途经5个补给点、徒步约50公里，走完全程。

是月 全国绿化委员会、人力资源和社会保障部、国家林业局授予淮北市林业局“全国绿化先进集体”称号。

是月 中意胶带、正大源饲料、启鑫工贸3家企业被安徽省打击侵犯知识产权和制售假冒伪劣商品工作领导小组办公室认定为“2015年度安徽省诚信示范企业”。

是月 相山区、烈山区被国家旅游局评为第二批“国家全域旅游示范区”创建单位。

是月 在安徽省2016年度原创网络视听节目征集展播活动中，淮北市的微电影作品《防火墙》获一等奖，《拣包》获二等奖，《攻毒》等5部作品获三等奖。

是月 在第二届全国小学魅力课堂教学大赛暨第四届“名师大课堂”观摩会上，淮北市第二实验小学教师曹静代表安徽省参赛，她执教的人教版六年级《老人与海鸥》获最高奖项。

是月 淮北国安电力有限公司1号机组超低排放改造工程通过专家组验收，该公司成为淮北市首家1台机组实现超低排放的发电企业。

是月 在安徽省第三届青年志愿服务项目大赛中，淮北市申报的志愿服务项目“‘燕飞来’关注留守儿童用电安全”项目荣获一等奖，“小红帽‘五进’志愿服务”项目荣获二等奖，“珍惜生命之源，关‘住’点点滴滴”项目、“多彩童年”项目、“桃李巷帮扶”项目和“为正能量发声”网络志愿项目荣获三等奖；共青团相山区委员会和共青团淮北师范大学委员会荣获大赛优秀组织奖。

是月 淮北市出台《关于优先发展城市公共交通（2016—2020）的实施意见》，计划到2020年，基本形成与淮北市国民经济和社会发展相适应的结构合理、设施配套、高效快捷、线路基本覆盖城区的公共交通体系。

是月 《淮北市社会信用体系建设规划纲要（2016—2020年）》（以下简称《规划纲要》）出台。按照《规划纲要》，淮北市分三个阶段全面推进社会信用体系建设，2016年年底前为基础建设阶段，2016年年底至2017年年底为重点推进阶段，2017年年底到2020年年底是全面推进阶段。

是月 由国网濉溪县供电公司承建的濉芜产业园溪河变配套送出线路工程获评国家电网公司2016年度配电网“百佳工程”称号。

12月

1日 淮北市召开党员干部“讲看齐、见行动”学习讨论动员大会，贯彻中共十八届六中全会、习近平总书记系列重要讲话、省第十次党代会、省委十届二次全会精神，具体落实省委开展“讲看齐、见行动”学习讨论的要求，部署淮北市学习讨论工作。

9—10日 市委副书记、市长戴启远率团参加在深圳市会展中心举办的2016中欧绿色和智慧城市峰会。戴启远在PPP模式主论坛上发表题为《共架合作之桥，共绘绿金画卷》的主题演讲。会上，淮北市获得2016中欧绿色和智慧城市奖先行奖。

11日 孔子学堂落户淮北市实验小学。中国孔子基金会湖南省孔子学堂推广指导委员会主任刘孝听在中南大学国学研究中心，为淮北市实验小学孔子学堂授牌。

12日 市委中心组理论学习研讨会暨全市领导干部学习贯彻中共十八届六中全会精神集中培训班在市委党校举行。

是日 在第一届全国文明家庭表彰大会上，淮北市爱岗敬业、甘于奉献的赵先爱家庭获“全国文明家庭”称号，并受到中共中央总书记、国家主席、中央军委主席习近平会见。

15日 中国民主同盟会淮北市第五次代表大会举行，陈英当选为民盟淮北市第五届委员会主委。

17日 淮北市林业产业协会成立大会暨第一届会员代表大会举行，100多家会员代表参加会议。会议通过淮北市林业产业协会会员名单和《淮北市林业产业协会章程》，选举淮北市（振丰）丰林农业发展有限公司董事长刘玲为协会第一任会长，孙林娟等6人为副会长，李政伟为秘书长。

18—19日 市委书记、市人大常委会主任黄晓武到濉溪县刘桥镇后吕楼村蹲点走访，与村民同吃共住，了解村情民意，共商基层党建发展大计，共谋发展致富良策。

19—20日 市委副书记、市长戴启远到濉溪县百善镇丁楼村蹲点走访，与村民同吃同住，了解农村生产生活状况，与基层干部群众共商特色小镇、美丽乡村建设和脱贫攻坚工作。

20日 淮北市召开四大班子部分领导成员带头指导推进重点产业、重点项目工作调度会，就中国碳谷·绿金淮北国家创新驱动试验区、杜集区装备制造产业和濉溪县汽车零部件产业、对台产业招商、新型煤化工合成材料基地、中国陶铝峰和新型智慧城市、文化产业、“绿金淮北”相关产业、濉溪县南部次中心等产业和项目建设进展情况进行通报，分析查找问题。

24日 中国民主促进会淮北市第五次代表大会举行，刘添才当选为民进淮北市第五届委员会主委。

25日 濉溪县双堆集镇陈集村53名村民，在家门口接受通过网络预约的10项体检服务，成为安徽首批农村网络体检订单。

26日 中国民主建国会淮北市第五次代表大会举行，程晋明当选为民建淮北市第五届委员会主委。

28日 淮北市在合肥举办陶铝新材料军工领域推广应用对接会和民用领域推广应用对接会。省国防科工办、省军区综合办，相关军代局（室）、军工企业，省经信委及安徽省各市经信委，江淮汽车集团有限公司等省内外35家企业负责人出席对接会。市领导黄晓武、戴启远、朱浩东、张辉参加对接会。

是日 中国致公党淮北市第三次党员大会举行，董哲当选为致公党淮北市第三届委员会主委。

29日 “绿金淮北转型崛起”2017年淮北市新年音乐会在市广电中心举行。

31日 淮北市首条旅游专线试运营，沿途主要站点有电厂、科委、快乐真棒天骄店、总工会、供电公司（相山公园风景区）、批发市场、文体产业园（矿务局总仓库）、东湖公园景区、矿山集、龙湖开发区、南山景区、华家湖景区、蔡里、榴园景区。旅游专线全程30公里，车辆运行为双向发车，运行日期为星期六、星期天以及法定节假日，单边运行时间为60分钟。执行一票制，票价3元。

是月 市委政法委、市人大常委会内务司法工作委员会、市推进依法行政工作领导小组办公室和市法治宣传教育工作领导小组办公室联合印发《关于实行国家机关“谁执法谁普法”责任制的实施意见》，推动淮北市法治宣传教育工作深入持久开展。

是月 濉溪县入选全国开展支持农民工等人员返乡创业试点县。

是月 淮北凤凰山绿色食品旅游文化博览园开工建设。博览园项目整体采用传统徽派建筑风格，总占地面积61132平方米，总建筑面积33111平方米，一期工程为特装展区，主要为淮北食品工业博览会提供固定的会展场所。二期工程为中国食品文化展览馆和凤凰山食品经济开发区展示馆。

是月 淮北市被中国成人教育协会评为“全国学习型城市建设联盟第四批成员单位”。

是月 淮北市殡葬服务中心被民政部授予“全国殡葬工作先进集体”称号。

是月 淮北市工商局行政许可科被国家工商总局评为全国工商、市场监管部门企业登记工作成绩突出窗口单位。

是月 淮北黄里进士文化园古民居项目签约仪式在相山区政府举行。淮北黄里进士文化园古民居项目是以安徽徽商文化艺术为核心，全力打造一个集书画展示、文创交易、国学经典培训、禅修亲历体验、文化观光旅游功能为一体的创意、休闲度假场所。项目选址在黄里风景区内，一期占地50亩，项目总投资额约2亿元。

是月 中国隋唐大运河博物馆入选中国华侨国际文化交流基地名单，这是淮北市第一个获此殊荣的国际文化交流阵地。

是月 南湖生态城区成为安徽省2017年获批的两个绿色生态示范城区之一。这是皖北地区首个通过省住房和城乡建设厅批准的绿色生态示范城区。南湖生态城区位于淮北市主城区南部，东至烈山卧牛山，南至烈山大道，西至相山南路和小南湖，北至沱河路，规划面积约9.9平方公里，其中水域面积约3平方公里、山体面积约0.2平方公里。

市情综述

■淮北市总面积 2741 平方公里

■2016 年，淮北市辖 1 县 3 区，18 个镇，17 个街道

■2016 年年末，全市总人口 2165386 人。有回族、满族、蒙古族等 35 个少数民族

自然地理

【位置面积】 淮北市位于安徽省北部，北纬 33°16′～34°14′，东经 116°23′～117°02′。地处华东地区腹地，苏、豫、皖三省交界，北接萧县，“飞地”杜集区段园镇与江苏徐州市铜山区接壤；南临蒙城，东与宿州毗邻，西连涡阳和河南永城市。南北长 108 公里，东西宽 60 公里，总面积 2741 平方公里，其中濉溪县面积 1987.5 平方公里。

【地貌】 淮北市地处淮北平原中部，地势由西北向东南倾斜，除东北部有少量低山地形分布外，其余为广阔平原，主要有山丘、平原、湖洼地、河流等类型。海拔 15～40 米，坡降为万分之十一。平原面积占土地总面积的 95.3%，低山残丘面积仅占 4.7%。以寒武和奥陶系地层形成的山丘，分两列由东北向西南延伸。山地一般高程约 200 米，最高峰是烈山区的老龙脊，海拔为 362.9 米，次高峰是市政府所在地的相山，海拔为 342 米，其余平原海拔高度 22.5～37.0 米。

淮北市河流总长 378 公里，主要河流有濉河、南沱河、闸河、龙岱河、岱河、龙河、湘西河、洪碱河、巴河、王引河、新北沱河、包河、浍河、澥河、北淝河等自然和人工河流。全市因采煤塌陷土地已达 15000 公顷，形成永久性水面 4000 公顷，季节性水面 5000 公顷。

【主要山脉】 淮北市山脉主要分布在北部及中部偏东，根据其展布方向及自然组合，可将其分为东部、中部、西部山脉。东部、中部山脉位于市境东部，为皇藏峪复背斜，由于有两条向上隆起的褶皱形成了以闸河为界“人”形的两列山丘。

东列山脉，从萧县皇藏峪轿顶山开始到宿县符离止，为低山丘陵地貌，并向北延伸出境，山脉北高向南降低，至符离集骤然消失。山势较陡峻，岩石裸露，形成羊群地貌。一般海拔高度 200～300 米。沿宿州界，南起马桥乡龟山 178.3 米（光绪《宿县志》：相传唐代王绩曾在龟、蛇二山采药）、磨旗山 178 米位于马桥后周圩村东〔俗称奶奶山，光绪《凤阳府志》：符离集以西古饶集附近有磨旗山，俗名磨石山，旧传刘邦名将樊哙曾在此屯兵，至今仍有旗杆石眼。清光绪年间所立奶奶庙碑刻“磨旗山旧有碧霞宫，后有菩萨明楼，前有阎君两厢，再下有山神祠，西峰有三官、火神、灵官、华祖诸殿阁。又有朝阳二洞，洞中有玄帝达摩，自汉唐以迨我朝千余年矣。咸丰中遭兵燹，庙楹拆毁……神像倾颓……”清光绪《宿州志》：咸丰六年（1856）捻军大战符离集，收磨旗山。捻军占据此山后，便安营扎寨，屯兵把守，切断清军粮道。同治元年（1862）六月，知州英翰带领团练至高皇山，命奸细赵克常打入磨旗山，佯装助捻，里应外合，迫使捻军焚寨西走，转战于萧县、宿县、永城交界地。〕北卧虎山 227 米、迤西虎山 158.2 米、马桥东回龙山 124.6 米（回云山，俗名洞窝，故名），寺中有老猫洞（传说昔日毛遂居于此洞，故名毛洞。峰麓环绕，林木隐秀，有洞，曰回龙洞口，泉极甘洌，洞西有观音殿，求子甚验）。南郭寨山 210.8 米，迤北鹰山 263.7 米、高楼山 247 米。正北新蔡镇长山 301.2 米、大太王 293.1 米、小太王 237.1 米。蔡里平坦地带东侧的老龙脊、鹰山等 9 座山，山脊线与岩石走向、主要构造线的方向一致。老龙脊位于蔡里东南 5.5 公里处，山底围 3 华里，最高山峰平顶山海拔 362.9 米，因山势起伏像老龙的脊背，故名。上有大方寺，传东汉时建。西北大麻子山 305.3 米、二麻子山 315.2 米，东北牛头山 266.4 米、馒顶山 307.7 米、蜡台子 225.5 米。在龙须湖北岸，与龙脊山相对的塔山 240.2 米，均属龙脊山山脉。又北尖山台孜 260.2 米，合徐高速公路南大黄山 223.6 米、茅山 290.7 米，至宿州境。

中部山脉，东从闸河西到巴河，北从萧县黄包顶、官山至十里长山的诸阳山，为残丘地形，山脉走向近南北断续分布，或呈孤岛状。山势低矮，海拔高度 60～300 米，多由灰岩组成。南起烈山区赵集的十里长山（南北绵延 10 华里，故名）。包括蔡山和盘龙山，最高海拔 89.3 米。南端诸阳山 76.4 米（《清史稿·凤阳府志》一名睢阳山，在睢水之阳，睢水自河南永城入）、唐武德四年（621），析符离县侨置诸阳县，治所诸阳山下，即侨置之定陶故地。山坡东北孤山 81.2 米（古竹山，在古竹地，因名。后讹为孤处山）、石山、土山（光绪《凤阳府志》：宿州城西北五十里有石山，周围一里余，“纯石无土，介然独峙，层层迭起，嵌空玲珑，如雕如画”，旧传为“飞来峰”。东北土山，纯土无石。东西长二里，在尚河集）、刁山 101 米、虎山 83 米、平山 63 米。

烈山镇诸山向东北倾斜，山多佳气，望之去影潭潭的青龙山 110.2 米。雷山（清称邱疃山，《濉溪县志》、光绪《宿州志》记载，“陈涉墓在州西北邱疃山西麓，今名冢山头。”又载晚清恩贡邵心恒《在邱疃山陈隐王墓下作》诗一首，最后四句：“邱疃山下悲风紧，宿草离离半枯陨，烟云惨淡昼沈沈，当日精灵犹未泯。”可见当时墓葬仍存，而且保留比较完好。《汉书》却说“胜葬于砀，姑存疑”。今查该墓位于濉溪县城东南 6000 米处的冢山头，在青龙山南麓铁路桥南首）。三五山 124 米，过闸河，花山 81.6 米。檀山 116.8 米（山产檀，故名）。

北烈山123.3米（炭山、新安山，借新安村之名。《濉溪县志》，据《朱氏家谱》记载，朱石寮的先辈由沛郡迁到江西婺源，旧属新安。明初其后裔朱信始居烈山之东，用“新安”命名村庄。光绪《宿州志》：在新安集，山西产煤，屡封屡开近石，裂山崩矣）。丰山101.5米（封赠山，又名封子山。《列仙传》：宁封子黄帝时为陶正掌火，能出五色烟，后积火自焚，随烟气上下，其遗骨葬此，故名。在宋疃集）。宁山，因山北麓有春秋齐国大司田（农官）宁戚之墓，故名。新蔡镇以北大山头（艾山）143.5米，花鼓山137.3米等5座山丘，均为半掩埋岛状残丘，山坡大多平缓，基石裸露。土型东南燕子山119米，华家湖（原化家湖、蔡里湖、土型湖）北驾子山156.8米，东北双顶山211.1米，西南尖山222.7米，东龙草峪234.6米，向东北折，沿与萧县界北上，杜集区石台镇境石籬道242.9米，狼窝山288.2米，西北黑石块311.3米，为此列最高山峰；梧北村东北马鞍山241.9米，萝卜山（铙钵山）274米，至萧县境。

《徐州府志》：又南五里逾河为铙钵山，又南为梧桐山（梧桐水出焉），山东为黑石山，两山之间为柿峪。又南为牛山，迤西为桃山、柿山。又南为大刁山，迤西为双顶山。又西南为拉蓝山（山西南为宿州界），此万山南西支也。

西部山脉，北起萧县龙城镇东北祁村，南止于淮北市渠沟，自东北向西南延伸。主要山峰有：义安山、苗山、程蒋山、相山等。段园镇祁村西北义安山262.1米。（《徐州市志》：古称大彭山，相传彭祖于此建大彭国）苗山115.3米。西南经萧县，沿龙河，过萧濉新河，入淮北市境。罗里山239.5米，西北为程蒋山，西南黄山（横山，有道西出，为平山口）216.6米、尖山（也称滂汪山）214.4米、郭庄以西方山243米（《州志》：在县南五十里，有王小仙洞）东南为高岳山。西南入相山区后黄里最高山峰相山342米（光绪《宿州志》：在相城乡，其脉自彭城蜿蜒而来，高五里，周二十里，称州巨镇，为诸山之宗）上有古祠相山庙，又称显济王庙。三面环山，周围林木葱茏，环境幽美。登寺山门奎楼眺望，市区尽收眼底。前黄里南鹰山276米。天马山（光绪《宿州志》：天马山距城七十里，麓曰磷石坡，在瞿沟集）77.8米。刘桥镇东北部山丘为相山西延部分，南北狭长，海拔275米。方庄有灵姥山。

【资源】 *土地资源* 淮北市土地总面积274138.81公顷，土地开发利用程度较高。截至2016年年底，全市耕地面积167705.77公顷，约占61.18%，较上年减少245.39公顷；林地面积8014.7公顷，约占2.92%，较上年减少50.62公顷；园地面积2777.63公顷，约占1.01%，较上年减少25.76公顷；草地面积571.12公顷，约占0.21%，较上年减少4.97公顷；城镇村及工矿用地面积50996.76公顷，约占18.60%，较上年增加311.89公顷；水域及水利设施用地面积26332.82公顷，约占9.61%，较上年减少211.45公顷；交通运输用地面积11702.17公顷，约占4.27%，较上年增加198.36公顷；其他土地面积6037.84公顷，约占2.20%，较上年增加27.94公顷。全市划定基本农田面积147155.4公顷，基本农田保护率高达87.62%。其中，濉溪县高达91%，部分乡镇超过95%。淮北市耕地资源较少，人均耕地面积不足0.077公顷，低于全国和全省平均水平。未利用土地较少，且多为荒山、河流、湖泊，难以开垦，耕地后备资源严重不足。此外，因煤炭开采每年塌陷土地约667～800公顷，据不完全统计，截至2016年年底，全市已累计塌陷土地约32万亩，其中80%为土质良好的耕地，因煤炭开采导致耕地面积持续减少，保护耕地压力巨大。

矿产资源 淮北市境内已发现矿产56种，已探明储量的有16种，分别为煤、铁、铜、金、银、钴、镍、耐火黏土（高岭土）、石膏、水泥用灰岩、建筑石料用灰岩、制灰用灰岩、水泥配料用黏土、高岭土、地下水、天然矿泉水。其中，以煤炭资源最为丰富，截至2016年年底，辖区内共探明煤炭矿产地50处，保有资源储量49.20亿吨（比上年减少1.65亿吨）；探明铁矿矿产地12处，保有资源储量矿石量1.18亿吨（较上年增加0.15亿吨）；探明铜矿矿产地6处，保有资源储量金属量15.62万吨；探明金矿矿产地3处，保有资源储量金属量30.58吨；探明银矿矿产地2处，保有资源储量金属量155.16吨；探明大中型水泥用灰岩矿产地8处，保有资源储量2.37亿吨（较上年减少400万吨）；探明建筑石料用灰岩矿石资源储量1788.85万吨（较上年减少311.15万吨）；探明高岭土矿石资源储量2300万吨。另据预测，在煤系地层中与煤共生的硬质高岭土潜在资源量约2.88亿吨，天然焦1.5亿吨，煤层气3200亿立方米。已开发利用的矿产有煤、铁、铜、金、银、水泥用灰岩、建筑石料用灰岩、耐火黏土、高岭土等。已开展综合利用的矿种有煤矿的煤系高岭土，铜铁矿的伴生金、银。开展综合利用的矿山企业有4个，分别为朔里煤矿、前常铜铁矿、刘楼铜铁金矿、秦楼铜金矿。

非金属矿产 全市已开发利用的非金属矿产有水泥用灰岩、建筑石料用灰岩2种。截至2016年年底，全市共有非金属矿山企业6个。其中，水泥用灰岩矿4个，较上年增加1个，为程蒋山水泥用灰岩矿；建筑石料用灰岩矿2个，与上年持平，减少1个为龟山建筑石料用灰岩矿，新增1个为高楼山北坡建筑石料用灰岩矿。

2016年，全市非金属矿山年产矿石量514.33万吨，较上年增加16.23万吨；产值77042.0万元，较上年增加37618.78万元；从业人数157人，较上年减少60人。单个矿山年均产矿石量128.58万吨，比上年增加28.96万吨，非金属矿产开发利用的规模较小，集约化程度较上年有所提高。2016年，全市水泥产量368.33万吨，较上年增加约12.84万吨；产值71494.0万元，较上年增加34067.78万元，增幅较为明显。

生物资源　淮北市野生动物主要有鸟类、兽类两大类。有鸟类29科、50多种。其中具有经济价值的食用或羽用狩猎类18种，具有观赏价值的4种，保护农林作物的食虫益鸟25种，主要有鸭雁类、鹰类、雕类、燕类、啄木鸟、黄鼬、狐狸、刺猬、野猫、野兔、蝙蝠、蛇、蝎、蜥蜴等。有树种300多个，分属66个科、147个属。其中，乔木118种，灌木177种，藤木14种，竹类8种。古稀珍贵树木有古柏、古槐、银杏等。果树主要有杏、桃、核桃、石榴、枣等。中药材资源共213科，672种，总蕴藏量约28万担。其中植物类药材140科，571种，蕴藏量26万担，矿物类药材有6种。

气　候

2016年，淮北市气候特点是：气温偏高，降水偏多。其中，冬季气温偏低；春、夏、秋三季气温均较常年同期偏高；日照时数偏少明显，时空分布不均。天气总体平稳，未出现大旱、大涝，但部分地区受灾较重。总体上看，各农业生产季节光、热、水等气候资源分布较为合理，基本满足农作物各生育期的需要，夏秋两季农作物收成较好。

一、主要气象要素的特征

1. 气温

2016年平均气温15.7℃，比常年偏高0.5℃。年极端最高气温为37.6℃，出现在7月30日；年极端最低气温为-12.6℃，出现在1月24日。最长连续高温日数9天（7月23—31日）。

2. 降水

全年降水量为980.5毫米，比常年偏多147.0毫米。年一日最大降水量为98.4毫米，出现在6月23日。年最长连续降水日数为8天，出现在10月21—28日，过程降水量为118.3毫米。年最长连续无降水日数为27天，出现在3月9日至4月4日。全年暴雨日数有4天，出现在6月23日、7月1日、7月20日和10月2日。

3. 日照

年日照时数为1945.5小时，比常年偏少307.0小时。年无霜期为251天。

4. 积雪和冻土

年最大积雪深度8厘米，出现在11月23日。年最大冻土深度为14厘米，出现在1月26—28日。11月23日初霜，较常年偏晚；降雪初日为11月22日，偏晚。

二、主要气候事件

2016年，淮北市出现寒潮、大雾、高温、雷雨大风、连阴雨等灾害性天气，给社会经济造成一定影响。

1. 寒潮

1月22—25日，淮北市出现寒潮天气过程，日平均气温48小时下降7.4℃，最低气温下降9.1℃，24日早晨最低气温为-12.6℃，为1982年以来最低。该次寒潮天气过程带来的急剧降温和低温已超过越冬期麦菜的耐寒能力，致使部分越冬期作物，特别是没有来得及覆盖的大棚蔬菜、瓜果、树木等受冻害严重。

2月12日夜到15日，淮北市再次出现寒潮天气过程，日平均气温由12日的11.1℃下降至15日的0.2℃，降幅达10.9℃，与1月下旬的寒潮过程相比，该次寒潮虽然降温幅度大，但最低气温不太低，致灾程度较轻。

11月22—24日的强寒潮天气，致使淮北市日平均气温48小时下降13.3℃，并伴随雨雪，最大积雪深度8厘米。

寒潮天气带来的低温雨雪、道路结冰给交通运输及人民生活带来不利影响。

2. 大雾

2016年，淮北市出现大雾天气较多。尤其是1月8—10日、4月7—8日，连续出现大雾天气，部分地区能见度不足100米，给交通出行和人民生活带来较大影响。

3. 干旱

1—3月，淮北市累计降水量32.7毫米，其中1月降水2.9毫米，2月16.1毫米，3月13.7毫米，较常年同期偏少近六成。由于降水持续偏少，加之气温回暖迅速，蒸发加大等影响，2月下旬初旱象露头，并发生发展，到2月月底部分地区出现轻等以上气象干旱，局地中旱，影响小麦生长。8月中旬以后，多晴热少雨天气，农田蒸发加剧，土壤失墒加快，期间虽有两次降水过程，但降水量较少，旱情显现并逐步发展，至8月底，大部分田块发生轻到中度旱情，不利于秋季作物的后期生长。9月上中旬及下旬前期，气温偏高，降雨偏少，气象干旱出现范围最广、程度最重，全市大部分地区为中旱及以上，对在地作物生长和秋种不利。

4. 雷雨大风

6月13日20时到14日20时，濉溪县北部出现雷雨大风强对流天气，阵风达7级以上，瞬时极大风速为29.3米/秒，致使濉溪县城部分地区出现短时内涝，大风造成7635人受灾，农作物受灾面积758公顷，刮倒树木

11683 余棵，严重损毁房屋 11 间，一般损毁房屋 391 间，21 根电线杆损毁，2500 米电力通信线路中断，养殖大棚及其他厂房受损 388 间，种植大棚受损 350 亩，直接经济损失 2589 万元。

7 月 28 日凌晨，杜集区遭受雷雨大风强对流天气袭击，造成朔里镇、高岳街道、矿山集街道的部分行政村不同程度受灾。雷雨大风天气过程致使 1187 人受灾，因灾死亡 1 人，农作物受灾面积 25.3 公顷，倒塌房屋 2 户、3 间，一般损毁房间 59 户、119 间，厂房损毁 9 间，直接经济损失 92 万元。

5. 高温

7 月 23—31 日，淮北市连续出现 9 天≥ 35.0℃高温天气，给人民生活和农业生产带来不利影响。高温天气影响夏玉米授粉，造成玉米缺行缺粒；夏大豆落花落荚严重，对秋季作物产量有一定影响。

6. 连阴雨

10 月 21—28 日，淮北市出现大范围连阴雨天气，该次连阴雨呈现累计雨量多、持续时间长、降水强度大、日照少的特征。受连阴雨天气影响，大部农田出现渍涝灾害，土壤持续过湿，低洼农田出现积水，对农业生产造成不利影响。

表 1

2016 年淮北市各季气温、降水概况一览表

项目 / 时间	气温（℃）		降水（毫米）	
	历年	2016 年	历年	2016 年
12—2 月	2.9	2.7	52.0	23.1
3—5 月	15.3	16.1	143.9	135.3
6—8 月	26.5	26.8	494.8	490.0
9—11 月	16.2	16.6	142.7	289.2

表 2

2016 年淮北市各月气温概况一览表

单位：℃

月项 / 项目	1	2	3	4	5	6	7	8	9	10	11	12	年
本年平均	0.5	4.6	10.8	17.2	20.4	25.1	27.8	27.7	23.6	16.7	9.4	4.9	15.7
历年平均	1.3	4.1	9.0	15.8	21.2	25.6	27.4	26.6	22.3	16.7	9.5	3.4	15.2
本年平均最高	5.2	11.0	16.7	22.9	25.7	30.5	31.9	32.5	29.6	20.0	13.7	9.6	20.8
历年平均最高	6.0	9.0	14.1	21.3	26.6	30.8	31.6	30.8	27.2	22.2	14.9	8.2	20.2
本年平均最低	0.1	1.1	6.1	10.5	17.4	21.3	23.5	23.4	18.9	12.9	5.3	0.7	11.8
历年平均最低	−2.9	−0.1	5.7	12.2	15.6	20.8	24.5	24.2	19.3	14.1	6.0	1.6	11.8
本年极端最高	15.4	18.4	23.0	29.8	31.3	36.3	37.6	36.7	35.4	28.8	23.5	16.9	37.6
历年极端最高	18.0	25.4	28.6	33.8	36.9	40.4	39.6	38.0	36.9	34.4	27.7	21.4	40.4
本年极端最低	−12.6	−7.9	−0.6	6.1	10.1	15.8	19.7	17.0	14.0	6.3	−5.9	−4.0	−12.6
历年极端最低	−12.8	−14.0	−7.3	0.1	5.6	12.6	17.1	13.9	7.4	−0.4	−7.2	−14.0	−14.0

2016 年淮北市各月降水量、年降水量一览表

表 3　　单位：毫米

项目＼月份	1	2	3	4	5	6	7	8	9	10	11	12	年
2016 年	2.9	16.1	13.7	37.7	83.9	172.6	260.2	57.2	46.1	220.9	22.2	47.0	980.5
历年平均	16.5	20.7	33.7	34.1	76.1	106.7	239.9	148.2	68.3	45.8	28.6	14.8	833.5

2016 年淮北市主要天气现象日数统计表

表 4　　单位：天

项目＼月份	1	2	3	4	5	6	7	8	9	10	11	12	年
雨	2	4	3	10	14	13	14	14	10	15	7	7	113
雪	6	–	–	–	–	–	–	–	–	–	2	–	8
霜	20	16	4	–	–	–	–	–	–	–	6	19	65
大风	–	–	–	–	–	2	2	–	–	–	–	–	4
雾	6	2	6	9	2	1	–	1	5	5	5	11	53

2016 年淮北市各月极大风向风速统计

表 5　　风速单位：米 / 秒

项目＼月份	1	2	3	4	5	6	7	8	9	10	11	12	年
风向	WNW	NNW	ENE	ENE	NE	W	SW	NE	NE	ENE	2 个	N	W
极大风速	11.5	15.1	13.4	14.5	16.0	29.3	21.6	13.0	12.3	13.0	12.4	11.5	29.3
出现日期	23	13	8	3	12	15	28	26	28	26	2 天	5	15/6 月

（张永芹）

建置沿革

夏商时期，市境属徐州。公元前 21 世纪，助禹治水有功而成为商部落首领契的孙子、商汤十一世祖相土为进一步向东扩张，由商丘迁徙至此，作为别都，此后山即为相山、城即为相城。商汤伐桀，灭夏建商，相城仍属徐州所辖。周武王伐纣更商分封诸侯，以纣王兄微子启代殷，立国号宋，相属宋。公元前 588 年至前 576 年期间，宋共公瑕为避水患，曾将国都由睢阳（今商丘）迁至相城。战国时期（前 286），齐、楚、魏灭宋，相归楚国。秦始皇二十二年（前 225）在相城和今临涣镇分设相县、铚县，同属泗水郡，相城为郡治所在地。

汉高祖四年（前 203），改泗水郡为沛郡，郡治仍在相城。元狩六年（前 117），在今北山乡梧南、梧北村西闸河西设梧县，属沛郡，改梧县为吾治。地节元年（前 69），梧县改属彭城郡，后改属楚国。王莽篡汉后，尽易天下郡县名，改相县为吾符亭，沛郡改为吾符郡。东汉建武二十年（44）改沛郡为沛国，国都仍在相城。梧县先后改属楚国、彭城郡国。三国时，相城属魏，相县和铚县先后属汝阴郡，归豫州。梧县仍属彭城郡国。

西晋太康二年（281），复置沛国，建都相县。东晋皇室南渡，相县先后归赵、前燕，归属屡有更易。梧县先后属后赵、前燕、前秦的彭城郡。太元八年（384），梧县无恢复。南北朝时，相县先后归属宋、北魏、北齐，属徐州沛郡。北齐天保七年（556），废相县为相城乡，属符离县，铚县归梁时改为临涣县，北魏时改为涣北县，北齐时复称临涣县。

唐朝，市境分属徐州之萧县，宿州之符离县、临涣县、蕲县。相地渐趋衰落，成为边远闭塞之地相城孜。

五代时，隶属与唐代略同。

北宋元丰五年（1082），本地分属宿州之符离县、临涣县、蕲县，徐州之萧县。南宋时，长淮以北沦为金地，本地分属宿州之符离、临涣、蕲县，徐州之萧县。

元初，本地分属徐州之萧县，宿州之符离县、临涣县、蕲县。至元二年(1265),本地分属徐州之萧县和宿州领辖。直至明清。

民国元年(1912),市境分属安徽省宿县和江苏省萧县。

1948年11月,市境解放。1949年6月,市境分属华东局皖北行政公署宿县和萧县。1953年2月,市境分属濉溪县和萧县。

1958年5月,淮北煤矿筹备处成立。1960年4月,建立濉溪市。1971年1月,设立相山区。1971年4月,更名淮北市。1977年2月,宿县地区所辖濉溪县划归淮北市管辖。1980年3月,设立杜集区、烈山区。截至2016年年底,淮北市辖相山区、杜集区、烈山区和濉溪县。

历史文化

编者按:淮北历史悠久、山川秀美,名胜古迹众多,历代名人辈出,文化源远流长。本年鉴将逐卷分期登载历史人物、文物保护单位、非物质文化遗产、风景名胜等简介,以飨读者。

历史人物选介

陈万年 (?—前44年),字幼公,西汉沛郡相(今淮北市)人。历任郡吏、县令、广陵(今扬州)太守、右扶风、太仆、御史大夫等职。

陈万年原在沛郡(今淮北市)当小官吏,经多次考察和举荐升任县令,后又升任广陵太守。汉宣帝元年(前61),以政绩突出转任长安(今西安)三辅之一的右扶风。5年后,被任为太仆,成为朝中九卿之一,主掌宣帝车马。

陈万年为官虽廉洁,但在官场上却善于阿谀奉承,结交权贵。他不断地给当时的外戚许家和史家送礼,即使弄得倾家荡产也在所不惜,尤其是对乐陵侯史高,更是不遗余力。宣帝五凤二年(前56),丞相丙吉生病了,中二千石(郡守)以上的官员到丞相府去看望慰问,名帖送进去后,丞相打发家丞出来表示感谢,大家都陆续散去了,唯独陈万年留了下来不肯走,一直等到天黑才肯离去。不久,丙吉病情加重,宣帝刘询亲临丙吉床前,向他询问朝中大臣的德才能绩,丙吉向宣帝推荐了于定国、杜延年和陈万年。宣帝甘露三年(前51),御史大夫于定国升任丞相,时任太仆的陈万年升任御史大夫。

陈万年的儿子陈咸,性格脾气却与父亲不同。陈咸18岁时担任郎官(帝王侍从),由于年少气盛,在任何场合都率直敢言,有时甚至当面讽刺讥笑皇帝的近臣。陈万年心里着急,唯恐儿子日后因心直口快而招惹灾祸,因此经常教诲陈咸。有一次,陈万年病了,把陈咸叫到床前训诫,没完没了地训到半夜。陈咸很疲劳,便打起瞌睡来,一不小心,头碰到了屏风上。陈万年发觉后,雷霆大怒,拿过拐杖来要打儿子,训斥说:“我口口声声教你,你却打瞌睡,不听我的话,这是为什么?” 陈咸叩头道歉说:“您说的话(的意思)我都知道,无非是教导我要善于卑躬屈节巴结人就是了。”陈万年听后,顿觉无趣,也只好不再说什么了。(见《汉书·陈万年传》)陈万年做了8年御史大夫后病死。

陈　咸 (前73—?),字子康,西汉沛郡相(今淮北市)人。御史大夫陈万年的儿子。18岁时担任了郎官,由于年少气盛,生性耿直,率直敢言,并多次上书皇帝,陈述自己对一些事情的见解,因此调任左曹,汉元帝初元五年(前44)升任为御史中丞,负责州郡奏事、考核督促刺史,因执法严明很有威望,公卿以下的官员都敬畏他。当时,宦官石显与外戚史高勾结,一度权倾朝野,陈咸不畏权贵,经常说石显的短处,石显非常记恨他。后借机向皇帝进言,罢免陈咸的官职。成帝刘骜即位(前32)后,经大将军王凤奏请皇上,陈咸得以复出,担任长史(三公辅佐),后相继调任冀州(沿今河北冀县)刺史、谏议大夫、楚国内史及北海郡(治今山东淄博市内)及东郡(今河南濮阳西南)太守、南阳(今河南南阳)太守等职。任职期间,以重刑杀伐立威,官员及地方豪强大户,凡违法者一律严惩。官员自危,豪强慑服。下属违法乱纪的现象被禁止了,但他的政治生涯也从此衰败了。当时车骑将军王音的宠臣陈汤非常得势,陈咸多次贿赂他,终于做了少府,掌山海池泽收入和皇室手工业制造,成为九卿之一。凡查出侵占国家珍宝财产者,一律没收入官府,因此许多人都畏惧他。成帝永始二年(前15),丞相翟方进奏报:“陈咸任太守时残害吏民,贪赃枉法,又百般逢迎邪佞之臣而调进京城,实属无耻,不可任用。” 陈咸遂被免官。两年后,皇帝诏举方正直言之士,经红阳(今河南舞阳西北)侯立极力推荐,拜为光禄大夫给事中,后又被翟方进弹劾罢免,并令其返回故土。不久,翟方进自杀,陈咸被起复任尚书。(见《汉书·翟方进传》)

王莽篡夺皇位后,召令他任掌寇大夫,陈咸称病推辞,并责令儿子陈参、陈丰、陈钦同时辞官。父子4人一同返回故里后,闭门不出,仍沿用汉制,专心整理所存律令、书文珍藏,直到病死。

桓　谭 (约前23—56),字君山,沛国相(今淮北市)

人。东汉哲学家、经学家，唯物主义无神论者。

桓谭的父亲为汉成帝时的大乐令，地位与外官中的州刺史同列。桓谭“以父任为郎”，17岁任奉东郎，守卫殿中小苑西门。又管理过宫中的刻漏。他喜好《离骚》，长于文学，精通音律，善鼓琴，又兼通天文历史。遍习五经，博览通晓诸子学说，爱读《庄子》，但以儒学为宗。王莽篡政，作为王莽的旧相识卷进了政治漩涡，成为王莽“始建国”的勋臣之一，由谏议大夫升迁为“明告里附城”（相当于秦汉制度的“关内侯”）。之后，他历任新朝的“掌乐大夫”“讲乐祭酒”等官职，列上卿。（见《后汉书·桓谭传》）。东汉光武帝即位后，征选有识之士，在大司空宋弘力荐下，桓谭被任命为议郎、给事中。桓谭不满现状，多次上疏提出革政事的意见和建议均未被采纳。后桓谭又上疏批评刘秀信用图谶迷信，劝他不要相信谗臣胡言，并讲述《五经》之正义，结果是：“帝省奏，愈不悦”。一次，刘秀想用图谶决定建造灵台的地址和时间，并征求桓谭的意见，桓谭沉默很久说：“臣从来不读也不相信图谶。”接着又陈述图谶荒诞不经，历数图谶惑众之恶，沉湎于图谶的刘秀大怒，斥责桓谭“非圣无法”，并将其投入大牢，决定将其杀掉。桓谭叩头不止，泪流如注，才得免死。后被贬为六安（今安徽六安市）郡丞。是时，桓谭年已七十有九，“意忽忽不乐”，在赴任的途中病死，遗骸归葬于相城（今淮北市）。

桓谭是东汉著名的无神论者和唯物主义者，在中国哲学发展史上占有不可忽视的地位。哲学上最大的贡献是论形神，即论述人的形体与精神的关系。他认为，人的生命是由形体和精神相结合而成的，精神和形体的关系如同火光和烛体一样，火光的强弱以烛体的长短多少为转移，精神的强弱也是以形体的强弱为转移，烛体燃烧完毕，灯光无法复燃，人的形体衰老死亡了，人的精神也随之衰老死亡。人老如秃灯，人死如灭灯，一切有生命的东西都必然经过生长、衰老和死亡，这种自然规律是客观存在的，是不以人的意志为转移的。桓谭对当时流行的世俗迷信，诸如占筮、祭祀、占梦、求雨等，作了辛辣的批判。最典型的是对王莽的讽刺。他无情讥笑王莽“好卜筮，信时日，而笃于事鬼神”“至死不悟”。桓谭的哲学思想，是朴素的唯物主义观点。

桓谭的教育思想具有戳虚妄、揭伪饰、重实际、尚世务的现实性、战斗性特色。他反复强调，唯有坚决反对谶纬之邪说，而行仁义之正道，才能“合人心而得事理”，才是政道之根本。其次，强调教育、人才在治国中的重要地位和作用，明确指出：“王道之治，先除人害，而足其衣食；然后教以礼义，使知好恶去就。”（《新论·王道》）。因此，他要求当政者应“视俗而施教，察失而立防”。（《后汉书·桓谭传》）。再次，在教学上反对章句之学，提倡“随其所喜”“因材施教”的教学原则；注重“读、观、习、写”相结合的学习方法；强调择师的重要，他说：“三岁学，不如一岁择师”（《新论·启寤》）。桓谭的教育思想在反对谶纬迷信、反对神化儒学方面起着积极的作用。

桓谭“见刘向《新序》，陆贾《新语》，乃为《新论》。”（《太平御览》卷六〇二）《新论》计17卷、29篇。该书在东汉影响很大，王充在《论衡》中多有褒扬，认为《新论》的水平高于董仲舒、司马迁、扬雄的著作，可上比孔子之《春秋》，均称为汉代第一。《新论》一书，《隋书·经籍志》《旧唐书·经籍志》《新唐书·艺之志》均有著录，但到南宋时便亡轶了。唐人魏征主编的《群书治要》，保存了《新论》的若干段落。清人孙冯翼辑《桓子新论》一卷，收入《向经堂丛书》中，严可均辑《新论》三卷，载《全后汉文》中。另有《桓谭集》《琴操》等著作散记在《隋书》《旧唐书》《新唐书》等著作中。

范　迁　（?—65），字子庐，东汉沛国相（今淮北市）人。初为渔阳（治今北京密云西南）太守，继任雍州刺史，又接镇合肥，任河南尹，明帝永平四年（61）任司徒。范迁巍巍士风，清纯至简，被后世奉为清正廉洁的典范。

范迁担任渔阳太守时，以机智大谋而著称，为戍守边关立下了汗马功劳。东汉初，北匈奴不断地侵扰中原，勒索财富。范迁足智多谋，常常把来犯的匈奴人打得措手不及。匈奴再也不敢入界侵扰，人民有了安定的生活，生产得到恢复和发展。

永平四年（61），范迁升任司徒。他还是两袖清风，从不以权谋私。范家最大的一笔财产就是几亩住宅地，另外还有祖上传下来的一块不到一顷的荒地，就这些财产后来还都给了哥哥的儿子。由于家庭生活太苦，他的妻子对家庭及后代的生活十分担忧，对范迁说：“你有4个儿子，现在既没有房产，也没有土地，以后他们如何生活呢？现在您做了司徒，位列三公，应该想办法赚钱，或者节省一点俸禄，也好让后辈儿孙有钱花！”范迁很不高兴，怒斥妻子：“我身为国家大臣，但是为国家为百姓没做多少事情，如果一心只想着敛财谋利，用什么来教育子孙后代呢？”永平八年（65），范迁死在任上时，家里连一文多余的钱财都没有，剩余粮食还不足一石。连棺材都买不起，丧事还是刘庄特批大司农府用公款办理的。

刘　辅　（生卒年不详）。光武帝刘秀与皇后郭圣通所生次子，东汉宗室。建武十五年（39），封右翊公。十七年（41），郭后被废为中山太后，因此改封刘辅为中山王，同时享有常山郡。二十年（44），又改封为沛王。史称沛献王。

刘辅受封在位46年，其中在沛王位41年。建武二十八年（52），刘辅到封地，正式就国。治所在相城，从此沛郡改名为沛国。刘辅端庄严肃守规矩，爱好经学，善于讲解《京氏易传》《孝经》《论语》《左传》及图谶等，并撰写《五经论》，当时被称为《沛王通论》。他在治理国家上谨慎有节制，始终如一，被称为贤王。显宗很敬重他，多次加以赏赐。

省级重点文物保护单位选介

淮海战役双堆集战场旧址 位于淮北市濉溪县双堆集南。双堆集因两个古老的土堆而得名，一个叫平谷堆，一个叫尖谷堆，两个土堆高约30多米，相距三四华里，在平坦的淮北平原尤为突兀。登上土堆，数十公里内的村庄、河流、道路分布状况，一览无遗。双堆集战役从11月23日起至12月15日，历时23个昼夜，最终将黄维兵团全歼于双堆集地区，为夺取淮海战役全面胜利创造了极为有利的条件。双方激战期间，为控制战场的制高点，双方围绕平谷堆、尖谷堆多次展开了殊死争夺。1960年2月，邓小平曾到双堆集凭吊，他在尖古堆和平谷堆前伫立良久、沉默无言。其间，邓小平指示在条件许可情况下应建立淮海战役双堆集烈士纪念碑。1980年5月，淮海战役双堆集烈士陵园在淮海战役双堆集战场旧址动工兴建，次年10月1日落成。烈士陵园东西长368米，南北宽292米，面积10.6公顷；院内遍植雪松、龙柏、黄杨等树木，并有花圃和果园；淮海战役双堆集烈士纪念碑位于陵园中部，纪念碑碑身正面刻有邓小平亲笔题词“淮海战役烈士永垂不朽”！淮海战役双堆集歼灭纪念馆位于陵园东南部，1988年10月建成，馆名为张爱萍所题。1981年，淮海战役双堆集战场旧址被公布为第一批省级重点文物保护单位。1995年12月，陵园被批准为安徽省首批爱国主义教育示范基地。2000年，陵园被批准为省级重点烈士纪念建筑物保护单位。2001年6月，陵园被中共中央宣传部命名为全国爱国主义教育基地。

显通寺 位于淮北市相山公园内，俗称相山庙，又称显济王庙，历史久远，文化底蕴深厚。显通寺三面环山，周围林木葱茏，环境幽美。据庙内碑文载：西晋太康五年（284）诏诸侯记界内山川，沛国相郭卿奉旨建庙，刻铭曰：“巍巍相山，盘郁穹崇，上应房心，与天灵冲，兴云播雨，稼穑以丰”。唐永徽元年（650）重建。宋元丰八年（1085），敕赐显通寺匾额；宣和五年（1123），封崇惠侯；刘齐阜昌二年（1131），加显济王。清乾隆二十四年（1759），安徽巡抚高晋奏请发帑重修祠宇。基本奠定了显通寺现在的分布格局。显通寺建筑规模宏伟，布局疏朗，院内古柏、银杏参天，建筑结构为清代式样，现存两进院落，由南向北依次为山门、二山门、正殿、两侧厢房。山门为歇山式样，二山门及余下各殿、厢房均为硬山式样。除山门奎楼、大殿的屋面为玻璃瓦，其他房屋为青砖小瓦，两面坡式的建筑。前院东侧为相王殿，供奉相山山神。后院东侧为东跨院，内有侧殿和碑廊，侧殿陈设乾隆皇帝御题“惠我南黎”碑；碑廊内置石碑18方，其中以北宋宣和五年（1123）“崇惠侯”敕封碑及乾隆四十年（1775）安徽巡抚高晋所题“渗水崖”碑尤为珍贵。淮海战役期间，华东野战军代司令员粟裕曾在显通寺召开军事会议，研究作战方案，拟定下达了“华东野战军第十四号命令”。显通寺是淮北市历史最为悠久的寺庙，宋代碑刻、乾隆御题“惠我南黎”以及颇具影响力的相山庙民间信仰，使其积聚了深厚的文化底蕴，为研究本地区历史文化、宗教文化和民俗文化提供了重要实物资料。1989年，显通寺被公布为第三批省级重点文物保护单位。

汉阙遗址及水牛墓 汉阙遗址位于淮北市相山公园内。遗址中部有一座石砌平台，东西长7.25米，南北长7.6米，高2.5米，呈正方形，名为“奏鸣台”。根据文物调查，汉阙遗址周围曾经分布一定数量汉阙；乾隆年间，相山庙香火日益旺盛，于是相城百姓专门为每年的相山庙会砌筑戏台，用以娱神；构筑戏台所取石料就地选材，拆毁周边汉阙，再次加工后砌筑成现在看到的“奏鸣台”。“奏鸣台”台体周围四壁可以观察到巨大的阙石横置其间，在底层的部分构件尚雕刻有汉代流行的菱形纹、穿环纹、水波纹图案，且保存完好；台体上部的一些带图案的石构件明显有被二次加工的痕迹，石面上的菱形纹、穿环纹等图案被刻意的凿去但仍隐约可见，图案的边框则保存下来，应是建造戏台时刻意要求四壁平整而雕凿；台体西壁能看到5块阙顶构件上浮雕有筒瓦、瓦当，5块阙顶构件南北排成一排，形成廊檐，既美观又大方，起到一定的装饰作用；台体西侧地表散乱摆放有7块石条，其中6块浮雕有瓦当形状，应是建造戏台时所弃置。汉阙是我国古代建筑的“活化石”，有石质“汉书”的美誉，淮北市汉阙遗址，在地域分布上弥补了安徽省无汉阙实物的空白，具有重要的文物价值，为研究淮北地区汉代的历史文化提供了珍贵资料。

水牛墓位于淮北市相山公园内，直径约20米，残高约2米，分布面积约300平方米。该墓原有墓碑一方，石碑上刻“水牛墓”（已佚失）；墓周原有挡土石墙，现仅存西面约10米长的一段土石墙；墓顶部有一条宽1米、长9米的青石铺成的石板道，其中有散落的阙石构件；

墓的东北部裸露出条石3块，其上雕刻有汉代菱形纹、穿环纹、水波纹图案。水牛墓的周边分布有汉代板瓦碎片，由此可以推断，该墓周边应该建有祭祀建筑。根据调查，水牛墓附近原有汉墓群以及汉阙存在，后被大量毁掉，很多阙石构件被用作他途，现仅存水牛墓以及不远处的汉阙遗址。墓阙为汉代墓葬高规格的重要地面附属建筑，水牛墓与汉阙遗址互为依托，为研究汉代社会墓葬文化以及陵寝布局提供了重要实例。2004年，水牛墓与汉阙遗址被公布为第五批省级重点文物保护单位。

共姬墓 位于大唐淮北发电厂内的墓山南坡，该墓覆土成阜，俨如岗峦。其上青松翠柏，郁郁葱葱，清风拂过，涛声阵阵。共姬墓建造工程浩大，坡高20米，周长约300米，是淮北市所发现最大的一座古代墓葬。其最早见于北魏郦道元所著《水经注》："相县，故宋地，宋共公所都也，国府园中犹有伯姬黄台基，即伯姬焚死处。城西有伯姬冢。"明末，相城名士任文石致力于相城史迹的考证，确定了该墓的准确位置，并树立了"周宋共姬之神道"碑。其后，康熙《宿州志》及光绪《宿州志》对该墓皆有记载。20世纪70年代，淮北发电厂开工建设，工程触及墓的南侧，在夯土下发现一道东西方向12米长，用1米见方青石砌就的石墙，并出土墓石数十块。这些墓石大多刻有隶书字体的文字，内容如"砀马异石""梁国下臣砀夏鸿石""相张标石之"等，经考证，这些青石上的文字皆为东汉沛国属县及周边郡县的名称和工匠姓名。文物部门在实地调查中发现，该墓的基本构造为外部用青石砌墙作为墓框，内以大型席纹青砖砖墙分隔各室，整个砖室墓包围在一个偌大石宫里，建筑十分规整考究，与河北省定县东汉中山简王刘焉墓、山东省济宁东汉任城王墓建造形制基本类同，为流行于东汉早中期诸侯王所用的"黄肠石"陵墓。因此，该墓应为一座建造于东汉早中期的某代沛国国王陵寝，具有很高的文物价值。1965年，共姬墓被公布为第一批市级重点文物保护单位；2004年，被公布为第五批省级重点文物保护单位。

化家湖遗址 位于淮北市烈山区烈山镇化家湖湖心略偏东南，呈馒头状地势，高出湖底约3米。遗址东西长200米，南北宽150米，总面积约3万平方米。遗址中间有几座现代坟茔，其余为耕地，边缘为大面积芦苇。旱季遗址裸露在外，涨水时多被淹没。遗址表面有大面积红烧土，捡到的新石器至商周时期的标本有石器、陶器、兽骨等。石器有锛、斧、杵等；陶器有夹砂陶、泥质陶、白陶、黑陶、红陶等。器物纹饰有弦纹、绳纹、回纹、指甲纹、篮纹、附加堆纹等。扁状带沟槽鼎足、圆锥状鼎足、绳纹鬲足、白陶空心鬶足较为常见。可辨识器形有盆、罐、斧、鬲、鬶、鼎等。2010年，文物部门在该处采集到一件石磨盘，经对比，与"中国原始第一村"的蒙城尉迟寺遗址发现的石磨盘较为相似，为5000年前遗物。化家湖遗址面积大，保存好，文化层厚，内涵丰富，延续时间长，从大汶口时期直至汉代遗物都有发现，特别是白陶器皿在本地区同类同时代多个文化遗存中属特殊发现。这对研究本地区先秦史，研究苏鲁豫皖接壤地区的文化序列及分布提供了很好的实物资料。2004年，化家湖遗址被公布为第五批省级重点文物保护单位。

青龙寺 位于淮北市烈山区宋疃镇董楼行政村青龙山南麓。根据寺内碑文记载，青龙寺始建于明代，东傍虎山，西临闸河，坐北面南，气势恢宏。青龙寺现存两进院落，由山门、前后殿及左右厢房组成，清代建筑风格。整座庙宇房屋均为硬山建筑，有鸱吻，有廊，无斗拱，南北长48米，东西宽25米，总面积为1200平方米。山门殿5间，两侧2间为过道，屋脊正脊两端有龙形鸱吻，中间殿脊是一横排砖雕，砖上饰有菊花纹饰。前殿3间，东西厢房各5间，左右过道门额为青石刻成，楷书"青龙禅院"。后殿3间，东西两侧各有三开间两层阁楼，后殿及两侧阁楼分别有木抱柱、方格门窗。西南隅3间偏房坍塌，其余保存完好。青龙寺基本为石构建筑，较有地域特色，是本地区保存较为完整的具有典型清代建筑风格的寺庙。2012年6月，被公布为第六批省级重点文物保护单位。

市级以上非物质文化遗产选介

淮北泥塑 民间泥塑又称传统泥塑，在淮北地区以塑庙神为主要形式传承下来，新中国成立前在民间有着广阔的市场。

制作一件泥塑作品首先要准备泥团、骨架、做小样。经过选、晒、泡、砸又加上摔和揉两道工序，黄胶泥团就做得像蒸馒头面一样柔韧。骨架是作品形体、比例和坚固最重要的环节，是关系到一件作品成败最基本的要素，一般选用硬木制作。用粗泥在骨架上粗略堆砌出作品的雏型，为做细泥做基础。粗厚的部位要对此敷泥，伸出体外的肢体或飘逸的衣襟处要设置支撑，宽袍大袖要用稻草或麻拉成泥条缠上去以防下坠或断裂。

在粗泥干到用手指按觉得比较硬时就上细泥了，让其跟粗泥同步收缩少出裂痕。修补裂痕多用砂浆做成细粉末，再加少量石膏粉同砸好的细胶泥和成硬块，按需搓成细条用力塞进裂缝，干后磨光即成。最后就是磨光上彩，一般民间泥塑多为彩塑。较大体型的作品，磨光后首先用洋干漆或熟桐油进行封闭，然后贴棉纸做底色；较小的作品用蛋清调铅粉刷上去，这样使作品更加光洁更鲜艳；颜料用国画色便可，能保数十年不褪色。

淮北泥塑以传统的泥塑制作流程和技法，创作出反映时代生活的鲜活人物、寓言故事等多种作品，为现代文明建设产生不可估量的社会效益，充分体现民间泥塑艺术和传承保护的价值。2008 年，入选淮北市首批非物质文化遗产名录。2014 年，入选安徽省第四批非物质文化遗产名录。2007 年，泥塑传承人李正卿被评为省民间艺术传承大师提名人。2011 年，泥塑工作室成为全市首个非物质文化遗产传承基地。

殷派面塑　面塑俗称“捏面人”，是民间老百姓反映生活、热爱生活的一门艺术。殷铤蕤是“殷派面塑”第七代传承人，自七岁跟随其父殷福田从艺，已有三十多年艺术生涯。他的艺术流派具有淮北地方性特色。大多数作品都是反映淮北民间风土人情和民俗传说。殷派面塑用的面团制作原料为面粉、糯米粉、盐、蜂蜜、食用油。制作方法：先将面粉和糯米粉混合，做成直径 20 厘米、厚 1.5 厘米左右的面饼，入锅内蒸煮约 30 分钟。出锅后加入蜂蜜、食用盐揉搓，然后用洁净棉布加湿包好以备第二天着色。面人制作分类为签举式、悬挂式、杯装式、托板式、核桃式。

签举式制作。也称大面人，高 15 厘米左右，手柄骨架略长。制作时用四指夹定住骨架，小指与食指后翘，无名指与中指上翘，使骨架固定在手指上。绷紧手掌，使掌平滑如板，另一只手捏取面泥在夹竹签的手掌上捏塑制作。捏塑时要按比例大小取面泥总量，再以分比式捏塑。

悬挂式制作。把作品捏塑在环形吊篮底部，用线紧环上部，使作品悬挂动荡，让人看了很有情趣，制作过程一般很少用骨架。该种方法扩展了面塑作品的类型和广度，既可塑单一作品，也可塑多体作品，实现了由签举式单面人扩充为可以捏塑非人物性作品，如花、鸟、鱼、虫、飞禽走兽等。该种方法制作的作品能带来较好的生动立体感，更好地表达作品的意境，可随手提带，动感十足。

托板式制作。其尺寸大小由作品需要而定，可大可小。作品摆设立体感强，有意境，可多面、多个人物动感组合，写意刻画场景表达意境好。

杯装式制作。主要解决包装难的问题，可以防灰尘，能长久放存几十年或上百年。特点是面料要求更加精细，骨架选用一根牙签，杯内最多捏塑两个人物，可配以假山、花草装饰，作品外观精美尊贵。

核桃面人。核桃面塑属于微雕面塑，是极品面塑作品。选材面料要细致洁白不能有细微杂质。因核桃内只有 1 厘米左右的空间高度，作品人物小，有丁点杂质就会明显看出，影响精美度。

2013 年，殷派面塑入选淮北市第二批非物质文化遗产名录。2016 年，入选安徽省第五批省级非物质文化遗产名录。

临涣饮茶习俗　临涣镇位于濉溪县西南 35 公里处。据《通志》记载，明、清时期的临涣茶馆就以独有的水源优势而远近闻名。茶馆的经营规模、社会功能与影响也越来越大。清朝末年，临涣茶馆就已达十几家，并衍生至今，临涣人的饮茶习惯也自此沿袭下来，已有 600 多年的历史。

临涣当地不产茶，所有的茶馆全以茶叶梗子泡茶，当地人俗称“棒棒茶”，主要取自安徽大别山茶区。俗语谓“茶好不如水好”。在天水、井水、湖水、江水、泉水中，茶对泉水情有独钟。临涣镇上的回龙泉、珍珠泉、龙须泉、饮马泉之水，其泉终年不枯，其水清澈甘甜，这也是临涣茶馆名扬四方的一大优势。常饮该种棒棒茶，有春生津、夏消暑、秋提神、冬产暖，多喝了不虚撑，有助消化解困乏之功效。多少年来，对于很多临涣周边的茶客人尤其是老人，来老茶馆一坐不仅是为了解渴，而是作为生活方式和文化情调糅进了每一个日子，成为他们生活中不可或缺的一部分。2008 年，临涣茶馆作为民俗类别入选淮北市第一批非物质文化遗产名录。

石雕艺术　杜集区梧桐村历史悠久，早在西汉初年就是一个城镇。汉高祖刘邦时期为梧国，是梧侯阳城延的封地。阳城延是一个工匠，后跟随汉高祖刘邦起义，为刘邦建造了长安城、未央宫，成为著名的建筑能臣，被封为梧侯，建城梧桐。受他的影响，当地出现了许多能工巧匠。

从梧桐出土的大量汉画像石可以看出，梧桐山石属于青色的石灰岩，石质优良，为建筑和雕刻的绝佳材料。这些画像石采用的雕刻技法有阴刻、阳刻、浮雕、镂空、嵌刻等，造型有人物车马、山川树木、飞鸟神兽、龙虎神仙，有的精细，有的粗犷，但都栩栩如生、神态各异，十分传神，成为汉画像石中的珍品。

近代，梧桐一带的石工艺人传承了前人留下的绝活，他们用石头砌的墙，横平竖直，齐口对缝，其石缝连纸片都插不进去。在石头上刻花鸟虫鱼和文字，都十分精美。近年来，石刻工艺得到发展，许多建筑用石雕做装饰，如门前石狮、梁柱、桥涵上的装饰、墓碑等。梧桐村出现一批优秀的石刻艺人。村民孙烈芳就是其中的一位。孙烈芳的石刻技艺除继承前人的基本技法外，主要是研究汉画像石的雕刻工艺，并吸收了现代雕刻艺术的精华，加以创新。运用汉画像石雕技法中的阴刻、阳刻，采用了打磨、凿、垛、雕、刻等方法，对作品进行精心的处理，他刻画的《大鹏展翅》，大气磅礴，十分传神。在构图上，采用了以线条为主，删繁就简，使整个图画疏密得当、协调合理，并运用了留白技艺。创造出许多精美的艺术珍品，特别是他雕刻的石狮，采用了镂空、浮雕技艺，形态逼真。孙烈芳成为梧桐村石雕艺术传承人的代表。2008 年，石雕艺术被公布为淮北市第一批非物质文化遗产。

淮北坠子书 源于河南的“道情”和“莺歌柳”两种曲艺形式。从清朝末叶开始，两个曲种的艺人逐渐合流，在音乐唱腔等方面互相吸收融合，特别是“莺歌柳”的伴奏乐器小鼓、三弦被改制成坠胡以后，改弹拨乐器为弓弦乐器，伴奏旋律起了根本性的变化，促成坠子唱腔的重大变革。“溜腔”的使用就是曲型成熟的表现。

淮北坠子书以唱为主、以说为辅，说唱结合。它唱腔高低起伏、收放有度、旋律明快，开场就有欢快的引子，引人入胜，中间穿插道白。长篇故事连说带唱，对嗓音的条件要求很高，并要求口齿伶俐。快板说唱要连贯，讲究一气呵成，强调说唱的表现力和感染力，该种表演很受人们的喜爱。淮北坠子书基本上都是七字句和十字句，也有五字句和六字句。传统曲目丰富，多数反映家庭生活、爱情故事和历史故事。小段有《小二姐做梦》《猪八戒拱地》《两合子账》《潘金莲拾麦》等。中篇有《王林休妻》《拉荆芭》《双贤记》《水漫蓝桥》等。长篇有《十把穿金扇》《金钱红绫罗衫记》《孟丽君脱靴》《张廷秀私访》等剧目。2013 年，淮北坠子书作为曲艺类别入选市级非物质文化遗产名录。

风景名胜

四季榴园景区 国家 AAAA 级风景区，位于淮北市烈山区东部，距市区约 15 公里。东邻宿州市五柳风景区，南依龙脊山风景区，西靠京台高速公路。景区依托榴园行政村打造，面积 14 平方公里，是集自然景观、人文古迹为一体的大型综合性旅游景区。景区规划结构为一轴、四区、二十四景点，由宋庄风景区、塔山风景区、赵庄风景区、石榴博览馆景区等主题园区组成。风景区动植物资源丰富，各类植物近千种，绿化覆盖率 70%，拥有四眼井、榴花溪、明清石榴园、参井、丹井、清井、莲花池、榴园民俗馆、筛子泉、塔山寺遗址、赵瓦房古村落、龙吟湖、米粮坝、八里岗水库、藏仙洞、仙人石等众多景点和丰富的奇石资源。

南山景区 国家 AAA 级旅游景区，位于杜集区东山旅游规划区的中心位置。景点有长寿亭、长寿广场、汉韵水街、商业街等。景区内有 1.2 万亩石质山造林，3000 亩寿桃核桃果园山场，6000 余亩杏、桃等杂果园，还有 1300 余年的古“唐槐”，传说久远的抱元洞、汉化石、清代郑氏古民居等遗址。

乾隆湖旅游风景区 位于濉溪县城南端，由塌陷复垦的环湖风景区、步行龙图街、老城石板街 3 块构成，面积约 5 平方公里。融农业观光、休闲娱乐、商贸购物为一体。由安徽建工学院规划设计，1998 年 10 月濉溪镇人民政府开工兴建。景区风光优美，更有帝王胜迹轶事引人入胜。主要景点有御膳房、御墨碑、世外风情岛、怡趣园、龙圣寺、碑廊、乾隆湖科教园等。

中国石榴博物馆 中国石榴博物馆位于烈山区烈山镇榴园村，是我国第一座以石榴为主题的博物馆，占地 20.4 亩，按山坡地势叠级递进建造，依次分为年轮广场、传播之路、光荣与梦想、主展馆等，整体建筑群采用汉唐风格，设计中运用阙、中轴线、斗拱、慢道等多种汉代建筑元素，并将此升华。

博物馆主展馆建筑面积 4400 平方米，现代汉韵建筑风格，整体庄重典雅，馆内设有“青史留名，榴之源”“榴珠芬芳，榴之学”“瑠光溢彩，榴之益”“榴花似火，榴之愿”“榴香雅韵，榴之韵”等五大展区，同时设有 5D 影厅，采用声光电、多媒体、置景、实物陈列等多样化的展示手法，向游客多角度、全方位展示石榴起源与传播、石榴文化、品种科学分类系统、资源利用价值和科学研究最新成果及发展趋势。2014 年 9 月 28 日，博物馆正式开馆。

南山汉文化博物馆 位于杜集区矿山集街道南山村，博物馆坐北朝南，占地约 20 亩，建筑面积 5500 平方米，布展面积 2700 平方米。是淮北市最大的县区级博物馆，是一个以汉文化为主，反映杜集历史文化的综合性博物馆，展示了南山汉文化遗存、杜集民风古韵以及南山长寿文化与美好乡村建设的全貌。

整个博物馆设六大展区：序厅、两汉韵 · 盛世华章展区、淮北风 · 千年遗韵展区、南山寿 · 长寿之乡展区、精致淮北 · 美好乡村展区和翰墨情书画作品美术作品展区。2015 年 11 月 18 日，正式向公众免费开放，博物馆内部使用流式播放、全息成像、互动触摸屏等多媒体技术，并设有大量实物展品，以动静结合的展陈方式，多层次地展示南山汉文化。

行政区划

淮北市下辖相山、烈山、杜集3个区及濉溪县。全市有18个镇、17个街道办事处。

濉溪县位于市区南部。东、东南分别与宿州市埇桥区、蚌埠市怀远县接壤，西、西北与河南省永城市相邻，西、西南与亳州市蒙城县、涡阳县毗邻，北、东北与相山区、烈山区相邻。面积1987.5平方公里。辖濉溪、五沟、南坪、百善、铁佛、临涣、韩村、孙疃、刘桥、双堆集、四铺11个镇。县政府驻濉溪镇沱河路92号。

相山区位于市区中心。区境东、北分别与烈山区、杜集区，宿州市萧县接壤，西、南与河南永城，濉溪县相邻。面积134.9平方公里。辖渠沟镇一个镇，任圩、东山、相山东、相山西、三堤口、相南、刘桥、人民路、南黎、曲阳10个街道办事处。区政府驻孟山北路85号。

杜集区位于市区东北部，由南、北两部分组成，北部与江苏省铜山县、安徽省宿州市萧县相邻；南部与相山区、烈山区相邻，东、西、北与宿州市萧县接壤。面积230.2平方公里。辖朔里、石台、段园3个镇，高岳、矿山集2个街道办事处。2016年2月，经省人民政府批准将杜集区高岳街道管辖的双楼村、任庄村、李洼村、孙庄村的北外环路北侧的村民组（面积8平方公里，人口2.1万人）划归杜集区朔里镇管辖。区政府驻高岳街道开渠西路56号。

烈山区位于市区东南部，东与宿州接壤，西、南与濉溪县相邻，北与相山、杜集、宿州市萧县毗邻。面积388.4平方公里。辖烈山、宋疃、古饶3个镇，杨庄、临海童、任楼、前岭5个街道办事处。区政府驻烈山区杨庄街道府前路9号。

人口·民族

【人口】 2016年年末，全市总人口2165386人，总户数686824户；男1111582人，占总人口51.33%；女1053804，占总人口48.67%。常住人口220.8万人，比2015年增加2.9万人，增长1.3%。

户籍人口城镇化率50.1%，比上年提高2.0个百分点；常住人口城镇化率62.1%，比上年提高1.4个百分点。全年人口自然增长率12.6‰。

在城镇人口与乡村人口构成上，城镇人口1084308人，乡村人口1081078人，占总人口的比重分别为50.07%和49.93%；迁入9393人，迁出14252人；出生32232人，出生率为14.9‰；死亡4970人，死亡率为2.3‰；市区死亡3223人，死亡率为1.5‰。

【民族】 淮北市民族主要以汉族为主，少数民族人口数非常少。2016年，全市有回、满、蒙古族等35个少数民族总计约5030余人。

国民经济发展

2016年，面对复杂多变的宏观经济形势，市委、市政府牢固树立和贯彻落实发展新理念，准确把握经济发展新常态，扎实推进供给侧结构性改革，加快实施调结构转方式促升级“496”行动计划，全市经济总体呈现速度持续回升、质量效益改善、结构优化升级的发展态势。初步核算，全年全市实现地区生产总值799亿元，按可比价格计算，比上年增长5%。其中第一产业增加值61.6亿元，增长3.2%；第二产业增加值450.2亿元，增长3.3%，第三产业增加值287.3亿元，增长8.1%。全年完成财政总收入93.3亿元，比上年增长0.1%；其中地方财政收入59.2亿元，比上年下降1.8%。年末全市规模以上工业企业达到838家，实现增加值463.7亿元，增长3.2%。全市完成固定资产投资958.9亿元，增长3.6%；实现社会消费品零售总额315.9亿元，增长11.5%；完成外贸进出口总额6.1亿美元，增长6.3%。

*主要指标增速持续回升。*面对宏观经济下行和煤炭行业去产能的双重压力，市委、市政府及时推出一系列行之有效的改革举措，全市经济企稳向好，增速持续回升。全年生产总值增速分别比一季度、上半年和前三季度提高2.5、1.4和0.6个百分点；规模以上工业增加值增速分别比一季度、上半年和前三季度提高4.1、2.4和0.7个百分点；固定资产投资增速分别比一季度、上半年和前三季度提高6.1、5.1和2.3个百分点。

*农业生产总体稳定。*全市粮食播种面积364.8万亩，比上年增加4万亩；粮食生产实现“十三连丰”，全年粮食总产量达到126.9万吨，其中小麦总产量92.8万吨，小麦单产稳定在千斤以上，每亩产量达到500.2公斤。畜牧、水产生产稳定。全年出栏生猪69万头，增长0.2%，出栏羊43万只，增长3%；出栏家禽2100.5万只，增长9.3%；肉类总产量9.8万吨，增长3%；水产品产量3万吨，增长2.5%。

*工业企业效益提高。*随着煤炭行业化解过剩产能工

作的有序推进，煤炭价格企稳回升，淮北矿业集团和皖北煤电集团从5月开始扭亏增盈，带动全市工业企业经济效益持续提高。全年全市规模以上工业企业累计实现主营业务收入2376.5亿元，比上年增长2.3%；实现利税150.6亿元，利润73.8亿元，分别比上年增长45.8%和122.6%，增速均居全省第2位。亏损企业亏损额2.3亿元，比上年减亏34.0亿元；全市工业经济效益综合指数221.9%，比上年提高14.2个百分点。

第三产业发展较快。全年全市第三产业完成增加值287.3亿元，比上年增长8.1%，高于GDP增速3.1个百分点，对全市经济增长的贡献率达到55.8%，拉动全市GDP增长2.8个百分点。全年全市第三产业投资累计完成397亿元，比上年增长24.3%，增幅高于全市投资20.7个百分点；占全市投资比重为41.4%，比上年提高6.9个百分点，拉动全市投资增长8.4个百分点。全年全市新增规模以上服务业企业23家，总数达到105家，实现营业收入42.5亿元，增长7.9%。

金融行业快速发展。截至12月月末，全市金融机构各项存款余额1324.4亿元，比年初增加286.7亿元，增长27.6%，增速居全省第1位；金融机构各项贷款余额796.3亿元，比年初增加93.8亿元，增长13.4%，增速居全省第11位；金融存贷比60.1%，居全省第10位。全年金融业完成增加值37.3亿元，比上年增长20%，高于GDP增速15个百分点；占全市第三产业增加值的比重为13%，比上年提高1.1个百分点；对全市第三产业增长贡献达到29.4%，拉动全市第三产业增长2.4个百分点。

转型升级步伐加快。全年第三产业增加值占GDP的比重达到36%，比上年提高1.8个百分点；全市制造业技改投资173.7亿元，占全部制造业投资比重的38.8%，比上年提高5.9个百分点。全年战略性新兴产业实现产值282.5亿元，增长6%，增速高于全部规上工业4.6个百分点，占规上工业比重达到15.4%；高新技术产业实现增加值114亿元，同比增长5.3%，增速高于规上工业2.1个百分点，占规上工业比重达到24.6%；16家铝基材料企业累计实现增加值10.9亿元，增长10.2%，增速高于全市规上工业7个百分点。

供给侧改革成效明显。煤炭行业产量下降。全年原煤产量4500万吨，比上年下降13.6%；洗精煤产量1435万吨，下降7.4%。全年煤炭开采和洗选业完成投资7亿元，比上年下降77.3%；占全市投资比重由上年的3.3%下降到0.7%，降低2.6个百分点。年末全市规模以上工业企业产成品库存55亿元，下降17.7%。房地产去库存取得进展。年末商品房库存面积比上年减少2.3万平方米，下降2.9%。企业生产成本下降。全年全市规模以上工业企业每百元主营业务收入中的成本下降0.99元；企业期间费用下降1.5%。补短板有效投入增加。全年全市累计完成基础设施（不含电力）建设投资104.9亿元，增长102.5%。其中，水利、环境和公共设施管理业完成投资32.3亿元，交通运输业投资66亿元，分别增长25%和119.9%。

社会民生不断改善。城乡居民收入稳步增加，全年城镇居民可支配收入27248元，增长6.1%；农村居民可支配收入10653元，增长7.8%。物价总体保持稳定。全年全市居民消费价格累计上涨1.3%，涨幅比全省低0.5个百分点。深入实施34项民生工程，加大民生投入力度，全市财政用于民生领域支出117.5亿元，比上年增长6.1%，占财政支出比重为82.4%，其中一般公共服务、公共安全、教育、科学技术、社会保障、医疗卫生、节能环保和城乡社区事务8项支出合计95.9亿元，比上年增长5.8%。

虽然2016年全市经济呈现稳中有升的运行态势，经济结构持续优化，但在宏观经济增速放缓和煤炭行业化解过剩产能的双重压力下，经济发展中的困难和问题也较为突出。主要表现在：一是部分指标增速偏低，在全省位次靠后。如生产总值增速比全省低3.7个百分点，居全省末位；城镇和农村居民可支配收入增速分别比全省低2.1和0.5个百分点，居全省第16和第14位。全市规模以上工业增加值增速比全省低5.6个百分点，固定资产投资增速比全省低8.1个百分点，财政收入增速比全省低8.9个百分点，均居全省末位。社会消费品零售总额增速比全省低0.8个百分点，居全省第15位。二是工业生产稳定增长压力较大。全年累计停产企业69家，停产企业同期产值基数65.7亿元，影响全市工业增加值增速3.5个百分点。全市新增102家规模以上工业企业规模普遍偏小，新增企业全年完成增加值18亿元，仅占全部工业的3.9%，新增企业拉动作用有限；全年工业投资486.9亿元，下降13.7%，工业发展后劲不足。三是投资大项目减少。全年5000万元及以上建设项目373个，比上年减少244个；完成投资431.3亿元，下降26.2%，占全部投资比重的45%，比上年下降18.2个百分点。四是房地产、民间投资下降。全年房地产开发投资92.1亿元，下降37.7%，降幅比上半年扩大3.1个百分点，比上年扩大34.7个百分点。民间投资680.3亿元，下降6.5%，下拉全部投资增速5.1个百分点；占全部投资比重70.9%，下降7.8个百分点。同时，煤炭等主导行业税收大幅减少，财政收入增长乏力，消费市场需求不旺，战略性新兴产业比重较低，现代服务业发展较慢，民营经济发展不足等一系列问题，需要我们在以后的工作中采取有力措施，重点加以解决。

表 6

2016 年淮北市主要经济指标完成情况

指标名称	单位	完成数	比上年增长（%）
一、地区生产总值	亿元	799.0	5.0
第一产业	亿元	61.6	3.2
第二产业	亿元	450.2	3.3
# 工业	亿元	411.2	3.3
第三产业	亿元	287.3	8.1
二、规模以上工业增加值	亿元	463.7	3.2
三、固定资产投资总额	亿元	958.9	3.6
# 房地产投资	亿元	92.1	-37.7
工业投资	亿元	486.9	-13.7
四、财政收入	亿元	93.3	0.1
# 地方财政收入	亿元	59.2	-1.8
财政支出	亿元	142.6	8.5
五、外贸进出口总额	亿美元	6.1	6.3
# 出口额	亿美元	5.7	4.5
六、实际利用外资	亿美元	6.5	8.0
七、社会消费品零售总额	亿元	315.9	11.5
八、金融机构人民币存款余额	亿元	1321.8	27.6
# 住户存款	亿元	654.9	12.2
金融机构人民币贷款余额	亿元	795.5	13.4
九、居民消费价格指数	%	101.3	1.3
十、居民可支配收入	元	20238	6.9
城镇居民可支配收入	元	27248	6.1
农村居民可支配收入	元	10653	7.8

（汪建国）

重点项目建设

2016年，淮北市安排重点项目498个，全年计划投资395.7亿元。其中续建项目141个，计划投资207.7亿元；计划开工项目142个，计划投资188.0亿元；储备项目215个。全年完成投资492.97亿元，情况相比2015年较好，完成投资同比提高18.3%，占年度计划的124.6%，高于序时进度24.6个百分点，超额完成全年目标任务。全年新开工项目152个，开工率107%，同比提高27.5个百分点；竣工项目99个。平山电厂二期工程获省发改委核准批复。

【高铁工程】 淮北至萧县北客车联络线：完成约91%，其中路基土石方填筑完成83%；桥桩基、承台完成；桥墩身完成99%；架梁施工完成80%；节点工程古尚村隧道贯通，二衬工程（隧道主体结构）完成2344米，剩余36米；临时轨道（工具轨）铺设9000米，完成约36%；跨郑徐特大桥、跨连霍高速特大桥和萧县北站Ⅰ类变更工程施工基本完成。符夹线扩能工程的Ⅰ标段（岱河至新河）30处平改立下穿道口开工28处；路基填筑完成21.5公里，完成79.24%；涵洞工程完成设计量88.1%；框架小桥完成设计量的75.3%；框架中桥、龙河大桥施工基本完成。Ⅱ标段（符离集至岱河）20处平改立道口开工19处；路基填筑完成27.8公里，完成59%；桥涵工程完成52%；闸河大桥桩基完成，承台完成85%，墩身完成52.5%；龙岱河大桥桩基完成85%；新濉河大桥桩基完成32%；淮北站存车场、4站台进行挖方作业，旅客地道接长、站内改建涵洞进行箱体预制施工；节点工程青龙山特大桥桩基完成，承台完成90%，墩身完成89%。符夹线扩能改造配套道口：学院西路道口主体2号、4号箱体预制。青年路铁路立交桥预制工作坑土方外运6240立方米，后背梁钻孔钻施工20根，新建临时道路150米（宽5米），变压器安装完成。渠沟东路铁路立交桥箱体顶进完成。龙山北路铁路立交桥主体1号、3号箱体预制。梅苑路铁路立交桥井点降水、倒虹吸施工。紫昱路（规划Ⅱ路）立交桥清表及便道施工已完成。

【电子信息产业暨智慧城市建设工程】 金龙机电二期触摸模组项目，二栋厂房主体建设完成，附属工程施工，另两栋钢构完成。力普拉斯有限公司的技改和基础设施已开工建设，平稳推进。安徽理士电源技改和基础设施开工建设，1600平方米的仓库已建成；AGM起停电池、EFB起停电池的研发和清洁生产技术改造项目前期工作完成，检验检测中心通过国家CNAS认证。

平安城市二期累计完成点位勘探1707个，基坑挖掘1559个，浇筑1563个，手井1563个，立杆1322个；视频管理平台建设完成，一期项目的所有视频资源迁入二期管理平台；视频PGIS系统实施工作完成；基础网络部分完成光缆施工1429个，安装设备782台。智慧城管项目视频管理平台共上线254路摄像头；应用软件部分，完成在虚拟服务器上“拓展系统”“执法系统”程序部署和调试，完成城管业务系统新增“市场管理”事件小类，并针对此小类事件设置立结案标准和处置时限；拓展业务系统与城管现有业务系统对接调试，完成进度20%；呼叫系统的物理链路架设完毕，完成指挥大厅座席员网络电话呼叫功能测试。

【安徽（淮北）新型煤化工合成材料基地工程】 年内，18万吨/年煤焦油加氢及5万吨/年针状焦进行环评二次公示及前期能评工作。10万吨/年环己酮仿生催化氧化联产己二酸与己内酯进行二次中试。煤焦化综合利用二期5号、6号、7号、8号焦炉投料试运行，3号干熄焦投入运行，甲醇试运行。20万吨/年混合芳烃加氢已竣工。淮北煤化工基地安置房征地工作基本完成，进行场地平整和搭建围墙。

【东部新城配套建设工程】 市一中新校区完成实验室优化方案；景观园林设计单位按北京设计院指导方向开展景观设计；PPP实施方案通过市政府法制办组织的合法性审查。市人民医院东院区可行性研究报告已批复，土地手续等待缴费办证，环评手续已批复，围墙效果图方案报市规划局，施工图设计完毕。东部新城路网花山东路、青谷路、宁山路、新湖路、望湖路施工有序推进。淮北市地下综合管廊工程（一期）规划编制完成并审批通过。东部新城区望湖路、卧牛山路、花庄路3条道路及地下综合管廊（7.2公里）；高铁新区路网地下综合管廊（4.6公里）施工单位进场。古城东路、桓谭东路地下综合管廊（3.6公里）进行施工招标。梧桐中路一号桥梁板吊装、调整块施工、铰缝施工、桥面铺装完成。雨污水管网累计完成23600米。雨水箱涵累计施工3130米，路基累计填方98000立方米。12%灰土累计完成11200立方米，水稳摊铺累计完成15000吨。

【棚户区改造工程】 2016年，全市棚户区改造的目标任务是实施改造项目90个，改造户数47398户，占地2.4万亩，征迁改造面积782万平方米，总投资297亿元，货币化安置39881户，货币化安置率84.1%。2

月14日，全市棚户区改造工作动员大会召开，副市长钱界殊代表市政府与一县三区政府、市房管局、市建投集团主要负责人签订2016年棚户区改造目标责任书。截至年底，全市共开工项目47287套/户，其中，相山区10586套/户；杜集区11007套/户；烈山区10328套/户；濉溪县15366套/户。

【孟山南路贯通工程】 年内，孟山南路贯通工程主路面沥青全部完成，路灯安装200套，主路面标线完成。符夹线下穿立交铁路A箱接长混凝土养护，模板、内架拆除；C箱接长混凝土养护，外架、模板拆除；B箱、D箱底板钢筋绑扎，浇筑混凝土，满堂支架搭设，顶板支模板，钢筋绑扎。北侧引道山皮土回填，挡墙制作。铁路南侧泵房、生产用房施工，U型槽钢筋绑扎，支模板，浇筑混凝土，挡土墙制作。电缆槽盖板安装。完成4箱顶进。

（张春梅）

中共淮北市委员会

■ 2016 年，市委出台《市委深入推进全面从严治党的实施意见》

■ 2016 年，市委谋划确立中国碳谷·绿金淮北发展战略

■ 2016 年，市委统筹推进“两学一做”学习教育、“讲看齐、见行动”学习讨论、“淮北转型靠什么、我为崛起做什么”大讨论

综　述

2016年，全市深入贯彻落实中共十八大，十八届三中、四中、五中、六中全会和习近平总书记系列重要讲话特别是视察安徽重要讲话精神，一心一意谋发展，聚精会神抓党建，扎实推进稳增长、调结构、惠民生、防风险，全面落实从严管党治党要求，稳中求进，稳中奋进，经济社会发展和党的建设取得新的明显成效。

【强化政治理论武装】 市委严格落实中心组理论学习研讨制度，充分发挥“科学发展大讲堂”等载体作用，统筹推进“两学一做”学习教育、“讲看齐、见行动”学习讨论、“淮北转型靠什么、我为崛起做什么”大讨论，举办领导干部集中培训班、轮训班3次，各级党委（党组）中心组组织专题研讨260余次，5600多个党支部开展学习讨论1.38万余次，领导干部到基层一线讲授党课3283堂，查摆各类问题3471条，整改到位3380条。

【稳定经济增长】 2016年，市委积极应对复杂多变的宏观形势，扎实推进供给侧结构性改革，认真落实调转促“496”实施方案，出台促进经济持续健康较快发展30条实施意见，全市经济呈现速度持续回升、质量效益改善、结构优化升级的“V”字形态势，地区生产总值、规模以上工业增加值、固定资产投资等主要经济指标逐月逐季回升，“十三五”发展开局向好。其中，非煤工业增加值占全市工业比重达71.7%，服务业增加值占GDP比重达36%，对全市经济增长贡献率达55.8%。特别是县域经济发展势头强劲，濉溪县跻身“全国县域经济投资潜力百强县（市）”，位列第49位。

【招商带动、创新驱动并进联动】 淮北市构建“4664”招商工作机制，强力推进招商引资、招才引智、招园引制，全年新签约项目322个，新开工项目271个，其中新开工5亿元以上项目20个。实施“六大创新”工程，举办第二届“中国创翼”青年创业创新大赛“互联网+”单项赛全国总决赛，“源创客”“梧桐树”和“方正智谷”3个众创空间建成运营，全市科技型企业达200家、高新技术企业达80家，战略性新兴产业产值、高新技术产业增加值占规上工业比重分别达15.4%、24.6%。

【推进中小城市综合改革】 淮北市稳步推进中小城市综合改革，继续深化行政审批制度、财税体制、商事制度、投融资、农村综合性等改革，建成政务服务、金融服务、公共资源交易、房地产交易及不动产登记、信访接待等五大利企便民服务中心，3个PPP项目成为国家示范，市建投集团持续做大做强，县区融资平台改革转型到位。大力支持民营经济发展，民营企业实现转型升级、长足发展，民营经济增加值占比达57%。

【推进城乡统筹发展】 淮北市加快推进城市东进南扩，东部新城建设加速，南部次中心、高铁新区完成规划，全域空间布局更加清晰。加快综合交通体系建设，煤化工快速通道建成通车，浍河航道加紧建设。棚改攻坚全面完成，全年拆迁改造4.8万户，完成省目标任务的369%，货币化安置率87.4%，开工建设率、基本建成率位居全省第一。新型智慧城市建设走在全国前列，“爱·淮北”APP深受市民喜爱，信息化惠及政务服务和民众生活。统筹实施美丽乡镇建设、中心村建设和自然村环境整治，镇村人居环境大为改观。加快推进环境整治，继续实施森林增长工程，南湖景区顺利通过创建AAAA级景区评审，淮水北调配水工程具备通水条件，成功创建全国绿化模范城市，获批国家低碳城市、国家气候适应型城市试点。

【维护社会稳定】 市委积极为人大、政协履行职能创造良好条件，首部地方性法规《淮北市城乡规划条例》出台实施。加强对统战工作和人民团体的领导，推进军民融合深度发展，成功争创全国双拥模范城。加大民生投入力度，就业、教育、医药卫生、住房、养老等涉及群众切身利益的问题有效解决。坚决打赢脱贫攻坚战，全年脱贫18790人。深化法治淮北、平安淮北建设，全市刑事案件总量同比下降5.3%，安全生产形势持续平稳，连续7年被评为全省综治工作（平安建设）先进市。

【推进文明创建】 市委落实党委（党组）意识形态工作责任制，积极拓展外宣阵地和渠道，进一步汇聚正能量、弘扬主旋律。深入推进文明创建，开展“行走淮北”专项督查行动，全年新增12名中国好人，总人数达128人，稳居全省第一、全国前列，作为全国唯一的地级市代表在第十二届中国公民道德论坛上交流发言。深入开展“文化惠民消费季”“优秀文化进万家”等群众文化活动，加快文化产业发展，城市文化更加繁荣。

【深入推进全面从严治党】 市委制定出台《市委深入推进全面从严治党的实施意见》和《市委关于学习贯彻党的十八届六中全会精神开创全面从严治党新局面的实施意见》，推进主体责任。完成市、县（区）、镇三级党委以及县（区）人大、政府、政协和镇人大、政府换届，召开市第八次党代会。落实中央“二十字”好干部标准，树牢“以实绩论英雄、按贡献排座次、为发展配干部”导向，推行“三进三访”干部考察方式，在全省率先出台《关于建立容错机制激励干部干事创业、敢于担当的实施办法（试行）》，干部选拔任用工作民主测评结果连续三年居全省前列。建立市委常委包保基层党建工作机制，创新推出“书记党建项目”工作法，推行党员固定活动日制度，开展“时时不忘推车情、党员干部户户行”入户连心大走访活动，非公企业和社会组织党建考核连续三年位居全省前列。严格落实“两个责任”，出台《防止领导干部利益冲突办法》《党风廉政建设“两个责任”述廉述责和接受评议办法》等20余项制度，实现全市34个镇（街道）巡察全覆盖，全市各级纪检监察机关共立案877件，结案651件，给予党政纪处分637人（其中县级干部21人），以“零容忍”态度严惩腐败。

重要会议

【全市党风廉政建设集体约谈会】 5月17日，全市党风廉政建设集体约谈会召开。市委主要领导出席会议并讲话，市政府主要领导主持会议。会上，市纪委主要负责人以案释纪，全面通报淮北市党风廉政建设方面存在的问题；市中级人民法院主要负责人以案释法，解读《最高人民法院、最高人民检察院关于办理贪污贿赂刑事案件适用法律若干问题的解释》。

【中国共产党淮北市第七届委员会第十二次全体会议】 5月18日，市委召开中国共产党淮北市第七届委员会第十二次全体会议。会议学习贯彻习近平总书记系列重要讲话和省委九届十六次全会精神，认真落实中央、省委管党治党新部署新要求，听取市委书记肖超英所作的《关于〈中共淮北市委关于深入推进全面从严治党的实施意见〉的说明》，听取市委副书记戴启远所作的《关于召开中国共产党淮北市第八次代表大会有关事项的说明》。分组讨论召开中国共产党淮北市第八次代表大会有关事项，分组讨论并审议通过《中共淮北市委关于深入推进全面从严治党的实施意见》和《中国共产党淮北市第七届委员会第十二次全体会议决议》。全会决定，中国共产党淮北市第八次代表大会于2016年9月在相城召开。

【淮北市庆祝中国共产党建党95周年大会】 6月28日，淮北市举行庆祝中国共产党成立95周年大会。会上宣读《中共淮北市委关于表彰全市优秀共产党员、优秀党务工作者、先进基层党组织和优秀镇（街道）党（工）委书记、优秀村（社区）党组织书记的决定》，与会领导向受表彰的先进典型代表颁奖，市广播电视台记者陈凯等5位先进典型代表作交流发言。

【全市领导干部会议】 8月31日，市委召开全市领导干部会议。省委常委、省委组织部部长邓向阳出席会议并作重要讲话，省委组织部常务副部长何军宣布省委决定：黄晓武任淮北市委书记，肖超英任省委组织部副部长，不再担任淮北市委书记、常委、委员职务。肖超英主持会议并讲话，黄晓武、戴启远分别讲话。

【中国共产党淮北市第七届委员会第十三次全体会议】 9月7日，市委召开中国共产党淮北市第七届委员会第十三次全体会议。会议听取关于中国共产党淮北市第七届委员会工作报告起草情况的说明、关于中国共产党淮北市第七届纪律检查委员会工作报告起草情况的说明、关于中国共产党淮北市第八届委员会委员、候补委员和第八届纪律检查委员会候选人预备人选建议名单及淮北市出席中国共产党安徽省第十次代表大会代表候选人预备人选建议名单的说明。会议分组讨论并原则同意中国共产党淮北市第七届委员会工作报告（讨论稿）和中国共产党淮北市第七届纪律检查委员会工作报告（讨论稿），决定将两个报告提交中国共产党淮北市第八次代表大会审议；审议通过中国共产党淮北市第八届委员会委员、候补委员和淮北市第八届纪律检查委员会委员候选人预备人选名单，决定将两个名单提交中国共产党淮北市第八次代表大会酝酿选举；会议票决通过淮北市出席中国共产党安徽省第十次代表大会代表候选人预备人选名单，决定将该名单提交中国共产党淮北市第八次代表大会酝酿选举。全会决定，中国共产党淮北市第八次代表大会于2016年9月20日召开。

【中国共产党淮北市第八次代表大会】 9月21—23日，中国共产党淮北市第八次代表大会在淮北矿业集团会议中心举行。会上，黄晓武代表中国共产党淮北市第七届委员会向大会作报告，宰学明代表中共淮北市第七届纪律检查委员会作工作报告，大会以书面形式向代表作关于党费收缴、使用和管理情况的报告。21—22日，代表们分团讨论市委和市纪委工作报告。23日，大会以无记名投票方式，选举产生中国共产党淮北市第八届委员会委员52名、候补委员10名，中国共产党淮北市第八届纪律检查委员会委员35名和淮北市出席中国共产党安徽省第十次代表大会代表25名。大会以举手表决方式，一致通过《中国共产党淮北市第八次代表大会关于七届市委工作报告的决议》和《中国共产党淮北市第八次代表大会关于七届市纪委工作报告的决议》。

【中共淮北市第八届委员会举行第一次全体会议】 9月23日，中共淮北市第八届委员会在淮北矿业集团会议中心举行第一次全体会议。会议以举手表决的方式，通过《中国共产党淮北市第八届委员会第一次全体会议选举办法》和监票人名单，宣布了计票人。以无记名投票的方式，选举黄晓武为中共淮北市第八届委员会书记；选举戴启远、李明为中共淮北市第八届委员会副书记；选举朱浩东、任东、李明、李加玉、沈光继、顾文、宰学明、黄晓武、谌伟、戴启远（按姓氏笔画为序）为中共淮北市第八届委员会常委。会议还以举手表决的方式，通过中国共产党淮北市第八届纪律检查委员会第一次全体会议选举结果的报告。

【全市党员干部“讲看齐、见行动”学习讨论动员大会】 12月1日，党员干部“讲看齐、见行动”学习讨论动员大会召开，深入贯彻中共十八届六中全会、习近平总书记系列重要讲话、省第十次党代会、省委十届二次全会精神，具体落实省委开展“讲看齐、见行动”学习讨论的要求，部署淮北市学习讨论工作。会上宣读《关于在全市党员干部中开展“讲看齐、见行动”学习讨论的通知》。

重要活动

【谋划确立中国碳谷·绿金淮北战略】 市委树牢“绿水青山就是金山银山”的绿金理念，借助国家级智库，谋划“中国碳谷·绿金淮北”战略，着力争创国家创新驱动试验区、培育中国陶铝峰千亿产业板块，建设政治生态、经济生态、自然生态“三位一体”的绿金样板城市，得到省委、省政府充分肯定和大力支持，在全市形成广泛共识。一批重大项目陆续签约落地，为淮北高碳资源低碳利用、黑金城市绿金发展，提供方向指引、战略支持、项目支撑。

8月11日，市政府与国创联合控股投资有限公司签订《淮北市绿金产业系列项目合作协议书》。双方计划用三到五年时间，将淮北打造成为全国知名的绿金样板城市和中国绿金产业示范基地。签约仪式上，市政府、国兴金控、国创联合控股、市建投集团共同签订《淮北市文化旅游产业投资基金合作框架协议书》；市政府与国经环球控股签订《淮北市系统推进全面创新改革试验区——“绿金产业·中国碳谷”可行性研究报告协议》，并就相关工作开展课题研究。9月10—11日，中共中央政策研究室原副主任、中国国际经济交流中心副理事长郑新立率咨询专家团一行70余人到淮北市考察。专家团实地考察淮北经济开发区天路航空、相邦科技、中国碳谷起步区和淮北德国专利产业园项目区，安徽（淮北）新型煤化工合成材料基地，中湖、东湖、南湖塌陷治理项目区，相山绿化项目区，刘开渠纪念馆，市创业学院，相山区李桥社区，市政务服务中心，了解科技创新、绿色生态城市建设、智慧城市建设、创新创业活动开展情况。其间，市政府与国兴金控、国创联合控股签订《中国碳谷·绿金淮北国家创新驱动试验区战略合作协议》，淮北经济开发区与湖北宇能动力、湖北保灵华量子碳素科技分别签订《动力电池项目投资协议》《碳素科技产业园项目投资协议》，安徽（淮北）新型煤化工合成材料基地与国创（安徽）土壤科技公司签订《钾德金项目投资协议》。10月22日，中国（淮北）碳谷启动区项目汇报会在北京市召开。市党政代表团与国兴金控股股份有限公司、国经环球控股有限公司、国创联合控股投资有限公司及其战略合作伙伴就中国（淮北）碳谷启动区项目建设具体事宜进行对接。12月6日，省政府在省行政中心召开《“中国碳谷·绿金淮北”发展报告》征求意见会，听取省直有关部门对报告稿的意见和建议。

【市委重要专题会议】 2016年，市委召开的重要专题会议有：全市棚户区改造工作动员大会、淮北市组织部长暨县区镇领导班子换届工作会议、全市领导干部会议、全市农村工作会议、全市招商引资工作会议、“两学一做”学习教育工作会议、市委中心组学习（扩大）会议、中小城市综合改革试点暨新型城镇化建设工作推进会、市委全面深化改革领导小组会议、供给侧结构性改革暨科技创新大会、党员干部“讲看齐、见行动”学习讨论动员大会、市委中心组理论学习研讨会等。

【黄晓武出席第十二届中国公民道德论坛并作典型经验发言】 9月19日，中央宣传部、中央文明办在北京举办第十二届中国公民道德论坛。论坛上，中央电视台、北京市等9家单位的代表分别发言。作为全国唯一的地级市代表，市委书记、市人大常委会主任黄晓武在论坛上作题为《坚持不懈构建优化好人生态圈　让淮北好人引领核心价值追求》的典型经验发言。

2016 中国好食品高峰论坛在北京举行

【黄晓武出席 2016 中国好食品高峰论坛并发表演讲】 9 月 25 日，由中国农业电影电视协会（CCTV7 农业频道）和南京广播电视集团主办、淮北市人民政府协办的 2016 中国好食品高峰论坛在北京举行。市委书记、市人大常委会主任黄晓武作为首位发言嘉宾，在论坛上作题为《打造中国好食品　建设绿色食品城》的演讲，并参加《中国好食品》大型电视节目启动仪式。

【感动淮北 2015 最美人物颁奖典礼】 1 月 29 日，由市文明委主办的感动淮北 2015 最美人物颁奖典礼在市广电中心举行。淮北市评选出 6 组“感动淮北 2015 最美人物”，以全国劳模命名、让爱心温暖城市的最美班组李子明出租车精细服务班；17 年不离不弃，带着丈夫外出打工，构筑幸福家庭的最美媳妇王莉；丈夫不幸去世，坚持家庭事业一肩挑，扎根乡村致富乡邻的最美村支书毛冬梅；26 年维护社区治安，耄耋之年坚守岗位的最美协警欧胜召；负债累累外出打工、面对巨款拾金不昧的最美农民工李明丽；茫茫大海上勇救遇险渔民，善行义举感动苏皖的最美团体华江 7 海轮全体船员。

重要文件

中共淮北市委关于进一步加强农村基层党组织建设的实施意见（淮发〔2016〕2 号）

中共淮北市委、淮北市人民政府关于调整完善市区规划建设管理体制的意见（淮发〔2016〕5 号）

中共淮北市委关于深入推进全面从严治党的实施意见（淮发〔2016〕8 号）

中共淮北市委、淮北市人民政府关于印发《淮北市扎实推进供给侧结构性改革实施方案》的通知（淮发〔2016〕11 号）

中共淮北市委关于印发《淮北市党风廉政建设主体责任和监督责任清单》的通知（淮发〔2016〕14 号）

中共淮北市委、淮北市人民政府关于构建开放型经济新体制的实施意见（淮发〔2016〕17 号）

中共淮北市委、淮北市人民政府关于深化国资国企改革的实施意见（淮发〔2016〕18 号）

中共淮北市委、淮北市人民政府关于印发《淮北市加快推进生态文明建设着力打造山水生态城市实施方案》的通知（淮发〔2016〕23 号）

市委办公室工作

【文稿服务】 2016 年，市委办公室在市第八次党代会报告中提出的闯出转型崛起“七条新路”和四个“不忘初心”等观点、思路，成为党代会报告的重要思想和市委的重要决策部署。全年起草各类文稿 350 余篇、近 150 万字，记录整理市委常委会、常委办公会 45 次，编发纪要 45 期，文稿优质率 90% 以上。

【信息采编】 市委办公室推行“全员办信息”制度，形成“人人肩上有担子、个个身上有责任”信息工作格局；邀请省厅专家到淮北举办 2 期信息工作培训班，县区及市直部门累计参学近 600 人次；坚持“以干代训、以学代训”，分批选派年轻干部到省、市两级信息室上挂，有针对性开展业务强化培训；创新工作机制，推行月通报制度、季奖励制度和工作约谈制度，奖优罚劣。信息工作在全省的综合考评同比提升 4 个位次。全年累计编发各类信息 517 期、3315 条，省、市委领导累计批示 64 条次。

【督促检查】 市委办公室把重点督查市委重大决策部署、市委常委会年度工作要点、市委常委办公会确定的重点工作和市委领导关注的重点问题，坚持跟踪落实、一抓到底，全年组织开展各类督查活动16次，办理市委常委会议定事项责任落实清单22次。全年办理各类网友留言938条次（其中，省委书记留言242条、市委书记留言696条），办结率100%，在人民网全国2000多家留言办理单位评比中荣膺地级市先进单位称号。

【办文办会】 市委办公室全力做好市第八次党代会服务工作，提前谋划，精心组织，周密部署，有序推进，完成报告起草、值班联络、文件印制、住宿服务、交通保障、机要保密等各项工作。严格文件办理，提高报送时效，规范电子政务平台使用，提高档案管理科学化水平。全年处理上级来文550多件，下发1万余份，网上办理各类公文560余件，实现零误差。加强统筹协调，精心组织谋划，认真做好市委各类重要会议的服务保障工作；主动适应转变作风新形势，优质高效服务好市委领导调研、走访、慰问等重要活动。全年承办各类会议120多次、服务市委各类重大活动70余次无差错。

【公文审核】 市委办公室加强审查把关，实行源头控制，优质高效地完成各类文件材料印制，全年制发各类公文300余件。严格开展规范性文件合法合规审查工作，对县区委开展文件备案检查23次，向省委备案文件14份。出台《中共淮北市委法律顾问工作规则》，聘任3名法律顾问。

【后勤保障】 市委办公室全年收发传真700余件，接待群众上访21批次，编报《领导干部请假报备汇总》239期。机要通信安全畅通，市“四大平台”建设工作落实运转，全市政务内网初步建成。全年办理各类电报近5000份，在全省举行的移动应急通信系统比赛中获第2名。落实保密责任，加强保密教育，抓好涉密人员管理，开展保密分类确定工作，全年无失泄密事故发生。招商引资推进有力，全年引进4个规上项目，认定固定资产投资1.7亿元，超额完成年度目标任务。

【党建工作】 市委办公室切实抓好机关党的建设，把党建工作融入“三服务”工作全过程。扎实开展“两学一做”学习教育，以“忠诚”“服务”“干净”为专题开展研讨。组织召开专题组织生活会，结合“讲看齐、见行动”学习讨论和“淮北转型靠什么、我为崛起做什么”大讨论活动，修订出台值班工作规范、党委信息报送办法、招商引资奖励办法等多项制度。创设一月一更新党建牌板，精心选配图片文字，展示党员活动剪影，打造机关党建文化品牌。深化“党员干部下基层”结对帮扶活动，进一步推进新农村结对共建，深入推进新一轮全国文明城市创建工作，坚持全员全年分批参与上街执勤服务。班子成员带头到基层走访调研，为天路航空、联利发纺织、东明石化等企业解决一批困难问题。

【队伍建设】 市委办公室全年安排9人外出培训、7人党校学习、2人到省厅对口挂职。精选党规党纪、金融经济等专题编印《月读推荐》。以工作实绩和德才表现选人用人，全年提拔科级干部5名、县级干部1名。从市直单位选调2人。撤销保卫科设立市委常委办，专职服务市委常委会及市委其他重要会议活动、中央和省委领导人到淮北活动的组织安排及市委负责人的活动安排。全面落实“两个责任”和“一岗双责”，认真执行民主集中制，坚持干部人事、重大资金、大额采购集体研究决定。月度室务会分析工作，查摆问题，确保决策执行到位。狠抓机关效能，定期检查科室出勤、卫生情况，发现问题严肃批评纠正。

（桑倩倩）

组织工作

【“两学一做”学习教育】 2016年，淮北市精心制定“两学一做”学习教育方案，创新提出争当讲政治、守规矩、重品行、敢担当、有作为“五个先锋”要求。市级党员领导干部带头走访调研、带头集中学习、带头专题研讨、带头为基层上党课，形成以上率下示范效应。根据党员群体多样化特点，开设家庭党校、车间党校、田园党校、网络党校、流动党校“五个党校”，破解重点群体参学难问题。建立“党员固定活动日”制度，发挥5600多个党支部“微阵地”的“大作用”，推动13万余名党员学深、做实。开展“千名书记讲党课”，组织“中国好人”中的党员、党校教师、讲师团成员、先进模范到基层一线讲党课608堂。从10月中旬至12月中旬，在“两学一做”学习教育中开展“淮北转型靠什么、我为崛起做什么”大讨论活动，推进3个层面的15项具体任务，着力解放思想、更新观念、激发动力，促进优化环境、招商引资等重点工作，确保“五大发展见行动”。全市“讲看齐、见行动”学习讨论启动后，又将“两个讨论”紧密结合、一并推进。人民网、《安徽日报》《安徽新闻联播》《安徽信息》《省委学习教育工作通报》等先后推介淮北市做法280余篇。5月29日、6月13日，《安徽新闻联播》分别播出《淮北：突出重点 分类指导 提升“两学一做”学习教育实效》《“万堂讲课进基层”让党员学有所得》两篇新闻，省委办公厅《安徽信息》和《省委学习教育工作通报》分别刊登淮北市“五个党校”特色做法。

【市委领导班子换届】 市委组织部配合省委考察组做好市委领导班子换届考察工作，组织成立10个考察组对51名市委委员、候补委员、市纪委委员人选考察对象进行考察。组织召开市第八次党代会代表选举工作会议，部署党代表选举工作，按照市委分配的代表名额及代表构成的指导性方案，选举产生市党代表416名。根据省委部署，精心组织出席省第十次党代会代表推荐选举工作，选举产生省党代表25名。换届期间，市、县区组织部门没有收到一件违反换届纪律的群众举报，没有一名干部因违反换届纪律而受到组织查处。整个换届实现组织提名干部“零落选”、违反换届纪律问题“零举报”、整个换届工作“零违纪”；市委组织部没有接到一封人民来信，没有发生一起群众来访的“三零两没有”，特别在市委换届中，市委常委和市委书记、副书记均全票当选。

【县区、镇党委换届】 市委组织部严格审核县区换届工作实施方案，建立镇党委换届工作台账，推选本人及直系家属都不是选举对象的老党员担任选情直报员，实时了解换届工作进展情况，做法得到省委组织部肯定。建立县区委换届包点联系制度，与县区党政主要负责人，并委托县区与其他领导班子成员和重点岗位干部普遍进行谈心谈话；制定换届风气监督任务清单，列出51项具体措施；组织签订《严守换届纪律承诺书》，组成巡回督查组，确保换届风清气正。组织提名人选均满票或高票当选。

【出台《关于建立容错机制激励干部干事创业敢于担当的实施办法（试行）》】 12月，淮北市出台《关于建立容错机制激励干部干事创业敢于担当的实施办法（试行）》，首次旗帜鲜明地提出为改革创新者撑腰鼓劲，为担当者担当、为负责者负责，让党员干部卸下思想包袱，甩开膀子，愿干事、敢干事、能干成事。

《实施办法》共分五个部分，主要包括容错的原则要求、容错的基本条件和具体情形、容错的认定程序、容错的结果运用等内容。规定具备6项基本条件，符合8种具体情形之一的，可予以容错。同时，在充分借鉴和吸收中央和省委有关文件的基础上，将容错的认定程序细化，并明确提出经认定予以容错的单位和个人可在7个方面实行减责或免责。

【庆祝中国共产党成立95周年大会】 6月28日，淮北市举行庆祝中国共产党成立95周年大会。市委副书记、市长黄晓武出席会议并作重要讲话，市领导曾凡银、方宗泽、赵怀印、沈光继、宰学明、朱浩东、顾文、孙劲飚等参加会议。市委常委、市委秘书长、市委统战部部长谌伟主持会议。市委组织部主要负责人宣读《中共淮北市委关于表彰全市优秀共产党员、优秀党务工作者、先进基层党组织和优秀镇（街道）党（工）委书记、优秀村（社区）党组织书记的决定》，与会领导向受表彰的先进典型代表颁奖，市广播电视台记者陈凯等5位先进典型代表作交流发言。

【干部教育培养】 市委组织部贯彻《2014—2018年淮北市干部教育培训规划》，推动规划各项任务落到实处。着眼于增强干部培训实效，在浙江大学举办全市招商引资与投融资运作专题研修班，联合相关部门举办电子商务、棚户区改造和实施商标品牌战略服务转型发展等专题、业务培训班37个，分类别、分领域培训干部3755人次。深入实施“5231”工程（全市争取利用5年时间，培养选拔20名40岁左右的正县级干部，30名35岁左右的副县级干部，100名30岁左右的正科级干部），选派32名市直单位和镇机关年轻干部开展“互挂”锻炼，加强上下交流，实现干部培养锻炼、推动工作双赢。

淮北市庆祝中国共产党成立95周年大会召开

【干部选拔任用工作】 市委组织部开展干部综合量化评价，坚持“上级评、同级评、下级评”相结合，考准考实干部综合表现。完善干部考核办法，推行“三进三访”（进服务单位、访服务对象，进所住社区、访街坊邻居，进干部家庭、访家庭成员）延伸考察干部方式。开展后备干部集中调整，建立后备干部和中长期培养对象信息库，确定县处级副职后备干部 248 人、中长期培养对象 105 人。落实县级以下机关公务员职务与职级并行制度，为 8 名副处级干部办理职级晋升手续。开展 2016 年市直机关公开遴选工作，继续实行笔试加分政策，9 家市直单位从县区及以下机关公开遴选公务员（工作人员）13 名。

【干部交流轮岗】 年内，市委组织部加大重点岗位干部、长期在同一单位担任班子副职的干部交流，平级交流轮岗县级干部 38 人；平级转任重要岗位县级干部 5 人。指导县区、市直单位研究界定重要岗位，确定交流对象并建立台账，全市界定重要岗位 1162 个，确定必须交流轮岗对象 53 名、应当交流轮岗对象 97 名、计划交流轮岗对象 17 名。淮北市推进干部交流轮岗的做法在全省公务员管理工作会议上作交流发言。

【干部监督】 市委组织部先后指导出台领导干部分层分类谈心谈话、市管干部提醒谈话、诫勉谈话、经济责任审计结果运用等多项制度，干部监督体系逐步健全。严格执行职数预审制度，全市消化超职数配备干部 245 人，完成整改计划比 100%。严格执行“凡提必核”，对 201 名拟提拔（重用）市管干部考察对象和换届考察对象人选个人事项报告进行重点抽查，批评教育 59 人，暂缓 3 名考察对象资格。

【人才工作】 年内，淮北市实施相城英才引进计划，下发《淮北市高层次人才引进办法》和《淮北市高层次人才培育计划》，引进人才可享受最高 70 万元的安家补贴，1153 万元的平台建设支持、165 万元的培育支持和高于 1000 万元的工作支持。深入实施“相城金蓝领”万人计划，建立健全培训、竞赛、培养、奖励、评价机制，开展技术培训、岗位练兵和技能比武等职工技能提升活动；创办“技能大师工作室”4 个，开展“千名技师带徒弟”活动，“订单式”培训5万余人次。评选第六批“555”产业创新团队，1 个团队被评为省“115”产业创新团队和高层次科技创新创业团队，10 人入选省战略性新兴产业技术领军人才。筹建淮北方正智谷科技园，成立淮北市创业学院，建设创新创业人才服务中心。建成在淮专家信息库，3992 人入库。编印淮北籍在外人才名录，收录在外人才信息 913 条。推动领导干部联系优秀人才制度常态化，市级领导、县区和市直单位主要负责人等共联系优秀人才 106 名。

【落实基层党建责任】 年内，淮北市全面完成县区、镇（街道）党（工）委书记述职评议会，探索扩大述职范围，75 家市直单位“一把手”就抓基层党建工作情况向市委全委会（扩大）进行书面述职。推行“书记党建项目”工作法，县（区）委书记各领办 5 个党建项目、镇（街道）党（工）委书记各领办 1 个党建创新项目和 1 个党建重点项目。制定《2016 年度基层党建工作清单》，针对 11 个方面、50 个突出问题，细化 100 项重点任务。

【基层党建项目推进年活动】 年内，推动市委常委每人包保一个领域或一个地区的基层党建工作，创新开展基层党建项目推进年活动。建立问题清单、任务清单、责任清单，推行“书记党建项目”工作法，全面完成基层党建重点任务。开展“金牌社区”创建活动，培育 10 个“金牌社区”。坚持以开放理念统筹推进城市基层党建，整合各方资源，创新社会治理方式，中组部组织二局对淮北市城市基层党建工作充分肯定，专程到淮北实地调研并召开由 6 个省的市县参加的座谈会。在全市各镇村开展“时时不忘推车情、党员干部户户行”入户连心大走访活动，全市 3090 余名镇村干部走访农户 26.56 万户次，解决问题 8.32 万件，新华社《国内动态党政清样》以《安徽淮北干部包村入户加强基层政权》为题对淮北市做法进行深度报道。出台非公企业和社会组织党建 5 年工作规划，继续推行“双报双推”制度，深化“帮联正行动、党建促发展”“三同”助力等系列活动。推行组织联建、党员联带、活动联搞、资源联用“四联”帮扶机制，选派 1037 名党建指导员，帮助 1579 家非公企业和社会组织解决发展难题。

【农村基层党建保障工程】 淮北市出台抓党建促脱贫攻坚文件，采取“四个精准”措施助力扶贫。对按比例摸排的 24 个软弱涣散村（社区）党组织开展常态化整顿。全面落实村级组织基本运转经费，按照 3000 人以下的村 5 万元、3000 ~ 5000 人的村 7 万元、5000 人以上的村 9 万元的新标准，纳入县（区）财政预算。提高村干部报酬待遇，全市村“两委”正职平均年报酬 2.36 万元，比上年提高 57.3%，村“两委”正职基本报酬平均 1.97 万元，达到上年度农村常住居民人均可支配收入 2 倍标准，实现村干部报酬全面达标。

【机关效能建设】 市委组织部坚持制度执行从严，制定从严治部若干规定等10余项制度，实行周调度、月小结、季通报、半年点评、年终总评，强化工作落实。坚持教育培养从严，编印《应知应会手册》24期，举办“组工论坛”4次，建立“六个问不倒”工作机制，选派35人参加专题培训、4人联系帮扶企业、4人参与招商引资、2人到基层挂职。坚持管理监督从严，开展经常性谈心谈话，让组工干部明底线、划界限、守红线，以实际行动树立模范过硬的良好形象。

（赵　华　秦　耀）

宣传工作

【意识形态工作】 市委宣传部围绕“两个巩固”根本任务，印发淮北市《党委（党组）意识形态工作实施细则》，成立市委意识形态工作责任制领导小组，将意识形态工作责任制列入党委工作重要日程，纳入综合目标考核管理体系，着力增强中国特色社会主义道路自信、理论自信、制度自信、文化自信。

【中心组理论学习】 市委宣传部坚持把学习中共十八届三中、四中、五中、六中全会和习近平总书记系列重要讲话、视察安徽重要讲话、党章党规作为理论武装的重中之重，发挥市委中心组示范引领作用，带动全市各级党委（党组）和广大党员干部深入学习、深刻领会。2016年，市委中心组集中学习16次。持续推进学习型党组织建设，市工商局和濉溪县地税局被评为第三批省学习型党组织示范点。

【理论宣讲】 2016年，市委宣传部着力推进理论宣讲普及，科学发展大讲堂、艺术化宣讲等获评“全市理论宣讲范例”。组织中共十八届六中全会省委宣讲团宣讲报告会，市直各单位、各驻淮北单位党委负责人800余人参加报告会。着力在理论宣讲普及上下功夫，分别组建“两学一做”学习教育、习近平总书记“七一”讲话精神市宣讲团、大学生村官宣讲团、艺术化宣讲团，扎实推进“送理论进基层”活动，广泛开展分众化、对象化、互动化宣讲760余场；组织举办学习中共十八届五中全会精神、习近平总书记“七一”讲话精神理论征文等活动。

【理论研究成果】 廖峰的“军民融合深度发展的安徽战略及其着力点”课题获省社科联资助立项。“资源枯竭型城市转型发展问题研究——以淮北市为例”获“三项课题”优秀成果二等奖，“淮北市棚户区改造工作的调研与思考”“大调解对接机制的思考与探索”获三等奖。

【新闻宣传】 市委宣传部突出抓好招商引资、“两学一做”学习教育、文明创建、智慧城市建设、“九个一工程”“调转促496”行动和棚户区改造、精准扶贫等重大主题宣传。完成市第八次党代会、市人代会、食品工业博览会、石榴文化旅游节和“中国创翼”青年创业创新大赛“互联网+”单项赛全国总决赛等重点节会活动的宣传报道任务。迅速启动“讲看齐、见行动”学习讨论和“淮北转型靠什么、我为转型做什么”大讨论活动宣传工作，实时报道各县区部门经验做法。着力讲好招商背后的故事，《淮北日报》专道报道《万达落户记》《创客诞生记》《棚改惠民记》等，得到广大读者一致好评。

【重大主题对外宣传】 市委宣传部加大与中央、省级媒体通联力度，邀请人民网、新华网等到淮北进行集中报道，与全省各市重点网站开展“调转促新亮点”联动宣传，《人民日报》头版头条刊发《调结构 转方式 促升级 安徽培育增长新动力》报道淮北市典型做法，《安徽日报》刊载《安徽淮北市构建五大服务中心促城市转型》，引起强烈反响。市委书记、市人大常委会主任黄晓武署名文章《厚植淮北好人成长沃土》在《光明日报》《安徽日报》刊登。

【城市之间外宣活动】 淮北市完成与江苏省连云港市结对互动宣传，持续打造“城市之间”外宣品牌。4月，淮北市采访团赴连云港市进行“城市之间”互动采访活动。5月，累计在《淮北日报》和《淮北晨刊》刊发《借力“一带一路” 实现新的跨越》等报道8篇，淮北广播电视台《新闻联播》播发“城市之间”系列报道5期。7月25日，连云港采访团先后到隋唐大运河博物馆、淮北好人馆、房产超市、市行政服务中心、相山公园、黄新庄村、临涣茶馆、淮海战役临涣总前委旧址、濉溪经济开发区、凤凰山食品经济开发区、南湖景区、南山村、榴园村等地实地采访，深入报道淮北市在食品工业发展、好人之城打造、美丽乡村建设等经济社会发展各方面取得的进展与成效，通过连云港市媒体对外展示宜居宜业宜游的精致淮北良好形象。

【社会主义核心价值观主题实践活动】 市委宣传部着力培育和践行社会主义核心价值观，坚持创城引领价值追求，开展优秀共产党员先进事迹报告会、道德模范与身边好人现场交流暨“两学一做”好人巡讲活动、“礼

市委宣传部参加市直机关“向不文明行为宣战”签名活动

仪相城·向不文明行为宣战”专项整治行动。深入推进“全民志愿服务月”活动，大力推行“互联网＋志愿服务”，在全省率先开通淮北志愿服务网。持续扩大“淮北好人”品牌影响力，新增12人入选中国好人榜，淮北市“中国好人”达127人，稳居全省第一、全国前列。

【文明城市创建】 市委宣传部着力健全创城工作机制，印发《淮北市创建全国文明城市2016年操作手册》等文件，明确36项重点任务和10件为民创建实事；坚持问题导向，组织召开问题交办会，倒排整改时限，实行盘点销号；开展“行走淮北”专项督查行动，定期开展回头看，并在媒体公布各主创单位问题整改率排名情况。创新推出“淮北文明18条” 行为规范。在全省率先实施文明创建工作项目化，全面落实36项重点工作，完成144个创建项目，打造22个示范典型。在中央文明委年度测评中，淮北市是唯一获得“文明城市” “未成年人思想道德”软件审核双满分的成绩。

【群众性文化活动】 市委宣传部坚持“三贴近”原则，深入开展“文化惠民消费季” “优秀文化进万家”等群众文化活动，精心策划组织新年音乐会、“精致淮北 红旗飘扬”庆祝中国共产党建党95周年文艺演出，市艺术团体参加中国香港第五届国际中老年艺术大赛，市合唱团《你是我的玫瑰花》曲目获特金奖。认真落实“基层工作加强年”决策部署，创新公共文化服务管理运行模式，稳步推进图书馆总分馆建设，免费开放各类文化场馆36个，送戏进村300余场，农村电影放映3400余场。

【深化文化体制改革】 市委宣传部研究制定文化体制改革2016年度工作计划、改革要点和创新举措，建立2016年改革任务台账。加速传统和新兴媒体融合，淮北手机台客户端、智汇淮北客户端上线运行。

【网络宣传管理】 市委宣传部加强网络舆情监控和引导，编报互联网舆情专报，及时处置涉淮舆情。推进“淮北发布”政务微博、政务微信各项工作，2016年淮北微信公众号发布信息1690篇，累计阅读量467万余次，累计点赞3万以上，平台传播力超过93.1%的运营者。政务微博粉丝4.8万人，比上年同期增长60%，政务微信关注人数增长0.3万人，达6.8万人。

【文化市场管理】 市委宣传部落实《淮北市“扫黄打非”工作立体式检查制度》等相关制度，清理规范市、县（区）两级文化主管部门发放的文化经营单位的经营许可证，对发现的存在不同问题的文化经营单位进行整改。组织开展绿色健康书店承诺活动，全市24家参加，并在全社会发出倡议。完成“净网”“清源”“秋风”等专项行动，青少年健康成长的社会文化环境进一步优化。

【文化产业发展】 淮北市投资2亿元的黄里进士文化园古民居项目落户淮北，南湖景区获评2017年安徽省绿色生态示范区，隋唐运河古镇主景区“五凤三阁”被确定为安徽省影视制作园区，四季榴园AAAA级景区正式揭牌，口子酒文化博览园、文创科教城等重点项目推进有力。

【庆祝建党95周年系列活动】 年内，市委宣传部着力突出“庆祝建党95周年”主题，先后组织开展“爱党爱国爱淮北”合唱比赛、“精致淮北 党旗飘扬”文艺演出、好支部好党员好故事演讲比赛，优秀共产党员先进事迹报告会等系列活动。

【纪念长征胜利80周年活动】 年内，市委宣传部组织举办“长征精神我传承，转型崛起献童心”少先队主题队会，少先队员通过讲述长征故事，朗诵诗词，表演情景剧，咏唱红色歌曲和重温入队誓词等，重温红军长征的光辉历史和英雄壮举，缅怀革命先辈的英勇事迹，激发爱国热情。在全市范围内开展纪念红军长征胜利 80 周年暨第二届百里毅行公益活动，活动共吸引 2600 余名毅行者（包括志愿者）参加。

（谢文俊）

统战工作

【落实统战政策】 市委统战部对照《中国共产党统一战线工作条例（试行）》和《中共安徽省委贯彻〈中国共产党统一占线工作条例（试行）〉实施办法》，结合淮北市实际，查找梳理 33 项需完成的任务，制定方案，细化措施，强力推进，共有 28 项任务得到完成。淮北市在全省率先成立市委统一战线工作领导小组，率先将统战工作纳入全市目标考核，率先完成市社会主义学院领导班子配备等工作，制定下发《淮北市统一战线 2016—2017 年工作规划》。

【服务淮北转型崛起】 市委统战部协助市委、市政府先后 8 次召开各民主党派、工商联和无党派人士参加的人事安排协商会、党外人士座谈会和情况通报会等会议。组织民主党派、工商联和无党派人士，发挥自身优势，围绕“十三五”规划、促进转型崛起等重点工作，组织专题调研，《加快推进煤化工合成材料基地建设的建议》《健全政府融资平台、缓解小微企业融资难》等 120 余条意见建议得到各级党委、政府的重视和采纳。深入民企走访调研，梳理制约民企发展的 56 条问题，帮助推动解决落实；开展民企排序工作，综合评比 930 余家民营企业，对综合排名前 50 强和单项前十强企业进行通报表彰；鼓励民企创新创业，通过召开创业创新大会等活动，坚定民企发展信心；维护民企合法权益，帮助调解劳动纠纷，构建和谐民企关系。召开“民企帮村”精准扶贫大会，引导全市民营企业参与精准扶贫工作。全年有 89 家民企投身精准扶贫行动，累计投入帮扶资金近千万元，定向扶贫捐赠 300 余万元，脱贫就业 300 余人。组织各民主党派、工商联、知联会开展“关爱孤寡老人”“关爱儿童成长”等社会服务活动，捐款捐物共计 720 余万元。

【深化多党合作事业】 年内，市委统战部组织 120 余名学员赴浙江大学、省社会主义学院等院校培训，组织 180 余名党派骨干赴统战教育基地学习统战历史，传承优良传统；围绕“淮北转型靠什么、我为崛起做什么”大讨论活动，组织开展 4 次专题讨论，广泛凝聚服务转型崛起的思想共识。加强民主党派领导班子建设，协助民主党派做好换届工作，民盟、民建、民进、致公党 4 个党派圆满换届；建立健全《淮北市新的社会阶层人士统战工作联席会议制度》《淮北市党外干部培养选拔制度》《市委领导同党外人士谈心交友制度》等制度，完善多党合作事业的制度体系。

【民族宗教工作】 年内，完善民宗工作机制，建立健全民族宗教工作联席会议、网格化管理、信息反馈和互帮互助四项机制，为规范民族宗教管理提供制度保障。创新民族宗教管理方式，开展民族团结进步创建评比工作，评选“市级民族团结进步示范单位”4 个；创新开展宗教团体班子成员述职测评工作，做到民族宗教管理日常化、规范化。加强基层民宗工作执法力量，18 名民宗干部取得执法资格；加强基督教传教人员队伍建设，认定基督教传道员 49 名；着力解决教职人员的社保难题，113 名教职人员全部纳入社保体系。

【促进非公有制经济人士成长】 2016 年，市委统战部组织非公经济人士深入学习领会习近平总书记系列重要讲话精神，开展能力素质培育，组织 18 名非公企业代表人士参加“华商 500 强论坛”“总裁金砖论坛”等交流培训活动，了解经济发展趋势，提升战略思维能力；组织“企二代”“创二代”参加省、市工商联培训班，引导青年创业者、青年企业家健康成长。着力构建

市委书记黄晓武与党外人士进行座谈交流

“亲”“清”新型政商关系，组织学习贯彻淮北市《关于建立新型政商关系的暂行规定》；组织开展调查研究，深入分析淮北市政商关系现状，“构建‘亲’‘清’新型政商关系研究”课题，获省委党建办重点管理课题研究成果二等奖；组织开展廉洁教育活动，联合市纪委、市检察院等部门举办非公企业预防腐败报告会，着力构建政商关系新生态。

【促进海外交流合作】 年内，市委统战部开展“助学圆梦”、走访服务侨企、召开海外留学人员新春座谈会等活动，增进同根情、家乡情。积极走出去、引进来，加强与海外新华侨华人、华裔新生代以及港澳台重点社团和人士的联络，畅叙友情、增进友谊。邀请台湾电电公会、台湾工业总会、台湾国际青商会到淮北市交流、考察，吸引华翊文创在淮北市投资18亿元建设文创科教城。

（陈光辉）

政策研究

【服务市委决策】 2016年，市委政研室起草出台《全市“十三五”规划建议》《市委关于深入推进全面从严治党的实施意见》等近10项市委文件，为全市改革发展稳定提供行动纲领。起草的《基层党建引领美丽乡村建设提档升级》一文作为领导署名文章，刊发在《安徽日报》上，《淮北凤凰山开发区“加减乘除”精准发力供给侧改革》一文刊发在《安徽工作》上，有力宣传和推动了淮北市亮点工作。

【调研工作】 年内，市委政研室共完成重大调研课题24项，编印《决策参考》8期、《送阅材料》12期、《决策新视野》6期，调研成果转化率在90%以上。起草的《由“应急”到“随机”的变迁》和《关于相山区春秋社区党建工作的调查与思考》得到市委书记黄晓武重要批示。

【全面深化改革工作】 市委政研室承担着市委全面深化改革领导小组办公室和市委党的建设工作领导小组办公室职责。“两办”不断强化谋划、服务、协调、宣传、督办职能，有力推动全市改革和党建工作深入进行。2016年，共编发改革信息45期，被省委改革办刊载3篇。党建办申报的2个课题入选省委党建办重点研究课题，分获一、二等奖。

（张小华　许文杰）

信访工作

2016年，全市县以上信访部门受理群众信访同比下降26%，其中，走访同比下降22.4%；进京非访同比下降41.5%；到市集体访同比下降26.5%；来信、网上信访同比上升562%，群众信访形式正由“走访”向“网访”转变，淮北市网上信访的经验做法在国家信访局召开的全国网上信访基层应用工作座谈会上作经验交流。

【领导开门接访】 市信访局以市“两办”名义出台《市级党政领导干部到信访接待场所开门随机接访的暂行办法（试行）》，确定每周三为市级领导接访日，建立接访公示、律师陪访、跟踪督办、定期通报等工作机制。2016年，15名市级党政领导开门随机接访，共计61次到接待中心接待群众100批、323人次，受理群众诉求128件，全部办结。县区党政领导接访476批、1903人次，受理群众信访事项546件，办结512件，一批关系民生的信访问题得到解决，堵门、堵路、围堵市委市政府大门等非正常上访现象基本消失。淮北市党政领导开门随机接访的做法被《安徽工作》刊发。

【疑难信访案件化解】 市信访局组织开展集中依法清理化解重点信访事项专项行动，建立信访事项“三账三单三题”（三账：建账、查账、报账；三单：问题清单、措施清单、责任清单；三题：发现问题、分析问题、解决问题）督查制度和重点信访事项化解台账，全面落实县级以上领导包案化解责任，41件进京非访事项和房地产领域重点信访事项全部由市级党政领导包案化解，落实“五包”（包掌握情况，包研究处理，包思想疏导，包解决问题，包息诉罢访）要求，实行一包到底，并通过点对点“问诊”、一对一“包保”、硬碰硬“验收”等多种途径，全力推动信访积案“清仓见底”，实现“三个100%”的目标，即纳入专项行动的310件重点信访事项化解率100%；录入信访信息系统的232件信访积案审核通过率100%；366件省交办中央第五巡视组信访案件办结率100%。

【信访信息化建设】 市信访局率先将市长信箱纳入信访部门办理，有效推动群众信访形式由“走访”向“网访”转变，全市信访秩序持续好转，全市网上信访总量逐步攀升，群众反映的合理诉求得到及时解决，大大降低群众信访成本。阳光信访平台在淮北运行，宣传网上信访、运用网上信访、办理网上信访成为淮北市信访工作的新常态。2016年，网上信访总量10114件，同比上升728%，信访事项及时受理率、按期办结率、群众满意率分别达到98.4%、98.4%、99.6%。网上信访占比84.7%，群众参评率达84%，位居全省第一。

【来访接待中心建设】 淮北市投入近200万元，改造建设新来访接待中心。中心面积约2800平方米，配套建设来访登记系统、信访事项办理系统、视频监控系统、安全检查系统、信息宣传系统、智能查询系统、综治维稳信访指挥系统等7大信息化管理系统，努力打造成智能化、便民化、规范化、信息化“四化一体”的现代化、全方位来访接待平台。新来访接待中心改造完成和信息化平台的建成，不仅改善信访工作环境，而且提升信访工作信息化水平，为推行“一站式接待、一揽子受理、一条龙办理”的联合接访新模式提供平台。

市直机关工委工作

【基层组织建设】 市直工委贯彻落实《中国共产党党和国家机关基层组织工作条例》，围绕“服务中心、建设队伍”两大任务，加强机关党的建设。加强政治理论和党建业务知识学习，要求所属党组织购买《习近平总书记系列重要讲话读本（2016年版）》和《学习习近平同志关于机关党建的重要论述（修订本）》；结合“淮北转型靠什么、我为崛起做什么”大讨论活动，组织先进事迹报告团在市直机关巡回报告20多场次。认真落实全面从严管党、从严治党的主体责任。集中整治软弱涣散基层党组织，全年对17个直属党组织进行换届改选；加强对党组织书记的履职考评力度，召开市直机关基层党建工作述职测评大会；指导基层党组织严格按照《中国共产党党员工作细则》办事，完善政审、考察和公示等制度，全年发展党员60名，对132名入党积极分子进行专题培训；对所属党组织4306名党员进行排查摸底，逐一核定党费交纳标准，发放新的《党员证》，开展2008—2015年度党费的补缴工作；以职能相近为原则划分党建联系片，将所属64个直属党组织划分为党群系统联系片、政府系统联系片、财经系统联系片、驻淮北系统联系片进行分类指导。举办“机关党建+”论坛，围绕“调转促496行动计划”，邀请专家学者开设“供给侧结构性改革”机关大讲堂。举办庆祝建党95周年市直机关表彰大会，表彰40家基层党组织、30名党务工作者和60名优秀共产党员。

【庆祝中国共产党成立95周年歌咏比赛】 6月20日，市直机关“爱党、爱国、爱淮北”庆祝中国共产党成立95周年歌咏比赛在淮北矿业会议中心举行。市领导曾凡银、戴启远、方宗泽、赵怀印、宰学明、顾文、孙劲飚，市委组织部、市直机关工委负责人等出席活动。比赛由市直机关工委、市直机关文明委主办，旨在以建党95周年为契机，引导市直机关广大党员干部重温中国共产党所走过的光辉历程，继承和发扬党的光荣传统，将“两学一做”学习教育推向深入。全市32支代表队参加比赛。市工商行政管理局，市职业教育管理委员会办公室，市委组织部、市总工会联队获一等奖。

【“两学一做”学习教育工作】 年内，成立机关工委“两学一做”学习教育协调小组，出台《关于做好“两学一做”学习教育工作的意见》，开展市直机关“不按规定缴纳党费专项整治工作”“基层党组织长期不换届”，行业协会、学会不规范问题和干部人事突出问题等专项整治工作。抓好整改清单落实，在机关中形成良好的干事创业氛围。举办市直机关党务干部培训班3期，培训党务干部230多人次；承办全市“两学一做我带头，转型崛起勇担当”电视知识竞赛。开展市直机关“党规党纪在心中”知识竞赛和“两学一做五争当”征文比赛；组织3000多名在职党员干部参加“党章党规”知识测试。

【党风廉政建设工作】 市直机关工委认真履行党风廉政建设主体责任，制定工委机关2016年党风廉政建设和反腐败各项任务的细化分解；签订党风廉政建设责任书，落实“一岗双责”；将党风廉政建设纳入工委中心组学习及机关党总支学习的重要内容，纳入工委机关党务干部、入党积极分子培训计划内容；对廉政文化“进机关”标兵单位及省级示范点进行复查复核，加强动态管理；开展节假日期间党风纪律督查工作，对归口的20家单位工作纪律执行情况和“十严禁”情况进行现场督查；认真处理信访案件，全年办理初核案件3件、协审案件3件、立案调查案件1件，处分党员10名，恢复党员权利5名。

【机关精神文明建设】 市直机关工委结合“双报到”和结对帮扶活动，进一步深化机关党建服务基层年活动，所属党组织全年开展活动417次，为社区解决问题280余件，帮助解决经费90余万元，为基层党组织、社区、群众办实事、好事4200余件。在市直机关开展增强“1+4”党员意识活动（即亮出党员一面旗帜，增强党员的服务意识、奉献意识、创新意识和廉洁意识），真正体现“一名党员就是一面旗帜”的示范作用。组织市直机关58个方队、4600多人参加元旦全民健身长跑活动；组织开展“礼仪相城、向不文明行为宣战”百万市民签名活动；开展“亮身份、践承诺、争当优秀共产党员”活动，发放党徽和党员承诺牌4000多个，引导广大党员戴党徽、强意识、亮身份、转作风、践承诺、作表率。

机构和人员编制管理

【完善政府权责清单制度体系】 市编办及时调整优化权责清单，使市级政府权力事项由2508项精简为2440项，精简比例近10%。健全“1+X”权力运行监管模式，制定《淮北市政府权力运行监督管理办法》，市直42家单位共编制3003项政府权力运行监管细则。3个区行政审批事项由158项调整到131项，实现3个区行政审批事项名称、种类和数量的统一规范。重新梳理市级拟保留的权力事项，规范行政审批等权力事项的名称和种类，印发市、县（区）级政府权责清单目录（2016年本）。

【深化行政审批制度改革】 市编办做好衔接落实国务院、省政府取消和调整行政审批项目有关工作，起草《淮北市人民政府关于贯彻落实国务院和省政府第一批取消中央指定地方实施行政审批事项的通知》，取消中央指定地方实施行政审批事项涉及市级的36项中的对应项目34项。市政府印发《淮北市人民政府关于贯彻落实国务院和省政府第二批取消中央指定地方实施行政审批事项的通知》，取消淮北市对应的42项行政权力（其中行政审批7项）。市政府印发《淮北市人民政府关于贯彻落实国务院和省政府取消13项国务院部门行政许可事项的通知》，对应取消1项行政许可事项。

【推进“双随机一公开”工作】 市编办编制《淮北市加强事中事后监管推进简政放权优化服务改革实施方案》。2016年，市直单位开展“双随机一公开”监管工作的30个部门共梳理出随机抽查事项372项，其中市场监管执法检查事项302项；开展随机抽查事项249项，随机抽查占市场监管执法检查事项比例为82.4%，其他行政执法检查事项70项，开展随机抽查事项67项，占比为95.7%，达到国务院提出的随机抽查比重目标。

【建立公共服务和中介服务清单】 2016年，全市梳理出市级82家单位公共服务事项1299项公共服务事项（含“点菜型”服务事项126项，证明类服务事项49项）。28家市直单位行政权力中介服务事项235项；取消7项，保留228项（其中，转换6项，规范40项）。经市政府常务会议审议通过，以市政府名义正式面向社会公布。在全省率先制定并以市政府办名义印发《淮北市公共服务清单动态管理办法（试行）》和《淮北市行政权力中介服务清单动态管理办法（试行）》。

【调整城市管理体制】 市编办按照“属地管理、权责一致、依法合规”的原则，进一步调整完善城乡规划、住房城乡建设、城市管理、城市安全运行等领域的体制机制，合理划分事权，优化资源配置，下发《关于调整城市管理体制改革涉及单位职责和编制有关事项的通知》，开展城市管理体制改革涉及单位职责和编制调整工作，下划给3个区374名（其中，相山区219名、杜集区82名、烈山区73名）全额拨款事业编制。结合城市规划建设方面事权下划后3个区工作量增加实际，从市本级待分配事业编制中下划300名（其中，相山区150名、杜集区80名、烈山区70名）财政全额拨款事业编制给3个区。

【深化公共资源交易监管体制改革】 市编办整合工程建设招投标、土地使用权和矿业权出让、国有产权交易、政府采购等平台，建立“一委一办一中心”三位一体的公共资源交易监管体制，3月，下发《关于进一步完善公共资源交易管理体制的通知》，将分散在市财政局、市城乡建委等7部门的公共资源交易监管职能一并划转到市公管办，进一步整合公共资源交易监管力量，加强对公共资源交易的监督管理。

【推进公立医院综合改革】 市编办积极推进淮北市公立医院编制的备案管理，对市人民医院、市中医医院、市妇幼保健院、市第四人民医院等4家市属公立医院分别核定备案编制，明确各医院备案编制使用计划需报市编委批准。配合主管部门草拟《公立医院法人治理结构指导意见》。

【开展统一社会信用代码赋码工作】 市编办建立机关和事业单位法人统一登记管理制度，实行统一社会信用代码“一证一码”。对全市党政机关、事业单位及机构编制部门管理的群团申领统一社会信用代码进行集中办理赋码。全年办理340家单位（其中，党政机关63家，事业单位277家）的统一社会信用代码赋码。

【加强政府权力网上运行监管】 市编办创新开展机构编制实名制数据库数据在政府权力网上运行平台应用，做到网上权力运行和具体承办单位、人员对应。实现群众轻点鼠标，准确查询部门工作职责和各办事环节承办人员、科室负责人、分管领导的姓名和联系方式，以及该项权力对应的责任事项和追责情形，让权力网上运行全过程接受社会监督，强化对政府权力线上线下运行监管，实现政务公开、权力透明、权责一致、人岗相宜，倒逼承办人员增强责任意识，推动政府服务水平的全面提升。充分利用实名制数据库资源优势，加强政府权力网上运行监管。

【启动机构编制云平台建设】 2016年，淮北市被纳入全国“机构编制云平台”建设试点城市，成为全国机构编制云平台第18家试点，也是安徽省唯一一家。按照试点要求，淮北市结合“智慧淮北”建设和机构编制工作实际，按照“统一标准、分步实施、资源共享、经济实效”的原则，确定“机构编制云平台”的初步架构，即“三定”（定职能、定机构、定编制）方案信息系统、权责清单管理系统、行政审批事项监管平台、机构编制综合评估系统、机构检索系统。云平台实现查询机构“三定”信息、评估部门履职情况、监督权力运行过程等功能。

（刘　芳）

党校工作

【教学工作】 2016年，市委党校实施“教学提升”工程。把教学作为立校之本，不断深化教学改革，提升干部教育培训水平。全年举办主体班次16期，培训学员1715人次。联合市直部门举办法律、经济、国防、统战、保密等培训班26期，培训各级各类干部2753人，超额完成全年1600人的培训目标。研究生教育规范有序，在全省市委党校研究生教育工作评比中总分位居第二。市委党校在2016年省辖市委党校（行政学院）办学质量评估评比位居前三名，获“示范党校”称号。

【科研咨政】 市委党校实施科研精品战略，不断提升科研成果质量。省、市、校三级课题共结项29个。全年完成的重点课题中，“习近平总书记‘七一’讲话解读”“直面、反思、警示——规范权力运行建设廉洁政治”“美好乡村建设”等11个课题成功转化为教学专题。学员普遍反映“有意义、有创新，对工作有较强的指导意义”。“淮北市房地产去库存研究”“淮北市美丽乡村建设研究”等4个课题得到市委市政府主要领导肯定性批示。组织、引导青干班学员围绕本职工作为经济社会发展献言献策，部分优秀论文呈送市领导审阅。编写《领导参考》23期、出版校刊《知行论丛》4期、公开发表市级以上理论文章47篇。

【强化理论教育专题教学】 7月，市委党校会同市委办起草《关于加强和改进新形势下党校工作的实施办法及任务分解方案》，并获市委常委会研究通过。严格按照“理论教育专题教学不低于总课时的50%，党性教育形成体系，不低于总课时的20%”规定，认真谋划主体班教学计划。共设计原著导读、马克思主义基本问题、马克思主义中国化最新成果、党性教育、转型发展和精致淮北建设等5个单元、48个教学专题，基本理论教育专题28个，比例达58.3%。形成课堂讲授、现场教学、主题教育活动和实践锻炼等党性教育专题19个，占比达39.6%。

【开展社会宣讲】 市委党校围绕“两学一做”学习教育组织骨干教师开展“万堂党课下基层”活动，组织教师送党课进机关、进企业、进镇街、进农村、进社区、进校园，截至年底，共讲授88场次，听课党员7000多人，实现多层面、广覆盖，受到基层干部群众的普遍好评。

【信息化建设】 2016年，市委党校图书馆有图书16大类，40000余册。积极服务教学科研，文献检索全面实现电子化。成功自建数据库平台，坚持做好数字资源的搜集、整理、上传工作，注重扩面增量，内容不断充实，截至年底，共上传数据13228条。学员宿舍全部配备电脑，校园实现无线网络全覆盖。

（丁　莉）

档案工作

【档案业务指导】 年内，市档案局到市重点局、工业学校等建设单位指导档案工作人员及时收集、归档资料，深入孟山南路贯通工程、省道203淮六路连接线工程、公安局交特警大楼工程等一线项目部调研施工方和监理方的档案工作，到城建档案馆了解验收、接收、保管档案的情况。

【依法治档】 市档案局组织开展2016年度档案行政

执法检查工作，对市政府办公室、市直属机关工委等13家机关、企事业单位进行执法检查。迎接省档案局督查组对淮北档案工作的行政执法督查，实地抽查市委办、市水务局、市第十二中学等10家单位贯彻落实档案法律法规情况。对濉溪县四铺镇财政所、韩村镇财政所档案目标管理工作晋升省一级进行考核。对市房管局、濉溪县法院省一级重新认定工作进行现场指导，两次对烈山区法院晋升省一级工作进行指导，并提出整改意见。参与省人社厅、省档案局组织的对相山区、杜集区城乡居保档案的检查，两区分别获得91.3分和90分。与市民政局联合，对民政系统婚姻登记档案、伤残抚恤人员档案、农村“五保”供养档案、收养登记档案开展执法检查，发挥档案工作服务民生、服务社会的作用。

【档案业务培训】 年内，市档案局与市农委联合举办三区档案业务培训班，三区一县档案局、农水局、各镇办、各村土地确权分管负责人，及各中标测绘公司档案负责人共140余人参加培训。组织各县区档案局业务指导股长、企业档案机构负责人和档案工作人员参加全省企业档案业务培训班，学习国家档案局10号令、企业电子文件归档和电子档案管理等课程。举办全市档案工作岗前培训班，组织全市党政机关团体及各企事业单位共200余人参加培训。

【档案制度建设】 年内，市档案局起草印发淮北市《关于贯彻实施档案行业标准〈归档文件整理规则〉的通知》，转发国家档案局办公室《关于印发〈企业电子文件归档和电子档案管理指南〉的通知》，并指导各县区档案局、市直各单位贯彻执行。与市农委联合印发《淮北市农村土地承包经营权确权登记颁证档案归档流程》，进一步规范淮北市土地承包经营权确权登记颁证档案归档管理工作。起草《淮北市重点建设项目档案验收办法》。

【档案资源建设】 年内，市档案馆建立淮北地区抗日战争健在老战士台账20人，征集淮北地区抗日老战士口述视频资料9人；濉溪县档案馆征集抗日战争、淮海战役等革命历史档案340卷，完成宅基地档案条目录入14000多条，干部人事档案2800多条，开放档案1000多条。2016年，杜集区档案馆接收进馆档案10313件；市城建档案馆收集重点工程档案6项，整理工程电子档案光盘52项，完成与六安市城建档案馆的异地备份工作。

（王　敏）

保密工作

【落实保密工作的重大决策部署】 6月7日，市委中心组召开学习讨论会，专题学习中央《关于加强和改进保密工作的意见》精神。2月24日，市委保密委召开2016年第一次全体成员会议，集中学习中央《意见》精神，在全省地市首家制定下发《市委保密委员会议事规则》，创造性地建立委员带队检查和年终述职制度。6月28日，全市保密工作会议暨专题报告会召开，特邀省委保密办（局）主要负责人解读中央《意见》精神、传达省委书记王学军重要批示精神，市委保密委主任、副主任、全体委员以及各县区保密委主任、全市党政领导干部参加会议。

【服务市委中心工作】 年内，为做好市第八次党代会保密服务工作，成立保密工作组。会前，制定保密工作方案，召开工作人员保密业务培训会。制作《涉密会议保密管理须知》展牌，在会场签到、代表住地、餐厅等醒目位置摆放保密提醒提示牌，营造保密宣传氛围。会中，执行24小时值班制度，实行挂图作战、盘点销号制度，深入淮矿会议中心、口子国际酒店，安装保密会议移动通信干扰机，开展保密安全环境检查。会后，协调市武警支队，安排武警战士武装押运，对党代会期间产生的密级文件统一集中销毁。精心组织，提前介入，调运设备，全程监控，高水平、高质量、高标准服务淮北陶铝新材料产业发展座谈会。组织各县区保密委主任、部分市直重要涉密单位分管负责人赴青岛参加2016年全国保密技术交流大会暨产品博览会。

【依法治密】 市委保密办完善权责清单制度，制定行政权力监管实施细则，将两项行政权力纳入网上办事平台。组织市、县区保密局干部6人参加全省保密培训，全部取得执法资格。全面清理保密法律法规咨询、保密宣传活动、对公民和社会组织的保密知识教育培训、泄密举报受理四项公共服务事项。加快推进军民融合发展，指导军工企业加强要害部门部位管理，落实人防、物防、技防措施。加大保密执法力度，规范违反保密法律法规处理程序，对7家单位保密委主任、保密办主任进行约谈，并签订保密承诺书。

【保密法制宣传教育】 市委保密办将5月定为“保密法律法规宣传月”，制作宣传展板、挂图、条幅、宣传单，在全市范围内大力宣传《安徽省保守国家秘密实施细则》。将保密教育培训纳入市委党校、市行政学院教育计划，在市委党校组织开展专题辅导报告活动，参训学员达260余人。以“道德讲堂进军营”为载体，在淮北军分区开展以“不忘初心向前进”为主题的保密宣传教育活动。

【重点领域保密管理】 市委保密办联合六部门下发《淮北市涉密人员保密管理实施细则》，举办全市涉密人员保密管理动员暨培训会，指导全市120多家单位完成涉密人员分类确定、审查和登记备案工作。在全面完成市级涉密网络测评工作的基础上，加强对纪检委、组织部、检察院3家涉密网络系统日常监督与指导。对县区和纪检系统电子政务内网远程终端接入节点开展安全保密检查工作。召开全市定密工作会议，指导6家具备定密权的单位开展定密工作。

【保密监督检查】 市委保密办将全市所有国家统一考试纳入保密监管范围。在全省地市创新编制《保密工作基础台账》，作为开展自查自评工作的重要参考依据。先后开展互联网门户网站检查、重要军事设施周边环境检查、涉密网络检查、重点骨干网络检查等专项检查，针对检查中发现的问题，现场下发整改通知书。全年共下发保密检查整改通知书10余次。

【保密基础建设】 市委保密办争取70万元项目建设费用，协调50多平方米用房，在理清行政中心网络分布基础上，选择具有涉密资质的承建单位，配备电气设备、监控设备、消防设备、电子门禁系统等，高起点、高标准、高质量建成市保密技术监管中心。将全市涉密计算机违规外联保密监测平台搬迁至保密技术监管中心，与新建的互联网接入口保密监测平台、互联网门户网站保密检查平台形成“一中心三平台”建设格局。配备计算机终端保密技术检查设备2套，购置4台4G移动通信干扰仪和1套涉密环境检查工具。

（雷　阳）

老干部工作

截至2016年年底，全市有离休干部500名，其中机关离休干部159名，事业单位离休干部183名，企业离休干部158名。退休县处级干部16271人。

【落实老干部政治待遇】 1月27—29日，市委常委分别走访慰问地市级老干部。2月3日，全市老干部迎春茶话会举行，市委书记、市人大常委会主任肖超英致辞，市委副书记、市长黄晓武主持茶话会。市领导曾凡银、戴启远、方宗泽、赵怀印、沈光继、谌伟、宰学明、顾文、曾明等出席会议。5月19日，组织30余名离退休老干部参加春季老干部“看淮北”活动，参观淮北好人馆、桂苑社区、南黎社会主义核心价值观广场、南湖公园。6月7日，全市老干部系统为党的事业增添正能量活动推进会召开。濉溪县委老干部局、杜集区委老干部局等6家单位，围绕如何组织离退休干部开展为党的事业增添正能量活动作交流发言。 8月下旬，市委老干部局分2个小组对三区一县和部分市直单位进行老干部工作督查调研。9月5日，市委召开座谈会，就市第八次党代会工作报告（征求意见稿）听取部分厅级党员老同志的意见和建议。市委书记黄晓武出席会议。9月8日，市委书记黄晓武走访看望王成法、王邦杰、李凤龙、郭云修等地市级老干部。10月13日，市老干部局召开网宣员座谈会，5位省聘网宣员就老干部发挥网宣作用提出意见及建议。10月19日，举行2016年秋季老干部“看淮北”活动，市委常委、市委组织部部长任东陪同参加活动。12月20日，全市离退休干部经济形势通报会召开，120多位离退休干部参加通报会。12月29日，市委副书记、常务副市长李明主持召开座谈会，征求部分老干部对《政府工作报告》的意见和建议。

【落实离休干部生活待遇】 2016年，市委老干部局进一步推进解决老干部看病就医中存在的问题，加大协调和督查力度，确保离休干部医药费的合理使用和医药费保障机制正常有效运转。参加省委老干部局组织的看望易地安置老干部活动。全年办理12名离休干部护理费审批事宜，协助有关单位办理47名老干部去世相关事宜，落实好去世老干部的丧葬费和一次性抚恤金。9月26—27日，组织800余名离退休老干部在市人民医院、市中医院、市妇幼保健院、市职防院4家医院参加健康体检。全年为全市离休干部（包括中央、省属驻淮北单位的离休干部）和县以上退休干部发放春节和中秋节等节日生活补贴53.92万元；为无固定收入的老干部遗属发放困难补助3.64万元；看望住院老干部71人，共发放慰问金1.94万元。

【老干部活动平台建设】 8月，市老年大学和市老干部活动室搬迁到市委党校原所在地。市老干部活动室每天对老干部开放，日接待老干部200余人次。在元旦、春节、重阳节等节日，组织举办象棋、扑克、麻将、跳棋、门球等比赛和游艺活动，参与老干部1000余人。

9月8日，市委书记黄晓武走访看望地市级老干部

宣传专兼职队伍。全市关工委组织有专职通讯员20余名，兼职通讯员400余名。在《人民日报》《安徽日报》《淮北日报》《安徽关工通讯》等上发稿约200篇；在安徽卫视、淮北广播电视台上发稿15条；在安徽先锋网、省老干部局网、淮北先锋网上发稿约400篇；在微信、微博、QQ群上发稿1000余条。

2016年，全市老干部系统向省委老干部局发布宣传信息300余篇；在全省老干部刊物《开心老年》发表信息7篇；在淮北市先锋网刊发信息100余篇；在《淮北日报》、淮北电视台、淮北广播电台上刊发信息70余篇；在市委老干部局网站更新刊发信息150多篇；编发《淮北老干部工作简报》2期。

（葛兰兰）

市老年大学学员由原来不足1000人，发展到2000多人。10月，市老年大学编排的舞蹈节目《繁花似锦》参加全省老干部系统纪念红军长征80周年文艺汇演选拔赛，成绩优异。市老年大学代表安徽参加第五届全国老年大学文艺汇演，获金牡丹奖（最高奖项）。市老年大学选送23幅老年书画作品参加“中国大运河沿岸城市书画联展”。市老年大学、老干部活动室经常组织老同志走进社区、公园，开展文艺演出和文明创建志愿服务。

【关心下一代工作】 4月，市关工委下发开展“大学习、大调研、大讨论”活动的通知。6月，召开县、区、省属两大企业关工委主任会议进行部署。调查了解活动开展情况，起草《在新形势下加强和改进关心下一代工作的意见》。市、县、区、淮北矿业集团、皖北煤电集团关工委共撰写调研报告58篇。

4月18日，全市召开关心下一代工作会议，总结2015年工作，部署2016年任务。在纪念中国共产党诞生95周年、红军长征胜利80周年等节庆日，开展“铭记历史、缅怀先烈、珍爱和平、开创未来”“勿忘国耻”为主题系列教育活动，“五老”宣讲团深入到青少年中，讲述抗战故事，弘扬抗战精神，组织参观抗战遗址，观看影视剧，青少年深受教育。5月25日，市关工委主任张林庄为相山区土楼小学30多位贫困学生送去《中外名人的故事》等4部课外书籍及学习用具；7月18日，市关工委成员到烈山区、杜集区资助25名贫困大学生；12月，分别到烈山区、相山区给农村贫困留守儿童送温暖。

【信息宣传工作】 市关工委与市委宣传部联合下发《关于进一步加强关心下一代宣传工作的意见》，组建关工

文明创建工作

【高位推进创城工作】 年初，市委书记专题办公会和市委常委会连续3次听取和专题研究创建工作，成立市委、市政府主要领导挂帅的市创城指挥部，完善市文明委和市创城指挥部领导责任包保等制度，全年召开4次市文明委全体成员会议，召开各类创建工作调度会32次，市文明委领导开展“行走淮北”专项督查82次，高位调度创建工作。成立市城市管理工作委员会，调整完善市、区规划建设管理体制，事权财权和人员编制划转实现平稳过渡。

3月31日，全市文明创建工作大会召开后，市文明委启动2016年全市创城工作指挥部及9个工作组，印发《淮北市创建全国文明城市2016年操作手册》等26个操作性文件，将《全国文明城市测评体系》12个测评项目、90项测评内容、188条测评标准，进行指标细化，将任务分解到78家责任单位，并从中列出36项重点任务和10件为民创建实事作为重点项目督办。

【推动重点工作项目落实】 针对淮北市2015年度测评失分点和城区基础设施薄弱现状，3月7日，召开市委书记专题会议研究决定，实施144项文明创建项目，市财政列支1亿元用于以奖代补，把文明城市创建与城

乡建设相结合，着力解决基础设施短板等问题，实施环山路等5条道路改造，相山路、淮海路等12条道路沥青罩面，翠峰南路、光明路等10条道路绿化，黎苑公园、碱河路桥游园等14个游园节点提升工程；累计建设改造人行道11.65万平方米，铺设沥青路面55.6万平方米，维修安装路牙石101.8公里，安装改造路灯413盏；完成绿化面积193.1万平方米，建设绿道36公里，全面完成年度城镇园林绿化提升行动目标任务。推动棚户区改造与老旧小区整治、公共设施完善相结合，实施棚改项目90个，老旧小区74个，统筹推进文明村镇建设和“三线三边”环境综合整治，全市累计粉刷主次干道沿线、沿途建筑75万多平方米，拆除乱搭乱建12.76余万平方米，清理城市周边各类垃圾14.86万多吨，城乡基础设施和环境得到较大改善。

【实施多城联创战略】 4月，市文明委重新修订出台《关于开展“多城联创”工作的实施意见》，要求全市11家创牌责任单位紧盯全国文明城市加分荣誉，树立争先意识，勇于担当，倒排时间表，主动作为。年内，淮北市获得“全国绿化模范城市”“全国双拥模范城”称号。截至2016年年底，淮北市共获得“国家园林城市”“全国无障碍设施建设先进城市”“全国无偿献血先进城市”“全国绿化模范城市”“全国双拥模范城”5项加分荣誉。

【开展专项整治行动】 针对部分市民不文明行为等现象，3月份，市文明委启动“礼仪相城·向不文明行为宣战”专项整治行动和百万市民签名承诺活动，多方征集群众意见，全市有12.6万名市民参与投票，在此基础上出台“淮北文明18条”行为规范，在全市广泛宣传，倡导细节文明；市公安局、市交通运输局、市城市管理执法局等部门持续开展车窗抛物违法行为和散装物料（渣土）运输联合整治，依法查处违法车辆435辆，集中开展交通秩序集中整治攻坚战和电动三轮车载人违法行为“百日行动”，开展专场宣讲150余场次，发送文明交通提示短信14万余条，在城区主要路口设置“交通安全宣传教育点”，在人民路、孟山路、环山西路等城区道路内施划临时停车泊位18550个，新增幸福路、康复巷、鹰山路（古城路至淮海路段）3条单行道，对市内29条道路进行标线复描，路面通行效率大幅提升；市商务局出台《市商贸市场建设促进中心菜市场建设维修改造管理办法（试行）》，与各县区联合开展农贸市场专项整治，广泛开展文明诚信经营户评比活动，改造提升相山路、洪山路、长山路、惠黎、凌云等8家菜市场；市城市管理执法局联合县区先后打造相山路、梅苑路、沱河路等5条城市管理示范路，开展车窗抛物专项治理和户外广告专项清理，累计拆除违法设置的高炮等大型户外广告牌343块，面积27087平方米。

【强化文明创建动态管理】 淮北市发挥“文明创建动态管理系统”平台作用，对全市各级文明单位、镇办共计408家单位创建工作进行日常动态考核，建立区县和市直单位实地测评和材料申报两个工作微信群，实现“业务指导精准、问题交办即时、处置调度有序、结果反馈迅速”的网络处置机制。志愿服务工作在四级志愿服务组织活动框架基础上，在全省首家开通淮北志愿服务网站，依托全市348个志愿服务工作站和3100个志愿服务队，推行“互联网＋志愿服务”。截至年底，全市网上注册志愿者187600名，348个志愿服务工作站和3100个志愿服务队，开展公益活动4137次，服务群众逾百万人次。

【文明创建督查】 淮北市认真落实落细四级包保责任制。2016年，市文明委和县区、市直部门等各级领导深入开展“行走淮北”督查活动586次，市创城指挥部各工作组开展专项督查274次，下发整改通知书856份，逐级逐项抓好跟踪督办。市文明委组织开展“老干部看创建”“市人大代表看创建”等视察活动，征集意见建议35条。在《淮北日报》、市广播电视台等媒体固定开设专题专栏，对不文明行为进行曝光，形成全社会参与支持的监督体系。

【文明创建主题实践活动】 淮北市坚持把社会主义核心价值观融入“我们的节日”活动全过程，开展“榴园中秋·古琴雅集”“长寿南山·幸福重阳”等主题实践活动。年初，市委宣传部、市文明办、市总工会联合评选表彰50个市文明窗口、30个服务明星和7个优质服务品牌。市文明办、市妇联、市教育局联合开展“好爸好妈好家风——我的家教故事”征集活动，并在中国文明网站进行展播，赵先爱家庭荣获首届“全国文明家庭”，市客运中心站“艳艳服务班”被中宣部命名为“第二批全国学雷锋活动示范点”，“淮北市造血干细胞志愿捐献第一人”张秀丽被评为全国“五星级志愿者”，供电社区入选2016年全国学雷锋志愿服务“四个100”先进典型，“燕飞来”关注留守儿童志愿服务项目获第三届中国青年志愿服务项目大赛金奖、第十一届中国青年志愿者优秀项目奖，325地质队“青亲之家”志愿服务项目获安徽省文明单位创建“十佳品牌”，市三实小“雏鹰志愿服务队”等5个团队和个人获得安徽省“月评十佳”志愿服务典型，淮北市省级志愿服务典型已增加到35个。市文明办、市教育局、市文旅体委联合在全省率先开展“戏曲文化进校园”活动32次，中央文明办以简报形式刊发淮北市经验做法。定期发布诚信“红名单”，印发《淮北市关于建立完善守信联合激励和失信联合惩戒制度加快推进社会诚信建设的实施细则》，健全完善褒扬和激励诚信行为机制，截至2016年12月底，在产品质量、工商管理、食品药品、交通、税收等领域发布21期淮北诚信“红名单”。

【“好人淮北”品牌效应】 淮北市深入开展“我推荐、我评议身边好人”活动。2016年评选“淮北好人”98个，入选“安徽好人”17人，入选“中国好人”12名。截至年底，“中国好人”总数已达127位，位居全省地级市第一，保持全国领先。年内，全市推荐好人线索15.21万条，连续18个月全省第一。9月19日，市委书记黄晓武在第十二届中国公民道德论坛上作典型发言，淮北市作为全国唯一的地级市代表，中央、省级媒体分别予以刊登。

【关爱帮扶生活困难道德模范、身边好人】 年内，淮北市建立完善帮扶礼遇机制、媒体宣传展示机制，在全社会树立好人好报的价值取向。2016年春节期间，对全市省级以上道德模范及“中国好人”共128名开展慰问活动，道德模范类别每人500元，“中国好人”类别每人200元。建好管好用好淮北好人馆，好人馆累计接待参观达10万人次。马彩侠等6名“中国好人”困难妇女接受每人5000元资助。

【道德模范学习宣传和传帮带活动】 淮北市在媒体常态化开展“德耀中华”道德模范专题宣传，深入开展道德模范事迹展览展示、基层巡讲、“故事会”巡演等活动。各级道德模范与文明单位、居民社区开展“三结对”传帮带活动，指导结对社区制定文明公约、居民守则，开展楼道好人、社区好人推荐评选活动。2016年，全市37位道德模范深入各结对社区指导成立志愿服务工作站并参与敬老爱幼、环境卫生、便民服务、邻里守望、文明劝导等各类志愿服务活动3500余场次，发挥道德模范的榜样力量，带动社区居民提高文明素质。在三区一县举办全市道德模范与身边好人现场交流暨“两学一做”好人巡讲活动。每逢全市重大活动，均邀请各级好人代表作为嘉宾出席，重大工程项目竣工邀请好人见证剪彩，举办道德模范、身边好人看市政建设活动。

【未成年人思想道德建设】 淮北市深入开展“我的中国梦”主题教育实践活动，推进乡村学校少年宫建设、管理、使用及文明校园创建工作。2016年，开展清明祭英烈、学习和争做美德少年、全市中小学生“诵读国学经典传承优秀家风”经典诵读暨展演、推荐命名“榜样父母”和“示范家长学校”等活动。全市各学校还结合重要时间节点，组织开展清明节“网上祭英烈”，“六一”儿童节前后“学习和争做美德少年”网上签名寄语，6月至8月上旬“童心向党”歌咏，9月下旬至10月上旬“向国旗敬礼”，9月至11月“学长征精神做红色传人”等活动，营造良好的育人环境。开展“戏曲进校园”活动并被中央文明办以简报形式在全国交流。为培育和践行社会主义核心价值观，进一步丰富全市广大少年儿童的精神文化生活，市文明办在全市范围内组织开展优秀童谣推荐评选活动并评选表彰优秀童谣作品100首。

【文明创建活动宣传】 淮北市在全省第一个建立好人宣讲团，形成“市有好人宣讲团，县（区）有好人宣讲队，乡镇（街道）有好人宣讲员”的巡讲队伍，省文明办对这一做法给予充分肯定，并在安徽新闻联播中宣传推介。2016年第二季度，党员志愿服务、出租车行业创建的典型做法入选全省创新案例，同时省文明委将此创新案例向中央文明委进行推荐上报。加大对外宣传力度，1月10日《安徽日报》头版头条报道《淮北“小城大爱”的精神生态》，7月21日人民网安徽频道头条刊发《淮北：“好人之城”背后的基因与传承》，安徽广播电视台新闻联播先后播发《梅连超：“熊猫大侠”的医者仁心》和《“华江7号”海轮集体：茫茫海上救起四渔民》等7位中国好人和集体的典型事迹。截至年底，省级以上媒体共刊播淮北市文明创建宣传稿件135篇，中国文明网、安徽省文明网采用信息达2300余条。积极营造浓厚的社会主义核心价值观宣传氛围，制作5万份核心价值观宣传手提袋、10万份“淮北文明18条”手册、15万份《淮北市民文明行为》手册等宣传用品，打造淮海路、人民路、孟山路等公益广告示范街。

（焦　洋）

淮北市人民代表大会常务委员会

■ 2016年9月12日，市第十五届人大常委会第六次会议召开，选举黄晓武为市第十五届人大常务委员会主任、戴启远为市人民政府市长、唐保银为市人民检察院检察长

■ 淮北市十五届人大五次会议上和闭会期间，收到人大代表议案2件、重点建议6件、一般建议96件

2015年，淮北市人大常委会共筹备召开人民代表大会2次、常委会会议8次、主任会议13次，听审专项工作报告16项，开展执法检查2次、专题询问1次，制定地方性法规1部，作出决议、决定16项，任免干部88人次，组织28名国家工作人员向宪法宣誓，较好地完成市十五届人大五次、六次会议确定的各项任务。

重要会议

【淮北市第十五届人民代表大会第五次会议】 1月13—15日，淮北市十五届人大五次会议在相王府宾馆会议中心召开。大会应到代表308人，实到代表292人。会议期间，代表们听取和审议"一府两院"工作报告、市人大常委会及6个专门委员会工作报告；审查和批准淮北市国民经济和社会发展第十三个五年规划纲要、淮北市2015年国民经济和社会发展计划执行情况与2016年国民经济和社会发展计划草案的报告，审查和批准淮北市2015年财政预算执行情况和2016年财政预算草案的报告；审议市十五届人大四次会议代表议案及建议、批评和意见办理情况的报告等，并进行选举事项。

【淮北市第十五届人民代表大会第六次会议】 9月12日，淮北市第十五届人民代表大会第六次会议在相城召开。会议应到代表302人，实到代表273人，符合法定人数。大会通过市十五届人大六次会议选举办法和总监票人、监票人名单，宣布总计票人、计票人名单之后，以无记名投票方式选举黄晓武为淮北市第十五届人民代表大会常务委员会主任、戴启远为淮北市人民政府市长、唐保银为淮北市人民检察院检察长。

【市十五届人大常委会第二十八次会议】 2月29日，市十五届人大常委会举行第二十八次会议。市委书记、市人大常委会主任肖超英，市人大常委会常务副主任方宗泽，副主任高学峰、杨彦颖、李晓光、余敏辉，秘书长陈朝祥出席会议。方宗泽主持会议并讲话。市委常委、常务副市长沈光继，市中级人民法院院长余跃武，市人民检察院有关负责人，市人大常委会副秘书长，市政府有关副秘书长，市人大常委会各委、室、处负责人及县区人大常委会负责人列席会议。

会议审议通过市人大常委会2016年工作要点，听取和审议市人大常委会人选工委关于市十五届人大第五次会议代表议案处理意见的报告，表决通过有关人事事项。

【市十五届人大常委会第二十九次会议】 3月23日，市十五届人大常委会举行第二十九次会议。市委书记、市人大常委会主任肖超英出席会议并讲话，市人大常委会党组书记、常务副主任方宗泽，副主任杨彦颖、李晓光、余敏辉，秘书长陈朝祥出席会议。方宗泽主持会议。市政府副市长钱界殊，市中级人民法院院长余跃武，市人民检察院有关负责人，市人大常委会副秘书长，市政府有关副秘书长，市人大常委会各委、室、处负责人，县区人大常委会负责人及部分市人大代表列席会议。

会议传达学习十二届全国人大四次会议精神，审议市人民政府关于以政府购买服务模式推进棚户区改造三期项目的议案并作出决议，听取和审议市人民政府关于禁毒工作情况的报告，审议通过市人大常委会制定地方性法规工作规程和地方性法规审议工作规程，表决通过有关人事事项。

【市十五届人大常委会第三十次会议】 5月19—20日，市十五届人大常委会举行第三十次会议。市委书记、市人大常委会主任肖超英出席会议并为新任命人员颁发任命书，市人大常委会常务副主任方宗泽主持会议并讲话。市人大常委会副主任高学峰、杨彦颖、李晓光、余敏辉及秘书长陈朝祥出席会议。市委常委、常务副市长沈光继，副市长、市公安局局长张家忠，市中级人民法院院长余跃武，市人民检察院有关负责人，市人大常委会副秘书长，市政府有关副秘书长，市人大常委会各委、室、处负责人，县区人大常委会负责人及部分市人大代表列席会议。

会议审议市人民政府关于提请审议将淮北矿业集团相南、金岩、林星棚户区改造项目纳入政府购买服务范围有关事项等3个议案并作出决议；听取和审议市人民政府关于2015年市本级财政决算及预算支出绩效评价工作情况的报告，作出关于批准2015年市本级财政决算的决议；听取和审议市人民政府关于2015年市本级财政预算执行及其他财政收支审计工作、市人大常委会执法检查组关于消防法执法检查情况等五项报告；听取市人大常委会代表资格审查委员会关于个别代表资格审查情况的报告；审议市人民政府关于提请审议《淮北市城乡规划条例（草案）》的议案；表决通过有关人事事项。

【市十五届人大常委会第三十一次会议】 7月20日，市十五届人大常委会举行第三十一次会议，市委书记、市人大常委会主任肖超英出席会议并为新任命人员颁发任命书。市人大常委会常务副主任方宗泽主持会议，市人大常委会副主任高学峰、杨彦颖、李晓光、余敏辉，秘书长陈朝祥出席会议。副市长张家忠、钱界殊，市中级人民法院院长余跃武，市人民检察院有关负责人，市人大常委会副秘书长，市政府有关副秘书长，市人大常委会各委、室、处负责人及县区人大常委会负责人及部分市人大代表列席会议。

会议听取和审议市人民政府关于2016年上半年国民经济和社会发展计划执行情况的报告，听取和审议市人民政府关于2016年上半年财政预算执行情况的报告，听取和审议市人民政府关于城市路网改造提升工作情况的报告，审议通过《淮北市人大常委会关于开展第七个五年法治宣传教育的决议》，审议通过《淮北市实施宪法宣誓制度细则》，表决通过有关人事事项。

【市十五届人大常委会第三十二次会议】 9月8日，市十五届人大常委会举行第三十二次会议。会议决定市十五届人大第六次会议9月12日在相城召开。市人大常委会常务副主任方宗泽主持会议，副主任高学峰、杨彦颖、李晓光，秘书长陈朝祥出席会议。市委常委、常务副市长沈光继，市中级人民法院院长余跃武，市人民检察院负责人，市人大常委会副秘书长，各委、室、处负责人及县区人大常委会负责人列席会议。

会议听取市十五届人大第六次会议筹备工作情况的报告，听取并审议通过关于召开市十五届人大第六次会议的决定。听取并审议市十五届人大第六次会议大会议程、日程（草案）、主席团和秘书长等4个名单（草案），提请大会预备会议或主席团会议通过；审议通过代表资格审查委员会关于个别代表资格审查情况的报告，审议了接受辞职请求的议案。

【市十五届人大常委会第三十三次会议】 9月14日，市第十五届人大常委会举行第三十三次会议。市委书记、市人大常委会主任黄晓武出席会议并讲话。市人大常委会常务副主任方宗泽，副主任高学峰、杨彦颖、李晓光、余敏辉，秘书长陈朝祥出席会议。方宗泽主持会议。副市长张家忠，市中级人民法院院长余跃武，市人民检察院检察长唐保银，市人大常委会副秘书长、各委室处负责人，市政府有关副秘书长和部门负责人，县区人大常委会负责人及部分市人大代表列席会议。

会议听取和审议市人民政府关于第二期学前教育三年行动计划实施情况的报告、关于老濉河水生态环境综合整治工作情况的报告和关于《中华人民共和国消防法》执法检查建议整改情况的报告，听取和审议市人民政府关于提请批准省道101合相路改建工程及省道254古毛路（宋疃至古饶段）工程PPP项目有关事项的议案并作出决议，听取和审议市人大常委会执法检查组关于《中华人民共和国水污染防治法》执法检查情况的报告，审议通过《淮北市城乡规划条例（草案表决稿）》，并表决通过有关人事事项。

【市十五届人大常委会第三十四次会议】 11月24—25日，市十五届人大常委会举行第三十四次会议。市人大常委会常务副主任方宗泽，副主任高学峰、杨彦颖、李晓光、余敏辉，秘书长陈朝祥出席会议。方宗泽主持会议。市委常委、副市长朱浩东，市中级人民法院院长余跃武，市人民检察院检察长唐保银，市人大常委会副秘书长，市政府有关副秘书长，市人大常委会各委室处负责人，县区人大常委会负责人及部分市人大代表列席会议。

会议审议通过市人大常委会关于召开市第十五届人大第七次会议的决定；审议市人民政府关于老濉河水生态环境综合整治工程PPP项目有关事项，将市交投公司、市南投公司购买合徐高速公路淮北连接线项目纳入政府购买服务范围有关事项，市本级2016年地方政府债务限额等3个议案，并作出决议；听取和审议市人民政府关于"调转促"行动计划实施情况的报告，关于支持民营企业转型升级工作报告（书面）并开展专题询问，关于审计整改工作情况的报告；听取和审议市人民政府关于市第十五届人大第五次会议代表议案、建议办理情况的报告，关于《中华人民共和国水污染防治法》执法检查建议整改情况的报告；听取和审议市人民检察院关于反贪污贿赂工作情况的报告；会议还表决通过有关人事事项，新任命人员向宪法进行宣誓。

【市十五届人大常委会第三十五次会议】 12月28日，市十五届人大常委会举行第三十五次会议。市人大常委会常务副主任方宗泽主持会议并讲话，市人大常委会副主任高学峰、杨彦颖、李晓光、余敏辉及秘书长陈朝祥出席会议。

会议听取市十五届人大第七次会议筹备工作情况的报告，通过市人大常委会工作报告稿和个别代表资格审查情况的报告，审议大会主席团和秘书长等5个名单（草案）以及大会议程和日程（草案），决定大会列席人员名单；审议通过关于表彰优秀市人大代表、先进代表小组、优秀议案建议和先进承办单位的决定。会议还对2016年财政预算调整方案等有关事项作出决议，听取和审议市人民政府关于淮北市环境状况和环境保护目标完成情况的报告；依法补选出席省第十二届人民代表大会代表；表决通过了有关人事事项，并依法组织该次会议新任命的部分国家工作人员进行宪法宣誓。

主要工作

【地方立法工作】 年内，市人大常委会组建市人大法制委员会，设立市人大常委会法制工作委员会，配齐配强立法工作机构力量，积极筹建立法专家咨询库。在学习借鉴外省市经验的基础上，起草制定淮北市人民代表大会常务委员会《制定地方性法规工作规程》《地方性法规审议工作规程》《基层立法联系点工作规定》《聘任立法专家顾问暂行办法》等配套规定，促使立法工作步入规范化轨道。牵头组织《淮北市城乡规划条例（草案）》起草、修订、论证等工作，经省十二届人大常务委员会第三十四次会议审查批准。《淮北市城乡规划条例》的制定和出台，标志着淮北市首部地方性法规诞生。

【推动产业转型升级】 市人大常委会就支持全市民营企业转型升级开展专题询问，促使有关职能部门列出支持民营企业发展的问题清单和任务清单。着力推动创新驱动，专题调研创新主体培育、产业技术升级工程相关工作，助推创新主体培育工程、“双创”平台搭建工程等五大创新工程统筹发展，打通科技创新与产业结合的通道。高度关注铝基新材料产业发展，推动濉溪经济开发区铝基高端金属材料产业集聚发展基地列入省第二批战略新兴产业集聚发展基地。注重发挥招商引资在产业转型升级中的带动作用，督促市政府及其职能部门把握产业转移机遇，发挥政策洼地效应，开展二次招商、以商招商，推动产业集聚发展。常委会主要领导定期深入帮联企业帮助协调解决发展难题，切实以招商和帮联工作的实际成效助力产业转型升级。

【引导财政服务发展】 市人大常委会严格对预算执行、财政资金使用情况的监督，支持审计部门依法履行职权，推动政府依法合理安排和有效使用财政资金，促进公共财政安全规范运行。督促市政府及职能部门完善预算管理体系、严格预算执行、提升资金使用绩效。持续跟踪审计查处问题整改落实工作，听取和审议审计整改情况的报告，增强人大监督与审计监督的合力。加大对政府性债务的监督力度，听取2016年地方政府债务限额的报告，要求市政府强化债务计划管理，严格规范政府性债务管控。

【推动城乡统筹发展】 市人大常委会支持政府采取购买服务的方式推进棚户区改造工程，跟踪督办《关于加大棚户区改造力度的议案》，促使政府完成棚户区改造37329户，超额完成省下达任务，稳居全省第一。开展专题调研、组织代表视察、督办重点建议等活动，助力扶贫开发，促进精准扶贫工作顺利开展、有效实施。以实现失地农民城镇化管理为目标，调研采煤塌陷村庄搬迁安置工作，督促相关部门强化落实主体责任、积极构建地矿统筹协调机制，促进采煤塌陷区村庄搬迁安置工作步入良性循环轨道。推进农村产权制度改革，围绕农村土地经营权确权、登记、颁证工作进行深度调研，推动建立城乡统一的建设用地市场。

【推进公共服务有效供给】 市人大常委会专题调研城市路网改造提升工作，围绕优化公共交通开展实地调研和外出考察，支持政府运用PPP模式进行城市轨道交通建设融资，推进城市路网更通畅、公交资源更优化。围绕《淮北市第二期学前教育三年行动计划》实施情况进行调研，提出强化学前教育保障、合理配齐教职工、规范办园行为等审议意见，促使政府出台相关规定。专题调研住房公积金归集、管理和使用工作，支持政府实行住房公积金贷款转银行商业贷款并贴息等方式应对公积金运行压力。支持“智慧城管”建设，听取政府关于智慧城管项目建设情况的汇报，要求市政府进一步明确和压实部门职责，加快项目建设进度，确保项目尽快建成并投入使用。

【推进热点问题有效解决】 市人大常委会重视城市消防安全工作，组织开展消防法执法检查。启动“食品安全江淮行”活动，深入鑫鹏生态科技养殖园、安徽大海食品有限公司和凤凰山食药分局快速检测中心等地进行视察，督促政府及相关部门把食品安全监管工作做深、做细、做实。听取安全生产情况的汇报，督促政府完善监管体制机制，开展隐患排查，压实政府安全生产监管责任和企业主体责任，保证安全生产零事故。专题调研安全生产工作，直指企业安全生产主体责任落实不到位、安全监管专职人员比例较低等问题，强调高度重视煤炭、煤化工、道路等重点行业、重点领域的安全问题，全面加强安全监管专业队伍建设。积极回应群众关于电梯安全问题的关切，围绕电梯安全工作进行调研、听取汇报，促使相关部门开展为期5个月的专项整治行动，落实电梯使用管理、维保、检验单位，实现责任落实全覆盖。

【推进民生工程有效实施】 市人大常委会着力推进基础性民生工程落到实处，听取残疾人保障工作的汇报，督促政府加快完善社会救助体系建设，以点带面地推动农村低保、城乡医疗救助、贫困残疾人生活特别救助等民生项目工程实施。调研农村安全饮水工程管护工作，引导政府职能部门加强农村饮水安全工程建设和运行管理。密切关注改革后的计划生育政策执行情况，推进计生领域民生工程有效实施。实地调研小型农田水利工程改造提升和防汛抗旱工作，要求相关部门做好水利建设的长远规划，创新运行管护机制，强化小型农田水利设施建后管理，确保小型水利工程的作用得到长久发挥。

【推进生态环境持续优化】 市人大常委会推进水生态环境保护体系建设，举行水污染防治形势及对策专题讲座，专题调研老濉河水生态环境综合整治工作，开展《中华人民共和国水污染防治法》执法检查，重点对黑臭水体整治、园区水污染治理、农业面源污染治理等提出整改意见，在常委会持续推动下，老濉河水生态综合整治工程已列入政府投资计划并实施，淮水北调主体工程完工，《淮北市地下水超采区治理实施方案》编制完成，水污染防治工作向纵深推进。专题调研矿山地质环境治理工作，帮助相关部门积极探索创新治理模式，主动争取上级支持，持续关注大气污染防治工作，启动“江淮环保世纪行”活动并开展专题调研采访，对夏、秋两季秸秆禁烧工作进行调研，推动形成有效的大气污染防治监管体系。

【基层人大建设】 年内，市人大常委会联合市委督查室对县区及部分镇街道贯彻落实2015年中央18号、省委12号、市委18号文件（以下简称“三个文件”）情况进行督查，开展地方组织法和省人大乡镇人大工作条例执法检查，推动和保障“三个文件”和“一法一例”的有效实施。围绕督查和执法检查过程中发现的机构设置不合理、人员编制不足等制约基层人大发展的突出问题，常委会主要领导牵头组织协调，相关专门委员会跟踪问效，相关问题逐步得到化解。以换届选举为契机，督促县（区）镇通过换届选举配齐配足配强班子队伍。濉溪县、相山区、杜集区、烈山区人大常委会分别增设代表联络室、预算审查室2个办事机构，相山区、杜集区、烈山区人大常委会分别设置财政经济、内务司法、人事选举3个工作机构，全市18个镇中有12个镇配备专职人大主席，15个镇配备专职人大副主席，9个镇人大由同级党委批设了办公室，13个街道由区党委批设人大工委并配备专人，其他镇人大主席、副主席单设和配备等工作也正结合县（区）、镇人大换届工作逐步落实；市及县(区)、镇人大代表的活动经费均列入同级财政预算，并做到专款专用，一县三区人大常委会全面建成电子表决系统，基层人大工作与建设进一步提升。

专工委工作

【内务司法（民宗侨外）工作委员会】 年内，提请常委会听取和审议市政府关于全市禁毒工作情况的报告，推动全市禁毒工作健康发展；协助主任会议听取关于残疾人保障工作情况的汇报，保障残疾人平等地参与经济社会发展、共享改革发展成果；调研淮北市社区矫正工作开展情况，为全市社会治安综合治理提供信息支持。牵头对《中华人民共和国消防法》的贯彻实施情况进行执法检查，深化普法宣传，大力弘扬法治精神。提请常委会审议通过“七五”普法决议，组织开展“江淮普法行”活动，为淮北转型崛起构建优质法治环境。

【财经经济（预算审查）工作委员会】 年内，建议将听取和审议市政府关于“调转促”行动计划实施情况的报告列入常委会议题，并对政府支持民营企业转型升级工作开展专题询问。依法开展规划纲要、计划审查监督，做好市人代会审查批准全市国民经济和社会发展“十三五”规划纲要和年度计划草案的有关工作；做好常委会听取和审议市政府关于2016年上半年全市国民经济和社会发展计划执行情况报告的会前调研等服务工作，针对计划执行中存在的问题提出建议，推动全年计划实施。听取有关部门关于招商引资、政府性投资计划实施、安全生产、电梯安全等工作开展情况的汇报，列入主任会议议题，并于会前分别进行调研，针对存在的问题提出意见建议，推动上述工作的开展。提前介入2017年预算编制过程，参与部门项目支出预算公开评审工作，共评审24家部门（单位）的30个项目（项目申报资金数总计12077万元）。加强预算执行监督，做好常委会听取和审议市政府关于2016年上半年预算执行情况报告的相关工作，重点关注预算支出绩效评价工作情况，针对预算执行中特别是项目执行中存在的问题提出初审建议，促进全年预算的顺利实施。

强化审计监督，做好常委会听取和审议市政府关于2015年市本级财政预算执行及其他财政收支审计工作报告的相关工作，开展调研，提出改进审计工作的建议；重视审计整改工作，连续多年作为审计整改联席单位之一参加审计整改督查工作，深入相关被审计单位检查，听取整改情况汇报，查阅整改资料，确保整改实效。加强政府性债务限额管理，做好常委会审议和批准2016年市本级地方政府性债务限额的前期调研等工作。围绕常委会审议市政府《关于提请批准S101合相路改建工程及

S254古毛路（宋疃至古饶段）工程PPP项目有关事项的议案》《关于提请审议老濉河水生态环境综合整治工程PPP项目有关事项的议案》等常委会议题，听取财政部门有关财政承受能力的汇报，建议常委会审议通过相关决议，促进项目顺利实施。

【教育科学文化卫生工作委员会】 年内，组织开展《我市实施创新主体培育、推进产业技术升级工程开展情况》的专题调研；组织对《我市第二期学前教育三年行动计划》执行情况进行调研；开展“食品安全江淮行”活动；对淮北市人口与计划生育工作中的计生新规定的落实情况进行专题调研；对淮北市强化文化旅游体育市场综合执法工作开展情况进行调研；组织对贯彻落实《安徽省地方志工作条例》《中华人民共和国档案法》《安徽省科学技术协会条例》情况进行执法调研，对市文联、市红十字会进行工作调研，提出切实可行的建议。完成省人大教科文卫委员会交办的工作任务，对全市《安徽省学前教育条例》实施情况进行执法检查，并将执法检查的情况以书面形式向省人大教科文卫委员会作了汇报。

【城乡建设环境与资源保护工作委员会】 年内，组织开展《中华人民共和国水污染防治法》执法检查工作，配合省人大常委会开展《中华人民共和国环境保护法》《安徽省环境保护条例》执法检查，全面推进大气环境防治、水环境整治、污染减排及环境质量保障等重点工作。提请市人大常委会听取和审议市人民政府关于淮北市城市路网改造提升工作情况的报告，城市路网建设力度明显增强，布局不断完善，一部分“断头路”已打通，城市承载能力明显提升。协助主任会议听取市住房公积金管理中心关于住房公积金归集、管理和使用工作情况的汇报。协助主任会议听取市城管执法局关于智慧城管项目建设情况的汇报，推进智慧城市建设。协助主任会议听取市房管局关于房地产去库存情况的汇报，服务民生安居和社会经济发展。开展“淮北环保世纪行”活动，让人大法律监督、媒体舆论监督及群众监督得到有效整合，人大监督手段更加丰富，监督更有针对性、实效性。

【农业与农村工作委员会】 年内，协助常委会听取和审议采煤塌陷区村庄搬迁安置工作情况的报告，确保塌陷区群众生命财产安全，促进采煤企业和地方经济共同发展。协助常委会听取和审议市人民政府关于老濉河水生态环境综合整治工作情况的报告，加快老城区雨污分流建设步伐、推进老濉河综合整治工程PPP项目编制和前期工作、拓宽融资渠道、明确管理主体和各方主体责任。协助主任会议听取湿地保护和利用工作开展情况的汇报，推动提高政府对区域内湿地资源的保护和管理能力，并充分发挥湿地调节气候、保持水土、蓄洪防旱、防风固沙、降解污染和美化环境等多种功能。协助主任会议听取精准扶贫工作情况的汇报，确保每个贫困家庭都得到精准帮扶，如期完成脱贫攻坚任务。

【人事代表选举工作委员会】 年内，参与市十五届人大五次、六次会议选举组织工作，做好代表资格审查委员会的相关工作，及时确认补选代表的代表资格并予以公告。2016年，市人大常委会共任免地方国家机关工作人员88人次，其中任免75人次，接受辞职9人次，决定任免3人次，决定代理1人次。制定实施淮北市实施宪法宣誓制度细则，共组织28人次在市人代会或常委会上进行宪法宣誓；督促市“一府两院”及各县区人大常委会落实好本单位或本行政区域内宪法宣誓工作，国家工作人员宪法宣誓进入常态化。

加强与人大代表的联系，不断改进代表工作的方式、方法，积极搭建代表履职平台，为代表依法履职提供服务和保障。组织开展市人大代表看创城视察活动等一系列代表活动；组织在淮省人大代表到山东聊城、济宁两市学习调研城镇建设与管理工作；组织开展省人大代表集中视察扶贫工作开展情况与民生工程实施情况。根据《淮北市人大常委会关于评选先进市人大代表小组和优秀市人大代表办法》的有关规定，评选出马冲等30名优秀市人大代表、第一代表小组等9个先进代表小组、“关于加大棚户区改造力度的议案”等2个优秀议案、“关于解决淮北停车难的建议”等20个优秀建议以及市教育局等10个议案建议先进承办单位。

【法制工作委员会】 年内，市人大常委会成立法制工作委员会，抽调和遴选工作人员，充实立法力量。采取请进来和走出去相结合的方式，邀请立法专家到淮北市举办2期专题立法讲座，组织人员3批次到全国人大、省人大参加立法法培训，安排工作人员到省人大法工委挂职学习，多次到省人大和合肥、淮南等地考察学习地方立法工作；加强制度建设，起草制定地方性法规工作规程、立法计划编制、法规案审议、立法专家顾问、立法联系点等7项制度，编制淮北市地方立法流程图。做好《淮北市城乡规划条例》法规起草审议修改工作。在综合各方面300余条意见的基础上，反复进行修改，形成《条例（草案）》二审稿，按法定程序经市人大法制委员会统一审议，报主任会议决定，提交市十五届人大常委会第三十三次会议第二次审议，根据常委会组成人员的意见再次进行修改完善后，提请常委会进行表决，获得高票通过。2016年，共接收市人民政府报送的规范性文件33件，向省人大常委会报送规范性文件19件。贯彻落实省委、市委关于全面深化改革工作部署，按照市委七届八次会议通过的《关于全面推进依法治市的实施意见》要求，明确任务分工，逐项推进落实，有效推进各项改革举措。

代表议案及建议

淮北市十五届人大五次会议上和闭会期间，共收到人大代表议案2件、重点建议6件、一般建议96件，共计102件。

【议案】 1. 张旭等11名代表提出的《关于采取有效措施加快东部新城区建设的议案》；2. 朱正春等11名代表提出的《关于加大棚户区改造力度的议案》。

【重点建议】 1. 刘峰等11名代表提出的《关于加强基层镇（街道）、村（社区）卫生医疗机构建设的建议》；2. 程爱华等12名代表提出的《关于加大我市水污染防治力度的建议》；3. 许纪江等10名代表提出的《关于解决被征地农民养老保险问题的建议》；4. 杜曙光等10名代表提出的《关于加快推动濉溪铝基新材料战略性新兴产业集聚发展基地建设的建议》；5. 王振等12名代表提出的《关于提升和完善公共交通的建议》；6. 任健等12名代表提出的《关于推进黄里山体绿化工程的建议》。

淮北市人民政府

■2016年，市政府共召开市政府全体会议4次，常务会议17次

■2016年，淮北市获批国家低碳城市、国家气候适应型城市建设试点，国家创建社会信用体系建设示范城市

■2016年8月5日，全省棚户区改造货币化安置暨房产超市平台服务现场会在淮北市召开

综　述

2016 年，淮北市完成生产总值 799 亿元，比上年增长 5%。固定资产投资 958.9 亿元，增长 3.6%。财政收入 93.3 亿元，较上年略有增长；财政支出 142.6 亿元，较上年增加 11.2 亿元。社会消费品零售总额 315.9 亿元，增长 11.5%。外贸进出口总额 6 亿多美元，增长 6.3%。城镇、农村居民可支配收入 27248 元、10653 元，分别增长 6.1%、7.8%。城镇新增就业超过全年目标。节能减排完成省定任务。

【经济实现平稳增长】 淮北市全面落实降成本“21 条”措施。规模以上工业企业百元主营业务收入成本同比下降 1.6%。累计完成基础设施建设投资 104.4 亿元，增长 80.6%。淮萧客车联络线工程主体完成，符夹线扩能改造工程稳步推进，淮北—合肥、淮北—阜阳城际铁路项目纳入皖北城际铁路网规划，徐州—淮北—阜阳高速公路项目列入省级规划。组织实施 PPP 项目 6 个、总投资 57 亿元，其中淮水北调市级配水工程、中湖地质环境治理、梧桐中路改造入选全国第三批 PPP 示范项目。南坪船闸和浍河航道疏浚工程开工建设。省道 101 合相路一期建成通车，省道 203 煤化工快速通道全线贯通，主城区与南部次中心的交通联系更加紧密。

【转型升级步伐加快】 全市战略性新兴产业实现产值 280 亿元，占规模以上工业比重达 15.4%。规模以上工业企业总数达 838 家。规模以上工业增加值 460 亿元。完成技改投资 192 亿元，新增“安徽工业精品”4 个，民营经济增加值占生产总值比重达 57%。濉溪县获批全国电子商务进农村综合示范县。相山区、烈山区入选第二批国家全域旅游示范区创建名单。全年粮食总产 126.9 万吨，实现“十三连丰”。家庭农场、农民合作社分别发展到 2145 个、1294 个，规模以上农产品加工企业达 213 家。“四新”（新产业、新业态、新技术和新模式）经济加快成长，“双创”（大众创业、万众创新）活力加速释放。濉溪县位列全国县域经济投资潜力百强县（市）第 49 位。

【开放合作持续深化】 淮北市建立“4664”招商工作机制（即四项目标、六项重点工作、六项工作清单、四个招商平台），全年新签约项目 322 个，新开工项目 271 个，其中新开工 5 亿元以上项目 20 个。12 个重大招商项目顺利推进，积极培育外贸主体，新增进出口实绩企业 18 家。青龙山铁路无水港基本建成，海聚科技公用型保税仓库建成运营，贸易便利化水平明显提升，促进淮北市外向型经济快速发展。

【城市功能更加完善】 2016 年，淮北市获批国家低碳城市、国家气候适应型城市建设试点。争取国土部核减耕地保有量面积 20.9 万亩、基本农田面积 12.9 万亩。鹰山南路、长山南路铁路立交桥等 10 个项目建成通车，东部新城、高铁新区 11 条路网加快推进，惠苑路步行街、环山东路西段等 5 条“断头路”顺利贯通。新建雨水管涵 14 公里，改造雨水泵站 8 座。完成黑臭水体调查摸底，建成污水管网三期工程 15.3 公里。烈山区美丽乡村标准化试点通过国家验收，朔里镇入选省首批特色小镇。智慧城市建设成效显著，在全国首创以 PPP 模式建设智慧城市。社会服务管理信息化平台覆盖全部城区和 276 个农村居委会，下沉服务事项居全省首位，“爱·淮北”门户网站和 APP 上线运行。

【政府职能转变】 淮北市持续深化“放管服”（简政放权、放管结合、优化服务）改革，市级行政审批项目精简到 151 项，精简率达 61%。在全省率先全面启用政府权力清单网上运行平台。建立公共服务清单和行政权力中介服务清单。推进商事制度改革。开展市直行政事业单位国有资产清查。市建投集团持续做大做强，县区融资平台改革全面启动。农村土地确权登记颁证工作基本完成，颁发土地确权证书 31.3 万张。6 月，淮北市获批创建国家社会信用体系建设示范城市。

重要会议

市政府全体会议

市政府第七次全体会议 1 月 7 日召开。市长黄晓武主持召开市政府第七次全体会议，会议研究讨论并原则通过提请市十五届人大五次会议审议的《政府工作报告（送审稿）》《淮北市国民经济和社会发展第十三个五年规划纲要（送审稿）》，部署两会期间及 2016 年一季度重点工作。

市政府第八次全体（扩大）会议 3 月 15 日召开。市长黄晓武主持召开市政府第八次全体（扩大）会议，学习贯彻省两会及有关会议精神，分解细化 2016 年《政府工作报告》确定的各项重点工作。与会副市长部署各自分管工作。副市长朱浩东、王莉莉、钱界殊代表市政府分别与县区政府签订安全生产目标管理责任书、环境保护目标管理责任书和食品安全目标管理责任书。

市政府第九次全体会议 8月25日召开。市长黄晓武主持召开市政府第九次全体会议，贯彻落实全省供给侧结构性改革暨国资国企改革工作会议、科技创新会议和省政府第八次全体会议、市委七届十二次全体会议精神，分析研究上半年全市经济发展形势，部署下半年经济工作。市委常委、市委副市长沈光继通报1月至7月全市经济发展情况，并代表市政府与濉溪县政府签订濉溪经济开发区铝基高端金属材料产业集聚发展基地建设目标责任书。市委常委、副市长朱浩东通报1月至7月全市招商引资工作情况。

市政府第十次全体会议 10月8日召开。市长戴启远主持召开市政府第十次全体会议，传达贯彻市第八次党代会精神，总结前三季度工作，部署第四季度重点任务，强调做好四季度工作，关键是要突出“一项任务”，坚持“三个对标”，抓好“九项重点”。市政府秘书长宋伟传达市第八次党代会精神，各位副市长就分管工作进行总结和部署。

市政府常务会议

市政府第53次常务会议 1月6日召开。会议听取并讨论市政府办公室（法制办公室）关于市政府第七次全体会议建议方案和《2016年政府工作报告（送审稿）》的汇报；市发改委（物价局）关于《淮北市国民经济和社会发展第十三个五年规划纲要（送审稿）》的汇报、关于全省发展改革工作会议精神和《淮北市2015年国民经济和社会发展计划执行情况与2016年国民经济和社会发展计划草案的报告（送审稿）》的汇报；市财政局（国资局）关于《2016年市本级预算（草案）》编制情况、《2015年财政预算执行情况和2016年财政预算草案的报告（送审稿）》的汇报；市政府督查室关于《市十五届人大四次会议代表议案办理情况的报告（送审稿）》和《市十五届人大四次会议代表建议、批评和意见办理情况的报告（送审稿）》的汇报。经研究形成相关决议。

市政府第54次常务会议 1月21日召开。会议传达《安徽省人民政府关于建立重大决策部署落实“三查三单”制度的通知》和《安徽省人民政府关于2015年目标管理绩效考核工作的通知》；听取并讨论市政府办公室（法制办公室）关于《2016年重点工作及责任分解（送审稿）》的汇报；市政府督查室（目标办）关于目标管理绩效考核工作的汇报；市招商局关于给予淮北隋唐运河古镇文化旅游综合项目扶持资金的汇报。经研究形成相关决议。

市政府第55次常务会议 1月27日召开。会议听取并讨论市招商局关于《2015年招商引资考核情况和2016年招商引资工作思路》的汇报；市环保局关于《全省水污染防治暨环境保护重点工作会议精神及贯彻建议》的汇报；市南湖办关于收购南湖西岸会所相关情况的汇报；市财政局（国资局）关于《大唐安徽公司请求回购大唐淮北发电有限责任公司股权情况》的汇报。经研究形成相关决议。

市政府第56次常务会议 3月14日召开。会议听取并讨论市政府办公室（法制办公室）《关于召开市政府第八次全体（扩大）会议建议方案》的汇报；市发改委（物价局）《关于贯彻省人民政府〈关于促进经济持续健康较快发展的意见〉的实施意见（送审稿）》的汇报；市财政局（国资局）《关于进一步加强地方政府性债务管理的实施意见（送审稿）》的汇报；市城乡建委关于梧桐中路PPP项目合作协议有关情况的汇报；市国土局关于确认中湖治理PPP项目中标单位和系列合同文件的汇报；市发改委（物价局）关于全省美好乡村建设推进会精神、贯彻建议和《淮北市“十三五”美丽乡村建设实施意见（送审稿）》等相关文件的汇报；市建投集团关于筹建龟山环保石料企业情况、2015年融资工作完成情况及2016年融资项目和设立淮北市浦银城市发展基金、设立淮北建投城镇化建设基金（暂定名）、对徽银淮北城镇化一号基金进行增资的汇报；市财政局（国资局）关于将市水务投资发展有限公司、安徽临涣工业园循环经济发展有限公司划入市建投控股集团有限公司、将淮北广播电视报社有限公司划入市建投控股集团有限公司、淮北开发区龙发建设投资有限责任公司等4家企业授权市开发区管委会管理的汇报和将市政府北京、上海、合肥、浙江办事处及老党校资产注入市建投控股集团有限公司的汇报；市城乡建委关于淮北市利用水泥窑协同处理城市污泥固废项目协议有关情况的汇报；市政府副秘书长关于《调整完善市区规划建设管理体制的意见（送审稿）》的汇报。经研究形成相关决议。

市政府第57次常务会议 3月29日召开。会议听取并讨论淮北军分区关于《淮北市兵役登记管理暂行办法（送审稿）》的汇报；市残联关于《加快推进残疾人小康进程的实施意见（送审稿）》的汇报；市发改委（物价局）关于《淮北市加快战略性新兴产业集聚发展的实施意见（送审稿）》的汇报；市审计局关于《淮北市审计机关2016年度审计项目计划（草案）》的汇报；市教育局关于《加强教师队伍建设的意见（送审稿）》的汇报；市城乡建委关于《政府投资建设工程实施阶段全过程造价管理办法（送审稿）》的汇报；市文旅体委关于《加快发展体育产业促进体育消费的实施意见（送审稿）》的汇报；市建投集团关于设立淮北市天使投资基金的汇报；市财政局（国资局）关于全市民生工程工作情况的汇报。经研究形成相关决议。

市政府第58次常务会议 4月21日召开。会议听取并讨论市房管局关于推进房地产去库存若干意见（送审稿）及第十届房展会筹备情况的汇报；市财政局（国资局）关于淮北市市直行政事业单位国有资产清查盘活工作方案的汇报；市信访局关于贯彻落实全省信访工作会议精神及全市信访工作情况的汇报；市经信委关于全市工业和非公经济暨科技创新会议筹备方案的汇报；市建投集团关于市建投集团融资项目的汇报；市监察局关于2015年度全市民主评议结果和《2016年度民主评议工作方案（送审稿）》的汇报。经研究形成相关决议。

市政府第59次常务会议 4月22日召开。会议听取并讨论市发改委（物价局）关于《淮北市整合完善公共资源交易平台实施方案（送审稿）》《加快光伏发电应用促进光伏产业发展的意见（送审稿）》和《加快电动汽车充电基础设施建设的实施方案（送审稿）》的汇报；市金融办关于《进一步做好防范和处置非法集资工作的实施意见（送审稿）》和《促进全市融资担保行业健康发展的实施意见（送审稿）》的汇报；市民政局关于《进一步推进全市城乡社区（村）网格化服务管理的意见（送审稿）》和《淮北市城市社区网格员管理办法（送审稿）》的汇报；市房管局关于以政府购买服务模式推进全市2016年棚户区改造项目贷款的汇报和以政府购买服务模式解决淮北矿业集团相南、金岩、林星3个棚户区改造项目国开行贷款融资问题的汇报；市信息中心关于《淮北市新型智慧城市整体规划和顶层设计（2016—2020）》编制情况的汇报；市财政局（国资局）关于2016年政府性投资项目资金分配方案和2016年度市本级地方政府置换债券额度分配方案的汇报；市经信委关于兑现2015年度市扶持产业发展专项资金工业项目贴息和事后奖补的汇报。经研究形成相关决议。

市政府第60次常务会议 5月10日召开。会议听取并讨论市城乡规划局关于《淮北市城乡规划条例（草案）》的汇报；市商务局关于《淮北市电子商务十三五发展规划（2016—2020年）（送审稿）》的汇报；市供销社关于《淮北市供销合作社联合社综合改革实施方案（送审稿）》的汇报；市工商局关于《加强事中事后监管、优化服务改革实施方案（送审稿）》的汇报。经研究形成相关决议。

市政府第61次常务会议 5月30日召开。会议听取并讨论市委政法委关于《贯彻落实〈安徽省严重精神障碍患者监护人申领监护管理补贴暂行办法〉的工作方案（送审稿）》的汇报；市房管局关于《淮北市老旧居住小区整治改造工作实施方案（送审稿）》的汇报；市发改委（物价局）关于《淮北市行业协会商会与行政机关脱钩工作方案（送审稿）》和《淮北市公共资源交易监督管理办法（送审稿）》的汇报；市信息中心关于《淮北市新型智慧城市三期项目建设方案》的汇报；市人社局《关于构建和谐劳动关系的实施方案（送审稿）》的汇报；市国土局关于中湖治理PPP项目原中标人废标纠纷处置意见的汇报；市财政局（国资局）关于落实皖北煤电集团公司淮北境内采煤塌陷村庄搬迁及塌陷区综合治理专项扶持资金和调整财政资金审批权限的汇报；市金融办关于确认淮北农村商业银行股本演变情况的汇报；市卫计委关于全市计划生育工作有关情况的汇报。经研究形成相关决议。

市政府第62次常务会议 7月6日召开。会议听取并讨论市国土资源局关于基准地价更新工作情况的汇报；市城乡建委关于《进一步加快建筑业发展的意见（送审稿）》的汇报；市水务局关于《淮北市“十三五”水利发展规划（送审稿）》的汇报；市房管局《关于供给侧结构性改革去库存的实施方案（送审稿）》的汇报；市公积金管理中心关于贯彻落实四部委规范和阶段性适当降低住房公积金缴存比例工作有关情况的汇报；市人社局《关于在化解煤炭行业过剩产能中做好职工安置工作的实施方案（送审稿）》的汇报；市金融办《关于去杠杆防风险促进经济社会稳定健康发展的实施方案（送审稿）》和《关于推进普惠金融发展的实施意见（送审稿）》的汇报；市发改委（物价局）《关于扎实推进供给侧结构性改革实施方案（送审稿）》《关于补短板增强经济社会发展动力的实施方案（送审稿）》《关于全面推进大众创业万众创新的实施意见（送审稿）》和《关于淮北市创建国家社会信用体系建设示范城市实施方案（送审稿）》的汇报；市财政局（国资局）关于分配2016年地方政府新增专项债券额度的汇报；市目标办关于2015年度淮北市综合目标管理绩效考核情况和《2016年度目标管理绩效考核任务体系》编制情况的汇报；市建投集团关于《淮北市专项建设基金投资方案》的汇报；市邮政管理局《关于促进快递业发展的意见（送审稿）》的汇报；市经信委《关于降成本减轻实体经济企业负担的实施方案（送审稿）》的汇报；市民政局《关于加强城乡社区协商实施办法（送审稿）》和《提高我市城乡居民最低生活保障标准》的汇报；市消防安全委员会关于落实有关消防整改工作的汇报。经研究形成相关决议。

市政府第63次常务会议 8月6日召开。会议听取并讨论市发改委（物价局）《关于全省供给侧结构性改革暨国资国企改革工作会议精神及贯彻意见》的汇报；

市科技局《关于全省科技创新、科技奖励、合芜蚌国家自主创新示范区建设暨系统推进全面创新改革试验工作大会精神及贯彻意见》的汇报；市城乡建委《关于改善农村人居环境实施方案（送审稿）》的汇报；市建投集团关于《S101 合相路改建工程及 S254 古毛路（宋疃至古饶段）工程 PPP 项目实施方案（送审稿）》的汇报；市公安局关于《全面深化公安改革实施意见（送审稿）》的汇报；市人社局《关于深化市属企业负责人薪酬制度改革的实施方案（送审稿）》的汇报；市财政局（国资局）关于淮北市 2016 年地方政府债券申请、分配、使用情况的汇报；市建投集团关于调整环保石料企业选址的汇报。经研究形成相关决议。

市政府第 64 次常务会议 8 月 22 日召开。会议传达省政府第八次全体会议精神；听取并讨论市公安局《关于进一步加强反恐怖工作的实施意见（送审稿）》的汇报；市政府办（法制办）关于召开市政府第九次全体会议建议方案的汇报；市智慧办关于《淮北市智慧教育项目建设方案（2016—2018）（送审稿）》的汇报；市城乡建委关于《淮北市管线综合专项规划（送审稿）》和《淮北市老城区雨污分流规划（送审稿）》的汇报；市信访局《关于通过法定途径分类处理信访投诉请求工作办法（送审稿）》的汇报；市财政局（国资局）关于《淮北市市直行政事业单位国有资产配置管理暂行办法（送审稿）》和《淮北市市直行政事业单位国有资产处置管理暂行办法（送审稿）》的汇报；市城乡规划局《关于转化待开发房地产用地性质推进房地产去库存的通知（送审稿）》的汇报；市文旅体委关于拨付烈山区体彩公益金的汇报；烈山区政府关于给予烈山区淮北传化公路港物流项目产业发展扶持资金的汇报；市金融办关于兑现安徽省股权托管交易中心皖北融资中心奖励政策的汇报；市农委关于兑现 2014—2015 年度农业产业扶持项目资金的汇报；市发改委（物价局）关于《淮北市全面振兴我市老工业基地城市的实施方案（送审稿）》的汇报；市财政局（国资局）关于《淮北市煤炭行业化解过剩产能实现脱困发展的实施方案（送审稿）》和口子酒业个人限售股权转让所得个税缴纳情况的汇报；市建投集团关于市建投集团有关融资项目情况的汇报。经研究形成相关决议。

市政府第 65 次常务会议 10 月 8 日召开。会议听取并讨论市政府办（法制办）关于召开市政府第十次全体会议建议方案的汇报；市发改委（物价局）关于《淮北市社会信用体系建设规划纲要（2016—2020）（送审稿）》和《关于构建开放型经济新体制的实施意见（送审稿）》的汇报；市城乡建委关于《淮北市城市地下综合管廊专项规划（送审稿）》的汇报；市水务局关于老濉河水生态环境综合治理工程 PPP 项目实施方案（送审稿）的汇报。经研究形成相关决议。

市政府第 66 次常务会议 11 月 7 日召开。会议听取并讨论市卫生计生委关于《落实全面两孩政策改革完善计划生育服务管理实施意见（送审稿）》《坚持和完善计划生育目标管理责任制实施意见（送审稿）》《健康脱贫工程实施意见（送审稿）》和《推进医疗卫生与养老服务相结合实施意见（送审稿）》的汇报；市交通运输局关于《淮北市优先发展城市公共交通（2016—2020）实施意见（送审稿）》的汇报；市财政局（国资局）关于《淮北市深化国资国企改革实施意见（送审稿）》和《淮北市工业学校部分资产盘活工作方案（送审稿）》的汇报；市城乡规划局关于《淮北市东湖片区城市设计与控制性详细规划（送审稿）》《淮北市淮纺片区控制性详细规划（送审稿）》和市人大第 1 号议案办理情况的汇报；市建投集团关于成立淮北市金融控股集团有限公司的汇报；市房管局关于市人大第 2 号议案办理情况的汇报；市林业局关于《淮北市 2017 年度东部石质山场森林多目标经营实施方案（送审稿）》的汇报；市国土局关于《淮北市建设用地节约集约利用考核办法（送审稿）》和调剂安徽恒源煤电股份有限公司耕地占补平衡指标的汇报；市财政局（国资局）关于追加皖北煤电集团产业转型发展扶持资金的汇报。经研究形成相关决议。

市政府第 67 次常务会议 12 月 7 日召开。会议听取并讨论市安委会办公室关于全国、全省安全生产电视电话会议精神和全市安全生产大检查大督查大整治工作开展情况的汇报；市环保局关于 2016 年环保工作情况的汇报；市发改委（物价局）关于《淮北市 2017 年市本级政府投资项目计划（草案）》和《淮北市 2017 年全市重点项目“四督四保”计划（草案）》的汇报；市司法局关于《在全市公民中开展法治宣传教育的第七个五年规划（2016—2020 年）（送审稿）》的汇报；市财政局（国资局）关于《2017 年市本级预算草案（送审稿）》编制情况的汇报；市人社局关于《淮北市调整机关事业单位工作人员基本工资标准实施方案（送审稿）》和关于增补淮北矿业集团公司稳岗补贴的汇报；市编办关于《市级公共服务清单和行政权力中介服务清单目录（送审稿）》《市级公共服务清单动态管理办法（试行）（送审稿）》和《市级行政权力中介服务清单动态管理办法（试行）（送审稿）》的汇报；市科技局关于《淮北市激励创新创业加快科技企业孵化器（众创空间）建设与发展的若干政策（试行）（送审稿）》的汇报；市发改委（物价局）关于《淮北市健全生态保护补偿机制的实施意见（送审稿）》和《淮北市加快推进生态文明建设着力打造山水生态城市实施方案（送审稿）》的汇报；市开发区管委会关于《中国（淮北）德国专利产业园优惠政策（送审稿）》的汇报。经研究形成相关决议。

市政府第 68 次常务会议 12 月 19 日召开。会议听取并讨论市政府秘书长《关于 2017 年政府工作报告（征求意见稿）》的汇报；市发改委（物价局）《关于淮北市 2016 年国民经济和社会发展计划执行情况与 2017 年国民经济和社会发展计划草案的报告（送审稿）》的汇报；市财政局（国资局）《关于 2016 年财政预算执行情况和 2017 年财政预算草案的报告（送审稿）》的汇报；市政府办公室（法制办公室）《关于召开市政府第十一次全体会议建议方案》的汇报。经研究形成相关决议。

市政府第 69 次常务会议 12 月 22 日召开。会议听取并讨论市政府办公室（法制办公室）关于《淮北市五大发展行动实施方案（送审稿）》的汇报；市发改委（物价局）《关于加快发展生活性服务业促进消费结构升级的实施意见（送审稿）》《关于加快发展生产性服务业促进产业结构调整升级的实施意见（送审稿）》和《淮北市污水处理标准调整方案（送审稿）》的汇报；市经信委《关于 2012 年淘汰落后产能中央财政奖励资金分配建议》的汇报；市工商局关于《淮北市市场主体住所（经营场所）登记管理暂行办法（送审稿）》修订情况的汇报；市红十字会《关于进一步推进红十字事业发展的实施意见（送审稿）》的汇报；市林业局《关于创建国家森林城市的意见（送审稿）》的汇报；市文旅体委关于《推进基层综合性文化服务中心建设实施方案（送审稿）》和《关于加快构建现代公共文化服务体系的实施意见（送审稿）》的汇报；市财政局（国资局）关于《市建投集团 2015 年度经营业绩考核结果（送审稿）》和《市建投集团 2016 年度经营业绩考核方案（送审稿）》的汇报；相山区政府关于完美（中国）有限公司在淮投资水果酵素等健康食品及相关配套产业项目投资协议书（送审稿）的汇报；中国碳谷·绿金淮北国家创新驱动试验区领导小组办公室关于《中国（淮北）碳谷产业新城项目合作协议》有关情况的汇报；烈山区政府关于拨付文化产业发展扶持资金事项的汇报。经研究形成相关决议。

政务活动

【全省棚户区改造货币化安置暨房产超市平台服务现场会在淮北市召开】 8 月 5 日，全省棚户区改造货币化安置暨房产超市平台服务现场会在淮北市召开。各市、省直管县住房城乡建设主管部门负责人、县区住建（房管）负责人共 200 余人参加会议。会上，省住房和城乡建设厅通报全省棚改工作进展情况。淮北市房管局、芜湖市住建委、铜陵市住建委、宁国市政府、固镇县政府作了经验交流发言。省住房和城乡建设厅党组书记、厅长侯淅珉对淮北市在棚户区改造货币化安置和房产超市平台服务等方面的创新举措给予高度评价，要求全省各地、各相关部门要加快推进保障性安居工程建设，确保按期保质保量完成各项目标任务；加大棚改货币化安置力度，切实提高棚改货币化安置比例等。是日，侯淅珉一行在市委书记、市人大常委会主任肖超英陪同下，到相山区相阳棚户区、市棚改指挥部和房产超市实地观摩，与现场工作人员亲切交流，并听取淮北市关于加快推进棚户区改造工作和房产超市平台服务创新发展经验、方法的汇报。

中国碳谷·绿金淮北国家创新驱动试验区咨询专家团参加淮北市经济社会发展情况汇报会

【中国碳谷·绿金淮北国家创新驱动试验区咨询专家团在淮北市考察】 9 月 10—11 日，中共中央政策研究室原副主任、中国国际经济交流中心副理事长郑新立率咨询专家团一行 70 多人到淮北市考察，为淮北市争创中国碳谷·绿金淮北国家创新驱动试验区、打造国家绿色低碳发展样板城市把脉问诊。专家团实地考察淮北经济开发区天路航空、相邦科技、中国碳谷起步区和淮北德国专利产业园项目区，安徽（淮北）新型煤化工合成材料基地，中湖、东湖、南湖塌陷治理项目区，相山绿化项目区，刘开渠纪念馆，市创业学院，相山区李桥社区，市政务服务中心，了解淮北市科技创新、绿色生态城市建设、智慧城市建设、创新创业活动开展情况。郑新立指出，希望下一步发展中，在产业转型升级方面要以相邦科技公司、陶铝新材料为龙头，打造千亿元的“中国陶铝谷”；以量子碳素和碳纤维科技为龙头，打造“中国碳谷”，同时做大做强电子信息、新型煤化工等战略性新兴产业，形成产业集聚和规模优势。

【全市企业家创新创业大会召开】 9月18日，市委书记、市人大常委会主任黄晓武主持召开全市企业家创新创业大会。市委副书记、市长戴启远对下一步推进企业家创新创业工作进行部署。黄晓武强调各级各部门要倾力营造良好的“双创”（大众创业，万众创新）环境，坚持“放管服”改革与“双创”对接，继续加快构建“双创”平台，以众智促创新，以众扶促创业，以众筹促融资，让企业放心安心舒心在淮北投资兴业，让“四新”（新产业、新业态、新技术和新模式）经济在淮北大地蓬勃兴起。戴启远在讲话中从多个角度分析当前淮北市民营经济发展过程中面临的新形势和新问题，要求淮北市各级各部门准确把握形势，抢抓政策机遇，聚焦薄弱环节，直面问题、解决问题，为企业家创新创业和民营经济发展注入“醒心剂”；坚持精准施策，突出抓好推动政策落地生根、提升金融保障等重点工作，为企业家创新创业和民营经济发展注入“强心剂”；构建新型政商关系，态度要“亲”、底线要“清”，营造良好生态，为企业家创新创业和民营经济发展注入“凝心剂”。

重要文件

《淮北市人民政府关于2016年重点工作及责任分解的通知》（淮政〔2016〕1号）

《淮北市人民政府关于印发淮北市国民经济和社会发展第十三个五年规划纲要的通知》（淮政〔2016〕2号）

《淮北市人民政府关于贯彻落实国务院和省政府第一批取消中央指定地方实施行政审批事项的通知》（淮政〔2016〕13号）

《淮北市人民政府关于加快建设战略性新兴产业集聚发展基地的意见》（淮政〔2016〕20号）

《淮北市人民政府关于印发淮北市补短板增强经济社会发展动力实施方案的通知》（淮政〔2016〕42号）

《淮北市人民政府关于印发在化解煤炭行业过剩产能中做好职工安置工作实施方案的通知》（淮政〔2016〕48号）

《淮北市人民政府关于公布淮北市市级政府权责清单目录（2016年本）的通知》（淮政〔2016〕51号）

《淮北市人民政府关于“稳增长30条”贯彻落实情况的自查报告》（淮政〔2016〕53号）

《淮北市人民政府关于设立中国碳谷·绿金淮北试验区有关问题的请示》（淮政〔2016〕65号）

《淮北市人民政府关于印发〈淮北市社会信用体系建设规划纲要（2016—2020年）〉的通知》（淮政〔2016〕75号）

《淮北市人民政府关于健康脱贫工程的实施意见》（淮政〔2016〕76号）

《淮北市人民政府关于贯彻落实李国英代省长批示精神建设陶铝产业基地情况的报告》（淮政〔2016〕81号）

《淮北市人民政府关于贯彻落实国务院和省政府第二批取消中央指定地方实施行政审批事项的通知》（淮政〔2016〕88号）

市政府办公室（法制办公室）工作

【文秘工作】 2016年，市政府办公室（法制办公室）完成市政府工作报告、市政府全体会议讲话等重要文字材料及相关专题会议材料、汇报材料、市政府领导讲话材料等重要文稿400多篇，300万余字。全年共办理各类密级文件350余件，比上年同期增加近70件，未失泄密事件发生。完成《安徽省情·淮北卷》《安徽年鉴·淮北卷》《淮北廉政史话（暂定名）》等组稿任务。重新改版《淮北市人民政府公报》，全年编印12期。全年共上报省政府办公厅信息885条，被采用64条，居全省第14位，其中1条信息被省领导批示；编发市《政务要情》236期、《信息专报》11期。

【综合服务】 全年市政府办公室（法制办公室）办理市政府全体会议4次、市政府廉政工作暨审计工作会议1次、市政府常务会议17次、市长办公会议11次、市政府专题会议97次。先后参与省供给侧结构性改革企业座谈会、省属煤炭企业座谈会、中国碳谷·绿金淮北国家创新驱动试验区考察等大型会议和活动的保障服务。做好公务接待工作，全年接待各级领导和兄弟城市来宾200余批。

【应急管理】 2016年，市政府办公室（法制办公室）建立和完善应急预案体系，修订5个市级专项预案，审核27个部门预案。接收各类突发事件信息500余件次，及时上报省政府信息（含续报）16件次，省政府领导批示3件次。组织开展地震灾害、森林防火、防汛、危化品泄漏处置环境事件等应急预案演练23次。应急工作在全省处于先进位次，并在全省应急管理办公室主任会议上作了交流发言。

【市长热线（政风行风热线）】 市政府办公室（法制办公室）推进政务服务信息化，充分发挥市政府网站、政务微博微信、市长信箱及热线等平台作用，坚持开门问政。其中，《政风行风热线》节目播出357期，服务市长上线11次，接电2190件，解决市民提出问题124件；《说办就办》栏目播出353期，热线接电11259件；市长热线接电15527件；推动解决群众诉求20286项，同比增长21%。办结省长热线4件，办结率达100%。淮北市获评全国网民留言办理工作先进单位。

政务公开

【政府信息公开】 2016年，淮北市主动公开政府信息95763条。其中，市政府及市直单位公开信息20231条；县区级政府及其部门公开信息56210条；镇（街道）公开信息数19322条。推进财政资金、公共资源配置、公共服务、公共监管、信用等方面信息公开。建立健全重要政策解读机制。出台《关于进一步加强政策解读工作的通知》，坚持“谁起草、谁解读”原则，出台重要政策。全年发布政策解读1100余篇，其中市本级政策解读500余篇。

【行政权力清单公开】 政府权力清单和责任清单在市政府门户等网站公布运行，全市59家单位经审核确认保留2508项，行政权力事项精简49.1%，行政审批事项精简43.9%，市、县（区）、镇（街道）三级政府权责清单已正式公布运行，并更新2016年版权责清单。

【政务舆情收集研判和回应机制】 淮北市明确市委、市政府、宣传、公安等部门重要舆情信息联动处置工作机制和责任分工。将市长信箱与市信访局网上信访平台合署办公；创建运行淮北市人民政府发布微信公众号，4月26日上线运行，共推送信息248期，制作发布信息998条；通过市长热线、在线访谈、政风行风热线、民意征集、在线调查、舆情回应等栏目，针对群众关注的热点难点问题，发布回应关切10期，对群众反映强烈的50余件事项进行回应和解答。

【新闻发布会举办】 年内，淮北市召开第二届“中国创翼”青年创业创新大赛，“互联网+”单项赛全国总决赛、2016淮北食品工业博览会、淮北市第七届石榴文化旅游节、补短板降成本推进供给侧改革等11次新闻发布会，发布新闻发布会实录11期、访谈实录17期、领导专访实录10期。

【政府信息依申请公开办理情况】 2016年，全市受理政府信息公开申请153件，答复153件，其中属于已主动公开范围40件，同意公开40件，同意部分公开10件，不予公开10件，申请内容不明确、信息不存在等其他情况53件。

政务督查与目标管理

【制定淮北市目标任务】 2016年，市委、市政府目标办（市政府督查室）坚持少而精、可行性原则，采取“两下两上”的程序反复征求意见，制定目标任务。分析、采集、整理省政府考核淮北市的各项指标以及2016年淮北市《政府工作报告》确定的经济社会发展目标，制定2016年全市责任单位目标任务。目标任务通过目标任务体系的制定，将市委、市政府在落实五大新理念中实现淮北转型崛起的内涵和要求，转化成为可操作、可检验、可衡量的奋斗目标体系，确保各责任单位干有任务、评有标准、奔有方向。

【实施目标管理绩效考核】 年内，形成上报省政府淮北市2016年度工作目标任务完成情况的自查报告。组织实施全市2016年度目标管理责任单位的考核奖惩工作。创新改进考核方式方法，取消单位的自由裁量权，把考核评价交由考核组和主管部门负责。各项考核均以百分制的形式进行，按照分数高低（“一票否决”除外），拟定综合目标管理先进单位，报市政府常委会、市委常委会研究确定。

【政务督查工作】 年内，制定淮北市《政府工作报告》重点工作事项政务督查和目标管理的实施方案及分解工作。督查淮北市《政府工作报告》主要预期目标和市政府107项重点工作完成情况。制定《淮北市人民政府2016年重点工作及责任分解的通知》，按季度督查落实情况，形成一季度、上半年、三季度重点工作完成情况督查通报3期。按照市政府年初工作重点和市政府领导的安排，独立开展或会同有关部门开展专项督查20余次。

【议案建议提案办理】 年内，组织召开2016年议案建议提案交办会议，将省人大代表建议1件、省政协委员提案1件、市人大代表议案2件、重点建议6件、一般建议94件和市政协委员提案175件分解落实到41家单位办理并督查交办落实情况。

【网友留言办理】 市政府目标办转办、督办、回复网友留言381件。其中人民网网友致省长留言96件，人民网网友致市长留言269件，中安在线网友致市长留言16件。重点解决网民反映强烈的房地产延迟交房、质量、办证纠纷、小区物业管理、学生就学、城市基础设施、环境污染、公交线路、拆迁安置、机动车非法营运等热点问题。

经济发展与研究工作

【文稿工作】 2016年，市政府研究室认真完成重要文稿起草，全面提升服务决策水平。与市政府办公室、市发改委、经信委、财政局、农委、商务局等部门协作配合，加快《政府工作报告》的起草工作。按照市政府主要领导指示精神，圆满完成市委、市政府《关于调整市区规划建设管理体制的意见》起草工作，该文件已印发并实施。编发12期《市情月报》，为市领导决策咨询和相关部门分析研判经济社会发展形势提供服务。参与《关于深化国资国企改革的实施意见》《淮北市社会信用体系建设规划纲要（2016—2020）》《“十三五”工业发展规划》等重要文件的修改工作。

【课题调研】 年内，市政府研究室与市人大相关部门、市发改委、市财政局、市交通运输局等单位，组成联合调研组，赴蚌埠、亳州及河南开封、山东济宁4市考察学习，形成《关于优先发展城市公共交通的考察报告》，市委、市政府主要领导作了重要批示。围绕“五大发展见行动”开展“淮北转型靠什么、我为崛起做什么”大讨论活动，通过学习调研，形成《关于建设中国碳谷·绿金淮北，打造产研一体、产城融合的资源型城市转型发展示范区专题研究报告》，市委主要领导给予高度评价，并作重要批示。参与完成市委宣传部“新常态下网络文化建设和管理的思考”等研究课题。

（王兴科）

外事管理

【友好交流】 淮北市积极融入“一带一路”，加快“走出去”步伐，推进与“一带一路”沿线国家和地区交流合作。3月，时任市委副书记、市长黄晓武率团访问印度拉贾斯坦邦阿尔瓦尔市，与该市签署两市建立友好交流关系的意向书。11月，墨西哥雷诺萨市市长代表、市经济开发委员会主任奥斯卡·安东尼奥·冈萨雷斯一行访问淮北。在淮北期间，双方签署友好交流城市意向书。

2016年，淮北市与友好城市（美国斯普林戴尔市、韩国抱川市和巴西克里西乌马市）和友好交流城市（美国阿罕布拉市、芬兰东拉普兰地方联盟、菲律宾伊洛伊洛市、意大利贝加莫市、波兰贝尔恰图市、印度阿尔瓦尔市、墨西哥雷诺萨市）的交流不断深入，继续拓展在文化、教育、社会事业等多个领域的联系。加强与俄罗斯、德国、匈牙利、南非等国家友好交流，扩大淮北市友好城市交往范围。

【对外经贸交流】 2016年，市委书记、市人大常委会主任黄晓武，市委常委、市委秘书长谌伟等市级领导先后率团出访印度、泰国、南非、肯尼亚、阿联酋、英国、以色列、香港等国家和地区。访问期间，通过开展多种形式的活动，宣传推介淮北，提升淮北在海外的知名度和美誉度，为淮北市与国（境）外企业建立良好的经贸合作交流关系奠定良好基础。

市外事办为安徽理士电池有限公司等企业负责人申办3张APEC商务旅行卡，为企业开展对外经贸合作提供便利。6月，组织安徽矿机等9家企业参加“安徽走出去论坛·非洲投资环境及我国对非合作政策报告会”；10月，组织海聚科技、理士电池赴芜湖参加全省“海外领事保护进企业”活动，宣传企业海外安全风险防范意识，为企业“走出去”提供指导与服务，为外向型企业提供更加周到的服务。

【强化外事归口管理职能】 年内，制订淮北市公民和机构境外安全保护工作突发事件应急处置方案，使淮北市公民和机构境外安全保护工作更加趋于规范化、科学化；配合市地震局制定地震涉外应急预案，进一步完善涉外应急管理体制。为应邀到淮北市任教的文教类专家办理邀请确认手续，进一步规范邀请外国人到淮北的管理工作。

【民间交往】 年内，市一中、一小、三实小及首府实验小学等分别与境外友好学校开展交流活动。4月，开渠中学举办中俄国际文化教育交流暨第三届校园艺术节。6月，淮北一中、天一中学与澳大利亚维多利亚州课程考评局就VCE项目开展合作，让淮北市学生不出国门享受国外教育。国际交流的常态化、学生视野的国际化，使全市教育国际交流与合作取得创新发展，教育国际化水平和影响力不断提升。

侨务工作

【维护归侨侨眷权益】 淮北市开展丰富多彩的侨法宣传活动，以相山区新华社区“侨法宣传角”为依托，主动延伸侨法宣传领域，使侨务法律法规更加深入人心。想方设法为归侨侨眷解决实际困难，春节前夕为困难归侨侨眷发放慰问金。认真处理归侨侨眷、侨商来信来访，及时解决有关问题，不留隐患。多次走访理士电池、曦强乳业、海聚科技等重点侨资企业，了解企业诉求，积极反映情况，为企业营造良好的发展环境。

市侨办认真受理海外华侨、国内归侨侨眷子女就学、升学加分、回国定居、退休补助金发放等事宜，协调相关部门落实。全年争取“侨爱工程”贫困大学生助学金及基层卫生院改扩建项目捐赠金等30余万元。

【侨务精准扶贫】 2016年，省侨办拨付淮北市侨务精准扶贫资金6.4万元。扶贫资金发放前，市侨办对县区侨办上报的重点扶贫对象，深入村（居）实地调研，走进家中了解摸底实情，由主任办公会研究确定发放对象。对个别特殊情况，请求省侨办给予明确指示，确保工作过程全程留痕。扶贫资金已全部发放到22户困难归侨侨眷手中。

（李 备 李 曼）

市委常委、副市长朱浩东慰问归侨侨眷

人力资源管理

2016年，市人社局被人社部授予“全国人力资源和社会保障系统2014—2016年度优质服务窗口”称号，获得“全省节约型公共机构示范单位”“2015年度全市目标管理绩效考核优秀单位”“2015年度全市双拥工作先进单位”“2015年度全市信访工作优秀单位”“2015年度全市民主考评优秀单位”“2015年度全市综治工作（平安建设）目标管理考评先进单位”等称号。

【人才高地建设】 市人社局围绕“调转促”行动计划，着力打造创新创业人才高地。陈金宝等10人被认定为安徽省第五批战略性新兴产业技术领军人才。安徽雷鸣科化股份有限公司获准设立第七批省级博士后科研工作站，淮北市省级以上博士后科研工作站增至9个。市人社局承办“互联网+智慧校园未来教育发展高级研修班”和“社会经济发展与职业教育发展·信息技术支撑”2个省级高级研修班。承办省级专家帮扶皖北基层民生发展活动，开展培训交流指导66场次，培训2096人，解决技术难题57项。初步建成在淮北市具有副高级及以上专业技术职务人员数据库，淮北市有副高级及以上专业技术职务人员4148人。全面推进专业技术人员继续教育培训创新，搭建继续教育远程培训平台，全年培训专业技术人员42474人。截至年底，全市有经营性人力资源服务机构45家，从业人员360人，服务用人单位6000余家，服务职工82.9万人次。

【高技能人才培训】 市人社局实施相城“金蓝领”万人计划和千名技师带徒弟专项行动，以产业领军人才为主导，复制本土高技能人才，新增省级以上技能大师工作室2个。积极推动技工大市建设，企业在岗职工技能提升培训25409人，就业技能培训17240人，高技能人才培养6642人，其中培养新技师462人，完成职业技能鉴定人数 21583 人。安徽淮北技师学院获省政府批复同意设立并挂牌正式运行。

【人事薪酬制度改革】 市人社局完善聘用制度，规范聘后管理，建立健全以合同管理为基础的用人机制。组织实施 3 次事业单位公开招聘，完成 19 家事业单位招聘 68 名工作人员的招聘任务。对 33 家事业单位岗位设置方案进行核准、调整。完成 2016 年度公开招募 38 名“三支一扶”高校毕业生工作任务。指导做好公务用车制度改革工勤人员分流安置工作。进一步建立健全县以下机关公务员职务与职级并行制度，1217 人符合晋升条件，完成待遇审批兑现工作。实施乡镇机关事业单位工作人员实行乡镇工作补贴制度，纳入乡镇工作补贴人数 10077 人。完成人民警察警衔津贴标准调整审核、待遇兑现工作任务。统筹推进国企负责人薪酬制度改革。妥善安置 19 名军转干部。完成机关事业单位退休人员待遇调整工作，共涉及 1.78 万人，人均月增加额为 212 元。

【公务员管理制度改革】 市人社局积极推进公务员分类改革，深化公安机关人民警察招录制度改革，159 人通过考录进入公务员队伍。举办公务员初任培训班 3 期，培训新录用公务员和军转干部 149 人。完成 2016 年全省行政机关公务员专项培训任务“依法行政”和“调转促”主题培训调学任务，6 期共培训基层公务员 65 人次。承办全省美好乡村和新型城镇化建设专题培训班 1 期，培训全省范围的基层公务员 162 人。

【人才体制机制改革】 市人社局全面推开中小学教师职称制度改革，完成中小学教师（不包括中等职业学校教师）过渡和专业技术职称评审工作。进一步深化职称评审制度改革，推进专业技术职称的社会化评审。开展“工学一体”就业就学改革试点，实施招工即招生、招生即招工项目，17 家企业、3 家试点院校和 1688 名学员参加试点工作。

【智力引进】 市人社局实施“富士苹果园更新改造”“华蟾素不良反应物质基础与作用机理研究”等 6 个引智项目。加强农业引智推广基地和千村引智示范项目建设，“塔仙石榴栽培示范与推广项目”被确定为“安徽省千村引智示范项目”、烈山区烈山镇塔仙石榴专业合作联社被批准为“安徽省第八批千村引智示范项目单位”。

制定淮北市《外国人来华工作许可制度试点实施方案（征求意见稿）》《外国人来华工作许可服务指南（试行）》《外国人来华工作分类标准（试行）》，办理来华许可试点业务。

【人力资源和社会保障法制工作】 2016 年，市人社局通过“全市依法行政示范单位”评估。修订完善《淮北市人力资源和社会保障局重大行政决策制定实施办法》，规范重大行政决策的意见征求、公开听证、集体决定、责任追究等重要环节。严格执行决策程序，落实规范性文件管理制度。全年制定《淮北市工伤职工旧伤复发就医管理暂行规定》等 5 份规范性文件。继续实行权力清单精简和流程优化工作，并根据业务变化情况进行实时动态调整，51 大项经调整后减少为 43 大项。推进行政审批“两集中两到位”工作，严格执行行政处罚，积极应对行政复议和行政诉讼。严格行政执法人员持证上岗和资格管理制度。围绕建设“法治淮北”规划的总体要求，制定“七五”普法规划。

【基础建设】 市人社局扩大区级业务经办的职责范围，16 项业务经办由区级属地办理。推动网上业务经办系统建设，构建网上服务大厅。通过市网上办事大厅实现网上办事 34 项、证明项 8 项、权责事项 132 项。组织实施 12 项人事考试、20528 人次参加。

开展主题为“走进社保卡”的“12333 全国统一咨询日”活动。开通“淮北人社”微信公众服务平台，提供人社政策法规、社保卡相关内容及其他便民查询服务。调整和增加人社系统业务专网网点，实现对市本级、县（区）、乡镇（街道）、社区（村）的全覆盖，连接地税、银行、财政、审计等部门，保持网络畅通率达到 100%。办理社会保障卡 132.84 万张。

（滕　明）

政务服务中心

【概况】 2016 年，新的政务服务中心（以下简称中心）投入使用。经过调整，中心共有 31 家政府派驻部门，6 家中介服务机构，窗口工作人员近 180 人。151 项行政许可项目权力清单中，有 136 项集中在窗口审批。全年窗口受理各类事项 30.46 万件，办结 30.43 万件，办结率达 99.9%。电话回访满意率达 100%。 4 月，中心获全国“工人先锋号”称号。8 月，“机关职工书屋”获“全国职工书屋示范点”称号。12 月，工商窗口被国家工商总局评为成绩突出窗口单位。

【简流程优服务】 年内，中心开展简流程优服务专项行动。全年审批环节减少136个，前置条件减少48个，承诺时限减少4739个工作日。推进工商注册登记便利化改革。8月26日，副市长王莉莉颁发淮北市第一张“五证合一、一照一码”的新版营业执照。

【优化服务环境】 年初，中心党工委制定《2016年中心工作要点》等5项工作要点及《“两学一做”学习教育具体工作方案》《开展不规范行为集中整改月活动实施方案》等10多个方案。针对中心自我检查中发现的问题，进一步整改和规范。9月初，开展“马上就办、办就办好”作风建设回头看活动，推动整改工作的落实；在大厅增设信息大屏幕、花木盆景等便民服务设施；建设机关文化长廊、“幸福生活、快乐工作”宣传互动板块；建成职工书屋、文体活动室；提升和优化政务服务环境。

【规范监督与管理体系】 中心完善日巡查、周点评、月通报、年评议等监督管理机制；每月固定开窗口工作点评会、“流动红旗窗口”和“月度服务明星”评比、年终总评。在大厅设立监督投诉受理平台，加强监督管理。全年组织督查检查活动200多次，发出整改通知书3件，约谈有问题倾向人员100多人次；9人受通报批评及相应处罚。

（薛金为）

机关事务管理

【公务用车改革平稳有序】 年内，市直机关事务管理局完成市直涉改取消车辆的封存停驶工作，为全市车改工作顺利开展打下坚实基础；按照车改实施方案要求，通过面向社会公开招标，确定4家社会汽车租赁公司为公务出行补充保障；严格落实省车改办“六不得”和“六统一”的规定，将平台保留的公务用车，全部纳入平台集中管理，统一调度使用，为市直党政机关提供应急、机要通信、调研、接待等公务活动保障；遵循公开公平、规范透明的原则，对涉改取消车辆采取网上电子竞价方式公开拍卖，共拍卖车辆392辆，评估价值617.66万元，拍卖成交款1020.9万元，溢价率65.3%，确保国有资产的保值增值；严格涉改取消车辆报废程序，通过专业机构评估、与市国资局及车管部门密切沟通，统一报废车辆标准，确保国有资产不流失。

【节能管理】 年内，市直机关事务管理局开展能耗统计，实施定额管理，并在全省节能工作会上作经验交流。市人社局获评国家级公共机构节约型示范单位，淮北师范大学获评省级公共机构能源资源计量示范单位。会同水务局完成7家创建市级节水型机关目标任务。实施节能改造，市行政中心更换使用LED高效照明灯10000多只，节水龙头100多个；市人民医院实施合同能源管理，进行节能节水技术改造。利用能耗统计网上平台加强对辖区公共机构能源消耗状况的进行监测。淮北市荣获“十二五”全省公共机构节能先进地市。

【机关食堂建设】 年内，市直机关事务管理局6次派员到外地从政策依据、建设理念、管理模式和经营方法等方面进行考察学习，在广泛征求意见和反复论证的基础上形成机关食堂建设方案。经过严格的招标采购、周密的组织施工和精细的运行准备，历时半年多时间，食堂于7月中旬建成并投入试运行，可一次保障2700余人就餐。食堂的建成，从根本上解决机关人员工作日期间就餐难的问题。

【后勤保障工作】 市直机关事务管理局对保洁人员进行优化组合，并与保洁员签订服务承诺书，确保人员到位、时间到位、卫生保洁到位，每天对保洁工作进行三次检查，科长检查、科室人员检查、班长检查，发现问题及时整改。严格落实“日巡查、周检查、月维护”制度，对行政中心、原市委大院、招商大厦所有用电线路进行排查，发现问题及时维修，确保安全用电。彻底清理行政中心大楼弱电、强电间杂物，排除安全隐患，确保设备安全。完成行政中心配电室桥架母排维修工作。全年参与协助保养维修电梯80多次。行政中心更换西电梯主板、外呼板，更换电梯箱内LED照明灯16只。对招商大厦电梯光幕、门机板进行更换，对开发区大楼电梯部分损坏配件进行更换，并向特殊行业管理部门报检。完成行政中心、招商大厦电梯年检工作。组织人员完成两台电锅炉除碱清洗工作，对中央空调循环系统进行药剂清洗，并对冷却塔进行保养、清洗，对两台锅炉的减压阀进行检测。全年维修空调故障120余次。

【办公用房整合有序推进】 年内，市直机关事务管理局做好市委党校原办公用房调剂工作。前期对市委党校原办公用房进行面积测量、统计房间数并与市委老干部局对接，推进老年大学及市委老干部局机关搬入。完成老市委大院、市招商大厦办公用房调剂工作。将老市委大院内的市计生委、市残联办公用房调剂给市党史办和市文联办公；将市招商大厦九楼调剂给市邮政管理局办公使用。根据市委、市政府《关于调整完善市区规划建设管理体系的意见》和《关于调整城市管理体制改革部分单位职责和编制有关事项的通知》精神，及时将原市环卫处相山区、杜集区办公场所调剂给相山区环卫所、杜集区城管执法局办公使用。完成国资局委托市机关事务管理局拍卖的市纪委案件查处房产。

招商引资

2016 年，淮北市新签约招商引资项目 322 个，协议投资 486.7 亿元；新开工项目 271 个，协议投资 367.6 亿元。全市招商引资项目完成固定资产投资 158.7 亿元，占全年任务的 105.8%。认定总投资 5 亿元以上招商引资项目15个，占全年任务的125%。相山海螺水泥、万达广场、企成电气、中农批、华孚二期、台湾文创园等一批项目成功签约或开工建设。

【盘活闲置资源】 淮北市积极鼓励和引导客商通过利用闲置厂房进行轻资产经营，盘活闲置资源。截至 2016 年年底，全市各园区共引进二次招商项目 94 个，盘活闲置厂房和办公楼面积 70.1 万平方米，闲置资源盘活率达到 74.3%，其中凤凰山工业园区闲置厂房利用率达到 93%，新带动就业约 4000 人。

【产业链招商成效显著】 濉溪县成功引进企成、利丰、瑞凡等一批以铝为原料的汽车零部件企业，进一步延伸了铝基新材料产业链条；煤化工基地卓泰一期项目投产，填补淮北市“有焦无化”的空白；平山电厂二期 135 万千瓦发电机组项目开工建设，站上了世界火力发电技术的最高峰；烈山区、市开发区电子信息企业落户，淮北市电子信息产业逐步壮大。

【大力发展新兴业态】 濉溪电商产业园、凤凰山电子商务产业园、颐高电子产业园等建设运营，推动淮北市电子商务产业加快发展。北大方正、科大讯飞、华为等知名企业共建淮北市智慧城市，方正智谷开业。北京恒源泰集团利用淮北职业技术学院西校区建设双创空间，并成功举办“中国创翼”全国青年创新创业大赛“互联网 +”总决赛，至 2016 年年底，共落户双创企业 60 多家。青龙山“无水港”年内建成、开发区保税仓库通过验收。

【建立六项清单工作机制】 市招商局贯彻落实市委、市政府关于建立招商引资“4664”工作机制的意见，围绕“项目优、项目快、项目实、项目大”的目标，组织各县区和开发园区建立招商项目信息清单、产业链项目清单、主导产业龙头企业清单、闲置厂房清单、项目开工推进工作清单和项目建设推进工作清单，并对每项清单实行台账管理、专项考核，夯实招商引资基础工作。濉溪县建立项目信息清单，整理上报 5 亿元以上重大招商项目信息 30 条；建立产业链项目清单，编制铝基新材料产业、高端装备制造业清单，农副产品深加工、仓储物流产业环节清单；建立目标龙头企业清单，围绕“2+1”主导产业整理目标龙头企业 34 个；编制闲置资源清单，清理出闲置资源 12 处，占地面积 1250 亩；建立完善的项目开工推进工作清单。

【强化招商引资调度工作】 市招商局组织制定《淮北市招商引资工作调度管理暂行办法》，全市基本形成市委主要领导季观摩，市政府主要领导月调度，市政府分管领导半月专项调度，各招商团团长和各县区、开发区党政主要领导定期调度的多层次调度机制。组织好每季度的观摩调度会、月度调度会和专项调度会。杜集区实行“分管领导周调度、主要领导月调度”制度，2016 年召开 14 次招商引资工作调度会，对招商工作不力、项目进展较慢、无进展的单位通报批评，用调度抓手倒逼项目推进。

【加大重大项目推进进度】 市招商局对市委、市政府年初确定的 12 个重大招商项目，组织制定详细的推进计划，量化、细化工作任务，明确时间节点，定期进行调度，及时解决问题。相山区落实区级领导主导推动责任、部门服务联保责任、具体承办人落实责任，形成责任层层传递，环环相扣，每个层面有人助推，有人过问。加快中淮食品、智信堂食品、金富士食品、弘运食品、凤凰山电商物流园等 10 个项目建成并投产；运河古镇项目、温哥华星级酒店、智选假日酒店等 10 个大型商贸项目加快推进；成功引进完美食品、万达广场、中农批、南翔云集文化街、淮北御街等 10 个大型项目。

【精准招商】 市招商局围绕长三角、珠三角、京津地区，特别是围绕上海、北京、深圳等重点区域开展招商，做好与上海产业转移的对接工作，2016 年多次赴上述地区开展招商活动；围绕新型煤化工、电子信息、绿色食品等主导产业开展招商；围绕央企、知名民企和行业百强企业开展招商，与上海均瑶集团、上海电气集团、广东易事特集团等多家知名企业进行对接，并取得较好成效；发挥食博会、石榴文化旅游节、葡萄文化节等招商平台的作用，加强与中国企业投资协会、上海通信业制造协会等协会、商会的合作，依托节会、协会开展招商。

煤化工基地管委会承办2016（淮北）煤基新材料及化学品发展论坛。

（王晓燕　卜丽飒）

南湖景区建设

2016年，南湖景区获批“安徽省绿色生态示范城区”称号，成为皖北地区首个通过省住房和城乡建设厅批准的绿色生态示范城区。截至年底，南湖景区核心区项目完成年度投资约4050万元，占计划投资的101.25%；烈山、卧牛山山体修复及景观建设项目完成年度投资约5185万元，占计划投资的103.7%。

【景区基础建设】 景区累计完成全园8.2公里主干道建设，二级、三级园路共计18公里约5.5万平方米，2.5公里木栈道约0.5万平方米；景观桥梁共计45座；完成西南广场、西北广场、北广场、滨水广场、市民广场、博物馆广场建设；全园节点铺装约2万平方米，包括5座钢结构单体建筑和古建筑。游客管理服务中心进行装修调整重新布置。完成智能化管理工程，园区主管道全线贯通，实现全园监控。安装一级园路灯455座，宫廷灯209座，马蹄灯90座，草坪灯101座。形成环湖路、十七孔桥、观鸟亭、游客服务中心及四合院、八角亭等特色亮化节点。标识标牌等基础配套设施完成85%，安装石凳140套（280个），指示牌基础和立杆完成。精致园林区、滨水广场、市民广场、西岸码头等8处新建绿地节点，全园环湖路周边草皮基本完成种植。全园累计种植乔木亚乔木约46300株。灌木、地被、草坪等植物累计约39万平方米。牡丹园、月季园、百日菊等特色花园向市民开放。

【山体治理工程】 2016年，完成烈山、卧牛山废弃采石区“三线三边”省级矿山地质环境治理项目的申报工作，获省国土资源厅、省财政厅批准；完成烈山、卧牛山山体修复及景观建设的项目设计、勘察招标和项目立项审批等工作；山体地质环境治理方案通过省国土资源厅评审，《烈山、卧牛山山体修复及景观规划方案》通过市规划委员会审查，基本完成扩大初步设计及施工图设计；一期治理工程施工、监理完成招投标，完成景观绿化工程招投标；二期治理上网完成招标。一期治理工程施工单位进场施工。

【完善配套经营服务设施】 景区出入口便利店、园内售卖亭及亲水观赏鱼规范经营，地上地下停车场约1000个停车泊位，10辆电瓶车、70辆观光自行车及20艘电动游船、2艘救援快艇、1座画舫均高效运营。2016年，景区实现营业额532万元。制定相关规章制度，加强售货员、观光车驾驶员等基础员工考核管理及职业教育，

南湖景区建设

东湖花海

提升南湖公园人力资源整体素质。采取公开招标的方式，引入合肥鸿鹤物业有限公司中标并完成公园物业交接，全园物业管理工作常态化、规范化运行。

【推进AAAA级景区创建】 南湖景区建设指挥部制定《淮北市南湖景区AAAA级创建工作方案》，委托安徽大学编制《淮北市南湖景区旅游发展总体规划》《淮北市南湖景区创AAAA景观质量评估报告书》等文件。按照AAAA景区的标准有针对性地完善景区游客服务中心和全园各类基础设施；设立警务室、邮政网点等；制定安全应急制度、消防管理制度等10余项管理制度；委托市电视台拍摄制作景区创建专题宣传片。对接市城乡规划局、国土资源局、城乡建委、文旅体委、公安局、交通运输局等各有关部门和辖区政府，争取相关政策和人力、物力等方面的倾力支持，完善各项配套设施，打造良好生态环境，健全景区管理服务体系，确保创建工作有序开展并取得实效。11月，南湖景区通过全省2016年第二批申报创建AAAA级旅游景区景观质量专家评审会评审。

东湖景区建设

东湖景区北邻淮海东路、南至人民东路、东接新湖路、西至龙山路，总面积约5.88平方公里。2016年，东湖景区项目共计完成年度投资约3800万元，占计划投资的380%（按市政府文件下达1000万元计算）；超额完成年度投资任务。

【东湖宜园建成】 宜园占地20公顷，位于淮海东路与龙山路交叉口东南侧，是距离淮北老城区最近的综合性郊野湿地公园。宜园保留湿地自然风貌，铺设全长2.4公里的彩色沥青步道，建设3座景观桥梁，设有木栈道和亲水平台7处。架设环形空中观景长廊，登上长廊可饱览宜园美景。年内，完成土方地形30平方米、生态停车场、主园路、停车场、园桥、两个公厕及部分栈道的施工；完成休闲建筑、特色铺装、景观长廊等主体部分的施工。宜园充分利用自然植物群落和野生植被，同时优先使用乡土树种，营造出具有浓郁地方特色和郊野气息的自然景观。

【景区绿化】 年内，东湖景区二期绿化工程完成，栽植栾树、樱花、海棠等乔灌木750亩11万余株，薰衣草、蓝花鼠尾草、波斯菊、连翘、百日草等地被及草花350亩。增设风车、茅屋等特色小品。宜园栽植乔木2819株、灌木及地被21400平方米、四季花草32000株，铺设草皮约2400平方米。

（桑君君）

中国人民政治协商会议淮北市委员会

- ■2016年1月12—14日，市政协九届四次会议在相城举行
- ■2016年，政协委员和政协各参加单位提出提案195件，立案188件，立案率为91.5%

综　述

【组织机构】 2016年，全市有各级政协组织5个，其中市级政协1个，县区政协4个。各级政协委员1053人，其中，市政协委员327人，县区级政协委员726人。市政协设常务委员会，由主席、副主席、秘书长和常务委员组成，内设提案委员会、经济委员会、人口资源和环境委员会、教科文卫体委员会、社会和法制委员会、民族宗教和外事委员会、文史和学习委员会7个专门委员会。第九届市政协设主席1人，副主席8人，秘书长1人；常务委员会组成人员61人，年内增补政协委员20人，辞去委员16人，辞去常委2人。

【思想政治建设】 市政协通过党组中心组理论学习、主席学习会、专题讲座等方式，深入学习贯彻中共十八大和十八届三中、四中、五中、六中全会精神，切实增强同以习近平同志为核心的党中央保持高度一致的思想自觉、政治自觉和行动自觉，坚定不移向党中央看齐，向党的理论和路线方针政策看齐，向党中央决策部署看齐。开展“两学一做”学习教育、“讲看齐、见行动”和“淮北转型靠什么、我为崛起做什么”大讨论活动，服务“在落实五大新理念中实现淮北转型崛起”信念更加坚定、目标更加明确、措施更加有力。

【聚焦改革发展议政建言】 市政协常委会在省政协全体会议上发言1次，在各类协商会议上口头发言4次、书面发言15次。围绕“落实‘十三五’规划、扎实推进‘调转促’”专题协商，形成专题调研报告1份和协商议政成果16份。倡导“全市各级政协组织要努力成为招商先锋队、广大委员要努力成为招商信息员”。2016年，市政协接待到淮北市客商52批次，赴北京、江苏、上海、浙江、山东等地开展招商活动12次，备案项目7个，落地项目1个。

【协商民主建设】 市政协常委会坚持以协商课题为载体，广泛团结各人民团体和各族各界人士，积极营造求同存异、畅所欲言、海纳百川的协商文化，倡导商量办事的方式方法，共同构建基层治理新格局。积极拓宽协商平台载体，坚持把协商民主贯穿政协履行职能全过程，全年开展专题协商1次、界别协商1次、对口协商2次、提案办理协商13次。重视立法协商工作，积极参与省政协《安徽省旅游条例》和《淮北市城乡规划条例》立法协商工作。建立运作有序协商机制，制定下发《淮北市政协重点民主协商活动组织工作通则（试行）》，对协商议题的提出、活动筹备、材料准备、会议召开、成果报送和运用等作出具体规定，以项目化管理、工程化推进的理念组织开展协商活动。

重要会议

【市政协九届四次会议】 1月12—14日，市政协九届四次会议在相城举行。会议听取并审议市政协副主席蒋守彬所作的常务委员会工作报告，市政协副主席李彦秋所作的常务委员会提案工作报告。与会委员列席市十五届人大五次会议，听取并讨论政府工作报告和市国民经济和社会发展“十三五”规划纲要（草案）等。会议通过《政协第九届淮北市委员会第四次会议决议》和《政协第九届淮北市委员会第四次会议提案审查情况的报告》。大会共收到发言材料40份，12位委员作大会发言，200多名委员在分组讨论中发言。大会收到委员提案195件，立案188件，立案率为91.5%。

【市政协常委会议】 市政协九届十六次常委会议，1月13日召开。会议听取各组讨论情况的汇报；审议并原则通过市政协九届四次会议提案审查情况的报告（草

1月12—14日，市政协九届四次会议在相城举行

案），提交大会表决；审议并原则通过市政协九届四次会议决议（草案），提交大会表决；审议并原则通过市政协2016年工作要点（草案）。

市政协九届十七次常委会议暨政情通报会议，7月8日召开。会议听取市政府关于淮北市“调转促”、精准扶贫、卫生事业发展、完善城市功能等工作情况通报。会议审议通过有关人事事项，学习习近平总书记“七一”重要讲话精神。

市政协九届十八次常委会议暨“落实‘十三五’规划、扎实推进‘调转促’”专题协商会议，10月26日召开。市委书记、市人大常委会主任黄晓武出席会议并讲话，市政协主席曾凡银主持会议。市委常委、常委副市长沈光继通报市政府办理市政协九届四次会议提案工作情况。会议听取李彦秋所作的《转型崛起应充分发挥“调转促”的起势作用》调研报告；听取濉溪县政协、相山区政协、民盟淮北市委、民建淮北市委负责人和无党派界别代表关于淮北市扎实推进“调转促”的专题发言。会议审议通过有关人事事项，学习市第八次党代会精神。在淮省十一届政协委员，市直有关单位负责人，市政协界别召集人、县区政协领导班子成员以及市政协机关县级干部等列席会议。

市政协九届十九次常委会议，12月8日召开。会议决定，政协第九届淮北市委员会第五次会议于2017年1月9—11日在相城召开。会议听取市政协九届五次会议筹备工作情况的汇报。协商通过关于召开市政协九届五次会议的决定以及会议议程（草案）；协商通过市政协九届三次、四次会议优秀提案暨先进承办单位评选表彰意见；原则通过市九届政协常务委员会工作报告、提案工作报告。

主要工作

【调研视察】 市政协围绕“落实‘十三五’规划、扎实推进‘调转促’”专题组织各界委员和专题调研组广泛调查研究，形成《转型崛起应充分发挥“调转促”的起势作用》专题调研报告和《关于加快推进铝基产业基地建设的建议》《关于争创食品产业聚集发展基础建设的建议》《立足补短板优结构 促进服务业转型升级》等16份事关淮北市产业结构调整、转型升级的协商议政成果。建议要因地制宜“调结构”，带动形成持续优化新局面；要登高望远“转方式”，主动融入经济发展新版图；要勇立潮头“促升级”，主动应对技术升级新挑战。依托现有产业基础，用好难得机遇，选好切入点、强化推动力，切实发挥“调转促”在转型崛起中新的起势效益。市委书记、市人大常委会主任黄晓武作出批示：“这是一份高质量的调研报告，医势而谋、应势而动、乘势而为，思路清晰，对世情和市情的研究比较透彻，体现了大视野、大智慧、大格局，展示了大开放、大环境的决心，体现了市政协与市委政府工作同心同德、同频共振、同甘共苦推进淮北转型崛起”。

【建言献策】 市政协以界别协商为载体，积极开展“精准扶贫”界别协商，形成《完善保障机制，防止因病致贫、因病返贫的调研报告》《发展乡村旅游，促进精准扶贫》《加强组织领导，强化考核监督，落实扶贫责任制》等13份调研报告、1份建议案。市委副书记、市长戴启远给予肯定：“站位高、思路广、措施实，为市委、市政府推进精准扶贫提供重要参考。”围绕“完善城市功能”“卫生事业发展”等群众关注度高的问题，形成许多具有新理念、新思路的协商议政成果，得到市人民政府和有关部门的高度重视和较好落实。

【提案工作】 2016年，政协委员和政协各参加单位提出提案195件，经审查，立案188件，立案率为91.5%。其中，党派、人民团体等界别提案36件，委员提案152件。经过49家承办单位的扎实工作，188件提案全部办复，提案人满意率和基本满意率98%。在提案办理过程中，积极搭建提案办理双方沟通平台，精选10件提案和3个专题高位协调督办；与淮北市主流媒体联手打造《提案办理进行时》专栏，深度报道重点提案协商督办工作。

【界别工作】 市政协常委会加强对界别活动服务、组织和指导的力度，建立各具特色的界别活动平台，提高界别活动的组织化程度。2016年，市政协29个界别发挥专业和人才优势，以“精准扶贫与妇女发展”“少数民族扶贫”调研视察及“黄丝带”帮教、送医下乡、送科技下乡等方式，开展扶贫活动70余次。

【文史工作】 市政协常委会发挥文史资料“存史、资政、团结、育人”的作用，完成20余万字的《淮北文史》第17期征编和出版工作。由南京军区原司令员向守志作序的60余万字大型历史剧《决战淮海》发行。

【协商民主建设】 市政协常委会积极为市各民主党派、工商联和无党派人士知情明政、履职尽责、发挥作用创造条件、搭建平台，做到提案重点督办，发言重点安排，社情民意信息重点报送，保障在政协协商平台上能够充分发表意见和建议的权利。全年各党派团体在各类协商议政会议上发言50余人次，提交调研报告、信息120余篇。

【对外联谊】 政协常委会积极争取省政协的支持与帮助，在省政协十一届四次会议上作《着力打造皖北职业教育示范基地》大会发言。10月，省政府批准设立安徽淮北技师学院。在省政协“战略性新兴产业集聚发展”资政会上为淮北市铝基产业发展鼓与呼，助推“铝基高端金属材料产业集聚发展基地”成为全省第二批战略性新兴产业集聚发展基地。在省政协“推动城乡建设绿色发展”对口协商会上，积极宣传淮北绿色发展取得的成绩、提出面临的困难，省建设厅、省林业厅表示将进一步加大对淮北市湿地公园建设、石质山造林的资金支持力度。省政协组织相关委员到淮就“推进农村基本公共文化服务标准化工作、专用品牌粮食发展、加快推进水污染防治”等问题进行调研视察。发挥联系广泛优势，与外地政协开展交流活动，为招商引资工作牵线搭桥、聚合资源。在淮北福建商会的协助下，成功组织由十届全国工商联副主席、中国下一代教育基金会副理事长沈建国带队的26名闽商考察团到淮北寻觅商机。组织结对帮扶的濉溪县四铺镇新庄村两委成员赴山东菏泽学习精准扶贫工作经验，赴肥西县牵线搭桥花卉产业基地协作建设，推动市福建商会与新庄村开展对口帮扶，并为新庄村协调近10万元的扶贫资金和教学器材。

（韩　强）

纪检·监察

■2016 年 9 月 23 日，中共淮北市第八届纪律检查委员会第一次全体会议召开，宰学明当选为市纪委书记

■2016 年，出台《淮北市党风廉政建设主体责任和监督责任清单》，该清单共包含 34 条 105 项内容

重要会议

【市纪委七届六次全会】 2月1—2日，市纪委七届六次全会召开。会议的主要任务是，深入贯彻落实十八届中央纪委六次全会和省纪委九届六次全会精神，回顾总结2015年淮北市党风廉政建设和反腐败工作，研究部署2016年工作任务，坚定不移把党风廉政建设和反腐败斗争引向深入。市委书记、市人大常委会主任肖超英出席会议并作重要讲话。市领导黄晓武、曾凡银、方宗泽、沈光继、谌伟、朱浩东、顾文、曾明等参加会议。市委常委、市纪委书记宰学明主持会议并作工作报告。会议表决通过《中共淮北市纪律检查委员会关于刘亚鹏、孙正海严重违纪问题的审查报告》和《中共淮北市第七届纪律检查委员会第六次全体会议关于追认给予刘亚鹏、孙正海开除党籍处分的决定》，审议通过市纪委常委会工作报告和市纪委七届六次全会决议。

【市纪委七届七次全会】 9月5日，市纪委七届七次全会召开。会议讨论并通过《中国共产党淮北市第七届纪律检查委员会工作报告（讨论稿）》。市委常委、市纪委书记宰学明主持会议并讲话。会议就《报告》起草情况和主要内容向全会作了说明。全会认为，报告主题鲜明，总结全面，思路清晰，重点突出，实事求是，有较强的指导性和针对性，同意提请市第八次党代会审议。市纪委委员，县（区）、市直各单位、部分驻淮北单位纪检机构负责人参加会议。

【市纪委八届一次全会】 9月23日，中共淮北市第八届纪律检查委员会第一次全体会议在淮北矿业集团办公中心举行。会议由宰学明主持。市纪委委员35人出席会议。会上，市委常委、组织部长任东作关于市纪委常委和书记、副书记候选人预备人选名单的说明。全会以无记名投票方式，选举产生中共淮北市纪律检查委员会常务委员和书记、副书记。经市委八届一次全会表决通过，宰学明当选为市纪委书记，王传贺、汪琳、赵德荣当选为市纪委副书记。

【新任领导干部集体廉政谈话会议】 3月16日，淮北市召开新任领导干部集体廉政谈话会议。市委书记、市人大常委会主任肖超英出席会议并作重要讲话，市委副书记戴启远主持会议，市委常委、市纪委书记宰学明对淮北市几起典型腐败案件进行剖析，以案释纪、警钟长鸣。

【第四次廉政工作暨审计工作和国有资产清查盘活工作会议】 4月27日，淮北市政府召开第四次廉政工作暨审计工作和国有资产清查盘活工作会议，贯彻落实中央、省、市有关会议精神和决策部署，总结2015年全市政府系统党风廉政建设和审计工作，安排2016年重点任务，动员部署市直事业单位国有资产清查盘活工作。市领导黄晓武、沈光继、宰学明、朱浩东、张家忠、钱界殊，市政府秘书长宋伟参加会议。

【党风廉政建设集体约谈会】 5月17日，淮北市召开党风廉政建设集体约谈会。市委书记、市人大常委会主任肖超英出席会议并讲话，市委副书记、市长黄晓武主持会议。市领导曾凡银、戴启远、方宗泽、赵怀印、沈光继、宰学明等参加会议。会上，市委常委、市纪委书记宰学明以案释纪，全面通报淮北市党风廉政建设方面存在的问题；市中级人民法院院长余跃武以案释法，深入解读《最高人民法院、最高人民检察院关于办理贪污贿赂刑事案件适用法律若干问题的解释》。

主要工作

【党风廉政建设责任制】 市委全面扛起主体责任，市委书记专题会、常委会、全委会、中心组理论研讨会经常研究部署，市委主要负责人带头落实第一责任人政治责任，为全市树立了标杆。出台《关于学习贯彻党的十八届六中全会精神开创全面从严治党新局面的实施意见》以及“两个责任”清单、一案双查、述责述廉和接受评议等文件，为推进全面从严治党提供制度保障。组织79名市直单位主要负责人和县（区）党政“一把手”向市委全会书面述责述廉，6名市直单位和县（区）党委书记向市纪委全会述责述廉并现场接受提问和评议，以上率下压实责任。全市纪检监察机关严格责任追究，对落实“一岗双责”不到位的23名领导干部实施问责，其中党政纪处分8人，通报曝光典型案例4起。组织97名新任县级领导干部填写个人廉政档案，对105名县级干部出国（境）进行审核登记，51名县级领导干部及时报告个人有关重大事项。通过召开述廉述责会议、民主测评、个别谈话、查阅资料、综合评分等方式，共对79家单位2015年度落实党风廉政建设“两个责任”情况进行考核，督促各级党组织把党风廉政建设作为重要政治任务，及时跟进、层层落实，全面从严治党的氛围日渐浓厚。

【作风建设】 市纪委从整治“节日腐败”入手，紧盯重要时段、关键环节，深挖各种形式的不正之风。开展“作风建设创新项目”活动，密切关注隐形、变异“四风”问题，给予党政纪处分55人。集中开展“酒桌办公”“小金库”等问题专项治理，狠刹大操大办、“升学宴”等不良风气。全市查处违反中央八项规定精神问题85起，给予党政纪处分106人，其中县级干部5人、科级干部26人，点名道姓通报曝光52人。深入开展民主评议，征集意见建议700条，全部原汁原味反馈，并督促落实整改。严肃查处侵害群众利益的不正之风和腐败问题172起，给予党政纪处分195人。市委12个巡察组分四轮实现对34个镇（办）巡察全覆盖，共梳理问题线索281件。强化巡察整改落实，开列问题清单、整改任务和责任清单；截至年底，共立案调查26人，给予党政纪处分或组织处理57人，移交司法机关4人。严明换届纪律，开展换届纪律督查180余次，对343名换届考察人选提供廉洁自律方面的意见，促进市县乡三级党委换届风清气正、风平浪静。

6月，淮北市领导干部配偶“家风助廉”谈心会召开

【纪律审查】 2016年，全市纪检监察机关接受和办理信访举报1813件，立案877件，结案651件，给予党政纪处分637人，其中县级干部21人，移送司法机关21人。严肃查办濉溪县委原常委、副县长李春山，市公共资源交易中心原副主任宋平等一批严重违纪违法案件。强化市委反腐败协调小组合力，组织查办金色云天、太平矿业等一批重大复杂案件，挽回经济损失近6亿元，维护了群众利益和社会稳定。全市检察机关立案侦查贪污贿赂、渎职侵权等职务犯罪55人；全市法院系统审结一审贪污贿赂案件39件、渎职侵权案件8件。深入践行“四种形态”，处置问题线索1509件，其中对党员、干部谈话函询179人次；对473名党员干部给予轻处分，占74.25%；对164名党员干部给予重处分，占25.75%，仅对涉嫌严重违纪违法的7人采取“两规”措施，使红脸出汗渐成常态，党纪轻处分、组织调整成为大多数。成立市纪委纪检监察室联系单位纪律审查协作区，开展作风纪律互查和协作办案，效果明显。建立派驻机构分片协审、提前预审等机制，执纪审理质量和效率明显提升。坚持依规依纪安全办案，修定27项制度，并在全省纪检监察机关执纪审查安全工作会议上介绍经验。

【宣传教育】 年内，市纪委深入挖掘全市纪检监察系统的活动特色、活动亮点，宣传推介各级纪检监察机关的工作成效。全年编发网络宣传信息1095条（篇）、新闻图片560余幅，约230万字。凤凰资讯、人民网、新华网、中央纪委网站、安徽纪检监察网等省以上媒体、网站发稿300余篇（条）次；全年在省纪委网站刊登淮北市相关工作报道252篇（条）次，得分突破1000分，全省排名第三；中纪委网站刊登淮北市21篇。完成专项舆论引导任务6次，自主开展6次网上宣传主题活动，舆情信息采用得分突破1000分，全省排名第二。《中国纪检监察报》9次刊发淮北纪检监察典型、亮点工作做法，在《淮北日报》《淮北晨刊》开设专版专题报道纪检监察相关活动。市委召开新任县级领导干部集体廉政谈话会，组织镇（办）党委书记、纪委书记廉政谈话，组织收看《永远在路上》专题片，警醒党员干部知敬畏、存戒惧、守底线。开展“清正传家远”主题活动，与50名正县级领导干部配偶廉政谈心，编纂《清正传家远》《淮北廉政史话（暂定名）》等廉政书籍，引导党员干部坚定文化自信。桓谭廉政文化主题公园被命名为全省廉政教育基地，全市共建成省级廉政文化示范点39个、市级示范点23个。

【制度建设】 年内，出台《淮北市党风廉政建设主体责任和监督责任清单》，该清单共包含34条105项内容。其中，党委主体责任清单18条、54项，纪委监督责任清单16条、51项。起草制定《淮北市党风廉政建设“一案双查”工作实施办法》《淮北市党风廉政建设“两个责任”述廉述责和接受评议办法》等文件，形成一整套的落实“两个责任”封闭链条。出台《中共淮北市委党风廉政建设巡察工作实施办法》，由点及面、梯次推进，扎实推动乡镇巡察全覆盖。出台《纪检监察机关对领导干部谈话、函询实施办法》，对党员干部苗头性、倾向性问题及时提醒，抓早抓小。出台《关于建立新型政商关系的规定》《领导干部防止利益冲突办法》和党政领导班子主要负责人“五不直接分管”等规定，不能腐的制度日益完善。出台《市纪委机关与市委组织部干部监督信息沟通处理暂行办法》，落实双向信息沟通，增强干部监督合力；印发《关于建立容错机制激励干部干事创业敢于担当的实施办法（试行）》，切实营造“鼓励创新、支持改革、褒奖干事、宽容失败”工作氛围。专题报告《重拳治理“苍蝇式”腐败，服务淮北发展大局》获2016年度省委党建办重点管理课题一等奖；《扎实推进非公企业防止腐败工作，为打造新型政商关系提供坚强保障》在全省非公企业防止腐败工作培训班上作交流发言。

【队伍建设】 全市纪检监察部门以“两学一做”学习教育为切入点，增强党员干部“四个意识”，实现“五个全面提升”。深入开展“淮北转型靠什么、我为崛起做什么”学习讨论，敦促全市纪检监察干部学思践悟、融会贯通，讲看齐、见行动。持续深化“三转”，完成县（区）纪委内设机构调整，监督执纪人员占总数的64.8%。推进基层纪检监察干部精准练兵全覆盖，选调62人参加中纪委、省纪委业务培训，选派参与巡视、巡察等工作263人次，公开遴选10名派驻机构干部全部下沉到基层接受锻炼。严格执行“五严守十不准”规定，观看《打铁还需自身硬》专题片，出台《纪检监察干部日常谈心谈话办法》，加强对线索处置、审查审理、涉案款物管理等关键环节的监督和管控，严防“灯下黑”。2016年，委局机关推选出市纪委常委2名，内部交流干部5名，调整市直纪检组长1名，调整派驻机构科级干部7名。

（秦晓光）

军 事

■2016 年 11 月，淮北军分区在安徽省军区国动文化建设推进会上作经验介绍

■2016 年，武警淮北市支队被武警安徽总队评为“基层建设先进支队”

■2016 年，市消防支队政治处被公安部政治部表彰为“公安现役部队先进政治机关”，濉溪县大队被部消防局评为“全国执法质量达标基层单位”

■2016 年，市防空防震办被省国动委授予“全省人民防空工作先进单位”

淮北军分区

【思想政治建设】 2016年，军分区坚持把学习贯彻习近平主席系列重要讲话精神作为首要政治任务，把改革强军主题教育和“两学一做”学习教育作为巩固官兵思想根基的重要内容紧抓不放，突出思想武装、狠抓培育践行、注重环境熏陶，全面彻底肃清郭伯雄、徐才厚流毒影响，着力增强官兵职工“四个意识”，尤其是核心意识和看齐意识，凝聚改革强军意志。3月，组织现役官兵和应急分队民兵300余人赴双堆集烈士陵园缅怀先烈；投入6.7万元设立营区国防动员文化氛围，让官兵在耳濡目染中升华思想、砥砺士气。11月，在省军区国动文化建设推进会上作经验介绍。

【战备工作】 军分区严格落实战备法规制度，加强各级各类战备值班，正规值班秩序，全区战备工作有效落实。修实方案计划。结合战场环境勘查，进一步完善军分区×个战备基本案、×个配套方案计划以及应对自然灾害、处置突发事件、处置群体性社会事件等×类×个非战争军事行动的应急预案计划，形成纵向对接、军地衔接、横向配套的方案计划体系。针对改革转隶的特殊要求，以国防动员部、省军区有关最新战备工作指示为依据，规范战备工作秩序，严格战备值班、请示报告、战备检查等制度的落实，常态化保持良好战备状态。完成两级信息基础网络、IP电话网、作战值班高清视频建设及电视电话会议系统高清化改造，指挥通信顺畅高效。优化情报信息员结构，开展“情报战备值班加强月”活动，组织信息员情报信息报送演练，提高情报侦搜掌握和迅即处置能力。相山区、烈山区人武部和军分区本级完成作战值班室规范化建设改造。春节、国庆节前，两次组织三区一县4个民兵应急排共318人的战备实兵拉动演练，现场对民兵应急分队人员到点率、人册相符率、装备携带情况进行点验，人员到点率达到99%以上，人册相符率达到93%以上。圆满完成神舟十一号飞船应急着陆值班备勤任务。根据《构建省军区战斗力标准体系实施方案》通知要求，依据军分区在大规模作战体系中担负的任务，在梳理大规模作战体系形成过程中取得成果和存在问题的基础上，结合军分区、人武部实际，初步拟制《淮北军分区战斗力标准》《淮北军分区首长机关战斗力标准》以及4个人武部战斗力标准。

【安全管理】 军分区贯彻落实依法治军、从严治军要求，牢固树立安全发展理念，全力做好安全稳定工作，强化责任、强调制度、强势管理，把问题和隐患消除在萌芽状态。开展“学法规、训队列、树形象、正秩序”活动，有效强化官兵条令意识和法纪观念。认真学习军区编印的《典型事故案例50起》，深入剖析原因教训。突出民兵武器装备仓库和兵器室枪支弹药管理，制定枪支弹药和民兵武器仓库专项整治方案，开展枪支弹药专项整治工作。针对近年来暴恐活动特点，对重要目标安防设施、警卫执勤、应急预案进行完善，进一步修订防暴、防恐突发情况处置预案，对警卫执勤人员进行教育、训练，提高警卫分队快速反应能力。将军区下发的六条从严控制饮酒硬性要求制成卡片下发到每一名官兵手中，并签订责任状。成立检查小组，采取定期和不定期检查的方式，对各团级单位和军分区机关进行安全隐患排查，及时发现纠治隐患问题。军分区把军事秘密精确管控和机关办公保密秩序“八个规范”作为保密工作重点，严格涉密人员、涉密载体、信息安全管控。组织人员对全区×台涉密计算机、×个移动存储介质进行全面清查，对涉密文件资料管理和×名军人家庭上互联网问题进行清理整顿，对保密办公秩序进行再规范。制定《淮北军分区正规化管理整改实施方案》，投入20余万元重点对作战值班室、战备库室、保密室、文印室、公勤队、门卫室、办公室以及部分卫生间等进行规范整治，制定《手榴弹投掷组织实施程序规范》《淮北军分区办公保密管理规范》《车辆派遣程

1月22日，军分区组织应急分队进行警棍盾牌操比武

序规范》《机关公勤队一日生活制度》规范性文件，并修订《军分区营门防爆、防袭扰应急处置预案》。

【征兵工作】 2月初，军分区调整健全征兵领导小组和征兵办公室，先后6次召开征兵准备工作推进会，成立征兵工作联合检查组，分3个批次对高校、中学和基层武装部进行执法检查。市委宣传部、市双拥办、市司法局、三大通信运营商及两级兵役机关发挥自身优势，军地合力形成强势宣传，印发宣传资料6万余份，播放宣传短片2月余，发送征兵宣传公益短信21.77万条，并开展“校园咨询周”、专武（民兵）干部包村入户宣传发动活动，确保征兵政策家喻户晓。5月10日，大学生征兵工作推进会在淮北师范大学召开。军分区在各高校、中学、职教中心开设征兵工作站，推行征兵工作一站式服务。采取检查督导、定期拉榜排序和末位约谈等方法，按时完成“两个100%、一个90%”的目标。组织开展业务培训，累计培训征兵参谋、体检系统管理员、体检医师、政治考核工作人员600余人。高标准开设体检站，将烈山区和杜集区征兵体检站调整至淮矿集团职业病防治院新建的体检中心，全市4个体检站全部使用《征兵体检信息系统》，共上站体检2788人，体检合格人数1361人。严格政治考核。全市共“双合格”（身体合格、政审合格）1081人，全市圆满完成兵员征集任务。

【民兵整组】 年内，淮北市成立以市长为组长的民兵组织整顿领导小组，组织召开全市2016年国防动员工作任务部署会，统一思想认识，并部署年度民兵整组、“三个一线”（人武部是一线指挥部，基层武装部是一线主阵地，民兵分队是一线战斗队）建设和征兵准备工作。针对国有大中型企业民兵组织“有编无兵”和新兴企业“有兵无编”的现象日益突出，煤炭行业不景、经济下滑导致社会失业率逐年增高的新情况、新问题，向技术密集型开发区（工业园区）、企事业单位、行业系统拓展民兵组织，累计编各类专业技术支援保障分队×人，支援保障分队依托行业系统和开发区（工业园区）编建率由16%提高到42%；通过市委议军会研究，推进开发区（工业园区）、企业单位成立武装机构。3月初，军分区首长分别到4个县区人武部调研，摸清基层建设的底数，及时发现和解决民兵整组工作中难点问题，机关累计蹲点时间达12天。各人武部采取“试点先行、以点带面”的方式组织实施点验验收，并对各镇办整组工作及基层规范化建设进行检查评比。4月上旬，军分区成立民兵整组检查验收小组，利用2天时间，采取“查阅资料、拉动分队、两地检查”方法，依据评分细则量化评比，发现问题现场指出，限期整改，确保组织整顿质量。

【军地融合共建】 5月，军分区联合市委组织部、市人社局对各区县党管武装、政府履行国防动员和后备力量建设进行责任目标管理考核，强化地方党委政府抓武装工作的责任意识；结合征兵宣传，协调宣传、教育等部门，制作播放2部征兵宣传片，张贴宣传标语，编发公益短信，同时，利用《淮北日报》宣传18名淮北籍立功受奖官兵事迹；为贯彻《省军区部队参与地方打赢脱贫攻坚战的意见》，分区领导6次深入联系点，认真制订两级扶贫三年规划，利用春节前夕，军分区、人武部两级走访慰问43户贫困户和困难军烈属，发放2.1万元（含慰问品）；午收期间，军分区为联系点赠送28.84万元用于购置农机设备；9月9日，开展“助学圆梦”活动，向10名淮北籍贫困大学生每人资助5000元、10名贫困中小学生每人资助1000元，共发放助学金6万元，并向刘楼村华佗小学捐赠英模故事、军旅文学和战斗诗词等图书300余册；9月底，与市教育局共同制订关于加强中小学生国防教育的意见措施，建立小学、中学主题突出、逐级递进、规范运行、富有特色的国防教育工作模式；与市总工会、妇联联合开展“永葆军人本色好职工”“最美军嫂”评选表彰活动。

【应急救援力量】 围绕“稳、水、火、矿、震”五项应急任务，军分区在市建营、县建连、镇建排的基础上，按照一支队伍、多种能力建设，赋予濉溪县民兵应急连防汛抢险任务，赋予矿业集团矿难救援、抗震救援任务。针对防空防震办“郯—庐”地震带比较活跃的信息，协调人防部门加强对抗震救援队伍的培训，并储备抗震应急装备器材，切实把应急救援力量建设成为市委市政府和军分区“建在身边、抓在手中、用在关键”的拳头力量。

【基层规范化建设】 军分区按照省军区“三个一线”建设部署要求，针对地方办公场所调整改革实际，为巩固基层武装阵地，完善基层硬件设施，军分区专门部署“三个一线”建设任务，依据省军区初步方案先行展开建设，完成年内70%达标的目标。

【“两支队伍”建设】 军分区抓住专武干部和民兵干部选拔、编配、培养关键环节，抓好“两支队伍”的质量建设。结合换届选举，协调各级组织部门做好专武干部选拔调整工作，采取上下联培、定期培训方法，加大培养力度。组织新任职的专武干部参加省军区集中培训；

人武部和基层武装部建立月、季例会制度，以会代训，定期学习，通过健全的培训机制提高“两支队伍”的业务技能。加强对“两支队伍”的管理使用，把落实待遇作为抓管理的前提，对业绩突出的专武、民兵干部积极推荐提拔使用。年底会同地方组织部门，对“两支队伍”的德、能、勤、绩方面进行全面考核，提优退劣，从用人机制上保证“两支队伍”的整体素质。2月23日始，军分区围绕“打基础、补弱项、强业务、精技能”目标，按照学、研、练、考的组训方式，组织全市81名专武干部开展为期10天的集训。召开淮北市2016年国防动员工作任务部署会暨专武干部集训动员大会，给5个新成立的基层武装部授牌，表彰奖励11个基层武装部和11名优秀专武干部，并部署2016年国防动员工作。7月，组织全市企事业单位38名专武（民兵）干部开展为期7天的教育培训，强化政治意识、提升能力素质。

（陈文法　雷良计　魏化龙）

武警淮北市支队

2016年，武警淮北市支队连续32年实现“三无”（无刑事犯罪案件、无重大责任事故、无严重违纪现象），连续26年被武警安徽总队评为“基层建设先进支队”。

【党委班子建设】 支队以开展“两学一做”学习教育活动为契机，切实加强班子建设。班子成员严格落实蹲点帮建要求，深入调研摸实情，时刻想着部队、抓着建设、念着官兵，在重大任务面前顶得住压力、耐得住性子、受得了委屈、挺得起腰杆。干部任用排除论资排辈，选用突出优秀人才；落实管钱、物、人的轮岗要求，化解误会，贴近沟通，不打擦边球，让正常制度得到正常落实。八一、高温、春节，党委成员固定为基层战士送去关爱。开展“纪委书记上廉政课”和警示教育活动，抓实在敏感事务中收受士兵钱物问题专项整治和基层风气专项教育整治，打造健康纯洁的工作生活环境。2016年，支队党委被武警总队党委表彰为先进党委。

【思想政治建设】 支队组织学习习近平主席“七一”“纪念长征胜利80周年”重要讲话和中共十八届六中全会精神，定期展评党员临摹党章字帖，官兵撰写学习心得体会。坚持把“一分钟演讲”“一兵一席谈”、就餐中的有声读报和“忆传统故事、承传统作风、做传统新人”活动有机结合。提出“一队一色”“一队多品”文化活动要求，鼓励基层各团支部积极想办法活跃精神生活。把文化活动和军事运动有机结合，举办首届“勇士杯”军体运动会，掀起军事技能创纪录热潮，极大鼓舞官兵士气。荣誉室、图书阅览室、班学习室等亮点频出、内涵丰富，推出3D漫游网上史馆，设计亮相的“英雄大道”“精武文化长廊”备受瞩目，使部队充满强军气息。

【执勤工作】 支队以抓好“维稳大事”为牵引，全力提升官兵能打仗、打胜仗的能力素质。结合机关基层相对较近的实际，每天安排部门以上领导、值班干部，通过电话、网络、实地等形式进行检查，采取“日交班讲评、周录像曝光、月下发通报、季量化评比”的方式，狠刹执勤“常见病”“多发病”，坚决保证“八项制度”全面落实。组织召开的“淮北会议”，重点规范看守勤务软、硬件制度建设，被副省长李建中确定为“淮北经验”“淮北做法”。每逢重大节日和敏感期，支队都第一时间检查方案修改和演练情况，确保部队始终保持“箭在弦上、引而待发”的临战状态。7月份参加千里驰援安庆望江抗洪抢险，部队在考验中得到锤炼。针对G20峰会和中共十八届六中全会期间社会动态，召开会议专题研究部署，按照“一句话命令加补充指示”要求，指导各单位完善方案，组织特勤排、应急班到火车站和人员密集区进行演练。坚持每天都对巡逻人员进行武器装备检查，明确具体要求，始终保持高度警惕。全年完成临时性勤务48起。

【基层建设】 支队平时采取“查、问、考、谈、访”的形式，了解基层工作开展情况，帮助基层制定按纲建队计划和工作流程表，确保基层思路清、方向明、方法正。每季度党委“四议一分析”全面评估各基层中队建设现状，定出阶段重点和目标。严格落实蹲点调研帮建制度，对勤务中队实施精准指导收效明显。夺红旗考评机制运转有序，月查月考制度落实有力，基层建设水平和两官“双四会”（会讲、会做、会教、会做思想政治工作）能力显著提升，在总队优秀“四会”政治教员评比竞赛中，教导队荣膺总部先进单位，濉溪县中队再夺标兵，淮北市中队再获先进。

【安全管理】 支队党委开展“学精神、强信心，抓落实、担责任”活动，引导机关、基层结合《纲要》和条令条例等规章，梳理出一些基本制度，逐步对各项工作进行规范统一。推进部队建设由设施精美向规范“像样”转变，由干部主导向官兵主体转变，由管理外部施压向激发内在动力转变。开展“学习成武经验、打造淮北标准”活动，做到面子里子一起学、硬件软件一起建、全面建设一起上。严格落实安全工作“八个规范”，开展以“百日安全竞赛”为重点的群众性创安活动，有效防范重大安全问题，濉溪县中队成功制止一起带错犯罪嫌疑人事件，部队始终保持安全发展常态。支队被总部表彰为“连续32年预防事故案件工作先进单位”，被总队评为“密码工作先进单位”。

【干部队伍建设】 支队坚持每季度召开干部大会常警示、每月党课教育常清脑、领导下基层常提醒、点名交班常引导，不断端正工作态度，升华思想境界。借助“两学一做”学习教育、改革强军主题教育等时机，开展各类专题教育10余次。对探亲休假、生病住院、学习培训、执行临时任务的干部，做到离队有交代、归队有汇报、定时有联系、经常有提醒，确保不发生问题。树牢“基层第一、士兵至上”的思想，坚持把领导精力和钱物投向保障基层各项任务上，经常为基层解难题、办实事。为11名干部家属申请未就业生活补助，帮助8名干部子女就读理想学校，为4名官兵申请救灾补助， 4名转业干部全部安置到市直单位，解除干部后顾之忧。

【后勤保障】 支队落实“前勤”指示要求，规范人员编成和物资储备，强化训练演练。立足实战要求，规范“一队五组”人员编成和装备配备，按照支队一次性抽组兵力120人，立足自我保障7天要求落实野战食品储备。积极探索警地融合保障模式，依托地方资源建立完善代储代供代运机制，与2家银行、3家农贸公司、5家超市建立相互衔接、系统配套的后勤应急保障体系，确保部队遂行任务保障需求。深入推进后勤专业兵“一专多能、一兵多用”建设，按照“相近的融合、合理的交叉、有效的整合”原则，坚持“任务要求怎么保、后勤训练就怎么训”，定期组织车载帐篷、野战帐篷、野战厨房开展模拟保障训练，提高专业兵业务技能。按照“依据制度管、针对短板帮”的基本思路，通过“伙食交叉帮扶”增进各单位炊事人员交流，提升伙食费使用效益。

（熊永康）

武警淮北市消防支队

2016年，武警淮北市消防支队政治处被公安部政治部表彰为“公安现役部队先进政治机关”，濉溪县大队被部消防局评为“全国执法质量达标基层单位”，支队被评为“全省廉政文化建设标兵单位”，相山大队、烈山大队被评为“全省廉政文化建设示范点”，王国化家庭被评为“全国五好文明家庭”，李林被评为全省“最美青工”，王保村获评“安徽好人提名奖”。全年有2人被省公安厅评为“优秀领导干部”、3人被表彰为“全省优秀人民警察”，8名官兵被荣记个人三等功，30余个集体、100余名个人受到各级表彰。

【思想政治建设】 年内，支队定期组织专题集中学习讨论4次、中心组学习7次，邀请淮北师范大学、市委党校专家辅导授课5次。部署纪念建党95周年、纪念长征胜利80周年系列活动，组织赴淮海战役纪念馆参观见学，编印“两学一做”学习教育读本、应知应会手册，集中开展党建工作成果展示、重温入党誓词、党员承诺践诺、主题党日、演讲比赛等活动，徐凯在全省政治教员授课比赛中获政治教导员组第一名。建立政工微信群和淮北消防正能量微信平台，修订并完善“119爱心基金”使用管理暂行办法，开展资助贫困学生入学、敬老爱老志愿服务和向困难官兵及其家庭捐款等活动，全部队共捐款2.3万元。2016年，支队党委班子把脉问诊、研究解决基层热点、难点问题30余件，重新修订《淮北市从优待警规定》，完成《关爱基层十项爱心清单》，不断提升官兵“幸福指数”。全年召开党委会15次，审议议题130个，开展一次清仓见底、红脸出汗的查摆剖析，共剖析解决5个方面15个问题。

【党风廉政建设】 支队每季度召开纪委工作会议，与干部和家属分别签订《党风廉政建设责任状》和《家庭助廉承诺书》，与纪委、检察机关建立预防职务犯罪反腐协作机制。设置廉政文化走廊，举办廉政文艺作品展，编印廉政书籍，在重要节点向官兵发送“廉政提醒”短信，组织干部参观廉政教育基地，接受警示教育洗礼。开展部队突出问题、“酒桌办公”、违规经商办企业和“小金库”专项整治工作。

【灭火救援】 年内，支队开展岗位练兵工作，组织基层指挥员业务集训、攻坚组队员复训、新兵实战化轮训、专职队员联勤联训。建立临涣煤焦化、杜集、张集3支单编政府专职队，召开微型消防站建设现场会，完成209座微型消防站建设和专职消防员招收任务。全年组织典型战例研讨和战训业务大讲堂8期，开展地震救援演练3次，水域拉动演练1次，熟悉演练单位527家次，制定灭火救援数字化预案248份。在总队冬训考核中名列第四名，在总队实战化训练系列考核比武竞赛中，政府专职队名列第五名。

【执法服务】 支队印制警务公开手册和受理窗口示范

文本，向社会公开执法依据、办事程序、办理时限等服务承诺，在各级消防服务窗口开展“五个一”（一声问候、一次告知、一趟到位、一线指挥、一站服务）活动，对重点工程项目主动对接、上门服务。支队纪委定期通过电话回访、现场核查等方式，对各类执法工作按照不少于60%的比例进行回访，开展警民恳谈活动，设定“集中回访日”。

【火灾隐患排查整治】 年内，市政府第62次常务会议专题研究审议市人大常委会《中华人民共和国消防法》执法检查整改措施，全力推进13个工程项目、13个高层住宅小区、6个工业园区企业存在的消防安全隐患督办整改工作。市长戴启远带队组织“四不两直”（不发通知、不打招呼、不听汇报、不用陪同和接待，直奔基层、直插现场）消防安全检查2次，召开第67次政府常务会议专题研究冬春火灾防控工作和训练基地、相山中队建设。市政府定期开展消防工作考核，省政府消防工作考核淮北市被评定为优秀等次。召开全市消防工作会议，逐级签订目标责任书；副市长、公安局局长张家忠定期召开消防工作会议和专项工作推进会，带队督察检查12次，推动解决消防安全难题。

支队部署开展高层住宅小区、工业园区企业、城市综合体、在建工地、家庭式商铺等7项专项整治活动；召开全市易燃易爆危化品场所、重大火灾隐患单位、消防安全重点单位责任人集中约谈会6次，组织安监、民政、教育、卫计等部门开展联合检查10余次，对火灾隐患进行“过筛子”“地毯式”排查整治。全年检查社会单位9591家，督促整改火灾隐患11076处，临时查封单位89家，责令“三停”（停产、停业、停止施工）75家，行政拘留37人，罚款211.39万元，整改消除3处省级、10处市级、32处区县级挂牌督办的重大火灾隐患单位，有力确保全市火灾形势的持续稳定。定期召开联席会议，动员各行业主管部门齐抓共管，落实责任。组织相山区政府和房管、财政、公安等部门开展全市消防设施维修经费列入物业维修资金专题调研，召开专题座谈研讨会，协调解决维修资金申领的“瓶颈”问题。联合教育、卫生、文化、民政等部门，召开全市中小学校、医疗机构、文物古建筑、社会福利消防安全标准化管理现场会，打造4类行业、8家消防安全标准化管理示范单位，加强消防安全标准化、常态化、规范化管理。

【消防宣传】 支队在濉溪县建成全市第一个“119消防主题公园”，在黄新庄村、博庄社区等建设4个市级消防宣传教育示范点。参加“江淮普法行”启动仪式暨大型法律宣传服务活动和“安全生产日”宣传咨询活动，开展消防宣传“进村入户”活动。创作微电影《防火墙》，开通“淮北消防”微信公众服务号，建设“移动互联网信息平台”，官方微信目标人群注册已达5万余人，官方微博微信制作专题节目2000余条。开展校园夏季消防安全检查、“我是小小消防员”竞赛、校园消防安全“四个一”、“消防安全示范课”征集、“消防夏令营”实践5项活动，结合新学期开学开展消防安全“进军训”和开学消防安全“第一课”等活动。印制《中小学消防安全读本》1万册，电气火灾、电动车火灾、“家庭式商铺（作坊）”等消防宣传资料12万份。

【后勤保障】 2016年，支队共落实本级业务经费1871.1万元，其中正常业务费1247.5万元，较2015年增长10.51%，各基层大队共落实各项业务经费1507.1万元。支队结合淮北地区实际需要，利用配套资金购置5辆业务车、5台8吨泡沫消防车、1台德国曼城市主战消防车、2台综合性抢险救援车。投入1000余万元购置个人防护器材1439件、特种防护器材419余件。新建濉溪消防指挥中心项目已完成主体结构建设，杜集消防站已建成投入使用，支队机关附属楼进行全面维修改造，战勤保障大队和相山中队搬迁入驻，总占地面积100亩、初步投资4000万元的综合训练基地和投资1000万元的相山中队营房建设项目列入2017年市政府投资性计划。

【信息化建设】 支队结合“智慧城市”建设，建立可视化消防指挥调度及联动系统，将企业消防队站、乡镇消防队站及微型消防站纳入指挥调度体系。配备多旋翼无人侦察机，新购4G图传7套，选调通信专业官兵7名，充实支队应急通信保障分队。坚持每周进行各类通信装备测试和考核，年内开展重点单位现场通信测试12次，基层通信业务考核20余次，通信能力和信息化水平均得到明显提升。

（郭晓东　杨振鹤）

人民防空

2016年，淮北市人民防空工作在全省人民防空工作目标任务考核中被评为优秀，获2016年度全省综合考核一等奖。市防空防震办被省国动委授予“全省人民防空工作先进单位”称号。

【人防基础建设】 2016年，人防指挥所坑道工程全线贯通，坑道主体被覆基本完成；地面配套工程1号、

2号、3号楼主体工程全面完工。二泉山人防疏散基地及双拥园建设项目的规划选址、场地拆迁、土地预审、环境评估、维稳评估、地灾评估等各项工作顺利完成，12月进入施工阶段。市防空防震办投资60余万元，购置便携式前方指挥所；新安装警报器4台。其中，2台户外多媒体警报器、1台地下型多媒体警报器、1台楼宇型多媒体警报器。全市人防警报网布局日趋合理，警报覆盖率95%以上。人防指挥所指挥信息化系统完成科研报告和深化设计，并通过省人防办专家组评审。完成电信大楼、雷鸣科化、国安电力、濉溪500千伏变电站4个重要经济目标重要区域、关键部位监控布控工作，组建重要经济目标防护队伍，建立淮北市重要经济目标监控视频信息平台，淮北市在全省推进重要经济目标防护工作会议上作交流发言。加强基层人防规范化建设。出台《淮北市关于加强基层人民防空规范化建设的意见》，全市63个社区、5个乡镇、19个街道办事处，28个重要经济目标单位全部设立人防工作机构。

2016年地震应急救援暨人防应急通信综合演练

【全省人防基层工作现场会在濉溪县召开】 12月13日，全省基层人防规范化建设推进会暨业务培训在濉溪县召开。会议宣读表扬通报，并就全省基层人防规范化建设作工作报告。与会人员参观濉溪县人防主题公园、五里郢社区人防工作站、人防教育基地、防空防震科普示范馆、防空防灾应急物资装备库，并现场观摩濉溪县机动指挥通信系统和濉溪、淮南、滁州三地应急携行指挥所实施指挥信息联通调度。与会人员还观看濉溪县《守望幸福》汇报片，并就群众防空组织建设、防震减灾与应急救援方面的内容进行业务培训。

【工程建设与管理】 市防空防震办坚持依法依规开展人防“结建”审批工作，全面做到“应建必建，应收必收”。全年审批结建34项，其中同步修建19项，市人民医院新院项目配建人防医疗救护工程中心，工程验收报监率100%。开展战备资产资源普查和汛期安全生产大检查。全年开展早期工程安全普查、防汛安全检查和在建人防工程安全检查共5次，排除安全隐患。2016年，对6家建设单位进行约谈，并依法下发《关于催缴防空地下室易地建设费的通知》《责令改正通知书》，依法规范工程易地建设费征缴工作。

【地震应急救援暨人防应急通信综合演练】 5月12日，淮北市组织举行的“2016地震应急救援暨人防应急通信综合演练”。整个演练设置防灾预案启动、人员疏散、破拆、搜救、电力抢修、医疗救护、通信保障等10个课目。演练指挥中心设在淮北军分区指挥所，还设有学校疏散和医疗救护、电力抢修、交通疏导、人员搜救和消防、毒气泄露抢修等现场。通过人防指挥通信车的卫星通信、微波通信等手段，辅以无人机拍摄、传输等，实现指挥员和现场救护队员实时沟通，现场语音、视频等信息在指挥中心实时显示。

【机动指挥通信系统跨区综合训练】 11月29日至12月2日，淮北市防空防震办组织全市人防系统开展机动指挥通信系统跨区综合训练。市、县防空防震办除战备值班人员外的40名干部职工参加此次训练。参训科目有“静中通”移动指挥车、短波电台、北斗手持机、海事卫星电话等通信装备的通信训练及指挥通信信息的对接。赴云岭皖南事变纪念馆和新四军史料陈列馆对参训干部职工进行军事教育。

（张永泉）

民主党派·工商联

- 2016年，民革淮北市委会共有14个支部，党员332名
- 2016年12月15日，中国民主同盟淮北市第五次代表大会召开，陈英当选主任委员
- 2016年12月26日，中国民主建国会淮北市第五次代表大会召开，程晋明当选主任委员
- 2016年12月24日，中国民主促进会淮北市第五次代表大会召开，刘添才当选为主任委员
- 2016年，全市有农工党党员274人
- 2016年12月28日，致公党淮北市第三次党员大会召开，董哲当选为主任委员
- 2016年10月，九三学社与市科协联合开展“百名专家乡村学堂讲科普”活动
- 截至2016年年底，全市有近百家民营企业参与精准扶贫行动，累计投入资金上千万元，公益捐赠300余万元

中国国民党革命委员会淮北市委员会

【参政议政】 2016年，市委会先后多次出席中共淮北市委、市政府、市政协、市委统战部召开的民主协商会、情况通报会、党外人士座谈会；参加相关部门民主监督工作会议、旁听法检两院司法诉讼会议。对市“十三五”规划建议、政府工作报告、全市经济社会发展重大事项等问题进行协商，提出意见和建议。王珍提出的《关于大力发展职业教育的建议》被评为市优秀建议。李红提出的《关于推进志愿服务工作常态化的建议》被评为优秀提案。谢宝荣提出的《新医改背景下加大基层医疗卫生服务投入的建议》受到市委、市政府高度重视。在市、区两会上提交议案30余件，其中濉溪支部提出的《加强淮海路管理的建议》《关于河堤公园二期三期四期工程建设的建议》《关于修建郭楼桥、王桥的建议》等提案被列为主席督办的重点提案。烈山总支《关于淮北经济开发区实验学校附近路口交通安全防护设备的建议》受到高度重视，烈山区政协组织部分委员进行专题调研，问题得到及时解决。杜集总支《打造东山休闲观光农业，助推杜集美好乡村建设》的调研报告得到杜集区委、区政府的高度重视，有力推进杜集美好乡村建设工作。濉溪支部的赵清林、刘勇撰写的《农村早婚早育现象不容忽视》《重视农村幼儿园建设》等报告被民革中央和民革省委采用。濉溪支部提出的《创新管理模式，助推国富民强》《民主党派联谊制度建设》《农村医疗机构医务人员短缺情况的调查》等报告受到有关部门的重视。

【思想建设】 市委会通过中心学习组、委员扩大会议、专题学习会、支部组织生活等形式，深入学习贯彻中共十八大，十八届三中、四中、五中、六中全会精神，中国共产党领导的多党合作和政治协商制度理论，全国、省、市两会精神及习近平总书记系列重要讲话精神，深入学习贯彻中共安徽省委、中共淮北市委、民革安徽省委会重要会议精神。通过“请进来”与“走出去”相结合的方式，先后举办提案工作培训班、参政议政培训班，组织支部班子成员、参政议政积极分子、新党员学习。组织20人次参加中央、省、市社会主义学院学习和淮北市优秀党外中青年干部培训，使广大党员进一步增强对中国特色社会主义政治道路的思想认同、政治认同和情感认同。组织相山、杜集、烈山、机关等支部党员参加“观故居，走多党合作之路”活动，加深民革党员对民主党派性质、地位、作用和履职工作要求的认识。

【组织建设】 截至2016年12月，市委会共有14个支部，党员332名。年内，有4个总支部成功换届。制定《民革淮北市委委员会议事制度》《民革中心组学习制度》《民革支部考核办法》等24项工作制度。通过制度管理和严格按制度办事，做到公正和公平，极大地调动全体党员的积极性，推进淮北民革的各项工作。加强民革党员管理，制定完善纪律约束管理机制，对党员的政治纪律、组织纪律、工作纪律、道德纪律作了明确要求。

中国民主同盟淮北市委员会

【思想建设】 2016年，市委会深入开展“不忘初心，继续携手前进”专题教育活动，认真学习中共十八大文件、十八届六中全会精神、习近平总书记系列讲话精神、中共中央领导人论多党合作的重要文献、多党合作重要文件及领导讲话、2016年中央统战工作会议精神，盟市委及时下发学习文件，指导全市各基层盟组织开展学习活动。在做好盟组织培训活动的同时，积极推荐新盟员和盟员骨干参加省、市培训班。4月，推荐张伟、马新安等10余位盟员骨干参加市社会主义学院举办的“习近平同志系列讲话精神学习班”。开展纪念“李公朴、闻一多”殉难逝世七十周年纪念活动，回顾历史、缅怀民盟先烈，印发学习资料，组织盟员集体学习《中央盟讯》《群言》《安徽盟讯》等刊物。在民盟省委开展的民盟安徽省第四届教育论坛上，市委会共申报征文7篇，获得二等奖1篇、三等奖1篇。

【参政议政】 3月，在市政协举办的“实施‘十三五’规划 扎实实施调转促”的调研协调会上，市委会承担两个调研课题，盟市委积极组织实施调研，形成《淮北市农村电商扶贫和发展的调研报告》《尽快补齐现代服务业发展的“短板”，促进我市服务业加快发展》的调研报告。7月，市金融办、市发改委、市人民银行与民盟界别政协委员召开《打好风险防范组合拳 保障一方平安》的提案办理会。8月，为配合民盟省委调研课题，市委会形成《加强生态文明建设 打造美丽绿色家园》的调研报告。11月，民盟界别政协委员及盟市委参政议政部成员调研安徽海聚信息科技有限公司，积极为经济转型献计献策。在市政协九届四次会议上，副主委宋文红代表民盟作《关爱老人，大力发展社区和居家养老》的大会发言，办理单位高度重视，得到妥善办理。盟市委和盟员在“两会”提出的《关于加大财政投入职教园区污水处理》《关于在普通高中扶持特色教育》《做好城市垃圾无害化 》《统一全市门诊病历的建议》等提案、议案得到有关办理单位的妥善办理。据统计，2016 年在各级“两会”上提出各类提案、议案 70 余篇。

【中国民主同盟淮北市第五次代表大会】 12 月 15 日，中国民主同盟淮北市第五次代表大会在淮北矿业会议中心召开。中科院院士、民盟安徽省委主委郑永飞，中共淮北市委常委、市委秘书长、市委统战部部长谌伟出席开幕式并分别讲话。省政协副秘书长、民盟省委专职副主委韩卉出席会议。会议听取并审议民盟淮北市第四届委员会工作报告，选举产生民盟淮北市第五届委员会，选举出席民盟安徽省第十三次代表大会代表，表彰 15 个先进集体和 42 名先进个人，并为出席会议的老盟员代表献花和颁发纪念证书。大会期间召开五届一次全委会，选举陈英为主任委员，宋文红、鲁峰、张萌为副主任委员。

【组织建设】 盟市委深入开展基层组织领导班子建设、组织发展、制度建设、干部培养、党盟关系等活动。新成立淮师大总支、市直五支部（城建支部），按照基层组织的实际情况对民盟杜集区、烈山区总支下辖支部进行调整，一批年富力强、热心盟务的骨干成员走上基层负责人的岗位。根据《民盟中央组织发展程序》及盟市委《组织发展工作程序》的要求发展盟员，全年共发展盟员 23 名。2016 年是区县人大、政协换届年，盟市委领导提前布局，总体把控，积极走访三区一县统战部，推荐优秀盟员担任人大、政协职务，截至 12 月月底，杜集区政协、人大安排盟员 19 人。

【“黄丝带”帮教活动】 盟市委按照淮北市“黄丝带行动”方案，依托全市司法行政系统深入开展“黄丝带帮教行动”。盟市委充分发挥盟员在教育、科技、文化、卫生、法律等方面的人才和资源优势，组织百名黄丝带志愿者服务队分为法律、医疗、教育、机关 4 个小组。5 月，民盟“黄丝带帮教行动”走进相山区社区矫正与安置帮教基地开展帮教活动。相山一支部主委、相山区法律援助中心主任丁长颖对帮教基地的女性矫正人员进行“婚姻家庭中的妇女权益保护”主题法制讲座，并现场解答相关法律咨询。11 月，市司法局、民盟“黄丝带”志愿者 28 人到白湖分局开展“双向联系”暨“黄丝带”帮教活动，助力服刑人员改造，进一步丰富和拓展亲情帮教形式和内容，推动监狱工作社会化。2016 年，市委会、法制委员会、“黄丝带行动”志愿者大队、各基层组织共开展矫正、帮教服务活动 10 余次，受教人员达 1500 人次。

【社会服务】 6 月 1 日，民盟市委委员、民盟烈山区总支主委带领总支盟员赴烈山区实验小学为 10 余名困难学生赠送学习用品，与孩子们共度“六一”节。11 月，民盟烈山二支部组织教育界盟员赴淮北经济开发区实验学校开展送教下乡，烈山总支和社会爱心人士为烈山区实验中学、实验小学等 4 所学校的品学兼优贫困学生赠送助学金和学习用品，鼓励他们努力学习。年内，宋文红副主委获民盟中央“社会服务工作先进个人”称号。

（苗东岳）

中国民主建国会淮北市委员会

【中国民主建国会淮北市第五次代表大会】 12 月 26 日，中国民主建国会淮北市第五次代表大会在口子国际大酒店召开。省政协副主席、民建安徽省委主委李修松，中共淮北市委常委、市委秘书长、市委统战部部长谌伟出席开幕式并分别讲话。民建省委专职副主委陈广文，市各民主党派、工商联、党外知联会主要负责人出席会议。会议听取并审议民建淮北市第四届委员会工作报告，选举产生民建淮北市第五届委员会和出席民建安徽省第九次代表大会代表。大会选举程晋明为民建淮北市第五届委员会主委，李新华、周玉贞为副主委；决定李新华担任秘书长。

【思想建设】 市委会及各支部以学习会、培训会、参加专题讲座等不同形式，深入学习贯彻中共十八届五中、六中全会精神，切实增强同以习近平为核心的中共中央保持高度一致的思想自觉、政治自觉和行动自觉，向党的理论和路线方针政策看齐。深入学习领会市第八次党代会精神，向全市会员发出倡议，立足本职，扎实工作，在实现淮北转型崛起上再立新功。

各级组织开展学习会章、会史、会的优良传统等活动。围绕民建中央理论研究课题，撰写《立足界别优势 增强六项能力，充分发挥民建在政党协商中的作用》等 4 篇论文；围绕省委统战理论研究课题，撰写《积极构建中国多党合作制度话语权体系》等 3 篇论文；围绕双拥活动，撰写《加强对双拥工作的理解与认识》征文。2016 年，《建真言，献良策，做全面深化改革的践行者》

获民建中央理论研究优秀论文二等奖，《勇担服务重任 助力依法治国》《浅谈民建如何在全面深化改革和全面推进依法治国中发挥作用》获民建省委理论研究成果一等奖。市委会获得2016年“全省民建理论研究优秀组织奖”。

12月26日，中国民主建国会淮北市第五次代表大会召开

【组织建设】 2016年，民建市委会共发展会员8人，平均年龄41岁。本科以上学历7人；中高级职称5人；经济界7人。截至年底，全市会员总数181人，平均年龄51岁。经济界144人，占会员总数的81%；大专以上学历165人，占会员总数的93%；中级以上职称106人，占会员总数的60%；企业高级管理人员28人，占会员总数的16%。会员中有省政协委员1人；市人大代表6人，市政协委员17人；区县共有人大代表4人、政协委员34人。组织信息管理工作被民建省委评为2016年“全省先进单位”。市委会下辖2个总支和6个支部，其中，市直总支、教育支部、企业家支部、杜集区支部如期完成换届任务。

【建言献策】 2016年，市委会围绕经济体制改革主题，针对转型发展、精致淮北建设开展不同专题调研，形成多份有较强影响的建言献策成果。在市政协九届四次会议上，形成《关于加快我市现代农业发展的对策及建议》大会发言，得到市委书记和市长的分别签批；《精准投资，升级产业，推动淮北经济稳增长快转型》大会发言，受到市长签批；《建议加大金融对“调转促”的支持力度》《关于加快发展PPP融资模式的建议》书面发言，建议被采纳。形成提案23件，其中市委会组织提案10件。《关于合理开发利用城区地下空间的建议》被市政协列为重点提案，经由市政协领导带队督办，得到市政府有关部门的重点办理。《加快推进我市社会组织规范化建设》《我市惠民政策落实中存在问题及建议》被市政协评为优秀提案。围绕高等职业教育服务地方经济、加快转型步伐促进经济发展、加快休闲农业产业发展、改善交通状况带动新城区发展、加强校园食品安全监管等提出诸多可行性建议得到有关部门采纳。10月，围绕“调转促”专题，形成《调整和优化农业产业结构，加快推进我市农业产业进程》发言；11月，围绕“精准扶贫”专题，形成《加大就业扶贫力度，坚决打赢就业扶贫攻坚战》发言。调研报告《关于枯竭型城市转型发展的建议》参与省政协重点民主协商课题协商，收到有效资政效果。在十五届人大七次会议上评出的20份优秀建议中，民建代表有《关于加大扶持力度，促进我市中小企业的发展壮大的建议》等4份建议被评为优秀建议。

【反映社情民意】 民建会员深入基层了解实情，及时收集情况形成社情民意。《关于进一步完善我市市区交通服务管理的建议》《关于相阳沟治理新的建议》《关于优化道路洒水方式的建议》《关于规范、引导民间借贷行为的建议》《关于在现代花园小区附近设建农贸市场的建议》《关于加强健身路径管理的建议》《加强律师队伍建设的建议》等多份社情民意，被提炼成提案被省政协、市政协采纳。

【服务精准扶贫】 年内，市委会多次组织农技专家深入农村，在多地为菜农举办“蔬菜无公害栽培技术”培训讲座，受益群众600多人；会员企业及个人自发奉献社会，捐助公益善款25万元，为学校和幼儿园捐赠8万元桌椅，资助病童5万多元；9月，号召各支部人人参与，为金寨吴湾村扶贫点捐款9万多元安装太阳能路灯。民建市委会被民建省委评为全省“社会服务工作先进集体”。

中国民主促进会淮北市委员会

【中国民主促进会淮北市第五次代表大会】 12月24日，中国民主促进会淮北市第五次代表大会召开。民进省委副主委、亳州市人民政府副市长马露，民进省委专职副主委兼秘书长苏静，中共淮北市委常委、市委秘书长、市委统战部部长谌伟出席会议。市委统战部、市各民主党派、工商联、知联会、市直对口联系单位及淮北矿业集团党委工作部、各县区统战部负责人参加会议。大会听取和审议余敏辉代表民进淮北市第四届委员会作题为《不忘合作初心　始终携手前行　为奋力实现淮北转型崛起作出新贡献》的工作报告，选举产生民进淮北市第五届委员会和出席民进安徽省第八次代表大会代表。民进淮北市五届一次全委会选举刘添才为主任委员，彭玉亭、尹建军、李祥礼为副主任委员。

【参政议政】　在政协淮北市九届四次会议上，各界别共提交大会发言计 40 份，民进界别及民进会员提交大会发言 7 份、口头发言 2 份。刘添才代表民进界别的发言《优化产业结构　建设精致淮北》和委员陶保格的个人发言《积极贯彻落实“水十条”　让淮北碧水清流早日重现》，得到市委书记和市长的批示。大会立案提案 192 件，其中民进界别政协委员和民进成员中的政协委员共 21 件，占大会立案提案总数的 10.9 %。市委会组织专家学者召开座谈会，对淮北市“十三五”规划制定提出建设性意见和建议。余敏辉《从“地下”走出的辉煌——世界文化遗产视野下的隋唐大运河安徽段》由安徽人民出版社 2016 年 6 月出版，由省政协副主席李修松作序，省委讲师团团长洪永平评价“这是我省地方文化和安徽文明史研究的重要成果”；撰写的《关于加快淮北旅游业发展的几点思考和建议》《关于编撰〈捅开隋唐大运河史的一扇窗——世界文化遗产点：柳孜运河遗址〉通俗读物的建议》得到市委书记、市人大常委会主任肖超英的重要批示。彭玉亭参加市政协“实施‘十三五’规划　扎实推进‘调转促’”界别专题协商部署会，李万民和刘添才分别参加市政协专题会。

【思想建设】　市委会贯彻落实《民进中央关于加强新形势下宣传工作的意见》，制定《民进淮北市委会 2016 年开展坚持和发展中国特色社会主义学习实践活动计划》。在市委扩大会议上，市委会领导班子成员带头学习全国及省两会精神、民进省委七届六次会议精神；组织全体市委委员赴重庆统战教育基地开展学习教育活动；主委余敏辉在中国浦东干部学院参加民主党派省级组织中青年骨干培训班（第 13 期）学习；副主委刘添才、办公室马路在山东大学参加民进省委宣传和理论研究培训班学习等。市委会结合中共“两学一做”学习教育活动，组织机关人员参与统战部组织的各类学习。

【组织建设】　2016 年，民进市委会发展 6 名会员，其中徐影是淮北师范大学教育学院教育系主任，黄文淑、阚李丽是淮北较为有名的民营企业家。组织石玉、丁云峰等 8 名新会员参加市社会主义学院培训，选派李玉、朱士翔等 5 人参加民进安徽省基层组织负责人培训班。相山区和烈山区支部完成换届。马路在中共民主党派机关党支部换届中当选为支部书记，在中共市委统战部总支委员会的换届中当选为总支委员。

【社会服务】　濉溪县组织医卫界别委员开展义诊活动，心理学专家汪浩开展中小学生心理健康讲座，李万民率淮矿集团支部开展送医送药义诊活动。市委会联合杜集区支部、淮矿支部赴东黎养老公寓开展爱老敬老义诊服务等。杜集区支部继续帮扶贫困儿童，开展助学“一对一”帮扶活动，民营企业家厉奇开展三期夏令营，免费为来自全国各地的小朋友们提供国学传统教育。会员丁云峰、李会平和马路积极参与社会志愿者服务，分别赴黄桥敬老院、刘桥敬老院和相山区社会福利院开展服务老人活动。

（马　路）

中国农工党淮北市委员会

【思想建设】　市委会把深入学习贯彻习近平总书记系列重要讲话精神作为开展“坚持和发展中国特色社会主义学习实践活动”的科学理论指导和行动指南，进一步增强道路自信、理论自信、制度自信和文化自信。2016 年，有四批党员 20 多人次参加理论学习。5 月，王承华、欧波、李芳、孙海萍、周斌、巴军鳳、张继玲、刘红旗、师勇、赵春、夏风等 10 多位党员在市委党校参加党外人士学习班。8 月，王承华、王萍、任秀芳、西春华、张惠平、张美红、崔艳、褚福斌、孟子莹、杨黎红等 10 位党员在省社会主义学院参加农工安徽省委举办的基层组织骨干学习班。10 月，黄虹在市委党校参加市委组织部举办秋季主体班学习。

4 月，组织农工界别市政协委员考察农工党“一干会址”，进行党史教育。完善《中国统一战线》《前进论坛》《安徽农工》《党员知识读本》《建言录》等报纸杂志的征订工作，并通过各种形式传递到基层组织、人大代表和政协委员手中。杜集区支部王雪华向市委统战部提交理论征文《如何加强与党外人士联谊工作》，黄虹撰写的《自媒体时代下统战工作的新路径》获省委统战部理论征文三等奖，并在《安徽统战》第 9 期发表。

11月21日，农工党市委会开展“科普进课堂”活动

【组织建设】 9—11月，市委会领导先后走访烈山区、相山区和杜集区党委统战部，加强与各区中共党委的联系沟通，争取中共党委对农工党工作的支持。配合各区换届工作，做好人大代表和政协委员的政治安排。通过组织学习基层组织工作考核意见，推动基层组织建设工作日趋规范。12月26日，通过民主推荐之后，选举产生出席农工党安徽省第十一次代表大会代表，王志良、王承华、冯志强、刘永刚、陈岩、黄虹、黄兴亮等7人当选。

依据《农工中央组织工作发展规程》和《农工党安徽省委发展党员工作程序》，进一步规范党员发展工作。7—11月，组织部门陆续到所在单位对12名申请人进行全面考察，最后确定7名为发展对象进入考察期。根据农工中央信息采集库统计，截至2016年年底，全市共有农工党党员274人。

【建功立业】 年内，刘永刚被评为安徽省优秀科技工作者；王瑾率领的科研团队获安徽省科学技术奖，并与周曦曦同时入选安徽第五批战略性新兴产业技术领军人才；师大支部党员发表省级以上论文17篇，专著1部，国家发明专利1项。王雪华和王萍被评为杜集区政协八届优秀政协委员。任强、李本华、陈文璇、秦虎、张长征、王志良等6人为农工中央和省委网站《文化广场》栏目选送30多篇优秀稿件。

【参政议政】 农工市委会主要负责人充分利用各类协商会、座谈会、情况通报会等方式和途径，履行参政党职能，就淮北市“调转促”、精准扶贫等工作提出可行性建议。杜集区支部的调研报告《做好教育扶贫 阻断代际贫困》作为市九届政协专题协商会议上的口头发言材料，得到市长戴启远的高度赞扬。6月，市委会办公室参与农工省委关于加快淮河流域经济社会发展的调研工作，完成调研报告《 加强地域文化自信 提升皖北旅游文化品质》，作为省十一届政协专题协商会议书面发言材料发表。11月，市委会深入调研王如松院士的感人事迹、心系故乡淮北的家国情怀，在市政协九届五次会议上提交由王志良撰写的大会发言稿《以建立王如松院士纪念馆为标志 集聚打造生态文明样板城市新动能》，得到市委书记黄晓武的签批。

在政协淮北市九届五次会议上，教育支部王志良的提案《加强主城区污水河清污后保护的建议》和市委会《我市城镇居民医疗保险运行现状的思考与建议》均被市政协评为优秀提案。参政议政专委会、矿业集团支部、科技支部、相山区支部、妇幼保健院支部、职防院支部、中煤三建支部、烈山筹备组分别提交涉及养老产业、农业保险、土地流转、生态农庄、精神卫生法等9个提案，其中6篇被大会作为书面发言材料采用。

【社会服务】 市人民医院总支全年参与义诊活动6次，市直、相山区、妇幼保健院、矿业集团、矿建医院支部相继走入敬老院、梁楼村、青谷村、和合老年公寓等开展义诊活动。职防院支部和杜集区支部走进保育院、贫困户家庭进行定点扶贫慰问。相山区支部王瑾“一对一”扶贫到刘桥镇宋圩村，送羊到农户。皖北矿建支部开展沱河水资源环境调研。烈山支部普法宣传进社区。教育支部吴秀玲多年如一日参加爱心助学活动；杜集区支部第二届“孝道淮北”亲子活动传播正能量。11月21日，市委会组织淮北师大支部的8位博士、教授，在农工党淮北市学习活动实践基地——梅苑学校，开展以“科普进课堂”为主题的28届“国际科学与和平周”系列活动，专家们深入浅出、生动形象地把科学的种子传播到少年学子心中。

（黄　虹）

中国致公党淮北市委员会

【致公党淮北市第三次党员大会】 12月28日，致公党淮北市第三次党员大会在口子国际大酒店召开。省政府副省长、省委会主委谢广祥，省政协副秘书长、省委会专职副主委武琼宇，中共淮北市委常委、市委秘书长、市委统战部部长谌伟，市政协副主席冯志强出席会议开幕式。市各民主党派、工商联、黄埔同学会、党外知识分子联谊会及各区县统战部、市侨联、市侨办和对口联系单位负责人到会祝贺。会议听取并审议致公党淮北市第二届委员会工作报告，选举产生致公党淮北市第三届委员会，董哲当选为主委，张仁喜、张弘勇当选为副主委。

【参政议政】 2016年，致公党党员共提交省、市、区人大、政协建议和提案82件，其中，省政协大会发言3件，省人大建议4件，省政协提案6件，市政协大会发言6件，其中，2件在市政协大会上作口头发言。在市政协会议上，提交的《关于加快淮北市服务业发展的建议》被安排在大会第一个发言，时任市长黄晓武作重要批示；提交的《扶持中小企业渡难关的几点呼吁》得到市主要领导的批示。围绕省、市全面改革、经济发展、产业转型等重大课题，深入开展界别调研和专题调研，完成4篇课题调研任务。10月，在市政协“落实十三五规划 扎实推进调转促”专题协商会上，提交书面发言材料《新常态下加快淮北市产业结构转型升级的思考》；11月，在市政协“精准扶贫”界别协商会上提交调研报告《打赢脱贫攻坚战，精神贫困短板需同步精准补齐》。全年市委会收集报送各类社情民意信息9篇，其中致公党省委采用9篇，《关于规范乡村低俗演出的建议》被省政协采用。

【理论学习】 2016年，市委会多次召开扩大会议，学习贯彻中共十八大，十八届三中、四中、五中、六中全会、习近平总书记系列讲话和全国、省、市两会精神。1月，邀请市委党校教授杨以谦作十八届五中全会精神专题讲座。10月，市委会和各基层组织先后召开会议学习中共淮北市第八次代表大会精神，深刻领会市第八次党代会确立的中国碳谷·绿金淮北发展战略思想，为做好参政履职工作打下坚实基础。9月，开展“为和谐添彩、为致公增光、为发展助力”主题征文和演讲活动，收集到党员征文稿件12篇，11名党员参加演讲。市委会选送邢晓静参加省委举办演讲报告会。全年市委会在《团结报》《安徽日报》《江淮时报》等省级以上媒体发稿4篇。市委会推荐新党员15人次参加市委统战部和致公党省委会组织的新党员培训班。

【组织建设】 2016年5月，成立致公党淮北市烈山区支部。全年市委会发展新党员5人。截至年底，全市有致公党员76人，大学以上文化程度占99 %，其中有侨海关系的占49 %；党员中各级人大代表、政协委员共33人次，占党员人数43.4%。在县区级两会代表、委员换届期间，市委会积极与相关部门沟通协商，共推荐20人担任县区级人大代表、政协委员。5月，市委会推荐陆险峰到西藏挂职锻炼。

【开展主题教育活动】 3月，妇委会组织全体女党员相聚南湖湿地公园开展“庆三八，健步行”活动并参观国家矿山博物馆。5月，市直一支部组织党员参观南山汉文化博物馆，了解淮北历史和汉文化底蕴；杜集支部组织党员赴淮安参观周恩来纪念馆和周恩来故居纪念馆，开展“缅怀丰功伟绩、传承优良传统”活动。7月，相山总支开展智慧城市调研及新型农业座谈会，参会党员积极建言献策。9月，市委会举办以“凝聚你我，共筑和谐致公”为主题的专题培训班，以户外拓展训练的方式，缓解工作压力，丰富业余生活，增进沟通与交流，增强党员之间的信任感、协作意识、责任意识和团队意识。

【社会服务】 春节前夕，市直一、二支部组织党员中的书法家举办“进社区，送春联”活动，杜集支部和市直二支部副主委周磊分别为贫困大学生和孤儿学生捐资2000元和500元；6月，烈山支部组织党员慰问秸秆禁烧一线驻守人员；11月，相山区总支组织党员中医疗专家，组建17人专家服务队，赴刘桥镇任圩村，开展“暖冬温情送医”义诊；12月，烈山支部在南湖养老院开展“关爱老人”活动，为老人们送上精心挑选的保暖内衣，并作《中华人民共和国慈善法》专题讲座。2016年，党员王小丽因“见义勇为”被濉溪县推荐参加“淮北好人”评选；党员张杰被评为淮北市首任十位慈善大使之一；党员边红旗被评为安徽省十位敬老爱老助老模范人物之一。9月10日，市委会主委董哲带领部分党员赴金寨县天堂寨初级中学开展“同心示范工程”助学帮教活动，向全校教师送上节日的问候和祝福，并捐赠5000元慰问金。

7月，杜集支部举办“精准扶贫”帮教活动，开展法律专题知识讲座和专业技能培训。5月和11月，市委会先后两次赴淮南寿县谭套村，调研、慰问对口帮扶的6户困难家庭，详细了解他们的生活情况、收入来源、帮扶措施的开展情况以及生活需求。

（赵　柳）

九三学社淮北市委员会

【理论学习】 2016年，市委会组织学习中共十八届六中全会精神，学习多党合作理论，切实提高全体社员的政治素养。组织市委委员、支社主委等骨干社员20余人赴湖州参观九三学社创始人之一梁希的纪念馆，接受社章社史教育。组织参与社中央“中国梦”的摄影征集，征集20余幅作品，李宾的《留守》获二等奖；孟斌的《春天来了》获三等奖，《快乐军营》获鼓励奖；李敏的《公路通到俺们村》获鼓励奖。

【参政议政】 2016年，市委会共有市政协委员14名，常委3名，市人大代表2名，常委1名。省政协委员1名，省人大代表1名。委员们围绕经济社会发展和民生问题开展多层次调研，在省市区政协提出具有时效性、针对性、可操作性，20余份提案、议案、资政会常委会发言和全委会大会发言。程嘉诚提出的《打造智能交通》被市政协评为优秀提案。

【民主监督】 九三学社主委王莉莉、副主委李敏、社员单杰，矿业集团严厉、程嘉诚，职业技术学院杜云鹏等社员担任省公安厅、市纪委聘任的“两员”（党风党纪监督员、特邀监察员），部分社员被市公安局、司法局、技术监督局、国税局、审计局、电力公司等多个单位聘为“两员”。“两员”坚持实事求是，及时反映党风、政风方面存在的突出问题，特别是针对群众反映突出的热点、难点问题以及重要信访线索等情况，及时、如实反映广大群众对有关加强党风廉政建设的要求、意见和建议；及时向纪检监察部门提供违法违纪的案件线索；就党风廉政建设和反腐败斗争的情况和形势，协助纪检监察部门开展调查研究，受到纪委和被监督单位好评。

【科普活动】 10月中旬，九三学社与市科协联合开展淮北市“百名专家乡村学堂讲科普”活动，4名九三学社专家分赴孙疃中心校、临涣中心校、杜集区矿山集小学、相山区张集中学、淮北市西园中学、烈山区开发区中学、相山区特凿公司中学7所学校，为3000多名学生讲授有关青少年科技创新、食品营养与健康、植物世界等科普知识。10月、11月，淮北职业技术学院的张彩云教授分别在杜集区矿山集小学、相山区张集中学、杜集区特凿公司中学作《奇幻多彩的植物世界》讲座。11月4日，特邀安庆师范学院计算机和信息学院副院长钱萌教授在孙疃中心校、临涣中心校2所学校作题为《青少年科技创新大赛（CASTIC）的回顾与展望》的专题科普讲座。12月9日，淮师大教授薛建平在烈山区开发区中学作题为《食品营养与健康》的讲座。

【专题科技讲座】 年内，九三学社市委会与市科协联合举办“重品行、树形象、做榜样”系列专题科技讲座。9名专家深入社区、学校、农村、企业就健康医疗知识、家庭教育、农业实用知识、安全知识选题开展科技讲座12场。其中，九三学社的4位专家作6场讲座：市职防院呼吸科主任高伟在濉溪县玉兰社区举办“呼吸系统疾病预防与治疗”讲座，并进行现场义诊和咨询；人民医院心血管内科副主任朱晴就《冠心病的防治》分别在相山区老年大学、相山区惠民社区、杜集区老年大学作3场科普讲座，进行现场义诊和咨询；市中医院治未病科护士长任慧茹在相山区新兴社区作《艾灸疗法在未病防治中的应用》讲座，并进行现场义诊和咨询；市职业技术学院的李斌教授在市西园中学作《家庭教育》讲座。

【队伍建设】 市委会组织8人参加省委会骨干学习班，组织20人次参加淮北市社会主义学院学习。推进基层组织活动正常化、规范化、制度化。创新基层活动的内容与形式，开展社内基层组织的横向联谊和交流。利用“三八”妇女节、9月3日建社纪念日、重要节日召开座谈会共同庆祝，增强社组织的凝聚力。九三合唱沙龙组织16人统一乘车赴徐州歌剧院观看新年交响乐。7月14日，市委会组织20多名社员徒步到淮师大生物系实习基地——淮北双键公司参观学习，市委会有关领导和各支社主委参加活动。7月下旬和8月中旬，分别组织部分社员到淮北市杜集区润丰农场徒步，健身联谊，享受采摘乐趣。12月，杜集支社组织冬季南山徒步活动。年内，科技支社主委朱占英组织20多名社员参观科技场馆。

（李　敏）

淮北市工商联合会

【年度民营企业排序】 淮北市2015年度民营企业排序工作于2016年1月启动。由市工商联牵头组织，国税、地税、工商等10多家部门和单位摸底核查全市民营企业经营情况，对全市390家参评企业的营业总收入、税收总额、安置就业人数、社会公益贡献、

6月1日，全市"民企帮村"精准扶贫行动启动大会召开

科技创新等多项数据进行综合分析，形成排序名次。《淮北日报》对民营企业综合排序50强、纳税10强、科技创新10强、安置就业10强等上榜企业进行专版通告。全市工业和非公经济暨科技创新会议对民营企业排序结果进行通报，对民企排序综合排名10强企业进行授牌表彰。

【参政议政】 在市政协九届四次会议上，工商联界别政协委员提交提案6件，其中《推进民企"调转促"，助力淮北城市建设》的大会发言和《强化打假维权，保护名酒产业》提案获市政协优秀提案，《重点工程应注重精细化管理》提案受到市领导重要批示。在2016年市政协"精准扶贫"界别协商会上，工商联作"激发民企积极性，助力精准扶贫"的提案发言。

【精准扶贫】 6月1日，市工商联牵头召开全市"民企帮村"精准扶贫行动启动大会，中共淮北市委常委、市委秘书长、市委统战部部长谌伟出席会议并讲话。下发"民企帮村"精准扶贫行动实施方案，向全市民营企业家发出积极投身到精准扶贫行动的倡议，22家企业、商会在会上与结对贫困村分别签订帮扶协议，结对企业和结对村代表分别发言。市工商联在全市搭建起民营企业全面参与精准扶贫工作平台，鼓励和引导企业结合自身实际与结对村资源禀赋、生态环境、产业基础、市场需求等因素，寻求村企共赢契合点。截至2016年年底，全市有近百家企业投身到精准扶贫行动，涉及4000多户贫困家庭，累计投入资金上千万元，解决贫困村就业300余人，公益捐赠300余万元。

【召开政策解读报告会】 7月26日，市工商联组织会员企业开展淮北市供给侧结构性改革政策解读报告会。市发改委总经济师王安岩解读《淮北市补短板增强经济社会发展动力实施方案》，市经信委副主任胡文莉就降低企业成本、优化发展环境有关政策举措进行解读，市金融办副主任王祥顶就《淮北市扎实推进供给侧结构性改革实施方案》中有关去杠杆内容进行解读，市房管局副局长李健解读《淮北市关于供给侧结构性改革去库存的实施方案》，各县区工商联、异地商会、行业商（协）会、民营企业家80余人参加会议。

【省工商联到淮北市调研】 8月2—3日，省工商联副主席耿学梅率领调研组到淮北开展商贸流通业调转促去库存调研，并就涉企收费清单制度落实情况开展第三方评估。调研组分别召开商贸流通业调转促去库存情况座谈会和涉企收费清单落实情况评估企业家座谈会及部门座谈会，市商务局、规划局、工商局负责人和6家商贸流通企业负责人参加调转促去库存座谈，10家民营企业家代表参加涉企收费清单落实情况企业家座谈，市发改委、财政局等10家部门负责人参加涉企收费清单落实情况部门座谈。在商贸流通业调转促去库存情况座谈会上，相关单位和企业分别介绍调转促去库存方面主要做法和应对措施，并就进一步做好商贸流通业调转促去库存工作提出意见建议。在涉企收费清单企业家座谈会上，调研组与企业家深入沟通交流，听取企业家们关于涉企收费清单的意见和建议。在涉企收费清单制度落实情况部门座谈会上，各单位就涉企收费清单制度贯彻落实情况、主要做法、遇到的问题及意见建议等作交流。调研组一行还实地走访淮北兆基实业有限公司和安徽口子酒业股份有限公司，调研了解企业发展情况、在涉企收费和调转促去库存方面的做法和存在困难。

【协调劳动关系】 7月12日，市工商联出席淮北市协调劳动关系三方机制第十九次会议。会议学习传达省协调劳动关系第二十二次会议精神以及《市委市政府关于构建和谐劳动关系的实施方案》，讨论通过调整市劳动关系协调委员会组成人员名单和2016年全市协调劳动关系三方机制工作要点，就加强劳动争议调解仲裁工作，建立基层（商）协会劳动争议调解组织，开展集中邀约等相关工作开展讨论。

（范　伟）

社会团体

- ■2016 年，全市有基层工会组织 3419 个，工会会员 44.3 万人
- ■2016 年，“燕飞来”青年志愿者服务项目获全国金奖，少先队建队日活动被《人民日报》头版报道
- ■2016 年，淮北市有 5 户家庭分别获评全国“五好文明家庭”、全国“最美家庭”
- ■相山区惠民社区、新星社区，濉溪县玉兰社区被命名为省级科普示范社区
- ■在 2015—2016 年度省“我们的沃土·我们的梦”千名文艺家下基层采风创作活动作品评比中，淮北市获一等奖 1 个、二等奖 6 个、三等奖 9 个，市文联获优秀组织奖
- ■残疾人运动员王键获里约残奥会男子举重 54 公斤级比赛银牌
- ■2016 年，淮北市遗体（器官）捐献者纪念碑和红十字教育基地建成

淮北市总工会

2016年，淮北市总工会在全国总工会、全省总工会的会议上作典型发言3次，获全国职工互助保障工作考核优秀单位、省五一劳动奖状等省级以上荣誉8项，基层工会获全国、省级表彰125项。淮北市11项民主管理案例得到省总工会肯定，其中安徽巨成精细化工公司“三三制”职代会管理经验在全省推广。

【工会组织建设】 2016年，全市有基层工会组织3419个，工会会员44.3万人，其中农民工会员19.8万人。新发展农民工会员2.6万人，完成省总下达年度任务的260%。开展工会工作创新案例和深受职工欢迎的实事征集活动，涌现出《指尖上的职工之家》《当好煤炭转岗分流职工的娘家人》等一批优秀案例和实事。

【帮扶体系建设】 市总工会依托145家基层职工帮扶站点，落实一户一档一举措，帮助2940户困难职工脱困解困，“送温暖”救助困难职工1.4万人次。拓展11项大病医疗救助内容，向85名因病致困职工发放救助金21.6万元。组织金秋助学活动，发放助学资金200余万元，通过实施“金牌蓝领计划”“圆梦计划”，资助困难职工和农民工子女530人。实施女职工“关爱行动”项目，帮扶女职工3000余人次；实施青年职工婚恋项目，举办多场青年职工联谊活动，为百余对职工举办集体婚礼。开展“走基层工会、入车间班组、访职工群众”活动，班子成员带头走访企业200多家，帮助企业破解发展难题157个。

【就业保障】 市总工会举办“暖风行动”进矿区招聘会11场，近9000名职工实现再就业；举办煤矿分流职工技能提升促就业培训65期，培训职工8500余人；实施创业促就业援助计划，发放创业扶持金81.1万元；与合肥、南京等城市签订煤矿转岗分流职工再就业合作协议，与滁州、常州、盐城等城市进行劳务对接，打通职工跨地区就业渠道。

【和谐劳动关系】 市总工会制定淮北市《关于构建和谐劳动关系的实施方案》，开展“送法进企业、普法进园区”“工会普法大讲堂”等活动152场，受教育职工10万余人，发挥协调劳动关系三方四家、职工法律援助志愿团、劳动争议调解组织的作用，受理劳动合同、经济补偿纠纷243件，调解结案率98.5%。以“去产能”企业、困难企业为重点，依法就裁员、降薪和人员安置等问题开展集体协商，全市工资专项集体合同增至756份，覆盖职工31万人。

【职工服务平台建设】 市总工会打造“一网一微一窗口”网上服务平台，政策咨询、法律援助、帮扶救助等8项服务实现网上办理，基层工会、职工登陆淮北市网上办事大厅、“爱淮北”客户端和智慧淮北一站通平台即可申办；举办“服务明星”“最美城管”“最美环卫工”网上评选活动。推进“会、站、家”一体化建设，启动集劳动争议调解室、爱心驿站、电子阅览室等多项服务功能于一体的市职工服务中心建设项目。加强职工文化阵地建设，安徽淮北技师学院获评全国职工教育培训示范点，市政务服务中心、金龙机电淮北有限公司建成全国职工书屋示范点。

【劳模管理】 市总工会推动劳模创新工作室扩面升级，全市劳模创新工作室增至76个，送劳模事迹进机关、进企业、进车间班组、进社区活动120余场。实施劳模爱心接力项目，为267名各级劳模发放慰问金128.3万元，组织270名省部级劳模、农民工劳模和140名一线困难职工进行体检、疗休养。

【经济技术创新】 市总工会开展“投身调转促、建功十三五”主题活动，组织17项市级劳动竞赛和1200余场行业劳动竞赛，参与职工达35.5万人次。开展市重点工程“五比一创”“三保一创”劳动竞赛，加快推进省道203煤化工快速通道、梧桐中路等一批重点工程建设。组织103项140个工种技术比武，参与职工12万人次，促成“名师带高徒”2400余对，2.7万人次晋升技术等级。举行“劳模大讲堂”“技师大讲堂”进园区、进企业、进班组活动320场，培养技术领军人才2700多人。开展职工优秀技术创新成果、“五小”科技成果评选，催生职工技术革新和技术发明1.1万项，其中146项获国家专利，征集合理化建议1.2万条，为企业创效2亿多元。开展“企业增效金点子”优秀提案征集活动，征集提案1.5万个，为企业增效近2亿元。

【劳动保护】 市总工会发动“查隐患、保安全、促发展”群众安全“铸安”行动，排查整改安全隐患2.6万余处。把“安康杯”竞赛向非公、小微企业和基础薄弱行业延伸，吸引460家单位34万名职工参与。实施职工互助保障项目，全年参保职工达3.5万人次，参保金额257万余元，为2436名出险职工发放赔付慰问款430

万元。筹集送清凉资金 260 万元，慰问高温岗位职工近 30 万人。争取为 16.5 万名高危行业职工建立职业卫生健康档案。

【文明行业创建】 市总工会服务创城工作大局，督促窗口行业整改问题 700 多个。开展“文明窗口、亲切服务”优质服务品牌创建活动，培育选树“高金梁志愿服务队”等 17 个文明行业创建品牌，市邮政公司李珍劳模示范岗的“工作七步曲”入选 2016 年全省文明创建创新案例。举办窗口行业文明礼仪大赛，有效激发窗口行业职工的创建热情。

（刘静静）

11 月 11 日，淮北市窗口行业全国文明城市测评迎检工作动员会议召开

共青团淮北市委员会

2016 年，团市委坚持以“转型崛起路·青春勇担当”为工作主线，团结带领全市团员青年，与时俱进，拼搏进取，为实现转型崛起做出应有的贡献。创新“中国好人”校外辅导员、联系青年“连心卡”制度等工作经验，推荐“燕飞来”青年志愿者服务项目获全国金奖，少先队建队日活动被《人民日报》头版报道，团市委获 2016 年度全省共青团调研工作先进单位。

【青少年思想引领】 年内，团市委通过“线上 + 线下”模式强化青年思想引领。重点打造团市委官方微博和微信，探索网上网下互动，团市委官方微博、微信 2016 年发布信息 1000 多条，粉丝近 20 万人。淮北青年网站累计发布信息 3667 条，网页浏览量近 13 万次。优化“青年之声·淮北”网上交流互动服务平台建设，实现市、县、镇三级全覆盖，吸纳各类特邀专家 2300 多名，青年网页提问 4600 多条，专家回答 7000 多条，三级“青年之声·淮北”网页累计浏览量达 543 万次，基本做到团员青年网上提问，专家回答及时，日清日结。“送戏进校园”、青年联谊会、青年送春联等线下活动月月不断，线上线下互动融合。400 名青年网络宣传员和 1.2 万名青年网络文明志愿者组成新媒体宣传队伍，通过参与全团重大舆论引导及网宣值班等节点进行拉练，重点锻炼培养骨干核心队伍。搭建网上青年志愿者平台，动员 6.38 万名青年志愿者网上录入建档。开展 4 月 6 日“建市日” 18 岁成人宣誓仪式、聘任“中国好人”道德实践校外辅导员、“奋斗的青春最美丽分享会”等系列主题教育活动，全面覆盖全市青少年，涌现出“最美青工”“向上向善好青年”“最美中学生、中职生”等一批先进集体和优秀个人。选树淮北市“最美中学生”“最美中职生” 30 名，推荐获评全国“最美中学生” 2 名，全国“最美中职生” 1 名。寻找“全市农村青年致富带头人” 100 名，其中 5 名获省级“农村青年致富带头人”称号。17 名荣获“全省最美青工”称号，3 人荣获“特别关注最美青工”称号。

【共青团干部队伍建设】 年内，团市委举办 2016 年度淮北市共青团“建功转型崛起”团队干部培训班，全市各级共青团、少先队、青年文明号中的优秀代表 150 余人参加培训，提升团队组织建功淮北转型崛起的综合能力。团市委机关团干部转岗至县区党政班子任职 2 人，优秀镇街道团干部、大学生村官选拔为乡镇党政领导班子成员或提拔其他岗位 9 人。团市委机关在县区、乡镇挂职 2 人。选拔乡镇团干部在机关挂职 1 名，见习大学生及志愿者等兼职团干部 2 名，初步形成团市委机关专职、兼职、挂职的机关团干部队伍格局。培育市级先进团组织 75 个，优秀团员、团干部 110 人。推报评选省级五四红旗团组织 4 个，优秀团员、团干部 9 人。

【少先队工作】 团市委深化市委《关于进一步加强全市少年儿童和少先队工作的实施意见》，对强化思想品德教育、提高少年儿童综合素质提出具体明确要求。开展形式多样的庆六一活动，全市数十万名少先队员参与其中。举行“长征精神我传承，转型崛起献童心”主题队会，纪念中国少年先锋队建队 67 周年，弘扬伟大的

青年志愿者开展青少年儿童安全教育

长征精神和民族精神，《人民日报》在第一版以《心声》为题刊发新闻，新华网等网站也给予报道。

【青年创业服务】 年内，团市委开展青年创业创新大讲堂、青年创客学校进基层活动，组织青年创业导师、青年创业先锋与创业青年面对面活动20余场，4000多人次参与。组织开展青年电子商务创业培训，530多名创业青年参与。举办“转型崛起路·青春勇担当”全市共青团转型崛起大讨论暨我为转型崛起代言青春分享汇，300多名青年参与。联合邮储银行、徽商银行、淮北农商银行，积极推介青年创业贷款金融产品，全年发放青年创业贷款238笔、3400万元；争取皖北地区青年创业贷款财政贴息资金63.6万元，对56个青年创业项目进行全额贴息。依托“七彩凤凰”青年创客空间、方正智谷科技园、恒源泰科技孵化器有限公司、濉溪县电商产业园等，打造青年集聚创业示范园区。参与“中国创翼”青年创业创新大赛“互联网+”单项赛总决赛，组织在校大学生、青年企业家、创业青年代表600多人次参与观摩，100余名青年志愿者参与大赛服务。开展2016年第二届“LTE”杯青工技能大赛，200余名青年职工参与。联合淮矿集团和皖北煤电集团团委开展青工技能大赛，4000多名青工参与，2万多名青工参与青创先锋成果评选和展示。

【青年志愿服务活动】 2016年，120余支青年志愿者服务队5500余人次投入到文明城市创建工作中。组织150多名志愿者参与志愿服务春运“暖冬行动”。做好2016年度“青春圆梦”爱心助考志愿服务活动，向高考考生提供免费接送、考生心理疏导、免费送水防暑以及圆梦大学行动等“爱心助考”志愿活动。开展“传承雷锋精神”青年志愿者服务日集中服务活动，组织30支青年志愿者服务队、260名青年志愿者开展集中志愿服务。启动青年志愿者“集中服务月”暨“礼让斑马线”专项宣传活动，实现志愿服务活动常态化。命名50个青年集体为2015年度全市青年文明号，40个集体为2016年度创建单位，5家青年文明号获评省级青年文明号。评选表彰2016年度“相城之星”优秀青年志愿者100人、优秀青年志愿服务集体30个，优秀青年志愿服务项目10个。团市委培育“‘燕飞来’关注留守儿童用电安全志愿服务项目”获得团中央第三届中国青年志愿者服务项目大赛金奖。

【青年帮扶工作】 年内，团市委联合市扶贫办，以“转型崛起 青春扶贫 携手小康”为主题，发动市青联、市青企协中青年企业家与市、县两级团干部结对帮扶22个贫困村及部分贫困户，开展慰问，发放微心愿征集卡，帮助完成心愿。“我是志愿者，我为和村苹果代言”志愿售卖活动，帮助果农两天售出5.5万公斤苹果。组织108家青年文明号集体与村级小学留守儿童以及村级活动室结对帮扶。开展12355青少年综合服务台“送法进校园”和中高考减压行动9场次，5000多名学生受益。市希望工程“爱心圆梦大学”行动助力脱贫攻坚，2016年面向社会募集助学资金190万元，帮助496名品学兼优的贫困大学生。打造“淮北市青年联谊会”青春交友平台，举办淮北市暨相山区第六届青年联谊会，150余名社会青年参与；举办淮北市首届段园“七夕鹊桥会”暨第七届青年联谊会，近200多名青年现场参与。围绕“发展青少年事务社会工作，助力扶贫济困”，开展青少年事务社工主题宣传活动。

【服务平台建设】 团市委利用市青少年宫场地建设“一平台四中心”，其中青年社会组织孵化中心，集中为“薪火支教社”“蒲公英助学”等8家优秀青年社会组织免费提供办公场所，覆盖其会员青年近3000人。建成青年综合服务平台示范平台26个，其中市级18个，省级3个，团中央支持建设1个，初步形成市、县区、镇（街道）三级同步推进的直接服务团员青年的“线下实体门店”体系。

【基层团组织队伍建设】 年内，开展为乡镇（街道）团委配备体制外金融副书记和权益副书记，推动农村淘宝“实体店”青年创业负责人兼任所在镇、村团组织班子成员，基层团组织班子队伍建设和专业化分工呈现新局面。成立市电商协会和淮北恒源泰科技孵化器公司行业团工委，推动园区企业团组织建设，调动非公企业团组织在团员青年群体的积极作用。2016年，新成立非公企业团组织53家，新联系团员600多名。

【联系青年“连心卡”制度】 年内，团市委按照团中央建立团干部直接联系青年制度和“1+100”（每名团干部直接联系100名普通青年）的要求，创新设计“连心卡”制度，为机关团干部设计制作“连心卡”，向联系的团员青年发放团干部的联络“A卡”，公开联系方式，对联系的团员青年的基本情况、联系方式和相关需求等现场填写“B卡”建档，并在团干部联系青年的网页中进行登记，形成固定的、长期的直接联系普通团员青年群体制度。

（李晓旭）

淮北市妇女联合会

【城乡妇女创业扶持】 市妇联建立妇女创业互动沙龙活动室，为淮北生活直通车、惠千姿美容会所等企业牵手成功。举办“巾帼创业故事分享会”，发布矿区女性创业指导“七步法”，开办“互联网+实战训练营”，开展“巾帼创业指导发展问诊”行动，组织“微商产业与妇女发展”调研，召开“徽姑娘”微商座谈会。组织妇女专场招聘会，签订用工意向2400个。联合淮矿女职委培训月嫂近200人，举办家政开放课堂10期，开展技能比拼、服务交流活动，帮助500余名妇女走上家政岗位。实施省妇女创业扶持资金项目，惠及妇女群众4万余名；深入实施小额贷款政策，为170名妇女贷款1471万元，贴息46万元。

【文明家庭创建活动】 市妇联推进寻找“最美家庭”活动，增加寻找“最美婆媳”“最美儿女”“最美邻居”“最美军嫂”等家庭角色，2016年揭晓产生淮北“最美家庭”15户，各类最美角色35名。5户家庭分别获评全国“五好文明家庭”、全国“最美家庭”，15户家庭和17人分别获评省“最美家庭”和省“最美家庭成员”。组织“家的故事 说说我家那口子”微信征文，2万余名网友关注点赞，优秀征文汇编成册。举办“味道淮北 爱在我家”活动，深挖菜肴背后的家风故事和文化传承。开展“四美家庭”创建活动。推进“节能有道 节俭有德”行动，征集家庭低碳微妙招、“金点子”，宣传“家庭低碳行动15件事”，促进“创文明城市·建绿色家园”思想深入人心。

【家庭助廉活动】 市妇联开展“清正传家远”家庭助廉活动，举办“清风满家”文艺汇演，邀请知名学者作《传统文化与家风家训》主题讲座，组织“党员干部话家风”征文，征集家规家训、家风故事236条（篇），编印出版《清正传家远》。

【关爱少年儿童】 市妇联开展“我的价值观”在眼中、在口中、在手中、在心中、在行中系列活动，举办“淘宝会”“换换大集”等“六一”广场文化系列活动，打造“少年军校”“小鬼当家”“亲亲宝贝”三大实践活动品牌，举办“我爱我家·同悦书香”演讲比赛，推动社会主义核心价值观在少年儿童中落地生根。实施“榜样父母培养工程”，举办大型家教报告会，编发《留守儿童安全知识手册》《早期教育家长指导手册》《“榜样父母”“学习家庭”家教故事会》3本手册，开展“家+课堂”四进活动。

实施关爱留守儿童“三点阳光”计划，在留守儿童活动室和留守儿童集中的学校设立阳光联络点，在儿童安全教室设立阳光安全活动点，在锦心工作室设立阳光

3月1日，2016年春风行动妇女专场招聘会举行

心理活动点，开展学习辅导、心理疏导、亲情游戏等活动200余次，受益留守儿童2万余人次。持续开展“童心缘”关爱活动，慰问市语训中心和启言聋哑学校。联合市食药监局、市公安局、武警支队等8家单位，开展“守护童年 安全相伴”主题活动，围绕食品、人身和交通安全等内容开展培训，组织儿童安全体验，培训留守儿童活动室管理员，印制儿童安全系列绘本，开展儿童安全知识“四进”活动，推进校园法制宣传“五个一”行动。

【“平安家庭”创建活动】 市妇联将“平安家庭”创建和维护妇女合法权益有机结合，实施“111”工程（评选命名100户平安家庭示范户、10个示范村及10个示范社区）。以“建设法治中国·巾帼在行动”为主题，开展“三八”维权月、反家暴宣传和“不让毒品进我家”宣讲等活动。开展“家庭法律服务卡”送家庭活动，建立家事审判法庭和婚姻家庭矛盾纠纷调解机制，实施家暴告诫和家暴案件接处警制度，新设家暴服务点14处。以“让爱住我家”为主题，开设模拟法庭，集中播放《三分钟读懂〈反家庭暴力法〉》漫画短片，组织反家暴文艺演出乡村（社区）行。举办反家暴论坛，为妇联干部和基层民警普及反家暴专业知识。

【妇女权益保护】 市妇联建立妇女法律维权工作协商制度，协调法院、法律援助中心和律师协会共同保障妇女权益。开展省妇女维权岗争创活动，开辟妇女维权绿色通道。开展土地确权调研、督查活动，依法保护妇女与土地相关的各项权益。实施“两纲”（《中国妇女发展纲要》和《中国儿童发展纲要》）中期评估，推动“两纲”重点可量化66项指标全部达到中期目标，49项达到2020年终期目标。开设“锦心课堂”15期，举办心理健康报告会。全年受理来信来访和重大疑难信访案件300余件次，办结率98%。

【开展帮扶行动】 市妇联下发《关于实施“巾帼脱贫行动”，助推脱贫攻坚战的通知》《关于开展贫困大学生家庭帮扶行动的通知》，通过能力培训、创业就业、项目实施、结对帮扶助推妇女脱贫增收。培训女致富带头人、“徽姑娘”合作组织负责人，对接来料加工项目，通过“造血”增收脱贫。组织三八红旗手（集体）、巾帼文明岗“三送一促”（送文化、送技能、送关爱、促发展），机关干部“1+X”结对贫困女大学生家庭，争取项目资金20万元救助20名农村“两癌”（乳腺癌、宫颈癌）妇女。实施“巾帼情怀 温暖行动”“春蕾成才”助学“微暖关爱”“冬衣暖心”行动等活动，帮扶特困妇女儿童800名，帮扶金额90余万元。

【基层组织建设】 市妇联在女教授、“皖嫂”、女大学生村官等群体和“两新”（新经济、新社会组织）领域，新建“她组织”210余个；在巾帼文化队、广场舞队伍、徒步群等兴趣群体建立“自组织”50余个；在阳光社工中心等71个社会组织中建立妇女组织。试点“128”行动，镇（街道）妇联至少配备1名主席、2名副主席（含兼职）、8名执委，推动各级妇联组织配备兼职副主席114名、执委520名。启动“市妇联智库”，遴选20名专家组成智库。持续开展“下基层、访妇情、办实事”“百名妇干进百村联千家访万人”活动，妇联专、兼职干部直接联系妇女群众。封闭式培训妇女干部，组织转型崛起大讨论活动。市妇联组织工作在全国乡镇妇联组织区域化建设改革创新推进会和全省妇联组织建设推进会上作经验交流。评选表彰市级20名三八红旗手、10个三八红旗集体。

【首届妇女儿童家庭公益服务微创投活动举办】 8月，由市妇联、市民政局举办的淮北市首届妇女儿童家庭公益服务微创投项目推介会，吸引全市的22个社会组织围绕留守儿童心理关爱、妇女健康、家庭教育、女性素质提升、妇女创新创业等方面，通过PPT展示、现场演说等形式推介“心旅程家成长工作坊”“互联网+幸福妈妈心育工程”等公益项目。活动共征集项目22个，春芽计划、心旅程“家成长”工作坊等10个项目分别获得6000～10000元资金支持。

【互联网助力妇女工作】 市妇联实施“互联网+幸福妈妈1+1心育工程”“巾帼课堂”“我创故我在”等项目，实现妇女儿童家庭需求和社会资源有效对接。举办巾帼大讲堂200余场次，广大妇女网上提前“点单”，满足多样化需求。开通微信公众号，总阅读量近20万人次，粉丝数6000余人，连续5期荣登全国妇联官方发布的地市级微信公众号50强。

（史雪莹）

淮北市文学艺术界联合会

淮北市在2015—2016年度安徽省“我们的沃土·我们的梦”千名文艺家下基层采风创作活动作品评比中，获得一等奖1个、二等奖6个、三等奖9个、优秀奖20个，市文联荣获优秀组织奖。

【艺术创作成果】 杨天序、王志国、耿震等3人被批准为中国美协会员；李建设、裴培、王沧海、孟宝耀等

4人被批准为中国书协会员；隋坤等38人被批准为省书协会员；市摄协上报国家级会员1人，12人被批准为省级会员，发展市级会员25人。在第十二届全国健身交谊舞锦标赛中，市交谊舞协会获金牌31枚、银牌23枚、铜牌23枚；在安徽省第六届工艺美术博览会上市剪纸协会获得11个金奖、2个银奖、1个铜奖；市根雕协会在安徽省第七届花卉博览会上获得二等奖1个、三等奖3个。市民间文艺家协会组织“重走隋唐大运河”活动再次启动，为宣传运河遗址做贡献。曹廷虎以淮北大鼓扬名，活跃在皖北地区；“面人殷”殷铤崴的彩塑面人深受市民喜爱；雕塑家许家坤反映皖北农村生活场景的泥人作品在深圳文博会上闪亮全场、赢得好评；雕塑家王磊的人物雕塑围绕淮北主题创作嵇康、刘伶、刘邓大军等作品。淮北新华书店开设“淮北作家专柜”，向市民推介淮北优秀图书。

市书法家协会开展送“福”进万家义务献春联活动

【文艺活动】 市文联在全市文艺界开展“深入生活·扎根人民”主题采风创作活动，以“写淮北、书淮北、画淮北、唱淮北”为主题，市作协、音协、书协、美协、摄协、诗词楹联、民间文艺等20多家协会参与；在两宫广场为淮北市书法家赵德举行作品义卖慈善捐助活动； 与总工会联合举办“辉煌十二五·启航十三五”全市职工摄影大赛；在淮师大美术馆和市文化中心举办董克文敦煌.永乐宫壁画临摹展；与市职教办联合“精致淮北·魅力职教”摄影大赛；在市博物馆举办翟卫民、刘志安、陈彦丰“墨花”3人书画展；组织艺术家赴吉安、井冈山、常熟等地开展艺术交流活动；举办“淮北书法大讲堂”“文学写作走进基层乡镇”“精致淮北在身边”摄影系列讲座等；结合文明创建工作，组织文艺志愿者向劳动模范、中国好人赠送书画作品，为环卫工人写生画像；举办淮北市第七届石榴文化旅游节书画摄影展，举办第三届段园葡萄采摘节书画摄影展等。

【艺术交流】 市文联邀请南京市文联和江宁区文联到淮北市进行艺术交流；广东揭阳市书协、四川什邡市书协、无锡市文联等到淮北市进行文化交流考察；省音协主席罗可曼、徐海燕主任等一行到淮北市交流指导音乐创作；邀请省书协展览部主任石海松在淮北工业学校学术报告厅举办书法讲座，为书法爱好者和在校学生进行艺术辅导。在市南湖美术馆举办山东画家“云山有约”——马龙水墨作品展；举办淮北市第七届奇石玉器书画展，吸引周边省份及新疆、云南、贵州等边远省份的经销商参展；举办“2016全国赏石日暨中国·淮北赏石文化”惠民季活动，全国各地经销商积极参展。在杭州举办“器以载道·秦胜水艺术作品巡回展”——杭州站展览； 在吉安市举办“长征精神永放光芒”纪念中国工农红军长征胜利80周年淮北—吉安两地书法交流展览；陈辉应邀赴厦门、漳州等地参加中国文联、中国书协文化交流活动；在江苏省苏州市举办“兴比雅颂”张长征书画展；与芜湖市文联举办“淮北·芜湖”两市书画交流展。

【文艺惠民活动】 市文联大力推进文艺进企业、乡村、社区、学校、机关和军营活动，丰富群众精神文化生活。春节前夕，市书协、美协组织十多个小分队，深入农村、厂矿、学校、机关、部队等为市民义务献春联，受惠群众10多万人。“八一”前夕，市文联组织艺术家深入军营为子弟兵写生创作，义务献字画；开展“文化进军营、鱼水情谊深”拥军活动，向部队官兵和警察赠送书画作品。11月，集中开展“全市第三届文化消费季”活动，组织部分艺术家在兆基家居开展书画、民间工艺惠民活动，现场为市民创作书画作品数百幅。

（张守林）

淮北市科学技术协会

【科技馆二期工程建成并对外开放】 4月，科技馆二期工程完工并正式对外开放。新增大型展品时光隧道、音乐篱笆、智能多媒体互动系统、语音智慧课堂、数字健身游戏、NAO机器人互动、与恐龙互动、射击互动系统、创客空间等各学科不同领域展品60余个。2016年，淮北市科技馆实行对公众免费开放，接待观众2.9万多人次。接待留守儿童参观团、学生参观团8个。

【完善科普基地和科普示范体系建设】 濉溪县张群和张存领分别被评为全国科协系统先进个人和全国科普宣传工作先进个人；相山区惠民社区、新星社区，濉溪县玉兰社区被命名为省级科普示范社区；濉溪县淮海路居委会等11个社区被命名为市社区科普大学教学点，相山区曲阳街道濉河社区等11个社区被命名为市科普示范社区，濉溪县南坪镇新能源农机协等9个农村专业技术协会被命名为市示范农机协会，增强基层科普服务能力。

【送科技下乡】 2月2日，市科协联合相山区科协在渠沟镇钟楼村举办2016年度“三下乡”活动。设立科普咨询台，悬挂横幅，解答科技咨询，提供科技服务。向群众赠送科普书籍、科普知识台历等贴近生活、实用性强的生活物品，共发放科普宣传品2000余份，接受群众咨询120余人次。3月16日，市科协联合县科协、市防震减灾学会、市气象学会、市医学会、市消防协会等单位30余名科普志愿者及专家到濉溪县四铺镇开展送科技下乡活动，帮助农民群众解决生产生活中的技术难题，提高农民群众的科技致富本领和“学科技、用科技”的意识。

【科普宣传活动】 年内，市科协组织科普志愿者深入新村社区、民生社区、惠民社区、民生社区为社区居民进行专家义诊、测量血压，送健康宣传教育。“全民志愿者服务月”活动期间，组织科普志愿者在中泰广场向市民派发科普宣传资料，展示科普展板，向市民讲解科普相关知识，吸引市民参与科普志愿服务活动。组织校园系列科普讲座暨科普大篷车展教活动，赴濉溪县孙疃中心校、百善中学及濉溪县韩村中心校，开展“青少年科技创新和创造性思维训练”讲座、“青少年心理健康知识讲座”和“防震减灾”科普讲座。“六一”儿童节期间，市、县科协联合在濉溪县南坪中心校蒋湖小学开展慰问留守儿童活动，为孩子们送去系列科普图书等节日礼物。“食品安全周”期间，组织科普志愿者在相王广场开展食品安全周宣传活动，帮助市民群众加强食品安全意识，提高对食品安全的鉴别能力。6月17日，组织科协科普志愿者在杜集区双龙实验小学开展食品安全科普宣传暨大篷车展教活动，普及食品安全知识，提高学生的食品安全意识和防范能力，教育引导学生养成良好的饮食习惯和科学健康的生活方式。“国际减灾日”期间，联合市防空防震办、相山区科协在新星社区广场开展以“用生命呼吁：增强减灾意识，减少人员伤亡”为主题的防灾减灾科普知识宣传活动。

【社区科普讲座】 6月24日，市科协、市科技活动交流中心在科技大楼六楼社区科普大学总校教学点举办健康科普知识讲座，市人民医院专家、原神经内科主任赵明德作“心脑血管疾病预防保健”讲座，50余人到场聆听。8月26日，市、县科协邀请淮北矿业集团职防院主任医师高伟，在濉溪经济开发区玉兰路社区开展关于呼吸常见病的预防及保健知识讲座，社区100多名居民聆听讲座，县科协发放各类科普读本800多本。

【参加中国（芜湖）科普产品博览交易会】 11月11—13日，第七届中国（芜湖）科普产品博览交易会在芜湖国际会展中心举行。市科协组织淮北赛特环保科技有限公司、淮北九百电子、安徽圣芝堂科技有限公司、安徽科宝生物、安徽雷鸣科化、濉溪县科技中心、正阳生物、淮北金龙机电及理士电子等10家企业进行展示，参展内容涵盖生物医药、节能环保等多个领域，充分展示淮北自主创新、科学发展的良好形象。

【起草《淮北市全民科学素质行动计划纲要实施方案（2016—2020年）》】 市科协结合淮北市（2011—2015）全民科学素质实际，组织有关人员针对农民、公务员、未成年人、城镇劳动者和社区居民五大人群进行专题调研，起草《淮北市全民科学素质行动计划纲要实施方案（2016—2020年）》，分别向25家成员单位征求意见，方案获批准通过并印发。

【科技周活动】 5月11日，由市委宣传部、市科技局、市科协主办的2016年淮北市科技活动周在濉溪县五铺镇举行。该届科技活动周围绕“创新引领 共享发展”主题，以展示科技创新成果、普及科学技术知识、组织科技资源向社会开放、推动科技服务基层等为主要内容开展系列科普宣传活动。市科技局、市科协、市防空防震办、市气象局、濉溪县科协等15家单位60多名科普志愿者参与活动。活动期间展出宣传展板50多块，发放科普资料15000余份，并进行现场咨询、专家义诊、科普大篷车展教等活动，受益群众达2000余人次。

【全国科普日活动】 9月17日，市科协主办的以“创新放飞梦想，科技引领未来”为主题的2016年淮北市全国科普日主场活动在中泰国际广场正式启动。淮北市全民科学素质工作领导小组25家成员单位携曦强乳业、洁力活性炭、赛特环保等高新科技企业及西园中学、海宫学校的部分师生，共同为广大市民及科普爱好者提供科普宣传和现场咨询活动。活动分为三大展区，展出科普展板40余块，设置宣传咨询台50余个，发放科普宣传资料2万余份。

【青少年科技教育】 年内，组织开展2016年淮北市青少年科技创新大赛、第三届“皖新教育杯”安徽青少年科技发明大赛（淮北赛区）选拔赛和青少年机器人竞赛。选拔全市科技创新一等奖作品40项，代表淮北市参加2016年安徽省青少年科技创新大赛决赛，获得省一等奖7项、二等奖21项、三等奖10项，在全省16个地市综合排名第四，市一中籍逸昕的《聚四氟乙烯—腐殖酸树脂制备及吸附重金属离子研究》项目获得省一等奖，并参加全国大赛获三等奖。选拔全市科技发明类一等奖10项参加第三届“皖新教育杯”安徽青少年科技发明大赛决赛，其中市一中1个项目（集体）获省一等奖，另获省二等奖3项、三等奖3项；获得省一等奖的作者在暑期免费参加为期10天的“以色列创新之旅”活动；高中7个代表队、初中7个代表队、小学14个代表队共83名青少年参加2016年安徽省青少年机器人竞赛，获得省二等奖4项、三等奖4项。举办淮北市青少年辅导员培训班。邀请北京清华科技园助想教育集团陈有君主任到淮北市举办机器人教练员培训班；举办全市青少年科技创新辅导员培训班，邀请安徽省青少年科技活动中心徐南桔副主任、中科院合肥物质研究院智能机械研究所孙少明博士，安徽大学生命科学院韩德民教授开展讲座，全市中小学校80余名科技辅导员参加培训。

【百名专家进乡村学堂讲科普】 市科协开展“百名专家进乡村学堂讲科普”活动，邀请九三学社专家、安庆师范学院计算机与信息学院副院长、教授钱萌，市职业技术学院副教授张彩云，淮北师范大学教授薛建平，分别赴临涣中心校、孙疃中心校、杜集区朱庄初级中学、烈山开发区学校、相山区张集中学5所学校，开展食品安全、数学、航天、心理健康等领域科普讲座。

【推进创新驱动助力工程】 市科协组织濉溪县科技开发中心、柳丰种业科技有限公司和五铺农场等有关企业，赴宿州参加第八届黄淮海大豆育种协作网会议，就大豆杂交育种、绿色增产等技术问题与中科院盖钧镒院士和有关农业专家进行交流探讨，达成建立中国农科院作物所柳丰专家工作站协同创新平台合作意向。联系安徽省作物学会，协调濉溪县科技开发中心与国家大豆改良中心签署助力工程合作协议，共建国家大豆改良中心淮北试验站。通过考察和调研，组织宇鑫公司有关负责人与省金属、省土木建筑学会进行洽谈后，将宇鑫公司申报的“GFRP筋材在建筑工程中的应用与推广”项目列为2016年创新驱动助力工程重点突破项目。

【学术交流活动】 市科协在濉溪经济开发区举办铝产业招商暨发展论坛。组织所属学会和科技工作者参与皖台科技论坛、新疆智慧城市建设国际论坛论文投稿。举办“发展智慧气象，助力智慧淮北”学术沙龙，省气象局、淮北师范大学、市农委、市信息中心等单位的10多位专家结合本领域工作和淮北气象发展的实际情况，为建设淮北智慧气象建言献策。2016年，市科协共举办学术交流活动19场，参与对外学术交流10余场；推荐全市优秀科技项目参加淮海科技奖评审，获二等奖2项、三等奖2项，市科协被评为淮海科技奖先进组织单位。濉溪县科技开发中心纪永民、市人民医院刘永刚荣获安徽省优秀科技工作者。纪永民、刘永刚、薛建平3名优秀科技工作者被推荐为安徽省优秀科技工作者宣传人选。

（赵雪伟）

淮北市社会科学界联合会

【社科知识普及】 2016年年初，市社科联制定下发《全市2016年社会科学知识普及活动方案》。市社会科学知识普及工作领导小组成员单位组织开展各具特色的宣传普及活动。淮北市举办中小学生践行社会主义核心价值观知识竞赛，市委宣传部、市司法局、市文化旅游体育委员会举办淮北市第七届法治文艺调演，市教育局、市文明办、新华书店举办淮北市中小学经典诵读大赛。市博物馆作为全市唯一的省社会科学知识普及基地，常年开展免费开放和宣传教育活动，举办临展、送展进基层等活动，举办2016年第十一个中国文化遗产日主题宣传普及活动，邀请宿州市博物馆副馆长高雷，省社科名家大巡讲活动宣讲团成员、市委讲师团副团长丁傲然，安徽省考古研究所副所长、研究员宫希成，分别作“大运河宿州段考古实践和研究刍议”“凝魂聚气，强基固本——培育和践行社会主义核心价值观”和“安徽不可移动文物资源——现状与未来”主题公益讲座。8月，徐凤林、《淮北人物与典故》分别获安徽省社科普及工作先进个人和社科普及优秀读物。

【社科名家大巡讲活动】 市社科联与市委讲师团等联合举办全市学习中共十八届六中全会精神宣讲骨干暨中心组学习秘书培训班，组织宣讲团深入基层广泛宣讲。组织开展大巡讲活动，按照理论水平高、宣讲水平高、听众认可度高的“三高”标准，从市宣讲专家中遴选2名社科名家，并推荐为省社科名家大巡讲活动宣讲团成员。根据当前形势任务提出的新要求和省社科联的部署，研究确定“让历史说话——淮海战役的制胜之道与启示”“国家安全新观察——中国军改与国防战略”“地球上的红飘带——长征的文化内涵与现实意义”“兴国之魂：培育践行社会主义核心价值观”“深入学习党章——争做合格党员”“学习党的历史——加强党的建设”“十八届五中全会精神解读”等7个选题上报，并被选定为全省社科名家大巡讲宣讲选题。采取订单式方式，组织社科名家深入机关、学校、企业、农村、社区巡讲。

【社科研究】 2016年，市社科联确定申报安徽省社会科学创新发展研究课题2个，其中重大研究项目“军民融合深度发展的安徽战略及其着力点”获得资助立项。征集并筛选上报重点学术课题研究成果1个、应用对策课题研究成果22个，其中“资源枯竭型城市转型发展问题研究——以淮北市为例”获“三项课题”（重点学术课题研究、应用对策课题研究和社科普及课题研究）优秀成果二等奖，“淮北市棚户区改造工作的调研与思考”“大调解对接机制的思考与探索”获三等奖，“城市综合改革背景下社区建设问题的调查与思考”“历史文化意义上的濉溪老城石板街复兴”获优秀奖。全年编辑出版《淮北社会科学》2期。

【学会建设】 年内，市社科联为全面掌握市社科联所属社会组织基本情况，特别是各社会组织在清理整顿之后的组织机构现状和履行职能开展活动情况，采取发放调查表、实地调研、查阅资料、电话问询等方式进行深入调研，深入市教育学会、市退离休教育工作者协会等学会调研，与省内其他15个市社科联联系，了解各市党政领导干部在学会兼职问题清理情况，提出社会组织管理和发展的对策建议。组织直接主管的4家学会填报《依法登记管理的社会组织党建工作基本信息采集表》，并报市委组织部；督促按时年检。指导市心理咨询师协会等协会进行换届筹备工作。开展省社科联第八次先进社会组织和优秀社会组织工作者评选活动。经认真研究和初评，推荐申报市新闻工作者协会、市审计学会为省先进社会组织，市金融学会秘书长陈斌、市律师协会会长秦秀珍为优秀社会组织工作者。

（李　杰）

中国国际贸易促进委员会淮北市委员会

【推动外经贸交往】 2016年，市贸促会在深化交往合作领域的基础上，进一步拓展对外经贸交往合作渠道。全年开展对外经贸交往合作活动9批次，包括邀请波兰、智利政府代表团访问淮北，两国驻沪商务领事亲自率领20余家企业组成参展团参展食博会；以深化与波兰的合作为样板，利用我国与中东欧国家“16+1”合作机制，推动淮北市对外经贸交往合作向中东欧十六国拓展，邀请波兰、保加利亚、拉脱维亚以及安徽中东欧商会等参加淮北投资推介会，各国参会贵宾与市主要领导就加强经贸合作等话题展开会谈，达成诸多共识；在拉美地区新兴市场，在深化与智利交往合作基础上，拓展与拉美国家间的对外交往渠道。10月，墨西哥中国商会主席出席淮北市投资说明会。

【服务企业】 全年市贸促会共签发原产地证明书1012份，涉及国际贸易金额近9亿元，涉及52个国家和地区；认证外贸单据61份，办理商事证明19份，代办领事认证6份。为企业出口通关结汇提供有力支撑，促进贸易顺利进行。全年为出口企业签发优惠原产地证近200份，企业享受关税减免约1000万元。

【推进贸易转型】 市贸促会运用政策引导、免费业务培训、外出考察学习、经贸合作洽谈等多种手段，培育跨境电商发展，推动贸易方式从传统方式向线上线下共同发展转变，助力淮北市对外贸易转型发展。举办免费跨境电商培训会，邀请义乌的周梦伟等专家到淮北市授课；组织企业参加波兰出口企业对接会，与波兰70余家企业面对面洽谈，达成多项合作意向；组织企业对接上海自贸区国家馆，与波兰、智利、意大利、中东欧16国等国家馆直接对接，寻求贸易合作机会。

（赵　静）

淮北市残疾人联合会

【残疾人救助】 2016年，淮北市贫困残疾人救助目标任务14767例，完成14827例，完成率100.4%，发放救助资金1021.6万元。贫困精神残疾人药费补助目标任务 2576 例，完成 2658 例，完成率 103%，发放资金 265.8 万元；贫困残疾儿童康复民生工程目标任务 211 名，实际安置到定点康复机构接受康复训练 223 名，对 50 名儿童进行辅助器具适配服务，其中为 27 名儿童适配矫形器，23 名儿童适配辅助器具，完成省下达淮北市任务数的 105%。

3 月，市残联举办淮北市残疾人创业培训班

【康复救助】 市残联加大贫困残疾人辅助器具适配工作，全年为 694 名残疾人实施辅助器具适配，发放电动车、轮椅、助行器、手杖等 20 多个品种，共 920 余件；为 40 名肢体残疾人适配假肢和矫形器；为 135 名盲和低视力患者适配助视器、盲杖、听书机等各类助视器 405 件；为 15 名贫困成年听力残疾人适配助听器；为 27 名脑瘫儿童制作矫形器 54 例，适配各类辅助器具 113 件。为兄弟地市残疾人适配假肢 236 例。全年实施贫困患者白内障复明手术 160 例。引进明智基金实施“关爱脑瘫公益行”活动，通过筛查 46 名脑瘫儿童基本符合手术指征，分批赴北京实施手术。

【残疾人筛查】 市残联协调扶贫办对符合条件未纳入建档立卡残疾人开展再次筛查工作，共 1982 名、735 户残疾人纳入扶贫开发管理系统。发放 1500 名生活不能自理的重度残疾人 2016 年居家托养护理补贴，提供 774 名精神、智力和肢体重度残疾人居家服务。协助民政部门发放 19898 名重度残疾人护理补贴 1432.6 万元。

【就业扶持】 年内，市残联开展多项残疾人职业技能和农村实用技术培训，1025 人次参训。通过多种方式安排残疾人就业，全市 2000 多家单位按比例安排残疾人就业 1470 人。继续落实“万人就业工程”，残疾人新创业和企业超比例安排残疾人就业 500 人，阳光助残就业扶贫基地 4 个，残疾人网络创业孵化基地 1 家，扶持阳光大棚 40 户，千人千元扶持就业 320 人。组团参加全省残疾人职业技能大赛、全省残疾人就业服务机构工作人员职业指导竞赛，董嫚嫚获得全国残疾人就业服务机构工作人员职业指导竞赛第 4 名。

【教育资助】 2016 年，淮北市残疾儿童少年义务教育入学率 90% 以上。全年救助残疾大学生 41 人，其中 10 人为新录取的大一新生，3 人为新录取的研究生，共发放助学资金 6.65 万元；对 32 名高中、中职残疾学生予以资助，每生每年资助 1000 元；对 400 名义务教育阶段内残疾学生每生救助 500 元，发放救助资金 20 万元。

【残疾人体育】 9 月 10 日，淮北市残疾人运动员王键以 170 公斤的优异成绩，勇夺里约残奥会男子举重 54 公斤级比赛银牌。7 月 19 日，淮北市第一届特殊奥林匹克田径运动会在市体育中心举行，三区一县 6 支代表队的 30 名运动员分别参加 100 米、200 米、立定跳远、沙包投准 4 个项目的比赛。

【无障碍改造】 淮北市在城市道路、公共建筑、居住建筑、信息交流无障碍建设等方面取得进展，城区道路建成盲道 88.8 公里，占人行道总长度的 70%，新建改建缘石坡 1184 处，设置无障碍标识 2380 处，电视台开辟手语新闻栏目并加配字幕，网站实现无障碍交流视听。全年为 80 户贫困残疾人家庭进行无障碍改造。

（张　璇）

淮北市归国华侨联合会

【服务地方经济发展】 2016 年，市侨联组织淮北市 15 家企业参加省政府主办、省侨联承办的“安徽省高端人才及项目对接会”，促成海聚科技、科宝生物等企业与海外高层次人才、项目有效对接。年内，美国林肯投资公司总税务师孙建航一行，中国科协、中国侨联特聘海外专家——美国华人医药科学家协会会长陈邦华，加拿大呼瑞科技公司董事长张馨文，俄罗斯圣彼得堡安徽同乡会会长王晶一行等先后到淮北市考察交流，引才引智工作为淮北经济发展，提供智力支持。

【社会公益事业】 市侨联落实市委市政府精准扶贫工作要求，解决刘桥一矿分流职工再就业问题，2月、3月两次赴理士电源，积极搭建煤企用工对接平台。争取专项扶贫资金18300元，重点解决生活困难侨界群众过祥和节日问题。向省留学归国人员创业基地——海聚科技园赠送电脑1台，帮助留学归国人员在淮北市创业兴业。争取澳大利亚爱心冬衣300套，帮助濉溪县生活困难群众安全过冬。争取澳大利亚华人慈善家魏基成捐赠老花镜300副，帮助相山区钟楼敬老院200多位老人解除老花眼困扰问题。

【走访慰问，温暖侨心】 年内，市侨联召开全市侨界群众代表“我为崛起做贡献·迎新春”座谈会。元旦、春节、端午、中秋等节日，市领导带队走访慰问生活困难的侨界群众，向海内外侨胞发慰问祝福短信，送上党和政府的关心关爱、侨联组织的真情牵挂。重阳节，组织全市老侨眷参观侨资企业，参加石榴文化旅游节。

【助推万众创新创业】 2016年，市侨联逐一确认在市工商部门登记的90余家侨资侨属企业，对联系上的40余家企业，通过问卷调查、现场调研、召开座谈会等形式了解实情，对他们的意见建议、分类梳理、统筹协调解决。赴留学归国人员创业基地——濉溪县四铺镇国恩养殖场4次，协调解决特殊养殖证办理、用电保障、创业基金申请等实际问题。4月，召开全市留学归国人员座谈会，听取创业情况介绍。组织荣获中国侨联第六届“创新团队”和“创新成果”奖的理士电源、海聚科技于10月赴南京参加全国“新侨创业成果展”。

【拓展海外联系】 全年市侨联接待到淮北市考察团组8个，分别向中国科协、中国侨联特聘海外专家——美国华人医药科学家协会会长陈邦华、瑞士国家武术队教练荣军、印尼安徽同乡会会长何涛、美国大波士顿区安徽同乡会会长张文君、俄罗斯圣彼得堡安徽同乡会会长王晶，颁发淮北市侨联“海外顾问”聘书。

【对外文化交流】 年内，市侨联申报淮北市“隋唐大运河博物馆”为“中国华侨国际文化交流基地”，翌年1月10日，基地揭牌仪式举行。中国华侨国际文化交流基地是中国侨联以“侨与中国梦”为主题，以中华文化为核心，以民族文化、地域文化为特色，以华侨文化为纽带建设的交流平台。市侨联获中国侨联、全国台办颁发的“第十七届全球华人作文大赛”优秀组织奖。与市中级人民法院联合下发《关于开展涉侨诉讼调解对接工作的意见》。遴选优秀书法作品入选中国华侨博物馆。申报“亲情中华·美好安徽”夏令营。

（章　芳）

淮北市红十字会

淮北市红十字会于1989年4月建会，挂靠淮北市卫生局。1999年7月，被批准依法独立建会，正县级建制。2010年，内设联络部、赈济部，编制4名。2016年，全市有红十字团体会员单位61家，红十字会员1万余名，红十字志愿工作者1200多人。

【依法履职】 2016年，市红十字会首次以市政府发文的形式出台《关于进一步推进红十字事业发展的实施意见》，就红十字会在依法履行职责、组织建设和创造红十字事业发展良好条件等方面给予明确支持，进一步解决制约红十字事业发展的体制性、机制性、基础性问题，为推进淮北市红十字事业健康发展提供有力保障。

【社会救助】 年内，市红十字会申请红基会“天使基金”，为全市24名来自贫困家庭的白血病、先心病儿童救助63万元；联合爱尔眼科医院开展“善行淮北、爱满相城”活动，爱尔医院捐助100万元，用于救助60岁以上白内障患者；联合世东医院开展“情寄留守、爱暖童心”活动，为渠沟镇100名留守儿童送去价值2.8万元的文具，开展健康体检；联合同仁眼科医院，开展“爱满相城、眼病救助”活动；为安徽省皖南以及江苏盐城等遭受自然灾害的地区开展捐助，接收企业、个人定向捐赠款物价值16余万元，全部转往受灾地区。

【应急救护】 市红十字会在全市5所驾校客货运输驾驶从业学员中开展救护技能初级应急救护培训，培训初级救护员360多人；联合市妇联共建红十字应急救护培训基地，为160多名家政人员开展应急救护知识普及培训；开展总会健康教育项目，培训救护员600余人；开展群众性应急救护培训项目，在市委党校等开展多场讲座，普及培训500多人。红十字应急救援队参与“2016地震应急救援暨人防应急通信综合演练”，担负学校疏散现场应急救援、秩序维持等，并为淮北市“五四”倡导文明徒步行等多个大型活动提供应急救护保障服务。

淮北市遗体(器官)捐献者纪念碑建成

【红十字精神宣传】 年内,完善红十字网站,注册新浪政务微博、申请微信公众号,在志愿者中建立微信群、QQ群等平台,发布工作动态、救助赈济信息、红十字运动知识、应急救护知识等;在“世界红十字日”“世界献血者日”“世界急救日”等节日走上街头、社区开展各种主题宣传活动,传播“人道、博爱、奉献”的红十字精神。

【推动遗体、器官捐献】 市红十字会建成淮北市遗体(器官)捐献者纪念碑和红十字教育基地,开展捐献志愿者追思会、国际护士节现场宣誓等纪念活动。纪念碑上铭刻着全市2009年以来实现遗体(器官)捐献的11名红十字志愿者的姓名,其中5人实现遗体捐献,1人实现器官捐献,10人次实现角膜捐献,捐献工作得到理解和支持。

(陈　勇)

淮北市食品行业协会

淮北市食品行业协会是经由淮北市商务局、淮北市人民政府批准,于2010年6月成立。由淮北地区从事食品及相关产业生产、加工、流通、经营、科研、教育的企事业单位、社团法人组织和有关食品部门以及食品行业从业人员自愿组成的,具有法人资格的地方性、行业性、非营利性社会团体。

2016年,全市300多家规模以上食品企业累计完成工业总产值483.25亿元,同比增长10.5%。乳制品12.8万吨,鲜肉、冷藏肉40.6万吨,精制食用植物油5.12万吨。淮北市食品协会拥有会员300多家,副会长单位有口子酒业、曦强乳业、天宏集团、淮北市顺发食品等。会员企业销售额占淮北市食品行业销售总额的70%左右。拥有淮北市食品类门户网站“淮北食品网”。

(胡　元)

法治

■2016 年淮北市群众安全感为 95.35%，同比上升 0.82 个百分点

■2016 年，市中级人民法院被评为全省“司法宣传工作做出突出成绩的人民法院”

■2016 年，市司法局、杜集区分别荣获全国“六五”普法先进单位、先进县（市、区）称号

政法委及综治办

【深化“平安淮北”建设】 截至2016年，淮北市连续7年被评为全省综治工作（平安建设）先进市。对涉及群众利益的重要事项，进行经济效益和社会稳定风险“双评估”，制定出台《淮北市开展“第三方”社会稳定风险评估工作实施意见（试行）》。持续巩固和放大“村（居）民说事室”的示范带动作用，推行“一揽子”受理制度，实现基层治理重心从治标转向治本、从事后治理转向事前预防。积极预防和严厉打击违法犯罪活动。组织守护平安系列行动、“打盗窃、反电诈”破案会战等专项行动，依法严厉打击各类违法犯罪活动。加强农村地区治安防范，推行“4+1”警务模式（一村一警、一村一警务辅助人员、一村一支群防群治巡逻队伍、一村一套视频监控系统，警民联调），全市有119个村建立专职巡逻队，243个村建成视频监控系统。八类主要刑事案件总量下降10.5%；破案总数上升37.9%，破现案数上升24.5%。

【法治淮北建设】 年内，淮北市成立由市委、市政府主要负责人任组长、第一副组长的高规格市委全面推进依法治市领导小组。下设5个专项小组，制定工作规则，抓好依法治市重要举措的贯彻实施，将2016年工作细化分解为88小项，逐项明确责任单位、完成时限，及时出台考评细则，并将依法治市工作纳入全市目标管理绩效考核体系。创新开展江淮普法行、“12·4”国家宪法日、“4·15”国家安全教育日等普法活动，打造“校园第一课”等系列普法载体，开设主流媒体、微博微信系列普法平台，推行领导干部学法考法制度，全市正科级以上干部宪法法律知识网络测试参与率达99.2%。市司法局被评为全国“六五”普法先进单位。

【司法体制改革】 淮北市召开全市司法体制改革工作推进会和座谈会，研究解决司法体制改革中遇到的问题。稳步推进法官、检察官遴选工作，首批遴选的287名法官、检察官已经完成资格审查、考试、考核等工作。出台《关于全面深化公安改革的实施意见》，对任务进行分解，逐项明确完成时限和责任人、责任单位，警衔津贴标准调整及补发款项足额兑现。法院系统深化矛盾纠纷多元化解机制建设，立案前委派调解成功案件1235件，依法确认人民调解协议243份，执行仲裁裁决150件，省委深改办专题刊发淮北市的经验。

【政法队伍建设】 年内，淮北市加强政法队伍思想政治、执法能力、反腐倡廉等建设，提升政法干警的整体素质和执法水平。开展“两学一做”学习教育、“讲看齐、见行动”学习讨论，不断强化“四个意识”。研究制定《贯彻落实习近平总书记视察安徽重要讲话精神实施意见》。各级政法机关有针对性地开展技能培训、岗位练兵，不断提升政法队伍思想政治素质和业务水平。严格落实全面从严治党主体责任和监督责任，推进政法系统惩治和预防腐败体系建设，加大廉政风险防控力度。贯彻落实中央八项规定和省、市有关规定精神，严格执行各项铁规禁令，防止各类腐败现象的发生。

法治政府建设

【行政体制改革】 市法制办公室对照《淮北市委全面深化改革领导小组2016年工作要点》，牵头的行政体制改革工作设置22项改革任务，17项改革任务已启动并顺利推进，4项改革任务在国家、省试点方案出台或工作部署后适时启动。

【健全决策机制】 淮北市建立“1+8+17+10”决策机制（“1”即《淮北市人民政府重大事项决策程序规定》，“8”即《淮北市人民政府重大事项决策公众参与办法》等8个办法，“17”即市政府17项重大决策事项管理办法及流程图，“10”即《淮北市人民政府常务会议工作规程》等10个重要会议工作规程和议事规则），全面提升市政府重大事项决策的科学化、民主化、法治化水平。制定“重大事项合法性审查流程图”，审查事项各环节更加规范、有序。审查重大事项168件，较上年增长167%，确保应审尽审。向省政府和市人大常委会备案33件，报备率100%。接受县区政府备案规范性文件44件，市政府部门备案9件。印发《关于全面建立政府法律顾问制度的意见》，修订市政府法律顾问管理办法。

【合法性审查】 市法制办建立重大行政执法决定法制审核制度。在公安、道路交通等领域开展执法全过程记录。加大案件评查力度，对市国土资源局等12家单位行政执法卷宗进行评查通报。对全市公共服务清单、中介服务清单和按法定途径分类处理信访的2000多项流程进行合法性审查，基本做到“凡是纳入合法性审查范围的，必须进行合法性审查，凡未经合法性审查或者经审查不合法的，不得安排上会讨论，不得提请领导审签”。

【行政复议】 市法制办发挥复议化解矛盾主渠道作用，收到行政复议申请38件，审结31件，中止3件，其中涉及行政征收、拆迁补偿的案件占比较大。已审结案件中，撤销原行政行为的1件，通过调解和解等方式间接纠错16件，综合纠错率为43%；推进行政机关负责人出庭应诉，市级出庭率从年初的13.33%提升到50%。办结以市政府为被告案件10件，结案4件。

【行政执法人员资格管理】 年内，市法制办落实行政执法人员资格认证管理和持证上岗制度。全年对2420人执法考试资格进行审查并组织培训考试。审核办理行政执法证件1145件。发放行政执法证件788件。开展行政执法证件清理工作，共清理收回证件304个。

【仲裁制度】 市法制办积极推行仲裁制度，深入开展“两化”（受理案件多样化、纠纷处理多元化）试点，维护市场经济秩序和当事人合法权益，受理案件376件，审结338件，同比增长26%。

公　安

2016年，全市公安机关围绕争创“全国社会治安综合治理优秀城市”的目标，以打造“五个公安”（忠诚公安、为民公安、法治公安、创新公安、效能公安）为着力点，以“四项建设”（基础信息化、警务实战化、执法规范化、队伍正规化）为重点，以“守护平安”系列行动为载体，以岗位争先活动为保障，确保全市社会大局稳定、治安局势稳定、公共安全管理形势稳定、公安队伍稳定及执法安全，公安工作呈现出“五降五升”的良好态势：刑事案件发案数下降7.2%、八类案件发案数下降10.5%、交通事故起数下降8%、火灾起数下降18%、信访总量下降4.9%；破案总数上升37.9%、破现案数上升24.5%、刑事拘留数上升3.1%、提请逮捕数上升13.1%、移送审查起诉数上升16.9%。省统计局调查显示，2016年淮北市群众安全感为95.35%，同比上升0.82个百分点；群众对公安工作满意度为94.9%，同比上升3.11个百分点，安全感和满意度双提升，均高于全省平均水平，其中群众对公安工作满意度位居全省第一。

【维稳工作】 年内，公安机关深化维稳情报信息周分析、月研判、季总结，重要节点每日情报会商。坚持特警、武警联勤联值。建立涉法涉诉信访事项导入法定程序机制，律师参与化解和代理涉法涉诉信访案件34批100余人次。充分发挥“警民联调”作用，有效化解各类矛盾纠纷3900余起。

【严厉打击犯罪活动】 2016年现发的11起命案全部快侦快破，连破2起20年以上命案积案。打掉恶势力团伙16个，判决成员115人，涉黑恶网逃清网率达100%。破获经济犯罪案件43起，挽回损失2.4亿元，同比上升730%。在“百亿口子”行动中侦办案件12起，挽回损失160余万元。开展“打盗窃、反电诈机制健全、效能提升年”活动，破获侵财案件1893起，同比增长47.9%。市“反电诈”中心受理电信网络类诈骗警情872起，避免群众损失300余万元，诈骗电话拦截成功率达97.6%。破获部、厅目标毒品案件4起，缴获毒品4公斤，斩断广东、湖北及阜阳临泉通往淮北市的毒通道。破获黄赌案件119起，抓获违法犯罪人员143人，黄赌警情同比下降34.1%。破获涉枪涉爆案件6起，成功抓获4名部督涉爆逃犯。破获涉拐案件2起，解救6名妇女儿童。查破“赵某非法经营疫苗案”等17起“四黑四害”案件，其中厅督案件8起，受到省厅领导充分肯定。按照市“两办”《关于持续推进立体化数字化社会治安防控体系建设的意见》，整合贯通“六张防控网”（情报信息网、基础防范网、视频监控网、网络管控网、打击整治网和区域协防网），织密治安防控体系，盗窃、抢劫、抢夺、电信网络诈骗等可防性案件分别下降4.9%、44.6%、71.4%、22.1%，有力维护社会治安大局稳定。

【社会治安面管控】 年内，争取市政府支持，设立公共安全隐患、违法行为举报奖励基金，出台《淮北市贯彻落实〈安徽省严重精神障碍患者监护人申领监护管理补贴暂行办法〉实施方案》，提高群众参与管理的积极性。全年7次启动高等级巡逻防控和戒备勤务，完成全国、省市“两会”及G20峰会、“相山古庙会”、市第八次党代会等70余次大型活动安保任务。开展“三超一疲劳”（超速、超员、超载和疲劳驾驶）、酒驾、毒驾等突出违法行为整治，开展64次集中统一行动，查处违法行为58万起。全年发生442起一般以上道路交通事故，造成67人死亡，同比分别下降8%、3%。对全市9587家社会单位开展消防安全检查，整改火灾隐患1.1万余处，全年火灾起数下降18%，实现无亡人火灾、无较大以上财产损失火灾、无消防执法带来的负面影响“三无目标”。加强散装汽油、危爆物品管理，实现危爆物品零流失、零被盗、零炸响的“三零目标”。全警动员、全力以赴做好文明城市创建工作，取得城区道路管控力度明显提升、通行秩序明显提升、市民文明出行意识明显提升、公安队伍形象明显提升的良好成效。

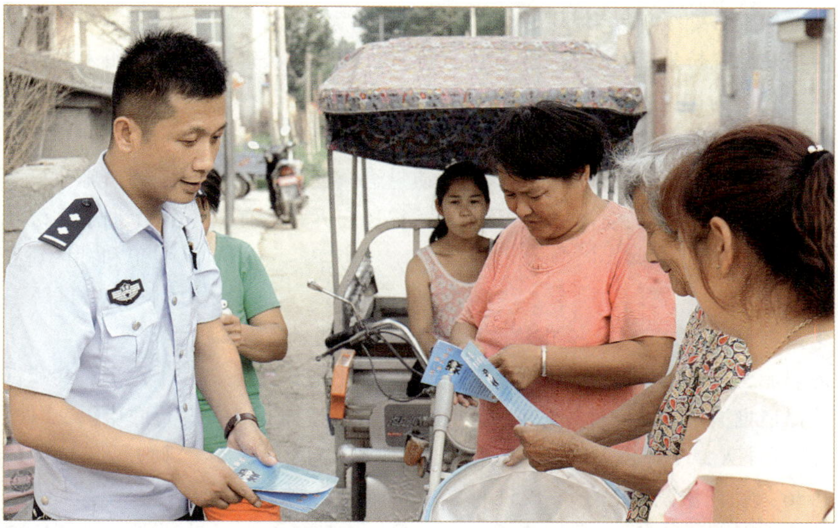

社区民警深入社区走访宣传

【夯实基层基础】 年内，公安机关推进农村警务“四个一”建设（一村一警、一村一辅警、一村一支巡逻队、一村一套视频监控），做法被《人民公安报》、新华网刊发，并在全省推广。推进基础信息化建设，完成“平安工程”一期1150个高清监控点上图工作，二期1800处监控点共建成300余处。推进警务实战化建设，以视频动态巡查为依托，以扁平化、可视化、点对点指挥调度为保障，设立11处巡逻警车执勤点，平均出警速度提高到3分12秒；全市布建固定卡点8个、机动卡点10个，每周不少于2次设卡盘查，抓获各类违法犯罪人员260余人。推进执法规范化建设，全面落实执法办案场所管理使用“四个一律”［违法犯罪嫌疑人被带至公安机关后一律直接带入办案区，严禁违反规定带出办案区讯（询）问；进入办案区后一律先进行人身检查和信息采集；违法犯罪嫌疑人在办案区内一律要有人负责看管；在办案区内开展执法活动一律要有视频监控并记录］，刑事案件归口法制部门“统一审核、统一出口、统一接受”，按时开展执法质量三级评审；依法办理行政复议、行政诉讼案件，实现复议无撤销、诉讼无败诉；向社会公布287项行政处罚、30项行政强制裁量基准，以及83项行政审批、备案等监管措施内容，方便群众办事。推进队伍正规化建设，落实全面从严治党、从严治警要求，深化“两学一做”学习教育，开展“淮北转型靠什么、我为崛起做什么”大讨论、“讲看齐、见行动”学习讨论，树牢广大民警的“四个意识”。重新修订党风廉政建设责任书内容，全面落实“两个责任”。严格执行中央八项规定和改进作风系列要求，开展为期一个月的“强作风、严纪律、促发展”作风纪律专项教育整顿。综合运用监督执纪“四种形态”抓早抓小，严防发生违法违纪行为。推行教育训练学分制管理，20期“轮训轮值、战训合一”培训班培训民警990人次，与新疆石河子市公安局建立素质强警交流机制，定期交流，共促提升。

【深化公安改革】 公安机关全面贯彻市委办、市政府办《关于全面深化公安改革的实施意见》，主动融入淮北转型崛起大局，出台《淮北市公安局服务发展服务群众十二项举措》《淮北市公安局服务转型崛起十二项举措》，从户籍管理、车驾管、出入境、消防、服务企业等方面入手，进一步降低门槛、放宽政策，便企利民、提速增效。拓展“互联网+”服务，全市公安机关35个微博、15个微信公众号及门户网站，嵌入户政、出入境、消防、车驾管等多种公安业务，市民通过服务平台可随时随地办理业务，杜集分局石台派出所“互联网+”警务创新被省厅推广。开通服务企业热线电话，24小时受理投诉、举报、咨询等事项，真诚为企业办实事好事。出入境管理部门开通预约办证绿色通道，为到淮北市外籍人员提供“点对点”跟踪服务，审批公民出国境同比增长10%。

【提升公安公共关系】 2016年，全市公安机关深入推进政风行风建设，办理人大建议、政协提案23件，为群众解决实际问题30个；7次召开新闻发布会，组织拍摄8部微电影，《攻毒》《爱无界》分获安徽省2016年“弘扬社会主义核心价值观·共筑中国梦”原创网络节目三等奖；“淮北公安”1条微信入围公安部“三微”大赛评选，交警支队、濉溪县局微博被评为全省优秀公安微博，濉溪县公安局警察公共关系中心多次受到省厅和市领导表扬；全市公安机关在广播、电视、报刊、网络等各类媒体刊发稿件2612篇，其中国家级158篇、省级536篇、市级1918篇。

检　察

【查办职务犯罪】 2016年，全市检察机关共立案侦查职务犯罪案件38件、55人，其中涉嫌贪污贿赂、挪用公款犯罪44人，渎职侵权犯罪11人。立案侦查贪污贿赂、挪用公款大案25件，其中百万元以上特大案件5件，立案侦查县处级领导干部职务犯罪要案 4 人，如安徽省博物院原院长朱某某受贿 130 余万元案件。通过依法查办案件，为国家和企业挽回经济损失 6500 余万元。在办理职务犯罪案件时注重侦查办案质量保障机制建设，规范侦查行为，严格证据标准，办案质量进一步提高。全年办理职务犯罪案件的侦结及时率、移送起诉率和有罪判决率均为 100%。

【审查批捕、公诉】 全市检察机关认真履行批捕、起诉职能，依法严厉打击各类刑事犯罪，全年受理公安机关提请批捕案件 990 件、1296 人，经审查批准逮捕 668 件、851 人；受理公安机关移送审查起诉案件 1418 件、1986 人，向法院提起公诉 1251 件、1756 人，已判决案件的有罪判决率为 100%。突出对严重暴力犯罪、多发性侵财犯罪的惩治力度，依法起诉“e 租宝”等涉众型经济犯罪案件 4 人，起诉故意杀人、抢劫等严重暴力犯罪 31 人，起诉盗窃、诈骗、抢夺等多发性侵财犯罪 295 人，起诉毒品犯罪 61 人，努力维护社会稳定。坚持宽严相济刑事政策，对轻微犯罪依法不起诉 45 人，综合运用简易程序、量刑建议、刑事和解和检调对接，化解矛盾，促进和谐。

【立案监督和侦查监督】 全市检察机关共办理立案监督案件 31 件。注重防错防漏，依法不批准逮捕 434 人，纠正漏捕 9 人，纠正漏诉 33 人。共提出书面、口头纠正违法行为 28 次，发出检察建议 16 件，进一步规范侦查行为。

【刑事审判监督和刑罚执行监督】 市人民检察院对法院量刑畸轻畸重的刑事判决、裁定，依法提出抗诉 11 件，已改判 7 件，发回重审 1 件。组织开展集中清理判处实刑罪犯未执行刑罚和财产刑执行专项检查，对看守所开展执法检查和安全检查 27 次，依法纠正刑罚执行过程中的违法情形 51 次；开展羁押必要性审查，提出变更强制措施建议 20 件，催办即将到期案件 45 人次，全市各个刑事诉讼环节继续保持无超期羁押。考察监外执行罪犯和社区矫正人员 2258 人次，向司法行政机关建议对 5 名社区矫正人员收监执行。

【民事审判和行政诉讼监督】 全市检察机关受理民事行政申诉 22 件，立案审查 16 件，提请抗诉 5 件。对不服法院正确裁判的当事人，积极做好息诉服判工作。

【控告申诉检察】 全市检察机关严把导入关、质量关、期限关，全面开展释法说理、检调对接、公开听证等工作，坚守法治思维和法律底线，确保符合条件的信访案件在法治渠道内得到妥善解决。加大司法救助力度，彰显司法人文关怀，积极救助生活困难的刑事被害人及其近亲属。坚持和完善“检察长接待日”制度，共受理群众举报、控告、申诉 94 件，办理申诉案件 16 件，妥善处理疑难复杂信访案件 8 件。

【职务犯罪预防】 全市检察机关结合宣传新修订的《安徽省预防职务犯罪工作条例》，围绕“国企改革、保护生态环境、民生扶贫政策、三农建设、公共投资安全”五大领域，深入开展预防职务犯罪进机关、进企业、进项目、进乡村、进学校、进社区活动 70 余次，组织开展警示教育 50 余次。开展预防调查，对案件特点、发案规律及原因进行认真分析研究，提出有针对性的检察建议 26 件。及时提交惩防职务犯罪年度报告，为党委、政府提供决策参考。推动实现招投标平台行贿犯罪档案查询全覆盖，向社会提供查询服务 2600 余人次。

11 月 3 日，市人大常委会副主任李晓光到市人民检察院调研反贪工作

【检察队伍建设】 全市检察机关开展“两学一做”学习教育，引导干警进一步增强党性修养，强化宗旨意识，营造“人人争当合格党员”的良好氛围。深入开展“讲看齐、见行动”学习讨论，突出检察特色，引导干警牢固树立“四个意识”，进一步增强履职尽责的责任感和使命感，奋力开启护航淮北转型崛起的新实践。开展全员培训、分类培训，通过技能比武、岗位练兵、检学共

建、在线学习等方式，努力提高检察队伍整体素质。联合西南政法大学和厦门大学开展3期检察素质能力培训，260余名干警参加培训。严格执行中央八项规定和省委30条、市委20条规定，大力强化作风建设。认真落实党风廉政建设“两个责任”，建立健全防范约束机制，积极推进惩治和预防腐败体系建设，检察人员严格、公正、文明执法的自觉性进一步增强。全年全市检察机关未发生一起干警违法违纪案件。

【推进检察体制改革】 市人民检察院坚持正确政治方向，围绕检察人员分类管理、完善司法责任制等改革任务，有序推进检察改革工作。推进检察官员额制改革，全市首批132名检察官通过层层选拔全部选任到位，其中包括市院7名年轻助检员，确保业务水平高、司法能力强、能独立办案的检察人员留在员额内。组织开展检察官助理选任工作，62人转任助理岗位。抓住检察官办案责任制改革这个重点，突出检察官司法主体地位，突出对检察权的监督制约，明确权力清单，强化监督刚性，确保提升公正司法能力的改革目标落到实处。

【诉讼制度改革】 全市检察机关全面贯彻证据裁判规则，依法收集、固定、审查和运用证据，提高查办职务犯罪、审查逮捕和审查起诉质量，2016年未出现无罪、捕后撤案等案件。充分发挥检察机关在审前程序中的主导作用，强化对侦查取证的监督引导，提前介入20余件重大刑事案件引导侦查取证。健全落实罪刑法定、疑罪从无、非法证据排除的制度机制，切实防止刑事案件“带病”进入审判程序。

（孙 勇 王 标）

法 院

2016年，全市各级法院共受理案件37459件，审执结34967件，结案标的额73.9亿元，同比分别上升51.8%、71.1%、44.3%；其中，市中级人民法院受理案件2987件，审执结2664件，同比分别上升16.6%、39%。

【刑事审判】 全市各级法院受理刑事案件1713件，审结1561件，判处1685人。严惩杀人、故意伤害、抢劫等严重暴力犯罪，审结王开中暴力伤医等案件733件，判处812人；依法打击电信网络诈骗、集资诈骗、非法吸收公众存款等涉众型经济犯罪，审结孟祥顺、豆杰集资诈骗等案件34件，判处45人；打击毒品犯罪，审结郝汝桥贩毒等案件44件，判处65人；加大对制假售假犯罪的打击力度，审结陈增海销售疫区牛肉等案件27件，判处39人；依法惩治污染环境、破坏资源犯罪，审结朱正理盗伐林木等案件12件，判处17人；依法惩处职务犯罪，审结市政府原副秘书长梁作荣受贿滥用职权、烈山社区刘大伟“小官巨贪”等案件135件，判处157人；推行圆桌审判，审结未成年人犯罪案件87件，其中判处缓刑、管制和免予刑事处罚44人。

【民事审判】 全市各级法院受理民商事案件21197件，审结19927件，标的额54.3亿元。审结民间借贷、担保案件5226件；审结建设工程施工、房屋买卖合同纠纷1565件；审结股权转让、融资租赁、公司清算等案件69件；审结金融借款、票据、保险等案件1659件；审结前岭、百善、孟庄3个煤矿破产清算案件；积极探索知识产权审判“三合一”工作机制，审结知识产权案件88件；开展“去产能、去库存”、服务重大项目重点工程及棚户区改造司法调研，出台为全市供给侧结构性改革、为重大项目重点工程推进及棚户区改造提供司法保障和服务的意见；审结安徽省首例房地产破产和解“金百合”案，新华社《国内动态清样》专题报道，最高人民法院院长周强批示要求总结推广破产和解“淮北模式”，省高级人民法院院长张坚、市委书记黄晓武及其他市领导批示肯定法院创新精神。

【行政审判】 全市各级法院受理行政案件643件，审结612件。依法审理房屋土地征收补偿、拆迁安置案件330件；支持公正执法，依法审结社会治安、城市管理、公路运输、城乡规划等行政处罚案件87件。依法受理国家赔偿案件11件，为合法权益受损的当事人畅通救济渠道。

【司法公开】 全市各级法院强化案件流程信息化管理，严控节点，及时催办、督办，确保均衡结案。修订完善委托鉴定、评估、拍卖工作办法，推行网络拍卖，对送达、评估严格期限要求，着力破解“送达难”“评估慢”问题。推进人民法院信息化3.0版、“智慧法院”建设，运用大数据加强审判态势监测分析，向信息化要管理、要效率，在全省人民法院审判管理工作会议上作经验介绍。深化司法公开四大平台建设，视频直播庭审1242场。深入开展法治宣传，举办新闻发布会46场、法院开放日49次，组织法官送法进机关、进社区、进校园、进企业，积极运用传统媒体、新媒体、自媒体展示审判执行工作成效，制作宣传片、微电影8部，推送微博19292条、微信1916条，被评为全省“司法宣传工作做出突出成绩的人民法院”。

【审判监督】 市中级人民法院发挥审判监督职能，审结二审案件1422件，改判发回重审率8.9%，一审案件质量保持全省领先水平。加大审判监督力度，审结申诉、申请再审、抗诉案件42件，改判2件，依法纠正错误裁判，维护正确裁判的既判力。邀请人大代表、政协委员、资深检察官、高校教师、知名律师开展“五类案件”（抗诉、发改、审理周期过长、申诉信访、重大敏感等五类案件）评查，评查案件249件，纠正案件瑕疵，提高审判质量。

【司法服务】 全市各级法院审理婚姻家庭、人身损害赔偿、消费者权益保护等案件4730件；审结赡养、抚养、扶养纠纷及拖欠农民工工资案件608件；平衡劳资双方利益，妥善化解劳动争议3721件；加大司法救助力度，缓减免收诉讼费、发放司法救助金110余万元。推进“互联网+诉讼服务”，完善诉讼服务网、“12368”热线等信息化平台，网上立案14418件，热线解答群众咨询1044人次；在乡镇、社区设立“法官工作室”“驻村调解室”29个；设立“多元化解中心”，新增“两代表一委员”调解、网上调解等15个特色窗口，与市文旅体委、妇联、消保委、侨联、保协等部门联合出台诉调对接工作意见。全市各级法院诉前委派调解案件473件，诉中委托调解案件176件，依法确认人民调解协议604份，民商事案件调撤率达72.4%，被省委、市委改革办信息专题刊发。

【破解执行难问题】 全市各级法院共受理执行案件7449件，执结6441件，到位标的额7.7亿元。与不动产登记、商业银行等部门实现信息资源共享，查询房屋1320套、土地133宗、存款25.6亿元；利用电视、报纸、网络、社区公告栏等媒介公布失信被执行人名单8918人次；首发执行悬赏公告，最大限度压缩“老赖”规避执行空间；在全省率先开展“百日执行会战”“集中打击拒不执行判决、裁定等犯罪行为”专项活动，集中执行案件1949件，执结标的额3.4亿元，司法拘留114人次，追究刑事责任14人，《人民法院报》整版进行报道，并在全省法院执行工作会议上作经验介绍。

【司法改革】 市中级人民法院扎实推进员额制改革，完成首批法官遴选工作。按照省高院核定的员额法官比例要求，采取“考试+考核”方式，从全市262名审判员、助理审判员中遴选155名员额法官，并预留26个名额用于补充年轻优秀法官。着力健全权责统一、监督有序的审判权运行机制，实现“让审理者裁判、由裁判者负责”。深入推进院领导带头办案，全市法院院领导、审委会委员审理案件1341件。完善审判长联席会议、专业法官会议制度，把关重大疑难复杂案件。引入律师参与化解和代理信访案件，处理来信来访417件次，化解107件；推进以审判为中心的诉讼制度改革，推进庭审实质化；适用小额诉讼程序审结案件1924件，简易程序适用率达60.1%；成立执行裁决合议庭，审结执行异议复议案件297件；深化家事审判改革，相山区人民法院被确定为全省法院家事审判改革试点单位。

【队伍建设】 市中级人民法院加强机关党建工作，完善党组中心组学习制度，院领导创新形式讲党课，强化理论武装，坚定理想信念，1个党支部被评为“全省法院示范党支部”，3个基层党组织被评为“全市先进基层党组织”。连线“安徽法院大讲堂”开展网络化培训，举办“淮北法苑讲堂”，提升法官定纷止争能力。大力提升干警学术研究水平，成功中标全省法院重点调研课题，2篇论文在最高法院获奖，50条信息被最高人民法院、省委、省高级人民法院、市委采用，信息工作排名全省法院第二，被评为“全省法院信息工作先进集体”。严格执行《关于新形势下党内政治生活的若干准则》和《中国共产党党内监督条例》，强化党规党纪刚性约束。自觉对标巡视“回头看”反馈问题，开展“酒桌办公”、违规发放津补贴等专项整治，确保问题改彻底、改到位。完善中级人民法院党组主体责任、专责机关监督责任、党员领导干部问责“三个清单”，开展廉政谈话、司法廉洁集中教育等活动，构建全方位监督制约体系。创新全市各级法院纪检监察部门统一调度办案制度，以“零容忍”态度严查违纪违法行为。

（谭晓虎　王　波）

司法行政

2016年，市司法局、杜集区等2家单位（县、区）荣获全国“六五”普法先进单位、先进县（市、区）称号，相山区司法局局长程启军被评为全国法治宣传教育先进个人，城乡建委等6家单位获安徽省“六五”普法先进单位。市法律援助中心获全省“敬老文明号”，北方之光律师事务所获“第五届全国法律援助工作先进集体”称号。

【法律援助】 年内，淮北市成立法律援助民生工程领导小组，召开全市法律援助工作会议，与县区签订目标责任书，强化部门责任，以市委办、市政府办名义印发《淮北市关于完善法律援助制度的实施意见》，降低法律援助门槛，与财政局联合下发经费管理办法，建立补贴发放与办案质量挂钩的奖惩机制，加强法律援助工作政策保障。依托法律援助工作站、点开展“法律援助走基层”活动，通过法援骑行队、法律援助大讲堂等平台开展进乡村、进社区、进校园、进工地、进监所及助老、助残等走访活动56次。拓宽宣传渠道，投入15万元建设公交电子屏和社区宣传栏，利用电视台、电台《行风热线》《民生热线》《法在身边》和“法韵淮北”微信公众号，宣传法律援助民生工程政策，发布信息220余条，印发一批民生工程宣传资料和物品，扩大法律援助知晓率。规范法律援助案件卷宗质量，全面推行律师值班和“点援制”，推进援务公开，健全投诉处理机制，不断提高法律援助质效。加强公、检、法、司部门协作，推动法援工作有效衔接，扩大刑事案件案源。全年全市法律援助机构受理法律援助案件2559件，占全年案件总数的107%。

3月1日，“精致淮北·法治力量”淮北法治人物颁奖典礼在市广电中心举行

【“精致淮北·法治力量”颁奖典礼】 3月1日，由市委政法委、市委宣传部、市司法局、市依法治市办联合主办的“精致淮北·法治力量”淮北法治人物颁奖典礼在市广电中心举行。市委书记、市人大常委会主任肖超英，省司法厅党委委员、政治部主任黄冰霓出席颁奖典礼并为法治人物颁奖。淮北日报社淮北晨刊记者部副主任徐志勤、濉溪县临涣镇法律服务所王士宏等10人荣获“淮北法治人物”称号。皖北煤电集团公司恒源煤矿关工委王匡忠等10人获“淮北法治人物”提名奖。市总工会决定授予徐志勤等9名法治人物“淮北市五一劳动奖章”，授予相山区人民法院少年法庭“淮北市工人先锋号”称号。

【法治宣传教育】 年内，成立市法治宣传教育工作领导小组，召开第一次全体会议，完成2015年度法治宣传教育考核，下发2016年度重点普法目录、成员单位普法任务、普法责任制意见和以案释法实施意见，强化部门普法责任。联合有关部门开展公民旁听庭审、棚户区改造法律宣传、法治宣传进工地和法治宣传“四百”行动等，进一步凝聚法治宣传教育合力。推进全媒体普法，制作《法治时空》23期、“法在身边”广播220期，“两微”发布法治宣传信息2000余条；全市3条线路60辆公交车电子显示屏全天滚动播放普法视频。推进市级法治宣传基地建设，落实建设用房320平方米和建设经费50万元。组织全市正科级以上领导干部年度宪法法律知识网络测试，参与率达99.2%；深入开展“校园第一课”品牌活动，联合市中级人民法院、市教育局、市妇联在全市中小学举行“与法同行　呵护成长”法治宣传进校园“五个一”活动108次。开展特色普法活动，全面启动以“十个一”为内容的“江淮普法行”系列活动，首批招募百名“七五”普法志愿者，在4个美好乡村试点村启动“互联网+法治宣传”行动；部署“法律六进”集中宣传月活动，组织“12·4”国家宪法日启动仪式暨普法志愿者誓师大会，招募10支近千名志愿者队伍，在500个窗口单位摆放普法资料，组织160名社区群众“行走普法”，开展法治文艺巡演，动员成员单位和律师事务所全市送法进基层，掀起新一轮普法高潮。利用综治宣传月、《中华人民共和国反家庭暴力法》实施、食品博览会、相山庙会、石榴节等重要节点，集中发放各种宣传材料5万余份，惠及群众10万余人。

【社区矫正工作】 淮北市将社区矫正“队建制”机构建设纳入市委全面深化改革重点任务和市政协重点提案，市编委会批复社区矫正队建制机构，增设机构和领导职数，社区矫正队建制模式正式建立。推进社区矫正规范化建设，以市委办、市政府办名义出台《关于进一步加强社区矫正工作的实施意见》，完善社区矫正公检法司联合执法检查和联席会议制度，出台《淮北市社区矫正执法监督暂行规定》。强化监管措施，组织“两个专项”活动，加强节日和重大活动的重点监督，加强手机定位、刷证报到、执法记录仪等信息手段应用。强化社会参与，在全省率先实行暂予监外执行人员病情复核定点检查制度，购买专业心理矫治服务10场次，联合民盟举办黄丝带帮教活动9场次。创新社区矫正工作载体，新开辟“新生林”公益劳动基地40亩，实施阳光关爱行动救助困难群众50人，开展县区交互式执法监督和卷宗评查，确保社区矫正工作绩效始终保持全省前列。2016年，全市共接收矫正人员637人，解除矫正733人，在册社区服刑人员1093人，刷证报到率和定位成功率分别在99%和95%以上。

【安置帮教】 市司法局加强刑释人员日常管理，建立一人一档，做到重点衔接率达到100%；完善信息核查通报制度，信息核实成功率、核查反馈率和回执率均达100%；推进远程探视会见系统建设，构建监所、基地、家庭三方联动帮教体系，对全市专网电话实行统一采购、安装、调试，全市共实现探视18例。推进项目化安置帮教，借助“双向联系”平台，与白湖监狱管理分局联合设立“阳光关爱”和“创业扶助”工作项目，组织开展阳光关爱行动和送岗位进监所活动。2016年，全市刑满释放人员在册1652人，衔接帮教率达100%。

【人民调解】 市司法局健全乡镇、村（社区）人民调解组织网络，重点建设专业型行业性人民调解组织，人民调解向涉法涉诉、劳资纠纷、拆迁纠纷、“3·15”维权、非公企业以及环境纠纷等领域延伸。连续开展3届“最美人民调解员”评选，培育茶馆调解能手王士宏，医调委首席调解员李宗玉等先进典型，其中李宗玉还走上安徽电视台《帮女郎》栏目。全年共调解各类案件10002件，调解成功9920件，成功率达99%以上，调处医患纠纷133件，调处道路交通纠纷267件。

【推进公共法律服务体系建设】 市司法局如期完成实体平台建设，市、县（区）、镇（街道）、村（社区）四级司法行政服务平台实现全覆盖；网络平台纳入智慧城市建设，3项法律服务下沉到社区（村）、4项服务进入网上办事大厅、28项权力事项实现网上办理，通过市社会管理服务一站通运行；加快推进司法行政公共法律服务平台建设，积极申请纳入市政府2017年重大项目和市财政预算。

【提升法律服务质效】 市司法局起草《关于在全市推行法律顾问制度的意见》，推动全市普遍建立法律顾问制度，市委、市政府及40家政府部门均已聘请法律顾问。发挥法律服务维稳功效，成立农民工工资清欠工作站，办理农民讨薪案件60余件，积极为全市棚户区改造提供保全证据公证服务，推行私人“家事公证服务”，组织资深律师陪同市领导接访62次，参与化解代理涉法涉诉信访113次。深化法律公益服务，组织律师参与妇女维权月、学雷锋宣传月、律师宣传日、读者节、律师进社区等公益普法活动50多次，招募1名“1+1”法律援助志愿者远赴贵州锦屏开展工作。新设两家律师事务所、一家司法鉴定机构，升级一所司法鉴定中心。建立律师、基层法律服务者等执业人员诚信档案并纳入年度执业检查考核，开展诚信等级评定，推进行业诚信体系建设。

【律师事务】 2016年，全市办理律师业务3935件，业务创收3035万余元；办理公证业务7094件，业务量同比增长28%，收费同比增长10%；司法鉴定业务同比增长58.4%，鉴定收入同比增长8.3%；基层法律服务工作者代理各类案件1113件。

（姜萌萌）

工业

■ 2016 年，淮北市规模以上工业实现增加值 463.7 亿元，增长 3.2%

■ 煤炭行业完成工业总产值 214.11 亿元，同比下降 0.34%；累计完成工业增加值 97.82 亿元，同比下降 4%

■ 2016 年，煤化工基地焦化二期、卓泰一期建成投产，填补淮北市“有焦无化”的空白

■ 食品行业完成工业总产值 383.86 亿元，同比增长 2.7%；累计完成工业增加值 74.44 亿元，同比增长 5.4%

■ 新型建材业完成工业总产值 162.43 亿元，同比增长 6.90%；累计完成工业增加值 40.11 亿元，同比增长 6.4%

综　述

2016年，面对宏观经济下行和煤炭行业去产能的双重压力，淮北市扎实推进“去降补”，全面实施“调转促”，精准施策稳增长，全市工业经济呈现缓中趋稳、稳中向好的运行态势。

【工业运行企稳向好】 年内，煤炭价格回暖，六大行业回升，新增109户规模企业拉动，规模以上工业全年实现增加值463.7亿元，增长3.2%，增速比一季度、上半年和前三季度分别提高4.1百分点、2.4百分点和0.7个百分点。企业效益大幅增长，利税、利润分别增长45.8%和122.6%，增速均居全省第2位。亏损企业亏损额2.3亿元，比上年减亏34亿元，同比下降93.6%。

【供给侧结构性改革扎实推进】 淮北市积极稳妥去产能，全力支持煤炭企业脱困转型发展，全市压缩煤炭过剩产能489万吨，妥善安置分流职工9789名，两大煤炭企业实现扭亏为盈。引导企业拓市场、压库存、压两项资金占用，规模以上工业企业产成品库存下降17.7%，应收账款净额下降6%。制定落实市降成本减负担21条政策措施，打出降成本“组合拳”，规模以上工业企业每百元主营业务收入成本下降0.99元，企业期间费用下降1.5%；全市“减免抵退”各项税费10亿元，企业缓缴社保费11.2亿元，新增9户电力直接交易用户年节约购电成本1.6亿元，工商业电价实现“三连降”。聚焦项目补短板，“抓在建、促投产”，全年实施产业升级和技术改造重点项目164个、竣工58个，全市完成工业投资486.9亿元，其中技改投资192.1亿元。

【产业转型升级步伐加快】 年内，坚持规划引导，全市“十三五”工业发展规划、电子信息产业发展规划顺利通过专家组评审。突出项目带动，聚焦建链、延链、强链，集聚发展战略性新兴产业，改造提升传统产业。焦化二期建成试产、卓泰混合芳烃一期建成投产，填补“有焦无化”空白，形成新型煤化工产业规模优势。瑞科玛锂离子动力电池项目一期试产，金龙机电二期、企成电气等一批汽车零部件企业引进，延伸电子信息、铝基新材料产业链条，新一代信息技术、新材料产业产值增长31.6%和22.4%。平山电厂135万千瓦高效发电机组开工建设，相山海螺水泥日产4500吨水泥熟料项目加快建设，华孚现代纺织服装产业园签约。打造特色产业基地，濉溪县铝基高端金属材料基地跻身第二批省级基地，杜集高端装备制造基地获批国家火炬高新基地。全市战略性新兴产业产值占规模工业比重达15.4%，非煤工业、高新技术产业增加值占规模工业比重提升到71.7%和24.6%。

【创新创业活力提升】 9月，市委、市政府召开全市企业家创新创业大会，加快释放双创活力。新增私营企业4141户、个体工商户1.2万户，分别增长26.6%、14.6%。民营经济实现增加值445亿元，增长7%，占GDP比重提升到57%，对全市经济增长的贡献率达95%。口子酒业、昊晨食品等8家民营企业分别上榜2016安徽百强、民企营收百强和纳税百强、进出口百强，33家企业在区域四板、3家企业在“新三板”挂牌。中意胶带跻身国家首批制造业单项冠军培育企业，龙波电气、科宝生物晋级省技术创新示范企业，安徽矿机电液控液压支架入选省首台（套）重大技术装备，宇鑫新型材料等4个产品进入“安徽工业精品”榜单，新认定国家高新技术企业21家，新增省级“专精特新”企业23家、企业技术中心5家，培育中国驰名商标5件。

（赖向宏）

煤炭工业

全市13家规模以上工业企业，2016年累计完成工业总产值214.11亿元，同比下降0.34%；累计完成工业增加值97.82亿元，同比下降4%。累计生产原煤4500.1万吨，洗煤1434.7万吨。从工业总产值所占比重看，占全市工业总量的11.7%，比2015年同期下降0.34个百分点；从工业增加值所占比重看，占全市工业总量的21.1%，比2015年同期下降4个百分点。2016年，全市压缩煤炭过剩产能489万吨，妥善安置分流职工9789名，顺利通过省和国家级勘察验收。省属企业扭亏增盈。

淮北矿业（集团）有限责任公司

【概况】 淮北矿业（集团）有限责任公司前身为淮北矿务局，始建于1958年5月，1998年改制为有限责任公司，同年由原煤炭部直属转为安徽省直属企业。公司是以煤电一体化、煤盐化工、现代物流为主导产业，以金融、现代服务为支持产业的国有大型企业。淮北矿区横跨淮北、宿州、亳州3个市，总面积9600平方公里，保有煤炭储量80.4亿吨，煤种主要有气煤、肥煤、焦煤、瘦煤、1/3 焦煤、贫煤，是国家“十二五”重点建设大型煤炭生产基地。

截至 2016 年年底，公司拥有生产矿井 20 对、在建矿井 1 对，炼焦煤选煤厂 4 座、动力煤选煤厂 7 座，是华东地区最大的冶炼精煤生产基地；具备年产 1200 万吨冶炼精煤、440 万吨焦炭，联产 40 万吨甲醇和 46 万吨 PVC 生产能力，集煤炭销售、物资贸易、航运港口、电子商务、供应链融资为一体的现代物流体系。全年商品煤产量 2830 万吨、精煤产量 1110 万吨，发电量 90 亿千瓦时，焦炭产量 245 万吨，聚氯乙烯产量 42 万吨；营业收入 515 亿元，其中煤炭收入 117 亿元；利润 5 亿元。

【生产经营】 公司做精做优煤炭产业，严格落实机械化、自动化、信息化、智能化“四化”建设实施方案，综采、综掘、巷修机械化程度分别达到 97%、79% 和 57%；按照国家去产能部署，对开采不经济、安全威胁大或资源枯竭的刘店矿、海孜矿（大井）、袁庄矿实施关闭退出，通过省、国家有关部门组织的验收；信湖矿先进产能置换获得国家发改委批准。坚持内强管理降成本、外拓市场增效益，推进华塑股份、雷鸣科化、临涣焦化、中利发电等非煤企业增盈创效，非煤产业实现全面盈利。严格资金集中管控，千方百计筹措资金，加大应收账款回收力度，加强政策研究和利用，保证资金链安全。加强安全管理，19 对矿井和所有地面单位实现安全生产。

【转型升级】 年内，焦化二期建成投产，盐化二期正式开工，雷鸣科化矿山项目投入生产。积极稳妥发展物流产业，实现贸易质量和经济效益双提升。加快发展金融产业，拓宽财务公司业务范围，成立投资公司；推进企业上市，雷鸣科化股票非公开发行通过证监会审核，华塑股份、相王健康、临涣水务、丰和农业等公司新三板挂牌有序推进。大力发展生活性服务业，相王健康医养结合项目西区投入运营、南区完工；服务外包呼叫中心项目首期业务正式运营；积极发展生产性服务业，外出托管煤矿 6 家、托管选煤厂 14 家；修造产业实现产值 3.2 亿元。

【改革创新】 公司深化体制机制改革，健全和落实负面清单管理模式，对华塑股份、临涣焦化等 7 家子公司下放薪酬管理、采购销售等权限；对外出托管项目部实行自主经营、自负盈亏；取消改制单位经费补贴，全部实行市场化运营，促进改制单位外拓市场、增收创效；完善机关与基层权责体系，全面梳理编制公司机关部门管理权力清单，下放第二批管理事权 44 项。强推内部市场化分配机制，生产经营单位市场化工资比重达 90% 以上；利用中层领导班子和中层管理人员年度考核结果，对不称职干部继续实行“召回制”，推进领导干部能上能下；持续精简组织机构和管技人员，全年净减少科级机构 235 个、管技人员 853 人。推进科技创新，全年有 9 项成果获得省级及以上表彰；淮北矿业股份、华塑股份、临涣焦化、金岩高岭土等 4 家单位被认定为国家级高新技术企业。积极推进商业模式创新，强化产品与市场的对接，实行“产选销运配”一体化，推行煤炭产品定制化生产，为马钢集团量身定做“一级焦”；大力发展电子商务，劣质煤和煤泥产品全部实现网上销售，部分物资实现网上采购。

【维护职工利益】 公司千方百计筹措资金，保证职工工资依据考核结果及时、足额发放和“五险一金”足额提取。出台《关于切实关心职工生活维护矿区稳定的实施意见》，实行月度保底工资，开展困难职工精准帮扶。“两节”送温暖 10720 户、大病医疗救助 1981 人、金秋助学 462 人，累计发放扶贫帮困资金 1530 万元。坚持将去产能矿井职工安置作为重中之重，制定并实施职工分流安置方案，严格落实国家奖补资金政策，坚决维护好职工切身利益。加强职工劳动保护和职业病防治，减轻职工劳动强度，严控井下职工超时作业；加强“两堂一舍”管理，推进物业后勤质量标准化，职工生产生活条件不断改善。

（魏　冬）

皖北煤电集团有限责任公司

2016 年，皖北煤电集团公司生产煤炭 1976 万吨，实现营业收入 295 亿元，盈利 0.5 亿元。

【推进减亏脱困】 公司把住经营实体“零亏损”底线，持续深化市场倒逼机制，推进经营实体分兵突围，多次调增预算指标，营业收入逐季攀升。实施省内省外一体化运作，按照边际贡献择机控放产能，根据市场变化适时调整价格，煤业全年盈利 10 亿元，同比减亏增盈 24 亿元。严格执行全面预算，积极争取政策资金，强化应收账款清收，资金保障能力稳步提升。全年资金集中度达 40%，同比提高 7 个百分点。推行融资工作项目化管理，用好省政府支持“三煤一钢”融资政策，争取银行业金融机构支持，创新开展应收账款信托、委托贷款等融资业务，全年完成融资 150 亿元，争取各类专项资金 2.3 亿元。

【化解过剩产能】 公司按照“总体规划、分步实施”原则，统筹做好人员安置、设备和材料回收、资产和债务处置、土地资源利用、安全生产、应急维稳和综合管理等重点工作，百善煤矿基本完成回撤任务，顺利通过关闭验收，退出150万吨产能。实施“一井一面”“一井两面”生产模式，省内煤矿全年减少活动采区12个，减少采掘队伍19支，采煤机械化程度同比提高2.4个百分点，综掘机械化程度同比提高18.3个百分点，平均单产同比增加18.9%。严格执行弹性工作日制度，全年同比减少产量211.3万吨，减幅达13%。主动压缩产能，核减任楼、祁东、五沟3对矿井生产能力160万吨，省内矿井生产能力核定为1450万吨。坚持把分流多元化作为核心任务，多元化转岗分流15110人，在岗人数下降35.5%；原煤生产效率达到1116吨/人，同比上升39.5%。实施“以矿托矿”，托管山西振义、南仙泉、新疆大黄山矿井安置员工919人。

【实施管理创新】 公司抓牢成本控制，改进考核机制，调减薪资总额，加强修旧利废，压缩4项费用，全年商品煤综合成本265元/吨，降幅25%。其中，省内330元/吨，下降115元；省外125元/吨，下降10元。抓住产销捆绑，实施销售单位和生产单位联责联利，开展销售订单式生产，按月组织召开产销对接会，倒逼生产单位合理组织生产，全年实现结构增效3.6亿元。省内煤炭期末库存8.1万吨，同比下降5.5万吨。抓稳企业改革，改制置业公司，托管2家物业，开设4家药房，开办老年护理职业培训学校，建设孟庄颐养老年公寓。组建国家水害防治研究中心，成立恒源芬雷选煤公司，撤销北方能化公司，调整加强皖煤矿业公司职能。

【消解运营风险】 公司多举措保障生产安全，推进新版《煤矿安全规程》对标，实施“一优三减”（优化系统，减面、减产、减人），加强隐患排查，强化员工培训，开展应急演练，全年煤业发生3起共3人死亡事故，百万吨死亡率0.142%，杜绝较大及以上事故，其他板块实现安全生产，给予矿处级领导31人次党纪政纪处分，其中撤职5人、降级3人、行政记大过7人、行政警告13人、党内严重警告3人次。朱集西煤矿正式投产，昌恒煤矿完成改扩建验收，西北能源化工公司获准试生产，中安项目获中石化党组同意复工，麻地梁煤矿股权回购正在实施，招贤煤矿等待核准，钱营孜电厂加快建设，光伏发电全面启动。控好经营风险，稳固资源市场，完善物贸网络，拓展优质客户，完成物贸收入220亿元。加大化工治亏增效力度，初步扭转淮化下滑态势。妥善处置法律纠纷，挽回损失5000万元。加强工程审计，核减工程款3151.5万元。

【全国煤矿推进安全基础建设现场会】 5月6日，全国煤矿推进安全基础建设现场会在皖北煤电集团召开。国家安全监管总局党组成员、副局长、国家煤矿安监局局长黄玉治出席会议并讲话。国家安全监管总局、国家煤矿安监局有关部门，各产煤省、市（区）和新疆兵团煤矿安全监管部门，各省级煤矿安监局，有关煤矿企业代表等单位相关负责人参加会议。会议组织参会人员对皖北煤电集团煤矿安全基础建设情况进行参观学习。

（王平利）

煤化工业

全市2家规模以上工业企业，2016年累计完成工业总产值30.7亿元，同比增长17.66%；累计完成工业增加值5.95亿元，同比下降1.6%。累计生产焦炭253.8万吨。从工业总产值所占比重看，占全市工业总量的1.7%，比2015年同期提高17.66个百分点；从工业增加值所占比重看，占全市工业总量的1.3%，比2015年同期下降1.6个百分点。2016年，煤化工基地焦化二期、卓泰一期建成投产，填补淮北市“有焦无化”的空白。

（张守斌）

临涣焦化股份有限公司

临涣焦化股份有限公司，是由淮北矿业集团有限责任公司、上海焦化有限公司、南京钢铁股份有限公司、杭州钢铁股份有限公司、五矿发展股份有限公司共同发起组建，其中淮北矿业为控股股东，持有51%的股份，其他四家分别持有15%、14%、10%、10%的股份。

临涣煤焦化综合利用项目，是安徽省861项目、振兴皖北经济1号工程，是淮北矿业“依托煤炭、延伸煤炭、超越煤炭”的支点型企业。项目概算投资50亿元，总规模为年产万吨焦炭440、联产40万吨甲醇，项目一次规划、分两期建设。一期工程于2005年6月开工建设，2010年9月转入正式生产阶段，累计完成投资26.6亿元。规模为年产220万吨焦炭，联产20万吨甲醇、8万吨粗苯精制。焦炭产品销往安徽、江苏、浙江等省的大型钢铁企业，2016年，研制生产的“低硫、特低磷”一级焦炭，出口印度、印度尼西亚等。其他化工产品重点流向山东济宁、江苏南京、安徽合肥等地。

濉溪县鸿源煤化有限公司

濉溪县鸿源煤化有限公司位于濉溪经济开发区海棠路1号，占地面积约430亩。公司成立于2004年9月27日，是以煤化工产业为主导，包括洗煤、炼焦、煤焦化工、热电联供、焦化营销、加工为一体的民营科技企业。公司注册资本1亿元，固定资产2.7亿元。有员工418人，其中高级工程师15人、中级职称以下65人。

2016年，公司生产焦炭13686孔，约合352350吨；生产焦油15228.69/吨，生产粗苯5127.43/吨，其中外供煤气4062.7万立方米。焦油产率达到44公斤/吨焦，粗苯产率达到14.86公斤/吨焦，洗油消耗398.94吨，达到79公斤/吨苯。全年累计变配电2209万千瓦时，提供地下水58.3万吨，生产软水12.3万吨，蒸汽10.5万吨，供风230万立方米，保证全公司水、电、汽、风的生产和生活需要；全年完成煤场收贮精煤16837车次，约51.8万吨，外发焦炭产品10394车次，约30万吨，往焦炉输送炼焦煤约51.5万吨。完成来煤贮存、配煤输送、焦炭输送、设备保养及检维修任务。

电力工业

2016年，全市11家规模以上工业企业累计完成工业总产值86.85亿元，同比增长18.65%；累计完成工业增加值27.3亿元，同比增长36.2%。累计完成发电量197.1亿千瓦时。从工业总产值所占比重看，占全市工业总量的4.7%，比2015年同期提高18.65个百分点；从工业增加值所占比重看，占全市工业总量的5.9%，比2015年同期提高36.2个百分点。总投资54亿元的平山电厂二期135万千瓦新型高效洁净低碳发电机组奠基。

大唐淮北发电厂

大唐淮北发电厂隶属于大唐安徽发电有限公司，是伴随着淮北煤炭基地的开发建设而同步发展起来的大型坑口火力发电厂。1969年开工建设，1973年投产。截至2016年年底，累计发电1700多亿千瓦时。3台机组在役运行，总容量为153万千瓦。

【提质增效】 发电厂坚持“价值思维，效益导向”，全力赶超发电计划，抢发边际利润高的电量；及时跟踪市场信息，根据电价、煤价情况和机组运行方式，合理安排代发电；认真研究电力体制改革政策，与优质大用户签订双边直供电协议并执行；将质量关口前移，与大矿供应商进行联合采样行动，净化自筹煤采购环境，从源头上杜绝亏吨亏卡现象发生，煤场未发生亏煤情况；树立全面计划和全面预算理念，预算指标可控在控，严格资金审批，减少资金占用，提高资金利用率。

【节能减排】 发电厂开展节能降耗，优化机组指标，虎山机组以创优质机组为目标，针对降低汽轮机热耗、提高锅炉效率、防止锅炉结焦、提高可靠性等方面开展技术攻关；推行小指标考核，降低飞灰含碳量，保持主参数压红线运行，减少启停次数，缩短启停时间，优化机组的可靠性、经济性指标。虎山2号机组大修完成检修项目1337项，机组指标持续向好；虎山1号机组超低排放改造后，顺利通过市环保部门监测

【安全生产】 发电厂吸取系统内外多起事故教训，扎实开展反事故行动，通过举一反三深入排查整改各类问题。落实集团公司安全生产“七个加强”（加强科技工作、技术管理、生产管理、教育培训、考核追责、统计分析、保险索赔）要求，抓好重点项目的安全管理，明确机组大修及环保改造的安全、文明生产目标，制定安全生产七项禁令，严格执行防范安全风险，虎山机组大修均安全顺利完成。高度重视设备隐患排查整治工作，结合机组调停、大修及超低排放改造，排查各类隐患，针对每条设备隐患明确责任单位、责任人、完成时间，根据整改情况及时兑现奖惩，全过程跟踪闭环管理，避免重大设备异常发生。扎实做好季节性安全大检查工作，结合“安全生产月”开展11项主题活动，增强全体职工的安全意识。

【外部市场】 发电厂大力开拓外部市场，凌云总公司完成曝气池改造等8项技改、清理项目，保障虎山机组安全用水；凌云宾馆开展全面整修，提升接待水平，优化营业环境。检修公司严格内部管理，引导职工转变观念，统一考核尺度，公开考核程序，理顺管理体系。在完成新、老厂区机组检修、技改、维护等项目的同时，承揽外部长期维护项目3个；完成外部市场大、小修项目4个；利用技术优势，对6家单位开展技术服务和劳务输出，多渠道创收。教培中心业务方向从基础培训向技能培训转变，完成各类培训11期，承办省公司集训和赛事3次，培训人员1100余人次，技能鉴定1371人次。

【绩效管理】 发电厂不断完善绩效考核系统，实现职工收入与企业效益挂钩、与工作效果挂钩，促进生产经

营指标向好。开展4期班组长培训班，193人参加培训，提升班组长的管理能力；将培训对象、培训方式等内容分解、细化，逐级考核、量化，严格闭环管理。3名选手被集团公司授予“优秀技能选手”称号，发电厂第14次被评为全国“安康杯”竞赛优胜单位。

【关爱职工】 发电厂广泛开展“两节”送温暖慰问活动和现场劳动保护监督检查，对参与虎山机组大修和外部市场的职工进行慰问，通过“金秋助学”活动为困难职工子女落实助学款，继续推进互助保障计划，为大病和受意外伤害职工排忧解难。对小学校操场进行全面整治，新增加休闲场所近1500平方米，新增休闲、健身设施50余个，改善人文居住环境。集中展示12名劳动模范的事迹，树立先进典范，激发职工学习劳模的热情，在职工中引起强烈反响。

（李啸宇）

淮北国安电力有限公司

2016年，淮北国安电力有限公司被评为“全国优秀外商投资企业”，荣获全国“安康杯”劳动竞赛优胜单位、省国税局和地税局2015年度A级纳税单位、皖能集团2015年度先进单位、淮北市工业企业纳税二十强。

【安全生产】 公司实行安全风险抵押金制度，层层签订安全生产责任书，开展隐患排查治理和专项检查整治，加强机组检修和改造安全监管，开展1号、2号机组B、C修，机组6次临停检修，完成1号机组超低排放改造、煤场防尘抑尘网及干煤棚改造等工程。全年安全生产形势总体平稳，实现机组连续两年“无非停”目标。

【经营管理】 2016年，公司深入开展燃料对标管理，优化燃料采购结构，干煤泥掺烧量同比上年增加2.7倍，以灵活的策略和措施降低燃料成本；开拓直购电市场，提高机组负荷率，抢发效益电；以预算管理为龙头，各项管理费用同比大幅降低。年累计完成发电量24.16亿千瓦时，利润总额8000多万元。

【1号机组实现超低排放】 11月，公司1号机组超低排放改造工程通过专家组验收，标志着该公司成为淮北市首家1台机组实现超低排放的发电企业。超低排放改造完成后，1号机组三项大气排放指标均低于国家标准排放浓度，达到超低排放标准。排放烟尘浓度由25毫克/立方米降至10毫克/立方米以下，年减排量246吨；氮氧化物排放浓度由100毫克/立方米降至50毫克/立方米以下，年减排量490吨；二氧化硫排放浓度由80毫克/立方米降至35毫克/立方米以下，年减排量551吨。1号机组超低排放改造，是华东地区首台一体化改造技术，费用最省、工期最短。

【节能降耗】 公司开展节能降耗课题研究，“开展循环水加药研究”获皖能集团技术进步奖；投资近千万元实施煤场防尘抑尘网及干煤棚改造，解决煤场扬尘问题；进行全厂总排口废水回收利用改造，废水实现零排放。

【扩建发展】 公司二期发展、超低排放改造、供热工程建设、售电公司组建、新能源汽车充电桩项目实施等“五路并举”发展战略取得有效突破。研究新电改形势下的政策导向，打造二期扩建亮点，取得控股方开展二期可研工作的批复文件；完成1号机组超低排放改造，取得奖励电价；国安公司至濉溪经济开发区供热项目开工；皖能淮北能源销售有限公司注册成立并开展售电、售热业务；合作开发新能源汽车充电桩项目进入招标环节；公司从电力生产商转型为综合能源供应商，拓宽企业生存发展的路径。

（赵桂兵）

国网淮北供电公司

2016年，淮北地区全社会用电量年度累计563939万千瓦时，同比增长1.92%；第一产业累计用电量6020万千瓦时，同比增长23.44%；第二产业累计用电量405622万千瓦时，同比下降2.2%；第三产业累计用电量58471万千瓦时，同比增长11.06%；城乡居民生活累计用电量93826万千瓦时，同比增长15.77%。

【电力设施】 截至2016年年底，淮北供电公司计有35千伏及以上输电线路107条，总长度1737.402千米（其中，220千伏29条、924千米，110千伏35条、461千米，市公司资产35千伏线路18条、137.078千米，县公司资产35千伏线路25条、215.33千米）；35千伏及以上变电站51座，变电总容量5250兆伏安（其中，220千伏8座变电总容量2550兆伏安，110千伏20座变电总容量2047.5兆伏安，市公司35千伏8座变电总容量250兆伏安，县公司35千伏变电站15座变电总容量402.5兆伏安）；6～20千伏城网配电线路492条，长1997.12公里，配电变压器共计3333台。

【台区线损治理】 至2016年年底，公司超额完成年初定下的关于治理供电台区线损的目标、任务。淮北市

公司开展员工技能竞赛

公用台区的5560台配变的线损率，全部降至国家规定的指标以下；经统计，治理后的台区线损合格率较治理前提升了36个百分点。

【保障电动汽车用电】 9月1日起，淮北市区首条电动公交线路正式开通，全线有15台纯电动新能源公交车投入使用。10月15日，泗许高速濉溪服务区高速公路城际快充站成功接入国网公司“易充电”车联网平台，标志着淮北首座高速快充站正式投入运行。年内，淮北濉溪服务区宿州方向与登封方向的两座高速公路城际快充站建成。每辆电动车充电时间为20～30分钟，电池续航能力为200～300公里。截至年底，淮北市（含濉溪县）建成充电桩13个、快充站3座。

【张涛劳模创新工作室】 8月23日，淮北供电公司“张涛劳模创新工作室”被市政府命名为淮北市首批市级“技能大师工作室”。张涛是淮北供电公司输电运检室带电检修班班长。张涛和他的创新团队，利用“五步革新工作法”（一觅难题，分析症结；二定对策，解决难题；三比方案，科学论证；四验成效，巩固总结；五建规范，推广应用），借助“张涛劳模创新工作室”，经常开展小发明、小革新等创新活动。向社会推出2项工序改进成果和6项工具创新成果、7项工艺创新成果。13项成果获得公司级、市级以上表彰。其中“张涛拔销器”“便携式提升器”和“校正自立式铁塔不均匀沉降工具”3项成果获国家专利；“攀爬式钢丝绳梯”“便携式停电更换耐张导线防震锤工具”等十多项成果获得国家实用新型专利。“利用地线高挂滑车，带电展放光缆”等4项革新成果，获安徽电力公司群众性创新一等奖；创新成果“改进朝天滑车法”“等电位更换220千伏耐张整串绝缘子”在全省电力行业技能大赛中获得专业竞赛第一名。2016年，“一种多功能电力施工机械”“输电杆塔倾斜角度在线监测方法”“氧化锌避雷器试验专用工具”“多功能接地棒线路端线夹”“一种开关柜柜门”5项创新成果获得国家发明专利。

【濉溪县首个村级光伏发电站并网】 濉溪县百善镇桥头村光伏发电站项目于4月开工建设，12月16日建成并网发电。项目的建成不仅为该村脱贫致富提供有力支撑，还填补濉溪县村级光伏发电的空白。60千瓦的光伏发电站，年发电量约为6万～7万千瓦时，可带来约6万元收入。光伏电站的使用期限约25年，按照现行全额上网电价计算，一个光伏电站满寿命周期运行的总收益至少为125万元，经济效益十分可观。

2016年淮北用电结构情况统计表

表7　　　　单位：万千瓦时

2016年	1—12月累计	同期	同比	占全社会电量比重
地区全社会电量	563939	553304	1.92%	100.00%
第一产业	6020	4877	23.44%	1.07%
第二产业	405622	414735	-2.20%	71.93%
第三产业	58471	52649	11.06%	10.37%
一、农、林、牧、渔业	6020	4877	23.44%	1.07%
二、工业	399951	407763	-1.92%	70.92%

续表

2016 年	1—12 月累计	同期	同比	占全社会电量比重
三、建筑业	5671	6972	-18.66%	1.01%
四、交通运输、仓储和邮政业	3189	2838	12.37%	0.57%
五、信息传输、计算机服务和软件业	4848	4313	12.40%	0.86%
六、商业、住宿和餐饮业	21215	19732	7.52%	3.76%
七、金融、房地产、商务及居民服务业	9174	7831	17.15%	1.63%
八、公共事业及管理组织	20045	17935	11.76%	3.55%
九、城乡居民生活用电合计	93826	81043	15.77%	16.64%

纺织服装

全市 61 家规模以上工业企业，2016 年累计完成工业总产值 95.32 亿元，同比增长 0.39%；累计完成工业增加值 21.31 亿元，同比增长 0.4%。累计生产纱 5.9 万吨，布 10355.1 万米，服装 6718.7 万件。从工业总产值所占比重看，占全市工业总量的 5.2%，比 2015 年同期提高 0.39 个百分点；从工业增加值所占比重看，占全市工业总量的 4.6%，比 2015 年同期提高 0.4 个百分点。2016 年，华孚现代纺织服装产业园签约。

（张守斌）

华孚色纺股份有限公司

华孚色纺股份有限公司为中国 A 股上市公司，始创于 1993 年，公司为面向全球专注经营中高档新型纱线的制造商和供应商。以提供时尚环保科技的色纺纱线为主营业务，配套提供高档新型的坯纱线、染色纱线，半精纺、气流纺色纺纱线。提供多品种、小批量、快交货的产品服务和流行趋势、各种原料以及产品的认证、吊牌、技术咨询等价值服务。

“华孚牌”色纺纱主导产品远销欧美、日韩、港澳、东南亚等国家和地区，是众多国际名牌服饰的首选纱线。通过并购和新建形成 100 多万锭、年产 15 万吨以上纱线的生产能力，拥有浙江、长江、黄淮、新疆以及越南 5 个生产基地。

公司连续多年入选“中国棉纺织行业竞争力 10 强”，获“全国纺织产品开发贡献奖”“出口产品一类企业”等多项荣誉，被授予“中国纱线色彩研发基地”、国家“新型色纺纱产品开发基地”“中国色纺纱精品基地”和“省级高新技术企业”等称号。

华孚色纺（淮北）工业园于 2013 年 3 月进行搬迁建设，2014 年 11 月完成搬迁。搬迁后，淮北工业园有纱锭 20 万枚，倍捻机 23 台，员工 2600 余人。2016 年，淮北工业园色纺纱线生产 24500 吨，棉网 33470 吨，营业收入 883690.75 万元，上缴税收 4943.19 万元，所得税 123 万元。

淮北颐丰纺织有限公司

淮北颐丰纺织有限公司是由青岛颐丰纺织有限公司投资兴建，集生产、经营、内贸、外贸为一体的股份制企业。公司始建于 2003 年 2 月，注册资金 1000 万元。公司有资产总额 6000 万元，占地面积 28000 平方米，厂房 10000 平方米，附房 2000 平方米，有职工近 500 人，其中 90% 的管理人员来自纺织大中专院校或国内大中型纺织企业。

2016 年，公司有环锭纺 30000 枚、气流纺 2 台、精梳机 18 台套及相关设备，设备优良、技术先进、管理规范。主要生产纯棉、涤棉高支纱和优质气流纺纱，设计年产量 4000 吨，销售收入 1 亿元。产品主要销往江苏、浙江、山东等地，部分产品远销欧美和东南亚等国家和地区。

食品工业

全市 150 家规模以上工业企业，全年累计完成工业总产值 383.86 亿元，同比增长 2.7%；累计完成工业增加值 74.44 亿元，同比增长 5.4%。累计生产小麦粉 139 万吨，饲料 176.6 万吨，精制食用植物油 4.1 万吨，鲜肉、冷藏肉16.4万吨，乳制品8.5万吨，白酒40145千升。从工业总产值所占比重看，占全市工业总量的20.9%，比2015年同期提高2.70个百分点；从工业增加值所占比重看，占全市工业总量的16.1%，比2015年同期提高5.4个百分点。2016年，口子产业园（东山厂区）项目建设稳步推进。

安徽口子酒业股份有限公司

2016年，口子酒业实现销售收入28.3亿元，同比增长9.52%；净利润7.83亿元，同比增长29.34%。

【优化管理方式】 年内，公司为推进生产的专业化，减少管理层级，提升管理效能，打破原有厂区管理模式，成立酿酒、制曲、包装、品质管理、生产保障5个事业部。酿酒事业部引导人员转变生产理念，把“出好酒多出酒”作为工作衡量标准，突出质量重点，强基固本，采取多种举措，紧抓窖池养护，缓慢发酵，缓火蒸馏，有效提升原酒质量水平。制曲事业部在传承濉溪传统“菊花红心”曲古法制作的基础上，开展技术革新，深入挖掘，不断探索，开创制曲生产的新局面。组织开展职能部门岗位优化工作，对各部门岗位设置和岗位职责进行全面梳理、整合、精简、完善，取得一定效果。

【企业文化】 10月，《口子酒志》由黄山书社正式出版发行。该书采用述、记、志、传、图、表、录等体裁，以志为主，结构由概述、大事记、专志、人物、附录5个部分组成，采用章、节、目、子目体例。专志分为9章、40节，上限起于有史记载的口子酒起源及口子酒生产厂成立（1949年），下限止于2015年年底。全书53万余字，200余幅图片。《口子酒志》是口子有史以来第一本权威性志书，是了解口子酒文化及企业历史的重要资料，对于借鉴历史，传承口子酒文化，创新技术工艺有着重要的意义。

口子文化印象长廊正式落成。以淮北源远流长的酿酒历史文化为中心，场景式再现《口子传奇》等15个淮北历史、典故故事。印象长廊现已作为口子酒文化参观旅游的重要景点，有效提升口子品牌影响，营造出良好的企业形象。

【厂区建设】 6月初，公司新办公楼完成整体搬迁，正式投入运行，整体建筑面积5万平方米，楼宇及配套设施的智能化程度相对较高。东山厂区按照“一路一风格”“一区一景观”的整体要求，对厂房外立面、功能区进行景观优化设计。2016年，项目区内厂区道路路基施工基本结束，部分酿造车间、基酒库开始基础施工。

安徽顺达商贸集团

安徽顺达集团成立于2007年8月8日，是一家从事养殖、商贸、房产、建材等多元化经营的民营企业集团，集团总部坐落在濉溪县。下辖安徽大自然种猪育种有限公司、淮北市顺达商贸有限公司、淮北顺达房地产开发有限公司、淮北大明混凝土有限公司、宿州市永盛新型建材有限公司等多家子公司，员工近千人。集团先后被评为“全国市场诚信商贸联盟企业”“安徽省诚信企业”“安徽民营百强企业”“淮北民营企业二十强”，其中安徽大自然种猪育种有限公司是国家生猪核心育种场、农业部标准化示范场、安徽省农业产业化龙头企业。2016年，集团实现销售收入4.3亿元，实现利润0.8亿元；上缴税金0.2亿元。

【结构调整】 集团加大产业结构调整力度，合理调整对“农牧、商贸、高新技术、房产、建材”5大板块的投入，开展子公司安徽大自然种猪育种有限公司在新三板挂牌上市工作，农牧、电商等产业的经济指标较快增长。加快推进新技术创新和科技进步，提高和完善老型产品工艺技术，实现设备、技术、工艺、新产品的升级换代。子公司宿州永盛建材公司的“烧结煤矸石空心（多孔）砖生产线项目”、淮北大明混凝土公司“机制砂粉煤灰

安徽口子酒业股份有限公司新办公楼

综合利用项目”、安徽大自然种猪育种有限公司的“自动化供料、自动化温度调控、自动化消毒”的技术设施均在同行业中处于领先水平。

【公益事业】 顺达集团积极回报社会，先后捐资千万余元用于希望工程、敬老院、修路建校和贫困群众治病、援助灾区等慈善公益事业。董事长姚勇先后被授予“中国好人”“中国公益楷模”“中国公益之星”“中国公益大使”“安徽省劳动模范”“安徽省助人为乐道德模范”“淮北市杰出人物”等荣誉称号。2016年，资助81名贫困大学生51万元，集团累计资助近600名学生，277名学生顺利走进大学殿堂。每年春节和元旦，顺达集团组织开展困难职工送温暖活动，捐款捐物。2016年，员工马康患尿毒症获资助5万元；春节走访结对村和公司困难户4.8万元。开展美好乡村建设、尊老敬老、军民共建、文明创建等活动，捐款数十万元。

（赵　勇）

安徽曦强乳业集团有限责任公司

安徽曦强乳业集团有限公司始建于1958年，前身为淮北市奶牛场，由北京曦强控股集团在2003年投资改制组建而成，公司集科研、养殖、生产、销售、物流及农业金融于一体、专注于农产品领域的大型现代化企业集团。

公司坐落在淮北市凤凰山食品经济开发区，占地70余亩，年产能12.5万吨，拥有10余条灌装生产线。产品包括鲜牛奶、酸奶、乳酸饮料等4个系列，其产品通过自有冷链物流，实现24小时从牧场到餐桌，确保“纯鲜”极速送达。销售网络覆盖苏、鲁、豫、皖等地市场，成为皖北地区最大的乳制品加工企业。

公司拥有6个标准化现代奶牛养殖牧场，占地面积1000余亩，存栏奶牛5000余头，全部为世界奶牛名种荷斯坦奶牛（俗称黑白花奶牛）。奶牛饲养实行TMR全自动饲喂，使用全株青贮玉米配合优质进口苜蓿、有机草场的牧草等饲料。牧场配套1000立方米大型牛粪处理沼气发电工程，形成种植—养殖—加工—废物综合利用的循环经济产业发展模式。

公司先后通过ISO 9001质量管理体系、ISO 14001环境管理体系、绿色食品等资质认证。被评为全国农产品加工示范企业，国家级高新技术企业，中国学生饮用奶生产企业，安徽省循环经济示范单位等数十个国家、省、市级资质荣誉。曦强乳业旗下“相山”商标被评为中国驰名商标，“相山”牛奶被评为中国知名品牌、中国市场公认名牌产品。

曦强乳业积极承担社会责任，为地方创造上千就业机会，主动回报社会，在希望工程、抗震救灾、爱心助学等社会公益事业中，累计捐款捐物2000多万元。

（徐立松）

安徽宝迪食品肉类有限公司

安徽宝迪肉类食品有限公司是天津宝迪农业科技股份有限公司于2007年8月在淮北市独资兴建的现代化大型食品工业园。公司有职工530人，注册资本5亿元，主要从事畜禽屠宰加工销售、肉制品加工销售以及血制品深加工销售。

工业园总投资8.5亿元，按国家五星级标准建设，主要设备全部为进口先进设备，智能化程度高。园区拥有年200万头生猪屠宰加工项目、3万吨低温熟食肉制品加工项目、1.5万吨血蛋白粉生产项目和5000万只鸡屠宰加工4个项目，产品覆盖黄淮海经济区，辐射整个华东地区。2016年，工业园实现总产值16亿元，实现利税400多万元。

公司先后被农业部评为第五批农业产业化国家重点龙头企业，列为国家农产品加工技术研发专业分中心、博士后科研工作站；被商务部纳入国家及省级储备肉计划，完成储备冻肉5000吨，获安徽省新产品证书（4个）、安徽科学技术研究成果证书和淮北市第十五次科学技术奖、省级龙头企业、省级民营企业50强。旗下淮北恩彼饲料有限公司获“省级高新技术企业”称号、安徽省高新技术产品认定证书（4个）。

思朗食品（淮北）有限公司

思朗食品（淮北）有限公司成立于2008年8月，是由香港锦泰投资有限公司在中国大陆投资的饼干企业，注册资金1400万美元。2012年，“思朗”荣获中国驰名商标。公司先后获评“省级龙头企业”“淮北市科技型企业”“农业产业化市级龙头企业”，相山区“科技创新示范企业”。2016年，入选中国轻工业百强企业专项能力榜单。

思朗食品（淮北）有限公司主要开发生产以“思朗”为主商标的“纤麸”“妙果仁心”“蒸薯坊”“康力思”“仁厚”“早点道”饼干蛋糕、“巧心麦”膨化食品等系列产品。2016年，拥有6条大型生产线，其中2条饼干生产线、1条糕点生产线、1条保健饼干生产线、1条膨化食品生产线、1条夹心饼干生产设备。

公司成立“思朗食品技术中心”，由企业战略研究室、食品行业研究室和技术装备研究室3个研究室和产品研究中心、工艺研究中心和分析测试中心3个中心组成。

化学工业

全市46家规模以上工业企业，2016年累计完成工业总产值64.71亿元，同比增长0.51%；累计完成工业增加值15.20亿元，同比增长4.8%。累计生产涂料19549.6吨，合成洗涤剂52318吨，活性炭30886吨，化学农药原药2316吨，初级形态塑料28559吨。从工业总产值所占比重看，占全市工业总量的3.5%，比2015年同期提高0.51个百分点；从工业增加值所占比重看，占全市工业总量的3.3%，比2015年同期提高4.8个百分点。

（张守斌）

安徽琪嘉日化股份有限公司

安徽琪嘉日化股份有限公司成立于2001年，位于淮北市烈山区新蔡工业园，占地80余亩，注册资本3216万元；公司主营洗衣粉、超浓缩洗衣粉、洗洁精、洗衣液、洗手液、油污净等家居用品。2016年8月，成功挂牌新三板（股票代码：838865）。旗下有一家控股子公司、两家全资子公司。公司荣获安徽省质量奖、安徽省卓越绩效奖、安徽省民营科技企业、安徽省诚信单位、安徽省名牌产品、安徽省著名商标、安徽省专精特新企业、安徽省守合同重信用企业、淮北市科技型企业等。

公司是皖北地区规模较大的洗涤用品加工基地，拥有年产8万吨洗衣粉生产塔1座，年产7万吨液洗生产线1条。公司全面通过ISO 9001国际质量管理体系认证。

【经营管理】 公司高薪从原德国汉高等大型企业和高等院校聘请优秀工程师从事生产工艺、设备、检验等重要岗位。公司有员工260余人，专业技术人员59人。积极开拓国外市场，公司品牌已进入南非、韩国、新加坡、马来西亚等市场。销售网络覆盖安徽、河南、湖北、山东、江西、江苏、湖南、四川、黑龙江等省。“白特尔”品牌作为中国邮政集团专用品牌，通过邮政物流销售网络覆盖全国市场。

安徽巨成精细化工有限公司

安徽巨成精细化工有限公司位于濉溪县经济开发区，成立于2005年1月，拥有总资产5.7亿元，职工400余人，其中大专以上学历208人，专职研发人员40人。

公司主导产品为聚丙烯酰胺，该产品作为絮凝剂、增稠剂、减阻剂、黏结剂等广泛应用于石油开采、冶金、煤炭、污水处理、造纸、化工、制药、纺织、建材等部门，市场需求量巨大。根据企业发展的整体规划，公司兴建年产6万吨聚丙烯酰胺生产规模（其中，年产4万吨阴离子型聚丙烯酰胺，年产2万吨阳离子型聚丙烯酰胺）及一条年产1万吨丙烯酰氧乙基三甲基氯化铵（DAC）生产线。“巨成牌”聚丙烯酰胺获省名牌产品和省级高新技术产品称号。2016年，公司主要产品产量33720吨，创产值3.8亿元，实现销售收3.73亿元，利税4980万元，出口创汇1600万美元。

公司先后被认定为国家级高新技术企业、省级企业技术中心、安徽省技术创新试点企业和安徽省产学研联合示范企业，企业连续多年被列为淮北市工业30强、濉溪县工业10强，被评为省级环保诚信企业，获淮北市“五一劳动奖状”。

（饶晓明）

机械制造

全市247家规模以上工业企业，全年累计完成工业总产值453.27亿元，同比增长1.15%；累计完成工业增加值107.6亿元，同比增长6.2%。累计生产矿山专用设备20.50万台，变压器1022万千伏安。从工业总产值所占比重看，占全市工业总量的24.7%，比2015年同期提高1.15个百分点；从工业增加值所占比重看，占全市工业总量的23.2%，比2015年同期提高6.2个百分点。是年，杜集高端装备制造基地获批国家火炬高新基地。

（张守斌）

安徽山河矿业装备股份有限公司

安徽山河矿业装备股份有限公司（以下简称山河矿装）是湖南山河智能机械股份有限公司产业集团下属控股子公司。公司规划占地1500亩，首期注册资本1亿元，项目总投资20亿元。公司主营煤炭机械、矿山机械和相关配件的研发、生产和销售，并提供与之配套的售后服务及技术咨询。

山河矿装产业园一期占地约400亩，主要生产掘进机、采煤机和救生舱3大门类产品，2011年完成17个品种研发，其中13个品种取得国家煤安认证，8种产品获得安徽省高新技术产品荣誉称号，其中EBZ200掘进机还获得安徽省首台套重大技术装备称号。公司有员工340人，其中本科以上学历人员110人，占比32.4%。2011年11月，公司获省科技厅批准组建安徽省省级工程技术研究中心。2012 年，公司被认定为国家高新技术企业。

2016 年，公司由煤机产品掘进机向非煤矿山掘进及工程隧道掘进领域拓展，同步建设工程机械再制造基地。全年实现销售收入 1400 万元，上缴税收 255 万元。

金龙机电（淮北）有限公司

金龙机电（淮北）有限公司是一家上市公司，是注册资金 1.2 亿元的全国性无区域企业，是无辐射无污染的绿色企业，是国内直流微特电机领域的领导企业，已与苹果、三星、微软、联想、华为、小米、OPPO、VIVO、HTC、中兴等国内外著名手机制造商建立战略合作伙伴关系。主导产品为手机用微特马达、触控模组、摄像模组。公司先后荣获安徽省最佳品牌企业、全省先进基层党组织、省非公企业示范工会、省电子信息系统劳动竞赛先进集体、安全生产标准化二级企业、安徽省信息化与工业化融合示范企业、第三批省级优秀“双强六好”企业党组织、安徽省专精特新中小企业，被市评为纳税二十强企业、民营纳税十强企业、安置就业十强企业、淮北市第五批“555”产业创新团队设立单位称号。

公司在烈山经济开发区新蔡工业园投资 3.1 亿元，征用土地 100 亩，建设 13.3 万平方米的办公及生产用房。拥有员工 2600 多名，月生产手机用扁平马达 1200 万只以上、实心马达 600 万只、空心杯马达 200 万以上。2016 年，年产手机用马达 2 亿只，实现产值 4 亿元、利税 7500 万元。

2016 年 9 月，与烈山区人民政府签订金龙 AG 玻璃项目，AG 玻璃生产项目总投资 6 亿元，用地 105 亩，年产值约 10 亿元，年利税总额 1 亿元，新增就业岗位 1000 个。

金龙机电（淮北）有限公司产品检测线

新型建材

全市 115 家规模以上工业企业，2016 年累计完成工业总产值 162.43 亿元，同比增长 6.90%；累计完成工业增加值 40.11 亿元，同比增长 6.4%。累计生产硅酸盐水泥熟料 284.07 万吨，水泥 985.1 万吨，商品混凝土 573.96 万立方米，瓷砖 1388.1 万平方米，钢化玻璃 67.7 万平方米，中空玻璃 12.3 万平方米，日用玻璃制品 71422 吨，耐火材料制品 29.86 万吨。从工业总产值所占比重看，占全市工业总量的 8.8%，比 2015 年同期提高 6.90 个百分点；从工业增加值所占比重看，占全市工业总量的 8.7%，比 2015 年同期提高 6.4 个百分点。2016 年，相山海螺水泥日产 4500 吨水泥熟料项目加快建设。

安徽沪源铝业有限公司

安徽沪源铝业有限公司是安徽省最早建成的铝箔生产加工企业，是省高新技术企业、省民营科技企业、安徽省 500 家“专、精、特、新”中小企业，安徽省第三批“115”产业创新团队、省级企业技术中心、淮北市最具成长性及最具影响力企业。2016 年，实现产值 2.1 亿元，实现销售总额 2.3 亿元，实现利税 900 余万元。

公司有员工 150 余名，其中具备高、中、初级工程技术人员占 50% 以上。拥有 1350 高速铝箔轧机 1 台、1650 高速铝箔轧机 1 台、LT800 涂层铝箔机 1 台、涂油铝箔机 2 台等铝箔深加工设备。具备年产 24000 吨铝箔，6000 吨涂层、涂油铝箔生产能力，其中涂层、涂油铝箔国内首创。

公司广泛开展行业内的技术交流，共同提升技术含量和产业机构，与渤海铝业等公司合作开发 8011 铝合金系列生产瓶颈铝箔产品，替代传统合金生产瓶颈铝箔；与陕西东方机械、广州慧谷等公司联合开发了国内首条食品级半刚性涂层生产线，产品填补国内空白。公司产品包括 4 个大类、14 项小类，主导产品啤酒封用铝箔产品国内市场占有率达到 50% 以上，40% 以上铝箔产品出口中东、东南亚、欧洲等 15 个国家和地区。

安徽家园铝业有限公司

安徽家园铝业有限公司成立于2004年，是皖北地区专业生产和销售电泳涂漆、粉末喷涂铝合金建筑型材及工业用铝型材的生产制造基地。公司位于濉溪经济开发区金桂路28号，占地面积60亩，年生产能力为15000吨型材。拥有当代中国先进水平的熔铸、阳极氧化、电泳涂漆、粉末喷涂生产线。2016年，完成产值2.4亿元，利税1620万元。

公司“家园·帝豪”牌铝型材拥有十余大系列，200多个品种规格的产品。注册商标“明浩”获安徽省著名商标。公司与淮北师范大学签订“隔音、隔热卷闸门铝材产品开发”“电泳、氧化单槽多色着色技术”项目，与九竹科技事业研发中心签订“电动门用高强度铝材产品开发”项目，与美菱集团签订“冰箱、冰柜密封门铝材产品开发”项目。截至2016年年底，公司有省级高新技术产品2个，获得国家专利13项。

生物医药

全市8家规模以上工业企业，2016年累计完成工业总产值22.36亿元，同比下降16.52%；累计完成工业增加值6.09亿元，同比下降17.9%。累计生产中成药94.4吨。从工业总产值所占比重看，占全市工业总量的1.2%，比2015年同期下降16.5个百分点；从工业增加值所占比重看，占全市工业总量的1.3%，比2015年同期下降17.9个百分点。

（张守斌）

安徽华润金蟾药业股份有限公司

安徽华润金蟾药业股份有限公司位于淮北经济开发区，注册资本16590万元，为国家高新技术企业，拥有国家级博士后工作站，定位为华润三九医药股份有限公司中药抗肿瘤和中药配方颗粒剂生产制造中心。2016年，公司实现工业总产值10亿元，实现利税1.3亿元。

公司主导产品为“金蟾”牌华蟾素，系国内首创，独家生产，临床主治各种中晚期肿瘤和慢性乙型肝炎，有注射液、口服液、片剂3种剂型，先后荣获国家科技金窗奖、国家中医药科技进步奖、国家秘密技术保护等多项称号，列入《国家基本医疗保险和工伤保险药品目录》甲类和乙类用药范围，为治疗肿瘤、乙肝的全国知名品牌。

中药配方颗粒是华润三九实施中药现代化的战略剂型之一，“999”牌中药配方颗粒产品市场规模和品牌影响力位居全国六家中药配方颗粒试点企业前列。

安徽科宝生物工程有限公司

安徽科宝生物工程有限公司位于烈山区刘庄工业园，成立于2006年8月，占地3.6万平方米，主要从事医药中间体的科研开发和生产经营，集生产、商贸、研发为一体的一家国家级高新技术企业、安徽省技术创新示范企业、省农业产业化龙头企业、安徽省“115”创新团队设立单位、淮北市“555”产业创新团队设立单位、淮北企业50强、安徽市场质量信得过企业。公司是安徽省重点支持的天然甾体类原料及中间体的研制生产基地，2016年公司技术中心获得省级企业技术中心认定。

科宝生物主要产品有胆固醇、胆红素、胆粉、硫酸软骨素、胆酸系列等，其中硫酸软骨素、鹅去氧胆酸和胆固醇的产量居全国首位。科宝牌胆固醇被认定为省级名牌产品，广泛应用于医药原料、化妆品、功能性食品和饲料添加剂。公司获得“药品生产许可证书”和“药品GMP证书”，并通过ISO 9001—2008质量管理体系认证，拥有自营进出口权，因成长性好，被评为安徽省“专、精、特、新”生产企业。在册员工128人，高级职称人数4人，本科以上专业技术管理人员占30%以上，具有大专以上学历的占75%以上。公司申报国家发明专利26项，15项已经授权，8项产品被认定为省级高新技术产品，5项省级新产品，2项省级重点新产品，1项省名牌产品。

（郝　莉）

电子工业

安徽理士电源技术有限公司

安徽理士电源技术有限公司是理士国际技术有限公司下属企业，坐落在濉溪经济开发区王引河东西两侧，总占地面积639亩，总建筑面积28万平方米，投资额20亿元人民币，员工5000余人。主要经营各类铅酸免维护阀控式蓄电池、车用电池等生产和销售。产品远销东南亚、欧洲、美洲等120多个国家和地区，在国内设有30个办事处。

2016年，安徽理士实现产值52亿元，创造税收近2亿元，是理士国际投资最大的地区和占地面积最大的工厂。公司先后获得国家高新技术企业、中国出口产品质量安全示范企业、中国电器工业协会标准化良好行为企业、国家AAA级标准化良好行为企业、安徽省百强高新技术企业、安徽省两化融合示范企业、淮北市民营企业排序10强、民营企业公益事业10强企业和濉溪经济开发区“科技创新型企业”等称号，通过ISO 9001质量体系认证ISO 14001环境管理体系认证、建有SLS实验室。

安徽龙波电气有限公司

安徽龙波电气有限公司位于淮北经济开发区龙湖工业园，是一家以研发、生产、销售真空断路器、智能电控设备产品为主导，集产学研为一体的国家高新技术企业。总建筑面积6万平方米，拥有各类资产1.9亿元。有员工198名，其中大中专以上文化程度116人；各类研发人员49人，其中中高级职称24人。拥有国内先进的生产试验、检测设备，具有年产2万台固封（含永磁）真空断路器、10000面智能控制柜、100座智能变电站以及30万只智能低压断路器的生产加工能力，总产能10亿元。

公司曾获国家高新技术企业、国家知识产权优势企业、省级企业技术中心、安徽省技术创新示范企业、安徽省专精特新企业、省创新型企业、省产学研联合示范企业、省两化融合示范企业、省质量奖企业、国家级守合同重信用企业、省政府守合同重信用先进单位、省A级纳税人信用企业、银行AAA信用单位、淮北市市长质量奖企业、淮北市工业强市优秀单位称号。

公司有国家、省市各类科技计划项目7项，其中，国家火炬计划项目1项，省科技计划项目2项；拥有省级高新技术产品13项，省级新产品15项，省重点新产品1项，省自主创新产品4项；拥有各类国家专利55项，其中发明专利6项；申请和获得注册商标18项，“龙波”牌断路器、配电箱荣获“中国驰名商标”。

公司的固封断路器连续多年产销量位安徽省第一位，国内第五位。2016年，实现工业总产值29282万元，销售收入24068万元，利税2969万元。

民营经济

■2016 年，民营经济实现增加值 445 亿元，同比增长 7%，占全市 GDP 比重的 57%

■2016 年，私营企业 18590 户、个体工商户 99504 户，从业人员私营企业 150910 人、个体工商户 307103 人

综　述

2016年，淮北市民营经济持续快速发展，呈现规模壮大、实力增强、质量提高、贡献增加的特点。截至年底，累计私营企业18590户、个体工商户99504户，同比分别增长26.4%、13.1%；从业人员私营企业150910人、个体工商户307103人，同比分别增长17.6%、9%。民营经济全年实现增加值445亿元，同比增长7%，占全市GDP比重的57%，比上年提高1个百分点，对GDP增长的贡献率达95%。规模以上民营工业企业增加值占全市规模以上工业的68.8%，比上年提高2.1个百分点。民间投资680.3亿元，占全市固定资产投资的71%。县区民营经济税收47.6亿元，占全市入库税收的63%。新增就业人数4.27万人，占全社会新增就业人数的90%以上。

【优化发展环境】 年内，淮北市出台稳增长30条、降成本减负担21条、全面推进大众创业万众创新实施意见等一系列文件，三级财政累计安排专项资金1.3899亿元，助推民营经济发展。深入开展"干部帮联企业""送政策进企业""百名金融顾问服务百家企业"等系列活动，为企业解决实际问题239个。

【推进创新创业】 9月18日，全市企业家创新创业大会召开，动员全市企业家掀起创新创业热潮，推进供给侧结构性改革，进一步加快淮北市实施创新驱动战略步伐，奋力实现转型崛起。持续深化"放管服"（简政放权、放管结合、优化服务）改革，深化商事制度改革，实施"创业江淮"行动计划，新增私营企业4141户、个体工商户1.2万户，分别增长26.6%、14.6%。成功举办"江淮双创汇·走进淮北"活动和中国创翼互联网大赛，建成运营"源创客""梧桐树""方正智谷"等众创空间，果力科技"柔性智能机械手"获首届中国"双创"机器人创客大赛第一名。

【推动企业转型】 淮北市大力实施民营经济提升工程，中意胶带跻身国家首批制造业单项冠军培育企业，龙波电气、科宝生物晋级省技术创新示范企业，安徽矿机电液控液压支架入选省首台（套）重大技术装备，宇鑫新型材料等4个产品进入"安徽工业精品"榜单，新增省级"专精特新"企业23家、企业技术中心5家，培育中国驰名商标5件。口子酒业、昊晨食品、正大源饲料、理士电源、国华集团、石泰贸易、海聚科技、巨成化工等民营企业分别入选2016安徽百强企业、安徽民企营收百强和纳税百强、进出口百强企业4个榜单。

【完善公共服务平台】 年内，全市省级中小企业公共服务示范平台增至5家，新认定省级小微企业创业基地1个、省级产业集群专业镇1个。搭建企业培训平台，全年培训人员2.2万人，新增高技能人才4300人，培养新技师380人。

【扩大开放合作】 淮北市借助安徽省与全国知名民营企业推动长江经济带战略发展洽谈会，签订亿元以上合同项目29个，截至2016年年底，开工22个，完成投资额27.22亿元，锂电子动力电池、贝仕达电子等12个项目已竣工投产或试生产。鼓励民营企业"走出去"，新增进出口实绩企业18家，安徽华松集团在澳大利亚投资成立华松澳大利亚有限责任公司，海聚科技公用型保税仓库建成运营。

（盛益敏）

农业

■ 2016年，全市农村居民人均可支配收入10570元，增长7%

■ 2016年，全市规模以上农产品加工业实现产值564.6亿元，同比增长3%

■ 2016年，出台《关于开展农村集体资产股份合作制改革试点工作的指导意见》。杜集区双楼村成为全市首个集体经济“股份村”

■ 2016年10月，淮北市林业局获“全国绿化先进集体”

综　述

2016年，全市粮食总产126.9万吨，实现“十三连丰”；专用品牌粮食建设走在全省前列；“菜篮子”产品生产稳定，全年肉蛋奶总产18.5万吨，水产品产量3万吨，蔬菜总产80万吨，同比分别增长2.3%、2.9%、6.6%。全市农村居民人均可支配收入10570元，增长7%，连续7年高于城镇居民收入增幅。

全市规模以上农产品加工业实现产值564.6亿元，同比增长3%。全市规模农产品加工企业213家，其中超亿元的69家，超10亿元的2家，超20亿元的1家。农业产业化省级龙头企业29家，龙头企业“甲级队”3家（安徽曦强乳业集团有限公司、安徽宝迪肉类食品有限公司、濉溪县中瑞农副产品有限责任公司），省示范现代农业产业化联合体8家，市级龙头企业141家。

【农业展会】 2016年，在全省率先开展品牌专用粮食生产示范，承办全省品牌粮食现场会。市农委利用合肥农交会、全国农交会、上海农交会、2016年中国（淮北）食品工业博览会等展会，推介和宣传全市优质农产品加工企业及产品，全年组织50家企业、200个产品参加农交会。各类展会农业项目签约20亿元。

【培育新型农业经营主体】 家庭农场、农民合作社、农业企业、现代农业产业化联合体等各类新型经营主体大批涌现。2016年，开展第三批市级示范社和示范家庭农场评定，指导农民合作社和家庭农场完成工商年报。3家农民合作社（淮北市真棒特农民专业合作社、濉溪县帮富谷物种植专业合作社、淮北市珍乡食用菌专业合作社）被评为省级农民示范社，8家家庭农场（淮北市烈山区果美家庭农场、淮北市相山区泓农芦笋种植家庭农场、淮北市杜集区元一佳和农场、淮北市杜集区瑞生庄园家庭农场、淮北市烈山区苏南家庭农场、濉溪县鹏宇果蔬种植家庭农场、濉溪县金秋谷物种植家庭农场、濉溪县三丰谷物种植家庭农场）被评为省级示范家庭农场。认定42家家庭农场、30家农民合作社为市第三批示范主体。截至2016年年底，全市共培育市级以上示范农民合作社131家，示范家庭农场144家；省级示范农民合作社19家，省级示范家庭农场32家；国家级示范农民合作社6家。工商注册登记的家庭农场2048个。

【化肥、农药零增长行动】 2016年，农药化肥使用量实现零增长。全市实施测土配方施肥360万亩，减少不合理化肥施用量4233吨。全市农作物病虫防治1418.15万亩次，综合防治效果达到85%。全市农作物统防统治示范面积30万亩，辐射带动150万亩。绿色防控示范面积40万亩，辐射带动65万亩。飞防面积60万亩。

【农作物秸秆综合利用】 2016年，市农委组织编制《淮北市“十三五”循环农业发展规划》，编制《淮北市农作物秸秆综合利用技术》并刻光盘800盘。实施农作物秸秆机械化还田、饲料化利用、基料化利用、肥料化利用和能源化利用等农作物秸秆综合利用项目27个，落实扶持项目资金125.61万元，全市农作物秸秆综合利用率达到85.3%。

【农村土地确权颁证】 2016年，全市完成土地确权测绘面积233万亩，占应确权面积的100%，比二轮承包面积多13.2万亩；建立登记簿的农户达到30.67万户，占应确权农户的99.1%；颁发土地承包经营权证书30.67万份，占应确权农户的99.1%；完成资料归档的农户31.33万户，占总农户数的90.1%。烈山区、相山区、杜集区完成数据库及档案数字化建设。全市下辖一县三区全部完成县区自验和市级核查、省级验收。

【农村集体资产股份合作制改革试点】 2016年，出台《关于开展农村集体资产股份合作制改革试点工作的指导意见》，启动实施首批4个村（濉溪县黄新庄村、相山区郭王村、杜集区双楼村、烈山区蒋疃村）农村集体资产股份合作制改革试点，杜集区双楼村成为全市首个集体经济“股份村”，明晰了农村集体资产产权主体。

【农业科技服务】 2016年，淮北市开展“百名专家下基层”活动，制定实施方案10项，服务基层群众3000人。立项建设淮北市食品加工与安全控制技术创新中心项目，无线多点农业环境量实时监测系统获得授权专利，中国专利号为201520804551.3。在相山区黄里村、烈山区榴园村开展杏树资源调查，成功申报黄里笆斗杏国家农产品地理标志产品。加强农业转基因生物安全监管工作，调整农业转基因生物安全监管领导小组，制定成员部门职责。配合安徽省农业委员会对天成油脂有限公司转基因生物加工进行现场检查；对淮北志强油脂有限公司准备从事转基因生物加工及申请办理转基因生物加工许可证进行前期现场勘查。2016年，淮北市下辖一县三区均为全国基层农技推广体系建设和补助项目县。全市

286名农技人员包村联户3416户，其中农户2860户、贫困户556户。

【农业科研】 中国农业大学淮北实验站开展传统面制品休闲化及面食制品方便化预制关键技术研究与产业化示范，发表《膨化食品对婴童身体发育的影响》论文1篇。与淮北徽香昱原早餐工程公司和安徽省悦味轩食品科技有限公司合作，共同开展豆腐烤香肠加工技术与系列产品和儿童膨化休闲食品的益生菌活性保持技术及系列产品研发。建立校外实习基地，接待中国农业大学实习生。

【蔬菜新技术新品种推广】 年内，日光温室高产栽培技术、高温闷棚技术、设施蔬菜病虫害防治技术、蔬菜集约化育苗、设施蔬菜水肥一体化、西瓜嫁接等新技术在全市广泛应用。津优系列黄瓜，瑞克斯旺系列茄子、番茄，久保田系列辣椒等蔬菜优良品种被引进示范推广，科技对蔬菜生产的贡献率达到72%，比上年提高2个百分点。

【农民负担监管】 年内，实行“谁主管、谁负责”的专项治理责任制，严格执行减轻农民负担“一票否决”制。开展减负政策宣传，组织宣传活动26场次，印发资料3万份、农民负担监督管理工作手册1000本、农民负担监督卡15万份，撤销违规条例、文件3个，查处违规案例1例，纠正违规事项5起。

【新型职业农民培训】 2016年，培训新型职业农民610人，其中民生工程考核任务480人，新型农业经营主体带头人轮训100人，农机专业合作社带头人轮训30人。下发《淮北市2016年新型职业农民培训实施方案》，通过招标，认定6家培训机构。

【脱贫攻坚】2016年，市农委扎实开展扶贫工作，22个贫困村结对帮扶实现全覆盖。全年4个贫困村（南坪镇路东村，刘桥镇刘楼村，四铺镇新庄村、周陈村）出列，18790人脱贫。

种植业

2016年，全市粮食作物种植面积364.5万亩，比2015年增加3.6705万亩；总产126.9万吨，比2015年减产2.88万吨，减幅2.2%。其中，夏粮种植面积193.43万亩，总产94.8万吨，比2015年减产0.11万吨，小麦平均单产500.2公斤，连续3年稳定在500公斤以上。秋粮种植面积171.07万亩，总产32.1万吨，比2015年减产2.77万吨，减幅8.0%。全市瓜菜菌种植面积48.5万亩，总产113.25万吨，实现产值32.08亿元，同比分别增长4.97%、6.74%和11.61%。其中，蔬菜种植面积37.7万亩，产量80.2万吨，同比分别增长5.01%和6.65%；西甜瓜种植面积10.28万亩，产量28.2万吨，同比分别增长4.9%和6.82%；食用菌栽培面积5243亩，产量48505吨，同比分别增长8.87%和8.38%。

【小麦和玉米绿色增产模式攻关】 全市建立省级小麦绿色增产模式攻关示范片3个（烈山区古饶镇草庙、濉溪县百善现代农业综合开发区、濉溪县双堆集镇）、示范村3个（烈山区古饶镇南园村、濉溪县四铺镇颜道口村、濉溪县刘桥镇杨庄村）、示范家庭农场3个（烈山区鑫隆家庭农场、濉溪县永建家庭农场、濉溪县口子谷物良种繁育专业合作社），平均亩产分别为563.2公斤、531.2公斤、561.6公斤，比全市小麦平均单产分别增产63公斤、31公斤、61.4公斤，增幅分别为12.6%、6.2%、12.3%。濉溪县建立玉米绿色增产模式攻关示范片3个、示范村3个、示范家庭农场3个，示范面积8.2万亩，平均亩产556.2公斤。

【专用品牌粮食试点工作】 2016年，出台《淮北市发展专用品牌小麦实施方案》，明确全市发展专用品牌粮食的重点、产业布局和目标任务。全市培育安徽省大地种业集团“大地”品牌良种、淮北兴海面粉有限责任公司“兴兴海”品牌小麦面粉加工、淮北市皓晟面粉有限责任公司“皓晟”、上海桉辉食品有限公司“专壹麦”小麦面粉和食品加工等专用品牌粮食产业联合体27家，其中申报省级产业联合体8家（濉溪兴海面粉产业化联合体、濉溪县鲁王面粉产业化联合体、安徽皖雪食品有限公司产业化联合体、濉溪县大地种业产业化联合体、淮北徽香昱原早餐工程有限责任公司联合体、安徽正大源饲料集团有限公司联合体、安徽快乐真棒集团农业产业化联合体、淮北市中瑞果蔬产业化联合体）。全市建立专用品牌小麦生产基地276048亩，打造专用品牌粮食生产示范区。

【设施蔬菜生产】 全市设施蔬菜种植面积23.29万亩，同比增长12.03%，其中日光温室种植面积39630亩，大中棚面积94403亩，小拱棚面积98220亩。全市食用菌栽培面积350万平方米，其中工厂化栽培面积120万平方米。全市规模以上蔬菜种植大户248家，建立规模以上蔬菜生产基地8.5万亩，占全市常年菜地面积

标准化蔬菜生产基地

的46.7%。全市无公害蔬菜认定面积20万亩，绿色蔬菜食品面积6.5万亩，分别较上一年度增加0.5万亩和0.3万亩。认定无公害蔬菜产品28个、绿色蔬菜食品25个、有机蔬菜食品1个。蔬菜基地农药残留检测合格率99%。全年上市瓜菜90万吨，其中在淮北市销售60万吨，销往外地30万吨。

畜牧业

2016年，全市生猪存栏53.95万头，出栏96.6万头，同比增长2.4%和1.8%；全市肉牛存栏1.79万头，出栏1.66万头，同比增长3.1%和2.7%；奶牛存栏0.309万头，同比增长4.5%；羊存栏量45.96只，出栏49.26万只，同比增长6.3%和5.6%；家禽存栏986万羽，出栏2542万羽，同比增长3.5%和2.8%；肉类产量12.25万吨，同比增长4.6%；禽蛋产量5.09万吨，同比增长2.37%；奶产量1.3万吨，同比增长3.53%。

【产业升级】 全市规模养殖比重为78%，万头以上规模猪场11家，新增出栏肉牛300头、肉羊1000只以上的规模牛羊场6家。创建畜禽养殖国家级示范场1家（安徽神华肉制品有限公司）、省级示范场1家（淮北市德鑫禽业有限责任公司），总数分别达到3家和16家。引进、落户1家肉牛羊屠宰企业（安徽华安丰实业有限公司），年屠宰加工能力肉牛3万头、肉羊30万只。新增饲料企业2家（安徽华东正大饲料有限公司、烈山区润农饲料有限公司）。正虹、神华、曦强乳业年产值分别增长12%、21%、13%。

【动物防疫】 农业部门全面落实各项防控措施，高致病性禽流感、口蹄疫、猪瘟、猪蓝耳病和鸡新城疫做到应免尽免，重大动物疫病免疫密度100%，全市没有发生区域性重大动物疫情。春防猪47.12万头、牛1.65万头、羊31.1万只、禽900万羽。秋防猪46.82万头、牛1.73万头、羊29.79万只、禽935.2万羽。

【专项整治】 2016年，开展“瘦肉精”、病害猪肉、养殖农资打假、水产禁用药物、兽药等专项整治行动，打击各类违法行为，对畜禽水产品实行从产地到餐桌的全程监管，全年实施“瘦肉精”抽检1.8万批次，实验室检测样品8700个。屠宰检疫率、病害动物及其产品处理率、上市产品持证率100%。

【定点屠宰监管】 淮北市在全市5个大中型生猪屠宰企业（安徽神华肉制品有限公司、安徽宝迪肉类食品有限公司、安徽天贝食品有限公司、淮北天义食品有限公司、淮北市渠沟屠宰场）建立远程视频监控系统，进行实时地点监控，确保肉品屠宰安全和“放心肉”体系建设。

渔　业

2016年，全市水产品产量2.97万吨，同期增长738吨，增长2.5%；养殖面积7.96万亩，新增2355亩，增长3%。水产品产地抽检合格率100%，未发生一例重大水产品质量安全事故和渔业安全生产事故。

【渔业健康养殖技术应用】 年内，全市推广生态健康养殖技术，推行标准化生产，建设百善、刘桥、高岳、五沟福瑞鲤养殖基地，刘桥、濉溪、杜集观赏鱼养殖基地，烈山、朔里休闲渔业基地。其中以福瑞鲤为主的鲤鱼养殖基地养殖面积达到3万亩，形成安徽省内最大的鲤鱼养殖基地。

发展池塘健康养殖，在烈山区洪庄村，濉溪县刘桥镇、百善镇完成连片池塘升级改造3000亩。发展池塘低碳高效循环流水养殖，引进以色列先进养殖模式，在刘桥镇建立省内首个圆形循环流水养殖池。以南湖为重点，发展大水面生态友好型渔业。发展观赏渔业，建设休闲渔业面积15000亩。

【水产品质量监管】 2016年，淮北市狠抓水产品质量安全监管，开展“两鱼两药”（鳜鱼、乌鳢非法使用孔雀石绿、硝基呋喃）专项整治和渔资打假，加大质量安全知识宣传和药残抽检，确保水产品质量安全。全年开展专项执法6次，出动人员30人次，检查生产经营单位23家。强化药残抽检，全年抽检水产样品7个批次，涉及12个品种，107个水产样品，合格率100%。

【渔业安全生产】 年内，推进责任体系建设，淮北市与县区、县区与渔业大队分别签订安全生产目标责任书和生产责任书。加强渔船检验，按照“谁检验、谁签字、谁负责”原则，实地登船，现场检验，一船一档，全年检验渔船169艘。开展“渔业安全生产月”和“安全宣传咨询日”活动，结合培训、咨询、印发资料等方式扩大宣传、加强引导。开展汛期安全生产检查、安全生产“打非治违”（打击各类非法违法渔业生产行为，治理纠正违规违章行为）、渔船检验执法监督三大行动专项检查，加强浍河、沱河流域机动渔船隐患排查。全年开展专项检查3次，排查隐患3处，整改3处，接受省级督查2次，保障渔业生产安全。

【惠渔政策】 淮北市对捕捞渔船进行油价补助，2016年发放补贴67.6万元，惠及渔船169艘。出台《淮北市渔业捕捞和养殖业油价补贴政策调整实施方案》和“油价补贴政策调整项目实施清单”。做好渔船减船和退渔转产工作，拆解渔船8艘。

农业机械

2016年，全市农机总动力296万千瓦，比上年度增加8.5万千瓦，增长2.98%；大中型拖拉机17387台，比上年度增加673台，增长4.03%；大中型拖拉机配套农具34273台，比上年度增加1299台，增长3.94%；联合收割机9743台，比上年度增加569台，增长6.2%。

全市农机专业合作社发展到55家，新增13家。其中国家级示范社2个（濉溪县百善支农农机专业合作社、濉溪县田丰农机合作社），省级示范社10个（淮北市农化农机合作社、淮北市农友农机合作社、濉溪县众成农机合作社、濉溪县田园农机合作社、濉溪县富民农机合作社、濉溪县益农农机合作社、濉溪县富农农机合作社、濉溪县田丰农机合作社、濉溪县丰产谷物农机合作社、濉溪县双林农机合作社）。

【农机购置补贴】 年内，全市落实农机购置补贴资金5296万元（其中，深松作业补贴资金875万元），受益农户2141户，补贴各类机械2407台，其中拖拉机477台，小麦联合收割机331台、玉米联合收割机431台、秸秆综合利用机械1021台，拉动农民投入1.3亿元。

【机械化生产】 2016年，全市主要农作物耕种收综合机械化作业水平达到87.14%，比上年度增加0.64个百分点。全市完成小麦机收面积234万亩，机耕面积247万亩，机播面积246.7万亩，小麦耕种收综合机械化水平达到99%；玉米机耕面积170万亩，机播面积184万亩，机收面积165万亩，机收水平达到89%，较上年增长13个百分点，玉米耕种收综合机械化水平达到93.19%；大豆机耕面积54万亩，机播面积58万亩，机收面积52万亩，大豆耕种收综合机械化水平达到91.42%；机械化秸秆还田面积310万亩；机械化秸秆打捆面积69万亩。

全年深松整地25万亩，全部安排在濉溪县，作业深度25厘米以上，间隔深松间距60厘米以内。补助对象为农机服务组织（农机户），补助标准上限为每亩35元，全年发放补助资金875万元。

【农机技术培训】 2016年，市农委举办“互联网+农机”技术、“三夏”“三秋”农机化实用技术，农机化安全生产，农机合作社带头人生产经营能力提升培训班10余期，组织10个部、省级示范社理事长及业务骨干参加安徽省农机局举办的业务培训，到山东雷沃重工实地参观学习。

【农机安全生产】 市农委制定《2016年农机安全监理工作要点》。开展“安全宣传月”“安全咨询日”等系列活动。全年新注册登记拖拉机650台，检验6800台，注册登记联合收割机893台，检验2200台，新办拖拉机、联合收割机驾驶证926个。享受购机补贴的拖拉机、联合收割机上牌率和持证率分别达到100%、90%。创建“平安农机”示范乡镇5个，示范村25个，示范户396个。深入开展农机“打非治违”等专项行动。推进农机考试场地建设，在烈山区国购汽车城划拨土地10亩，总投资618.5万元，建设市农机安全监理考试检测中心。

（黄振武）

林　业

2016年，淮北市林业局围绕创建国家森林城市的总体目标，以大地增绿、林业增效、农民增收为重点，全市林业工作取得显著成效。3月，淮北市获"全国绿化模范城市"称号；10月，淮北市林业局荣获"全国绿化先进集体"称号。

【创建全国绿化模范城市】 2013年10月，市委、市政府召开创建全国绿化模范城市暨森林增长工程动员大会。市委、市政府制定下发《关于创建全国绿化模范城市的意见》《淮北市创建全国绿化模范城市实施方案》，明确创建全国绿化模范城市的总体目标、重点任务、实施步骤和责任分工。编制完成淮北市生态城市建设总体规划、城市绿地系统规划、城市绿线规划等多个子规划。市政府与1县3区、市直有关部门、淮北矿业、皖北煤电等14家责任单位签订创模工作目标责任书。县区政府与镇、街道层层签订责任状，形成党政齐抓共管、部门通力合作、市企共同推进、上下协调联动的工作机制。市财政每年安排荒山绿化工程专项经费3000余万元、创模专项经费1000万元、森林增长工程补助经费2000万元。各县区、相关责任单位也安排配套经费，用于景观提升、养护管护和创模专项投入。制定优惠政策，引导社会资金投资林业建设。通过全面实施城镇园林绿化提升工程、森林增长工程、绿色长廊示范段建设工程、"三森创建"（创建省级森林城市、森林城镇和森林村庄）和小集镇创模达标工程，2016年年底淮北市森林覆盖率达20.7%，林木绿化率达24.49%，城市建成区绿化覆盖率达44.8%，绿地率达40.9%，人均公园绿地面积达15.4平方米，城市主干道绿地率达28.4%，次干道绿地率达22.6%，机关、学校等单位绿地率达42.56%，工业企业、交通枢纽等绿地率达33.29%，实现"城区园林化、城郊森林化、道路林荫化、庭院花园化、山水一体化"的创建目标。

【东部石质山场森林多目标经营】 根据中国林业科学研究院编制的《淮北市石质山场森林多目标经营规划（2016—2025）》，市林业局组织相关技术人员编制《淮北市石质山场2016年度森林多目标经营实施方案》。完成2016年度山场多目标经营实际覆盖面积12000亩。其中，860.2亩疏林及裸露山场采取森林多目标经营理论进行高标准绿化，进一步强化、丰富山场树种、林种。杜集区410亩，烈山区450.2亩。共划分12个标段，其中杜集区6个标段，烈山区6个标段，共挖穴16130个，栽植青檀、黄栌、扶芳藤等乔灌藤本各树种苗木69460株。

【林业重点工程】 2016年全市森林增长工程建设累计完成造林29089亩，占省下达淮北市计划任务25150亩的115.66%，其中完成中央投资巩固退耕还林成果专项规划造林1385亩，长防林造林1万亩，其他造林17707亩；完成森林经营16179亩，占省下达淮北市计划任务的105%，其中完成巩固退耕还林成果专项规划现有林培育5463亩，长防林封山育林10000亩；完成义务植树404.2万株，占计划任务的111%，所有造林任务全部落实到各类造林主体，市辖一县三区全面超额完成工程建设任务。

【深化集体林权制度改革】 2016年，淮北市及时调整林权制度改革领导小组，制定年度实施计划，建立林权登记发证的正常工作制度，县区全部建立林权档案管理系统，对新造林及时发放林权证，做好林权登记日常管理工作，巩固林权发证率和到户率。江南林交所淮北分中心挂牌并成功交易，通过出租、转让、入股、作价出资或合作等方式，加快林地经营权和林木所有权、使用权等流转交易。创新林权抵押贷款。从多方面积极推进林权抵押贷款，破解林农资金短缺难题。截至2016年年底，全市林权抵押贷款余额2400万元。是年12月，市

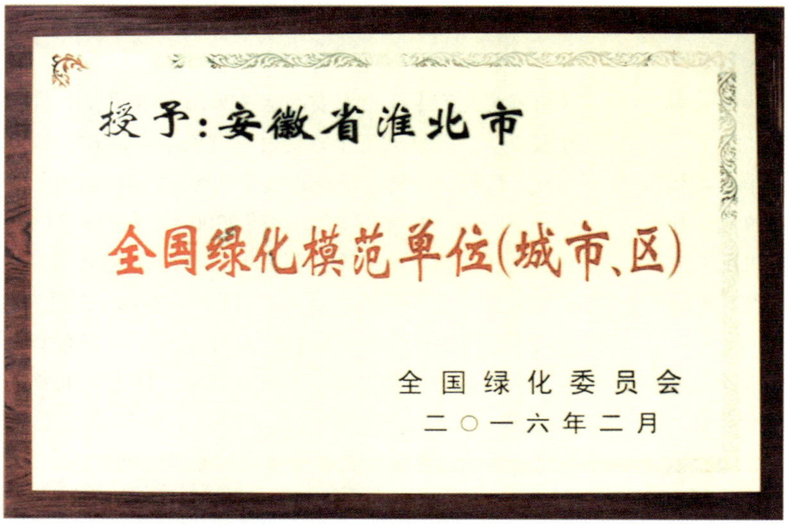

淮北市被授予"全国绿化模范单位（城市、区）"称号

政府出台《淮北市人民政府办公室关于健全生态保护补偿机制的实施意见》，提出进一步提高市级公益林补偿标准，2016 年度市级公益林补偿资金 80 万元。

【全民义务植树运动】 2016 年，完成义务植树 405.7 万株，全市参加义务植树和管护的人数达 119 万人次，义务植树尽责率达 90%，新建各类纪念林基地 36 个，面积约 0.48 万亩。3 月 1 日，市领导和 500 余名干部群众一起在化（华）家湖东岸开展义务植树活动，杜集区、相山区、濉溪县相继在不同义务植树基地开展党政军领导植树活动。市妇联、市林业局联合在市妇联认建建认养的林木绿地——惠泽公园开展淮北市“巾帼护绿 爱满家园”花木养护活动；20 余位“中国好人”到化（华）家湖义务植树基地开展“中国好人林”植树活动；市委组织部、市防空防震办、市发改委等单位相继组织开展“党员林”建设活动，市军分区、市总工会、团市委等组织开展“双拥林”“工会林”“青年林”等基地建设。

【林业产业】 2016 年，淮北市坚持“一手抓生态建设，一手抓产业富民”，以加强生态建设为基础，积极推动林业产业发展的要求，全市林业总产值达 24.5 亿元，年增长率达 11% 以上。淮北市坚持以市场为导向，制定出台一系列规范性文件，成立淮北市林业产业协会，扶持林业产业发展。经果林基地初具规模，全市有经果林 14.7 万亩。

【森林资源管理】 淮北市建立森林资源目标责任制，与县（区）分别签订森林资源目标责任书，组织县（区）林政人员，采取市局带队，县（区）互查的方式，定期进行目标考核，市、县（区）资源管理档案齐全，考核结果运用规范。加强林木采伐管理，执行采伐证发放、管理、登记和分类采伐管理台账，实行采伐签证员岗位责任制度，加强对采伐签证员的管理和培训，规范采伐许可证的签发工作，全市林木采伐总量控制在限额之内；强化木材运输管理，全面实行网上办理市内、出市、出省木材运输证，建立运输电子台账和经营加工企业分户台账以及运输统计报表，防止超采超运；加强木材经营加工管理，联合公安、工商等部门，开展木材市场清理整顿工作，清理整顿消耗量大、隐蔽性强、违法收购、经营加工木材的单位，规范木材经营加工市场。加强林地管理，科学合理地使用林地定额，对于征占用林地的工程建设项目，做到提前介入。制定林地管理台账制度，建立淮北市林地管理台账，明确各级林业部门管理责任，对全市林地资源进行动态监测和全面监管，确保林地保护利用规划的权威性和“林地一张图”实效性。加强野生动物保护，在“爱鸟周”和野生动物保护月，加强宣传，加大对破坏野生动物资源违法犯罪案件的查处力度。

【森林防火】 淮北市实行森林防火目标管理责任制，层层签订森林防火目标管理责任状，对各级政府和重点森林防火单位的目标任务和责任追究进行明确规定。完善应急预案，加强制度建设。森林防火期前，对原《淮北市处置重特大森林火灾预案》进行修订、完善。加强队伍建设，提高应急能力。各级森林防火指挥部和重点单位都组建专兼职森林防火队伍，开展森林防火知识培训和演练，举办森林防火体能、器械使用大比武等形式，提高处置森林火灾的应急能力；建立区域、部门协作机制，消除火灾隐患死角。严格落实值班，确保政令畅通。坚持 24 小时值班和领导带班制度，严格按照森林火灾报告制度，规范火情信息上报渠道，及时准确上报各种火情信息，确保森林火情信息渠道的畅通。

【林业有害生物防治】 市林业局科学制定规划，精心组织飞防。在加强监测，开展定点监测和定期虫情普查的基础上，制定科学的防控方案，飞防作业面积达 55 万亩。在做好飞机防治的同时，开展地面施药防治、人工剪除网幕、挖蛹、摘除卵块、诱杀成虫等，市重大林业有害生物防控指挥部成立督查组，定期督查验收防治成效，深入到防控一线，督导措施落实、防治进度、防治效果，全年有虫株率在 1.0% 以下，林木平均叶片保存率达 95% 以上。

【湿地保护利用】 省林业厅下发《关于同意安徽淮北中湖、濉溪凤栖湖、肥东东景、贵池杏花村开展省级湿地公园试点工作的通知》，淮北市中湖和凤栖湖被确立为省级湿地公园建设试点。12 月 20 日，《中湖国家湿地公园总体规划》通过国家级试点评审，正式成为国字号湿地公园试点。

中湖湿地公园位于市区中南部，东到龙岱河东岸、南侧隔沱河路与南湖景区相连、西至南湖路、北侧隔人民路与东湖景区相望，总面积 12900 亩，为采煤所形成的采空区地下水上升、聚集降雨和汇集地表水形成的人工塌陷湖泊。

凤栖湖湿地公园位于濉溪县刘桥镇中部，公园规划面积 7000 余亩，湿地公园类型包括刘桥矿采煤沉陷所形成的湖泊湿地、库塘湿地和河流湿地，生物多样性丰富，是近自然状态湿地。

【科教兴林】 淮北市人民政府与中国林业科学研究院签署林业科技合作战略协议，市林业局与江南林交所签订合作协议，与市气象局建立战略合作框架协议。实施林业科技入户工程，做好林业科技宣传和指导工作，帮助建立农村林业社会化服务网络，为林农提供先进的林业实用技术、林产品供求信息以及林业法律法规和惠民政策等社会化服务。加大林业科技推广力度，采取举办培训班、送科技下乡、一技一训、扶持林业致富带头人等形式，发放林业技术资料10万余份，培训林农、果农上万人。

（袁永伟）

水　利

【水利规划编制】　2016年，市水务局编制《淮北市“十三五”水利发展规划》，计划实施5大类、14项重大水利项目，包括防洪减灾工程、水资源配置工程、民生水利工程、水生态文明城市建设工程及能力建设，估算总投资73.48亿元。编制《淮北市灾后水利薄弱环节建设性治理总体规划》，规划总投资112265万元，建设内容包括主要支流及中小河流治理、城乡排涝设施建设、湖泊防洪综合治理、小型病险水库除险加固及非工程措施等。编制《淮北市2016年灾后水毁修复工程实施方案》和《淮北市防洪薄弱环节建设方案》，申报项目总投资49735万元，其中灾后水毁修复总投资为3275万元、防洪薄弱环节建设总投资46460万元。

【水政水资源管理】　2016年，淮北市继续实行最严格水资源管理制度，严守水资源管理开发利用控制、用水效率控制、水功能区限制纳污“三条红线”指标，全面提高用水效率，完成省年度最严格水资源管理制度考核目标任务。做好用水总量统计工作，加强饮用水水质监管、地下水管理和保护。开展城市公共供水管网覆盖范围内自备井关闭工作，做好市境内国家地下水监测工程36个站点建设。

【大中型病险水闸除险加固】　年内，萧濉新河黄桥闸、沱河徐楼闸、王引河仲大庄闸、洪碱河会楼闸被列入水利部大中型病险水闸除险加固规划，4座水闸除险加固工程前期工作全面完成。萧濉新河黄桥闸除险加固工程2016年10月初开工建设。

【老濉河水生态环境综合整治】　老濉河水生态环境综合整治工程系根据河道现状和水源条件，对其全线10.76公里的河道进行综合整治，包括河道生态岸线改造工程、防洪除涝工程、水体调活及水质改善工程、水生态系统构建工程、滨河景观工程等。通过综合整治，将重塑一条河畅、水清、岸绿、景美的老濉河。项目采取PPP模式融资建设，批复概算投资2.99亿元。PPP实施方案已分别经市政府常务会议和市人大常委会审议通过，社会资本及监理招标工作已开展。

【淮水北调市级配水工程】　年内，淮水北调干线工程中侯王沟扩挖、侯王翻水站工程已完工，10月22日完成机组试运行，基本具备通水条件。淮水北调市级配水工程建设内容包括输水与连通工程、截污工程、供水工程，工程总投资15.77亿元，采取PPP模式融资建设。已累计完成投资10.83亿元，其中输水与连通工程主体工程全面完工并具备输水条件，截污工程已完成工程量的85%，烈山水厂、濉溪水厂及梧桐路供水管线工程有序推进。

【防汛工作】　年内，市水务局按照《淮北市防汛抗旱应急预案》要求，绘制13处险工险段位置图，做好行洪河道障碍物清除工作；落实采煤深陷区域巡查制度，做好区域内人员安全转移工作；加强城区易涝部位值守，确保涝水及时排出，确保民众生命、财产安全。落实24小时值班制度，确保通信联络畅通。密切关注天气变化，及时掌握、传递汛情信息，加强防范；储备编织袋、铁丝等各类防汛物资，每个防汛重点区域均设置防汛物资储备点，确保抢险物资调运及时。成立10人组成的防汛抢险专家组，落实各级防汛抢险技术和专业队伍5支113人，严格纪律，凡脱岗、缺岗、漏岗，不落实预警预报、不执行调度命令的，一律通报批评；造成后果的，依纪依法严格按相应条例给予处分。

【自动测报系统建设】　市水务局与市气象局、宿州水文局建立雨量自动测报站，水文观测站、水库自动测报系统，加大应对极端天气和自然灾害的能力，提高防汛抗旱能力。对全市水库建立自动测报系统，及时观测降雨情况及水位的变化情况，确保水库安全运行。建立双堆、临涣、马桥、朔里、刘桥、相山等6处人工墒情测报站和化（华）家湖、朔里、临涣、徐楼、双堆集、古饶、四铺等7处自动墒情测报站，及时向全市发布墒情信息，指导农业生产。建设临涣闸、陈路口闸、侯王闸、淮纺闸自动信息化系统，保障节制闸的安全运行。

【农田水利基本建设】　2016年，市水务局完成小型泵站更新改造50千瓦，完成率100%；加固新建小型水闸25座，完成率119%；塘坝扩挖26口，完成率100%；河沟整治172条，完成率155%；修复、新建机电井3446眼，完成率151%；末级渠系改造9.3万亩，完成率186%；新建大、中、小沟桥1295座。新建高标准农田（节水灌溉片）0.18万亩，新增和改善灌溉面积20.01万亩、除涝面积10.26万亩。工程总投资10395.12万元，其中农水专项资金3236.12万元，整合其他涉水项目资金7159万元。

【农村饮水安全】 市水务局采取以“集中式供水为主，分散式供水为辅”的方式，全面解决建档立卡贫困村、贫困户的饮水安全问题，提高贫困村集中供水率、自来水普及率、供水保障率和水质合格率，到2017年年底实现22个贫困村村村通自来水。2016年，全市完成新打取水井3眼，铺设供水主管道34公里，建供水工程6处，改造濉溪县石湖水厂、北湖南水厂、刘圩水厂，新建濉溪县桥头水厂及巩固提升路东水厂、任圩水厂，共解决、改善6个贫困村、2.34万人的农村居民饮水安全问题，完成投资996.5万元。

（李　锋）

城乡建设

■ 2016年，淮北市获批国家低碳城市、国家气候适应型城市建设试点

■ 2016年年末，淮北市城市人均道路面积16.91平方米，建成区绿化覆盖率44.98%，人均公园绿地面积16.72平方米，城市用水普及率99.15%，燃气普及率98.58%

■ 2016年，淮北市棚户区改造开工48501套，完成省下达任务13142套的369.1%；棚户区改造和保障房基本建成27566套，完成省下达任务8500套的324.3%

■ 2016年，淮北市住房公积金实现归集28.99亿元，同比下降8.58 %

■ 2016年，淮北市年空气质量优良天数239天，优良率65.5%

城乡规划

【出台《淮北市城乡规划条例》】 淮北市首部地方性法规《淮北市城乡规划条例》，经2016年11月10日省第十二届人民代表大会常务委员会批准，自2017年1月1日起实施。11月28日，市人大举行《条例》颁布实施启动仪式。《条例》内容分为总则、城乡规划的制定和修改、城乡规划的实施等6章、56条，全文体现中共中央、国务院加强城市规划建设管理的精神，强化城乡规划刚性约束，扩大社会公众参与度，注重解决规划编制和实施中的实际问题，对淮北市城乡规划的科学制定、严格实施管理将发挥积极作用。

【重点片区控规维护】 年内，市城乡规划局组织开展东山路东侧片区和中湖景区控规编制，通过优化用地布局，统筹基础设施布局，强化控规对城市建设的指导性。另外东湖片区、淮纺片区控规经市政府第66次常务会研究通过并批准实施，已按法定程序向市人大常委会备案。

【城市特色塑造】 市城乡规划局编制中湖景区景观规划、化家湖生态修复及休闲旅游规划、老濉河两岸景观整治规划、迎宾路景观整治规划和合徐高速口门户城市设计。开展东部新城城市设计和人民东路两侧片区城市设计，进一步完善城市风貌特色规划，不断优化城市功能布局和空间结构，进一步彰显“一带双城三青山，六湖九河十八湾”的城市风貌。

【城市专项规划】 市城乡规划局编制电动汽车充电基础设施布点规划和城市蓝线规划，修编中心城区中小学布局规划、环境卫生专业规划、加油站布局规划、主城区菜市场布局规划、中心城区移动基站布局规划等专项规划，为城市基础设施、公共服务设施建设布局提供依据。完成11个乡镇政府驻地建成区整治规划及2个美丽乡村中心村建设规划。

【东部新城基础设施谋划】 市城乡规划局编制《东部城区路网建设规划实施方案》，高标准完成卧牛山路等8条道路、省道203临涣煤化工快速通道、孟山南路和东部新城污水转输工程规划设计及审批工作。完成市一中新校区、人民医院新院区、创客驿站的修规审查工作，促进优质公共资源的均衡布局。

【服务民生工程】 市城乡规划局完成《淮北市2016—2020棚户区改造规划》，出具烈山新安花园、凤凰三期等11个地块棚改规划条件，协助完成258亿元的农发行、国开行的棚改贷款资金授信工作。市城乡规划局及市规划设计院获“全市2016年度棚户区改造工作目标管理先进单位”称号。

【开发区目录审核修订】 市城乡规划局牵头对已进入《中国开发区审核公告目录（2006年版）》的淮北经济开发区、濉溪经济开发区和2006年后新设立的省级开发区进行目录审核和调整更新，在全省率先完成全市7个省级开发区（含筹建）的《目录》修订申报，为淮北市工业化发展提供空间支撑和用地保障。

（梅最生）

城市建设

2016年，淮北市获批国家低碳城市、国家气候适应型城市建设试点。鹰山南路、长山南路铁路立交桥等10个项目建成通车，东部新城、高铁新区11条路网加快推进，惠苑路步行街、环山东路西段等5条“断头路”顺利贯通，相山公园二号门停车场等一批便民设施建成使用，东湖宜园建成并向市民开放。全年新增绿地198.83万平方米、改造提升绿地164.89万平方米，新增街头绿地（游园）18个，建成城市绿道36.3公里。年末城市人均道路面积16.91平方米，建成区绿化覆盖率44.98%，人均公园绿地面积16.72平方米，城市用水普及率99.15%，燃气普及率98.58%。

市政建设

【依法行政】 年内，市政工程处依法管理市政设施，实施网格化管理，综合巡查、道桥巡查、路灯巡查等多层巡查全覆盖，为问题的及时发现，提供保障；严格按照行政申请5日办结制度办理有关行政许可申请，严控道路挖掘、占用许可申请的办理，2016年办结挖掘占用审批63件，上缴挖掘占用费734.95万元。

【路面维修改造】 2016年，完成南黎路、相山路、环山路、桂苑路、民生路、东湖路人行道改造，累计完成人行道改造约9.1万平方米；完成老城区沥青罩面工程（利民巷、北山巷、教育巷）、市政道路沥青路面维修工程、市政道路砼路面维修工程，维修改造砼道路11.9

公里，铺设沥青路面 4.2 万平方米；完成人民路与濉溪路大转盘改造工程、长山南路综合整治工程、相山路与人民路大转盘、鹰山路与人民路交叉口改造工程、闸河路、孟山南路、梅苑路沥青路面工程、相山南路沥青路面工程、南湖路沥青加铺工程、淮海路路面提升改造工程，累计铺设沥青路面约 49.2 万平方米。

【路灯亮化改造】 市政工程处完成人民东路路灯安装工程、街巷路灯改造工程、开渠路路灯改造工程，累计新装路灯 113 柱，改造路灯 318 柱；完成相山公园电视塔亮化工程，人民路、长山路、博物馆路、淮海路、花园路 5 条道路亮化工作。

【排水设施清淤】 市政工程处实施排水设施改造工程，完成宿丁路边沟改造工程、淮海西路排水改造工程、东方红小区排水改造工程等排水设施改造项目。基本完成城区立交桥泵站房屋基础设施改造工作。

【文明城市创建】 创建检查前期，市政工程处启动全面督查机制，单位各部门根据督查道路的范围，实施白天步行查路面、人行道、路灯设施、窨井设施、公交候车亭、无障碍设施，晚上查路灯亮灯率；实行"谁巡查、谁督办"，督查人员发现问题如实记录，及时反馈到维修部门，并负责督办问题的整改。工程项目实施期间，重点对施工围挡、施工质量、材料堆放、施工垃圾清理等问题实施连续督查，在督查过程中开出罚单 36 起，共处罚金 97000 元，并已全部兑现，促进了安全文明施工，降低施工对城市交通和市民生活造成的影响。市政所属的公交站台、护栏灯箱、高架广告牌等公益广告全面覆盖，总计 1000 多块，达到 100%，利用市政道路施工围挡牌设置公益广告 100 多块，市政围墙 2 块，为创建营造良好公益广告环境。

（毛立果）

城市绿化

【公园游园节点绿地建设】 2016 年，园林部门实施碱河路桥游园、濉河生态公园南延、光明公园、省道 202 节点绿化、东湖游园和龙昌路景观及绿化、塔山路游园和迎宾游园景观及绿化、东山公园、相阳景观带及方安路游园、濉河游园、黎苑公园、梧桐南路迎宾大道西南角节点绿化、濉河公园提升工程等 16 个公园节点建设。除光明公园、人民路与南湖路交口西南节点项目未完成外，其余均已完工，完成计划的 90%。建成后的公园、节点成为周边市民休闲、锻炼的场所。

【道路配套绿化】 市园林局坚持绿随路走，"路建到哪里、绿化配套到哪里"，开展道路配套绿化。2016 年，实施光明路绿化、梧桐南路绿化、长山路南路南延绿化、孟山南路（北段）、鹰山南路绿化、太山路（西段）绿化、南黎路绿化改造、淮北市省道 235 森林长廊建设及道路节点绿化、相山南路行道树绿化改造、惠苑路步行街绿化等 11 项道路绿化工程，总投资 3078.1 万元。除太山路（西段）绿化、惠苑路步行街绿化两个项目外，其余均已完成，完成计划项目的 95%。

【园林绿地养护管理】 2016 年，市园林局创新"互联网 + 养护"管理模式，通过养护信息平台、园林 QQ 群、微信养护群等互联网手段，对养护问题精确查找、精准定位，迅速整改，提高管养工作效率和水平。完成春夏秋季施肥、浇水、补植、修剪等工作。为黎苑路、桓谭公园等 26 条道路和 8 个公园广场的园林植物施有机肥料 48 吨，草坪、色块撒施尿素 17 吨；相山路、孟山路等 15 条道路补植红叶石楠、金森女贞等苗木约 10 万株、2 万平方米；人民路、世纪广场等 7 条道路和 10 个公园广场及节点栽植春季草花 3300 平方米、夏季草花 3400 平方米，做好每周 2 ~ 3 次的绿化带冲洗工作。加强病虫害防治，下发《关于加强春季园林植物病虫害发生与防治的通知》《关于加强夏季园林植物病虫害防治的通知》等文件，制定《市城乡建委美国白

市政道路

蛾防治督查方案》，对三区一县、养护单位进行病虫害防治指导督查。

【社会绿化管理】 市园林局对市区的园林绿地和园林局职责进行梳理，确定下划三区事权，做好资产统计和资金划转工作，顺利完成城市园林行业建设管理体制改革、事权下放移交工作。起草《淮北市单位和居住区绿化管理办法》《关于推进城市立体绿化工作的意见》《淮北市城市公园管理办法》《淮北市城市绿化条例》等规范性文件，健全管理制度。编制《淮北市园林局管理制度汇编》，修改完善123项管理制度，使日常工作有制可依。在市区各公园、广场，通过LED显示屏、标示标牌、悬挂宣传标语、发放宣传单等形式，营造良好法治氛围。

【城镇绿化提升行动】 2016年，省下达城镇绿化提升行动的任务为新增绿地190万平方米，改造提升绿地160万平方米，新增街头绿地（游园）15个，建成城市绿道30公里。为完成绿化提升行动任务，市园林局制订城镇绿化提升行动考核办法和年度项目计划任务，通过召开项目推进调度会、现场督查、培训指导等方式，使项目前期有设计，过程有监督，后期有养护，确保建成精品工程。

【城区绿化提升行动】 市园林局开展城区园林绿化专项提升行动，实施护栏安装、厕所提升改造、彩化美化工程。完成相山公园、桓谭公园等8处公园、广场和人民东路、长山中路等7条道路的彩化、花化、美化工程；完成公园南门停车场建设、护栏安装、相山公园大坝景观提升工程。对市区公园广场的便民设施进行粉刷、防腐，在相山公园、长山公园、惠泽公园更换增加座椅200个、垃圾桶400个，增加健身器材、手机加油站、广播系统等设施，公园设施完好率达99%以上。完成相山风景区、桓谭公园和时代公园等10座公厕所的改造升级。对人民路、孟山路等15条道路进行秋季补植，补植红叶石楠、金森女贞等各类色块5000余平方米。制定景区服务标准，完善市区公园广场12处志愿者服务点和志愿者服务岗亭，为市民提供更加全面的便民服务。

【省级卫生城市创建工作】 市园林局在相山公园、桓谭公园等14座厕所安装灭蚊灯20个、窗纱74个、门帘80余平方米，并定期喷杀虫剂和消毒水，防止蚊虫滋扰。成立景区环境卫生巡查小队，每天18小时对景区环境进行巡查，及时劝导随地吐痰、乱扔垃圾等不文明现象，制止出店经营等不文明行为，确保景区整洁干净。年内，各公园、广场公共厕所符合《城镇环境卫生设施设置标准》《城市公共厕所卫生标准》等要求，公厕卫生不低于二类标准。城市绿地植物（花草树木）养护、公园、广场卫生状况良好，病虫害有效防止，树木鲜亮、整洁，秩序井然。各公园广场公厕卫生整洁，园林建筑工地管理符合要求，各项创建卫生城市工作平稳有序推进。

【平安园林建设】 市园林局坚持源头防范与过程监管并重，落实“一岗双责”安全生产责任制，按照“三不放过”（事故原因分析不清不放过，事故责任者和群众没有受到教育不放过，没有采取切实可行的防范措施不放过）的原则，强化各级安全监督人员责任，完善安全管理网络，围绕儿童乐园游乐设施、动物园笼舍、山体护坡、市区公园广场水面等安全事故风险点，开展安全生产大检查和隐患排查治理工作，全年开展10次检查，落实安全隐患整改15个。较好完成春节、清明节、“五一”劳动节、三月十八庙会、“十一”国庆节等重大节假日景区游园安全管理工作，未发生一起游人践踏、摔伤事故。重视秋冬季节山林防火工作，早谋划，强措施，抓落实，做到防火责任、宣传教育、值班制度、防火物资、监控设施、防火隔离带开辟、防火预案“七个到位”。坚持人防和技防相结合，采取政府采购服务形式，成立专业护林防火队伍；通过公开招标方式，开辟防火隔离带。在景区各主要路口、区域设防火警示牌，印发防火宣传单，安装高清摄像头20部。配备消防摩托车、电动巡逻车、风力灭火机、油锯、灭火弹、灭火器、消防水袋等防火设备。

城市供水

2016年，市供水总公司发展新用户1.2万户，完成售水量3260万吨；主营业务销售收入5377万元，其中成本费用4840万元，实现利润537万元；回收城市污水处理费1600万元。供水实业公司实现销售收入11364万元，其中成本8239万元，实现利润3750万元。

公司实施西部城区供水工程，累计完成投资2140万元；实施南部新区、龙湖工业园、凤凰山工业园以及省道101线，供水主干管网建设；全年累计铺设DN100以上管网60.5公里。建设完成二次加压泵房11座，安装加压设备32套。

【保障城区供水】 公司在市辖三区主要实施东部供水工程、西部供水工程，石台、朔里供水管网改造等工程，形成东至华家湖新村，南至市经济开发新区，西至渠沟镇郭王村（与河南交界处），北至石台矿的环状供水格局。截至2016年年底，公司供水面积达到130平方公里，供水人口40余万人，日供水能力22.5万吨。

公司在相山区投资300余万元，沿省道101线铺设约8公里供水管线，将供水覆盖范围延伸至渠沟镇张集集中区和郭王村。在杜集区，投资500余万元，沿东外环线以开渠东路为起点，向北延伸到石台矿工人村铺设6公里的供水管线，解决沿线厂矿企业和周边安置房的安全饮水问题。在烈山区，投资200余万元，以宁山泵房为起点，沿花山东路铺设2.7公里的管线，解决职教园区供水瓶颈。与淮矿集团对接，签订石台矿、张庄矿、雷鸣科化家属区约1.2万户居民用水改造合同。

【拓展村镇供水】 公司积极推动“城乡供水一体化”建设，将供水基础设施向周边矿区、村镇进行延伸，探索建立城乡供水设施和服务设施互联互通、共建共享的机制。在濉溪县，实施刘桥、双堆集、四铺镇等农村饮水工程。刘桥水厂日出水能力5000立方米，供水面积覆盖到于庄、丁楼、王堰等3个行政村以及镇政府所在地的4个行政村、5300余户，解决近5万人的安全饮水问题。四铺水厂供水面积覆盖周边4个行政村，解决约2万人口的安全饮水问题。各水厂通过调度中心统一调度远程控制，实现水质与市区同步检测，水压水量及时调整调配，保证24小时不间断供水。

【节能降耗】 公司根据季节和高低峰用水时段的用水量不同，合理调配管网压力。配置泵房终端10处，安装测压终端17处，新安装及改造视频监控点18处，实施对水泵的实时监控和对各供水区域测压点的压力实时调控任务，减少供水电耗。继续坚持严格的24小时值班制度，确保管网综合压力合格率达到97%以上。加大管网检漏力度，提升测漏专业水平。设立专业的供水管网维护管理队伍，明确和细化管理范围、职责和考核办法。全年巡检路线长度为200余公里，完成DN100以上管道测绘107.7公里，DN100以上阀门1466只，消防栓398套，表井2013座，测漏维修75处，其中DN100以上40处。

【打击违章用水】 2016年，公司稽查队普查单位用户600户，普查民用户6000户。全年查处违章用水30处，追缴水费27600元，查封自备井12处，配合市建委联动执法工作7次。加强依法用水宣传，在建筑工地、行政村、城乡接合部等违章用水高发区进行广泛宣传，起到良好作用。

【提升智慧水务水平】 2016年，城市供水一体化综合管理系统的基本框架已初步建成，系统包括工程报装系统、水源地视频监控系统、供水调度系统、管网地理信息系统、营业收费系统、公司财务与材料管理系统、公司办公OA系统，公司内部通信软件易讯通正式上线。为方便用户用水查询报修，公司开通微信查询水费系统；与第三方合作，开发并试运行社保平台查询水费系统和供水热线三方呼叫系统。

城市供气

2016年，淮北华润燃气有限公司新增民用户2.8万户；销气总量实现1.1亿立方米；新铺设管网30公里；建设加气站4座，乡镇释放站1座；完成老旧燃气管网改造71公里，中压管网挺进淮海路以北区域，全面升压。老户改造完成2503户。中石油直供气源指标由每年2000万立方米增加至每年3000万立方米。

【市场开拓】 年内，公司集中力量开发棚户区改造及房地产项目，重点跟进矿区老户项目开发。加强资金管控，防范资金风险。优化工商业市场开发流程，实施全员开发，实行商业优惠月“一站式”服务活动。推进燃煤锅炉改造，联合政府试行整改商业液化气行动；3月，临涣工业园天然气项目正式签约。深化与汽运公司和中北巴士的合作，拓展驾校、重卡和外销市场，新增50多台公交、驾校、重卡车辆用户。推进天然气向城镇中心村延伸。刘桥镇、渠沟镇、袁庄矿实现3280户管道气源供气，南坪镇700户、百善镇玫瑰园324户施工完毕。

【强化安全管理】 2016年，公司牢固树立“红线意识，底线思维”，加强安全教育，夯实安全基础，通过开展“十项专项治理行动”，确保全年安全生产无责任事故。组织各部门签署安全目标责任书，推行落实安全风险抵押金制度。开展定期不定期总经理安全检查，发现隐患17项，整改率100%。开展班组安全教育培训，形成“人人讲安全，人人懂安全，人人要安全”的良好氛围。全年开展安全教育培训7次，大型安全宣传5次。开展预案演练6次，对标消防学习应急处理，提高应急处置能力。通过开展大客户安全培训联谊会、“大手拉小手、安全齐步走”小记者天然气安全教育活动，电视、微信媒体集中宣传等，进一步提升用户的安全意识。开展壁挂炉专项核查。开展室内IC卡、小型商业户和壁挂炉专项核查。处理盗气63起，挽回气损11万余立方米，追缴气费29.33万元。

【推行大用户直供试点】 2016年，公司采用创新销售新模式，推行大用户供气试点，加大优惠力度。与5家企业签订大用户直供供气协议，按照年用气量的不同规模，分档降低供气价格，每立方米天然气降价幅度为0.03 ~ 0.35元，为企业减少用气成本约200万元。在2016年冬和2017年春，上游气源价格对非居民气价“基量”气上浮10%，“增量”气上浮13%的情况下，公司主动全额背负成本增加的压力（气源成本约增加600万元），未向终端顺价上调，进一步让利用户，提高企业用气积极性。

【提升服务品质】 6月4日，公司顺利完成CIS系统上线，方便公司33万名用户，客户服务工作效率和管理水平有了较大的提升。11月，在新的客户服务系统顺利平稳运行的基础上，拓宽缴费渠道，开通微信、支付宝、网上营业厅和APP缴费平台，解决排队缴费和异地缴费难题。建设增值服务中心，为用户提供集百尊销售、个性化安装、改造、新户点火通气等一站式服务。开展工商业用户保险销售，全年居民用户保险销售额达120万元。优化安检团队配置，将室内安检频次由两年一次调整为一年一次。全年开展集中安检21次，覆盖30多个小区，并为用户集中免费更换软管，消除室内安全隐患。建立大客户管理制度，定期走访用户，询问用户需求，维护客户关系；开展用户信息收集普查工作。

城市公共客运

2016年，全市（含濉溪县）新增公交车辆67台，全部为新能源公交车辆，新开通3条公交线路：淮北市汽运公交公司109路公交（化家湖至濉溪县开发区）、旅游专线公交（滨河小区至榴园景区）、115路公交（淮北师范大学新校区至传化物流园区）；调整延伸公交线路两条，淮北中北巴士公司原7路公交线路由汽运公交公司经营，9路公交线路春昇生态家园至职业技术学院延伸至恒大名都，线路延长4.5千米。

【出台《关于优先发展城市公共交通（2016—2020）实施意见》】 随着淮北市经济社会的快速发展和城市化进程的加快，机动车数量增长迅速，城市道路容量日趋饱和，群众出行不便、交通拥堵问题日益突出。11月，出台《关于优先发展城市公共交通（2016—2020）实施意见》。《意见》提出，淮北市优先发展城市公共交通的具体目标是：到2020年，城市规划区实现万人拥有公交车辆12标台；城市公共交通出行分担率达到40%；城市公交车平均运行速度不低于20公里/小时；实现主城区公共交通站点500米全覆盖，居民最多换乘一次可达目的地，公交车准点率达90%；建设和完善与城市公交发展相适应的场站基础设施；逐步对部分农村班线进行公交化改造，完善公共交通城乡一体化，满足不同群体的出行需求。淮北市大力发展低碳、高效、大容量的新能源公共交通，推动新能源汽车规模化使用和新能源供给设施建设，淘汰不符合排放标准的老旧车辆，新增公交车辆中新能源车辆比例达到65%以上。建立和完善公交线路运行显示、多媒体综合查询、乘客服务信息、智能刷卡等智慧公交系统，不断提高公共交通调度管理和服务智能化水平。

刘开渠纪念馆保护

刘开渠纪念馆位于淮北市相山公园内，纪念馆占地4977平方米，建筑面积2500平方米，是由三部分组成的长方形庭院。1995年4月5日正式对外开放。是年5月，纪念馆被确定为安徽省爱国主义教育基地。2011年5月，被确定为安徽省廉政教育基地。2016年，纪念馆接待游客10.5万余人次，接待淮北师范大学、市一中、二实小、长山路小学等大中小学生5万余人次。

【文物藏品保护管理】 年内，纪念馆加强对雕塑、字画等文物资料的征集、登记、保管、维护保养、展出、复制等规范管理，进一步提高专业化管理水平。做好文物资料经常性的维护和保养，对一些刘开渠的珍贵手稿进行原样复制展出，对一些破损易碎的雕塑作品进行硬质材料复制保护。8月，委托淮北市建设监理有限公司代理招标，湖南宏瑞文博集团股份有限公司中标进行库房改造，10月完工。

【开展爱国主义教育】 纪念馆开展形式多样、生动活泼的送展览、讲座进校园、社区、农村和部队等社会教育和服务活动，组织开展“刘开渠艺术人生展”进校园志愿服务活动3次，举办以宣传爱国主义、中国梦、社会主义核心价值观，以及雕塑和文博知识为主题的系列讲座进校园活动3场。通过活动，进一步宣传和弘扬刘开渠的光辉一生、艺术精神和杰出贡献，激发学生们的爱国热情和报国之志。

【场馆维护】 2016年，纪念馆健全和完善各类标志牌。制作或更新讲文明树新风、遵德守礼、社会主义核心价值观、志愿者服务、创建标语、未成年人教育宣传等各类宣传栏、宣传牌，重新制作禁烟、监控警示标志牌和免费开放、参观须知、参观路线导览图、投诉处理机制等各类告示标志牌。完成对门前破损的屋檐、门头、周边围墙及院内连廊破损严重的表面粉刷层进行了彻底的铲除修复，对周边围墙栏杆和大门进行除锈油漆。实行全天候保洁，搞好绿化、美化，确保窗明几净，路面清洁，墙面洁白，环境整洁，以保持良好的参观环境。

村镇建设

【农村危房改造】 2016年，市城乡建委按照市委市政府、市民生办统一部署，围绕脱贫攻坚目标任务，立足抓早、抓细、抓实，开展农村危房改造民生工程。农村危房改造自5月全面开工以来，三个区共52户于6月底全部完工并通过验收，7月底将补助资金100万元全部打卡到户；濉溪县848户（含建档立卡贫困户361户）7月底全部完工，10月底补助资金打卡到户。全市900户农村危房改造任务以及农户信息系统录入工作已全部完成。

【乡镇政府驻地生活污水处理】 市城乡建委根据安徽省住建厅、省财政厅《乡镇改水改厕实施办法》、安徽省住建厅《关于加强乡镇驻地改水改厕工作的通知》等文件要求，起草《关于做好乡镇政府驻地生活污水处理工作的通知》，于8月26日以市政府名义出台并下发一县三区。

【加强村镇建设指导】 年内，淮北市出台《改善农村人居环境实施方案》，举办2016年度美丽乡村建设培训，制定《帮扶美丽乡村规划建设实施办法》，争取石台镇小城镇建设专项资金54万元。做好特色小镇、美丽宜居小镇村庄、特色旅游名镇名村申报推荐工作。

【美丽乡村建设】 2016年，围绕贯彻落实省、市美丽乡村建设推进会精神，统筹推进2014年、2015年和2016年“三个一批”美丽乡村建设，全面推进美丽乡镇建设、中心村建设和自然村环境整治，协调推进产业发展、社会管理和精神文明建设，实现美丽乡村建设由“以点为主”向“由点到面”战略转换。

濉溪县2014年度中心村建设顺利通过省级验收，并在安徽省皖北片区取得较好位次；烈山区作为全国25个美丽乡村建设标准化试点之一率先通过国家验收；朔里镇入选省首批特色小镇；烈山区榴园村跻身全国第四批美丽宜居村庄示范村；濉溪县蒙村上榜省第四批特色景观旅游名镇名村。全面完成2015年度11个省、市级中心村建设任务，并达到验收标准，共实施各类项目135个，累计完成投资9316.3万元。启动实施2016年度11个镇政府驻地建成区和36个省、市级中心村规划建设整治，同步推进36个中心村所在行政村范围的316个自然村环境整治，截至12月底，项目建设基本结束，共实施各类项目323个，完成投资12468.6万元，占计划的96.8%。

附：美丽乡村建设示范点选介

石台镇

石台镇位于杜集区东北郊，面积52.4平方公里，辖6个村、2个社区，5.7万人，是安徽省“综合改革试点镇”“扩权强镇试点镇”“省级卫生创建工作先进镇”“第四届全国文明镇”等。2016年，被省美丽乡村建设工作领导小组办公室批准为开展驻地建成区整治建设的乡镇之一，整治建设周期1年左右。

石台镇将美丽乡村建设工作与建设文化、实力、活力、魅力新石台的发展目标紧密结合，融合推进。按照年度工作方案，由淮北市规划设计院进行高标准、高起点设计编制整治方案，以“一带一城一园两片区”的发展规划引领美丽乡村建设工作，以美丽乡村建设工作为“山、水、田、园、城”建设夯实基础。

针对以往影响镇容镇貌的诸多顽疾，石台镇采取措施，强力推进，全力做好“清、拆、绿、引、管、控、

石台镇平坦整洁的子张南路

建”七字文章，从源头上整治杜绝各类违法违规现象，在各环节和细节上下功夫，做靓创建工程，疏堵结合，精准发力。投入150万元进行一、二期商品街改造，迁移改造电缆通信线路800余米，铺设人行道1600平方米，铺设沥青路面3600平方米，栽植绿化树木100余棵。投入资金200余万元建成石台镇文化广场2000平方米，建成梧桐路入口和子张路入口两处景观，利用街道空闲地打造休闲小品景观1处。完善镇区道路交通设施，安装道路标牌43个。

石台镇不断丰富和提升“美丽乡村”建设内涵。以开展农村文化建设为切入点，倡导健康向上的生活方式，着力提升居民整体素质。健全党员活动室、文体活动室、计生服务室等，配备书籍、资料、碟片，配置电视机、电脑、多媒体放映机等设备，用于村民的日常学习和娱乐；电子显示屏、灯光篮球场、乒乓球场、健身器材等体育设施配套齐全。开展“美好家庭”“好媳妇”“好婆婆”等文明新风评选活动，组建农民腰鼓队，积极宣传文明新风。开展农民技能培训，促进劳动力转移。2016年，组织开展农村建筑工匠和面点师培训技能培训2次，培训300余人次。

刘桥镇

刘桥镇位于濉溪县西部，西与河南省永城市接壤，毗邻淮北市区、濉溪县城及省级濉溪经济开发区，为工矿型、近郊型城镇，副县级建制镇、全国文明镇、省新农村建设和城乡一体化试点镇。全镇辖17个行政村和1个工业集中区，人口10.5万人，面积85平方公里，全镇可耕地6.2万亩。2016年，被省美丽乡村建设工作领导小组办公室批准为开展驻地建成区整治建设的乡镇之一。

在美丽乡镇建设过程中，刘桥镇立足实际，创造性地提出“扮靓西大门，建设新刘桥”的奋斗目标，重点做好“清、拆、建、管、绿、引、控”七字文章，努力打造“一线一片五点”（一线即濉永公路一线，纵贯东西，搭县连省；一片即凤栖湖湿地治理，总投资3.42亿元；五点即开发区与刘桥入口景观、政府所在地文化广场、集中居住区体育公园、濉永公路与101交叉点主题公园、濉溪与永城界入口景观）新亮点。

针对石料厂、违法用地和“脏乱差”等顽疾，刘桥镇坚持标本兼治，多管齐下，开展八大专项整治工作。开展门头店招专项整治。全面清除乱搭乱建广告牌及横幅，规范街道管理，共拆除更换广告牌300处。开展“店外店”专项整治。取缔店外店经营70家，其中拆除店外店铁皮屋10处，拆除乱搭乱建铁皮篷60处。开展拆违控违专项整治。共查出违建80处，拆除面积近15619平方米，控违面积18683平方米。开展违法用地专项整治工作。对火神庙村盛泰驾校37.2亩违法用地和关帝庙、任圩、杨庄等村5宗15.8亩违法占地进行拆除并复耕复绿。开展石料厂专项整治。通过摸清实情、限期拆除、依法取缔、严格管控等措施，拆除非法石料厂8家，彻底扭转前期的混乱状态。开展污染企业专项整治。通过对镇域内8家煤场、4家窑厂及工业园区内12家上规模企业进行专项环境整治，园区内企业做到生产区域干净卫生、门内门外绿化到位、厂区杜绝扬尘。开展干道两侧“脏乱差”专项整治。在濉永路东西两侧绿化7000米、拆墙复绿2000米，在恒源路绿化1500米，贸易路绿化1800米，白杨路绿化4000米；投入46万元，对濉永路刘桥段破损路面、两侧路肩及路牙石进行修复管养。开展农民建房专项整治。通过强化镇村联动、依法强制拆除、严格审核审批，共组织动员500多人次，印发宣传资料1000余份，摸底排查违法建房户500多户，拆除电表25个，列出重点整治对象12户，全面叫停镇区范围内违法建房。

赵集村

赵集社区位于烈山区古饶镇西部，十里长山脚下，毗邻泗许高速，省道刘濉路穿境而过，交通便利、区位优势明显。社区下辖7个自然村，总人口6200余人，总耕地面积8000余亩。2015年，被确定为市级美丽乡村示范点。

赵集社区先后修建水泥路面35000平方米，新建3000多平方米的居民休闲广场以及1200平方米的赵集老年日间照料中心，引进上海华联超市进入社区，建成占地1200平方米的购物中心，投入5000万元建成1160平方米的社区为民服务中心，内设有一站式为民服务大厅，健身器材配套齐全，老年活动中心、志愿者活动室、农家书屋，留守儿童之家、妇女之家、说事室等功能室一应俱全，社区公共服务、市场服务、公益性服务功能不断完善，最大限度地满足群众衣、食、住、行、乐的需求。

赵集社区聘请市、区美丽办和设计院的专家对社区进行整体规划，在原有基础上，把旧村整治和集中新建相结合，先后对沿街门面进行统一规划建设，对沿线沿边的房屋进行统一修整粉饰，在长山脚下新建2万平方米的居民集中居住区，使社区整体建设水平提升了一个档次。新修单圩、桂庄、赵集、集北自然村的水泥路5000多米，开挖疏通下水道2000多米，建设自来水厂和污水处理厂，完成自来水户户通工程，自来水入户率达到100%，极大地改善居民生产生活条件。为保证村容村

赵集村民俗馆一隅

设计研究院，按照“宜居、宜业、宜游”的建设标准，结合世界文化遗产保护开发项目，深入挖掘隋唐文化、运河文化、孝文化等历史人文资源，把村庄当景区设计，强化对文化、产业、环境的专项规划设计，推进文化、产业、环境相互支撑、有机链接。

结合运河遗址保护拆迁安置，规划建设柳孜中心新村，总占地400亩，可容纳万人居住，其中一期建成14幢6层楼房，可容纳390户、1500人，区内建有卫生室、敬老院、便民超市等。在村部以南、新村以东建设占地10亩的健身休闲广场和占地40亩柳孜集农贸市场，解决了骑路逢集影响交通问题，方便群众生产生活。

貌的整洁，在社区各主次道路两旁共投放垃圾桶200余个，同步加强对臭水沟渠的治理，清理整治长1500米、宽3米贯穿社区核心区域的顺山沟，栽植风景树木，将昔日的臭水沟打造成一条靓丽的风景线。开展“绿化美化家园”活动，采取见缝插绿、立体植绿等措施，新增绿地面积2000平方米，栽植各类苗木1800余株，绿化覆盖率达到35%以上，社区环境得到进一步优化。

赵集社区凭借土地资源丰富、地质肥沃的特点，依托高速连接线穿村而过的区位优势，因地制宜，大力发展乡村旅游和观光农业，先后流转土地2400亩发展蔬菜大棚、晚秋黄梨、观赏花卉、中药材等特色农业，农民在流转土地的同时成为产业工人，进一步拓宽农民工的增收渠道，增加农民收入，壮大产业经济。

柳孜村

柳孜村位于濉溪县城西南约25公里，隶属于濉溪县百善镇，下辖3个自然村，面积12平方公里，总人口5400人，土地6000余亩。2015年，被确定为省级美丽乡村建设示范村。柳孜隋唐运河遗址被评为1999年度全国十大考古新发现，2001年被国务院公布为全国重点文物保护单位，2014年入选世界文化遗产名录，作为中国大运河的一点一线，成为安徽省继黄山、西递宏村后第三处世界文化遗产。

柳孜村突出高标准规划，聘请华汉旅等3家国家甲级资质的规划

结合隋唐运河遗址博物馆和遗址公园的开发利用，利用遗址保护项目资金，以青瓦、红门、红窗为主色调，建成错落有致、别具隋唐风格的古民居。对沿街门面进行统一门头广告改造，强弱电迁移改造，沿街道路进行硬化、绿化、亮化。投资610万元，建设进村路主干道、村中路主干道以及次干道。投资40万元，栽植垂柳、银杏、栾树、玉兰、石楠球等绿化树种，绿化村庄。投资45万元，安装107盏太阳能路灯，改善村庄照明环境。投资30万元，新建2座水冲公厕。投资60万元，建设2400平方米的中心广场。投资120万元，修建户户通矸石路，开展房前屋后果树绿化及环境整治。投资15万元，安装远教文化广场LED显示屏。投资10万元，新建三格式污水池2座，实现污水初级处理。

柳孜新村集中安置区

市容管理

【实施执法体制改革】 2016年，市城市管理综合执法局贯彻落实市委、市政府关于调整完善市区规划建设管理体制的工作部署，按照“权责一致、属地管理、执法重心下移”的原则，组织实施市区城管执法体制调整工作，41项行政审批、行政处罚等事权下放36项，下放率87%。环卫清扫保洁、农村生活垃圾治理等事权、财权全部交由辖区政府、市开发区管委会具体实施。在市人社局的大力支持下，采取个人自愿报名和公开考试相结合的办法，按照公开、公平、公正的原则确定442名工作人员的分配去向，将338名在编工作人员下划到3区和市经济开发区，并顺利完成组织人事关系、工资关系，有关经费、资产的换转。年内，市经济开发区、3个区已完成划转人员接收、岗位安排。

【推进城市管理示范建设】 市城市管理综合执法局开展城市管理示范路创建，制定《城市管理示范路创建工作实施方案》《淮北市城市管理示范路标准（试行）》，确定“六好”（基础设施维护好、立面景观建设好、环卫保洁质量好、市容秩序管理好、长效管理机制好、市民群众反映好）示范路创建标准，市、县（区）开展相山路、梅苑路、淮海东路、烈山大道、沱河路等5条道路的示范路创建工作。抓住“门前三包”责任落实“老大难”问题，组织推动与沿街单位、商户逐一签订《市容环境责任书》，落实市容环境卫生责任区管理主体责任，查办违反“门前三包”的案件7件，对3起乱倒垃圾、乱泼污水的违法行为首次处以1000元的重罚，起到很好的教育警示作用。大力推进规范门头店招、环卫设施更新、沿街立面整治等工作，通过发挥典型示范作用，探索解决问题的办法和机制，形成可复制的经验，推动解决城市管理工作中的共性问题。

【车窗抛物专项治理】 市城市管理综合执法局针对市民反映强烈各类车辆驾乘人员“车窗抛物”以及随意抛洒冥币、冥纸等影响市容环境不文明行为和违法行为，牵头联合公安、民政等部门和新闻媒体，开展“车窗抛物”专项整治活动。全年查处“车窗抛物”行为105起，奖励80人次。

【户外广告专项清理】 市城市管理综合执法局针对户外广告设置数量多、标准低、安全隐患大的现状，在对全市大型户外广告设施进行排查摸底的基础上，按照先易后难、先单位后个人的原则进行集中清理，并先后4次在《淮北日报》刊发限期拆除公告，对86块未经批准违法设置或设置使用期届满的楼顶广告、楼体广告、高炮广告等予以公告，督促广告设置人在限期内自行拆除。年内，已拆除相山路、孟山路、人民路、惠苑路等楼顶、楼体等广告343块（处），其中高炮广告43块、楼顶广告75块（处）、楼体广告60块（处），总面积27087平方米，有效净化城市空间，消除一批安全隐患。

【建筑渣土散装物料运输专项治理】 市城市管理综合执法局联合市公安局、市交通运输局、市环保局，加强县区城管执法联动，常态开展建筑渣土散装物料道路运输联合执法零点行动，依法严查运输车辆超载超限、泄漏遗撒等违法行为，联合整治行动共查处违法车辆435辆，并将处罚结果在《淮北日报》予以公示。

【夜市烧烤排档专项治理】 市城市管理综合执法局严格落实大气污染防治法律法规，按照“烧烤进院、炉子进店、油烟进管”的管理模式，会同环保、工商、食监、公安等部门，整合执法力量，增加夜查频次，加大执法力度，重点对桓谭路、海宫路、濉溪路、东山路等路段的夜市烧烤排档实施专项治理。坚持疏堵结合，引摊入市，推动庆相桥、朝阳美食城投入运营，协调推进各区（县）夜市集中疏导点建设，切实解决群众反映强烈的露天烧烤占道经营、油烟污染、噪声扰民等问题。

【智慧城管建设】 按照住建部智慧城管方面“一个平台、九大子系统”的标准，市城市管理综合执法局建立城市管理部件发现、处置、监督、考评的闭环管理流程，并对实施监管单位进行综合绩效评价系统。截至2016年年底，智慧城管项目已完成大厅装修和20平方公里三维数据采集、80平方公里城市部件普查、万米单元格划分以及视频监控点安装等工作。

【探索“以克论净”环卫作业】 淮北市学习“中卫经验”，在淮海路、相山路等主次道路推行“双十五”保洁标准（道路浮尘不超过15克/平方米、垃圾落地不超过15分钟）保洁法，推广普及“两冲两扫两雾化全天保洁”“机械化清扫+人工保洁”作业模式。道路清扫机械化率达90%。采取“一点三计量”的方式，每天随机确定测量点，对快、慢车道和人行道各1平方米范围内的尘土、污物进行定量测量。建立日督查、

开展夜间烧烤市区联合执法行动

月通报、年考核制度，加大督查考核力度，不断提升环卫作业质量水平。

【推进生活垃圾分类试点】 作为省住建厅安排的三个生活垃圾分类试点市之一，淮北市按照“试点先行、适当扩面”的工作思路，在16个小区、2所学校开展垃圾分类试点，优化“四分类”模式（可回收垃圾、有毒有害垃圾、厨余垃圾、其他垃圾四类模式），采取“积分兑现”的方式，调动群众参与积极性。投入专项资金采购环保垃圾房8座、分类垃圾桶1300个、分类垃圾袋50万只等垃圾分类配套设施和物品。

【餐厨垃圾处置】 餐厨垃圾处置厂由启迪桑德环境资源股份有限公司投资1.3亿元，占地30亩，采用厌氧发酵、生物质气体能源化利用工艺，将餐厨垃圾制作成沼气、生物柴油原料、有机肥等，真正实现餐厨垃圾处理无害化、减量化、资源化。市城市综合执法局印制倡议书、年历、折页、手提袋等宣传用品，拍摄公益微视频在《淮北日报》、电台、网站等媒体播出。购置餐厨垃圾清运车辆10台，箱式货车1台，餐厨垃圾桶4000套。组织相关部门150人开展全市餐厨垃圾处置、生活垃圾分类工作业务培训。首批与机关、学校、医院、大型企事业单位、大型餐厨企业等17家单位签订收运协议，试运行期间每天收运处理餐厨垃圾10吨。

建筑业

2016年年末，全市资质内总承包和专业承包建筑业企业47家，从业人员21743人；全年完成建筑业总产值34.0亿元，下降23%；竣工产值24.9亿元，增长3.0%；建筑业劳动生产率15.6万元/人。全年房屋建筑施工面积214.9万平方米，竣工房屋面积55.1万平方米。

【建筑安全生产】 2016年，市建管处健全安全检查、抽查、整改、督查闭合的管理制度体系，全年未发生一起安全生产事故，在省住房和城乡建设厅每月考核通报中位居前列。全年开展专项检查10余次，消除安全隐患340余条，其中重大隐患9起。举办建筑工程安全生产标准化暨扬尘治理现场观摩会，树立马场安置房、325地质花园、中泰广场等一批标准化样本工地，创建省级文明示范工地3个（恒大名都、太阳城C区、马场安置房）、市级文明示范工地15个。

【工程质量监管】 年内，市建管处共开展日常质量巡查抽查576次，组织开展保障房、建筑节能等多项专项检查，下发工程质量监督意见通知书223份，工程质量投诉较上年下降40%；组织开展住建部节能迎检工作，组织协调有关单位，坚持一天一调度、一周一总结，邀请专家组织开展节能规模培训4次；引入第三方测评机制，对44个工程项目进行综合质量测评；全年共创建“安徽省绿色生态示范城区”1个（南湖生态城区），省级绿色建筑示范工程1个（淮北供水调度中心），编制安徽省工程建设地方标准规程1项，荣获全国建设工程质量监督机构先进单位。

【诚信体系建设】 年内，市建管处运用“监管通”对92个单体工程市场行为进行日常监管信用检查评定，予以相关单位及责任人监管信用平台录入不良行为记录12次，对涉及责任主体人员履职不到位、农民工工资处置不力的单位发函、约谈、警示共15次；强化培训机构建设，考核认定2家机构承担建筑从业相关人员职业培训，确定4家一级企业自主开展培训工作。

【混凝土行业监管】 年内，市建管处对全市25家混凝土生产企业开展动态考核，举办专用车辆驾驶员业务技能与安全培训，邀请专家开展技术指导。加强与公安、市容部门联动，对预拌混凝土企业开展环境综合治理和资质动态考核。2016年，淮北市散装水泥工作获全省一等奖。

【墙改工作】 年内，市建管处重点扶持指导淮北强力、金华晨等龙头企业产品升级，提高全市新型墙材企业规模和档次，推动科技成果转化；协调周边地市，帮助10余家企业做好外地产品备案；牵头签订优惠电价协议，直接降低企业生产用电成本110余万元。

【定额、装饰和审图工作】 年内，市建管处帮扶2家咨询企业晋升甲级资质，实现全市甲级咨询企业零突破；装饰行业监管权力平稳有序移交给相山区、杜集区、烈山区住建局，办理质量安全监督及装饰许可9项，帮助协调创翼大赛成功举办；多次深入审图公司开展调研，在全市范围内对施工图审查机构开展专项检查，规范行业行为。

【农民工工资清欠】 2016年，因拖欠农民工工资引发的信访案件继续呈下降趋势，全年未出现一起重大群体恶性上访事件。市建管处共回复各级信访、行风热线投诉17起，接待来访投诉268余批次，受理登记（投诉材料齐备）152起，涉及民工3447人，涉及金额约6844万元；通过赴现场调查、个别约谈、引入司法诉讼等多种方式，协调解决142起，帮助2676余名民工协调发放工资5367万元。积极催要宝迪、凯旋城项目借用的农民工保障金，催要欠款280万元。

【化解工程建设项目难题】 年内，化解五号公馆、中韩商贸城、凯旋城、太阳城等项目工程纠纷、资金拖欠、手续不全等问题，打包处理凤凰山工业园区20多个项目补办施工许可证、质量、安全报监手续，切实解决企业难题。

【规范协会运作】 市建管处向市建筑业协会派驻监事、党建指导员，与协会支部成立联合党支部；明确主管部门与协会职能界定，做到“脱钩不托管、脱钩不脱责、脱钩不脱家”，发挥协会在建筑工程管理方面的支撑和辅助作用，有序承接职能转移，开展培训、中介咨询等第三方咨询服务工作。

【行业发展引导】 年内，出台《关于进一步促进建筑业发展意见》《政府投资建设工程实施阶段全过程造价管理办法》《市城乡建委建设工程变更管理暂行办法》等文件，指导协助安徽相王建设工程有限公司、安徽平昊工程建设有限公司、淮北华松建筑安装有限公司等3家企业晋升建筑工程施工总承包一级。取消对安全文明施工措施费监管，费用缴纳不再作为安全报监手续要件，组织完成工程建设领域保证金清理工作。调整优化审批流程，通过调研帮扶、志愿服务、“互联网+”和第三方服务等方式，提高行业发展能力和审批效率，全年通过政务服务中心办理建筑工程办件3200件，较上年增加20%，其中施工许可证办理84件，较上年增长43%。

（屈　强）

房地产开发与管理

【棚户区改造】 2016年，淮北市棚户区改造项目共计90个，计划改造户数47398户。省政府下达淮北市2016年新开工棚户区改造任务13142套，基本建成棚改和公租房任务8500套。市房管局做到“六个精准发力”（精准发力谋划、精准发力宣传、精准发力融资、精准发力征迁、精准发力安置、精准发力惠民），提前5个月超额完成省下达的全年目标任务，开工建设率、基本建成率均位列全省第一。全年棚户区改造开工48501套，完成省下达任务13142套的369.1%；棚户区改造和保障房基本建成27566套，完成省下达任务8500套的324.3%，棚改攻坚首战告捷。征拆面积大、安置人员多、群众受惠广、社会反响好，得到住建部和省委、省政府的充分肯定。安徽电视台等20多家省内外新闻媒体进行专题调研和报道，79家省内外兄弟单位、800多人到淮北考察交流棚改经验做法。

【消化房地产库存】 年内，出台《淮北市人民政府关于推进房地产去库存的若干意见》《淮北市关于供给侧结构性改革去库存的实施方案》等去库存政策，释放住房需求，加大保障力度，有效去化商品房库存，稳定市场预期。围绕“棚改惠民生，房票去库存”主题举办房展会，打通棚改货币化安置与房地产去库存的通道，服务民生安居和社会经济发展。成功对金百合项目实施破产和解，为解决僵尸企业问题、化解房地产领域突出的信访问题探索出一条新的道路。2016年，淮北市房地产库存面积190.8万平方米，较年初下降57.09万平方米，同比下降20.7%，商品房去化周期16个月，其中住宅8个月，库存压力较小，市场发展较好。

【物业管理】 2016年，物业维修基金归集使用等审批事项下移到各区行使。全年对12个物业项目进行预售许可备案审批，确保新建物业项目100%实施物业管理，完成年增15%的覆盖率，有6个物业项目通过省住房和

淮北市第十届房地产展示交易会召开

城乡建设厅专家组初审。老旧小区环境得到整体改善。市政府第61次常务会研究通过《淮北市老旧居住小区整治改造工作实施方案》。对相山区的世顺小区、技校家属院和相山家园进行整治改造，投资约370万元，涉及居民1483户，整治改造项目建筑面积计13.34万平方米。老旧居住小区整治改造完成后，有条件实行物业管理的小区，由社区成立物业服务中心，规范物业管理，并逐步推向市场管理。

【涉房服务】 2016年共办理各类房屋登记业务9578件，提供档案查询4.54万人次；办理房屋测绘配图1600户、已审核备案房产测绘成果303.79万平方米；办理公积金贷款担保1729户，担保金额5.09亿元；签订白蚁预防工程合同165份，建筑面积130万平方米，出具白蚁预防施工方案98份；审核已购房改房、集资房、自建房、经济适用房转移登记业务（清房）1534户，纠正款项约400万元；监察大队依法查处投诉举报案件46件，对全市在建在售的35家房地产开发项目、销售代理机构及物业公司进行执法检查，全年下发责令整改通知书96起，其中作出行政处罚的开发企业共计两家，合计罚款4万元；共有63家房地产开发企业进行网上签约备案，受理合同备案12086套平方米，非住宅备案销售均价7980元/平方米(相山区、杜集区、烈山区)；房产信息化建设再上新台阶，政务公开信息发布上千次，回复网上留言564条；市房管局官方微信公众号发布信息231篇，回复留言247条，累计1600余人关注。

【智慧房产超市建设】 2016年，房产超市全面推广“互联网+”理念，实现无线网络全覆盖，同时利用微信平台，及时发布涉房服务信息，使群众随时随地了解淮北市房地产市场动态。“房产超市”窗口被先后授予“工人先锋号”“青年文明号”“巾帼文明岗”“学雷锋活动示范点”“淮北市十佳文明窗口”等多项省、市级荣誉。

【房屋征收工作】 市房管局坚持依法征收，严格补偿标准和征收程序，按照“二论证、八公示”的房屋征收工作程序实施征收项目，全力服务“九个一”工程，保证全市房屋征收工作公开、公平、高效推进，2016年全市完成房屋征收533.53万平方米，搬迁居民25727户，完成全年任务的395%。

（任　选）

住房公积金管理

【公积金缴存】 2016年5月，出台《淮北市住房公积金管理中心关于进一步规范住房公积金缴存流程的通知》，明确规定每月25号之前报送的汇缴变更清册，当月受理；每月25号之后报送的汇缴变更清册，次月受理。出台《淮北市个体工商户、自由职业者等个人缴存及使用住房公积金暂行办法》，规定凡在淮北市范围以内的城镇个体工商户及其雇用人员、自由职业者、进城务工人员等，有较稳定的收入来源，男性未满55周岁、女性未满50周岁，身体健康，具备完全民事行为能力的人，均可自愿申请缴存住房公积金。7月，将住房公积金最高缴存比例降低至12%，包括企业和各行政事业单位。同时，提高个人缴存基数，尽量降低职工的损失，化解各类风险。

【公积金归集与使用】 2016年，面对煤炭行业持续低迷，经济下行，收入增幅小，购房意愿不高，棚改货币化安置等多重因素的影响，公积金主要业务数据都有所下滑，全年归集28.99亿元，同比下降8.58 %；发放贷款7.69亿元，同比下降45.65%；提取24.43亿元，同比下降5.02%，实现增值收益1.41亿元，同比下降44.05 %。

【公积金政策宣传】 市公积金中心通过开展形式多样的宣传活动，不断提升制度影响力和政策知晓度。利用电视广播报刊、市行风政风热线等新闻媒体，向社会公开各项政策规定、业务流程；中心网站及时更新政策动态，做好在线咨询答复，全年受理网上在线咨询312条，答复满意率100%；继续发挥“12329”客服热线为广大市民解决公积金业务问题方面的作用，全年累计提供人工服务近万次，有效加深职工群众对公积金制度的理解，进一步提高单位和职工的缴存积极性和主动性。

【落实贷款新政】 市公积金中心贯彻落实《关于调整我市住房公积金使用政策》，通过提高贷款额度、全面推行异地贷款、调整二手房贷款首付及贷款比例等多种优惠政策来进一步促进“去库存”。2016年，办理2900笔贷款，发放7.69亿元，其中异地贷款386笔、1.01亿元。

【保障资金安全】 市公积金中心坚持“一查、二问、三核实”的原则，一旦发现骗提行为立即冻结账户，对于情节恶劣的人员通报单位、移送公安机关；实现公积金提取业务系统控制，避免出现业务差错和事故，减少骗提套提公积金事件的发生。严格落实担保公司考核细则，督促担保公司加强对逾期贷款的跟踪和催收工作。截至2016年年底，其中市中心逾期率为0，淮矿和皖北两个分中心贷款逾期率分别为0.34‰和0.63‰。加大内部审核，及时发现在业务办理和经费使用中存在的各类问题。全年查出9个问题，提出建议10条并全部整改到位。自觉接受市审计局、财政局等的监督，主动公布住房公积金财务收支情况报告、住房公积金年度报告及2016年重点工作目标任务规划，提高公积金管理透明度。

（张　磊）

环境保护

2016年，淮北市PM10平均浓度降至87微克/立方米，同比下降3微克/立方米，完成省控目标。全年空气质量优良天数239天，优良率65.5%；集中式饮用水源地水质达标率100%；声环境质量符合功能区划标准，昼间年平均值51.7分贝；危险废弃物安全处置率100%。化学需氧量排放比上年实际削减1.92%，氨氮排放比上年实际削减5.60%，二氧化硫排放比上年实际削减4.89%，氮氧化物排放比上年实际削减5.05%。

【大气污染防治】 2016年，全市大气污染防治重点项目265个，已全部完成。PM10平均浓度比2015年下降3.3%。开展城管、环保、公安、交通联合执法，每天凌晨联合开展道路“四治”联动，实行“一案多究、叠加处罚”，共查处超限超载车辆4万多台次，卸载超限货物4万多吨，吊销车辆道路运输证80余本，责令20余家货源单位停业整顿。查处覆盖抛撒车辆660余台次，罚款1000多万元。在90多家企业落实逢车称重制度、装载证明制度、出场覆盖和冲洗制度，确保货运车辆出场不超限、全覆盖、不抛撒、不扬尘。全市午季、秋季卫星火点共3个，无人为火点，秸秆综合利用率达到85%。淘汰黄标车老旧车9971辆。

【水污染防治】 2016年，全市地表水水质较往年无明显变化，濉河出境断面水质由劣Ⅴ类提升到Ⅴ类。塌陷水域水质良好，多为Ⅲ、Ⅳ类。地下水总体质量良好、水质比较稳定，饮用水达标率保持100%。市政府出台沱河、萧濉新河、澥河水体达标方案及年度实施方案开展黑臭河治理，8条黑臭水体启动治理。加大污水处理基础设施建设。城市污水管网3期工程完工，杜集污水转输管网开工建设、烈山污水转输管网工程过半，平山电厂中水回用工程完工，百善污水处理厂开工建设，污水收集率得到进一步提升。

【污染物减排】 市环保局按照主要污染物总量减排要求，根据“还清老账、不欠新账”的原则，强化环境执法监管，积极推进产业结构调整。2016年，污染减排计划项目共削减化学需氧量520吨、削减氨氮210吨、削减二氧化硫2560吨、削减氮氧化物3260吨，分别完成全年目标任务的184%、117%、132%、188%。

【建设项目环境管理】 年内，市环保局推进虎山电厂、淮北申皖发电、国安电力三个电厂环保设施超低排放相关改造项目，紧盯符夹铁路复线电化（扩能）配套路网工程以及135机组等市重点调转促项目、环保产业项目依法按程序办理环保手续，助推项目落地建设。2016年，审批环评文件118件（环境影响报告书36个，报告表82个），项目投资总额约235亿元，其中环保投资总额约6.2亿元，环评执行率达98%。480个环保违法项目全部完成整改。

【环境执法行动】 年内，出台《淮北市建立网格化环保监管体系工作方案》，建立覆盖市、县、镇、村的四级环境监管网络化监管机制。开展“治污、治超、治安、治税”的“四治”百日攻坚行动，建立环保行政执法与刑事司法衔接配合工作，实现环保与刑事司法部门的无缝对接，形成打击环境污染违法犯罪的强大合力。贯彻实施《中华人民共和国环境保护法》，坚持四个常态化（“零点”执法行动常态化、环保司法联动常态化、日常监管“双随机”常态化、违法企业法人约谈常态化），形成环境执法监管全覆盖格局。组织开展零点行动、中高考禁噪和午、秋季秸秆禁烧等环保专项执法行动。2016年，下达整改通知120多家，督办、协办函60多件；约谈50多个单位、企业；全市立案处罚案件48家，金额近310.25万元；适用《中华人民共和国环境保护法》及其4个配套办法共立案查处80件。其中，按日连续处罚案件3件；实施查封、扣押案件52件；实施限产、停产案件18件；移送公安机关实施行政拘留案件4件；移送涉嫌环境污染犯罪案件3件。淮北市1例环境执法典型案例被环保部评选为全国优秀典型案例，《中国环境报》用“以群众满意为目标”报道淮北市环保大练兵活动。

【环境应急演练】 11月21日，省环保厅与淮北市政府联合举办的2016年淮北市突发环境事件应急演练在临涣焦化股份有限公司举行。省内16个市组织相关部门人员到淮北市观摩学习。徐州市环保局应邀协助演练。此次应急演练模拟临涣焦化股份有限公司生产安全事故次生的化学品泄漏突发环境事件，按危险化学品泄漏事故应急处理1个场次10个科目进行。演练开始后，随着一条条请求和指令的相继发出，淮北市随即启动危险化学品应急救援预案，应急救援工作全面展开，各个部门按照“五个第一”要求赶赴现场。在8个应急工作组通力配合下，事故得到有效处置，应急状态宣布解除，演练圆满完成。

【环境文化建设】 5月31日，市环保局联合市委宣传部、市人大常委会城建环资工委、团市委在相王广场举行淮北市纪念环保宣传周暨“6·5”环境日、“淮北环保世纪行”启动仪式，环保志愿者、新闻媒体、各大企业方队近300人参加活动。市、县区环保局在广场设置环保咨询台和环保仪器装备展示台，淮北师范大学、淮北矿业集团等多家单位参与现场宣传咨询活动，发放环保宣传资料5000余份，接受环保咨询300余人次。全年在《淮北日报》、市电视台开办专刊（专栏），开展环保专题宣传共78期。以“环保局门户网站”和“市政府信息公开网”为主阵地，建立信息公开同步推送机制，营造全民保护环境的良好风气。

（郭晓东　何长海）

地质矿产勘查

【地质勘查】 年内，325地质队承担各类地质勘查项目59个，其中公益性地勘项目8个，省地勘基金项目4个，省局地勘项目4个，局投资公司项目1个，队自有项目4个，商业性地质项目38个。继续承担省厅2014年度公益性地质工作项目“安徽省砀山县后黄楼凹陷区油页岩资源调查评价”，至2016年年底，完成钻探总进尺3001.85米，测井2977.5米。获取油页岩样品54个，样品结果不够边界品位；发现盐矿四层，获取盐样4个，均达到工业品位。

【地质项目立项】 年内，325地质队积极申报公益性地质基金项目，与安徽省勘查技术院合作申报的“徐宿弧（安徽段）金多金属矿成矿背景调查”项目入库并实施，牵头与安徽省勘查技术院、安徽省地质环境监测总站合作申报的“砀山酥梨产地地质背景调查评价”项目入库并实施。

【地质服务】 2016年，325地质队承担完成濉溪县国土资源局委托的第三轮矿产资源规划编制、萧县国土资源局委托的萧县矿产资源破坏价值鉴定报告编制、涡阳县国土资源局委托的涡阳县石弓山矿产资源损失价值鉴定报告、淮北市重点工程建设管理局委托的淮北市古城东路项目压覆矿产资源调查评估报告等5个压覆矿产资源调查评估报告；承担完成淮北市国土资源局烈山分局委托的淮北市烈山区原朝阳石料厂及周边矿山地质环境治理项目监理、淮北市烈山区太山村十里长山废弃采石区矿山地质环境治理项目监理，淮北市市政工程管理处委托的淮北市人民西路项目压覆矿产资源调查评估报告等3个项目压覆矿产资源调查评估报告；承担完成淮北市松山水泥有限责任公司委托的淮北市松山水泥灰岩矿矿山资源储量年报等项目。

【地质钻探】 年内，325地质队以对外施工为主，与河南、山西等地及省内兄弟单位等多家单位签订多项地质钻探项目；由于地质市场形势下滑，2016年度，钻探工作量为17682.96米。

（刘　佳）

交通运输·邮电·信息化

■2016年年末，全市公路里程4182.1公里（包括村道）

■2016年，全市有邮政营业网点56个，快递企业25家。实现业务收入3亿元，其中快递业务收入0.8亿元

■2016年，电信业务收入12.6亿元。年末固定电话用户22.2万户，移动电话用户161.9万户。电话普及率达到85.1部/百人。年末国际互联网宽带接入用户42.4万户

交通运输

2016年，全市有货运业户15653家，其中危险品运输企业10家，货运车辆29199辆（其中，危运车辆268辆）。全年完成货运量12469万吨，货运周转量1980834万吨公里。旅客运输经营业户15家，客运车辆664辆，其中班线客运11家，客车519辆，旅游车辆145辆，全年完成客运量1736万人，客运周转量149220万人公里。城市公交3家，公交客运车辆466辆，完成客运量7328.3万人次。出租汽车客运业户4家，出租汽车1637辆，运送乘客7584.1万人。全市交通基础设施建设完成投资14.18亿元。

【国省干线公路建设】 国省干线公路建设完成投资7.06亿元。省道203淮六路连接线（煤化工快速通道，完成年度投资5亿元）、省道101合相路一期工程（完成绿化和交安工程投资0.15亿元）、省道202萧淮路中段及余大桥工程（完成投资0.41亿元）、省道202路面改善工程（完成年度投资1.5亿元）及养护大修工程县道009濉刘路（完成投资0.63亿元）等重点交通项目相继完工通车。完成公路安全生命防护工程投资0.03亿元。

【水运工程建设】 水运工程建设完成投资2亿多元。南坪船闸工程完成投资1.4亿元。省道305南坪船闸公路大桥桥梁下部结构施工已完成，下闸首、闸室5号段底板浇筑完成。南坪闸至临涣闸段航道整治工程完成土方27.55万立方米，完成投资0.6亿元。韩村港区工程前期工作进展顺利，完成投资30万元。

【农村公路畅通工程】 农村公路畅通工程建设完成投资4.46亿元。其中濉溪县完工425.3公里，完工率106%；烈山区完工44公里，完工率100%；相山区完工10.5公里，完工率100%、杜集区完工19.4公里，完工率100%。

【治超工作】 2016年，全市集中开展全省2016联合治超一号、二号、三号行动，共检查检测货运车辆3.4万台次，查处超限超载车辆3704台次，卸载货物3.9万吨；查处非法改装车辆103台、抛洒货物车辆821台次，罚款1164.9万元；查处货源单位30户次，吊销驾驶员从业资格证、车辆营运证33本；公安部门针对暴力抗法等情况行政拘留8人。货运车辆超限率由上年的2%下降到0.98%，交通事故率比上年同期下降30.9%。

公路建设与管理

【路网建设】 2016年，开工建设路网项目5个，累计完成投资9.8亿元，占年度目标任务的109%。其中，省道101合相路一期、省道202萧淮路中段（含余大桥）、省道202萧淮路路面改善工程、省道235濉唐路一期及省道203淮六路连接线合同内工程全部完成；省道202萧淮路中段（含余大桥）、省道202萧淮路路面改善工程、省道235濉唐路一期已完成交工验收，质量合格；省道101合相路一期、省道203淮六路连接线进行交工验收准备工作。推进新开工项目，省道101合相路二期、省道254古毛路二期工程方案已获批准，进行社会资本招标；省道235濉唐路二期工程进行施工、监理招标。

省道203淮六路连接线建成

【公路养护】 2016年，投资6000万元完成濉刘路主体工程。危桥改造项目魏大桥、横口桥已签订施工合同。投入资金100余万元，重点对省道203、省道303、省道305、县道009、县道016等路段进行预防性养护，确保辖区干线公路常年保持良好状态。组织养护单位对辖管道路、桥梁、沿线设施等进行“地毯式”排查，共排查市级隐患4处、县级14处，并已全部整改，完成安防工程280万元。

【农村公路监管】　全年农村道路畅通工程完工499.1公里，完工率105.2%。分别投资446万元、450万元和220万元，完成农村公路生命安全防护工程53.2公里、养护大中修工程11.4公里及帮扶村公路建设。加强农村公路养护管理，市交通部门从专项经费中安排农村公路日常养护经费109万元，养护大中修资金930万元用于农村公路养护。建立以乡镇为主的农村公路管理网络，发挥兼职路政管理员的作用，对侵犯路产路权的现象及时制止或上报县区管理部门，设置限高限宽设施，有效地遏制超载车辆通行农村公路，保护农村公路建设成果。

道路运输与管理

【出租汽车管理】　2016年，1634台出租汽车安装卫星定位、智能调度系统，出租汽车行业开始进入“智慧信息”时代；出租汽车行业通过开展“爱心送考”、驾驶员服务技能大比武、文明行业创建等多种活动提升服务质量，出租汽车行业服务水平和社会形象得到提升，优秀出租车驾驶员王海峰被授予“安徽省最美农民工称号”，同时荣获省五一劳动奖章。出租汽车行业党总支荣获全省先进基层党组织。

【货运市场管理】　2016年，组织开展联合治超一号、二号、三号专项行动，全市货运车辆出场超限超载率稳固控制在2%以下；以“道路运输平安年”活动为主线开展全市道路货运市场专项清理整顿工作，优化道路货运发展质量、预防和减少重特大道路事故的发生、提高道路货运管理水平，落实道路货运企业安全生产主体责任；依法督促物流寄递运营单位严格按照《中华人民共和国反恐怖主义法》要求，落实安全查验制度，对客户身份进行查验，依照规定对运输、寄递物品进行安全检查或者开封验视。对禁止运输、寄递，存在重大安全隐患或者客户拒绝安全查验的物品，不得运输、寄递。

【驾培市场管理】　2016年，全市共有22家驾校，交通驾校、汽运驾校、金安驾校、乾隆湖驾校、宏远驾校、新东方驾校、新安驾校、岱河驾校、临海童驾校、梓纯驾校、淮矿驾校、新亚驾校、汽运学苑驾校、相王驾校、国安驾校、华安驾校、盛泰驾校、仁和驾校、五星驾校、久宏驾校、领航驾校和滴滴驾校，其中，新增8家驾校。一级驾校6家，二级驾校7家，三级驾校9家。全市有教练员1371人，建立教练员诚信考核档案。各驾培机构共有教练车1408辆。2016年，70331人次报名参加驾驶培训。在淮北市运管处网站公示驾培机构培训质量排行榜12次。开展2016年度教练员继续教育工作暨“奇瑞杯”第二届机动车驾驶教练员职业技能竞赛。推进驾培机构“按学时收费、先培训后付费”的服务模式。

【机动车维修市场管理】　2016年，维修科联合交管站和稽查大队开展维修行业专项整治活动，共出动执法人员180余人次，重点对主城区主要干道未经许可从事机动车维修经营的路边店进行整治，查处路边店19家，暂扣工具22台套。全市新许可一类维修企业1家（濉溪县1家），二类维修企业10家（濉溪县4家），三类专项维修业户12家（濉溪县9家）。开展对全市一、二类维修企业的质量信誉考核工作，一类企业获得AA级4家、A级20家；二类企业获得AA级2家、A级85家，B级9家，缓审3家，停业3家。全年对3220辆车进行燃料消耗量限值核查，对3050辆进行北斗车载终端的核查，检测车辆30437辆次，其中等级评定24456辆，二级维护5981辆。

【道路运输市场整治】　2016年，检查车辆8000台次，客车200台次，出动执法人员2000人次，执法车辆600台次，查处违章出租汽车267台、班线客车60台；查处违规经营旅游客运车辆14台，非法营运车辆191台。受理各类维修质量纠纷10起，全部得到妥善处理。

【运输信息化建设】　2016年，建设完成淮北市出租车服务监管平台，形成面向社会公众、出租车企业、驾驶员和行业管理部门，集管理、监督、服务、指挥、调度、应急于一体的综合信息管理平台。向社会公众提供电话召车、投诉举报、问询求助等服务，并实现出租车实时监控、预警和智能调度，为公众出行服务，为政府决策和行业监管服务。系统建成之后，实现运管处信息中心和公安公交分局、刑警支队的出租车信息共享，打破交通、公安之间的行业信息化壁垒。

（丁道杰　李　丽）

铁路运输与管理

截至2016年年底，淮北车务段实现运输安全3803天；完成客运收入34108.1万元，完成计划102.4%；全面完成更新改造工程，投入更新改造资金1014万元。

【设备设施】　全段29个车站配有到发线42条，调车线11条，有效长10234延长米；货物线19条，有效长5416米；存车线2条，机待线1条，禁溜线1条，救援列车存放线1条，倒装线1条，牵出线5条，连接站内或区间专用线45条，短管线3条。管内行车设备主要为单线半自动闭塞，6502型集中联锁，青疃、天齐庙为双线半自动闭塞、JD型计算机联锁设备。

全段客运主体房舍17626平方米，其中候车室面积为12068平方米；旅客站台569687平方米；淮北、青龙山、宿州、涡阳、灵璧、泗县站旅客站台共有雨棚11座、地道4座、天桥2座，淮北、宿州、涡阳、灵璧、泗县5个车站办理客运业务，并实行计算机售票。

【运输经营】 车务段扎实推进客运服务质量年活动，推行客运网格化管理，不断改进服务质量，实施以客补货营销策略，优化客车开行和加挂车厢方案，克服宿州站站改造成的不利影响，围绕春运、暑运、法定节假日等关键时段，细化组织措施，尽最大努力方便旅客出行，圆满完成客运收入；在运输组织方面，加强配空、取送、挂运等环节的运输组织，压缩中停时、保有量等指标，较好地完成淮北地区铁路货物发送任务。修订完善企业内控制度，加强支出大项控制，节约物资采购成本，组织劳务输出，规范收取联劳费用，增加经营效益。2016年，其他业务收入完成1470万元，比预算增加1120万元，增幅320%。总利润实现1020万元，比预算增加990万元，同比增加707万元。

【安全管理】 淮北车务段继续深化安全基础建设，紧盯安全关键，管控安全风险，确保安全生产的持续稳定。制定年度专业管理实施方案，构建站段管理体系、技术标准体系等15个综合管理体系；修订车务段安全管理14项基本制度，健全管理职责、岗位工作标准和工作流程，对安全工作形成全覆盖；推进“三位一体”标准化建设，完善班组、车间、科室三个层面标准化创建办法，定期组织考评验收，提升标准化管理水平；完善教培网络，细化职工业务抽考实施细则，实行抽考联责奖惩制，推进真培真学真考。

【三线建设】 淮北车务段自筹资金398万元，争取资金716万元，共计投入1014万元，对包括涡阳、新河、岱河、青町、宿州、符离集等车站生产生活设施进行集中整修，补齐配全相关设施。完善6S管理考评办法，对创建情况进行动态检查验收，提升创建质量。截至2016年年底，除符夹线部分待改造车站以外，管内车站“三线”（生活线、文化线、卫生线）建设投入基本完成。

【保障职工权益】 年内，组织全段1274名职工进行健康体检，投入6.8万元为职工购买意外伤害险，提高住院补助标准，安排170人参加健康休养，组织107名先进劳模和明星职工荣誉性休养，助医102人次、20.1万元，助困566人次、28.4万元，为职工及家属113人次办理基本医保报销94.7万元，为306人次办理补充医保报销42.0万元，及时解决职工实际困难。职工收入稳步增长，2016年在岗职工平均收入10.95万元，同比增长10.8%。

（余明华）

内河航运与管理

【南坪船闸工程】 南坪船闸建设进展顺利，完成闸室、上下游引航道和省道305跨浍河大桥建设，累计完成投资预算1.4亿元。南坪至临涣段浍河航道整治工程，工程招投标已完成，9月24日开工，施工队已进场施工，8台挖泥船同时施工，累计完成投资预算1.2亿元。

开展韩村港区综合码头工程前期工作。完成军用光缆改造验收工作以及该航段的疏浚工作。

【航行安全保障】 市地方海事（港航管理）局加强节假日、汛期等重点时段和雾霾大风等恶劣天气的水上交通安全监管；制定《水上交通安全监督检查制度》，完善《水上交通安全应急预案》和《值班制度》；加强隐患排查整改力度，以渡船适航、渡工适任为重点，对辖

浍河特大桥建设完工，大桥全长1186米

区内的渡口高频率开展安全大检查，对检查中发现的安全隐患当场可以纠正的责令当场纠正，当场不能纠正的及时下发隐患通知书，并做好督促整改工作，确保隐患消除，隐患整改落实率100%。建立联合机制，促进源头管理，四级安全责任制初步形成，并利用展板、条幅、发放传单等多种形式，向渡工、乡管员、过渡群众进行宣传教育。联合检查机制的落实，强化水上交通安全检查效果。利用“12395”海事信息平台，加强与市县交通运输局、各涉渡乡镇政府、水运企业和乡管员、渡工沟通联系，传递海事信息，发布恶劣天气安全预警信号及安全温馨提示。2016年12月10日，辖区内渡口全部撤销。市地方海事（港航管理）局全年巡航46次，各类执法人员166人次，辖区内未发生一起水上交通安全事故。

【船舶管理】 市地方海事（港航管理）局依法依规进行船舶管理工作，宣传贯彻《船舶登记工作规程》并对海事监管模式改革进行宣传。受理并办结海事业务1054件，其中办理船舶登记业务164件、核发船舶最低安全配员证书52本、核发船舶签证簿78本、换发船员适任证书541本、发放船舶服务簿40本、船舶IC卡31张、船舶营业运输证148本。

【船员管理】 市地方海事（港航管理）局严格按照《船员管理条例》等有关规则以及相关文件要求，开展适任证书再有效审验和船员注册工作，对新修订的《船员违法记分办法》和《值班规则》向辖区内的水运企业进行宣传贯彻，要求水运企业在办公场所张贴并利用微信等通讯方式向船员进行宣传，使船员能够按照新修订的法规来规范要求自己。

【船检管理】 市地方海事（港航管理）局严格按照《内河船舶法定检验技术规则》等有关规则以及相关文件要求，受理并检验发证船舶158艘，换发和补发临时吨位证书及长期吨位证书共13份，选派验船师6人次参加省局2016年营运船舶驻点检验工作，检验50余艘船舶，协助行业管理科现场拆解船舶10艘，完成污水处理装置改造船舶1艘，化学品单壳改造2艘。

（丁道杰 李 丽）

邮 政

【概况】 2016年，全市有邮政营业局所（网点）56个，机要通信网点2个，信箱（筒）58处。邮政速递物流公司（EMS）营业网点4处；民营快递企业25家，许可登记网点145个。各类邮政快递车辆503台，从业人员1300余人。

年内，全市邮政行业完成业务总量3.03亿元，同比增长30.59%；业务收入完成2.4亿元，同比增长27.05%。其中，快递业务量完成788.84万件，同比增长49.40%；业务收入完成0.83亿元，同比增长50.20%。

【服务监管】 市邮政管理局严格履行邮政局所撤销审批、停限办业务审批职责，加强邮政专用标志车辆监督管理，建立车辆管理统计台账。贯彻《邮政机要通信保密管理规定》，强化机要通信安全运营管理。定期开展“扫黄打非”工作综合执法检查，督导企业完善内部“扫黄打非”工作机制，建立健全档案管理。2016年，邮政特邀监督员开展监督活动43次，监督各类营业场所22个，反馈监督报告43份，收到监督员反馈意见12条，问题3条。

【快递市场监管】 年内，市邮政管理局审核快递企业经营许可证变更申请材料48份，开展快递企业许可变更现场核查96人次，对所有新设网点做到100%现场核查。联合市综治办、公安局、工商局、国家安全局开展快递市场清理整顿工作，印发《淮北市快递市场清理

市邮政局开展邮政快递安全宣传活动

整顿专项行动工作方案》，开展联合执法检查，依法取缔非法经营网点33个，注销分支机构8个。提请市委、市政府办公室下发规范党政机关公文寄递管理通知，规范公文收寄行为。会同相山区委、区政府建成“淮北市凤凰山电商快递物流园”，组织邮政、申通、韵达等7家行业企业入驻园区集中经营。

年内，全市各乡镇快递网点覆盖率达到100%。全市所有大中专院校均设有快递服务网点，淮北职业技术学院、淮北卫校、淮北工业学校建成标准化快递服务中心。推动“全峰快递＋苹果”农产品项目实施。推进快递营业场所规范化、标准化建设，督促企业使用电子运单。

【依法行政】 市邮政管理局完善县级监管机构建设，促进濉溪局及县邮政业发展中心工作正常开展。联合市公安局交警支队印发《淮北市邮政快递揽投车辆市区通行管理暂行办法》，规范快递车辆管理。100%落实收寄验视、实名收寄、过机安检3个制度。开展安全生产大检查，逐项登记问题清单、整改清单和责任清单，要求按期整改到位。打击危害行业安全的违法行为，联合查处假烟、违规寄递子弹等案件。2016年，全局开展快递市场安全执法检查330次，出检715人次，查处违法行为69起，下达整改通知书34件、依法取缔通知书15份，立案处罚12起，结案11起。

（马　涛）

电　信

2016年，淮北市电信业务收入12.6亿元，比上年增长3.8%。年末固定电话用户22.2万户，比上年减少2.7万户，其中城市电话用户13.0万户，农村电话用户9.2万户。年末移动电话用户161.9万户，比上年增加5.2万户。全市电话普及率达到85.1部/百人。年末国际互联网宽带接入用户42.4万户，比上年增加4.9万户。

中国电信股份有限公司淮北分公司

中国电信淮北分公司是国有大型通信骨干企业。固定资产规模超过11亿元，拥有规模最大的宽带互联网络和技术领先的移动通信网络，具备为客户提供跨地域、全业务的综合信息服务能力和客户服务渠道体系。旗舰店、专营店等各类服务网点近900家，遍布城区、乡镇和自然村。

【通信基础设施建设】 2016年，公司持续加大FTTH深度覆盖力度，宽带出口带宽新增240G，99%以上宽带用户实现光纤接入，光网覆盖率和宽带指标均达到安徽领先水平。推动百兆光网的普及，同步开展千兆进小区试点活动，助力城市发展和产业升级。持续加快800M站点建设，真正做到“在家有光纤、出门有4G+、到处有Wi-Fi”，为智慧淮北建设奠定坚实的网络基础。

【落实宽带网络提速降费】 根据国务院、工信部、省政府有关部署，公司积极落实宽带网络提速降费工作。全力开展百兆宽带免费大提速，重点围绕全光网建设，同步推出“百兆进万家，全民大提速”活动，全面推进提速降费。截至2016年年底，家庭宽带用户中20M及以上用户占比已达90%，其中百兆用户占比超75%，实现“百兆引领”。

【落实实名制管理】 2016年，严格落实国家有关手机实名制工作相关要求，公司已实现存量正常用户100%实名。通过落实实名制工作，大大减少垃圾短信，更有效地监管和打击垃圾短信市场，维护手机用户权益，促进信息消费。

【客户服务】 公司面向所有消费者实施“倾听您的声音活动”“总经理接待日”等活动，着力解决影响外部客户感知的服务热点难点问题。主动向社会进行服务承诺，同时强化社会监督措施，主动邀请社会各界人士对公司各项工作进行监督，不断提升客户服务能力。2016年，在中国通信行业协会开展的通信行业“用户满意企业”活动中，淮北分公司获“2016年通信行业用户满意企业”称号。同时荣获省级诚信单位。在中国质量协会、中华全国总工会、中华全国妇女联合会共同开展的2016年创建全国用户满意服务明星活动中，濉溪分公司淮海路营业厅店长刘红丽荣获“全国用户满意服务明星”称号。

（周允华）

中国移动通信集团安徽有限公司淮北分公司

2016年，淮北分公司实现4G网络城区、乡镇、铁路、公路的连续覆盖，农村基本实现全覆盖。在网用户总数达119万户，上缴国家和地方税收1.3亿元，连续多年被评为A类诚信纳税企业。拥有各类员工468人，大专及以上学历员工占比88.4%，员工平均年龄33岁，具有较强的技术、管理、人才优势。

【网络质量】 公司树立“网络质量是通信企业生命线”的理念，开展网络维护和优化工作。2016年，先后开展“端到端网络满意度提升”“传输大会战”“优畅4G”“VOLTE大会战”“数据促运维”“家庭宽带资源健康度提升”“集客专线支撑提升”等专项工作，严抓网络安全生产，全面提升4G网络质量，强化全业务质量及服务能力，完善端到端业务质量保障机制，不断提高基础网络运行能力。

【宽带建设】 公司坚持“以市场需求为导向、城市乡村同步建设”的原则，全面加快宽带建设。截至2016年年底，公司光纤宽带覆盖用户数达66万户。在宽带用户发展方面，公司推出20M、50M、100M、200M等多样化的宽带产品，满足不同层次用户的需求。

【优质服务】 公司秉承“客户为根，服务为本”的服务理念，以“优服务，心互联”为主题，提升客户服务质量。加强品质管理，完善以客户为导向的全面服务质量管理体系，强化事前服务协同和事后质量监督考核。推进新型营业厅、网上营业厅、掌上营业厅等便捷渠道服务营销管理体系落地。落实“首问责任制”“神秘顾客检查”“话费误差双倍返还”“SP业务定制二次确认”“客户满意度调查”等各项活动，重点做好4G、宽带等全业务客户服务工作。参与市政府纠风办和市广播电台联办的“政风行风热线”直播节目。2016年，在由集团公司和省公司组织开展的满意度调查中，公司整体满意度达到82.6%。

【助力智慧城市建设】 公司依托卓越的4G网络，着力打造基础网络无缝覆盖、信息资源充分共享、信息技术普遍应用的信息化整体格局，深度参与淮北市智慧城市建设，重点聚焦智慧政务、智慧医疗、智慧交通、智慧环保等领域，先后承建“淮北市平安城市与智慧城管项目”“淮北市客运出租车服务管理信息系统”“淮北市家庭医生签约服务管理信息系统”“蓝天卫士秸秆禁烧视频监管系统”等一系列重大项目，利用先进的信息化手段助力政府监管，提升信息惠民。

（谢志奇）

中国联合网络通信有限公司淮北市公司

【业务发展】 2016年，公司把握流量经营时代的市场规律，彻底改变传统营销模式，推进“虚拟运营合作”、流量经营、“网络+平台”、生态圈等新模式快速落地见效，促进用户获取与价值提升，增强企业差异化竞争力。进一步落实提速降费战略部署，不断丰富IPTV产品的内容应用和增值应用，持续提升宽带速率和用户体验。强力推进“4G+”宣传，塑造手机上网第一品牌，致力于成为移动互联网内容体验的最佳选择。

【增强创新业务服务支撑能力】 公司通过众筹4.0、亿万用户换机等活动，助推4G终端的全民普及，鼓励渠道开展流量经营，让全体市民共享中国联通“后发先至”的4G红利，发挥中国联通物联网、大数据、云计算的独有优势，创新消费互联网、产业互联网的应用服务。加强与BAT等大型互联网公司合作，强化优势互补，打造高品质行业应用解决方案，助力淮北市“智慧城市”“智慧医疗”“教育信息化”等项目建设。

移动公司优惠活动“进车间”

【提升服务能力】 公司坚持“一切为了客户满意”的服务理念，在创造良好服务环境的同时提升各营业触点服务人员服务技能，抓好窗口服务态度和服务水平提升，积极将各个营业厅打造成为“服务环境好、服务质量好、人员素质好、基础管理好、工作业绩好”的“五好”窗口。全渠道通过统一服务规范、明确服务用语、抽检规定动作、统一考核标准的闭环管理手段，促进各渠道网点服务能力不断提升。坚持把客户当成亲人朋友，真心实意为客户提供切实有效的解决问题方案，对疑难问题做到件件有落实、事事有回答。通过开展问卷调查活动、设置意见簿、电话外呼、短信调查、邀请客户参与体验活动等多种方式收集用户意见及建议，接受广大人民群众的监督。

【4G 网络建设】 2016 年，公司加快 4G 基站建设，实现市区、县城、乡镇 100% 覆盖，提升 3G/4G 无线网络资源利用率，通过增强 4G 基站功率，加大网络覆盖范围。引入诺基亚 DO 大数据平台，开展网络优化专项诊断评估，不断提升网络质量。完善传输网络架构，补充光缆网建设，为宽带“千村覆盖”接入和 IPTV 业务发展提供支撑保障。优化农村网络架构，利旧农村末梢闲置纤芯资源，通过社会合作，拓展农村宽带覆盖。

（豆　君）

中国铁塔股份有限公司淮北分公司

2016 年，中国铁塔股份有限公司淮北分公司累计承接建设需求 693 个，需求承接率全省靠前，其中新建 267 个，新建站址共享率 69.26%，起租及时率 100%。月均站址断电退服时长、发电及时率、动环监控完好率、站址拆迁率和配合上站成功率等均达挑战指标，全年客户满意度全省第一。公司实现全年安全生产零事故。

【站址维系】 年内，公司建立从代维人员初步筛查到区域经理联动、社会能人协助、部门领导把关、疑难问题报领导决策的维系机制，借助乡镇领导和村干部，联合环保部门，解决站址纠纷问题。对于因政府拆迁等原因造成的拆站损失，积极争取政府赔补。

【精细管理】 2016 年，公司研发铁塔维护综合管理平台，固化日常维护管理流程，做好单站核算和资源全生命周期管理工作。管理平台包括油机监控、蓄电池调拨、电费核销、物业预警四个子系统，为日常维护和四费管理工作提供系统支撑。

公司采用多种办法提高共享率，加强存量站址营销，将现有存量站址与运营商网络覆盖需求进行分析，主动加强存量站址共享引导；将新建需求与其他电信运营商现有站址进行比对，积极推荐共享；加大存量站址共享改造力度。

（郝先焰）

信息化及互联网建设

2016 年，淮北市信息化工作围绕加快转型发展主线，加大信息基础设施建设，深化两化融合，扩大信息消费，保障网络与信息安全。

【信息基础设施建设】 淮北市统筹规划，推进基础设施共建共享。印发《关于加强移动通信网络基础设施规划建设工作的通知》，以市铁塔公司为主体，编制濉溪县、三区移动通信网络基础设施的专项规划。

2016 年，铁塔公司投入 7096.62 万元，新建和改造通信塔杆；电信公司投资 8000 万元，推进光纤到户，宽带提速普及，出口带宽达 160G；加速推进 4G 建设；移动公司新建移动基站 330 个，新建管道 90 管孔公里，光缆 1600 皮长公里，投资 2.73 亿元，4G 用户达 75 万户；联通公司在无线大网、室分、宽带接入和传输基础设施建设中投资 6285.7 万元。

【两化融合】 淮北市深入有序推进两化（信息化、工业化）融合工作，两化融合推进机制和示范体系进一步完善。安徽力普拉斯有限公司、安徽正大源饲料集团有限公司、安徽新选择食品科技开发有限公司 3 家企业被认定为安徽省信息化与工业化融合示范企业。2016 年年底，市本级和濉溪开发区成为省两化融合示范区，全市拥有 1 家国家级两化深度融合示范企业和 29 家省级两化融合示范企业。

安徽海聚信息科技有限公司等 7 家入选省级贯标试点企业，全市入选省级贯标试点企业共 16 家。2016 年，28 家企业参与两化融合评估诊断，为企业提供基于全国企业数据对比分析的两化融合评估诊断报告。分析两化融合现状和存在问题，指导企业明确两化融合发展重点和定量目标，科学、定量地分析和评估区域两化融合发展的综合水平。

（王建宇）

商贸·旅游

■2016年，全市实现社会消费品零售总额315.9亿元，同比增长11.5%

■2016年，淮北市出台《关于加快推进电子商务发展的实施意见》《淮北市电子商务十三五发展规划（2016—2020年）》

■2016年，淮北市收购小麦87.8万吨

■2016年，淮北市接待入境游客21340人次、国内游客824.1万人次，实现旅游外汇收入926.5万美元、国内旅游收入44.3亿元

商业·贸易

【概况】 2016年，全市实现社会消费品零售总额315.9亿元，同比增长11.5%，居全省第15位。其中，限额以上消费品零售额126.84亿元，同比增长8.2%。

全年新增限额以上企业62家，完成年度目标任务124%，其中，新增法人企业43家，大个体19家。全市限额以上流通企业达到417家（法人274家、大个体143家），其中，濉溪县新增限额以上流通企业37家（法人25家、大个体12家）；相山区新增限额以上流通企业15家（法人14家、大个体1家）；烈山区新增限额以上流通企业3家（法人1家、大个体2家）；杜集区新增限额以上流通企业7家（法人3家、大个体4家）。

【特殊行业监管】 年内，市商务局加强对典当、拍卖等特殊行业监督管理。按照省商务厅统一安排。1—3月，对全市13家典当企业、14家拍卖企业开展2015年度年审核查工作，经市商务局初审、省商务厅复审，27家企业年审全部合格。8—11月，按照省商务厅、市打击和处置非法集资工作领导小组工作部署，开展典当行业非法集资风险专项整治工作，进一步规范典当行业经营行为，及时化解、控制行业性非法集资风险及潜在的风险苗头。

【"双打"工作】 年内，淮北市贯彻落实国务院和省政府关于进一步做好打击侵权假冒工作的有关部署，全市公安机关立案25起，破案26起，抓获犯罪嫌疑人30人，移送起诉20起、22人。全市检察机关侦查监督部门受理侵权假冒案件4件、6人，逮捕3件、3人；制售假冒伪劣商品案件审查逮捕受案14件、16人，逮捕7件、8人，两类案件共移送起诉17件、26人，监督立案8件、8人，监督行政执法机关移送4件、5人。全市两级人民法院共受理相关案件19件，审结11件、23人。

【展会经济】 2016年，全市成功举办淮北食品工业博览会、第七届石榴文化旅游节、第三届段园葡萄采摘节等重大展会活动，邀请国内外各类客商500余家，签约项目近80个，投资总额近200亿元。淮北市汽车服务行业协会主办"3·15汽车展"，共成交车辆318多台，实现销售额4000多万元。4月1日至5月4日"消费促进月"期间，全市组织开展2016年"五一车展"、淮北市第十届房地产展示交易会、南山购物美食节、快乐假期出游季等各类促消费活动32次，参与活动的企业约710余家，现场销售额15.2亿元。

【物流企业】 截至2016年年底，全市工商登记成立开展运输、仓储等相关业务的物流企业（包括个体户、服务部、办事处等）近千家；各类物流园（区）、配送中心19个，其中正常运营12个，在建项目7个。翔宇物流园、淮矿物流园、蓝宇物流园、三堤口物流园等物流园区相继投入运营；淮北传化公路港、杭淮惠龙物流园一期工程建成并投入试运营；青龙山铁路无水港、中农批淮北新农商、中易物流园等重点物流项目加快建设。翔宇物流、淮矿物流、中瑞农副产品批发中心、顺达商贸公司、新惠康商贸公司等物流企业年物流产值过亿元。

【出台电子商务发展政策】 2016年，淮北市出台《关于加快推进电子商务发展的实施意见》《淮北市电子商务十三五发展规划（2016—2020年）》，支持电子商务发展。阿里巴巴"千县万村计划"农村淘宝项目稳步实施，涌现出多家优质电商企业。年内，濉溪县被评定为2016年度全国电子商务进农村综合示范县。

【农村淘宝项目】 阿里巴巴"千县万村计划"农村淘宝项目加快实施。2015年12月31日，农村淘宝濉溪服务中心启动运营，首批45个村级服务站在濉溪县同步投入使用；2016年，新建成村级服务站25个。"淘宝·特色中国淮北馆""京东·中国特产淮北馆""京东·特色濉溪馆""邮乐农品濉溪馆"相继上线。

【电商企业】 年内，淮北市惠民网络科技有限公司打造社区服务品牌，入选2015年度安徽省十佳新锐网商；濉溪县中瑞商贸有限公司淮海中瑞智店宝建立农村市场体系配送网点4000余家，入选2016年度"安徽电子商务50强企业名单"；安徽快乐真棒商贸集团有限公司"真棒乐购"微信商城将实体店与线上无缝对接；安徽相王网络信息技术有限公司入选2015年度安徽省十佳电商产业链服务商。

海　关

【概况】 2016年，蚌埠海关驻淮北工作组共办理进出口报关单982份，同比增长206%；监管进出口货值8716.1万美元，同比增长60.2%；监管进出口货运量

6122.1 吨，同比下降 35.3%；监管集装箱 812 箱次，同比下降 5.7%；办理加工贸易手册 105 份，实现加工贸易进出口额 2184.9 万美元；办理企业注册 80 家。

【助推地方经济】 年内，蚌埠海关驻淮北工作组落实推进“三互”（口岸管理相关部门信息互换、监管互认、执法互助）大通关建设、通关一体化改革和促进外贸稳定增长等重要举措，助推淮北市外向型经济发展。继续推进关检合作“三个一”（一次申报、一次查验、一次放行）工作，通过外贸政策宣讲会、调研走访、电话答询等方式，宣传通关一体化改革新举措。落实预约通关机制，为进出口企业提供 24 小时和节假日预约通关、加班验放、担保放行等便捷通关服务。

（禹文思）

出入境检验检疫

【概况】 2016 年，淮北出入境检验检疫局共受理出入境货物报检 3038 批，货值 10560 万美元，同比分别增长 17.1% 和 6.9 %。其中，出境 2898 批，货值 9787 万美元；入境 140 批，货值 773 万美元。为外贸企业签发各类纸质证单 2858 份、电子通关单 2734 份；签发原产地证 1191 份，签证金额 5140 万美元，同比分别增长 27.6% 和 25.2%；其中普惠制证书 256 份，签证金额 1127 万美元；一般产地证书 171 份，签证金额 1533 万美元；自贸区产地证书 764 份，签证金额 2480 万美元。

【依法行政】 淮北出入境检验检疫局牵头制(修)订《进境种鸡检验检疫作业指导书》等 6 个作业指导书；由淮北局起草的安徽省地方标准《进境动物检疫处理技术规范》广泛征求意见，完成送审稿；对全体人员进行法制业务和知识培训；制定并发布淮北局权力清单和责任清单；按照规范要求，实施行政许可工作，全年新增备案或注册企业 5 家；规范行政执法行为，约谈涉嫌违规企业 1 家，销毁 1 批进口不合格食品。落实食品监督抽检任务。承担 7 类产品、共 12 个样品的抽检任务，涉及监测项目 59 个，完成率为 100%。

【宣传贯彻优惠政策】 年内，淮北出入境检验检疫局举办原产地证政策宣传贯彻会 2 期，会同海关、商务、外汇管理等部门开展联合培训，给企业送去最新的优惠政策信息，比如“中韩、中澳”自贸区优惠政策。利用报纸、网站等媒体广泛宣传自贸区优惠政策，同时开通产地证微信交流平台，为企业人员答疑解惑。2016 年，共签发中国—东盟原产地证 313 份，金额 968 万美元；中韩原产地证 119 份，金额 285 万美元；中澳原产地证 111 份，金额 601 万美元。

【落实便企措施】 2016 年，“无纸化报检”试点工作、简化原产地证申领程序和手续、通关单无纸化工作等有序推进。在产地证上，全面实行签证无纸化和预签制度。为安徽理士电池技术有限公司、安徽巨成精细化工有限公司等企业量身定制“自贸区原产地优惠政策精准帮扶”措施。全面落实电子通关模式，1—12 月共转出 2737 票电子通关单信息，无纸化通关工作稳步推进。实施无纸化报检，1—12 月共有 636 批实行无纸化报检，无纸化报检系统利用率达 70.2%，远超省局绩效考核 30% 的指标。

【服务企业发展】 淮北出入境检验检疫局深入淮北经济开发区（龙湖开发区）、凤凰山食品经济开发区、濉溪经济开发区开展大调研活动，上门宣传检验检疫政策法规，力促外贸发展。紧扣淮北市向食品经济转型的目标，主动深入凤凰山食品工业园区，帮助企业完善质量管理体系，宣讲出口食品工作要求和流程。围绕市政府重点项目，主动深入企业调研，在企业进口设备环节给予政策指导和技术帮扶，保证进口设备顺利投入使用。帮助 2 家企业完成申请工作，获得质检总局批准的“AA 类”企业。成功申报中国质量安全示范企业，安徽理士电源技术有限公司是皖北地区唯一一家“中国出口质量安全示范企业”。2 家出口企业获“中国质量诚信企业”称号。落实“同线同标同质”帮扶行动，辖区企业成功入驻国家认监委的“同线同标同质”公共服务信息平台。

（吴孙娟）

供销合作

2016 年，市直系统商品销售总额增长 11 %，利润总额增长 6.6%，兴办各类专业合作社 116 个，比上年增加 7 个。拥有综合服务社（站）43 个，庄稼医院 22 个，新建惠淮南山供销合作社有限责任公司、惠润双楼供销合作社有限公司 2 个基层社。

【新网工程建设】 2016 年，市供销社坚持以项目建设推动“新网工程”（新农村现代流通服务网络工程）发展，截至年底，全系统拥有各类配送中心7个，连锁门店累计560个，批发市场（含农贸市场）2个，开展电子商务业务的企业数2个。

【发展电子商务】 2016年，淮北新供销电子商务有限公司平台网站正式运营，市供销社与建行、电信部门合作，以“供销通·智慧淮北”为依托，完成签约客户127家，发行办理银行联名卡1221张，其中安装POS机的特约商户135家；签约乡镇综合服务站11家，现金流量700万元；微信商城产品上传10个品牌、294款商品；与阿里巴巴淘宝网、中国京东平台、安徽网上供销开展对接。

【基层组织发展】 年内，市供销社支持杜集区润丰种植专业合作社流转土地1056亩，种植各类国内外优质桃树，采取公司+合作社+基地+农户的现代经营模式，与大连真心食品、河北四方食品、江苏大丰食品等国内大型超市签订供货协议，与淮北市贝宝食品有限公司签订黄桃深加工项目协议。指导建立发展新型的跨区域的桓谭农业联合社，成员单位14个，建成怀楚农业、阳光花卉种植、双楼花海、口子农业园等项目，涉及土地面积1.43万亩，带动就业800人，为农创收200万元。创建淮北市果蔬专业合作联合社，整合全市水果、蔬菜种植大户，打造新型为农服务平台。

【企业升级发展】 年内，市供销社盘活利用社有资产，改造重建轧花厂。金信农资公司打造“配送中心+加盟店”经营模式，在全市开设3家直营店，全年化肥销售量增长20%。市物资回收公司自筹资金，升级改造场地，与汽车拆解公司合作回收报废汽车。瑞祥烟花爆竹公司与省盛虹烟花爆竹公司合作开发“迎驾酒业”，销售情况良好。新建加盟店10家，升级改造部分专营店、加盟店。

（朱 敏）

粮食流通

2016年，淮北市收购小麦87.8万吨，其中最低收购价小麦68.7万吨，市场粮收购14.5万吨。完成市政府下达粮食收购任务的228%，带动农民增收2亿元以上。

【粮食产业加快发展】 2016年，全市粮油加工企业总产值突破170亿元，位居全省前列。全市国有粮食购销企业盈利2942万元，较上年增长78.7%，实现发展速度、质量和效益的同步提升，实现利润稳居全省前列，被评为2016年度全省国有粮食购销企业综合经济效益先进单位。

【仓储设施建设】 2016年，市粮食局新建仓库12.3万吨，完成投资5220万元，争取上级补助资金2140万元，市级财政补助资金125万元。新建粮库的提前投入使用，缓解粮食仓容的不足，改善粮食收储条件，充分保障淮北市粮食安全。

【粮库信息化建设】 年内，淮北市振淮粮食物流有限责任公司实现与省级平台的互联互通；淮北国家粮食储备库、濉溪县百善省级库信息化建设项目全部完成。主动与淮北智慧城市建设相结合，实现互联互通、融为一体，从传统粮食向“互联网+粮食”转变。

石 油

2016年，中国石化淮北石油分公司完成成品油总经营量13.82万吨，其中零售量9.96万吨，直销批发量3.86万吨，发售加油卡14485张，天然气销售量719.31万立方米。

【站点建设】 年内，公司根据每座加油站的具体情况，实行一站一策，增强加油站创效能力。全年有6座加油站配置员工引导口哨，6座加油站地面画线引导车辆，2座加油站实行单枪优惠，7座加油站错峰优惠，对11位大客户实行充值优惠；24小时营业站点由12座增至23座，44座站点主动延长营业时间2小时；2000吨以上大站增设便民服务项目至少10项，5座加油站提供至少20项便民项目；14座加油站站长设立客户微信群，定期发布油品、营销信息；为南黎路加油站增设橇装车，满足接卸油时客户加油需求；更换8座加油站的30台加油机；萧淮路站点整体改造项目完工。

【合作营销】 2016年，公司整合营销资源，利用合作伙伴的营销平台和客户资源，开展形式多样的合作营销，实现营销出效益。电信“翼支付”站点由14座增至21座，占在营站的50%；在全省率先启动与移动的合作，在加油站开通“和包”加油业务；实现市区、城区和国省道“手机支付”加油全覆盖。联合徽商银行、邮储银行开展不同形式的刷卡优惠活动。与沃尔沃汽车4S店合作开展加满300元赠抽纸营销活动。广泛与各保险公司洽谈合作开展商业险优惠促销活动，努力提升发卡量和充值额。

【油品销售】 2016年，公司通过油非互动、优惠促销、强化服务等竞争手段，积极应对柴油市场竞争。2月24至3月24日，开展为期一个月的柴油满赠活动，每满500元赠送手套一副，19座加油站参与活动，活动站点柴油总销量同比增长31.5%。“午收”期间，针对7座重点保供站开展柴油满赠活动，每满300元赠送手套一副或卓玛泉一瓶，活动站点销量较活动前日均增加13吨，增长45%。针对竞争对手规模最大、销量最高的几座重点站，在其周边布点3 ~ 5座重点竞争站，开展点对点价格竞争。向省公司申请1.2%的加油卡优惠政策，维护住月消费10万元以上的两家物流公司。年内，98号汽油销售站点最多时增至12座。经过销售监控和市场调查，进行调整和优化后，最终保留8座加油站销售98号汽油。

【加油卡营销】 年内，公司开展以“进机关、进商场、进社区、进宾馆酒店、进汽车4S店、进活动现场”为内容的加油卡“六进”活动，先后走进恒大名都社区、红星美凯龙家居商场“3·15”大型车展、中国淮北食品工业博览会、沃尔沃4S店及机关单位和保险公司等。开展“清凉一夏”加油卡营销主题活动，7—8月，结合微信绑卡活动，开展加油卡送业务上门活动，走进机关企事业单位18家，移动发卡累计超过400张，充值188万元。开展公车改革专项营销，对涉改公车给予充值1.2%的专项优惠，确保公车改革单位客户零流失。强化客户管理，每月对重点客户进行电话回访，每个营销活动信息由客户经理电话告知客户，同步完善全公司消费前100名大客户档案，及时跟进，确保客户不流失。

【天然气经营】 年内，公司针对大客户持续开展充值优惠活动，优惠幅度为2% ~ 5%，锁定7家大客户。根据市场竞争形势，在不同时期开展降价促销活动。提升加气站服务质量，提供免费饮用水、乘客等待区、车辆维修工具、气体测漏检测、洗手间、车用天然气知识宣传、天气预报、周边道路信息、小药箱等便民服务，强化加气员快速引导意识，为客户特别是出租车客户节约时间。积极与供应商协商进货价格，降低进货成本，提升成本竞争力。加强横向交流，先后赴安徽中石油昆仑合燃压缩气有限公司、合肥润冉公司就企业经营、安全管理等工作开展交流，深入现场学习设备维修、规范充装等方面的先进经验。

【安全生产】 2016年，公司层层落实HSE责任制，强化日常监管，加大隐患治理力度，未发生一起安全、环保、数质量等级事故。开展安全宣教活动，组织公司领导干部学习《中华人民共和国安全生产法》《中国石化党政同责管理规定》，组织全员观看天津港“8·12”特别重大火灾爆炸事故、《博帕尔事故警示》《安全生产典型案例解析——生命不能重来》等宣教片。开展“安全生产月”“中国石化淮北分公司安全成果图片展”等主题活动，在公司、油库及加油站悬挂安全条幅12条，安全宣传展板2块。组织开展公司级火灾爆炸应急演练，组织油库、加油气站开展安全应急预案演练活动竞赛和消防应急竞赛。开展风险识别、隐患排查治理工作，深入开展“我为安全作诊断”活动，对排查出的隐患立查立改、闭环管理，建立隐患排查、评估、治理、监控的长效机制。全年开展市公司级检查12次，发现问题91个，落实整改91个，整改率100%。

【加油站管理】 全年公司共检查44座加油站，查出问题985项，整改到位726项，整改率73.7%。开展加油站综合管理服务提升活动，按季度先后开展数质量专项活动、优质服务专项活动、加油卡专项活动、安全生产管理专项活动。开展加油站督查，全年累计督查392站次，发现问题2299条，处罚66人，罚金8650元。每月按照培训计划组织开展各类培训活动，理论和实操相结合，全面提升加油站整体管理水平。

（徐　杨）

盐　业

【概况】 2016年，淮北市盐业有限公司年销售收入3122万元，较上年下降45.17%；利润总额71万元，同比增加12.7%；费用总额971万元，较上年下降90.55万元，降幅为8.53%。非盐销售收入1240.34万元。

全年购进各类盐10800吨。购进食盐8028吨，较上年减少879吨，其中购进小包装食盐4437吨（中盐绿色食品盐4431吨、品种盐6吨），精制盐3532吨，日晒碘盐59吨。购进工业盐2772吨，较上年同期减少1035吨。全年销售各种盐11612吨。销售食盐8667吨，较上年减少354吨，其中小包装食盐销售4714吨（绿色食品盐4539吨、品种盐126吨、其他小包装盐49吨），精制盐3826吨，日晒碘盐78吨，畜牧盐49吨。销售工业盐2945吨，较上年减少1296吨。

截至2016年年底，公司食用盐库存量1094吨，其

盐业公司开展食盐食用安全宣传

中精制盐 203 吨，日晒盐 4 吨，畜牧盐 16 吨，小包装食盐 571 吨，省级储备盐 300 吨；工业盐库存量 111 吨。

【营销网络建设】 年内，市盐业有限公司将淮北、濉溪、临涣、南坪 4 个配送中心细分成 23 个销售片区，形成层层管理、直达销售终端的食盐营销网络。各销售片区开展销售和送货服务，并承担品牌宣传、资讯收集、市场回馈、终端访查等职责。

【食盐市场管理】 年内，市盐务局出动盐政执法人员 5000 余人次，发放宣传材料 1 万余份，查处各类涉盐违法案件 76 起，罚没盐 3.36 吨，罚款 22130 元。全年无一起行政复议、诉讼案件，未发生食盐安全事故。

（陈晓梅）

烟草专卖

2016 年，淮北烟草专卖局（公司）共销售卷烟 5.76 万箱（不含雪茄烟），条均价 103.88 元，实现销售收入 14.95 亿元，实现毛利 3.74 亿元，实现税利 3.71 亿元，上缴地方各项税收 5998 万元，同比增加 450 万元，增长 8.11%。

【开展市场调研】 年内，市局（公司）构建“领导综合调研、部门常规调研、业务专题调研、咨询机构专业调研、专门机构分析”的“五位一体”市场信息调研监测体系。选取 964 户作为定点调研客户，探索消费者调研平台，制定大调研信息处理管理办法，形成市场调研工作闭环。2016 年，走访 3095 户，撰写市场调研报告 347 份，发现问题 905 条，提出建议对策 843 条；发布周分析报告 39 份、月分析报告 10 份、外部专项巡视报告 12 份。

【创新监管模式】 市局（公司）优化“政府领导、部门联合、多方参与、密切协作”的打假打私体系，召开政法联席会议，召开工商与烟草工作协作会议，完善交通运输、货运场站联合执法机制；聚焦互联网售假难题，明确“以网治网”思路，建立上至公安、交通、工商、邮政等“执法部门协作网群”，下至物流快递送货员的“涉烟线索收集网群”，开展“清篱”“护航 2016”等四个专项市场整治行动，形成“上下联动、四员协作”的监管模式。推行“小市管、大稽查”模式。围绕“小市管”，发挥市管单元和市管小组的精干灵活优势，创新市场监管“四分法”和“APCD”工作法，打造“精干、互助、高效”的市管团队；围绕“大稽查”，组建“1 支 3 队”（1 个稽查支队，3 个专业稽查大队），完善稽查“一张网、一盘棋”功能，编织“联动、专业、快捷”的稽查大网络；形成“1237”专卖组织架构，即 1 个直属稽查支队、2 个县级局、3 个稽查大队、7 个专卖管理所。

【市场监管】 市局（公司）按照“总量控制、优化布局、管服结合、照顾弱势、循序渐进”的原则，落实“大众创业”方针，修订《淮北市烟草制品零售点合理布局规定》；加强对无证户管理，与工商部门开展联合行动，全年取缔 133 户，登记在册 236 户；办理零售许可证 909 户，入网 948 户，全市正常经营户 9508 户。2016 年查获各类案件 295 起；5 万元以上案件 10 起，同比增长 66.67%，其中移交公安 9 起，移交工商 1 起；查获涉案卷烟 6762 条，同比增长 36.35%，其中假烟 1891 条，同比增长近 6 倍，涉案值共计 169.41 万元，同比增长 43.3%；刑事拘留 4 人，批捕 4 人，判刑 2 人，捣毁仓储窝点 13 个；符合省标以上网络案件 2 起，省公安厅挂牌督办案件 2 起，其中“8・16”微信网络案件交易金额达 1000 余万元，“12・25”网络案件批捕 4 人，涉案值 550 余万元。

【获得荣誉】 2016 年，市局（公司）荣获市“安康杯”竞赛优秀组织单位；第一党支部获全省系统先进基层党组织称号，送货部获“安康杯”竞赛安全文明班组、“安康杯”优秀文明班组称号；《关于在推进供给侧改革中提升黄山品牌价值的思考》获中国烟草学会论文二等奖、省烟草学会论文二等奖并作交流发言，《基于价值单元的淮北烟草管理模式创新研究》《物流中心车辆油料标准模型研究》获省烟草学会论文评选二等奖、三等奖；1人获“精益十佳”个人、1人获精益管理知识竞赛十佳个人、1人获规范管理知识竞赛十佳个人、1人获“十二五”信息化工作先进个人、1人获优秀通讯员、1人获网络课件人气奖、1人获中纪委监察部培训班优秀学员、1人获省局（公司）工会摄影类作品优秀奖、1人获传统武术比赛太极拳和太极剑三等奖、1人获市“五一”巾帼标兵。

旅 游

淮北市有相山风景区、隋唐大运河博物馆、龙脊山风景区、南湖风景区、双堆集烈士陵园、临涣文昌宫淮海战役总前委旧址及东湖风景区等9处A级景区；拥有口子国际大酒店、相王府宾馆等星级宾馆4家；旅行社36家，省级旅游农家乐21家，旅游商品定点企业11家，旅游从业人员3261人。2016年，接待海外游客21340人次，比上年增长15.1%；接待国内游客824.1万人次，增长15.2%。旅游外汇收入926.5万美元，增长15%；国内旅游收入44.3亿元，增长15.2%。

【旅游规划编制】 淮北市以大文化、大旅游、大健康、大科技为先进理念，将最具潜力价值的创意知本、具有远见卓识的金融资本与淮北最具生命活力的地缘文化质本有机嫁接，大力促进文化创意产业、现代服务业及休闲旅游产业的快速发展。推动编制《淮北市近期旅游发展规划（2013—2020年）》，临涣古城景区开发规划、濉溪县旅游发展总体规划、大运河柳孜遗址保护与利用规划、老城石板街旅游景区规划、龙脊山总体开发规划等，为旅游业发展提供引领保障。

【旅游专线投放运营】 年内，市文旅体委作为监督方，监督市汽运公司与杜集区、烈山区文旅体局签订旅游专线运营协议。12月31日，旅游专线试运营。淮北市首条“铛铛车”旅游专线设计线路为滨河小区、淮海路、淮海东路、南山、化家湖、蔡里、榴园游客中心，计划周六、周日以及节假日发车。旅游专线将市区和东湖湿地、南山、华家湖、四季榴园等景区连接起来，让市民、游客在游览淮北旅游景点的同时，感受城市的发展与变迁。

【旅游项目建设】 四季榴园景区建成对外开放，通过AAAA级景区评定；投资5亿元按照AAAA级标准规划建设的南湖景区各项工程已进入尾声，双堆集烈士陵园、临涣淮海战役总前委旧址、小李庄淮海战役总前委旧址等红色旅游景点得到全面改造提升；长寿南山景区成为特色鲜明的乡村旅游示范点；总投资20多亿元的隋唐运河古镇项目中的“五凤三阁”于9月28日对外开放；口子文化博览园已建成；大运河柳孜遗址环境整治工程——薰衣草庄园基本建成；淮北南翔云集文化项目进入征地拆迁阶段；龙脊山综合开发项目、台湾文创科技城项目、廻龙山生态文化旅游项目、柳孜运河遗址公园、濉溪老城石板街、凤栖湖湿地公园、乾隆湖湿地公园生态修复项目等有序推进。大运河遗址保护、隋唐柳孜博物院文物保护与开发、淮北隋唐运河古镇文化旅游与临涣古城遗址保护与开发等4个文化旅游项目入选省“十三五”规划。淮北隋唐运河古镇文化旅游项目入选国家旅游局和国家开发银行等10家银行共同发起的全国优选旅游项目。

【旅游执法监管】 2月23日，市文化旅游体育综合执法支队正式接管旅游执法和投诉处理工作，进一步完善旅游投诉统一受理机制，畅通群众投诉反馈渠道，使旅游投诉更便捷，效率更高。支队以办理市民投诉为切入点，以办理行政处罚案件为手段，循序渐进式地对旅行社开展执法监管工作。2016年，共接到投诉21起，办结17起，赔偿（退还）消费者2.75万元。

【从业人员教育培训】 年内，市文化旅游体育委员会组织开展2016年度导游证年审培训和导游证年审工作，做好导游的网上培训工作；组织88名取得导游资格证书需要办理导游证的人员进行岗前培训，提升导游员岗位业务素质，提高旅游服务水平；做好2016年导游资格考试224人的报名验证审核工作；7月中旬，开展全市旅游行业文明旅游专题培训班，提升旅游从业人员的文明旅游素质和服务技能；8月下旬，举办由三区一县40人参加的全市讲解员培训班，提高景区讲解水平；配合做好淮北市第七届石榴文化旅游节的政务接待工作，培训20名导游接待人员，较好地完成接待任务。

（张纯莉）

财政·税务

■ 2016 年，淮北市财政总收入完成 93.3 亿元，比上年增长 0.1%

■ 2016 年，淮北市组织国税收入 45.2 亿元，同比增长 10.8%

■ 2016 年，淮北市组织地方税费收入 63.34 亿元，同比增长 17.4%

财　政

2016年，淮北市实现地区生产总值（GDP）799.0亿元，按可比价格计算，比上年增长5.0%。其中第一产业增加值61.6亿元，增长3.2%；第二产业增加值450.2亿元，增长3.3%；第三产业增加值287.3亿元，增长8.1%。三次产业结构比例为7.7 ∶ 56.3 ∶ 36.0，与上年相比，一产比重下降0.1个百分点，二产比重下降1.8个百分点，三产比重提高1.9个百分点。人均生产总值36427元，比上年增加1370元，按可比价格计算，增长3.8%；按年均汇率折算为5484美元。

全市财政总收入完成93.3亿元，完成调整预算的100%，与2015年持平，其中地方一般公共预算收入完成59.18亿元，同比下降1.75%。一般公共预算支出完成142.5亿元（其中，中央和省转移支付资金76亿元），同比增长8.4%。

【财政收入管理水平提高】　市财政局建立完善财税及相关部门联动机制，深化综合纳税平台应用，实行税收征管的全程动态监控。坚持“抓大、控中、管小”的原则，严格执行税收政策，加强对各类潜在税源和零散税源管理，坚决不收过头税，确保应收尽收。规范非税收入管理，推行“单位开票、银行代收、网络监控、财政统管”的非税收入收缴模式，加强行政事业单位国有资产处置、出租和国有土地有偿出让等收入的征收管理，大力挖掘非税收入潜力，确保非税收入及时足额入库。配合相关部门，主动对接政策，不断争取上级资金支持，稳定当期财力，有力保障全市经济社会发展。

【促进地方经济发展】　年内，市财政局积极推进“去降补”“调转促”政策落地。落实市扶持产业发展“1+3”系列政策，统筹安排资金4.1亿元设立扶持产业发展资金和产业投资引导基金，推进产业转型升级。深化“营改增”等税制改革，全面落实国家减费降税政策，不断降低企业成本；落实房产交易契税补贴政策，兑现购房补贴1830万元，有效推动房地产去库存。注重加强园区基础设施建设，持续加大财政投入，支持园区加快道路、管网、供电、供水等基础设施配套建设，进一步提高园区对项目集聚的吸引力、产业集群的支撑力和区域发展的带动力。做大做强融资平台，筹措财政资金3.69亿元，注资市建投等融资平台公司，不断提高平台的融资能力。开展“4321”（市县担保机构、省担保集团、银行和地方政府按4∶3∶2∶1比例共担风险）政银担试点和助保金业务，奖励企业上市直接融资，设立市县两级续贷过桥资金，扩大小额担保贷款业务，鼓励银行和金融机构加大信贷投放，有效缓解中小微企业融资难、融资贵问题，有力推进全市转型发展。

【统筹城乡建设】　市财政局持续保障改善民生，2016年继续实施34项民生工程，直接投入民生工程财政资金28.3亿元。各项民生政策有效落实、民生工程项目有序推进，全市民生工程工作继续保持全省前列。切实保障扶贫资金需求，预算安排9310万元，盘活存量资金2410万元，大力推进扶贫攻坚工作。围绕农业现代化发展，投入7103万元实施高标准农田建设等农发项目16个，提升农业综合生产能力。实施农业补贴“三合一”（将农作物良种补贴、种粮农民直接补贴和农资综合补贴合并为农业支持保护补贴）改革，发放惠农资金4.97亿元；政策性农业保险财政配套4258万元，提供超过10亿元的风险保障，理赔金额超过2500万元，促进农民增收。投入1.55亿元支持美丽乡村项目建设，乡镇面貌进一步改善。

【深化国资国企改革】　2016年，出台国资国企改革方案，促进国企资源整合。调整市直国有企业监管架构，支持市建投集团做大做强。加强企业监管，清理“僵尸”企业，监管企业由2015年的23家调整为2016年的14家，市属国有企业总资产达813亿元。强化行政事业单位资产管理，摸清全市767家行政事业单位资产底数，完成394家事业单位产权登记，依法依规批复88项资产处置，试点盘活市政府驻外3个办事处、老市委党校等5家资产，打通了资金—资产—资本大循环。支持煤炭企业化解过剩产能，推进“三供一业”（国企将家属区水、电、暖和物业管理职能从国企剥离，转由社会专业单位实施管理）分离，参与制定移交方案，争取中央和省专项资金15.98亿元，拨付淮矿集团职工分流安置资金3.23亿元，并做好共管账户管理，保障资金安全、规范、高效使用。

【财政管理改革全面深化】　2016年，淮北市全面完成“营改增”、资源税等税制改革，累计为企业政策性减负7亿元。进一步理顺市县分配关系，合理下划财政基数，保障市县区体制规范有序运行。建立跨年度预算平衡机制，实行中期财政规划管理，强化财政预算约束。不断加大政府四大预算统筹力度，提高国有资本经营收入收缴比例5个百分点。完成国库集中支付电子化改革，取消纸质凭证传递，提高资金运行效率，改革创新取得

国税局设立自助办税服务区，实现快速申报

新突破。创新融资模式，新实施总投资15亿元的省道101合相路改建工程及省道254古毛路工程、老濉河治理工程两个PPP项目加快推进，已经实施的淮水北调淮北市配水工程、淮北市中湖地质环境治理、淮北市梧桐中路改造等3个PPP项目均被列为全国示范项目。规范政府性债务管理，全市争取省政府代发地方政府置换债券35.87亿元、新增债券9.31亿元。清理行政事业单位账户，市本级撤并单位实有账户30个、财政专户14个；清理盘活存量1.2亿元，提升财政资金使用绩效。加强内部控制，制定《淮北市财政局（国资局）内部控制基本制度（试行）》，完善内控制度体系，规范财政业务开展。

【作风建设】 2016年，健全财政会商服务机制，会商4780次，为服务对象解决问题4107个。加强联系“两代表一委员”工作，办理人大议题3件、政协提案4件，在民生工程检查、预算公开评审等工作中，主动邀请省、市人大代表参与，推进依法理财，增进社会各界对财政工作的理解和支持。制定《淮北市财政局（国资局）干部职工问责暂行办法（试行）》等制度，加大对节假日节点、关键岗位、重大事项等的巡查，开展不同方式巡查7次，有效改善机关作风。

（郝朝华）

国家税务

【国税收入】 2016年，全市国税系统坚持依法征收，加大收入分析力度，加强重点税源监控，强化堵漏增收措施，圆满完成收入任务，全年组织收入45.2亿元，同比增长10.8%，增收4.4亿元，完成省局计划的100.7%、市政府任务的110.5%，全省排名第13位。从重视数量增长转变为重视质量提升，深入分析税源状况，加强重点税源调研，强化税收征管措施，收入质量明显提升，做到应收尽收，坚决不收“过头税”，全年没有预征一分钱税款。从单纯任务型转变为服务发展型，不折不扣落实各项税收政策，尤其是税收优惠政策，全年落实税收优惠6.29亿元，其中办理出口退（免）税1.94亿元，同比增长15%。

【依法治税】 国税系统全面推进依法治税，落实国务院“放管服”要求，深化行政审批制度改革，加强事中事后管理，制定5个方面、15项具体措施，做到放管结合。优化审批服务，进行10个方面的制度优化，规范“零超时”审批程序，强化审批监督。公布21项公共服务事项清单。全力推进依法行政示范单位创建，有3个单位通过验收。推行公职律师制度，全局有4人获得公职律师见习证书，均被安排在重要法制岗位，负责重大案件审理、行政复议等法律事项。

【税制改革】 按照国务院部署，在淮北市全面推开“营改增”试点。2016年，市国税局共接收地税移交纳税人1.4万户，核实信息24.8万条，培训企业纳税人4000余户次，升级发票系统7000余户次，完成税负分析120户次。5月1日，淮北市“营改增”四大行业均顺利开出第一张票。深化国地税征管体制改革，从业务合作推向管理合作，从市局层面推向县区局层面，从联合征管推向人员互挂。建立工作领导小组，共同制定合作计划。部署重点合作事项，全年共推行合作事项50个。市国税稽查局与地税稽查局开展联合检查9户次，检查结论共享，检查成果共用。濉溪县国税局与地税局建立联合办税厅，互相交流挂职3人。从具体行动合作推向制度机制合作，推进制度化合作，全年共联合制定各类方案办法25个。

【税收征管】 市国税局深化风险防控机制建设，出台风险管理办法，成立风险防控办公室，组建风险防控团队，实施实时风险监控，按月推送风险分析，全年完成18期风险分析，实现对发票全票种监控、全环节扫描、全领域覆盖，分析上级推送138户次，有问题率达

87%；市局自行监控 443 户次，有问题率达 91%。提供稽查评估案源 524 户，共查获违规发票 9887 份，涉及税额 1.64 亿元，挽回税收损失 4.58 亿元；提供涉嫌骗税企业 7 户，不予退税 823 万元。深化风险防控机制建设，建立发票管理预警“黄名单”，共有 91 户高风险企业被列入名单。综合利用风险监控信息，查处 150 户，重点查处一批发票违法大案要案，打掉作案团伙 2 个，查处亿元以上案件 5 起，千万元以上案件 8 起，向公安机关移送 20 起，刑拘 6 人，判刑 2 人。开展发票“卖方市场”整治，并延伸到违法受票企业。加强非居民税收风险管理，做好高盛公司股权转让税收风险应对，全年入库非居民税收 1.08 亿元。

【纳税服务】 市国税局加强办税服务软硬件建设，增设服务窗口 6 个，新增自助办税终端 8 台，实现“一厅共用、一窗通办、一码共享、一机完成”。不断完善服务机制，全面落实服务制度，积极创新服务举措，先后推行“零超时”网上审批、“二维码”一次性告知等，开展服务之星评比，市局有 3 人被省局评为纳税服务之星。完善服务举措，落实服务制度，领导值班、延时服务、双向预约、包保服务等受到纳税人广泛好评。打造热线咨询服务品牌，通过“12366”热线及固定电话，接受咨询 18902 起。通过纳税人学堂开展培训 24 次，培训企业 1600 余户。“阳光 e 税通”被定为全市七大服务品牌之一。市局办税服务厅、县局服务大厅及百善分局微税厅，先后被省局命名为纳税服务示范单位。开展银税互动，全面推行“税融通”服务，与所有金融机构签订协议，为 100 户企业发放贷款 2.23 亿元，在一定程度上解决企业尤其是小微企业“融资难”问题，推动“双创”政策落实。

（蔡和新　常安顺）

地方税务

2016 年，淮北市地税局累计组织地方税费收入 63.34 亿元。其中，地方税收 30.45 亿元，按可比口径（剔除 2015 年 6—12 月营业税基数），同比增收 4.51 亿元，增长 17.4%；非税收入 2.86 亿元、社会保险费 30.03 亿元。濉溪县地税局被授予“全国税务系统法治税务示范基地”称号。赵先爱家庭荣获第一届“全国文明家庭”。

【组织收入】 年内，市地税局开展年度税源普查，深入重点行业、重点企业和重大项目所在地开展税收调研，摸清税源底数。采取纵向法、横向法分解法细化年度地方税收入目标，增强组织收入工作的主动性和预见性。按季召开税收分析会，开展税收常规分析和专题分析，为组织收入和上级决策提供有力参考。加强收入工作统筹调度，切实不断向依法治税要收入，向精细管理要质量，向精研政策要税收，强化重点难点盲点征管，开展税费专项清理，全面堵漏增收。坚持税费并重，做好机关事业单位养老保险征收准备工作，推进费源分类管理，改进分析机制，全面提升征缴质效。

【征管改革】 2016 年 5 月 1 日起，顺利实现全面“营改增”（营业税改增值税），全面彻底地打好交好户、销好票、代征好、分析好、服务好每场攻坚战。8 月 1 日起，资源税改革全面顺利运行。坚持将《改革方案》落实作为“一号任务”，按照省局统一部署，强化组织统筹，稳妥有序推进，积极探索以风险管理为导向的现代税收征管体系。与国税局密切合作，出台联合办税服务、联合风险管理、联合税务稽查等多个管理办法，对 37 个市级合作项目，细化分解落实，在县局试点共建国地税联合办税厅，实现 9 大类、76 项事项的一窗受理。联合统一房地产交易计税价格认定标准，税收“一体化”管理迈上新台阶。联合登记、联合清欠、联合分析、联合信用等级评定等方面取得实质进展，促进了征收管理服务提质增效。

【税收法治】 市地税局印发《2016 年加强依法行政、推进精准执法工作方案》，细化为 4 大类、18 项依法行政工作。实行权力清单动态管理，及时清理和调整权力项目，强化权力运行制约和监督。制定实施“七五”税收法治宣传教育规划，出台法治建设方案和依法行政计划，办好税收网站，创新税收宣传，开展税法大篷车等形式多样的法律“六进”活动。推进依法行政示范单位创建和法治宣传基地建设。市局被评为“2011—2015 年全省法治宣传教育先进集体”。落实税收执法权力清单、责任清单制度，深化政务公开。整合执法检查资源，出台监督检查联合协调制度，全面强化法治工作。依托执法管理信息系统，按季开展税收综合督查和执法检查，加强考评问责，探索规范执法权的内控体系，建立精准执法机制。

【税收服务】 市地税局巩固扩大“放管服”（简政放权、放管结合、优化服务）改革成果，在全省率先推出税务登记证与营业执照“两证合一”业务。出台扶持困难企业发展、服务供给侧结构性改革等多个文件，结合国务院第三次大督查，开展税收政策落实自查自纠，确保税收政策落地见效，全年累计依法减、免、缓税费超过15亿元，推动“税融通”授信逾2亿元，惠及3万余户纳税人。印发《2016年“便民办税春风行动”工作方案》，以深化国税、地税合作为主线，围绕拓宽信息查询、实现信息共享、共建电子税务局共17类、45项便民措施，积极推动服务深度融合、执法适度整合、信息高度聚合，加快线上线下互通、前台后台贯通、内部外部联通，让纳税人享受更快捷、更经济、更规范的服务。全面施行纳税服务规范，办好纳税人学堂，完善“办税服务厅+自助终端+办税服务点”一厅多辅的实体办税模式；整合门户网站、“12366”热线服务功能，开通移动办税和9个微税厅，构建一网多翼的在线服务平台，便利了纳税人。

【税收征管】 市地税局深化金税三期应用，强化数据质量建设，推进征管档案电子化。依托管理风险监控、纳税遵从风险管理、外部信息交换等平台，精确引导评估清欠3.23亿元。深入开展业务管理规范年活动，不断夯实征管基础，全面精化细化税种管理，推动改进地方税收分成，强化耕地占用税、契税共治合力，促进增收税款5800余万元。严格个人所得税自主申报和全员全额申报管理，改进企业所得税预缴工作。推进“双随机一公开”（随机确定抽查对象、随机选派执法抽查人员，向社会公开抽查结果），畅通税警协作，加大税收大要案查处力度，严厉打击发票违法犯罪活动，通过稽查入库税款5484万元，有效改善税收法治环境，促进市场主体公平竞争。

【队伍建设】 市地税局坚持规范选人用人管理，做好人员招录相关工作，开展轮岗交流，选好配强基层班子，全年选拔任用8名科级干部。交流26名股以上领导干部，28名一般干部。落实职务与职级并行、乡镇补贴等政策。深入推行绩效管理，组织绩效和个人绩效并轨运行。委托扬州税院举办文秘、稽查、纪检监察、财务管理决策与税收风险分析、绩效管理、数据分析与税源管理共6期、80余人次的培训班。开展学习标兵、信息化建设标兵、服务标兵、廉政标兵、绩效标兵“五项标兵”评选表彰活动，对评选出的49名“五项标兵”予以通报表彰。开展全员“岗位大练兵，业务大比武”活动，选拔出32人5类业务能手，推荐8人参加省局练兵比武选拔。

【文明创建】 年内，市地税局开展“中国梦·劳动美——永远跟党走”社会主义核心价值体系主题教育活动，进一步坚定党员干部的理想信念。推选诵读作品《春江花月夜》参加全国经典诵读大赛，被全国总工会评为优秀奖。继续以弘扬学雷锋精神为主题，常态开展以关爱他人、关爱社会、关爱自然为内容的志愿服务活动，全年开展各类志愿服务活动20余次，参加人员200余人次，结对帮扶4个社区、2个乡村，落实帮扶资金3万元。深入开展各类创建活动，耕地占用税和契税征收服务中心荣获“淮北市十佳文明窗口”，市局“12366”获得全市2016年度“最佳志愿服务项目”，6家单位被推荐公示为第十一届安徽省文明单位。

（郇小泓）

金

融

■2016 年年末，全市金融机构人民币各项存款余额 1321.8 亿元，比上年增长 27.6%

■2016 年，全市保险公司实现保费收入 27.6 亿元，比上年增长 24.5%

综　述

【概况】 2016年年末，全市银行业金融机构本外币各项贷款余额796.28亿元，较年初增加93.79亿元，增长13.35%，完成省下达65亿元新增贷款目标的144.29%。新开业5家保险分支机构，全市保险机构达到30家。年末保险机构资产总额68.24亿元，累计实现税收1.47亿元，累计实现保费收入27.65亿元，保险深度3.46%，保险密度1252元/人，支付赔款和给付保险金13.26亿元，保单借款2.55亿元。

9家融资担保公司注册资本16.99亿元，其中国有股占比62.51%，有7家为国有控股担保公司。年末全市融资担保在保余额41.89亿元，放大倍数4.10倍，为小微、"三农"提供担保比例为95.17%。全市有5家政策性融资担保公司加入省担保集团再担保体系，开展新型政银担业务，年末"4321"业务在保360笔，在保余额16.85亿元。

【税融通业务】 年内，淮北市加大对税融通产品的宣传力度，提高企业认知度；建立税务、银行、企业之间的信息共享机制，筛选纳税信用B级以上企业推介给金融机构，组织金融机构深入工业园区，充分了解企业需求，搭建税融通合作平台；将税融通业务开展情况纳入对金融机构支持地方经济发展考核范围，激励金融机构加大税融通业务推进力度。截至2016年年末，全市税融通业务累计投放2.88亿元，余额2.95亿元。

【资本市场融资】 2016年，淮北市支持淮北矿业、皖北煤电、淮海实业等大型企业创新债券发行品种和模式，扩大发行规模、降低资金成本。扩大政府引导基金规模，建立广覆盖的多元化基金投资机制。引导企业转变融资观念，鼓励企业运用股权融资促进转型发展。年内，全市实现直接融资113.88亿元，完成年度目标任务的102.59%，其中新增债券融资100亿元，新增私募股权融资13.88亿元。

推动优质企业利用多层次资本市场规范治理、转型升级，及时落实各项奖补政策，倾斜资源扶持已（拟）挂牌企业，为企业和中介机构对接搭建信息平台，鼓励已挂牌企业利用多层次资本市场，通过并购重组提升竞争力。年内，全市新增新三板挂牌企业4家（其中，临涣水务报至全国股转系统在审），完成年度4家目标任务。

【普惠金融】 2016年，淮北市推进普惠金融发展，促进小微企业和涉农贷款快速增长。至12月末，全市小微企业贷款余额248.43亿元，较年初增加49.61亿元，增长24.95%，高于各项贷款增幅11.48个百分点。涉农贷款余额278.23亿元，较年初增加61.26亿元，增长28.23%，高于各项贷款增幅14.88个百分点。大力推动金融扶贫工作，印发《关于推进金融扶贫工程的实施方案》，明确13家银行业金融机构作为主办行的扶贫任务，采取"银行+公司+贫困户"的方式，推动贫困人口脱贫。各金融机构为1170户贫困户授信3182万元；累计投放小额扶贫信用贷款380笔、金额1878万元；累计投放产业扶贫贷款36笔、金额419.72万元。加快惠农金融服务室建设，截至2016年年末，累计建设惠农金融服务室539个，覆盖行政村100%，为农村地区提供支付、国债、征信、反假宣传和金融消费权益保护等金融功能。

安徽省股权托管交易中心皖北融资中心揭牌

【防范和处置非法集资工作】 年内，淮北市及下辖一县三区均成立打击和处置非法集资工作领导小组，设立专项经费，纳入财政预算。印发《关于进一步做好防范和处置非法集资工作的实施意见》，将防范和打击非法集资工作纳入社会管理综合治理工作年度考核评价。开展防范打击非法集资宣传月活动，利用报刊、网络、广播电视等媒体，深入宣传有关法规政策、典型案例。开展涉嫌非法集资广告资讯信息排查清理活动，加大防范力度，净化社会舆论环境。开展非法集资问题专项排查整治及非法集资问题专项整治活动，维护经济金融秩序和社会稳定。进行监测预警，按时报送处非报表、监测预警情况及报告。市金融办会同公安、财政、工商等部门印发《淮北市非法集资举报奖励实施细则（试行）》。利用互联网等监测手段，对非法集资进行监测预警和风险提示。年内，查处涉嫌非法集资案件1起。按要求做好"泛亚"和"e租宝"案在淮北市的相关工作。配合大连市处非办做好"利健甲壳素"非法吸收公众存款案在安徽省的返款工作。2016年，全市未因非法集资案件引发较大群体性事件或非正常信访事件。

（李 强）

淮北市建投控股集团有限公司

【概况】 截至2016年年底，淮北市建投控股集团有限公司注册资金13.6亿元，资产总额约735.94亿元，净资产总额约263.36亿元，实现市场化收入23.54亿元，上缴利税4亿元，实现融资到位资金284.68亿元，为中小企业提供信用担保22.1亿元。

【融资管理】 2016年，市建投集团实施多元化融资战略，改变以银行贷款为主的传统融资模式，打通上交所、深交所、发改委、银行间市场交易商协会等融资渠道，尝试债券、金融租赁、资产证券化、信托产品、理财直融等融资业务，融资金额取得历史性突破。全年开展各类融资项目65个，计划融资总额873.24亿元，获批资金486.22亿元。

年内，在全国以债贷组合模式，通过上交所发行26亿元债券。在全省经银行间交易商协会发行非公开定向债务融资工具20亿元。在全市创新完成国家审计署对淮北市一期债审计整改工作，顺利打通国家发改委发行债券的渠道。淮北市第一支15亿元小微企业增信集合债获得国家发改委批准并发行。单笔省内最大额度的棚改授信贷款163.5亿元，年度总额252.84亿元，位居全省第一。

【创新金融服务】 2016年，市建投集团坚持与国有大中型银行等金融机构错位发展，健全金融服务体系。通过扩面降额，增加担保户数，降低担保额度，实现服务更多小微企业，减少担保风险。做活同创典当公司，解决中小微企业短时期、临时性的应急资金需求。搭建惠黎互联网金融平台，解决中小企业期限灵活、额度不一的资金需求。通过商贸公司开展贸易合作，解决经营良好的轻资产企业从银行无法贷款的难题。设立省股权托管交易中心皖北融资中心，提供综合性金融服务，为企业提供直接融资的平台。成立小额贷款公司和融资租赁公司，解决中小微企业银行授信不足和固定资产投资的大额资金需求难题。

【项目建设】 年内，市建投集团完成PPP项目4个，融资总额30亿元，其中中湖治理、梧桐中路建设、淮水北调等3个项目入选财政部第三批国家PPP示范项目库。参与夜市集中点（盉街）建设运营项目、职教园配套项目、人民医院新院区建设、淮北市规划馆及档案馆项目等城市重大工程建设，负责建设东部新城首个综合服务项目——大学城创客驿站。市场化承担城市公共交通、景区管理服务、保安人防业务、公共停车资源、政府公车改革等服务。通过与社会专业资本合作，设立安元基金和天使基金，成立科讯信息、通鸣矿业、中贸通、连通市政、皖能售电等公司，参股皖北融资中心、安徽省征信公司，开展多元化经营。

（余 峰）

金融管理

中国人民银行淮北市中心支行

【货币政策】 2016年，淮北市中心支行推进"利率市场化"改革，组织商业银行签订《淮北市市场利率定价自律公约》，建立市场利率定价自律机制。综合运用差别存款准备金率、再贴现等货币政策工具，有效降低融资成本，一年期贷款加权平均利率为5.81%，同比下降14.18%。落实金融扶贫政策举措，实施"主办银行"制度，建立2家"金融扶贫示范点"，全年累计投放金融扶贫贷款2297.72万元，扶持建档立卡贫困户419户。中心支行金融精准扶贫志愿服务项目被评为淮北市2016年度"最佳志愿服务项目"。开展宏观审慎评估，辖区2家农村商业银行通过评审，成为全国利率定价自律机制基础成员。实施"跨境人民币业务提速增效"计划，全市跨境人民币结算量达到18.1亿元，同比增长3倍。

【金融稳定】 淮北市中心支行加强"两管理两综合"（开业管理，营业管理，综合执法检查，综合评价）工作，优化开业管理工作流程，开展执法检查13项次，对违规行为进行行政处罚。认真落实存款保险制度，做好法人机构风险评级工作，按时足额收缴存款保险保费。实施法人反洗钱监管新模式，举办金融机构反洗钱宣传微创意大赛及征文比赛，1篇征文获安徽省反洗钱征文评选一等奖。维护支付结算秩序，会同公安部门成立联合整治支付结算重大违法犯罪办公室，大力打击电信网络诈骗活动。推进信用淮北建设，开发建设淮北市小微企业信用信息共享服务平台，推动濉溪县开展农村信用体系建设试点工作。与市网宣办签订舆情处置合作协议，积极应对网络舆情风险。

【金融服务与管理】 淮北市中心支行积极推进惠农金融服务，升级改造银行卡助农取款服务点，开展“星级惠农金融服务室”创建工作，创建惠农金融服务室539个，提前完成村级全覆盖任务。拓展金融IC卡行业应用，推进移动金融和金融IC卡受理环境建设，开展POS机具非接受理改造，金融IC卡在出租车、停车场、校园、公交、园区等多个行业及部门的应用取得突破。不断改进货币发行服务，建立小面额货币兑换主办行、主办网点工作机制，大力推动辖区硬币自循环工作开展。加强国库会计核算，推进非税收入电子化缴库试点工作，强化商业银行代理国库业务监管，开展“送国债服务下乡”活动。开展金融业综合统计试点工作，开发“标准化存贷款综合抽样统计数据校验程序”“金融家问卷调查系统”和“税融通”专项统计程序，得到合肥中支认可，“标准化存贷款综合抽样统计数据校验程序”“金融家问卷调查系统”在全省推广应用。胡晓帆被评为总行调查统计工作先进个人。推广应收账款融资服务平台业务，注册平台融资金额72.37亿元，增幅达204%，完成供应链融资业务2项。

【外汇管理】 年内，淮北市中心支行落实各项简政放权措施，促进贸易投资便利化。做好“控流出、扩流入”工作，建立大额购付汇监测和异常购付汇约谈工作机制，开展“控流出”专项检查，对违规行为行政处罚，实现结售汇顺差1.34亿美元。

（徐志勇）

中国银行业监督管理委员会淮北监管分局

截至2016年12月末，全市银行业金融机构各项存款余额1305.9亿元，较年初增加278.6亿元，增幅27.12%，居全省第1位；各项贷款余额793亿元，较年初增加94.13亿元，是上年的2.7倍，增幅13.47%，较上年提高8.19个百分点；不良贷款余额13.64亿元，较年初增加4.02亿元，不良贷款率1.72%，较年初上升0.34个百分点，信贷资产质量居全省第6位，实现利润13.8亿元。

【政策支持】 淮北银监分局落实省局关于皖北地区振兴发展指导意见，出台《淮北市银行业支持“三去一降一补”工作指导意见》，督促指导银行机构调整信贷政策，实现信贷政策与地方产业政策的良性互动。至12月末，全市银行业“6+1”主导产业（煤电、煤化工、机械制造、食品工业、纺织服装、新型建材和战略性新兴产业）贷款余额315.4亿元，涉及企业502家；“九个一”工程项目贷款余额72.85亿元。

助推“两煤”集团（淮北矿业、皖北煤电）脱困升级，出台《银行业支持煤炭行业化解过剩产能实现脱困发展的意见》，成立帮扶工作领导小组，召开联席会议，强调不抽贷、不压贷和稳定预期、稳定信贷的要求。2016年，全市银行业向“两煤”集团新增贷款32.88亿元，发行债券25亿元，帮助企业渡过最困难的时期。

【支持和发展普惠金融】 年内，淮北银监分局出台银行业精准扶贫指导意见，至12月末，扶贫小额信贷余额3095万元；支持贫困家庭子女入学，生源地助学贷款余额920.26万元。出台“拎包银行”金融服务推广方案，促成濉溪农商行设立皖北地区首家“拎包银行”服务点；批复县域、农村地区新设物理网点5家（在贫困村设立网点1家，《安徽日报》予以报道）。推出小微企业“四项清单”举措，推进“银税互动”活动，开展“4321”政银担业务合作，积极拓展小微企业年审贷、循环贷及接续贷款业务

人行淮北市中心支行为五星惠农服务室授牌

覆盖面。至12月末，小微企业贷款余额248.43亿元，较年初增加49.61亿元，增速24.95%，高于各项贷款增速11.48个百分点；涉农贷款余额278.72亿元，较年初增加60.08亿元，增速27.48%，高出各项贷款平均增速14.01个百分点。引导辖内银行机构不断完善基础金融服务，提高金融服务的覆盖率、可得性和满意度，实现物理网点乡镇全覆盖，电子机具村村通。

【风险防控】 淮北银监分局密切关注重点行业风险，督导银行机构加强对煤炭行业去产能风险排查，对6家机构煤炭行业信贷情况开展稽核调查，建立“两煤”金融支持监测台账，按月统计贷款到期情况。密切关注房地产贷款风险，针对房地产不良贷款过快增长的风险，督促银行机构做好压力测试，切实防范假按揭、假证明、零首付、四证不全风险。强化重点领域监管，针对个别网点发生的安全事件，及时下发风险提示书；强化员工行为管理，充分利用EAST系统功能，按季筛选员工行为风险点，督促机构进行核查。积极配合做好非法集资处置工作，配合市金融办开展小贷公司、担保公司检查，整顿P2P等网络金融，对3家P2P公司实施台账式监管。深入开展“两个加强、两个遏制”回头看检查。督促银行业全面开展回头看自查，组织对工行等5家机构的现场检查，并督促做好问题整改和责任人处理工作。2016年，共对1家机构行政处罚10万元，拟对另4家机构累计罚款60万元。

【金融消费者权益保护】 淮北银监分局建立领导干部接访制度，党委班子成员带头接待群众来访，按月参加电视台举办的政风行风热线，在线答复群众诉求，党委“一把手”对重大信访投诉亲自接访，亲自协调处理。分局全年收到群众投诉咨询282件，其中投诉类155件，已全部办结，办结率100%。下发2016年银行业消费者权益保护工作指导意见，督促辖内银行机构全面完成“一专双录”（产品销售专区建设和专区产品销售录音录像）工作。

（王小涛）

银 行

中国农业发展银行淮北市分行

2016年年末，中国农业发展银行淮北市分行各项存款余额58.38亿元，较年初增长37.36亿元；全年贷款累计投放74.12亿元，同比多放56.32亿元，年末贷款余额105.96亿元，较年初增长56.12亿元，贷款增幅112.6%；实现经营利润2.38亿元；中间业务收入60.73万元；国际结算业务337万美元；不良贷款和不良率为零。

【粮食收储】 2016年，淮北市分行累计粮食收购贷款17.62亿元，同比多投放5.15亿元，其中投放最低收购价小麦贷款16.79亿元，地方储备小麦轮换贷款1906万元，地方调控收购贷款2109万元，企业购销流动资金2800万元；累计收购小麦7.24亿公斤，同比多收2.17亿公斤，收购量占商品量的90.53%。

【支持棚户区改造】 淮北市分行以支持城中村改造、整体城镇化建设等领域的项目建设为重点，促进农业开发和农村基础设施建设贷款健康稳定可持续发展。全年累计审批棚户区改造贷款210.90亿元，累计投放贷款52.43亿元，支付贷款资金19.75亿元。

【风险防控】 淮北市分行以防范化解潜在风险，保持不良贷款零增长为工作重点开展各项工作。针对安徽宝迪风险贷款，通过要求担保公司履行担保责任、母公司代偿、采取法律手段扣划冻结资产和拍卖其持有的某商业银行股权等，全年累计清收该公司风险贷款5001.3万元，风险贷款得以全部处置完毕。

（欧 迪）

中国工商银行股份有限公司淮北分行

【概况】 截至2016年年底，中国工商银行有限公司淮北分行各项存款余额199亿元，较年初增加41亿元。各项贷款余额108亿元，较年初增加0.67亿元。不良贷款率0.55%。年内，分行荣获安徽省劳动竞赛先进集体称号；在第四届“安徽省十大服务行业居民满意度调查”网络投票活动中，居本地同业第一位。

【服务地方经济发展】 年内，分行通过表内贷款、表外融资等多种方式加大对淮北市重点项目、重要招商引资项目以及煤电产业的跟踪支持，满足重点项目融资需求。全年累计发放公司类贷款44.62亿元，较上年增长6%；累贴票据33.3亿元，较上年增长75%。

【服务小微企业】 分行单列小微企业信贷增量计划，对净增计划不挤占、不挪用，优先满足小微企业信贷投放规模。2016年，分行发放小企业贷款4.4亿元，办理小微企业票据直贴4.1亿元；拓展小企业信贷客户101户，连续四年新增小微信贷零不良，小企业信贷资产质量继续保持稳定和较好水平；大力发展政银担、网贷通和税融通业务，全年累计投放网贷通 2.38 亿元，办理政银担 2665 万元，办理税融通 3600 万元。实现政府采购贷项下小微信贷投放 1320 万元，实现农业产业化项下小微信贷投放 680 万元，解决部分临时性流动资金紧张小微企业融资瓶颈。

【扶持县域经济】 2016 年，分行以物理网点、离行式自助银行为依托，辅以 3G 移动终端、理财 POS、电子银行等渠道，支持县域经济发展。加大资源倾斜力度，在濉溪县域设有 5 个物理网点、5 个在行式自助银行、7 个离行式自助银行，投放速度大于全行平均速度。组建“乡友俱乐部”，开展信息平台、融资平台、结算平台、理财平台、服务平台建设，改善农村金融市场环境。

【普惠金融】 年内，分行开展送金融知识下乡、农民工安全用卡、金融扶贫和金融安全等宣传活动，提升弱势群体金融知识水平和防范金融诈骗的能力。投产智能银行 19 家，自助银行与物理网点比例达到 2.25 ：1。参加“金融知识进万家”和“金融知识普及月”活动，“智能银行 + 二维码支付”体验项目被监管部门评为“精品项目”。以濉溪县、烈山区、杜集区一县两区为重点，开展惠农金融服务室建设，推进城乡公共资源均衡配置。

（付建军）

中国农业银行股份有限公司淮北分行

截至 2016 年年底，中国农业银行股份有限公司淮北分行人民币各项存款（不含同业）余额 144.48 亿元，较年初增加 20.29 亿元，同比多增 18.63 亿元，市场份额同比上升 2 个位次，其中对公存款增长 14.57 亿元，居四大行（工行、农行、中行、建行）第一。各项贷款余额 76.9 亿元，较年初净上升 4.5 亿元，居四大行第一（不含票据）。不良贷款余额 1.9 亿元，比年初减少 1724 万元，不良率 2.47%，较年初下降 0.39 个百分点，不良贷款余额与占比实现“双降”。

【业务发展】 年内，淮北分行推广个人理财产品、贵金属、网上银行、掌上银行、保险代理、基金代理、第三方存管等个私板块产品，不断丰富私人财富管理工具；依托个贷中心，拓展优质楼盘个人住房按揭贷款和汽车消费、家庭装修等信用卡分期业务，大力发展“网捷贷”等个人消费贷款贷款业务，满足广大客户金融消费需求；实施信贷资产优化和结构转型，围绕淮北市“九个一工程”，全力支持重点项目建设；发挥小微企业客户中心技术力量，加大小微企业信贷支持力度，完成监管部门小微企业信贷投放“三个不低于”（小微企业贷款增速不低于各项贷款平均增速，小微企业贷款户数不低于上年同期户数，小微企业申贷获得率不低于上年同期水平）的目标；不断加大金融产品创新，在信贷规模偏紧的环境下，向客户大力推介表外业务、信用证业务等创新金融产品，有效满足企业融资需求。

【服务三农】 2016 年，淮北分行在同业中率先推出“农民安家贷”产品，为农民进城购房提供按揭贷款服务，打造助农惠农新亮点，全年累计发放“农民安家贷”682 笔，贷款金额 21173.7 万元；大力推进涉农代理和“惠农通工程”的建设，加强对县域农村地区、特别是贫困村的支持，提高惠农服务覆盖面，为偏远农村农民、贫困农户提供有效的金融服务，为县域农村地区 80% 以上的行政村、90% 以上的农户提供足不出村、方便快捷的银行账户查询、转账、取现、代缴费等金融服务，弥补农村网点少、服务能力弱的问题，打通农村金融服务的“最后一公里”。截至是年年底，淮北分行金穗“惠农通”工程共设立 439 个服务点，布放电子机具 1248 台，覆盖 22 个乡镇 255 个行政村，申报四星级、五星级金融服务室 21 个。

（闫化强）

中国银行股份有限公司淮北分行

截至 2016 年年末，中国银行股份有限公司淮北分行实现拨备前利润 2.2 亿元，较上年增幅 9.2%，排名全省第四位。本外币各项存款余额 964235 万元，较年初新增 112619 万元，增速 13.23%，系统排名第五。本外币各项贷款余额较年初新增 67398 万元，增速为 9.76%。中间业务收入 8185 万元，较上年增加 1262 万元，排名全省第二位，同比增幅 18.23%，排名全省第一位，完成省行任务目标的 94.43%，排名全省第三位。累计个人电子银行交易客户为 25919 户，任务完成率为 86.40%，省行排名第五名；累计个人手机银行交易客户为 18615 户，任务完成率为 103.42%，省行排名第六名；电子渠道迁移率为 82.67%，较年初提升 12.19%。

【支持地方经济】 年内，分行针对淮北矿业集团公司新发放贷款均采用基准利率且按季浮动，并为其新增 2 亿元中期流动资金贷款额度。7—8 月，分行共调剂 1.5 亿元额度为淮北矿业集团公司开立电子银行承兑汇票，解决企业融资问题。一季度，分行采用投行理财资金对接北京金融资产交易所委托债权模式，成功叙做辖内首笔公路交通类投行非标理财融资业务，为淮北市交通投资有限公司融资4亿元。

【企业文化建设】 年内，分行通过定期组织“学习大课堂”，加强对于员工的合规意识、业务能力、产品知识培训。加强中小企业客户经理队伍建设，将全辖中小企业客户经理统一上收管理，建立全行后备人才梯队。组织开展多种文化活动，丰富活动载体，搭建交流平台。在淮北市率先实行轮休制度，减轻一线员工工作压力。修订《柜员薪酬管理实施方案》，给予一线柜员每月发放行龄补贴，提高一线员工收入水平，调动营业机构柜面员工工作积极性，提升服务水平。

中国建设银行淮北市分行

【银行存款】 截至2016年年末，全行一般性存款时点余额179.42亿元，四行排名第二；时点新增18.61亿元，四行排名第三。一般性存款日均余额165.12亿元，四行排名第二；日均新增9.62亿元，四行排名第三。企业存款时点余额82.46亿元，四行排名第一，时点新增12.72亿元，四行排名第三；企业存款日均余额70.47亿元，四行排名第一，日均新增5.20亿元，四行排名第三。个人存款时点余额96.97亿元，四行排名第二；时点新增5.88亿元，连续第六年四行排名第一；个人存款日均余额94.65亿元，四行排名第二；日均新增4.42亿元，四行排名第三。

【银行贷款】 2016年，全行各项贷款余额101.88亿元，四行排名第二，较年初新增3.94亿元，四行排名第三。其中，个人贷款余额23.97亿元，四行排名第一，较年初新增0.82亿元，四行排名第二；对公贷款（含贴现）余额77.9亿元，四行排名第二，较年初新增3.12亿元，四行排名第二。贴现余额12.48亿元。

【中间业务收入】 2016年，全行实现中间业务净收入9625万元，继续保持四行第一的位置。其中对公中间业务收入3023万元，个人中间业务收入6602万元。

（周晓春）

中国交通银行淮北分行

【概况】 截至2016年年末，中国交通银行淮北分行累计建成10家离行式自助银行，2家自助单点，2家普惠型支行，2家综合型支行。日均资产29.83亿元，人民币各项贷款时点余额28.23亿元，较年初增长4.41亿元，增幅为18.53%；其中，个人贷款余额5.67亿元，较年初增长1.57亿元，增幅为38.36%；人民币各项存款日均余额25.95亿元，较年初增长2.15亿元，增幅为9.03%。

【业务拓展】 年内，分行以多元化产品为抓手维护重点客户，注重在抓结算、抓留存、抓客户等几个方面夯实基础。紧盯重点项目，运用新型金融工具拓展业务，获取撮合型融资租赁业务收入；成功发行10亿元中期票据业务，顺利投放政府购买服务类贷款7亿元。依托新型业务持续丰富展业模式，超额完成全年小微企业“三个不低于”（小微企业贷款增速不低于各项贷款平均增速、贷款户数不低于上年同期户数、申贷获得率不低于上年同期水平）任务目标。截至2016年年末，对公存款时点余额26.21亿元，较年初增长8.78亿元，增幅为50.35%。

【零售业务】 年内，分行采用公私联动，积极对接国家开发银行、农业发展银行，关注淮北市棚改项目，多举措留存棚户补偿资金。邀请专业公司实施厅堂一体化培训项目，推动理财经理提高资产配置理念养成和销售水平。加快个贷业务发展，结合本地房地产市场实际情况，抢占市场份额，全年新增个贷投放1.53亿元，市场占比提高1.56%。截至2016年年末，储蓄存款时点余额7.55亿元，较年初增长2.21亿元，增幅为41.49%。

【风险防控】 年内，分行提高优质客户数量及余额占比，根据客户财务经营变化实际情况，适时调整授信方案，严控过度融资，防范超额授信助长授信客户多元化经营冲动、挪用信贷资金进入非主业经营领域而产生授信风险。关注小微企业薄弱环节的信贷风险，针对小微企业固定资产少、现金流少、财务不规范、信息不透明的特性，加强贷前调查和贷后检查力度，对收集到的企业“软信息”与财务硬指标进行综合分析，遴选符合交行淮北分行授信政策的客户。年内，分行资产业务零不良、零逾期。

重视案件防控，开展“五大领域”（以贷谋私、大额集中采购、基建装修工程、新兴业务利益输送、虚列支出套取费用）专项治理和“两加强、两遏制”（加强内部管控、加强外部监督，遏制违规经营、遏制违法犯罪）等工作，落实员工八小时内外行为管控，通过在线培训、专家授课和家访谈话等多种方式强化员工案防教育，尤其注重做好转岗、任职、新入职等员工的岗前培训。

（侯 可）

招商银行股份有限公司淮北分行

2016年年末，招商银行淮北分行全折人民币自营存款时点余额196090.09万元。其中对公存款时点余额167469.75万元；储蓄存款时点余额27609.44万元。全折人民币自营贷款时点余额为99231.91万元。其中一般性对公贷款为78189.72万元；个人贷款为19017.30万元；票据融资余额为2024.89万元。

【对公业务】 分行对客户实行分层分类管理，并针对性制定综合金融服务解决方案，推动服务升级。注重分行内部的相互协调配合，进一步拓展客户与分行合作的深度和广度。运用好智慧校园、智慧医疗、智慧社区等场景资源，联系证券、租赁及信托公司为企业提供资金支持，降低企业的融资成本。加大对县域经济信贷投放，开办各类抵质押贷款支持涉农中小企业及个体工商户发展，引导建立各层次的组织体系支持农村新型经营主体发展，积极探索林权、经营权、应收账款等一系列新的贷款模式。

【风险管理】 分行全面实施总分两级战略客户名单制经营，做大做强消费金融，重点支持包括铁路、平板显示、医疗、教育、城市轨道交通、地方政府类授信、房地产、家电、汽车制造、电力及建筑等11个重点行业。全面聚焦区域优势行业，提升弱周期和成长性行业、基础设施行业、医院、学校及住房公积金等领域、区域特色行业融资占比。强化全面风险扎口管理，结合合肥分行对二级分行信用风险条线垂直化改革，在信贷审批流程中提速。加强对不良资产指标的控制力度，截至2016年年底，对公、零售无新增不良，不良贷款清收力度加强，不良双控指标下降。

【优质服务】 2016年，分行在建立服务提供、服务支持、服务监督、服务执行四位一体的服务管理体系的基础上，充分推动服务提供部门的服务管理专业性，调动服务执行部门的积极性；衍生服务外延，提升员工为客户提供最佳服务体验的能力，提升分行本部为经营机构提供最优服务指导的能力。加强辖内经营机构管理，确定各机构在资产质量、存款增长、零售AUM增长、客群拓展等方面的中期规划和年度目标，配套相应考核激励措施，倾斜费用、培训、网点建设等资源配置，拉直辖内经营机构管理体系，推进辖内经营机构管理扁平化，提升各项业务办理效率，提升消费者金融服务水平。

【企业文化建设】 分行全面落实银监会和招商银行总行党委、纪委有关要求，加强精细化管理，将制度、规矩推在前面。加强员工队伍建设，加强管理岗位和专业岗位后备人才库建设，组织开展业务竞赛活动，助推业务发展，引导员工立足本职岗位，争当业务能手。以总行30周年行庆为契机，开展企业文化节活动，营造和谐向上的企业文化氛围；开展多维度、多层次的企业文化宣传教育，挖掘先进典型事迹，开展工作经验交流，弘扬正能量，提升全行凝聚力。

（侯晓晨）

中国邮政储蓄银行淮北市分行

【概况】 2016年，中国邮政储蓄银行淮北市分行实现业务收入1.17亿元，实现利润3031万元。截至年底，居民储蓄存款余额达到21.32亿元，新增日均存款1.24亿元；公司存款日均余额9.15亿元，净增2.05亿元。全年累计发放各类贷款17.70亿元，结余23.87亿元，净增4亿元。其中，发放小额贷款2.74亿元，结余2.68亿元；发放个人消费贷款2.51亿元，净增1.49亿元，结余8.06亿元；发放公司贷款8亿元，净增4.04亿元。

【服务地方经济发展】 年内，分行加大对棚改项目等市重点项目的跟踪支持，满足重点项目融资需求，棚改项目授信12.5亿元，发放6亿元。加大对重要企业扶持力度，对淮北矿业股份有限公司授信4亿元，发放2亿元流动资金贷款。积极支持中小微企业发展，统筹运用续贷政策支持小微企业发展。加强与担保的合作，推进"政银担""快捷贷"等重点产品发展。全年发放小微企业贷款3.77亿元，结余3.99亿元。小微企业贷款增速为57.33%，高于各项贷款的平均增速（19.10%）。

【普惠金融】 2016年，成立三农金融事业部，加大对"三农"领域的扶持力度。丰富家庭农场担保方式，创新开办融资风险补偿基金担保家庭农场贷款，破解农民专业合作社、家庭农场融资难题。截至年底，涉农贷款结余11.4亿元，其中，累计发放家庭农场贷款6632万元，结余5879.85万元。调整优化再就业小额担保贷款要素，通过提高贷款额度、降低贷款利率、简化贷款流程等方式，最大限度地帮助创业人员落实优惠政策，为再就业人员提供便利。2016年，全行累计发放再就业小额担保贷款1.32亿元，结余1.57亿元。

【精准扶贫】 2016年，分行认领濉溪县双堆集镇为重点扶贫区，向双堆集镇建档立卡贫困户累计发放各类个人贷款233万元。与中国人民银行淮北中心支行联合，在双堆集镇举办扶贫贷款签约仪式，是全市首家举办签约仪式的金融机构。截至年底，全行针对建档立卡贫困户累计发放个人贷款2316.70万元。

徽商银行淮北分行与淮北师范大学经济学院联合建立实习基地

【提升金融服务水平】 年内，分行改造升级惠农金融服务室，提升农村金融服务水平。在金融空白乡镇设立金融服务点，并在全市助农取款服务的基础上，加强升级改造建设。截至2016年年底，全行共建立118处惠农金融服务室。大力布放“商易通”、POS机具，开通助农取款服务，改善农村支付结算环节。通过媒体、“送金融知识下乡”等方式，宣传推广“拎包银行”，将“拎包银行”与惠农金融服务室建设、与金融知识宣传相结合，提升农村金融服务水平。全年开展宣传活动近30次。

（张　晓）

徽商银行淮北分行

截至2016年年末，徽商银行分淮北分行各项存款228.4亿元，各项贷款120亿元，存、贷款市场份额均居全市金融机构首位；成功投放中湖治理PPP项目贷款2.5亿元，是分行首笔PPP贷款，也是全行首笔行内银团贷款；“小记者”联名卡首发成功，同“去产能”产业基金一起获得徽商银行优秀产品创新奖；全年投放基金49.5亿元，在支持地方经济发展方面做出积极贡献。

2016年，徽商银行淮北分行被人民银行授予“2016年度人民币流通管理优秀单位”、被国家外汇管理局淮北市中心支局评为“2016年度执行外汇管理规定A类银行”，在中国人民银行淮北市中心支行组织的“支付系统业务拓展竞赛”中获得综合第一名和单项支票影像业务第一名、分行前吕楼村金融服务室获得市级“五星级惠农服务室”、淮北相西支行获得团市委和市文明办共同颁发的“淮北市青年文明号”称号。

【普惠金融服务】 分行将营业网点不断向基层延伸，分别在矿山集、刘桥镇、韩村镇、百善镇、濉溪城南设立惠民网点，在城区和濉溪浍河路开设社区支行，为服务社区居民开辟新的渠道。根据市民的需求创新设计惠农、惠商、惠小微的普惠金融存单、徽农信用卡、徽农贷等存贷项目。与供电等有关部门联合开展光伏发电扶贫项目。

（胡家林）

淮北农村商业银行股份有限公司

【概况】 截至2016年年末，淮北农村商业银行股份有限公司下辖40家支行，15个全功能自助银行，资产总额102.44亿元，各项存款余额86.62亿元。各项贷款余额45.20亿元；资本充足率13.93%，拨备覆盖率203.01%，各项监管指标均在合理范围之内。作为出租车刷卡消费项目唯一合作银行，为全市出租车安装电子信息化装置。

【电子金融服务】 年内，银行加速电子银行业务发展，全面推进网上银行、手机银行、网上贷款、ATM机、POS机、便民宝、社区e银行等一系列电子银行服务，为广大客户提供便捷、高效、贴心的特色电子金融服务。至2016年年底，共发放银行卡44.5万张；POS商户达到825户，便民宝商户达到121户；社区e银行上线商户为2626户，发放信用卡3613张。

【履行社会责任】 年内，银行积极承担普惠金融与精准扶贫任务。实地走访贫困群众，为贫困户修缮房屋，为留守儿童及老人送去学习及生活用品；针对棚户区改造专户，聘请专业设计师为新家免费进行家装设计。开展迎新春趣味活动、“最美行员”微信评选、“淮北农商银行杯”象棋比赛等多项文娱活动，提升员工归属感与品牌形象。

（关天星）

保　险

2016 年，淮北市共有保险经营主体 30 家，其中财产保险公司 14 家（新增中华联合财险公司），人寿保险公司 15 家（新增阳光人寿、利安人寿、华夏人寿、农银人寿4家公司），农业保险公司1家，保险从业人员6000余人。

2016 年，全市累计完成保费收入 27.58 亿元，同比增长 15.93%。其中，财产险保费收入 10.71 亿元，增长 16.29%；人身险保费收入 16.87 亿元，同比增长 15.71%。全年支付赔款和给付保险金 13.67 亿元，同比增长 18.66%。其中，财产险赔款支出 5.27 亿元，人身险赔付 8.40 亿元。全年上缴各类税收 1.47 亿元，同比增长 13.95%。

【推进行业自律】 市保险行业协会深入规范车险市场秩序，推行《淮北市摩托车和拖拉机交强险承保办法》，实行财产保险公司轮值承保，在执行中加大监督力度，有效治理交强险承保难的问题。对全市车险理赔服务质量进行暗访检查，规范车险理赔服务，解决理赔难的问题。针对人身保险自律公约，市保险行业协会适时进行市场检查，开展人身保险风险防范工作，维护保险销售从业人员正常的业内流动秩序，规范保险公司经营和服务行为。

【维护保险消费者合法权益】 市保险协会充分利用“保险消费维权联络站”和“保险合同纠纷裁决（调解）委员会”，进一步完善客户投诉处理工作流程，加强保险消费者维权宣传。2016 年，受理各类投诉案件 24 起，其中寿险 17 件，产险 7 件，全部调解结案，客户满意度 100%。

【深化政策性农业保险】 2016 年，种植业承保面积达 321.43 万亩，同比增长 3.1%，赔付 2383.56 万元，受益农户 25.63 万户次。养殖业承保能繁母猪、奶牛合计 2.59 万头，同比增长 18.3%，赔付 85.1 万元，受益农户 660 户次。开展石榴、大棚蔬菜、桃树、苹果、大棚草莓等特色保险业务，累计承保 1.55 万亩。市政府重点推介的“塔山石榴”2016 年突破 1 万亩的承保规模，同比增长 66%。

（张坤鹏）

中国人民财产保险股份有限公司淮北市分公司

2016 年，人保财险淮北市分公司开办企事业单位财产保险、家庭财产保险、机动车辆保险、责任保险和各种意外健康保险等 100 多个险种。全年保费收入 3.68 亿元，上缴各类税收 4300 余万元，各类从业人员 500 余人。

【服务地方发展】 2016 年，公司独家承保市辖三区和濉溪县的新农合大病保险及意外医疗保险项目，为全市 200 余万农村参合人口提供医疗保障。首席承保淮北矿业集团企业财产保险、责任保险项目，为淮北矿业集团提供 230 亿元的企业财产风险保障和 60 亿元的责任风险保障。

【服务“三农”】 2016 年，公司建成“三农”服务网络基层网点建设 5 个，居全市保险行业第一。参与种植业、养殖业保险，开办特色农业保险，扩大综合治安保险，提高服务农村经济的能力。推广农业补充性商业保险，实现农业保险覆盖自然风险和市场经营风险，满足各类新型农业经营主体综合保险需求的目标，为夯实“三农”发展提供强有力的保障。

【拓宽服务领域】 2016 年，公司推进淮北市火灾公众责任保险；大力发展商业养老和健康保险，做好大病保险和新农合保险的承办工作。推动医疗责任保险的全面覆盖。开展校园方责任险、学生平安保险，

公司参加政风行风热线栏目

提高幼儿、学生风险保障水平。结合旅游市场特点和建设旅游城市的需要，推进旅游责任险和意外险业务。为全市出口企业做好出口信用保险服务，支持淮北市小微企业外向经济发展工作。11 月 11 日，濉溪支公司中标濉溪县城乡居民基本医疗保险经办项目。

太平财产保险有限公司淮北中心支公司

太平财产保险有限公司淮北中心支公司主要承办企事业单位的财产险、货物运输险、建筑安装工程险、各种责任保险及意外健康险等险种，2016 年，累计保费收入 2045 万元，是年就业人数 32 人。公司被淮北市消费者协会、淮北市保险行业协会评为“2016 年淮北市诚信单位”。

【优质服务】 公司努力提升服务意识和管理能力，在获取客户方面坚持“主动拜访、了解需求、优质服务”，在理赔上实行“无忧理赔、无差价定损”，对未理赔客户坚持日常沟通和关心，提升客户感受度。开展以“共盛世、享太平”为主题的客户服务节活动，创新推出“五心服务”（人伤理赔住院“安心”，上门服务“贴心”，爱心自驾、社区服务“暖心”，私家车客户免费代办年审“省心”，专场观影体验“开心”）。完善客户服务体系，创新微信理赔方式，规范上门拜访、咨询报价、配送保单、放心理赔、满意度回访等一系列服务措施。

【合规经营】 公司加强制度建设，贯彻落实“两个加强、两个遏制”（即加强内部管控、加强外部监管，遏制违规经营、遏制违法犯罪）检查回头看要求，根据上级公司业务检查，排查风险隐患，督导整改落实，提高合规风险管理意识。针对新一轮费改，严格遵循并拥护行业自律的相关政策规定，维护市场环境。

（李盈盈）

中国太平洋财产保险股份有限公司淮北中心支公司

2016 年，中国太平洋财产保险股份有限公司淮北中心支公司实现保费收入 1.06 亿元，承担保险责任 236.77 亿元，支付赔款 5738.69 万元，缴纳地方税收 1237 万元，提供就业岗位 138 人次。8 月 15 日，濉溪支公司正式开业。

【团队营销建设】 年内，公司开展销售团队改革重组，改变传统的团队直销模式，打造渠道化、集约化、专业化的团队营销模式。5 月，完成架构设置、人员调整和业务归属，基本完成直销团队转型。

【合规经营】 年内，公司积极落实总、分公司及安徽保监局关于“两个加强、两个遏制”回头看专项检查要求，认真开展自查整改；贯彻落实《安徽分公司 2016 年“聚合力、出重拳、治顽疾”专项治理实施方案》及《安徽分公司依托“天眼”平台开展反保险欺诈专项工作实施方案》等文件精神，做好宣传及排查工作；结合“两学一做”学习教育活动，持续开展廉洁文化宣传与廉政建设工作，把廉政建设与业务发展、经营管理、防范风险有机地结合。

（李靖文）

中国平安财产保险股份有限公司淮北中心支公司

截至 2016 年 12 月底，中国平安财产保险股份有限公司淮北中心支公司共有职工 95 人，上缴地方税收共 3429 万元（含代收车船税），全年实现保费收入 2.6 亿元，较上年增长 18.3%，其中车险保费收入 24825 万元；市场份额为 28.9%，较上年增长 1.6%。累计承担各类风险 385.78 亿元。2016 年，共发生报案 18254 起，立案总金额 9152.3 万元，结案 15516 起，累计赔偿金 7957.9 万元。

【创新服务】 2016 年，公司全面推行“线上 + 线下”的理赔服务模式，推出“平安好车主” APP，提供查违章、开车赚钱、在线理赔、小安自助理赔、口袋理赔、电话直赔、免费道路救援等特色服务，打造从“车保险”到“车服务、车生活、车娱乐”的全方位生态圈，为车主提供一站式金融生活消费体验。

（陈宁馨）

安邦财产保险股份有限公司淮北中心支公司

安邦财产保险股份有限公司淮北中心支公司大力发展电销工作，做好跟单送单、协助理赔、代办年审三项服务，实施见费出单、零现金、零应收。2016 年，实现车险保费约 188 万元。

【理赔业务】 年内，公司参与市保险协会及同业组织的各项测试，推广手机软件“安邦理赔管家”、微信自助理赔等理赔方式。加大保险诈骗案件查处力度，确保“不惜赔、不滥赔”，维护公司利益。

【合规经营】 2016年，公司反洗钱领导小组共召开7次反洗钱相关培训会议及5次户外反洗钱宣传活动，组织开展多次打击非法集资风险全面排查及宣传活动；加强员工法律合规教育工作，通过开展相关法律知识学习、案例剖析教育、行业道德教育等措施，提升广大员工、客户风险防范意识。

（钱英姿）

华安财产保险股份有限公司淮北中心支公司

2016年，华安财产保险股份有限公司淮北中心支公司实现保费收入1456.74万元，其中车险保费1332.89万元，非车险保费13.85万元，完成利润260.11万元，综合成本率为83.11%。在经济补偿方面，全年共支付款845万元。

【优质服务】 公司坚持"比出险客户亲人早到三分钟"的客户服务理念，通过系列考核和激励措施调动客服人员积极性和主动性。建立培训机制，定期对员工进行技能培训。

【合规经营】 公司坚持依法合规经营，杜绝和防范违规行为发生，提高风险管控能力。定期组织开展业务、财务数据真实性自查自纠工作，严肃财经纪律，防范业务经营风险。

【宣传活动】 "3·15"国际消费者权益日期间，公司通过散发宣传资料，集中设置服务展板、展台，现场答疑等形式向消费者提供保险业务讲解和咨询服务，记录受理保险消费者的信访投诉，听取社会公众对保险服务的意见和建议。

（代　侠）

中国大地财产保险股份有限公司淮北中心支公司

2016年，中国大地财产保险股份有限公司淮北中心支公司内设总经理室、综合部、业务管理部、理赔部、渠道发展部、重点客户部、车商渠道部、综销业务部等部门。公司承保皖北煤电集团公司车辆、财产保险，淮北矿业集团公司车辆、财产保险，淮北社保医疗中心人身险等项目，全年实现保费收入2158万元，上缴税收137万元。年内，公司在人民银行非现场监管评价反洗钱获得"A"档评价。

公司经营范围涵盖非寿险业务各个领域，包括企业财产保险类、机动车辆保险类、工程保险类、信用保险类、保证保险类、货物运输保险类、船舶保险类、农业保险类以及短期健康保险和意外伤害保险类等，推广安全责任险、环境污染责任险、产品责任险等责任险类业务，"居家安""家居无忧"等家财险类，驾意险、建工险、团意险等意外伤害保险类业务。

天安财产保险股份有限公司淮北中心支公司

截至2016年年底，天安财产保险股份有限公司淮北中心支公司实现保费收入4638.06万元，其中非车险占比4.61%，车险占比95.39%。濉溪营销服务部实现保费收入计2415.97万元，同比增长32.26%。银保理财险产品实现收入25803.93万元，其中网银11246.63万元。已决赔款2798.19万元，综合赔付率为70.46%%。经营费用率38.64%。累计上缴税款556.79万元，其中代收代缴个人所得税40.99万元，车船使用税257.63万元。

【业务拓展】 年内，公司加大私家车险宣传力度，扩大优质团体业务规模，积极拓展电话销售及银保业务，利用营业大厅、营销服务部、汽车城等职场摆放宣传展板及悬挂宣传条幅，发放宣传页，加强对电销家用车任务的推动与落实。

（申　诚）

中国人寿财产保险股份有限公司淮北市中心支公司

2016年，中国人寿财产保险股份有限公司淮北市中心支公司保费收入7953.71万元，预算达成率104.65%，市场份额7.5%，市场位次继续保持第4位（剔除农险），综合赔付率54.99%，综合成本率97.76%，承保利润154万元，累计承担各类风险责任总额437.13亿元，支付赔款7518.91万元。

【品牌宣传】 公司加强品牌宣传，提升品牌实力和形象。组织开展"扶贫日"公募捐款、"3·15"消费者权益日、"6·16"中国人寿客户节、"7·8"全国保险公众宣传日、11月反洗钱宣传月、"12·4宪法宣传日"等主题宣传活动，参与元旦徒步、夏季徒步等户外大型活动。加强公众微信号等信息平台建设，按时发布产品信息、公司新闻、活动安排等，宣传保险知识，提升关注度。

（张骁骁）

7 月 8 日，华泰财产保险有限公司淮北中心支公司参加保险公众宣传日活动

华泰财产保险有限公司淮北中心支公司

2016 年，华泰财产保险有限公司淮北中心支公司实现保费收入 1178 万元，理赔 405 万元，承保车辆 1900 多辆。公司被淮北市消费者协会授予淮北市“诚信单位”称号。

【业务发展】 年内，公司推进车险业务稳步发展，加大对非车险业务的公关和开拓力度。成功续保临涣焦化、恒力电业的财产险业务，中标“神华电厂保险”项目，签单保费 50 万元；6 月底，成功续保“华电集团公司 2016—2017 年度财产保险”项目；民用燃气保险项目累计签单保费 140 余万元。

（杨雯丽）

都邦财产保险股份有限公司淮北中心支公司

2016 年，都邦财产保险股份有限公司淮北中心支公司总保费规模 1012 万元，赔款支出 496 万元，上缴营业税、增值税以及其他税费共计 66.88 万元，代扣代缴个税、车船税 109.4 万元，累计缴纳各项税费 176.3 万元，同比下降 0.78%。

【保险产品】 年内，公司推出食品安全责任险、3.8 关爱女性卡、嘟嘟 E 保尊享任我行卡单、驾乘意外保障卡、空中飞人险、诉讼财产保全保险等福利性保单，回馈广大客户。

【理赔服务】 年内，公司推进简易案件快速通道建设，建立快速处置机制；简化理赔流程，开通理赔直通车、微信查勘直赔服务，缩短客户理赔时间。在公司内部推行“服务明星、销售明星”以及前后线理赔案件沟通周会制度，全员参与客户理赔服务，提高理赔时效。

（陈 伟）

英大泰和财产保险股份有限公司淮北中心支公司

2016 年，英大泰和财产保险股份有限公司淮北中心支公司以电网业务为基础，拓展市场业务，全年保费收入 1903.78 万元，支付赔款 439.66 万元。解决社会就业岗位 25 人，共计贡献税收 242.86 万元。

公司坚持“源于电力，服务电力”的理念，全力打造“电力行业保险专家，保险行业电力专家”的品牌形象。公司具有完善的管理制度、合理的机构设置、科学的决策机制，拥有丰富的产品线，并为客户量身定制保险产品，满足客户需求。

（陈 豹）

永诚财产保险股份有限公司淮北中心支公司

永诚财产保险股份有限公司淮北中心支公司于 2015 年 4 月 30 日挂牌成立，是以电力能源业务为基础、以大型商业风险领域为重点，兼营其他各行业保险业务的专业化、综合性的财产保险公司，办公地址位于淮北市相山区南黎路南锦绣和庄北门。2016 年，公司在职员工 11 人，开设财产损失保险、责任保险、信用保险、保证保险、短期健康保险和意外伤害保险等险种。

（段小波）

中国人寿保险股份有限公司淮北分公司

2016 年，中国人寿保险股份有限公司淮北分公司实现保费规模超 5 亿元，保险理赔与分红给付超 2 亿元，全年上缴税收超过 600 万元。有员工 156 人，保险销售与服务人员 2000 余人。

【业务发展】 中国人寿保险股份有限公司淮北分公司向个人及团体提供人寿、年金、健康和意外伤害保险产品，涵盖生存、养老、疾病、医疗、身故、残疾等多种保障范围，全面满足客户在人身保险领域的保险保障和投资理财需求。截至2016年12月31日，公司拥有近30万份个人和团体意外险及短期健康险保单，拥有和管理的有效长期寿险保单超过10万份，并为所有长期和短期保单客户提供约50万人次的服务，解决就业3000余人次。

【社会责任】 年内，公司针对淮北市肿瘤发病和死亡情况逐年增高情况，全面开启防癌险销售，让市民以更少保费获得更高的保障；针对人口老龄化趋势，在全市范围开展老龄保险工作，为参保老年人提供多种人身风险保障；针对淮北市外出务工人员多、留守老人孩子多、失地农民多等实际，开办学生意外保险、小额保险、计划生育保险等惠民险种；开展老客户保单失复效活动。开展帮扶“三农”业务，连续7年开展爱心送考公益活动，组织“6·16国寿客户文化节”，举办文艺晚会丰富市民业余生活，走进社区开展保险知识宣传。

中国人民人寿保险股份有限公司淮北中心支公司

2016年，中国人民人寿保险股份有限公司淮北中心支公司下设8个职能部门和濉溪县支公司、烈山区公司2个四级机构。公司规模业务完成2.1亿元，达成率144.8%，居全省第二位，淮北寿险市场份额居第三位。期交完成2425万，居全省第六位，淮北市场第三位；达成率135%，居全省第七位。

【优质服务】 年内，公司为客户提供包括柜面、电话、互联网、移动APP及客户端等多种保险服务体验。对特殊人群开设便捷服务通道，制定总经理接待日制度实施办法，针对因保险合同条款与公司发生争议等8种情况，消费者可以选择通过总经理接待日反映处理，拓展保险消费者的诉求渠道。

【合规经营】 年内，公司开展以“主动合规　有效合规”为主题的合规文化宣传月活动，利用电子屏幕滚动宣传、悬挂合规宣传横幅、在公司微信上开辟合规文化宣导群组、推送宣传视频等多种形式，强化员工和客户合规理念，提升反洗钱意识，重视非法集资的危害性，严防违规风险。2016年，公司被中国人民银行淮北中心支行评级为B类的较高等级。

【宣传活动】 3月15日，公司参加全市“3·15”国际消费者权益保障日服务活动，设立宣传栏、宣传展板，张贴宣传海报，现场发放《保险知识手册》、公司简介、保险产品宣传资料和意外卡等1000多份，为公众免费提供保险咨询、投诉受理等服务。10月28日，组织开展反洗钱宣传，向公众讲解洗钱的基本特征、公民反洗钱义务、举报洗钱犯罪活动方法、反洗钱工作的重要意义等。

太平人寿保险有限公司淮北中心支公司

2016年，太平人寿保险有限公司淮北中心支公司有内勤员工31人，个人保险业务员289人，银行保险业务员17人，续收人员5人。发放佣金工资900余万元，缴纳社会保险费120余万元，缴纳税费200余万元。公司设有个人保险、银行保险两个业务系列，全年实现首期混合规模保费收入4000万元，首续期保费规模过亿元，个银条线二三次继续率均在92%以上。

【企业责任】 2016年，公司各项理赔及生存金给付2000余万元，发放保单贷款超2000余万元，同时调低保单贷款费率。与濉溪县丁彭楼小学建立帮扶关系，资助建立爱心书屋，捐赠图书2000册及部分学习用品，价值1万余元。

（李　源）

民生人寿保险股份有限公司淮北中心支公司

2016年，民生人寿保险股份有限公司淮北中心支公司内设经理室、综合室、营销室、收展室和客服中心5个部门，实现保费收入619.57万元，其中个险渠道598.75万元，团险渠道3.62万元，银保渠道17.2万元。险种占比方面，普通寿险71.72万元，分红险452.67万元，健康险92.43万元，意外险2.75万元。承办保单质押借款61.86万元，赔付支出83.06万元，在淮北市寿险市场份额为0.37%。解决就业人次17人，缴纳各项税费5.15万元。

【优质服务】 年内，公司推行非常“6+1”快速理赔服务，开通绿色通道服务，对于重大突发快速理赔服务，开通绿色通道服务，对于重大突发灾难事件，在第一时间提供主动快捷的理赔服务，包括主动理赔、无保单理赔、代理理赔申请书、简化身故理赔手续、简化伤残、重大疾病鉴定手续、预先给付保险金服务、放宽医疗险理赔条件、上门送赔款服务。推出理赔“瘦身”服务及理赔微管家服务，简化理赔申请手续，免提供“保险合同”“意外事故证明”“关系证明”“收据和费用清单”“银行账号复印件”等。

【服务地方发展】 年内，公司推出“民生附加富贵赢家典藏版年金保险（万能型）”“民生如意康伴防癌疾病保险”“民生附加如意康伴豁免保费防癌疾病保险”“民生附加如意康伴两全保险”“民生附加续灵通年金保险（万能型）”“民生如意畅行两全保险”“民生如意鑫康终身重大疾病保险”“民生富贵鑫瑞年金保险”等保险产品，为城乡居民养老和健康保障提供良好服务；推出“民生团体意外伤害保险”“民生附加团体伤残意外伤害保险”“民生建筑施工人员团体意外伤害保险”及相关医疗保险，为工人提供人身保障。

（许向真）

富德生命人寿保险股份有限公司淮北中心支公司

2016 年，富德生命人寿保险股份有限公司淮北中心支公司实收保费收入 11365.14 万元，同比下降 20.02%，年金给付 1093.19 万元，理赔款给付 3.1 万元。累计给付支出 1096.29 万元，综合赔付率 9.6%，纳税款给付 55.26 万元。

【优质服务】 年内，针对已经满期的客户，公司客服部提前通知客户领取，增加人力提高给付时效，对处于偏远地区客户及年迈体弱特殊客户人群提供上门服务。针对 VIP 客户，提供免费道路救援、酒后代驾、海外援助服务。举办第八届客服节，宣传保险知识，举办养生讲座。

【“1234”特色理赔】 年内，公司推出“1234”特色理赔关爱服务，500 元以下的理赔案件 1 天内给付理赔款，及时报案的住院客户 2 天内 100% 进行探视，资料齐全的理赔案件 3 天内给付理赔款，享受预付赔款的客户 4 天内预付赔款送到家。

（黄晴晴）

泰康人寿保险有限责任公司安徽淮北中心支公司

泰康人寿保险有限责任公司安徽淮北中心支公司是泰康人寿保险有限责任公司在淮北设立的分支机构，2006 年 6 月 18 日正式开业，原为泰康人寿保险股份有限公司淮北中心支公司，2016 年 12 月 30 日，更名为泰康人寿保险有限责任公司安徽淮北中心支公司。2014—2016 年，公司连续三年被淮北市消费者权益保护委员会评为“诚信单位”。

2016 年，公司累计规模保费 9661.3 万元，同比增长 8.3%。其中，营销渠道实现期交保费 1345 万元，同比增长 8.51%；续期期交保费 3838.8 万元，同比减少 4.89%；银代渠道实现期交保费 2784.3 万元，同比增长 95.57%，合计保费（含续期）4456.7 万元，同比增长 25.38.8 万元，同比减少 4.89%；银代渠道实现期交保费 2784.3 万元，同比增长 95.57%，合计保费（含续期）4456.7 万元，同比增长 25.24%。

（张　斌）

中国太平洋人寿保险股份有限公司淮北中心支公司

2016 年，中国太平洋人寿保险股份有限公司淮北中心支公司下辖一个四级机构（濉溪支公司）及一个五级机构（百善营销服务部），有内勤 32 人，外勤营销员 715 人。5 月，中支公司办公场所迁至淮北市古城路 72 号，濉溪支公司办公场所迁至濉溪县淮海中路 2 号邮电综合楼 5 楼。

截至 2016 年 12 月 31 日，公司共完成保费 6166.62 万元，其中新单保费合计 1682.76 万元，续期保费合计 3483.85 万元。个人代理新保 1547.18 万元，同比增长 70%；续期 3263.65 万元，同比增长 27.1%。团险业务以计生险、乘意险等渠道业务为主，全年团险业务新保 135.58 万元，同比减少 15.07 %。公司共赔付案件 169 件，赔付金额 162.038 万元。其中健康险赔付 15.27 万元、传统险 107.758 万元、分红险 23.83 万元、意外险 15.18 万元。

【客户服务】 年内，公司将智能移动终端、3G 无线网络、第三方实时支付、保险智能引擎、微信平台等有效结合，推出“神行太保”智能移动保险生态系统，推动销售和服务模式转型升级。开展鲜花探视的活动，客户出险后，公司派出理赔员在第一时间带上鲜花进行探视，提高理赔服务客户满意度。

【内控管理】 年内，公司在各部门配备兼职合规专员，定期组织相关岗位人员进行总、分公司内控管理制度培训，做到“人人了解、人人知晓、人人做到”。开展“两个加强，两个遏制”回头看自查工作，组织全员及分类宣导培训，统一干部及内外勤人员思想认识，对工作纪律及问责制度提出明确要求。完善反洗钱组织机构，健全反洗钱内控制度，围绕《中华人民共和国反洗钱法》颁布十周年为主线，采取多样形式宣传贯彻活动，开展反洗钱知识系列培训，加强可疑资金监测分析，提高识别洗钱线索的能力和水平。

（孙　懿）

中国平安人寿保险股份有限公司淮北中心支公司

中国平安人寿保险股份有限公司淮北中心支公司设有相山营业区、南坪营业一区、南坪营业二区、展业服务一室、展业服务二室5个营业部门，下辖濉溪支公司、百善营销服务部、孙疃营销服务部、任楼营销服务部、韩村营销服务部、双堆集营销服务部、段园营销服务部及陈集营销服务部，从业人员2375人。公司开设人寿保险、健康保险、意外伤害险等保险业务。2016年，公司续期保费5569万元，新契约保费1.49亿元。

（孙彬彬）

百年人寿保险股份有限公司淮北中心支公司

2016年，百年人寿保险股份有限公司淮北中心支公司内设总经理室、综合室、银保室、营销培训室、营业区等部门。全年实现年保费收入5007.76万元，理赔款给付321.41万元，缴纳税款13万元。

【优质服务】 年内，公司创立微信公众号，客户可以通过公众号对保单进行保单贷款、保单还款、保单挂失、满期领取、追加保费等12项保全事项。做好案件“直付速赔”，确保符合直付条件的客户可在出院当天拿到保险理赔款，全年符合直付条件案件总计4件，落实直付案件4件，直付率达到100%。

【履行社会责任】 公司在六安市金寨全资筹建百年佛堂坳希望小学，多次前往慰问，为当地学生捐赠生活和学习用品。8月，组织全体内外勤员工对武警队伍抗洪救灾事项进行乐捐活动，支援抗洪救灾。

（王子晨）

合众人寿保险股份有限公司淮北中心支公司

2016年，合众人寿保险股份有限公司淮北中心支公司共达成首期规模保费583.78万元，首期标准保费296.32万元，支付赔款14.3万元。截至6月30日，公司累计承保考核FYP（第一年度保费）482万元，年度达成率102%，提前184天、全省第二家达成年度考核FYP计划任务。公司开门红产品“恒盈一生”第一天预收规模保费145.6万元，标准保费47.6万元。

【宣传活动】 3月15日，公司通过设立户外咨询台、发放公司介绍折页等形式，开展消费者维权户外宣传活动，同时开展反洗钱户外宣传活动，向群众宣传保险维权和反洗钱知识。5月15日至6月30日，开展客户服务节活动，面向公众解答保险咨询，发放公司宣传彩页，介绍公司文化以及保险功用。10月1日至10月31日，在南湖公园等处开展《中华人民共和国反洗钱法》颁布十周年宣传活动。

（汝梦秋）

华夏人寿保险股份有限公司淮北中心支公司

华夏人寿保险股份有限公司淮北中心支公司成立于2016年9月，内设总经理室、人事行政部、运营管理部、财务管理部、营销管理部、银行业务部等6个职能部门。2016年，公司实现总保费2816.91万元，市场份额为1.67%。

【社会公益】 公司以“爱老慈幼”为公益重点，重阳节期间，开展“精准扶贫、情暖重阳”主题活动，为相山区惠苑小区数十名老人送上华夏慈善基金关爱物资，向老人们传达节日祝福。

国元农业保险淮北中心支公司

【种植业保险】 2016年，公司种植业承保面积达321.43万亩，其中小麦承保155.45万亩、玉米大豆承保165.98万亩，承保面积同比增加9.7万亩，增长3.1%，简单赔付率为47.3%，共向农户赔款2383万元。累计承保小麦、玉米种植补充保险2.2万亩，赔付率72.9%。

【养殖业保险】 2016年，养殖业承保能繁母猪2.43万头，奶牛1577头，计划达成率为197.1%，简单赔付率为42.6%，共向养殖户赔款85.1万元。

【商业险】 2016年，公司完成健康险业务793.73万元，传统商业险生效保费为3600.82万元，达成率为100.02%，综合成本率100.62%；非车险保费34.15万元，车险保费3566.68万元。首次开展补充商业保险业务，实现盈利。

【开拓特色保险业务】 针对淮北地区特殊的经济情况，大力开拓地方特色保险业务，开展大棚蔬菜、石榴、桃树、苹果、大棚草莓、能繁母羊等特色农业保险，新增枣树特色保险业务。2016年，承保石榴10794亩，大棚蔬菜662.4亩，桃树保险1161亩，苹果保险2693亩，大棚草莓 10 亩，累计承保 1.53 万亩，同比增长 576.68%，赔付 34.74 万元，赔付率 39.88%。

证 券

2016 年，淮北市 4 家证券机构证券账户（沪深合计）数量 12.9 万户，比上年增长 11.2%；证券代理交易额 1462.9 亿元，比上年下降 46.8%。中投证券落户淮北，省股权托管交易中心皖北融资中心开业运营，成为全省唯一的区域股权市场融资中心。3 家企业在“新三板”挂牌，38 家企业在省区域四板挂牌。

国元证券淮北淮海路营业部

2016 年，国元证券淮北淮海路营业部证券交易总量较上年下降 52%，其中融资融券交易量下降 59%。全年沪深开户数下降 54%，融资融券客户开户下降 80%。8 月，完成营业部第二单“新三板”企业——安徽千一智能设备股份有限公司上市挂牌任务。

【盘活存量客户】 营业部以服务激活存量客户为手段，抓住新股申购新政契机，采取以户找人、带户找人的方法，增强客户黏性，提增客户服务感受度。结合公司总部开展的营销竞赛，开展渠道营销，外部与电信、高校建立战略合作，内部全员动员，联系渠道单位，积极抢占市场。2016 年，营业部新增客户 2300 户。

融资担保

淮北市同创融资担保集团有限公司

淮北市同创融资担保集团有限公司隶属于市建投控股集团有限公司，2016 年，在保余额 21.76 亿元，较上年增长 27.48%，在保企业 368 户，较上年增长 35.29%。业务额连续三年年均增长在 20% 以上。本年度在保余额增速超全省融资担保行业平均水平的 12.28%。放大倍数为 6.74 倍，较上年增长 18.25%。全年快速为 126 户企业累计提供 210 笔 7.79 亿元续贷过桥资金支持，并且最低执行 0.1% 费率标准，解决了其燃眉之急。

【建立健全政策性担保体系】 2016 年，公司帮助三区担保机构进行国有化改革，并向省担保集团争取注资 5500 万元转投至三区一县担保机构，将其纳入省担保政策性担保体系中，初步搭建省、市、区（县）一体化的政策性担保体系，实现政银担合作模式的全市覆盖，实现了体系内担保公司代偿比例分担，减轻了体系内县区担保公司代偿压力，部分解决并提供了当前流动性。与县区国有担保公司开展合作，相互帮扶，共同扶持各园区企业发展。

【资金供给侧的多元变革】 公司拓展资金供给端。2016 年，转变以往公司支持企业以银行为主的单一资金供给端，积极实施资金供给侧改革，向外拓展互联网金融、小贷公司、第三方质押监管公司等其他金融机构合作，依托市建投集团面向全市小微企业开展小微增信集合债委托贷款担保业务。银行外资金供给已经接近 35%。创新担保产品。为解决抵押物不足，或者单纯依托土地、房产抵押模式，公司在过桥续贷业务、税融通、工程款质押担保等产品的基础上不断创新，先后推出履约担保、政采贷、存货质押、股权质押、林权质押、应收账款质押及收费权质押等组合式担保产品，多角度服务真正发展需要资金支持的小微企业。全年此类创新业务 121 户，金额 3.77 亿元，占比 17.33%。其中，税融通 32 户，金额 4677 万元；履约担保 81 笔，76 户，金额 2.28 亿元；政采贷担保 2 笔，1 户，金额为 145 万元，存货质押 2 笔，2 户，金额 400 万元；股权质押 7 笔，7 户，金额 5639 万元，收费权质押 1 笔，1 户，金额 300 万元。小微企业债金额 2.92 亿元，占比 13.42%。

【严格风险管控，推进资产处置】 年内，公司强化风险管控机制。开展“制度修订月”活动，修订出台公司业务操作规程及总经理办公会、项目评审委员会、风险控制委员会、资产处置委员会与投资决策委员会等五大委员会的议事规则。建立外部专家评审机制，进一步丰富公司项目评审体系。与银行建立联席会议机制，综合利用小贷、互联网金融等金融资源，通过接续贷、转换银行抽贷、资产重组等方式，共计为近 80 家逾期半逾期企业化解 3.5 亿元资金风险。开展资产处置攻坚月活动，与三区一县及市经济开发区等进行对接，与市仲裁委建立合作关系，设立绿色受理通道，开展诉权保全，加大资产处置力度。通过多方面的追偿，2016 年共计追回代偿资金 2522.23 万元。

（左钱发）

综合经济管理

■2016 年，印发《淮北市创建国家社会信用体系建设示范城市实施方案》

■2016 年，淮北市开展第三次全国农业普查

■2016 年 8 月 26 日，颁发全市首张“五证合一”营业执照

■2016 年，淮北市价格认定局被授予“全国价格认定机构先进单位”称号

■2016 年，市审计局完成审计和专项审计调查项目 65 个，查出违规问题金额 5.63 亿元，促进增收节支 1.12 亿元

■2016 年，安徽省铝制品监督检验中心落户淮北市，并建成投入使用

■2016 年，淮北市共发生各类生产事故 68 起，死亡 79 人，事故起数较上年同期下降 1.4%。

■2016 年，淮北市食品安全委员会更名为淮北市食品药品安全委员会

发展和改革

【宏观形势分析】 2016年，市发改委关注发展环境变化和国家政策动向，定期开展经济监测预测和形势分析，及时提出对策建议供市领导参阅，并多次获得市领导批示肯定。组织编制《淮北市国民经济和社会发展“十三五”规划纲要》，起草《淮北市2016年政府性投资项目计划》，并由市政府印发。印发《淮北市创建国家社会信用体系建设示范城市实施方案》，上报《淮北市申报国家第三批低碳城市试点实施方案》，已通过国家发改委组织的评审。

【重点项目推进工作】 2016年，市发改委共安排市级重点项目498个，年计划投资395.7亿元，1—12月完成投资442.97亿元，占年度计划的112%。列入全市“九个一工程”共包含子项目26个，其中续建项目8个，进展情况较好，16个新开工项目已开工10个，棚户区改造工程已完成省厅下达的年度工作任务；平山电厂二期工程前期手续基本完成；梧桐中路、符夹线扩能改造配套道口、中湖治理、烈山卧牛山山体修复及景观建设、市一中新校区、市电子信息工程金龙机电二期触摸模组及安徽理士电子等项目开工建设。储备项目2个，市规划展示馆及会展中心项目开展前期工作。

【完善重大项目调度机制】 按照《安徽省“大新专”项目四督四保协调推进办法》《关于完善全省重点项目“四督四保”工作机制的通知》要求，市发改委进一步完善全市项目调度机制。以“九个一工程”为工作重点，以大项目的推进带动全市重点项目建设。年初对全市重点项目逐一明确各项前期工作及建设节点完成时限，建立重点项目台账及进度网络图，坚持挂图作战，实行项目问题销号制。强化督查通报，定期深入项目施工现场，督查项目进度情况，对未完成重点项目建设任务的单位，在《淮北日报》给予通报，每月撰写重点项目进展情况通报，报送相关市领导审阅。

【项目谋划】 年内，淮北市依托国家重大建设项目库，全面启动全市项目储备和3年滚动投资计划编报工作，将计划申请上级资金及对淮北市经济社会发展有重要带动作用的重大项目纳入国家重大建设项目库，在互联网上统一管理，及时将全市项目储备、建设情况及资金缺口等信息推送至国家发展改革委，有效促进全市资金争取和项目建设。充实完善市级PPP项目库，加强项目推介和PPP模式推广应用。至12月底，全市在库PPP项目29个，总投资超过120亿元，其中5个项目纳入国家发展改革委第二批PPP项目库；淮水北调淮北市配水工程、梧桐中路、中湖矿山地质环境治理、智慧淮北等14个项目落实社会投资主体；编制省道101合相路二期和省道254古毛路PPP招标文件，老濉河水生态环境综合整治工程PPP实施方案已经市政府常务会议研究通过。

【争取资金】 市发改委抓住国家发改委对保障性安居工程配套基础设施加大投入的机遇，上报相山区朱东朱西棚户区、杜集区岱河花园公租房等11个保障性安居工程配套基础设施项目，共争取中央预算内资金15165万元，有效加快淮北市保障性安居工程的实施。上报省道101合相路二期工程，争取PPP项目前期工作中央预算内资金110万元，加快推进PPP项目前期工作。按照省发改委投资处要求，组织县区编报保障性安居工程配套基础设施、防灾减灾、PPP前期工作、中西部综合档案馆等专项的2017年中央预算内投资计划。抓住国家加大资金支持的机遇，全委共争取前七批国家专项建设基金项目64个，获批专项建设基金35.67亿元，截至11月底，共签约项目40个，签约基金19.28亿元。

【淮北至蚌埠、阜阳快速铁路项目】 淮北至蚌埠、阜阳快速铁路项目被列入《安徽省国民经济和社会发展第十三个五年规划纲要》。3月，淮北至蚌埠、阜阳快速铁路前期可行性研究挂网招标，中铁上海设计院中标，开始可行性研究设计工作。4月27日，市委、市政府听取中铁上海设计院关于淮北至蚌埠、阜阳快速铁路工程走向及站点选址情况的汇报，并就项目在淮北境内的通道走向及站点选址提出意见。5月31日，市政府组织市直相关部门与中铁上海设计院进行工作对接，协调加快淮北市境内资料收集工作。项目可研文件已编制完成并报至省铁路办、省投资集团审核。

【推进“调转促”工作】 年内，市发改委联系调转促九大工程推进小组，在广泛征求意见的基础上，编制淮北市《加快调结构转方式促升级行动计划2016年工作要点》。编辑“调转促”信息简报100期，发布工作动态、推进成效、经验做法。产业结构逐步趋优。三次产业结构为7.7 ：56.3 ：36，第三产业增加值287.3亿元，增长8.1%，非煤产业占比71.7；规模以上工业利润总额73.8亿元，同比增长122.6%；全市财政收入93.3亿元，比上年同期增长0.1%；地区生产总值799亿元，比上年同期增长 5%；战略性新兴产业产值 282.5 亿元，比上年同期增长 6%，规模以上工业企业达到 838 家，实现增加值 463.7 亿元，增长 3.2%

【战略性新兴产业发展】 2016 年，全市 83 家战略性新兴产业实现产值 282.5 亿元，增长 6%，增速高于全部规上工业 4.6 个百分点；战略性新兴产业产值占全部规上工业产值比重达到 15.4%，比上年同期提升 0.7 个百分点。战略性产业 2016 年同比增速最高月份 4 月的 5.9%，到 5 月的 3%，到 6 月的 2.3%，到 9 月的 3.5%，到 12 月的 24.6%。全年战略性新兴产业产值 282.5 亿元，比上年同期增长 6%，结合淮北市 2016 年战新产业增速预测和产业结构情况，建议 2017 年指标确定为 10% ~ 15%。

【加快服务业发展】 市发改委分解落实 2016 年市政府重点工作，制定服务业 2016 年重点工作实施方案，跟踪并按季度反馈工作完成情况。组织上报淮北市经贸领域 2016 年第一批（濉溪县刘桥镇淮西农产品交易市场及物流园、濉溪县超快物流公司物流配送中心建设工程）、第二批（中易物流园、相山区农产品国际物流园）专项建设基金项目，相山区农产品国际物流园项目获国开行专项建设基金 5000 万元和第三批专项建设基金项目。编制并上报淮北市 2017 年省服务业发展专项重点领域实施方案，方案已经省专家组评审，并进一步修改完善。《淮北市十三五服务业发展规划》已完成征求意见并进一步修改完善；《加快发展生产性服务业促进产业结构调整升级的实施细则》《淮北市关于加快发展生活性服务业促进消费结构升级的实施方案》等已完成征求意见，并进一步修改完善，待提交市政府常务会议审议。

【国家中小城市综合改革和新型城镇化试点工作】 2016 年，淮北市进一步完善工作措施，推进各项改革试点任务落实落地、生根见效。金融创新、新型智慧城市建设、房地产去库存、推动农村土地承包经营权合理流转、农业转移人口市民化等一批改革事项取得突破，为城市转型发展集聚强大的改革动力。围绕落实《国家中小城市综合改革试点淮北市实施方案》《国家新型城镇化试点省淮北市实施方案》，按照国家发改委印发的《2015—2016 年中小城市综合改革试点重点任务》和省政府《关于深入推进新型城镇化试点省建设的实施意见》要求，淮北市制定 2016 年度试点工作计划，进一步明确 101 项任务（其中，中小城市综合改革试点 62 项，新型城镇化试点 39 项）。

【推进信用城市建设】 市发改委报市政府印发《淮北市创建国家社会信用体系建设示范城市实施方案》。以提高行政公信力为目标，稳步推进政府信用建设。按照《事项目录》（2016 年版），依法全面、及时、准确地公开行政许可和行政处罚信息，开发双公示系统，归集上报市直各部门行政许可和行政处罚等信用信息，归集上报省公共信用信息平台行政许可 1.69 万条，行政处罚 800 条，全省 16 个地市排名第三。加快推进淮北市公共信用信息共享平台建设，按照《权责清单》（2016 年版），梳理社会信用信息目录 400 余项，共享平台主体基本开发完成，9 月 30 日上线试运行。协助市建投集团做好 2015 淮北市小微企业增信集合债的报批工作，截至 12 月，共获国家发改委批复发行 15 亿元。

【推进社会事业发展】 市发改委围绕国家、省基本建设投资在社会事业发展领域的支持方向和重点，2016 年，共争取 11 个项目建设资金 6977 万元，涉及教育、卫生、新闻出版广播电视基础设施建设、养老领域等 5 个方面相关专项。

【发展循环经济】 2016 年上半年，编制完成《淮北市循环经济"十三五"规划》，明确淮北市循环经济发展总体思路、发展目标、重点任务、重大示范工程和政策措施。规划拟实施循环经济项目 27 个，总投资约 299.53 亿元。

【申报国家低碳城市】 淮北市积极申报国家第三批低碳城市试点。6 月，参加第二届中美低碳城市达峰会议，并加入全国达峰先锋城市联盟；8 月，上报《淮北市申报国家第三批低碳城市试点实施方案》，共通过国家发改委组织的评审。

【公共资源交易平台建设】 2016 年，市级完成公共资源交易项目 842 个，成交金额 146.03 亿元；同比增加 151 个，成交金额 146.03 亿元，同比上升 177.63%；节约资金 10.1 亿元，增值资金 1.34 亿元。构建全过程全方位全覆盖的招标采购监管体系，市公共资源交易体制采取"公管委—公管办—交易中心"三级架构，分别履行"决策—监督—执行"职能，实现决策权、监督权、执行权三权的分离，构成科学廉洁的监管体系。建立市、县一体化的公共资源交易市场体系。市公管办按照省、市政府工作部署，建立"集中进场、统一模式、分级监管、市县一体化"的监管体制框架，6 月 29 日，市县一体化工作任务完成。推进科技监督模式，完成电子招投标试点，市园林绿化、市政道路、房建工程全面完成电子招投标试点。确立部门联动、全程参与的立体监管模式。通过市公管办综合监管和建委、财政、国土、水利等行业监管有机结合，市发改委纪检监察内部监督和特邀监督员社会监督有机结合，实现对公共资源交易活动全过程更加高效、透明的监管。针对标前、标后管理机制有待完善的状况，推动建立项目联审工作机制，打造项目报建、招标核准、施工管理、合同备案等全流程、全周期，标前、标中、标后过程监管有机结合，部门整体联动，科学高效运转的监督机制。

（张春梅）

统计工作

【提升统计服务水平】 市统计局适应经济发展新常态，开展各项统计调查重点工作，提升统计服务能力。通过关注主要经济指标的总量变化、速度升降、结构变动、效益差异等情况，及时发现经济运行中存在的问题，并在第一时间形成有针对性、有深度的统计分析报告，为领导决策提供咨询服务。2016年，撰写统计专报和统计分析72篇，预警预判专题报告8篇，各类统计信息258条。其中《1—7月份淮北市政府性投资、招商引资、棚户区改造项目入库统计情况》等多篇分析报告得到市委、市政府主要领导的批示和充分肯定。

深入现场调查研究，采取“走出去、请进来”形式，按季、按需召开基层、企业统计专业人员座谈会，分析形势、查找不足。深入县区、企业现场调研，根据数据变化，进行综合点评，共同分析，形成共识，使统计数据真实反映经济运行规律。加强与市发改委、经信委、农委、建委、房管局、商务局、财政局及金融等部门的联系，开展部门间协作，相互取长补短，在延伸统计服务领域的同时，丰富搜集相关数据的手段，畅通报表报送渠道，提高统计分析能力。创新服务方式，首次编辑出版《淮北市情市力》，升级“数据淮北”手机客户端，开通手机微信公众号，编制《淮北市“调转促”行动计划综合统计制度（试行）》《淮北市“调转促”行动计划统计监测手册》等。

【开展第三次全国农业普查】 2016年，市统计局做好第三次全国农业普查工作。组建普查机构，成立由市统计局、市发改委、市财政局、市委宣传部、市农委等16家单位为成员的全市第三次全国农业普查领导小组，全面组织、领导和协调全市第三次全国农业普查工作。各县（区）及镇（办）、村也分别按照要求成立农普机构。在全省16个市中，淮北市第一个全面完成市、县、镇、村四级农普机构的组建工作。针对此次普查要求和规模，各县（区）分别将农普经费列入相应年度财政预算，保证按时足额拨付到位。市、县（区）两级落实普查经费886万元，其中“两员”（普查指导员、普查员）经费519万元，PDA购置费用177万元。全市普查所需PDA委托省农普办代为购买，其他各种普查物资已陆续采购到位。按照普查工作要求，组织人员多次深入县（区）、镇（办）和村委会就普查前期准备工作进行调研，完善普查方案设计。开展普查培训和试点工作，5月26日，邀请省农普办专家到淮北市授课，市、县（区）、镇（办）近百名统计人员参加培训。8月中旬，市农普办举办全市第三次农业普查培训班，市、县（区）统计局相关人员、镇（办）统计站长及业务骨干、试点镇、村普查指导员和普查员共80多人进行集中培训。在濉溪县百善镇青卫村开展全市农普试点工作，对149户农户、7家涉农单位进行入户现场调查。建立淮北市第三次全国农业普查网站，编发农普信息与农普简报，介绍农普工作动态，建立农普手机短信平台和农普QQ群，印制农普宣传画，召开全市农普宣传工作会议，制定农普宣传计划，营造全市上下关心农普、支持农普、参与农普的浓厚舆论氛围。

【从业人员教育培训】 年内，市统计局强化基层统计从业人员教育培训工作。明确全市统计从业人员教育培训对象范围，规定此前已取得统计从业资格证书的人员、已取得统计专业技术资格的人员、目前在统计岗位上工作的人员、新上岗工作的统计从业人员等四类人员，必须参加统计从业继续教育和岗前培训。加大对“一套表联网直报企业”统计从业人员的继续教育培训。把教育培训模式从知识增长型向综合运用型转变，把以教材为主的专业培训向实际操作为主的创新型培训转变。采取“请进来与走出去”相结合、网络教学与学员自学结合、培训班集中培训与具体统计调查项目相结合、随机教育与计划教育相结合方式，邀请省市有关知名专家学者、统计系统专业人才开展各类统计业务知识专题讲座，发挥统计学会职能和统计大讲堂功能，组织开展各种学术交流活动。2016年，共组织4批、16人次参加全国统计业务骨干培训班学习，全市性业务培训15批次，培训人数600余人次。出台《统计从业人员教育培训监管服务细则》，统计从业人员教育培训纳入全市统计教育培训计划进行监管，全市统计从业人员教育培训实行统一规划、分级管理，纳入年度目标考核。

【完善数据质量监控制度】 年内，市统计局依据省统计局专业报表制度、各专业制定数据评价办法，对统计数据的准确性、可比性和衔接性进行评估审定，分析专业进度统计数据的异常波动情况、相关统计指标之间的逻辑关系、本专业统计数据与相关专业、相关部门统计数据的关联性、吻合度等，确保评估依据更加客观、评估办法更加科学、评估程序更加规范、评估结果更加真实。严把“四上”企业（规模以上工业企业、资质等级建筑业企业、限额以上批零住餐企业、限额以上服务业企业）申报质量关。按照“四上”企业申报有关规定，建立并完善“四上”申报审核程序，进行规范操作，实行分专业现场审验、集体研究认定的工作流程，“四上”企业申报质量不断提升。2016年，全市有144家“四上”企业新纳入“一套表单位”进行统计，其中，工业67家，商贸62家，房地产5家，服务业10家；新申报投资项目单位71家，入库5000万以上投资项目200个。

【强化依法统计理念】 年内，市统计局学习贯彻《中共中央关于全面推进依法治国若干重大问题的决定》，坚持用《中华人民共和国统计法》等法律法规规范统计人员的行为，修改完善一批统计业务管理制度，依法治统工作不断加强。建立健全并严格实施各项工作制度，在采集、整理、汇总、传输等统计数据生产的各个环节上，规范工作流程，严谨细致操作。结合“12·4”宪法宣传日、“江淮普法行”普法宣传等活动，发放各类统计宣传资料5000余份，接待咨询200余人（次）。2016年市统计局与各县区统计局签订执法目标责任书，并纳入市局对县区工作考核的内容；加大统计执法检查力度，全年统计执法检查单位327个，发现统计违法行为69起，立案查处24起，其中警告24家、责令整改24家。

【完成常规统计调查】 年内，市统计局执行各项统计调查制度，组织实施农业、工业、建筑业、批零住餐业、重点服务业等行业，以及投资、能源、人口、就业、文化等领域的各项常规统计调查工作。做好分县区GDP核算和能耗试算，全国1%人口抽样调查和安徽省月度劳动力调查工作。以社会需求为导向，开展社情民意调查；继续做好妇儿工作“两纲”监测工作；加强基本单位名录库管理，及时对名录库进行维护更新工作。

（汪建国）

工商行政管理

【商事制度改革】 稳步推进企业“五证合一”（营业执照、组织机构代码证、税务登记证、社会保险登记证和统计登记证）、个体工商户“两证整合”（营业执照和税务登记证）改革。8月26日，颁发全市首张“五证合一”营业执照。截至2016年年底，全市核发企业“五证合一”营业执照1892份，相山区市场局办理个体工商户“两证整合”1156份。提请市政府常务会议审议通过《淮北市市场主体住所（经营场所）管理暂行办法》，在全省率先施行注册登记承诺制，落实住所登记负面清单。加快登记注册网上受理应用推广力度，在市政务服务中心设立工商登记自助服务区，自主开发企业名称预先核准自助查询系统，网上受理核准登记689份。推进“先照后证”改革，压减企业登记前置许可事项，做好审批事项登记衔接。制定《淮北市市场主体简易注销登记管理试行办法》，无债权债务企业在10个工作日内便可办理市场主体退出手续，较以往减少50个工作日。年内，市工商行政管理局荣获全国企业登记工作成绩突出窗口单位。濉溪县市场局荣获全省企业登记工作成绩突出窗口单位。

年内，全市新登记市场主体17195户、同比增长22.8%；其中内资企业4363户、同比增长19.7%；外资企业10户、同比增长7.9%；个体工商户12713户、同比增长26.6%；农民专业合作社109户、同比增长45.3%。新增市场主体中民营经济占比超过94.9%，第三产业占比超过86%，新增就业岗位逾5万个。

【企业信用监管】 市工商局牵头协调推进全市事中事后监管工作，代市政府起草《市政府关于“先照后证”改革后加强事中事后监管的实施意见》，制定《市直各有关部门落实事中事后监管工作任务分工台账》，组织对市直部门工作进展情况进行督导。做好市场主体有关信息公示工作，全市内资企业、外资企业、个体工商户、农民专业合作社年报公示率分别为95.07%、99.15%、98.52%、97.46%，分别位居全省第二、第三、第三、第二位，各项指标超过全省平均水平。推行“双随机、一公开”（随机抽取检查对象、随机选派执法检查人员，公开抽查情况及查处结果）监管，制定《淮北市工商行政管理局实施抽查双随机一公开暂行办法》《淮北市工商局抽查双随机一公开事项清单》，研发“淮北市工商局企业信用监管双随机抽检平台”软件，完善“两库一

高考前，市工商部门执法人员在考场周边的文具店进行检查

清单”（随机抽查主体名录库、执法检查人员名录库，公开事项清单），不定向抽查企业 3369 户，定向抽查投资担保类企业 184 户。规范经营异常名录管理制度，依法将 2696 户企业，4874 户个体工商户、141 户农民专业合作社列入经营异常名录，并向社会进行公示。创新“一次抽查多项体检”新模式，总局《政务要情》给予刊载。创新实施红黑榜、经营异常名录联合惩戒制度，实时公示行政许可、行政处罚信息，发布红黑榜 8 期，信用建设动态 46 期。落实“查无”工作联席会议、信息通报和责任追究制度，构建信用监管联合共治机制。建设企业信用信息共享交换平台，开发完善多方式归集、多形式应用和管理涉企信息的功能，实现与市级公共信用信息平台及各相关部门的信息交换、互联共享和协同监管，通过系统平台推送各类相关信息 11.88 万条，8 家行政单位登陆平台查询 177 次，查询数据 100 万条次。

【服务地方经济发展】 年内，市工商局与市城调队联合开展“企业活跃度调查”。牵头组织召开服务民营经济发展政银、银企对接洽谈会，与 8 家金融机构对接达成服务企业发展战略合作框架协议。开展“进千企解千难”大走访活动，实施动产抵押、商标权质押、股权出质三管齐下，助企融资贷款 23.31 亿元，其中办理动产抵押登记 140 份、主债权金额 15.23 亿元，办理股权出质 35 份、融资 7.7 亿元，办理商标权质押 15 份、融资 0.38 亿元。围绕个私经济党建、团建机构建设，以“小个专”（小微企业、个体工商户、专业市场）、“三亮”（亮身份、亮职责、亮承诺）为重点，继续推动“两个覆盖”（党组织和党的工作），指导组建个私党委 2 个、党支部 11 个，参与管理非公企业党支部 30 个、党员 150 人。组织开展“工商局长进非公企业讲党课、讲政策、促发展”活动。推进招商安商工作，备案招商信息 8 个，引进利安人寿保险和辣府餐饮项目，为传化物流、皖北股权交易中心等重点项目落地提供登记保障。指导 27 家企业完成省级“守合同重信用”企业申报工作。推进商标品牌战略列入全市“调转促”行动计划，促成省工商局与市政府签订实施商标品牌战略备忘录。筹建皖北商标品牌战略研究中心，鼓励引导省内知名商标代理机构入驻淮北。全年新申请注册商标 879 件，成功注册 607 件，获批地理标志注册商标 1 件，推荐上报中国驰名商标 4 件，地理标志商标 1 件。

【市场监管执法】 年内，市工商局开展元旦、春节、中秋、国庆“两节”打假专项行动，立案 510 起，案值 352 万元。健全联合打假和“两法衔接”（行政执法与刑事司法衔接）工作机制，不断强化“口子酒”等知名品牌白酒知识产权保护力度，全年立案 217 起，案值 316 万元，端掉窝点 23 处，移送公安机关 7 起。开展公用企业限制竞争行为专项整治，办结 4 起公用企业不正当竞争案。加强市场主体资格监管，联合多部门开展专项检查 52 次，检查市场主体 9838 户，立案 21 起，取缔无照经营 14 家，向“查无”联席会其他成员单位抄送告知单 65 件。监测各类广告 14.33 万条次，其中涉嫌违法 77 条次，总体违法率 0.05%，约谈广告企业和媒体单位 7 次，下达责令整改通知书 36 份，立案查处 25 件。强化网络商品交易监管，甄别录入网络经营者 679 户，网络交易及信息发布平台 35 家，微商城经营户 438 家，网络经营主体数据的准确性、真实性达到 80% 以上，亮照亮标率达到 60% 以上；开展“红盾网剑”行动，检查网站、网页 1546 个，约谈 8 家，立案查处违法行为 11 起。开展“皖剑”等专项执法行动 3 次，打掉传销窝点 2 处，教育遣返传销人员 20 人，移送案件线索 2 起。深化无传销县（区）和社区（村）创建，全市三区一县以及 445 个社区（村）全部达标。淮北市被认定为安徽省无传销城市。加强对直销企业的日常监管，召开直销企业座谈会，签订《在淮直销企业经营自律公约》。

【消费权益保护】 市工商局推进“一会两站”和“五进”站点建设，全市 26 个基层单位设立维权机构，448 个行政村和102家大型商超建立维权站点，50所中小学建立宣教点，站点建设实现全覆盖。加强消法宣传，制作《淮北3·15在行动》专题片，在市广播电台、淮北日报开辟红盾之窗、连线3·15、天天3·15等板块，发布消费警示信息，刊载维权案例。开展重点领域商品质量专项整治，查处不合格商品82组，立案24起。完善"无理由退货""自行和解""先行赔付"等快速处理机制，创新公益诉讼、部门联动、诉转案、跨区域消费纠纷调解等举措。推进市消协更名改制为消保委，消保机构提档升级，职能作用得到充分发挥。全市"12315"三级网络共受理消费者咨询、投诉、举报8510件，受理量居全省系统第6位，投诉、举报案件处理率达100%，为消费者挽回直接经济损失159.36万元，查处侵害消费者权益案件152件，罚没款58.75万元。

（丁　宁）

物价管理

【价格监测】 2016年，市发改委（物价局）以改革促发展，合并原价调办和监测中心，设立市价格监测调控中心，贯彻落实15项价格监测报告制度，先后启动农产品批发、春节特供等农副产品应急价格监测日报制度，进一步强化价格监测预警和调控职能。市发改委（物价局）被评为2016年度全国价格监测工作先进单位。

【落实涉企收费清单制度】 2016年，动态调整《淮北市市级涉企收费清单》，取消涉企收费项目7项，变更2项。行政事业性收费部分调整情况：取消交通运输部门船舶港务费、质监部门组织机构代码证书收费。停征、免征农业部门农机监理费（不含拖拉机驾驶许可考试费）；将全部资源品目的矿产资源补偿费费率降为零；国土部门收取不动产登记费后，取消原相关部门土地登记费和房屋登记费；增加卫生部门卫生检测费。政府性基金部分调整情况：将"新菜地开发建设基金"和"育林基金"征收标准降为零。行政审批前置服务项目收费部分调整情况：市公安局取消装修材料见证取样检验；市水务局取消生产建设项目水土保持设施竣工验收涉及的水土保持技术评估报告；市人民防空和防震办公室取消新建、改建、扩建建设工程抗震设防要求核定涉及的重大建设工程和可能发生严重次生灾害的建设工程地震安全性评价；市气象局取消防雷装置设计审核和竣工验收许可涉及的防雷装置设计图纸技术审查，取消重大工程气候可行性论证审批。

【收费专项检查】 市发改委（物价局）开展旅游市场价格集中整治行动、殡葬服务价格专项检查，规范物业停车收费和商品房销售明码标价行为，集中处理医疗服务机构价格违法案件。全年查处各类价格违法案件25件，实现经济制裁62.5万元。

【价格成本监审】 市发改委（物价局）完成农产品、煤炭成本调查和成本监审工作。全年开展成本监审8个项目，监审金额31868万元，核减不应计入定价成本的费用1723万元。

【价格认定】 年内，市发改委（物价局）完成18辆农班车残值和剩余经营期收益的价格认定，为推进农班公交化改造工作筑牢基础。用"互联网+"工作模式开展价格认定工作，建立全省首个价格认定一体化平台。全年开展各类价格认定3256例，标的金额11.17亿元。淮北市价格认定局被授予"全国价格认定机构先进单位"称号。

【推行天然气大用户直供试点】 2016年，市发改委（物价局）推行天然气大用户直供试点，促进企业降成本增效益。出台天然气直供气交易试点方案，确保直供气双方有序进行；调查摸底全市天然气大用户年用气规模和用气意向，掌握了解用气大户基础性信息；深入企业调研并召开供需双方座谈会，宣传省政府关于供给侧结构性改革政策和省物价局关于推行天然气大用户直供气试点相关政策，积极发挥桥梁和纽带作用，促进供需双方深度合作。年内，淮北华润燃气有限公司与5家企业签订供气协议，按照年用气量的不同规模，分档降低供气价格，每立方米天然气降价幅度为0.03～0.1元，5家企业年用量约2260万立方米，年减少用气成本约200万元。另外对于年用气量超过1000万立方米的大用户、节能环保用户及煤改气用户采用一户一议价，年可降低成本1000多万元。

（张春梅）

审　计

【概况】 2016年，市审计局依法履行审计监督职责，推进公共资金、国有资产、国有资源、领导干部履行经济责任情况的审计全覆盖，全年完成审计和专项审计调查项目65个，正在报告阶段6个项目现场实施已结束，查出违规问题金额5.63亿元，促进增收节支1.12亿元；

实施政府投资建设项目审计418个，核减工程款2.86亿元；移送纪检监察机关和相关部门处理4件，移送公安机关处理1件，审计报告被市领导批示16件次。

【财政预算执行审计】 市审计局组织实施市本级财政预算执行情况审计、市地税局税收征管情况审计、市中级人民法院等7个部门、单位的预算执行情况审计，揭示部分公共预算支出未实行国库集中支付、账户管理有待清理整顿、对个别部门政府采购项目审批监管不严格、化整为零规避公开招标等问题。5月，向市人大常委会提交审计工作报告，得到市人大常委会的肯定。市财政部门配合审计部门开展账户清理、盘活资产等多项工作。

【政府投资建设项目审计】 市审计局开展工程造价、竣工决算和跟踪审计，实现政府投资审计全覆盖，揭示招标投标、质量管理、材料供应、合同管理、造价控制、进度管理等方面存在的问题，促进建筑市场的规范。2016年，完成结算审计、设计变更审计、预算审查等292个，核减工程款2.34亿元；对126个建设项目实施跟踪审计，深入施工现场2.52万人次，发出审计意见单4份，核减工程进度款5234.32万元。

【经济责任审计】 市审计局推进领导干部履行经济责任审计监督全覆盖，试行审计对象分类管理，实现领导干部任期内轮审一遍。突出对党政主要领导干部和经济活动总量较大、掌握和使用财政资金较多的政府部门、国有和国有控股企业及镇党委、政府等重点部门单位的主要领导干部经济责任履行情况审计，实现有步骤、有重点、有深度、有成效的全覆盖，增强审计威慑力。4月中旬，召开市经济责任审计工作领导小组会议，调整领导小组，加强组织领导。全年完成经济责任审计项目26个，查出违规问题金额9080万元；现场实施已结束正在报告阶段项目5个。

【民生工程审计】 市审计局加大民生审计力度，紧盯扶贫资金、征地拆迁、惠农补贴、教育医疗、危旧房改造、工程建设等重点领域，为解决侵害群众利益的不正之风和腐败问题提供保障。2016年，组织实施城镇保障性安居工程、贫困残疾人生活特别救助与康复工程、加强社会救助保障困难群众基本生活、基本医疗保险基金和医疗救助资金等民生工程实施情况审计，严肃查处民生政策落实、扶贫政策落实等方面存在的分配不公、损公肥私、优亲厚友等问题。结合开展自然资源审计，在节能补助资金审计中，发现1起涉嫌骗取财政资金103万元的案件线索，及时上报市政府，并将相关线索移送公安机关，1名犯罪嫌疑人被拘捕。按照省审计厅统一部署，组织实施淮北市城镇保障性安居工程跟踪审计、濉溪县扶贫资金审计等。

【政策落实情况跟踪审计】 市审计局围绕项目落地、资金保障、简政放权、政策落实、风险防范五方面，发挥政策落实的“督查员”作用。按照省厅统一部署，组织实施创新驱动发展工程、县域经济振兴工程政策措施落实情况跟踪审计，加快脱贫扶贫工程、民营经济提升工程落实情况跟踪审计。针对未及时制定实施方案、部分政策措施落实不到位等问题，分析原因，提出建议，促进稳增长等政策措施落地生根，确保重点项目建设有序高效进行。提交的关于“扶贫脱贫工程存在问题及建议”的审计专报，受到市领导重视，批示要求相关部门单位积极整改。

【审计整改】 市审计局建立边审边改、约谈助改、督查促改、联动整改及整改结果运用机制，实行跟踪督查制度和审计整改销号制度，由以事后纠正问题为主向以防范问题发生为主转变，由以纠正具体问题事项为主向以改进政策措施健全制度体系为主拓展，并定期编印《审计整改动态》向市政府报告整改情况。市委、市政府领导多次对审计整改工作作出批示，并主持召开审计整改专题会议。10月中旬，市审计局联合市纪委、市委组织部、市人大财经专委会、市目标办等单位组成4个检查组，对2015年10月至2016年6月审计报告涉及的53家部门单位，进行审计整改检查，检查结果纳入2016年度单位目标考核。11月下旬，市政府向市人大常委会主任会议专题汇报市本级2015年度预算执行审计整改情况。12月中旬，市委常委会讨论通过《市人大常委会党组关于完善审计查出问题整改情况向市人大常委会报告机制的意见》。《意见》从完善机制、明确责任、细化内容、规范程序、强化问责、推进公开等六个方面对审计整改报告机制作出明确规定，强化市人大常委会对审计整改工作的监督。

【创新审计工作】 2016年，市审计局在全市审计机关开展“审计理念创新年”活动，被省审计厅授予先进集体称号。推进审计制度创新。起草《淮北市推进领导干部履行经济责任审计监督全覆盖工作的实施方案》《淮北市关于开展领导干部自然资源资产离任审计试点工作的实施意见》《淮北市审计局关于印发开展审计巡查工作方案的通知》等规范性文件，统筹推进审计全覆盖。推进审计管理创新。创新计划编制，摸清审计对象底数，科学规划、统筹安排、分类确定审计重点和频次，确保实现有重点、有步骤、有深度、有成效的审计全覆盖。创新项目实施，对年度审计项目批次实施，有序推进；审计人员统一编入审计组，优化审计资源；局领导担任审计组长，加强审计现场指导；强化县区联动，民生审计项目均采取大兵团作战方式。创新报告形式，实行审计报告审核流程单制度，完善审计报告质量责任追究，将提升报告质量的压力传递到每个审计人员。在2016年度全省审计机关优秀审计项目评比中，2个项目分获综合和单项第1名。推进成果运用创新。稳步推进审计结果公开及被审计单位审计整改情况，扩大审计监督影响。深度挖掘审计成果，通过向市政府提交结果报告、情况汇报、审计专报、审计信息等形式，汇报审计工作情况，先后被采用、批示40余件次。

（惠　薏）

质量技术监督

【质量管理】　年内，淮北市实施质量品牌升级工程。成立质量品牌升级工程领导小组，定期召开联席会议，完善质量品牌升级工程制度，印发《淮北市品牌建设“十三五”规划》《2016年淮北市质量品牌升级工程工作要点》《质量品牌升级工程推进小组议事规则》和《淮北市深入实施商标品牌战略工作任务分解落实方案》等文件。

培育申报安徽名牌产品，2016年共有20家企业纳入安徽名牌培育范围，其中11家企业获得安徽名牌产品。开展市长质量奖和淮北市知名产品表彰活动，全市共评选表彰2家市长质量奖企业、9家淮北市知名产品。挖掘培育地理标志保护产品，“黄营灵枣”“临涣包瓜”通过省级审核，并报送国家质检总局审批，塔山石榴省级国家地理标志产品专用标准通过审查。

举办“安徽质量品牌江淮行——走进淮北”活动，省、市质量品牌升级工程推进小组成员单位、部分企业、部分地市近300人参加会议。强化对企业的培训和指导，举办“淮北质量大讲堂”和“企业家培训班”。

【标准化管理】　2016年，全市组织申报省地方标准2项，制订修订国家标准6项，行业标准4项。开展农业标准化工作。组织黄里石榴、绿优家庭农场两家单位申报2016年省级农业标准化示范区。做好服务标准化示范工作。指导帮助相王府宾馆国家级服务标准化试点和淮北交通驾校、华安保险淮北公司省级服务标准化试点等单位建立完善服务标准体系。做好美丽乡村建设标准化试点工作。开展烈山区美丽乡村标准化试点工作，试点工作围绕着农村生活设施、公共服务、生活环境等制定完善标准体系，共收集整理各项标准193项，顺利通过国家验收，并获得全省第一名。

【计量管理】　市质监局培育和创建诚信计量示范单位，2016年，共有5家单位上报省局。强化安全计量工作。重点加强矿用、危化品企业、机动车检测机构、特种设备等安全计量器具的强检工作，并对违反计量法律的行为进行立案处罚。提高强检计量器具受检率，全年累计完成检定、校准、检测29890台件。

【科技认证】　2016年，安徽省铝制品监督检验中心落户淮北市，并建成投入使用。市质检所成功申报煤化工检验检测能力提升项目，获得国家质检总局20万元资金支持。市粮食质量检验中心、市农产品质量检验中心、市奥徽机动车安全检验公司等4家检验机构通过省质监局资质认定及行政许可。

【特种设备安全监察】　2016年，市质监局制定《2016年油气输送管道隐患整治攻坚战工作方案》，开展油气输送管道安全隐患整治攻坚战，建立健全油气管道安全监察基本数据库。加强特种设备检验，2016年，共检验在用特种设备6106台，其中锅炉288台、压力容器1692台、电梯3099部、起重机械772部、厂内机动车255辆；压力

9月6日，2016年“质量月”活动启动仪式举行

管道14.67千米，校验安全阀1672只。打击特种设备安全违法行为。全市共出动特种设备安全监察人员2316人次，检查特种设备使用单位973家，发现安全隐患286条，共消除安全隐患274条，下发安全监察指令书198份，查封重大安全隐患设备125台，立案查处39起。加强作业人员培训。2016年，举办特种设备管理和操作人员培训班19期，培训1637人。

【重点产品质量监督】 市质监局开展消费品提升活动，突出家用电器、汽车零部件、食品包装物、童车、儿童玩具、婴幼儿童装、卫生用品、厨具、床上用品、家具等十大消费品质量提升。开展食品相关产品专项整治，依法取缔无证生产违法企业3家，责令停产整顿4家。开展监督抽查。配合国家质检总局和省质监局实施国抽、省抽电线电缆、蓄电池、铝型材、木工板、眼镜、食品相关产品等产品样品93组，市级监督抽查工业产品190组、纤维制品20组，总计合格300组，不合格3组，合格率99%。实施企业分类监管。获证企业75家，100%实施分类监管。严格执法打假。2016年共查处违法案件2起，“12365”接受群众咨询198起，投诉举报129起，受理转办18起，办结率为100%。依法取缔无证生产违法企业6家，责令停产整顿15家。

（吴义华）

国土资源管理

【机构设置】 2016年4月12日，市编委会《关于市不动产登记中心机构编制及有关事项的批复》，批准市不动产登记中心设置综合室、受理室、登记室3个内设机构，负责人均按副科级配备；并在相山区、杜集区、烈山区分别设立市不动产登记分中心，为隶属市不动产登记中心管理的副科级财政全额拨款公益一类事业单位，每区核定财政全额拨款事业编制3名、副科级领导职数1名。12月30日，市编委会《关于市不动产登记中心增加内设机构等事项的批复》，批准将市房地产管理局房产权籍调查和档案管理等职责划转至市不动产登记中心履行，在市不动产登记中心增设权籍调查室和档案信息室，各核定副科级领导职数1名。截至2016年年底，市不动产登记中心核定内设机构5个，分中心3个，领导职数11名；核定财政全额拨款事业编制29名，自收自支事业编制20名。

截至2016年年底，市国土资源局有办公室、政策法规科、规划科、财务科、耕地保护科、征地管理科（行政许可科）、地籍测绘科（市不动产登记局）、土地利用管理科、矿产资源开发科、矿产资源储量科、地质环境勘查科、人事教育科12个内设机构，开发区分局、相山分局、杜集分局、烈山分局4个派出机构和市土地储备发展中心、土地复垦整理中心（市采煤塌陷区综合治理办公室）、市国土资源执法监察支队、市地质环境监测中心、市基础地理信息中心（市档案馆国土分馆）、市地价管理所、市滨湖土地储备发展中心、市不动产登记中心8个直属事业单位。全局有干部职工259人（含4个直属分局），较上年增加27人（主要为市不动产登记中心新招录人员）。

【建设用地报批】 市国土资源局发挥部门职能，多措并举做好用地保障工作。强化规划保障，开展《淮北市土地利用总体规划（2006—2020年）》调整完善工作，进一步优化用地结构和布局，更好地适应当前经济社会发展需要。利用土地利用总体规划调整完善契机，争取省厅增加淮北市城市建设用地规模2.58万亩，有效拓展城市未来发展空间。强化项目用地保障，全年上报审批建设用地76个批次（项目）14573亩，完成新增建设用地报批任务321%，获批49个批次（项目）11685亩，完成供地113宗12135亩，东部新城路网、沱河浍河航道整治等重点工程及基础设施项目建设用地实现应保尽保。

【用地审批与服务】 市国土资源局深化行政审批改革，落实行政服务事项“两集中两到位”制度，除行政处罚之外，全局各项行政权力全部进市行政服务中心窗口集中办理，做到“窗口”之外无审批。全年累计完成各类审批办件1772件，办结率、满意率均100%，投诉率为0。办件时间基本压缩到1～2个工作日，远低于5个工作日承诺时限，行政效能提升30%以上。优化不动产登记流程，通过设置快速通道、上门服务等方式，提高不动产登记办件效率。全年受理不动产登记业务约1.3万件，办结约1.2万件，日办理量从不足20件提高到120余件，办件效率大幅提升。

【耕地保护】 市国土资源局借助国家土地例行督察契机，争取省厅核减淮北市耕地保有量20.36万亩、基本农田保护面积12.9万亩，解决淮北市多年来的耕地保有量指标倒挂问题。城市周边永久基本农田划定核实举证成果已通过国土部、农业部论证审核，全域永久基本农田划定方案已通过省级论证审核上报国土部。高标准基本农田建设工作总体向好。2015年，任务完成

112.8%；2016年建设项目稳步推进，全年补充耕地面积6145亩，完成102.4%。

【土地市场建设】 市国土资源局与各区政府对接，提前介入棚户区改造项目土地收储前的勘查测量、权属核查、申请规划审核工作，提高储备地块可操作性。全年收储土地33宗2510.68亩，完成全年任务的167%。招拍挂出让土地39宗3278.58亩，成交总价款16.097亿元，收缴入库非税收入14.1亿元，分别完成年度目标任务的161%、128%；公开出让采矿权1宗，成交总价款2.01亿元。深化土地招商推介，举办“文明相城·精致淮北”2016（杭州）精品地块推介恳谈会，参加2016中国城市（深圳）土地展，吸引知名房企到淮北投资置业。

【节约集约用地】 市国土资源局坚持节约集约用地主线，严把项目用地准入关口，强化建设用地供后监管，盘活存量建设用地资源，提高土地利用水平。报市政府批准出台《淮北市节约集约用地考核办法》，健全全市节约集约用地评价考核制度。强化工业用地管理，草拟《淮北市工业用地“全过程、全要素”管理暂行规定》，待市政府办（法制办）审查后，报政府常务会议审议。开展闲置土地处置，全年处置闲置土地33宗、3033.7亩，核减工业用地30亩，盘活低效用地5宗、317亩。完成2016年城市建设用地节约集约评价工作和各开发区土地节约集约利用评价，及时指出各开发区土地节约集约利用的薄弱环节，为各开发区扩区升级审核、动态监管及有关政策制定提供依据。强化土地调控，适应国土资源监测规程调整，在全市设置7个国土资源监测点。其中，4个开发园区监测点分别为濉溪经济开发区、凤凰山食品经济开发区、杜集经济开发区和烈山经济开发区，3个乡镇监测点分别为朔里镇、宋疃镇和渠沟镇，每季度对监测点内土地利用情况进行一次调查、搜集、整理和分析，及时发现全市土地利用中的问题，及时预警、处置。

【城市地价管理】 2016年，市国土资源局完成全市新一轮基准地价成果更新修订工作，成果经市政府批准颁布实施。进一步健全城市基准地价管理体系，探索性开展淮北市公共管理与公共服务用地基准地价制定工作，成果通过市土委会审议，待报市政府批准公布实施。继续开展城市地价动态监测，完成2016年度淮北市地价动态监测任务，按时上报监测结果。2016年，淮北市综合地价水平值为1501元/平方米，同比下降2.85%，环比下降2.34%。其中，商业地价水平值为3831元/平方米，居住地价水平值为1982元/平方米，工业地价水平值为328元/平方米。淮北市2015年度地价动态监测考评结果再次被国土资源部评定为“良好”等次。开展土地评估中介机构治理规范工作，组织在淮备案土地评估机构集中学习《资产评估法》，公布淮北中汇土地评估有限公司等19家土地评估机构名单，接受社会监督，杜绝不规范市场行为，增强政府公信力。

【地籍测绘管理】 2016年，市国土资源局完成淮北市2015年度土地变更调查外业调查、上图入库、数据上报等工作，并通过省厅和国土部外业核查。完成淮北市耕地后备资源调查，开展农用地变未利用地土地调查、上图工作，形成调查成果。加快推进“数字城市”地理空间框架建设，完成数据平台搭建并试运行，同步推进示范系统应用。推动不动产登记工作，6月27日，颁发淮北市首本不动产权证书；10月26日，濉溪县开始颁发不动产权证书。加快推进和完善农村集体土地所有权、宅基地和集体建设用地使用权确权登记发证工作，下发《关于进一步加快推进集体土地所有权宅基地和集体建设用地使用权确权登记发证工作的通知》，烈山区试点已基本完成集体土地所有权下沉村民小组工作，其他县区均已启动。出台《淮北市关于加强农村宅基地管理的意见》，从疏、堵两方面入手进一步规范宅基地管理。完成测绘行业民兵整组人员汇总上报和年度测绘成果汇交工作，建立淮北市测绘资质单位信用信息制度，开展卫星导航定位基准站安全风险点排查工作和地理信息产业单位名录库核查认定工作。根据《地图管理条例》规定，梳理地图审核业务流程，开展地图市场检查。建立双随机检查机制，对辖区内4家测绘公司开展测绘成果质量检查。

【土地整理复垦开发】 市国土资源局实施土地复垦整理，加快推进项目实施监管和竣工验收。全年共实施宋疃镇和渠沟三期2个省级投资土地整治项目，均通过省级验收，2个项目累计投资2185万元，整治土地总面积3190亩。加快推进城乡建设用地增减挂钩和工矿废弃地复垦项目实施，2016年获省厅验收增减挂钩3个800余亩，工矿废弃地项目5个1600余亩。

【采煤塌陷村庄搬迁】 市国土资源局加快推进采煤塌陷村庄搬迁工作，加强工作调度、督查、通报，每周到乡镇督查村庄搬迁项目，发短信通报18期，组织召开协调会10次，形成领导小组办公室会议纪要4期，发各类通知、文件16件。全年完工12个采煤塌陷村庄主体工程，搬迁入住4620人。审计署要求整改的71个搬迁村庄中，66个整改完毕，南坪镇5个村庄正在整改中。全年报送《关于采煤塌陷区村庄搬迁安置工作情况的研究报告》《关于第十五届人大常委会第三十次会议审议意见贯彻落实情况的报告》等工作研究报告 9 篇。

【矿产资源管理】 市国土资源局统筹实施矿产资源开发利用、储量监测、地质勘查全程监管，强化相互支撑和协调配合，不断提升矿政管理水平。采矿权年检和矿山督查全部实现实地核查全覆盖，矿业权审批依法依规，全年办理采矿权延续登记 2 个，协助省厅办理采矿权延续、变更登记 2 个。2016 年，公开挂牌出让高楼山北坡建筑石料用采矿权 1 宗，成交总价款 2.01 亿元；程蒋山矿区资源整合工作取得新突破，矿区南段地质详查报告和资源整合出让实施方案已报省国土厅备案。矿产资源补偿费应收尽收，全年征收入库 767 万元。强化矿产资源储量信息服务，2016 年核查储量常测报告 6 份，办理储量评审备案 2 件，办理停办（关闭）矿山残留资源储量登记 1 件，出具压覆资源审查意见 135 件，保障全市重点项目用地顺利报批。探矿权管理依法规范，日常监管未发现违法行为。矿山地质环境治理恢复保证金缴存使用管理，核实、催缴地环保证金 183.07 万元。组织杨庄煤矿、徐楼铁矿两个第三批国家级绿色矿山试点单位开展自评。配合省国土厅完成对杨庄煤矿、徐楼铁矿两个第三批国家级绿色矿山试点单位省级考评。核实青龙山地环项目审计挪用资金情况，并将该项目整改到位情况上报省厅。批复长兴矿业廖家铁矿环境保护与综合治理方案。

【矿山环境保护与治理】 市国土资源局落实矿山地质环境治理项目管理制度，强化开工项目实施监管。妥善处理中湖治理 PPP 项目废标问题，与第二名中标单位安徽省交通航务有限公司及安徽建工联合体签订 PPP 项目合作协议。项目一期工程于 3 月 14 日开工，截至 2016 年年底，已投入资金约 8000 万元，完成土方工程约 385 万立方米。一期工程因开工延期、阻工等原因，经市政府批准同意竣工时间延迟 4 个月，预计翌年 4 月竣工。二期工程土地及地面附着物外业核查工作已完成，7 亿元补偿资金提前拨付，于 2016 年 12 月份开工。加快推进采石矿山治理，2016 年共实施废弃采石矿山治理项目 8 个，实施治理面积 6253 亩，投入治理资金 5855 万元，验收众城水泥公司吼牛山、新杨煤矿、化（华）家湖等 3 个地质环境治理项目，共完成治理面积 2010 亩。组织申报烈山区烈山、卧牛山 2 个废弃采石区省级“三线三边”矿山地质环境治理项目，累计获省级补助资金 1646.38 万元。

【地质灾害防治】 市国土资源局组织开展全市汛前地质灾害调查，编制公布《淮北市 2016 年地质灾害防治方案》，明确淮北市地质灾害类型及隐患点分布、威胁对象范围、重点防范期、监测预防责任、防治措施等。修订公布《淮北市突发地质灾害应急预案》，明确应急机构和有关部门的职责分工、地质灾害等级分级、应急处置、善后恢复、应急保障等事项。实行汛期 24 小时值班和灾情险情“零报告”制度，发文通知县区政府对重点地质灾害隐患点设立警示标志，制定防灾预案，做好应急准备。做好暴雨灾害天气地质灾害防范工作，安排 30 万元地质灾害应急补助资金，用于地质灾害防治物资准备和预警巡查工作。拨付相山分局治理天藏寺等隐患点排险专项资金 10 万元；组织专家对杜集区牛眠新村房屋开裂情况进行初步调查分析，并提出初步处理意见及建议；对《淮北市杜集区石台镇窦庄村民房开裂灾害成因调查报告》审查。迎接省地质灾害防治专家组对相山区徐双庄地质灾害隐患点进行现场核查、汛期地质灾害防治督查。全年无因地质灾害引发的人员伤亡事故。

【国土资源执法监察】 2016 年，市国土资源局严厉打击国土资源违法行为，通过卫片执法监察和国家土地督察南京局土地例行督察的检验。全年开展动态巡查 1517 次，组织开展多部门联合巡查 242 次，依法制止违法行为 404 次，保护耕地 332.78 余亩。联合其他部门开展矿产资源巡查 517 次，依法制止非法开采行为 288 次，依法扣押非法开采设备 104 台，发现率、制止率 95% 以上，立案率 100%。全市立案查处违法用地 241 宗，公开曝光典型案件 10 起，挂牌督办案件 5 起，申请人民法院强制执行 182 件，移交纪检监察部门提出党纪政纪处分建议 30 份，移交人民检察院追究刑事责任 10 件。市政府对违法面积总量大、整改进度慢的濉溪县政府进行警示约谈。全市第 16 次卫片违法用地面积由 2623.9 亩降至 183.7 亩，问责比例由 34% 降至 3.50%，卫片违法用地查处整改工作取得成效，通过检查验收。土地例行督察 351 个问题全部履职到位，履职率 100%；整改到位 305 个，整改率 86.86%，获南京局和省厅领导高度评价。全年办理来信来访件 56 件、上级交办信访件 30 件，信访量与上年同期相比较减少 23.4%，所有信访件全部按时办结并上报，做到件件有交代、事事有着落。

（唐泽政）

安全生产监督管理

2016 年，全市共发生各类生产事故 68 起，死亡 79

人，事故起数较上年同期下降1.4%。主要安全监管的重点行业领域事故死亡人数降幅明显，地方煤矿、非煤矿山、危险化学品、民爆器材、烟花爆竹全年无事故发生。安全生产指标控制良好。生产安全事故总量、较大以上事故、亿元GDP事故死亡率、工矿商贸十万就业人员死亡率、道路交通万车死亡率5个指标实现持续下降，各类考核指标均远低于省政府安全生产考核指标要求。

市安全生产监督管理局获评2016年全省非煤矿山管理工作综合业绩突出单位、安全生产成效突出单位、项目管理和技术改造工作突出单位，2016年度全省民爆行业安全生产目标管理优秀单位；被交通部、公安部、国家安监总局评为“道路交通平安年”活动成绩突出市级管理机构。

【本质安全年行动】 2016年，市安监局下发《2016年淮北市“本质安全年”行动方案》，以“大提标、大创新、大诚信、大宣传、大培训、大督查、大构筑、大整治、大夯实”为抓手，深入开展重点行业和领域九个专项行动，健全完善非法问题突出区域驻点打击督导制度，强化区县政府“打非”主体责任和企业“治违”主体责任。落实停产整顿、关闭取缔、上限处罚、追究法律责任、挂牌督办等依法治理措施。对非法违法行为按照《安全生产法》有关规定从严从重处理，对已关闭或采取强制措施的生产经营单位“回头看”，坚决打击整治到位。完善奖励举报生产安全事故和违法违规生产行为制度，畅通“12350”安全生产投诉举报电话等渠道，拓宽监督举报途径，促使“打非治违”工作在常态化条件下持续推进。

【安全生产网格化信息化管理】 市安监局推进“五级五覆盖”和“五落实五到位”安全生产责任体系建设。建立市、县（区）、镇（办）、村（社区）4级安全生产网格系统，共设置网格点919个，配备安监员922人。对接全省安全生产信息化平台建设要求，市安监局分批次组织开展企业端、政府端应用培训安全生产信息化平台应用培训。企业隐患排查信息、安全生产标准化达标信息、企业基础数据和安全生产不良信用信息等正在录入中。发挥市安全生产应急救援监控指挥平台和地方煤矿安全监控中心的作用，与重点高危企业进行监控对接，地方煤矿瓦斯监控系统实现有线联网，确保应急救援资源共享、精确快速。

【安全生产大检查】 年内，市安监局下发《关于全面开展查尽责、查隐患、查投入、保安全活动实施方案》《淮北市安全生产大检查大督查大整治工作方案》等，加强煤矿、非煤矿山、道路交通、建筑施工、危险化学品、烟花爆竹、民爆生产经营等重点行业和领域的隐患排查整治。地方煤矿方面，检查矿井60矿次，累计检查各类安全隐患及问题300条，下达责令整改指令决定书38份，责令停产整改矿井1矿次，立案2起。非煤矿山共执法检查145矿次，发现各类问题和隐患575条，制作笔录65份，下达整改指令书55份，立案1起，对违规企业进行行政处罚。危险化学品方面，检查生产企业158家，经营、储存和使用企业9家，涉及重大危险源企业8家，查出并整改隐患574条，督促县区安监部门对其辖区内4家安全生产不达标企业停产停业整顿。烟花爆竹方面，查出隐患200条，取缔关闭不符合经营条件的烟花爆竹经营点7家，停业整顿12家，扣押运输车3辆。城镇燃气方面，检查液化气站点27次，规范瓶装液化气换气点9处。建筑施工方面，安全生产大检查7次，不定期安全巡查110余次，下发隐患督查整改意见通知书105份，停工整改通知书3份。道路交通方面，开展专项检查600余次，检查运输企业120家，整治非法站点8个，纠正各类违章8900余次，查处投诉举报车辆2150台次，吊销车辆营运证32本，停业整顿货运企业43家次。检查特种设备使用单位973家，查出隐患286条，共整改274条。消防检查单位8757家，下发行政处罚决定书157份，罚款194.4万元，责令停产停业69家，临时查封83处，行政拘留35人。特别是省级挂牌督办隐患单位相山区淮纺路小学燃气调压站安全隐患和相山区21处天然气管线占压的问题隐患得到消除。

【安全质量标准化建设】 年内，市安监局开展安全生产标准化创建活动，把安全的规定、规程和规范化要求贯穿于企业生产经营活动的全过程。分别制定下发煤矿、非煤矿山、危险化学品、建筑施工等安全生产标准化实施方案和考评办法，并采取签订目标责任书、缴纳达标保证金、实行安全结构工资制、定期检查验收等具体办法加以推进。3对地方煤矿、10家非煤矿山、22家危险化学品企业、26家工贸企业达到安全质量标准化三级及以上标准。

【安全宣传教育】 年内，市安监局多元搭建宣教平台，提高从业人员的安全防范意识及自我保护能力。开展创建安全诚信企业和安全社区（村）建设活动，50个重点企业、5个重点社区（村）的创建示范工作取得明显成效；开展“安全生产月”大型宣传活动，在《淮北日报》开辟“安全生产月”宣传专版，安全月期间共下发宣传资料10万多份，悬挂横幅标语3000多条，出动宣传车

100余台次，开展文艺演出和知识竞赛60多场次。在淮北人民广播电台开辟“安全365”节目专栏，每天播放7次公益性宣传，普及安全生产知识。在淮北电视台开办“安全生产警钟长鸣”专题节目，每周三晚上对全市安全生产相关工作进行专题宣传报道。编制安全生产警示教育片，通过以案说法提高全社会安全生产意识。加强对企业主要负责人和安全生产管理人员、特殊工种人员的培训和考核。全年共培训4000多名企业主要负责人和特种作业人员。强化对职业健康工作的培训，全年共培训企业主要负责人、职业卫生管理人员1119人。

【应急救援建设】 年内，市安监局加强应急队伍及装备物资配备，强化关键阶段、时段、敏感时间节点应急值守，修订完善全市危化应急预案，加强应急处置评估工作，加大演练力度，着力推进应急管理基础能力提升。指导督促有关行业和领域完善应急救援预案，评审通过11家重点企业的应急救援预案，组织开展各种应急救援演练56次，其中市级应急救援演练6次。

【职业病防治】 市安监局加强高危粉尘、高毒物品等职业病危害源头治理和前期预防，推进安全生产与职业健康一体化综合监管执法，有效防范和坚决遏制群发性职业危害事故的发生。2016年，共检查企业90余家，发现各类职业卫生问题500余条，现场填写检查记录150余份，整改指令书55份，立案1起。

【依法行政】 市安监局建立实施“双随机”和重点检查双线并重的监管执法制度，执行“四个一律”，执法案卷归档规范，制定落实安全生产年度执法计划，规范执法程序、执法文书、执法案卷，依法规范开展听证、合法性审查、处罚备案、行政复议和诉讼工作，提高执法水平，规范执法行为。制定实施执法信息公开制、行政审批和行政处罚“双公示”制度，建立安全生产诚信体系和“黑名单”制度，在市政府网站、“双公示”及时公开行政许可、行政处罚等信息，推进“五个一批”（曝光一批重大隐患，惩治一批典型违法行为，通报一批“黑名单”，取缔一批非法违法企业，关闭一批不符合安全生产条件的企业）工作。开展行政审批项目清理和调整、流程优化工作，推进政务服务标准化建设。安监局窗口项目受理全部通过“淮北市网上审批平台”，共办件54件，办结率100%。推进依法治理和普法工作，开展“送安全法律、送安全职责、送安全知识、送安全技能、送安全警示、送安全逃生、送安全救援”“六进”活动，开展街头普法2次，发放宣传资料1000余份。开展4次行风政风在线访谈，现场答疑。针对用电安全、消防安全、危险化学品建筑施工等10个重点行业，编制《安全生产检查指南》，提升安全生产监管能力和业务水平。

食品药品监督管理

【监管体系建设】 年内，市政府将“市食品安全委员会”更名为“市食品药品安全委员会”；落实党政同责，市委副书记、常务副市长、市委政法委书记李明任食药安委会主任，副市长王莉莉任副主任，调整充实食药安委会成员单位。扎实推进基层建设。制定《基层监管机构标准化建设标准》，组织赴宿州参观学习，推进基层机构设置、制度建设、队伍建设，市、县区财政投入315.3万元，聘请“四员”（信息员、协管员、质量管理员、宣传员）837名，13个基层监管所完成标准化建设。落实省政府100号会议纪要，市局2个事业单位招录6名工作人员，濉溪县、相山区以大学生见习岗位、公益性岗位等方式补充15名专业技术人员。

【监管“四化”建设】 市食品药品监督管理局推进监管规范化建设，制定食品药品风险分级管理办法、罚没物品管理办法、食品药品安全“黑名单”发布办法等20余项制度，监管工作有法可依、有章可循。推进监管信息化建设，以全省执法信息化试点市为契机，推进行政执法系统信息化试点应用，已上传日常监管记录近5000条。推进监管网格化建设，督促指导各地按照监管全覆盖、无空档，定格、定人、定责的要求，形成305个网格责任区，基本做到“定格、定人、定责、定标”。推进监管痕迹化建设，按照监管行为可查证、监管责任可追溯的要求，推进监管工作全业态、全环节痕迹化，切实规范监管行为。

【依法行政】 市食品药品监督管理局健全依法决策机制，出台并落实重大事项合法性审查、重大行政执法决定法制审核等制度。联合市编办印发事权划分细则，明确市县镇三级食品药品事权，压实各级监管责任。建立“三查三单”制度，全面推动重大决策及重要工作部署的落实。出台权力运行监管细则和“双随机一公开”办法，在全市交流推广经验。严格市场准入，全年办结各类行政许可513件，不予许可4件；窗口荣获“十佳文明窗口”“工人先锋号”称号。

【强化事中事后监管】 市食品药品监督管理局指导口子酒业先行试点、开展质量安全追溯体系建设工作，做法得到国家总局的充分肯定。加强网络食品交易监管，约谈相王电子等4家网络食品交易第三方平台。出台《淮北市学校食堂食品安全管理规定》。全面推广“明厨亮灶”工程，创建“明厨亮灶”单位154家。加大药品企业飞行检查力度，共检查药品生产企业25家次，整改缺陷问题73项；检查药品批发企业和药品零售连锁公司15家，责令整改9家。推进全市医疗机构规范药房建设，按序时进度如期完成，县级以上达标率73%、乡镇级达标率71%。强化医疗器械监管，对生产企业、批发企业、二级以上医疗机构检查覆盖率达100%，责令整改26家。

【食品安全工作】 市食品药品监督管理局推进食品安全检（监）测能力项目建设，强化优质、安全和廉洁工程意识，科学组织项目实施，实验楼改造工程已通过验收，招标的仪器陆续安装调试，全省项目建设现场会于2016年5月在淮北市召开，淮北作经验交流发言。推进食品安全民生工程建设，在全市11个乡镇所、13个农贸市场建成实验室和快检室，累计开展食品快检1.2万批次，在省局民生工程推进会上做经验交流，省人大常委会副主任花建慧在视察淮北民生工程时给予充分肯定。

【风险防控管理】 2016年，淮北市全面推行风险分级管理，建立覆盖食品、药品、医疗器械全品种全环节全过程的风险分级管理制度，全年完成3707家监管对象的风险分级首次评定。加强抽检监测，组建专门抽样队伍，全年抽验食品2413批次，不合格率1.4%。完成基本药物和高风险药物等监督抽验890批次，不合格率2.1%。抽验医疗器械29批次，不合格率3.4%。开展不良反应监测，收到药品不良反应报告3779例、医疗器械不良事件报告521例、化妆品不良反应报告292例、药物滥用报告64例，其中化妆品百万人口报告数居全省第一。强化应急保障，举办Ⅳ级药品安全突发事件应急演练，妥善处置6起食品安全突发事件。

【专项整顿治理】 市食品药品监督管理局针对群众反映的突出问题，坚持问题导向，集中力量、集中时间在全市范围组织开展“网剑”行动、肉制品兽药残留、农村食品安全“扫雷”、药品医疗器械生产经营企业违法违规行为、注射用透明质酸钠等10多项集中专项整治活动。妥善处置山东非法经营疫苗案、上海制售冒牌婴幼儿配方奶粉案、越南酸奶等事件。立案查处违法案件287起，移送司法机关12起，销毁违法产品货值120余万元，罚没款220余万元，其中，徐某制售假药案被评为全省食品药品十大典型案件。

【社会共治】 年内，市食品药品监督管理局着力协调、引导社会各界支持食品药品安全监管。着力宣传营造氛围，市委、市政府将创建食品药品安全城市宣传纳入工作重点，与创建全国文明城市、创建全省卫生城市同部署、同落实，并召开2次新闻发布会；走进政风行风热线和法治时空，全年上线16次，直面人民群众的反映和诉求；编写《淮北市食品药品安全“十三五”规划》《2015年淮北市食品药品安全状况公报》《食品药品监管手册》等，向社会各界赠送；制作《保健食品公益广告》，入选第十三届全国法治动漫微电影展播；与淮北日报社合作开展食品药品安全知识“进校园”活动，聘请50名食品药品安全小记者参与食药安全报道；与市妇联、广播电视台联合举办“味道淮北”电视大赛；市局被评为“十二五”法治宣传教育先进单位。着力引导社会公众参与监督，聘请社会监督员20名；推进获证餐饮单位量化分级管理，开展“寻找笑脸就餐”活动；完善“12331”投诉举报平台管理，妥善处理投诉举报795件。着力推进“三城联创”，牵头食品安全与“五小”督查工作组、食品安全和卫生组，全面推行小餐饮“九查九看”监管工作法，有效破解小餐饮监管难题，其做法在全省小餐饮整顿推进会上作交流发言。濉溪县成功创建安徽省食品安全示范县，相山区被确定为第二批食品安全示范县（区）创建试点，市局荣获“安徽省卫生单位”称号。

【深化改革】 市食品药品监督管理局牵头实施药品采购“两票制”改革，从11月1日起，加强“两票制”监管，药品流通秩序得到好转，“挂靠走票”现象得到遏制。深化审评改革，编制行政权力中介服务清单和公共服务清单，服务创业创新。完善“审、批、查”三分离制度，将食品流通、消费合并为食品经营，将药品零售经营企业许可和GSP认证“合二为一”。实施审批项目合并检查制度，审批效率显著提高。药品经营许可变更合并检查后，平均办理时间比改革前缩短约15天。

（刘艳阳）

教育

■2016年，全市有幼儿园276所，入园儿童73016人

■2016年，全市有小学311所，在校学生144577人

■2016年，全市有普通中学122所，在校学生103549人

■2016年，全市有各类中等职业学校12所，在校学生18058人

■2016年年末，全市共有普通高等院校3所，在校学生38168人

综　述

2016年，全市有各级各类学校（不含高校）723所，其中，小学311所，初中100所，普通高中22所，中等职业学校12所，幼儿园276所，特殊教育学校2所。在校学生总数339730人，其中，小学144577人，当年招生25756人；初中63105人，是年招生21799人；普通高中40444人，是年招生13460人；中等职业学校18058人，是年招生5374人；幼儿在园人数73016人，是年招生31451人；特殊教育学校530人，当年招生77人。全市小学适龄儿童入学率100%，初中适龄儿童入学率99.47%，初中毕业生升学率89.35%。全市有教职工23556人，专任教师20610人；专任教师学历达标率小学为100%，初中为99.95%，高中为99.11%；特级教师65人，学科带头人195名，省级教坛新星57人。

全市各级各类学校校舍建筑总面积362.33万平方米，小学生均5.88平方米，普通初中生均16.90平方米，普通高中生均17.90平方米，中职学校生均35.22平方米。图书总量达620万余册，小学生均15.25册，普通初中生均36.97册，普通高中生均21.13册，中职学校生均46.55册。全市小学固定资产总值116733万元，其中教学仪器设备资产值14134万元，生均设备值978元；普通初中固定资产总值126042万元，其中教学仪器设备资产值12480万元，生均设备值1977元；普通高中固定资产总值77850万元，其中教学仪器设备资产值6632万元，生均设备值1640元；中等职业学校固定资产总值90410万元，教学、实习仪器设备资产值14371万元，生均设备值8060元。

【教育资助】 2016年，淮北市对幼儿园建档立卡家庭经济困难儿童优先给予每人每年800元资助；义务教育建档立卡家庭经济困难学生寄宿生优先享受“两免一补”政策；普通高中建档立卡家庭经济困难学生，优先享受国家助学金，执行最高资助标准（每人每年3000元），免除学杂费；中职学校建档立卡家庭经济困难学生优先享受国家助学金，每生每年2000元，并免除学费；高校本专科建档立卡家庭经济困难学生享受国家助学金，并优先申请最高每生每年8000元的国家助学贷款。各学校校内资助，优先用于建档立卡家庭经济困难学生资助。全年资助建档立卡学生1477人，金额203.56万元。其中，资助幼儿园学生339人，金额27.12万元；义务教育学生871人，金额100.17万元；高中学生189人、中职学生28人，金额51.27万元；资助建档立卡大一新生50名，发放资助金25万元。

【薄弱学校改造工程】 淮北市薄弱学校改造工程全部在濉溪县。改薄工程总投资4959万元，其中中央资金3533万元，县级配套资金1426万元。用于校舍及附属设施建设资金3375万元，新建改扩建校舍运动场30个，计44846平方米；设备购置资金1584万元，共计购置计算机多媒体等教学仪器设备4771台。至2016年年底，2014年、2015年、2016年三年工程类项目全部完成。

【教师队伍建设】 2016年，全面落实中小学教师“省考、县管、校用”招聘制度，面向社会公开招聘新教师306人；与11名免费师范生签订就业协议。加强教师业务培训。组织全市2万余名中小学教师，完成年度教师继续教育集中培训任务。完成“国培计划”——示范性项目86名骨干教师派训工作和34名省级骨干教师派训工作；完成“国培计划（2016）周期性项目”启动和短期培训项目共计6637名教师的派训工作。加强名师队伍建设。全市27个名师工作室、12个名班主任工作室通过评课议课、上示范课、举办讲座、组织研讨等方式指导培训青年教师，全年完成校内评课议课5396节次，开设县区级以上示范课864节次，举办市级以上讲座653场，完成送教下乡648次，承担研究课题119项，发表论文339篇，组织各类教学比赛263场次。2016年，淮北市中小学教师参加各类课堂教学大赛，荣获国家级一等奖4人次、省级一等奖52人次。全市9449名中小学教师信息能力提升工程发展性测评通过率达100%。

【深化教师管理体制改革】 年内，出台《淮北市人民政府关于加强教师队伍建设的意见》，在县区范围内全面实施中小学教师“无校籍管理”改革；加大校长教师交流轮岗工作力度，制定《淮北市义务教育学校校长教师交流轮岗实施方案》，建立校长和教师交流轮岗常规化、制度化、科学化的工作机制。2016年，全市77名校长和1147名教师交流轮岗。落实乡村教师支持计划，出台《淮北市乡村教师支持计划（2015—2020）实施办法》。

【素质教育】 年内，各学校加强未成年人思想道德建设，开展社会主义核心价值观教育系列活动，将知识竞赛、演讲比赛、优秀主题班会（队会）、优秀校园文化建设等贯穿于教育教学工作全过程。开展阳光体育运动、健康教育、艺术教育活动和科技创新实践活动，学生个性特长得到彰显。西园中学作为安徽省惟一一支代表队参加全国青少年"未来之星"阳光体育大会,获得第四名。在"炫酷体育"杯安徽省首届跳绳锦标赛中,濉溪路小学教育集团跳绳队荣获团体花样跳绳表演赛第一名,西园中学跳绳队荣获团体跳长绳第一名。在第三届上海国际交互绳大奖赛中,淮纺路小学跳绳队以总分 89.3 的成绩夺得少年组第一名。作为全国惟一少年代表队,获邀参加 2017 年在比利时举办的国际跳绳比赛。

【教育信息化工作】 年内,市教育局组织开展第十四届全市中小学电脑制作活动,收到电脑绘画、电脑动画、网页设计、电子板报、微视频、电脑艺术设计、计算机程序设计等作品 120 余件,经评选,推荐 95 件作品上报参加省级评选。举办全市"互联网 + 智慧校园"领导力培训暨"互联网 + 智慧校园"未来教育发展高级研修班 1 期,全市中小学领导和电教员近 400 人参加此次培训。组织淮北市第二届中小学生机器人比赛,23 个代表队、51 名队员参赛。经市级选拔,推荐出 17 个代表队共 34 名参赛队员参加省级比赛。组织申报"教育信息技术研究课题",30 余所学校参加课题申报,共评选出 24 个课题上报省教育厅,其中国家级课题 4 个、省级课题 20 个。

【淮北市第一中学新校区建设】 市一中东校区位于沱河东路南、市委党校新校区东,总用地面积 340 亩,规划建筑面积约 14.8 万平方米,办学规模约 7000 人,投资概算 6.8 亿元;采用 PPP 建设方式,初步拟定建设期两年,2018 年年底建成交付使用。2016 年,先后完成项目建议书、可行性研究报告的编制及批复,地形测量、土地勘测、地质初勘、地质灾害危险性评估、节能评估报告、环境影响性评价、土地组卷等工作。3 月 8 日,省人民政府批准市一中项目建设用地。完成建设项目规划选址意见书、初步布局规划设计方案、施工图审核单位的确定,修建性详细规划、初步设计审批等工作。基本完成围墙施工、"三通一平"(水通、电通、路通和场地平整)。市政府第 71 次常务会议通过 PPP 实施方案。

【创建平安校园】 市教育局分别在春季、夏季、秋季和开学前后组织开展学校安全自查和安全大检查工作。检查中,严格落实"局领导必须带队、范围必须全覆盖、结果必须日查周通报、隐患整治必须严标准"的"四个必须"要求,确保各个环节落实到位。加大隐患整改力度,对督查中发现的 45 处安全隐患建立台账,落实整改销号制度,每周对责任单位整改进度进行督查,务求整改彻底。全面强化校园安保工作,联合市公安局全面排查各种涉校、涉生矛盾和校内异常人员,及时处置化解。加大校园安保投入,全市 698 所中小学和幼儿园配备专兼职安全保卫人员 1000 多人,新增监控探头 2000 余个,新增安保器械 800 余件。部门联动开展校车专项整治,主动配合公安交警、交通运输等部门,对全市校车及接送学生车辆进行安全检查,坚决取缔无营运资格的黑校车。开展校园周边环境整治。协调专项组各成员单位、县区教育行政部门和直属学校开展校园及周边综合治理工作。组织开展消防、交通、用电、防邪、防暴力、防骗、防溺水等"一月一主题安全教育",做到教师、教材、计划、课时"四落实",提高安全教育的针对性和实效性。全年未发生校园安全责任事故。

【教育督导】 3 月 18—23 日,市级对杜集区、烈山区、相山区和濉溪县党政领导干部 2015 年度履行教育职责情况在自评的基础上进行复查,对县区党政领导干部 2015 年度履行教育职责的状况进行精确量化赋分。经核定,杜集区 85.2 分、烈山区 84.1 分、相山区 79.3 分、濉溪县 80 分。杜集区达到优秀等次,烈山区、濉溪县和相山区均达到良好等次。落实《安徽省人民政府督导委员会关于开展四项工作专项督导的通知》精神,通过查阅资料、座谈交流、实地查看等方式,对校园欺凌专项治理、教育装备工作、语言文字工作、在线课堂建设应用工作进行集中专项督导检查,对检查中发现的问题与不足进行现场反馈,提出具体整改意见和建议。完善并落实督学责任区制度建设,对全市督学责任区的责任督学工作进行全面检查。完成对兼职督学的年度培训工作和全市各级各类学校责任督学挂牌工作。

【民办教育】 淮北市制定鼓励社会力量兴办教育的实施意见,鼓励企事业单位、社会团体、公民个人等多元化投资办学。2016 年,全市共审批 22 所民办学校,其中 21 所幼儿园、1 所小学。设立民办教育发展专项资金。根据民办教育发展规模及办学水平,对民办学校年检优秀的学校实施奖励。集中清理整顿无证办学机构。年初,印发《淮北市教育局 2016 年无证办学清理整顿工作实施方案》,并召开专题会议,部署辖区内无证办学清理整顿工作。各县区教育局先后出台无证办学清理整顿工作实施方案、幼儿看护点分类管理意见等相关文件,成立领导小组,明确清理目标、清理内容和清理范围。对清理整顿出的无证办学机构,各县区下发整改通知书;对少数整改不到位的幼儿园,督促其进一步整改;对后期整改仍不合格的幼儿园依法予以取缔。2016 年,相山区教育局勒令关停不达标幼儿园(看护点)11 所。

学前教育

2016年是淮北市第二期学前教育三年行动计划的第三年。2014—2016年，全市实际新建项目开工26个，开工率为162.5%，完工项目23个，完工率为143.8%；改扩建项目开工21个，开工率为123.5%，完工项目18个，完工率为105.9%，学前教育供给能力明显提高。2016年，全市有幼儿园276所，乡镇公办中心幼儿园覆盖率达100%，在园幼儿73016人，学前三年毛入园率为93.42%。

政府将学前教育经费列入财政预算，新增教育经费向学前教育倾斜。2014—2016年，共安排1250万元专项经费，用于奖励、支持公办幼儿园和普惠制民办幼儿园的发展。设立学前教育贫困生资助资金，按照每生每年资助金额800元的标准开展资助。以奖代补帮扶随迁子女入园。对进城农民工子女入园进行奖补，对接受进城农民工子女入园的普惠性幼儿园，根据接受进城农民工子女入园人数，按照每年每生300元补助标准，对其进行奖补，确保每一名贫困家庭幼儿公平接受学前教育。建立优秀园帮扶机制，定期组织优秀园园长、教师到普通园指导制订课程计划、创设教育环境、开展游戏活动、安排一日生活，全面提高保教质量。

淮北市直机关第一幼儿园

【教师队伍建设】 年内，幼儿园组织教师外出参观学习，采用“走出去、请进来”的方法，提高教师的业务能力。组织教师开展“听课、讲课、评课”活动，优化教师群体素质；选派教师参加“国培计划”学习，提高教学水平。5月，编排的故事《池塘边》在第八届淮北市“音乐舞蹈”大赛活动中，获综艺类少儿组一等奖，幼儿园获优秀组织奖；舞蹈《榴花美》，获舞蹈类少儿组二等奖。6月，在全省幼儿园游戏活动评选中，董莉获全省游戏活动评选一等奖；选送的原创童话故事表演《狐家做客》在安徽省第二届“娃娃乐”故事会中获一等奖；由任玉指导，小朋友利用废旧材料展示科学原理制作的《鳄鱼来了》代表淮北市参加安徽省第七届“六月儿童科学乐”竞赛活动，获省一等奖；编排的舞蹈《请你像我这样做》在第二届淮北市“舞蹈大赛”活动中，获一等奖；舞蹈《榴花美》获二等奖。9月，任玉在第二届淮北市青年教师教育教学技能竞赛中获“淮北市十佳青年教师教育教学能手”称号。由李广会、陈芳芳、范瑾制作的课件《好饿的毛毛虫》、张敬制作的课件《让谁先吃呢？》、王柳眉制作的课件《雨花石》获2016年安徽省教师教育教学信息化大赛课件二等奖。

【幼儿素质教育】 幼儿园利用传统常规性活动，促进幼儿的全面发展，如“三八”妇女节的爱妈妈教育，“六一”儿童节的好儿童教育，九九重阳节“九九话重阳感恩在我心”等活动。利用主题活动课、游戏等形式启发和培养幼儿的环保意识，提倡“节约一滴水、一张纸、一粒米、一度电”，使幼儿从小养成良好的环保行为。组织参与“幼儿自理能力”比赛、“幼儿体能”比赛、“党是阳光我是苗”绘画比赛，大型亲子游戏活动等活动，培养幼儿各方面的能力。

【家园共育】 幼儿园每学期开展家长开放日，建立家园共育专栏，利用电话家访、家长会等形式为家长创建和幼儿园交流学习的平台，征求家长的意见和建议，及时汇总和分析并进行反馈，提高服务水平，促进保教质量，更好地发展幼儿园。组织丰富多彩的亲子活动，通过亲子游戏、运动会等活动加深幼儿园与家长、幼儿的情感沟通。2016年6月，获市“优秀示范家长学校”称号。

（范　瑾）

淮北市第二实验幼儿园

【师资队伍建设】 年内，幼儿园组织多种多样的培训活动，到优秀园参观学习、观摩名师课堂、精品示范课等，开阔教师视野。组织各教研组教师每周二、周三、周四下午进行业务学习，通过交流、研讨、座谈等形式，提高教育质量。开展“教学练兵”活动，通过听课、评课，提高业务素质。5月，开展教师微课大练兵活动，36位青年教师进行微课游戏展示。涉及语言、科学、音乐、健康等多个领域。大练兵推出李茜、周吉珍、王娟、杨开丽、崔凤等24位教师上传微课视频参加安徽省微课大赛。在2016年安徽省首届中小学微课评选活动中，王娟录制的大班体育游戏《跳竹竿》微课获二等奖，周吉珍、崔凤、刘雪芹、闫露露、卢雨含、姜傲雪、王翩翩7位教师的微课获三等奖。在安徽省2016年论文评选活动中，贾宇撰写的论文《农村幼儿园家园合作现状调查研究》、杨开丽撰写的论文《浅谈幼儿角色游戏教师介入的时机及方式》获一等奖，石甜甜撰写的论文《对培养幼儿分享行为的分析与探讨》获二等奖，景凤龙撰写的论文《幼儿园环境创设的问题及对策》获三等奖。杨艳代表淮北市参加安徽省幼儿园游戏活动比赛获一等奖。

【幼儿健康发展】　年内，幼儿园开展迎国庆幼儿绘画展、春游、秋游、冬季亲子运动会、庆元旦联欢会、教师创意作品展、自主游戏评比、家长汇报会等活动，为幼儿提供展示锻炼的平台。对幼儿进行防止拐带、消防安全等方面知识的培养，开展消防应急逃生演练等。4月，举行第二届“娃娃乐”幼儿故事比赛，总园及4所分园共27名幼儿参加比赛。9月，开展推广普通话活动，小班开展“学说礼貌用语”活动；中班开展“开心过暑假”活动；大班开展“制作宣传牌”活动。11月，开展“感恩的心”主题系列活动，小班组采用绘本故事“猜猜我有多爱你”引导幼儿理解其意义，懂得感谢、关爱他人；中班组手工小制作《爱的棒棒糖》送给爸妈和爷爷奶奶，请孩子回家对父母及长辈说一句感恩的话，做一件感恩的事情。大班组的幼儿用手中画笔制作出一张张感恩贺卡，对身边每一个值得感谢的人送去一句感恩的话，感谢周围人对自己的付出，学会善待他人。

【家园共育】　幼儿园定期召开家长座谈会，让家长了解幼儿教育的方法，指导家长按正确的方法，与幼儿园同步对幼儿进行教育。组织丰富多彩的亲子活动，通过亲子游戏、亲子运动会等活动加深幼儿园与家长、幼儿的情感和联系。经常开展电访及家访工作，让家长了解幼儿在园学习、生活情况。4月，组织全园幼儿和家长到桓谭公园进行亲子踏青活动。9月，开展全园小朋友和家长亲子制作月饼活动。11月，利用家长学校这个阵地，邀请法制副校长赵彪为家长开展“法治进校园”知识讲座活动，增强家长的安全意识和法律意识。

（李红瑛）

淮北市商业局幼儿园

【教育教学】　2016年，幼儿园以“健康的身体，聪慧的心智，健全的人格”为幼儿培养目标，关注幼儿的学习兴趣和行为习惯的培养。尊重孩子之间的个体差异，倡导在玩中学、学中玩，在游戏中锻炼他们的动手能力、合作技巧，创新能力。根据季节、节日、教育主题、幼儿兴趣等开展形式多样的主题和教育实践活动，促进幼儿的全面发展。如“三八”妇女节“母亲节”“父亲节”爱长辈、爱家人教育活动，“庆六一”文艺汇演活动，“端午节”传统民俗活动，“清明节”春游踏青活动，以及幼儿讲故事、拍球、跳绳竞赛等。幼儿园成为“淮北职业技术学院”“淮北工业学校”学前教育系专业学生的见实习基地，全年接待200余名学生到园实习。

【教师队伍建设】　幼儿园采取自主学习、专题培训、师徒结对、参观交流等形式开展师资培训活动。2016年，派出40余位教师赴北京、上海、合肥等地参观学习。7月，组织四园150余名教师参加幼儿教师继续教育培训活动；9月中旬，四园50名教师参加淮北市2016年幼儿园常规（安全、一日生活、卫生保健）培训会；11月，派出120余名骨干教师参加“成长的记忆”全国名师观摩课（淮北站）培训活动。

5月，龙培、纵景等参加“淮北市幼儿园游戏活动评选”分别获一、三等奖；王晓雯、戚惠敏等编排的幼儿舞蹈《礼仪小宝贝》获“淮北市第二届幼儿舞蹈大赛”一等奖。6月初，龙培设计的中班幼儿自主游戏活动《多变的呼啦圈》在安徽省幼儿园游戏活动评选中获三等奖。7月，代彦蕾、郝雪、李倩倩参加“淮北市幼儿园教师演讲比赛”，分别获一、二等奖；王晓雯等参加“淮北市幼儿园教师舞蹈比赛”获二等奖；在安徽省中小学教师微课大赛以及安徽省教师论文评选活动中，张丽秋、王芳等10位教师获二等奖、三等奖。

【校园文化建设】　2016年，幼儿园投入30余万元资金改造总园及分园环境，改建整修班级活动室；重新铺设总园一楼院内户外悬浮地板；为各园增添大型户外木质玩具器械；粉刷美化墙面；每班添置足量的幼儿图书、玩具等；为幼儿提供良好的学习、生活、娱乐环境。教学楼走廊和楼梯均布置幼儿文明礼仪宣传标语、图片；根据班级的不同特点设计丰富多样的主题墙饰和区域游戏活动；幼儿手工和绘画作品也无处不在，孩子们可以互相欣赏、评价。

（丁红艳）

义务教育

2016年，淮北市多措并举，进一步巩固提升义务教育均衡水平。将义务教育均衡发展纳入对县（区）教育局年度主要工作目标管理考核体系，组成综合考核评价组，通过听取汇报、查阅资料、实地考察、随机访谈的方式，对照“县、区义务教育均衡发展考核评估标准”，进行评估考核，并通报考核结果。推进城区教育资源合理配置。制订2016年义务教育阶段学校学区划分方案和招生计划，扩大优质学校学区。

完善中考中招政策，将省级示范高中计划内招生数的80%分配到各初中，计划内定向招生不设置最低录取控制线，但不得低于普通高中录取最低控制线，市教育局依据考生志愿表第一批次报考志愿，在未达统招分数线的考生中，按考生学业考试成绩由高分到低分，一次性完成定向生录取工作，确保政策导向作用更加凸显。

实施义务教育学校标准化建设和全面改薄工程，在资金投入、设备配备、教师补充等方面，向农村和薄弱学校倾斜，大力实施义务教育阶段学校标准化建设和全面改薄工程。2016 年，全面完成 68 所义务教育阶段学校的标准化建设任务，实施全面改薄项目 30 个。市财政非税专户已缴纳新建住宅区教育设施委托配建资金 178.95 万元，用于市辖三区配建移交教育设施委托配建资金，极大地补充市财政资金对教育的投入。

淮北市实验小学

【孔子学堂落户市实验小学】 12 月 11 日，中国孔子基金会湖南省孔子学堂推广指导委员会主任刘孝听在中南大学国学研究中心为淮北市实验小学孔子学堂授牌，这标志着孔子学堂正式落户该校。实验小学是安徽省首所也是唯一一所被授牌的学校。

孔子学堂是中国孔子基金会创办的，旨在弘扬和普及优秀传统文化的公益品牌项目，以“写好字、读好书、做好人”为学堂宗旨，即：写好字——承中华之脉，读好书——养堂正之气，做好人——扬上善之德。在孔子学堂可以开展诵经典、学书法、倡民俗、传家风等活动，引领广大师生亲近、了解、学习传统文化，让人生充满正能量，让人生因经典更精彩。

【校园活动丰富多彩】 年内，学校开展“中国梦强军梦我的梦”主题演讲教育，邀请法制副校长开展“听法制故事，做守法小公民”故事会，开展“诚信考试、诚实做人”宣誓签名、走进武警支队开展消防安全教育、邀请市交警支队民警走进校园开展交通安全宣传，“跳蚤市场”爱心义卖、学生秋游、趣味运动会等十多个大型活动，8000 多人次参加。以学生文明礼仪教育为突破口，加强学生行为习惯的养成教育，着重培养学生良好的雅行习惯。非物质文化遗产殷派面塑传承人殷铤崴入住金色童年第二课堂，开展“戏曲进校园”活动等，大力弘扬中华传统文化。

【教学教研】 年内，学校以各种教研活动为平台，展示 16 节精品课，3000 多人次参与备课、上课、听课、评课；开展五校联盟教研活动 18 次，师生 400 多人次参与上课、研讨；为帮扶学校送教 8 节，参与上课的师生多达 300 人次，闫文莉英语名师工作室、冯春燕名班主任工作室举行研讨活动 30 多次，直接受益师生 3000 多人次；在“一课一名师，一师一优课”活动中学校 106 位教师参与，累计上课学生 3816 人次。

【友好交流】 8 月，学校与澳大利亚墨尔本克里夫顿山小学、艾芬顿小学开展教育合作交流，派出 24 名师生进行为期 12 天的研学旅行；9 月，澳大利亚师生 20 多人到学校进行教学交流。两校师生通过校园游戏互动、课堂教学观摩等，加深中西文化和教育理念的认识，促进淮北基础教育国际化的合作。与墨尔本大学合作开发“edmodo”语言合作交流项目，克里夫顿山小学与学校在线结对学生 60 多人。

【教学成绩】 2016 年，学校棒球队获得软式垒球全国冠军。学校阳光体育俱乐部组织的校级队参加市航模、花样跳绳、游泳、羽毛球比赛分别获得一等奖，市中小学田径比赛二等奖。学校获淮北市第四届青少年信息联赛团体一等奖。在“一课一名师，一师一优课”活动中，学校有 43 位教师获市优、17 位教师获省优、4 位教师获得部优；盛颖、张扬分别在心理、思品学科优质课比赛中获市级一、二等奖；邹静获省体育优质课比赛一等奖。安徽省青少年科技创新成果竞赛二等奖 3 人、三等奖 2 人；皖新传媒杯微课大赛，学校获一等奖 1 人、二等奖 4 人、三等奖 10 人；李店学获评省特级教师；彭虔虔在华东四省表达课教学研讨活动中获特等奖；冀骥荣获市第二届中小学青年教师教育教学技能竞赛城市组第一名。

（任　俐）

淮北市第二实验小学

2016 年，淮北市第二实验小学荣获“淮北市优秀校园文化建设学校”称号，淮北市第二届机器人竞赛最佳优秀组织奖，淮北市首届汉字听写大赛二等奖，淮北市教育系统“淮北是我家”歌咏比赛二等奖，2016 年度中央电视台“阿斯顿杯”安徽“希望之星”英语风采大赛中小学生英语演讲比赛优秀组织奖，淮北市中小学生田径运动会小学组团体、男子团体、女子团体分别获一等奖、二等奖、三等奖，淮北市中小学生羽毛球赛小学组男子团体第二名，“柔和六年杯”2016 年淮北市游泳比赛团体第二名，《外婆的澎湖湾》获 2016 年全省六一少儿文艺调演三等奖，《春到沂河》获第八届淮北市“音乐舞蹈”大赛器乐类人气奖。

【凤凰城分校开办】 凤凰城分校确立“凤凰仪态，止于至雅”的办学理念和校园文化建设主题，通过教育理

西班牙足球学校校长考察市第二实验小学及凤凰城分校校园足球工作

念和校园文化的宣导浸润，指引和教育凤凰城分校教师、学生的行为举止、德行素养、人文底蕴，都朝着“止于至雅，各雅其雅”的方向发展。2016年，招生4个班级，配备相山区教育局招聘的新教师8人，学校有6个教学班，13名教师，学生262人。

【平安校园建设】 学校坚持“安全第一，预防为主”的方针，有效避免各种事故的发生。建立安全工作管理网络，分层次签订安全协议书；严格执行门卫登记制度、规范日常管理。加强人防、物防、技防、消防等建设，配备警械等安保器材，配备监控探头26个。多次印发《致学生家长的一封信》。利用校园广播、板报、主题班会等多种形式，开展防溺水、防交通事故、防意外伤害、防自然灾害等系列安全教育活动。聘请法制副校长、法制辅导员、交通安全辅导员，强化安全宣传。学校把每学期第一节课设为安全教育课，提高学生安全意识。

【素质教育】 学校利用小鸣灵广播站、校园宣传栏、班级黑板报、社会主义核心价值观主题教育广场等阵地，潜移默化提升学生综合素质。通过学校“红领巾监督岗”督促学生养成良好的行为习惯；坚持每周国旗下讲话、每周一升旗制度，对学生进行爱队、爱校、爱国教育。通过“向国旗敬礼”“网上祭英烈”签名寄语活动，少先队建队日、迎中秋、庆国庆经典诵读系列活动、十一月读书月活动、十二月消防应急演练主题教育活动等，广泛开展安全教育、爱国主义教育、革命传统教育、文明礼仪教育、卫生知识教育等主题班队活动，加强学生思想教育。

【教师队伍建设】 年内，3人分别荣获第十届全国小学英语教师教学基本功大赛国家级一等奖、国家级三等奖，1人荣获中国梦·全国优秀教育教学论文评选大赛国家级一等奖，1人荣获第二届全国小学魅力课堂教学大赛国家级特等奖，5人分别荣获省级教育教学信息化大赛、微课大赛三等奖，3人荣获2016年度中央电视台“韦博英语杯”希望之星英语风采大赛安徽省总决赛省级优秀教师指导奖，12人荣获“传承中华文化·共筑精神家园”主题读书征文活动“优秀指导教师”奖，10人荣获2016年度中央电视台“阿斯顿杯”希望之星英语风采大赛市级优秀教师指导奖等。10人在国家级、省级、市级刊物发表论文及获奖。省级课题“小学课堂作业优化设计策略研究”结题，教师的科研水平和能力有效提升。

淮北市第三实验小学

【德育教育】 学校注重加强学生的思想道德教育，利用晨会、思品课、班会、国旗下演讲等载体进行宣传教育，提高学生的思想道德水平。少先队大队组织开展“学雷锋、树新风”活动，祭扫烈士墓和踏青活动，缅怀革命先烈，传承革命精神；庆“六一”校园艺术节给孩子们提供一个多姿多彩的舞台，让孩子们在健康快乐的环境中成长；值周班级、爱心捐款、义务劳动、小记者行动、文明创建等成为学生德行教育的平台；学校还通过法制与安全知识讲座，模拟法庭，使学生学法、知法、懂法、守法成为自觉行动。主办淮北市少先队主题队会现场会，组织参演经典诵读节目等，雏鹰志愿服务队评为安徽省十佳志愿服务组织，推荐为全国百佳志愿服务先进组织。杨丽荣获“安徽省优秀少先队辅导员”称号。

【教师队伍建设】 年内，学校组织部分教师赴外地进行专业培训、深造，并通过地区间学术交流、聘请专家培训、上公开课、举办业务竞赛等活动，提高教师教育教学水平。据统计，全年累计外派教师赴广州、上海、南京、合肥、北京、郑州、安庆、厦门、青岛等地学习培训达100余人次。教师获得省级微课一等奖、市级赛课一等奖7人次，部级优课9节，另有多人次在国培计划、名师大讲堂、大型教研活动中承担做课任务。

【教学管理】 学校坚持全面执行教学计划，开齐、开足课程，并配备专业教师专门从事音、体、美、心理健康、信息技术等学科教学工作。组织开展学科教学赛、青蓝工程、家长公开课、微课评选、翻转课堂研讨会、名师大讲堂、实践活动作品展等。每学期进行期中期末定期检查和不定期抽查，重视教学过程信息反馈，做好教学过程每一环节的落实。学校实施上岗培训系列计划。新进教师岗前培训，“青蓝工程”拜师结对，青年教师学习成长记录，教研组公开课，成长汇报课，外出学习交流课等历练积累教学阅历。通过“以老带新”“一帮一”的活动帮助青年教师提高业务水平。孙蕾、营群、杨银艳、袁圆、蔡香梅获市级赛课一等奖，营群、蔡香梅2人代表淮北市参加省级优质课比赛。

【教科研工作】 2016年，学校探索课堂“减负高效”的新路径，组织教师参加教研室专家讲座4次。开放课堂教学，家长公开课24节，参加全市践行社会主义核心价值观队会课比赛2节课。加强教师信息化应用能力培训，实现教育教学与信息技术的整合。组织微课培训3次，安徽省微课大赛15节并获奖。组织经典考级、英语口语风采比赛、书画制作工艺展、大课间阳光体育活动，继续将学生花样跳绳、健美操、独轮车发展为体育课堂特色。学生在《淮北晨刊》刊发成长作品文章200多篇。

（陈　洁）

淮北市淮海路小学

【德育教育】 学校德育机构健全，有政教处、大队部、班主任、教师、家长、校外辅导员为骨干的德育队伍。加强感恩教育、书香教育、成功教育为重点的德育教育。积极树立优秀典型，影响、感染其他学生，在学生中掀起比学赶帮、百舸竞帆的学习热潮。开展社区教育活动，定期到敬老院、卫生院、社区等处开展公民道德教育和社会文明活动。指导家庭教育，每学期召开两次家长座谈会，形成家长、社会、学校“三结合”教育网，建立与家长联系制度，重视教师家访活动，建立留守儿童档案，学校、教师倾心爱护，定期交谈，解决学生学习上、心理上的负担。经常进行时事教育，做到有活动、有实效。组织诵读经典，用经典影响熏陶学生。

【养成教育】 学校结合《小学生守则》和《小学生日常行为规范》要求，对于上学队、放学队、上下楼梯、课间活动、课堂常规等进行严格训练，使学生养成良好的纪律、卫生、生活和学习等良好习惯。开展“行为规范促成长，争做文明好队员”活动，召开教师、家长、学生参加的学习习惯培养交流会。

【经典诵读】 学校每学期制定诵读计划，设计诵读篇目，开展经典诵读活动，让学生在诵读中感受中华文化的博大精深，从民族文化中获得创造与发展的智慧，提高广大学生文化和道德素质，增强民族自信心和自豪感。组织优秀教师编写经典诵读校本教材《诗诵晨韵》，共分低、中、高3个版本。教材内容上，每套书选用近百首诗词、《三字经》《弟子规》《论语》和经典名句、优美诗歌。教材所选用的诗词，包含教育部制订的《语文课程标准》里所附的“优秀古诗文背诵推荐篇目”，古诗文按由短到长、由浅到深的顺序编排，更便于学生诵读。教材所有插图都来源于学校的诵读照片，并在附录中选登学生自己创作的优秀童谣。

【少年宫活动】 学校以少年宫中的“中华礼仪研习所”“心理辅导站”“开心读吧”“红领巾广播站”等为依托，切实提高未成年人思想道德建设水平。从学生日常生活中的点滴细节入手，循序渐进抓学生良好行为习惯和学习习惯的养成。突出全员性德育教育，并针对当前单亲家庭、外来务工人员子女增多的实际，抓实对他们的生活、学习和思想、心理方面的帮扶指导，以点促面，提高德育工作成效。以“社教人员进校园”等活动为载体，拓宽德育渠道，构建学校、家庭、社会“三位一体”的德育工作格局。广泛开展“我读书我快乐”等活动，让少年儿童在书香浸染中提高品性，在文化润泽中优化素养。

淮北市翠峰小学

2016年9月，学校由“淮北市翠峰路小学”更名为“淮北市翠峰小学”。全校有教学班20个，学生1041人，教师52名，其中支教教师15名。2016年12月，“雏鹰”花样跳绳代表队获淮北市花样跳绳团体比赛一等奖。

【师德师风建设】 年内，学校利用例会组织教师开展政治、业务学习，利用道德讲堂加强师德培训，开展“模范教师巡讲”“最美教师评选”活动。年末，按照师德考核制度，采用学校评、自评、教师互评、学生评、家长评等多种方法对教师师德进行考核。2016年度，翠峰小学无一例违反师德的现象发生。

【教育民生工程】 学校利用国旗下讲话、主题班会、校园广播、橱窗专栏、电子屏幕等阵地宣传民生工程政策，通过发放《致学生家长的一封信》，召开家长会，开展暑假大家访活动，开展民生工程政策宣讲活动，提升民生工程的社会知晓度、满意度、支持度。翠峰小学进城务工人员子女占60%以上，为保障这部分儿童与其他学生享受同样的受教育权利，更好地发挥学校育人功能，推进教育均衡发展，学校对进城务工人员子女教育问题进行调查、分析与研究，提出行之有效的措施和方法关爱进城务工人员子女，为进城务工人员子女营造一个健康、快乐、平等、和谐的成长环境。

【学校宣传阵地建设】 年内，学校在相山区教育局网站、市教育网、国家未来网等媒体累计发布新闻350篇次，在《淮北日报》《淮北晨刊》平面媒体发表稿件26篇，国家刊物《语言文字报》发表1篇，淮北新闻联播共2次播放学校相关活动。《翠峰》校报累计发行18期，免费向家长发放。

【家校互动】 8月，学校举办首次“掌上家长会”。采取网上直播的方式，共有200位家长在网上观看此次直播活动。全校经典诵读展示活动采用网上直播方式，现场收看直播的共717人，观看回放749人次，成为家校互动更便捷、有效的方式。

【信息技术应用能力建设】 2016年，学校组织开展16次信息技术集中培训，教师们的信息技术应用能力大幅提升，全体教师学会微课制作。依托国家、省教育资源公共服务平台，整合各类优秀数字资源，推进数字教育资源在日常教学中的应用。组织教师应用多媒体教学设备和资源开展微课制作、观摩课、示范课等活动，创新教学模式，提高运用信息技术手段组织教学的能力。2016年度，教师在华网网络备课系统累计上传电子备课1316篇，名列全区第六位，李楠、吴红、杭芳等7位教师参加安徽省微课大赛获奖，周玉梅、王红雨两位教师获得“一师一优课，一课一名师”省优奖项。

（吴　红）

淮北市长山路小学

【德育教育】 年内，学校加强德育队伍建设，打造专业化的班主任、辅导员队伍。以评选优秀班主任、优秀辅导员等活动为载体，鼓励、促进班主任、辅导员加强德育理论学习。定期召开班主任、辅导员例会，共同探讨德育教育过程中好的做法及遇到的困难、困惑。少先队全方位地抓好学生的常规管理，特别是集队、“两操”和课间行为规范等，促进学生良好品质的形成。通过开展“文明班级”“文明办公室”“美德少年”“校园之星”评比等活动，使规范落实到学生实际行动中。

【德育阵地建设】 年内，学校开展“我们的节日”等主题教育活动，让学生了解我国的传统节日，使学生更好地感悟中国传统文化的博大精深，引导学生树立鲜明的民族意识。开展以“珍爱生命”为主题的安全教育活动，利用橱窗、板报等媒体宣传“生命教育”的意义，营造良好的活动氛围；加强学生乘车、饮食、交通、防火、防溺水、用电等安全教育；邀请交警、法制副校长为全校师生作作交通安全知识培训。

【教学常规管理】 学校严格执行《课程计划》，开齐课程开足课时，教学常规工作规范化、制度化。每月教导处通过定期检查，把备课、上课、作业批改、课后辅导、教后反思等作为检查重点，并将检查结果及时反馈给教师，督促教师及时改进。每周对各教研组开展的教研活动进行跟踪检查，在检查过程中，做到定时间、定地点、定人员，保证每位教师能深入参与活动。学校在期中、期末学生学业情况检测的同时，落实教育教学的过程性管理。教师们针对学生的学习现状和普遍存在的突出问题，在教学中加以重视并针对性地予以弥补，提高学生的学业素养。

【教师队伍建设】 学校以校本培训为主要方式，组织各学科教师学习2011版的课程标准，领悟课改精神，转变教育教学观念，用理论指导实践，解决教育教学中的实际问题。全体教师树立全新的课改意识、科研意识、自我发展意识，争做学习型和研究型教师。开展多种形式的课堂教学研讨活动。学校开展每周一课和各教研组教研活动，教导处全程参与指导，确保活动质量。开展课题研究，提高教师专业技能。马理想获相山区“幸福相山”书画摄影展三等奖。张平获得相山区教育系统“两学一做树形象，立德树人争先锋”演讲比赛优秀奖。郭丽丽、李秀华、戚自远、王冲获全国“中华魂（践行核心价值观凝聚中华正能量）”主题教育活动相山区征文比赛优秀指导教师。王冲、张德文获相山区“传承中华文化，共筑精神家园”征文优秀辅导教师奖。张德文、陈玲、任朋朋获相山区“优秀教师”称号，唐红获相山区“优秀校干”称号，王冲获相山区“优秀班主任”称号，教师王娇获淮北市“优秀教师”称号。吴烁获得2016年全国“百姓学习之星”称号。

（陈超峰）

淮北市首府实验小学

【教师队伍建设】 学校利用五校联盟、成长论坛两大平台促进教师素质提高。坚持每月与市实小、市三实小、县实小、三堤口学校开展学术教研交流活动，助推教师成长；开展“有效教学细揣摩”“动态课堂”的汇编收集整理；开展教学常规定期评，实现教学常规的常态化质量恒定；“如蚕食叶读专著”，形成教师阅读分享的氛围；开展“窗外声音听后思”，教研示范课人人扣题发言，提升教研质量；开展“名师工作坊间谈”，名师工作坊高频率的使用助推教师水平提升。2016年接访外省定点深度教研团5次、市内教研团15次。全年荣获省级教学大赛一等奖3人、二等奖2人；市级教学大赛一等奖6人、二等奖3人。

【素质教育】 年内，学校开展“文化早餐”推进活动，每周升旗仪式齐诵经典和分年级展示，形成定时定量进餐制，让每个孩子都浸润在经典的营养中。开展“说首小轶事”，通过班队会、幸福之声广播站进行实例点评。开展“飘万缕书香”，室外走廊区随处可见图书架，践行“漂流的不仅是书香，更多是信任”的理念，让图书馆和沉睡在家里的图书都在校园内漂流起来，阅读感言也可实时更新班级“书香墨韵”墙的内容。市蒲公英公益协会与学校联合启动“童阅”图书漂流站淮北首站授牌活动。开展“办首小赛事”活动，全年开展合唱节、千人双跳大赛、队列队形韵律操大赛、邮票设计大赛、社会主义核心价值观书画展等重要活动。

（陈艳秋）

淮北市人民路学校

【教学管理】 学校以科研为先导，推行“青蓝工程”，加强师资队伍建设，全力建设学习型、创新型、研究型师资队伍。推动新课程改革，加强师风师德建设和班主任队伍建设，提高教师思想政治素质和业务水平。完善监督机制，创设激励机制，建立长效机制。加强特色建设，注重学校体育、卫生、艺术教育，注重学生个性发展和全面发展。2016年获得“淮北市书法示范校”“优秀校园文化建设学校”等称号。在“全国义务教育阶段综合实践活动优质课”评选活动中，王思宇荣获全国活动录像课二等奖。魏雪雁、孙丽参加第七届全国中小学主题班队会说课比赛，分获一、二等奖。

【教学质量】 2016年，市人民路学校第一届中考参考人数159人，700分以上25人，考取省示范高中95人，省示范高中考取率近60%，普通高中达线率近85%。在“皖新教育杯”汉字听写大赛比赛中，获得小学组一等奖；淮北市第五届中小学生花样跳绳表演赛，获初中组二等奖；2016年淮北市中小学生篮球比赛，获初中女子组亚军；市教育局举办“传承中华文化共筑精神家园”为主题的讲故事演讲比赛，陈雪尔荣获中学组一等奖，徐雪瑶、许坤荣获二等奖，胡艺获得小学组二等奖，王蓬辉获三等奖；2016全国第九届数理化竞赛初赛，人民路学校共有21人获奖，其中八年级学生李晨曦获得数学全国一等奖，韩旭阳获得物理学科全国一等奖；市教育局组织的“中国梦·强军梦·我的梦”演讲比赛，胡艺获小学组一等奖。

（代志强）

淮北市濉溪路小学

淮北市濉溪路小学（原淮北教院附小）始建于1980年，坐落于濉溪路中段，2008年6月学校与相山区董庄小学实施集团化办学，成立濉溪路小学教育集团。

【办学规模】 校园占地面积14555平方米，建筑面积7400平方米，其中教学楼面积7400平方米，教学楼内设有多媒体教室、微机室、图书室、音乐室等专用教室。2016年学校有30个教学班，在校学生1710人，在职教师68名，其中市级骨干教师3名，专业合格率100%。

【教学管理】 年内，学校加强课堂教学管理，开展“随堂听课”活动，提高课堂教学效果。平时教学组内互相交流，同年级共同研究集体备课，各教研组长把关，杜绝不备课进课堂的现象。提高课堂教学质量，向40分钟要效益，做到精讲多练，改变以往重视知识传授、忽视能力培养的做法。做好作业的布置和批改工作，通过每月一次的常规检查了解学生的作业情况，及时总结，反馈给任课教师，抓好教育教学质量。做好期中检测和期末检测的各项工作，及时进行成绩统计和分析，并做到每位教师写出失分原因，以此来调整教学方法，促进学生成绩得到提高。贯彻落实《体育卫生工作条例》精神，坚持“健康第一”的指导思想，严格按课程计划开齐、上好体育课，提高“两操”及活动课质量。落实阳光体育运动，完成学生体质健康测试工作。

【师资队伍建设】 在安徽省基础教育研究院组织的微课评选中，学校13位教师分别获得一、二、三等奖。

在淮北市教育教学信息化大赛中，濉溪路小学教育集团获得优秀组织奖，有27位教师微课分获市一、二、三等奖。在安徽省论文评选中，有8名教师分别获一、二、三等奖。张晨曦执教的《吃饭有讲究》一课，在市第六届思品优质课评选活动中获得一等奖。杜倩执教的《假如》在2016年全市首届"讯飞杯"中小学畅言系统应用能手评选活动中获一等奖，王蕾获三等奖。

【素质教育】 学校组织开展低年级口算、中高年级数学比赛，激发学生速算兴趣，提高学生速算能力。开展低年级写字比赛和中高年级作文竞赛，锻炼写作能力。开展高年级英语作习竞赛、学生英语才艺展示活动，共有400多人次参赛近200人获奖。开设书法、绘画、舞蹈、计算机、国际跳棋、足球、花样跳绳等兴趣小组，并将花样跳绳定为学校"一校一品"特色项目。2016年，在全市花样跳绳比赛中获特等奖，在安徽省首届跳绳比赛中获优秀组织奖，安徽省"酷炫体育"杯花样跳绳比赛中获团体表演一等奖。开展经典诵读活动，学校将经典诵读检查情况纳入班级评比。年内，学校还先后获得第五届花样跳绳特等奖、上海市第二届市民运动会总决赛三等奖、淮北市教育系统《淮北是我家》歌咏比赛二等奖、示范家长学校、全国校园足球特色学校、全国五好小公民主题活动先进集体、淮北市校园足球比赛三等奖、淮北市书法实验学校、全国五好小公民主题活动示范学校、第七届教育系统排球赛女子乙组第五名、安徽省国际跳棋公开赛第三名等荣誉。

（顾 凤）

淮北市黎苑小学

【营造经典氛围】 学校致力于打造"翰墨书香，雅言传承"校园。黎苑楼一楼文化大厅，天花板古典端庄，走廊上方悬挂诸子百家名言警句，柱子四周为四季美景，学生处处受到文化熏陶。黎苑楼北侧悬挂《百家姓》，西侧矗立文化长廊，张贴12副对联，南侧巨石上刻有《黎小赋》，展示学校的成就与业绩。梨谷楼文化大厅10根巨大柱子四周镶嵌古老的窗花图案，中间展示五千年文明精髓。校园经典文化氛围浓厚，滋养学生的心灵。

【教师队伍建设】 年内，学校组织教师参加继续教育培训和国家省市级各学科的国培计划以及安徽省基础教育平台的远程培训，组织教师参加网络远程培训和考试，开展学科带头人、骨干教师帮扶结对活动和"青蓝工程"活动，提升青年教师教学能力。黄圆、李娜、季晓辉获市级赛课一等奖，张文花、张梅、田孝辉、黄婉莹、李艳丽获省级优课，20多人获市级优课。

【廉洁教育】 针对小学生身心健康发展特点，学校让廉洁故事进课堂，教师每日讲廉洁故事或者播放视频，声情并茂且深入浅出地讲述故事，让学生流连并追思榜样。各班利用班队会进行听故事心得交流和研讨会，由学生结合身边的具体实例述说，并撰写心得体会。发动家长共同参加廉洁教育规范汉字书写比赛，架起家校合作的桥梁，学期结束，评出校内表现突出的廉洁小标兵。

【体育运动】 学校开展"阳光体育大课间"和各种体育运动项目、体育兴趣小组，广播操、韵律操、武术操在大课间举办，历次淮北市中小学田径运动会，黎苑小校名列第一。学校曾代表安徽省参加比赛或国际交流，学生在游泳、足球、乒乓球等项目表现较为突出，2016年入选全国足球特色学校。

（韩 东）

淮北市古城路小学

【教学管理】 年内，学校根据新形势需要修改教务各岗位的岗位职责，补充调整各项奖惩制度。开展作业、教案检查活动和"三字一画"评比活动，通过"以检促教""以赛促教"促使教师教育教学能力不断提升；严格管理期中、期末等各次检测，做出成绩分析，为各年级、各学科学情分析提供参考。制定继续教育校本培训方案，在实际中重视校本培训，强调理论与实践的结合。组织"一师一优课"教学赛、青年教师基本功评比等活动，为教师们提供展示自己的平台。加强毕业班考试反馈力度，定期举行质量调研活动，召开家长会，及时反馈，及时沟通，形成教育合力。11月，举行一年级家长开放日活动，让家长走进校园，走进班级，深入课堂，全面了解学生在校的学习、活动等情况，实现学校教育与家庭教育的有效沟通。

【帮扶农村学校】 学校规范建设郭王分校"留守儿童之家"，保证留守儿童教育管理各项工作规范运行。依托主校区优质教育资源，利用学校现有设施和师资，按照"六有"（有牌子、有场所、有图书报刊、有设施、有档案、有教师）标准，打造特色留守儿童活动阵地，相继建成"植物园""留守儿童之家""爱心阅览室""科学实验室""心理咨询室""红领巾课间书吧"等活动场所。主校区的孩子们也与分校区的留守儿童开展"手拉手"结对子活动，在生活、学习上互帮互助，成为知心朋友。在“六一”儿童节和运动会等活动中，邀请留守儿童与主校区的孩子们同台演出、同场竞技，使留守儿童感受到自己生活在欢乐、和睦的大家庭中，增强学习、生活的信心，体会到学习的乐趣、成长的快乐。

【教师队伍建设】 学校利用“录播教室”设备，促进教师专业化成长，要求每位教师每个月至少在录播教室上一节课，所授课视频全部存档，并作为集体教研、评课的主要依据。在2016年“一师一优课、一课一名师”活动中，学校共有87节课获得区级优秀，26节课获得市级优秀，5节课获得省级优秀，1节课获得部级优秀。在2016年安徽省微课评选活动中，两位教师荣获二等奖，一位教师荣获三等奖。

【校园艺术节活动】 年内，学校以“七彩阳光，童心飞扬”为主题开展校园艺术节活动。艺术节活动历时一个月，从5月月初开始在校园内部进行选拔，最终在全校49个班级中确定15个班级，参加“童心向党爱我家乡”庆六一大合唱展演活动。在淮北市第八届“小小艺术家”文艺调演中，朱松峰辅导的大合唱《祖国在我心窝里》、杨慧妍表演唱《不要怕》、章莉和丁莉编排的舞蹈《俏小丫的花小辫》、符玲编排的舞蹈《好一朵小兰花》、李昱贤的钢琴独奏《克罗地亚狂想曲》、器乐合奏《采茶舞曲》和周珂编排的轻喜剧《劳动最光荣》等节目分别获得声乐类、舞蹈类、器乐类奖项，其中杨慧妍和李昱贤分别荣获“小小艺术家”称号。

【阳光体育活动】 年内，学校以“阳光下成长”为主题，通过开展多层次、多形式的学生阳光体育活动和艺术展演活动，让学生走向操场、走进大自然、走到阳光下，激扬青春活力。11月，举行学校第七届阳光体育运动会，设跳绳、立定跳远、50米、拔河等20个比赛项目，全校49个班级共有2000多名学生及低年级学生家长参加本次比赛。10月，在相山区中小学生田径运动会上，荣获第一名；在淮北市第五届“乒协杯”乒乓球比赛中，荣获男子团体第一名。

【航模科技教育活动】 学校组织开展航模科技教育活动，拓宽航模科技教育渠道，培养学生的创新素质，促进学生全面发展。2016年，在省级、市级航空、航天、航海、车辆、建筑模型锦标赛中，荣获团体一等奖、三等奖，周舫宇、刘毓章等86人分获个人一、二、三等奖；在安徽省青少年航空、航天、航海、车辆、建筑模型锦标赛中，荣获团体三、四、六等奖，潘雨、徐乔志等31人分获个人一、二、三等奖。

淮北市实验学校

淮北市实验学校成立于2013年5月，是市直属全日制初级中学。学校与淮北市实验高中毗邻。占地约50亩，建筑面积近2万平方米，绿化率达30%以上.拥有全市一流的、现代化教育教学设施设备，全塑胶标准体育运动场、教室均安装班班通多媒体教学设备，办公楼、教学楼、实验楼、艺术楼设施完善，报告厅、体育室、微机室、美术室、音乐室、舞蹈房、图书室、阅览室配备齐全。

【教师队伍建设】 学校每学期开学即组织开展师德师风专题教育活动，引导教师教书育人、敬业奉献。规范教师教育教学行为，依法执教、廉洁从教。落实校本教研，促进教师专业发展。强化、细化备课组活动制度，做到定时、定地点、定主题发言人，开展每人一课的公开教学活动。

2016年，实施助力青年教师发展的“青蓝工程”，开展“强师能、铸师魂、兴实验”和“聚焦课堂、改善课堂、提升质量”校本培训活动。提出“立足课堂、研究课堂、改善课堂”行动策略，并成立特级教师领衔的“教师专业发展中心”，用于指导教师专业发展，使其成为教师成长的导航站、加油站和孵化站。依托安徽省课题“基于微课的翻转课堂研究”，研究信息技术条件下的课堂教学改革，一大批教师在教育科研的锻炼中茁壮成长。年内，教师获奖22人次，其中，省级3人次，市级优质课及技能比赛19人次，祝鹤以第二名的成绩荣获淮北市第二届“十佳青年教师教育教学能手”称号。建立“推门听课制度”，学校中层领导深入课堂一线，每学期听课不少于50节，了解教学情况，有针对性地做好教育教学的指导。

【德育教育】 学校德育工作以养成教育为切入点，创新德育新模式。建立五真少年评价模式，以“求真知、养真气、存真爱、行真事、做真人”为标准，引导人人争做“五真好少年”，打造“两真文化”（求真知，做真人）特色育人模式，构建两真校园文化。开展“育人责任田工程”，从满足学生成长中的个性需求出发，建立“全员育人、全面育人、全程育人、全方位育人”的育人体系，动员多方师资力量，整合多种教育资源，通过思想引导、心理疏导、生活指导、学习辅导，记录辅导学生成长过程，帮助学生健康成长，成为学校的靓丽名片，并多次被《淮北日报》等新闻媒体宣传报道。

【规范办学行为】 2016年，学校招收完整的3个年级，开办14个教学班，在校学生近720人，教职工57人。坚持免试就近入学制度，阳光招生、均衡分班，杜绝大班额现象。规范收费管理、杜绝乱收费现象。设立"校长信箱""党员廉洁举报箱"，以便于广大教师参与学校工作的监督管理。加强对教师的引导和管理，抵制有偿家教行为以及变相体罚等违规行为的发生，教育广大教师牢固树立依法执教、规范办学的思想。

淮北市梅苑学校

【教学管理】 2016年，学校完善业务研讨制度，坚持业务学习与听评课活动。完善校本教研制度，做到人人参与，人人有实效。在开好开足常规课程前提下，重视开展心理辅导课、国学经典诵读课、写字课，组织教师开展实践教研。落实外出学习制度，要求外出学习的教师必须作学习报告，以求资源共享。教师彭颜赴英国学习归来后给全体教师作报告，汇报自己的所看所学所感，并把学习的经验应用于日常课堂教学中。小学部以语文、数学教师参加淮北市"全国名师教学观摩活动"为契机，开展评课、议课工作，进一步提高教师的教学水平。组织开展学校第五届青年教师教学大奖赛活动。中小学部共65名青年教师在录播室上课，教科室从汇报课活动中遴选出部分优秀课例上报参加2016年安徽省中小学教学信息化大赛。开展"一师一优课"活动，共有112人参与晒课，晒课118节。

【智慧校园建设】 年内，学校利用原有录播系统将教学互动应用服务软件、区域网络教研互动应用系统进行有机整合，建成同步互动课堂；在线课堂、3D教室、智慧教室、云机房、移动办公平台等信息化设备设施在教学和管理中广泛运用。2016年上半年，邀请淮北市中小学教师教育信息化技术能力提升主题调研会专家团成员到校指导；临泉县十余名校长到校参观学习；淮北市"互联网+智慧校园未来教育发展高级研修班"学员到学校参加现场观摩；《中国教育报》刊发《信息化带动现代化薄弱学校"智慧变形"》的文章，介绍梅苑学校信息化建设的进程及取得的成绩，人民网、新华网等多家媒体予以转载。

【教师队伍建设】 2016年3月，在安徽省德育精品课程评选活动中，梅苑学校有16节精品课例通过省级评选，并被推荐参加国家级评选。淮北市2015年"皖新传媒杯"微课大赛评选活动中，梅苑学校共有101人获奖，其中一等奖15人、二等奖36人、三等奖50人。李晓嫚、陈超在2016年淮北市初中数学优质课评比活动中分别荣获一等奖和二等奖；杜莉荣获全国初中语文教师教学基本功展评优秀课例评比一等奖；赵艳阳荣获2016年淮北市小学语文表达课优质课评比二等奖；杨晨荣获2016年淮北市小学语文青年教师优质课评比一等奖，并代表淮北市参加第二届安徽省小学语文青年教师优质课教学评比，荣获第三名；唐红粉荣获2016年淮北市初中音乐教师教学基本功展示一等奖，并代表淮北市参加安徽省初中音乐教师教学基本功大赛；张友东指导的两件学生科技创新作品在2016年安徽省青少年科技创新大赛中均荣获二等奖；在全市中小学优秀自制教具展评活动中，李洪玲、张友东的作品均获一等奖。

（邹　荣）

淮北市海宫学校

【德育教育】 2016年，学校利用橱窗、板报、班班通、校园广播等阵地加强社会主义核心价值观的宣传，开展"践行社会主义核心价值观""老师您好，我的好老师"等系列教育活动。加强安全教育和法制教育，每月开展一次安全教育，组织学生每月至少一次防震减灾安全演练，邀请法制副校长到校开展法律知识讲座。利用各种重要节日、纪念日开展爱国主义、民族精神、传统文化等教育活动。以新修订的《中小学生守则》为主要内容

课外兴趣小组深受学生喜爱

开展道德讲堂、演讲等系列活动，提升学生思想道德水平。开展大课间体育活动，引导学生学会健体，增强健康意识，打造人人会健体的阳光校园。5月，海宫学校获得淮北市经典诵读三等奖。

【教学教研】 年内，学校申报“微课、翻转课堂教学模式的实践研究”的省级课题并立项。组织教师参加现代信息技术的学习与应用，全校教师纷纷录课，并把录课上传到网上。落实“一师一优课，一课一名师”活动，动员教师参加市教育局举办的教学论文赛，要求年龄40岁以下的教师全部参赛。做好对帮扶学校相山区钟楼学校的支援工作，送去电脑、书包、书籍，指派优秀教师送教。

【中考成绩】 2016年，海宫学校参加中考考生555人，有110人被市一中录取，录取率为19.8%。其中，郭博文以786分的成绩获全市第二名、市直第一名；顾金忠希以780分获全市第三名、市直第二名；周静博以775分获全市第八名、市直第四名。省示范高中录取率为67%，普高录取率为91%。

（胡　伟）

淮北市西园中学

【均衡分班】 年内，按照免试、就近入学的原则，实行按学生住所、户籍所在地划片招生，确保学区内适龄学生全部入学接受义务教育。学校按照新生性别、成绩等因素，阳光平行分班，新的七年级计12个班，每班人数都控制在50人以内。整个招生及编班过程做到公开、透明、规范。

【教学教研】 学校健全、完善校本教研制度。由教导处牵头，各个教研组长制定好本学科教研计划，开展学科教研活动。2016年，全校138名一线教职工按规定完成安徽省教育资源平台的登录、注册、上传和教育资源的下载。落实集体备课制度、公开课制度、听课制度。每位教师要求完成相关的记录并填写《教师专业发展报告册》。开展课题研究工作，立项课题依计划实施，按期结题，2016年有3个省级课题立项。开展各种形式的教育教学评比活动，学校牵头的“五校联考”（含九年级月考和七、八年级的期中考试）开拓全市初中教学研究的新格局，在组织、安排、考试、阅卷、分析会等方面更加规范，并率先在全市实现网上阅卷新模式。联考的范围涵盖全市20多个学校、6000多名学生，起到名校辐射引领的作用。

【教师继续教育】 学校支持和鼓励教师接受各种短期培训，有计划地组织教师外出观摩学习，要求和安排教师利用网络进行信息技术能力提升和教育教学的培训。开展“名师工程”，把评选“优秀教师”“学科带头人”“骨干教师”纳入制度管理。年内，有特级教师1人，省“教坛新星”1人，市“教坛新星”9人，市学科带头2人，市骨干教师9人，市教育名师工作室首席名师2人、名师工作室成员10人。2016年，在各级教育主管部门举办的论文、优质课、教学案例、“一师一优课”“微课”等评比中，有67人次获国家、省、市级奖项。

【德育教育】 学校落实“以德立校”的工作方针，优化德育教育途径，改进德育教育方法，组织开展丰富多彩的主题教育活动，促进学生良好习惯养成。结合学校实际，实行师德考核机制，对教师师德表现按学生问卷调查、领导考评等程序进行考核，考核结果通知到本人。通过“家长热线”“校长信箱”“行风评议”等，听取学生、家长、社会等方面的反映，自觉接受监督，实现学校、家庭、社会共同促进提高师德师风素养的目的。提高学生综合素质，促进学生的全面发展。开展以政教处为中心的德育工作校本培训，推进学校班主任队伍建设。校团委、学生会共同协作，加强学生干部队伍建设，提高学生自我管理意识与水平，发挥

学生们开展“一元捐乐助残”活动

团委、学生会、学生干部在青少年学生思想道德建设中的重要作用。上好“两操”（广播操、眼保健操），推进阳光体育活动，活跃校园生活，促进学生形成“健康第一”的理念。

（陈 杰）

淮北市第二中学

【中考成绩】 2016年，市二中参加中考学生数672人，其中达市一中统招线为55人，占8.18%；达淮北实验高中统招线224人，达线率33.33%；达省示范高中线431人，达线率64.16%。全市前十名中市二中有3人。

【师德师风建设】 年内，学校开展“规范从教行为，树师表形象”师德教育活动，提升教师形象。利用周一教工会、班主任会、年级组会、教研组会等学习习总书记系列讲话、教师职业道德规范以及上级有关文件精神，提高教师依法执教的自觉性。利用学生民主评教、同行互评、班子评教等方式，加强教师职业道德考查力度，整顿师德方面存在的突出问题。配合市教育局开展“规范从教行为”专项治理活动，坚决杜绝违规收费、违规推销教辅资料、从事有偿家教等违背职业道德的行为。

【德育教育】 学校推行德育教育精细化管理，实现全员育人、全程育人、全面育人。指导班主任制订工作计划，定期召开班主任工作会议，开展优秀班主任及优秀班集体评比表彰等活动，提高班主任德育工作水平和能力。开展团队活动、足球联赛、德育主题实践教育、研学之旅、军训、第二十四届校园艺体节等活动，使学生在活动中快乐成长。规范升旗仪式、大课间跑操活动，办好校园广播站，利用宣传栏、黑板报等德育阵地，优化育人环境。完善家长委员会制度，建立家校联系制度；定期举办法制副校长法制讲座等活动，提高家长的法律意识和家教质量。

年内，在安徽省青少年科技创新大赛中荣获创新类二等奖2人，创意类一等奖2人。在淮北市经典诵读比赛中荣获三等奖，在市航模锦标赛中荣获二等奖。在全市中小学生“教师您好，我的好老师”主题教育活动演讲比赛中，邵逸飞获一等奖，黄睿获二等奖。在全市中小学生篮球比赛中获得冠军。在市中小学践行社会主义核心价值观系列活动中获知识竞赛中学组团体二等奖，龚珏、苏能悦荣获最佳表现奖，吕欣芮荣获演讲比赛中学组二等奖。在市中小学田径运动会上获得男子团体二等奖，在淮北市中小学生羽毛球比赛中荣获中学组男子团体一等奖，在淮北市中小学生校园足球联赛中获得冠军，在淮北市第五届中小学生花样跳绳比赛中荣获初中组二等奖，在淮北市中小学生“中国梦，强军梦，我的梦”演讲比赛中获中学组二等奖。

【教育队伍建设】 学习认真落实“名师工程”“青蓝工程”要求，利用优秀骨干教师发挥引领示范作用，带领更多青年教师成长。开展青年教师业务技能培训和青年教师大奖赛活动，组织2010—2013年进校的教师参加教学业务技能培训，举办新教师素质提高活动。唐艳柳的论文《浅谈如何多措并举打造风生水起的思品课堂》获省一等奖。在安徽省微课比赛中，张婉秋、唐艳柳、田功、岳季、郭洁获一等奖，李园媛获二等奖，焦丽、胡蜀君获三等奖。在一师一优课活动中，有106人上传作品，其中侯静、程邵青、岳季、曹倍倍、刘情情、马玉红、欧林书、任颖颖、崔祥云、魏春艳、宋四华、李青松、魏明、刘雪花、李红梅、李芝霞、尤玉芳、徐晶晶、田功、朱影等20人获省级优课，李青松、马玉红、欧林书、任颖颖、尤玉芳、徐晶晶、岳季等7人获部级优课。在安徽省优质课比赛中，徐晶晶获一等奖，任颖颖、李红梅、张迪获二等奖。在省物理、化学、生物创新实验说课中，刘情情获一等奖。在安徽省中小学教师资格考试面试考官推荐活动中，田功、王静、朱影、谭静、徐晶晶、高磊、郭艳红、侯静、程邵青、李园媛、王云、李青松、宋四华等13人入选面试考官。

（朱志全）

普通高中教育

淮北市教育局结合高中课程改革，深化课堂教学改革，推进以教学实际问题为核心，以参与式、情境式、案例式等为主要特征的课堂教学模式，积极探索“减负增效”的有效途径，打造高效课堂。加强教育科研，举办名师大讲堂、皖北地区高中教学研讨会、高考研讨会等活动。建设智慧校园，推进信息技术与学科教学的有机融合，借助网上作业批改系统，加大对考试和作业的过程管理力度，从命题、测试、数据分析、个性诊断、纠错跟踪、心理疏导等环节精准发力，提高教学质量。2016年淮北市高考再创佳绩，各校本科达线人数普遍增加，一本尤为突出，高分段学生较为集中。奥赛成绩突出，2016届学生获省级一等奖31人次，获国家级奖牌8枚。12名学生考取北京大学、清华大学；8名学生考取国外名校。

淮北市第一中学

【高考创佳绩】 2016届高考，葛宇、甘释宇分获淮北市文科、理科状元，12人被北京大学、清华大学录取。一本达线742人，二本以上达线927人，本科总达线994人。应届一本达线率69.4%，二本达线率86.72%，本科达线率92.98%。实验班一本达线率97.52%，平行班一本总达线率66.1%，国际班一本达线率34%，二本达线率65.5%。李怡然收到7所美国名校的本科录取通知书，最终被美国华盛顿大学西雅图分校录取。另有7人被澳大利亚墨尔本大学、美国加州大学欧文分校等国外大学录取。

【奥赛成绩优异】 2016年，市一中在全国中学生奥林匹克竞赛中获得国际奖牌1枚、全国奖牌8枚，获31个省级一等奖（数学2人，物理7人，化学13人，生物9人）。在高考保送政策大幅收缩的背景下，有4人获得北京大学和清华大学降分录取资格，另有1人获得中国科技大学降分录取资格，2人获得浙江大学降分录取资格。年内，学校约350人参加高校自主招生，220人获得考试资格，70余人次获得高校的自主招生加分，列全国第47位，安徽省第1位。

【师德师风建设】 学校规范办学行为，与每位一线教师签订《廉洁从教承诺书》，实施干部与群众谈心制。分期分批组织教师外出学习培训，提升教育教学的理论素养和实践能力。以身边的力量激励广大教职工，开展“师德标兵”和“学生最喜爱的老师”评选，宣传先进典型，树立良好的教育典型，推动师德师风建设。年内，贺子华、田磊等4人获“淮北市优秀教师”“淮北市优秀教育工作者”称号，杨茂坤、冯德英等10人获市一中第四届“十佳师德标兵”称号，桑珍雷、李怀金等32人被评为“学生最喜爱的老师”。

【德育教育】 学校在高一、高二年级开展多种多样的班级道德讲堂活动，如“我和我的祖国”“法制”“孝敬父母”等，引导学生崇德向善、知礼尚义、自觉担当，做道德风尚的传播者、实践者。在创建诚信校园活动中，开展系列创新特色活动，如组织学生签订《创诚信班级承诺书》《做诚信学生承诺书》《“远离毒品、关爱生命”承诺书》，在活动中让学生体验“一诺千金”的道德感。通过综合实践活动、主题班会等形式，帮助学生探寻正确的价值取向，践行正确的人生道路。

学校利用新生军训和入学教育、国旗下讲话、高三百日誓师大会、开学典礼、毕业典礼、艺术节、体育节等常态途径开展德育教育，先后举办教师节红烛颂、“开学第一课”系列爱国抗战教育活动、纪念“九一八”、诚信考试、安全教育、核心价值观主题班会等活动。新成立的“王如松纪念室”成为学校学子励志笃学、奋发向上的精神教育基地，成为传播生态知识、弘扬科学精神、培育人文素养的有效载体。校团委还组织学生参加新概念作文大赛、全国创新作文比赛、中国中学生作文大赛、全国青少年创意写作大赛、创新英语、中学生英语能力竞赛、模联、商赛等活动。支持学术类社团的发展，依托北京大学等高校，成立汴河考古社、行知地理社团和生命科学营3个学生社团。年内，学校获得“北大培文杯”全国青少年创意写作大赛“优秀组织奖”，安徽省模联五周年特别突出贡献奖。陈忆箫等7名学生获作文或英语比赛全国一等奖，校足球队夺得“卓尔杯”足球赛华东赛区第三名，并晋级全国16强。

【教学管理】 年内，学校督导组加强对教师课堂教学的指导和督促，提高课堂效率。围绕教学常规督导工作的开展，教务处制订《淮北一中关于教学督导的工作思路和管理规定》，成立各年级组督导小组，明确每个督导人员的督导听课任务及要求。试行的一个学期中，三个年级组共督导听课128节，涉及63名教师。教务处对督导听课情况进行阶段性总结反馈，对存在的突出问题，直接告知相关教师，指导其短期内改进，并采取再次跟进式听课。教学督导对促进青年教师快速站稳讲台，提升全校教师教学能力起到积极作用。

教务处会同考试中心，加大对考试的过程管理，从命题、测试到诊断检测、纠错跟踪、心理疏导等，各环节精准发力，有机融合。每次月考后，教务处协同年级组做好考情分析，对各班数据进行横向对比分析，让教师看到差距和改进的方向；召开备课组长会议，分析学生在试卷中暴露出的共性问题，制定下一阶段应对措施，命制纠错练习；督导各班召开班级教研会，既研讨学生在知识点方面存在的问题，也帮助学生疏导心理方面的困惑和焦虑；月考后，在不同年级开展试卷讲评课，促进教师提高试卷讲评课的能力和效率。围绕校本作业的使用、批改，学校借助智学网加大检查力度，基本做到每月一统计一公布。年内，三个年级在智学网上批改的作业总数为3168次，其中高一年级1279次，高二年级738次，高三年级1151次。

【青年教师培养】 年内，学校推动“名师工程”，发挥名师在教研组、备课组活动中的指导作用，在青年教师成长上的帮扶作用，王化银、张靖、白鹏、马辉、张亚非、谢晓静、刘新阳等获优秀教练、优秀指导教师称号。牛松获"淮北市十佳青年教师教育教学能手"称号，钱玉亭在全国历史优质课评比中荣获一等奖，桑珍雷获中学生物课堂实验教学全国一等奖。中央电教馆公布2016年"一师一优课、一课一名师"和"学科德育精品课程"评选部级优课名单中，市一中7名教师报送的录像课获得部级优课，还有9节课获得省级优课、32节课获得市级优课。

教科处以"教研组、备课组、课题组"建设为依托，做好青年教师培养工作，开展"青蓝工程"和"同伴互助"活动，对新进教师开展岗前培训和岗前诊断，组织青年教师拜师结对。组织青年教师上汇报课，举办青年教师翻转课堂"同课异构"公开教学研讨活动、青年教师基本功大赛等，促进青年教师的专业发展。汪龙祥、郭艳、李伟、于和建、陈思等一批青年教师荣获全国或省级优质课大奖。

淮北市实验高级中学

【概况】 淮北市实验高级中学始建于1958年，原为淮北矿务局中学（简称局中），2005年更为今名，是安徽省示范性高级中学。学校占地300亩，总建筑面积10万多平方米。2016年学校有专业技术人员414人，其中高级职称158人，中级职称162人。拥有全国特级教师3人，国家、省优秀教师3人，省教坛新星6人，市教坛新星13人，市学科带头人8人，市名师工作室首席名师、名班主任3人，市名师工作室名师12人，市"骨干教师"34人。在校学生人数5134人。

【教科研成果】 在中国教育学会2016年度"第八届高中青年数学教师优秀课展示与培训活动"中，杨河荣获优秀课二等奖。安徽省优质课比赛，英语教师刘巍荣获一等奖、王芳荣获三等奖；心理健康教师张莹莹荣获二等奖；语文教师王斌荣获三等奖。在2016年安徽省论文比赛中，荣获一等奖1名、二等奖3名、三等奖9名。姜菡的《浅谈班级管理中仪式感教育的运用》荣获《中小学教育》杂志社教研成果一等奖。2016年安徽省信息化大赛中，荣获一等奖10名、二等奖10名、三等奖21名。2015—2016学年"一师一优课，一课一名师"评比中，荣获省优35名，市优59名。《新课程教学》2016年高考试题评析，学校9个学科共计42名教师获奖。

【教育成果】 在"希望之星"英语风采大赛中，学生获国家三等奖4名，省一等奖17名、二等奖21名、三等奖17名。在"北大培文杯"作文大赛中，获国家二等奖2名、三等奖3名。全国创新作文大赛中，获国家二等奖1名、三等奖1名。第十九届全国青少年五好小公民"老师您好，我的好老师"征文比赛活动上，30人获市级奖，12人获教育部关工委奖。数学奥赛，省三等奖2名；物理奥赛，省二等奖3名、三等奖3名；化学奥赛，省二等奖1名、三等奖7名；生物奥赛，国家三等奖2名、省三等奖2名。安徽省科技成果交流会，获三等奖1名。

竞技体育中，7月，淮北中小学生篮球赛男子组第一名，女子组第一名；8月，安徽省篮球传统项目比赛高中男子组第一名、高中女子组第三名；10月，淮北市中学生田径运动会总团体高中组第二名，总团一等奖，男团一等奖，女团一等奖；2016年淮北市"皖新教育杯"中小学生校园足球联赛高中组一等奖；11月，安徽省田径传统项目学校体育特色专项学校冠军赛女子三级跳远冠军，男子跳高冠军，男子4×100米接力亚军，女子跳远季军；11月，淮北市中小学生羽毛球赛男团三等奖，女团三等奖；2016年安徽省足球传统项目学校比赛第七名；2016年12月，淮北市"皖新教育杯"中小学生花样跳绳比赛二等奖。

【校园主题活动】 2016年，学校举行各类主题活动和社团活动30余项，丰富校园文化活动，提升学生综

学校举办十八岁成人宣誓仪式

合素质。“金猴闹春满实高”2016元宵喜乐会、2016届高三百日誓师大会、“学习身边的雷锋，向环卫工人致敬”——学雷锋活动及十八周岁成人仪式活动、国际部“3·12”植树节活动、《关爱自我觉察情绪》活动、“粽情粽意”端午读书会、“2017高考，我们在路上——2014级高二（2）部高考系列讲座、田径运动会、2017年“智汇校园”元旦文艺汇演等各类活动先后举办。

【教学交流活动】 2016年3月20日，实验高中国际部在学校西一阶梯教室举办美国名校之旅研学旅行交流会；9月23日，参加安徽省首届省示范高中创新型人才培养高峰论坛；9月开始，学校班主任发展中心安排各班主任外出学习交流。2016年度，淮北市实验高中与省内各兄弟学校广泛开展听课、教研讨论、学生交流等教育教学活动。

（汪诗林）

淮北市第十二中学

【德育工作】 2016年，学校注重核心价值观教育，弘扬正能量。落实专题教育，开展“感恩教育”“责任教育”“自信教育”等系列宣传教育主题活动。通过青年党校团校、学生社团、读书节及经典诵读等平台及活动，打造良好的校园环境。19名学生获淮北市“三好学生”“优秀学生干部”称号；1人获安徽省优秀团员称号；丁心懋同学参加“淮北好人”评选。校团委郑磊被评为全市志愿服务先进个人，十二中团委被授予全市“五四红旗团委”称号。

学校以学生会为载体，广泛组织多种类型的兴趣小组和学生社团活动，积极参与文明城市创建工作。2016年学校参加全市中学生运动会获女子团体一等奖、男子团体二等奖、团体总分一等奖；参加市教育局花样跳绳比赛获高中组一等奖第一名；参加市委宣传部“传承中华文化，共筑精神家园”征文活动获一等奖；参加市关工委“老师，你好”演讲比赛获三等奖；参加全市中小学生“家风家训”经典诵读比赛活动获二等奖；参加第十一届中国中学生作文大赛（安徽赛区）获安徽省三等奖；参加中国中学生作文大赛，2人获安徽省三等奖；参加北大培文杯作文竞赛4人获全国三等奖；参加淮北教育系统“淮北是我家”合唱比赛获全市三等奖；参加淮北市文明办举行的“经典诵读”获全市三等奖；参加全国“中华魂”主题教育活动获征文二等奖1人，三等奖1人；参加“好文秀中华”征文大赛现场决赛，获国家一等奖1人，国家二等奖3人；参加市委宣传部、淮北军分区政治部、市教育局举办的“中国梦、强军梦、我的梦”演讲比赛获一等奖。

【教师队伍建设】 学校加强“青蓝工程”建设，推进名师工程，推行“传帮带”活动，为青年教师的成长、发展搭建平台。组织教师参加省市优质课比赛。英语教研组获“省级青年文明号”称号；全市英语优质课赛课市级一等奖1人，二等奖1人；化学实验说课比赛省二等奖1人；淮北市第二届教育教学能手大赛一等奖1人；全国体育教师基本功大赛一等奖1人；全国数学优质课三等奖1人；全国物理教具评比三等奖1人；安徽省音乐优质课比赛三等奖1人；开展“一师一优课，一课一名师”工作，“部优”4人、“省优”11人、“市优”33人。

【教学工作】 学校抓实课堂教学改革，精心打造优质教师团队。开展集体备课活动，发挥备课组作用，集体学习研读课标，研究新教材教法，研究学生的学习基础、学习能力；打造高效课堂，提高课堂教学效率；深化教学改革，让教师们“走出去”学习，参加“2016年全国中小学教研组文化建设与教研过程实施策略高端培训班”“首届中国微课与翻转课堂创新发展论坛”和智慧校园培训班等学习活动，2016年学校成功申报安徽省基于微课翻转课堂的试验学校。

（彭雪影）

淮北市第五中学

淮北第五中学始建于1969年，是淮北市教育局直属完全中学，市级示范高中、国家级中小学信息技术教育实验学校、国家级体育传统项目学校、安徽省体育专项特色学校。校园占地面积57.2亩，建筑面积近2万平方米。有标准教室39间。

【教育教学质量稳步提升】 学校中考、高考成绩实现新突破。2016年中考，学校137名学生报考，达淮北一中定向线23人，达实验高中定向线44人，达淮北十二中定向线48人。2016年高考，30名学生报考，8人达本科线，本科达线率26.7%。

陈晨荣获“淮北市十佳青年教师”称号、在市初中语文优质课大赛中获一等奖；李荣飞获得全省微课比赛一等奖；李冬冬获得全省信息化设备运维服务微课比赛二等奖；史学锋、刘亚新获省级论文比赛一等奖；齐步合获得青少年科技创新大赛优秀指导教师。

【德育教育】 学校举办多项主题活动，丰富德育内涵。

开展“法制宣传进校园”“戏曲进校园”“食品安全进校园”以及“关工委读书”活动。组织团员志愿者、保洁小卫士参与学校管理和社会实践活动，有针对性地对学生进行思想教育，德育工作落到实处。2016年，为全体学生免费体检，让学生感受到学校的温暖和关爱。

【校园文化建设】 年内，学校组织评选“文明班级”“每周校园之星”，评选市级三好学生、优秀学生干部、先进班集体，树典型、树榜样；依托校园网、淮北教育网、《淮北晨刊》《五彩苑》校报、微信公众号及时发布学校最新信息。创作完成校歌《我们能做得更好》，已在全体师生中传唱。通过军训、法制系列教育、校园足球比赛、校歌、班歌比赛，培养学生集体意识和大局意识，强化素质教育。

（李冬冬）

特殊教育

2016年，全市有市特殊教育学校和濉溪县特殊教育学校2所，在校学生530人。学校积极探索、实施个别化教育，以适应并发展学生的差异性和个别性为主导，根据学生的能力、兴趣、需要、身体状况等设计不同的教学计划与方案，采用不同的教学资源、教学方法和评价方式进行教学，使班级中的每一名学生都能得到合适的教育。顺利完成《淮北市特殊教育三年提升计划（2014—2016年）》，特殊教育办学条件、办学规模和办学质量都有长足发展。一项省级课题经省教科院专家评审顺利结题，10位特殊教育教师在全省、全国课堂教学大赛中获奖，十余篇特殊教育教学论文在省级以上刊物上发表。

（郭绍敏）

淮北市特殊教育学校

【加强教师队伍建设】 年内，学校多角度、全方位促进教师专业成长，开展领导推门听课、老教师典型示范课、青年教师公开课等，鼓励教师投身学科课题研究工作，建立和完善校本教研制度，一周内至少保障2学时以上的教学研究和交流活动。省级课题《提高残疾学生社会适应性的研究》于年内结题。

学校抓好课堂教学管理，要求教师按照学期教学进度计划组织课堂教学，正确处理教书与育人、传授知识与培养能力的关系；探讨、总结和推行以学生为主体，有利于提高学生素质和创新思维能力的教学方法和教学组织形式。同时，通过组织公开课、示范课、汇报课等听评课活动和手语达标测试等活动，鼓励教师外塑形象、内练真功。2016年，谢永利、黄倩倩分别获安徽省特殊教育基本功大赛二、三等奖；在省特教学会组织的手语大赛活动中，黄倩倩、惠华敏、谢永利均获三等奖；有4人次撰写的论文、教学设计获省级奖项；张世虎、彭瑛、宋兰玲等3人次撰写的论文分别获省级一等奖和三等奖。彭英被评为市级“骨干教师”，许苗获市级“优秀团员”，谢永利获市级“优秀教师”称号。

【德育教育】 年内，学校开展丰富多彩的德育教育活动。每周组织全校师生举行周一升旗仪式和国旗下讲话活动，做到期期有主题。开展弘扬和培育民族精神和诚信教育活动，利用各种传统节日加强学生礼仪、社会公德、家庭美德教育，在操场围栏、楼梯间等创设文化墙，对学生进行孝道、感恩等主题教育。

加强学生良好行为习惯的养成教育，要求教师通过自己的言行影响和教育学生，创设环境熏陶学生，让学生时时处处感受到学校的良好氛围。教育学生从身边的小事做起、从现在做起，把养成教育作为一项常规课程进行，引导学生做到放学、出操、就餐等集体活动时自觉的排队，见到教师主动问好，不随便乱扔垃圾。

【丰富学生课外生活】 年内，学校着力打造“形神兼备、香韵并存”和谐校园。组织学生参加义务清理环境卫生、校园体育文化节、残疾人文艺演出等活动，加强学生热爱劳动、关心他人、爱护环境等方面的思想教育。每周开展两次兴趣活动课，舞蹈、绘画、书法、棋类等兴趣小组经常开展活动，要求师生全员参与。学期末对各类活动分组进行竞赛，对成绩优异的学生给予奖励。

【聋人职业教育】 学校2014年秋季开设聋人职业高中班，2016年第一届毕业生毕业。通过三年专业学习，学生初步掌握中西式面点制作的基本操作规程。推荐5名毕业学生入职食品加工企业，获得学生及家长的认可。

中等职业教育

2016年年末，淮北市各类中等职业学校12所，其中普通中专学校4所，成人中专学校2所，职业高中6所；在校学生18058人，当年招生5374人，当年毕业学生10858人。

安徽淮北技师学院
淮北工业与艺术学校

【机构设置】 安徽淮北技师学院·淮北工业与艺术学校由原安徽省淮北工业学校、原淮北市第二高级职业中学、淮北师范学校、淮北艺术学校等4所优质公办中职学校整合而成，2014年7月，合并成立新的安徽省淮北工业学校，2016年3月，学校更名为“淮北工业与艺术学校”，皖政秘〔2016〕193号文《安徽省人民政府关于同意设立安徽淮北技师学院的批复》，同意设立安徽淮北技师学院，一个机构、两块牌子，学校由淮北市领导和管理，业务上接受省人力资源社会保障部门的指导和监督。

【人事制度改革】 2016年，学校在编在岗教职工376人，但缺少具有实践经验和高技能的专业技术人才。学校大胆改革创新，打破编制管理的老办法，引进新的用人机制，坚持“老人老制度、新人新办法”的原则，从全国范围内选聘特殊人才，新制度下聘用的人员与在编教职工同工同酬。根据学校专业建设发展需求，分别于4月和8月举行两次专业课教师公开招聘，共招聘专业课教师21人，其中汽修类专业教师6人、电子商务类专业教师2人、信息技术类专业教师2人、学前教育类专业教师1人、文化艺术类专业教师10人，较大程度上缓解学校专业课教师紧缺现状，有效促进学校专业建设的发展。

【教育教学改革】 年内，学校重构课程体系，创新培养模式，服务学生就业创业。各系部为满足社会和企业的发展需求，均成立专业建设委员会，吸收行业专家、企业家和专业人员参与。与企业共同设计、共同实施、共同评价重点建设专业人才培养方案、制定规章制度，实现校企协同管理。专业课程以工作任务为主线，以国家资格标准和职业资格规范为依据，形成“工种岗位”课程体系标准，把职业资格标准和规范融入课程体系，同时确立模块化教学课程体系，以基本素质模块、专业通用能力模块、专业核心能力模块、岗位核心能力模块进行培养，采用多种教学形式将各个能力点综合形成职业能力。学校与北京商鲲、北京华唐、武汉视野、龙宇互联、中鑫创投等10余家企业签署专业建设合作协议，开设多个定向培养班和企业冠名班，实现校企“优势互补、资源共享、互惠双赢、共同发展”的合作目标。

【教科研工作】 学校坚持教师间相互听课、评课制度，领导班子下班听课制度，对学生开展问卷调查和召开学生座谈会，确保教学质量的稳步提高。2016年教师获省级优秀论文、课件、精品课奖项14件（篇），其中省级一等奖4件（篇），省级二等奖6件（篇），省级三等奖4件（篇），全省位列第三；2016年安徽省信息化教学大赛中，获省一等奖3项、省二等奖3项、省三等奖2项，全省第一名2项、全省第二名2项、全省第三名2项。全年教师获市级奖项60件（篇），其中市级一等奖16件（篇），全市第一。

【参加各类技能大赛】 2016年，学校组织参加各类技能大赛，荣获市级一等奖25个、市级二等奖38个、市级三等奖61个，全市第一名；省级技能大赛一等奖8个、省级二等奖13个、省级三等奖14个，全省第六名；国家级技能大赛一银两铜，创皖北地区参加国赛最好成绩。

【职业技能鉴定与培训】 学校培训中心承担市人社局、市总工会、市经信委等职教委成员单位的各类职工技能提升和转岗培训，通过探索校企联办、定向培训的新途径，形成农民工培训、新增劳动力培训、专技人员培训、技能提升培训、SYB创业培训、企业转岗培训、失业就业培训、函授及网络远程教育共八大培训模式，年各类培训约4000人次，职工培训2000人次。

2016年，学校承担全国、全省职业技能鉴定，鉴定人员500余人，开展各专业社会鉴定近600人，校内学生技能鉴定361人。开展市总工会安排的煤矿企业职工转岗分流、送教入企培训，市人防办组织的培训，全市幼儿园教师计算机应用能力培训。学校培训中心获评全国技能鉴定示范站、市技能培训优秀单位。

【教育质量提升工程】 年内，学校申报安徽省中等职业教育质量提升工程。在上级主管部门的指导下，申报省级示范特色学校建设项目、省级现代学徒制试点项目、省级技能大赛赛点建设项目；学校汽车运用与维修等4个专业成功申报省级示范专业；现代服务专业群实训基地等4个实训基地成功申报省级示范实训基地建设；智慧数字化校园名师工作坊等5个名师工作坊成功申报省级名师工作坊建设，共计16个项目列入2016—2018省级质量提升工程重点建设，成为安徽省最具优质专业资源的中职学校。

【未成年人思想道德建设】 学校重视德育工作，树立“全员育人、素质为重、德育为先”的教育理念。开展法制教育、安全教育、心理健康教育、廉洁教育以及“德技双馨”“德能双优”学生评选活动。2016年文明风采大赛安徽省复赛共获得一等奖9件、二等奖26件、三等奖19件；国家级一等奖2件、二等奖3件、三等奖1件、优秀奖8件。在团中央学校部、全国学联秘书处、中国青年报社共同举办的“最美中职生”活动评选中，谢怡清获得全国“最美中职生”称号。

【招生就业】 2016年，学校招生1850人，在全市生源总体下降的情况下，稳定招生规模，提高生源质量，在校生规模达5800余人。是年，学校有毕业生1495人，其中就业毕业生1152人，总就业率77%，就业成功率100%。毕业生中升入高等职业院校336人。

高等教育

2016年年末，全市共有普通高等院校3所，是年招生10668人，在校学生38168人，是年毕业学生8932人。

淮北师范大学

淮北师范大学拥有相山和滨湖两个校区，共有16个学院，75个本科专业，在校本科生21160人，硕士研究生831人。在2016年自然指数（NI）中国大学百强榜中，学校位居中国内地高校第92名，师范院校第16名。据2017“中国最好大学排名”统计，学校位居第275位，安徽省内高校第8位。

【教育教学】 2016年，淮北师范大学继续开展质量工程建设，深化教育教学改革。获批省级质量工程重大项目46项，校级质量工程项目87项。首次组织开展学位与研究生教育质量工程项目的立项工作，立项教育教学研究项目12项，精品课程建设项目5项，实践基地建设项目2项。调整专业布局，优化专业结构。获批3个新专业，有43个专业（类）在安徽省内进入一本批次录取。2016年，共录取本科生7000名。进一步实施大类招生改革，强化学生个性化培养，本科教学中心地位强化，新开辟20个专业实践基地。录取全日制研究生281人，录取特岗教师在职攻读教育硕士65名，完成2016年研究生学位点动态调整。国务院学位委员会同意学校撤销教育经济与管理、法学理论2个二级学科，增列管理科学与工程一级学科和法律硕士专业学位授权类别。完成教育硕士专业水平评估工作。

【科研工作】 2016年，淮北师范大学获批科研项目227项，其中国家自然科学基金项目5项，国家社科基金项目2项，全国教育科学规划项目3项，安徽省社科规划项目、安徽省高校哲学社会科学重大项目等135项，省自然科学基金项目18项，省高校自然科学研究重点项目等63项。SCI等检索论文326篇，CSSCI来源期刊论文116篇，出版专著21部，获安徽省科学技术二等奖1项，淮北市科学技术一等奖1项、二等奖1项、三等奖2项，获安徽省第八届自然科学优秀学术论文奖70篇。获奖美术作品8件。

【高校教育体制改革】 年内，学校发布并实施《淮北师范大学深化综合改革总体方案》，围绕内部治理、干部工作、人事分配、管理体制、人才培养、学科与科研发展、学生管理、资源配置与保障机制、党建与思政工作机制9类重点领域，实施51项重点改革举措。启动并推进定编定岗定责、绩效分配制度、二级单位整体考核、统筹规划两个校区的功能与发展、独立学院办学模式改革5项工作。《淮北师范大学章程》经安徽省教育厅核准通过并颁布实施。学校以章程发布为契机，修订、制定50余项规章制度。学习宣传贯彻新修改的《中华人民共和国教育法》和《中华人民共和国高等教育法》，修订出台《淮北师范大学学术委员会章程》。调整44个学校议事和协调机构。

【师资队伍建设】 学校进一步落实“高层次人才引进与培养工程”，2016年引进博士23人、硕士30人，委托培养博士14人，11人获批安徽省“2017年高校拔尖人才项目”，资助16名青年教师赴国内外高校访学或研修。深化职称改革，晋升教授（正高）22人、副教授（副高）24人，69人获评为相应的中级、初级专业技术职务。出台实施《淮北师范大学师德师风建设实施办法》，10人荣获“师德标兵”称号、54人荣获“优秀教师”称号、32人荣获“优秀教育工作者”称号。

【学生工作】 淮北师范大学以立德树人为根本，加强学生日常管理，服务学生成长成才，多渠道促进就业工作。落实学生资助各项工作，完善资助体系。完善心理健康教育工作体系，学校心理健康教育中心被确定为全省第一批高校心理健康教育与咨询中心示范中心。加强辅导员培训和队伍建设，表彰32名优秀辅导员。加强学生就业指导与服务和人才培养工作，本科生就业率为90.25%，有633人考取硕士研究生，录取率为13.71%。14名应届优秀毕业生被选调到基层工作。制定《淮北师范大学创新创业教育实施方案》，以学科竞赛和大学生创新创业计划为突破口，提高学生实践创新能力。学生在全国及全省各类学科竞赛中获得国家级奖励65项，省级奖励330项。获批国家级大学生创新创业训练计划项目51项。

【国际交流与合作】 2016年，淮北师范大学新增7所国（境）外合作院校（机构）。完成出国培训教师选拔、培训、签证办理和外派的相关手续。加强对外籍教师的聘用管理。派出14名学生赴国（境）外高校参加交流学习。24名教师赴国（境）外高校参加访学研修。接收3名日本学生到校进行短期留学。

【党建工作】 2016年，淮北师范大学开展"两学一做"学习教育和"讲看齐、见行动"学习讨论。学校党委、二级党委（党总支）开展学习研讨79次，各支部开展交流研讨287次，举办专题研讨班22次。配合省委巡视组完成对学校的巡视工作，并根据省委统一要求，落实完成中央巡视组对安徽省巡视"回头看"反馈意见整改任务、省委第六巡视组对学校巡视反馈意见的整改任务和高校"管党治党宽松软问题"专项治理任务。开展并完成基层党组织长期不换届、不按期缴纳党费、乱发津补贴、"小金库"等八个专项整治工作。2016年发展新党员1058名。首次开展党建创新项目立项工作，立项党建创新项目15项。

淮北职业技术学院

【概况】 淮北职业技术学院是1999年7月经教育部批准成立的公办全日制普通高职院校，由原淮北矿务局职工大学、淮北教育学院和安徽广播电视大学淮北分校合并组建而成，2002年淮北财政学校并入学院，是安徽省被教育部批准备案的4所高职院校之一，是安徽省示范性高职院校。

学院以举办高职教育为主，同时开展中职教育、成人高等教育和职业技能培训。高职教育开设57个专业，形成机电类、电子信息类、医护类、建筑类、纺织服装类、财经类、文化艺术类、旅游管理类、交通服务类、食品类等多行业类专业发展的格局。

学院实际占地1065亩（其中，老校区占地335亩，新校区占地730亩），建筑面积32万平方米，固定资产2.4亿元，其中教学、科研仪器设备资产总值5460万元，图书馆藏资料68.5万册，电子图书8192GB、专业期刊2.4万种、电子专业期刊12万种；拥有校内实践基地60个，校外实习实训基地110个，职业技能鉴定机构26个。有专兼职教师918人，全日制高职在校生1.2万人，中职在校生1000余人，电大、成教在册生5000余人，年均社会培训2万多人。《淮北职业技术学院学报》获2016年度"全国高职成高学报优秀学报"称号。

【省级示范性高职院校创建】 2016年，学院按照省人才培养质量个性化评估和省级示范高职院校建设评估的反馈意见，制定整改方案，扎实进行整改，并按照《安徽省教育厅关于印发〈安徽省高职教育创新发展实施方案〉的通知》等文件要求，申报并成功获批25个任务、12个项目。制定2016级各专业教学标准，保障人才培养质量，全面检查各系部的教学实验实训室，新增工业机器人技术、园林工程技术、移动应用开发3个专业；全面推进质量工程建设，获批省级质量工程项目17项；评审通过教授5名、副教授9名。

【新校区建设】 2016年，新建女生公寓楼1栋，顺利完成新校区一期工程建设任务，基本完成整体搬迁任务（除机电系暂未搬迁），各机关处室和教辅单位全部搬迁至新校区，新校区一期工程全面启用，新校区正式成为学院办学中心。二期工程建设已全面启动，信息化综合大楼正在进行前期工作，医护实训大楼已开工建设。

【招生就业工作】 学院实行全校动员、全员参与、分区负责、量化考核的招生工作机制，突出抓好生源基地建设，着力抓好自主招生工作，秋季招生进校突破3500人。强化毕业生就业工作，加强基层就业服务，举办校园招聘大会，帮助困难学生获得求职补贴，毕业生就业岗位、就业薪酬、就业结构提升。截至2016年年底，3067名毕业生就业率87.54%。

【学生工作】 年内，学院组织学生工作者参加心理素质拓展训练，开展心理健康教育宣传活动，选送的《给我一个微笑就够了》获安徽省2016年大学生校园心理情景剧大赛三等奖。开展国家奖助学金评审工作，为在校学生发放各类奖助学金、勤工助学金和淮北市户口学生自助金。组织青年志愿者参加全市各种大型活动志愿服务，受到社会各界好评。

学院组织学生参加各种技能比赛，计算机系陈龙同学在第七届蓝桥杯全国软件和信息技术专业人才大赛安徽赛区比赛中获得JAVA软件开发安徽省赛一等奖，成功晋级全国总决赛，孙勇同学获得JAVA软件开发安徽省赛三等奖；机电系在首届安徽省大学生先进成图技术与产品信息建模创新大赛中共获得团体二等奖1个、三等奖1个，单项个人赛二等奖2个、三等奖6个，"旅行牙刷设计"在2016全国大学生工业设计大赛安徽赛区比赛中获优秀奖。在安徽省大学生篮球联赛暨CUBA大学生全国男子篮球选拔赛中，学院篮球队获得高职高专组亚军，旅游管理系曹胜男同学获2016年全国大中专学生志愿者暑期“三下乡”社会实践活动优秀个人称号。

（刘 峨）

安徽矿业职业技术学院

【概况】 安徽矿业职业技术学院为全日制普通高等职业院校。学院的前身是淮北矿业集团公司党校、干校、职工教育中心。学院拥有东、西、新3个校区，占地800余亩，校舍建筑面积33万平方米，拥有教学楼、办公楼、学术报告厅、电教馆、餐饮洗浴大楼、标准化学生公寓等。校内建有总建筑面积达2.38万平方米的实训基地和安全警示教育基地，有电工、电子、PLC、液压、通风等40多个实验室和语音室、大型微机室，以及矿机、矿电、机电修配、数控、钳工、家电等30多个实习实训车间，可以同时为6000人提供实习实训；拥有校外实训基地40多个。学院有纸质图书13.42万余册，电子版图书1.5万册以上，建有电子图书系统、校园一卡通和计算机网络服务体系。

学院有智能控制、装备制造、信息技术、建筑工程、经营管理、健康服务、矿业工程共七大专业群，近30个专业，在校生2000余人。教职工282人，校内专任教师136人，副高级以上职称42人，“双师型”教师90人。

【招生就业】 学院以社会需求和就业为导向，紧跟高考制度改革新形势，探索中高职衔接办学模式；加强生源市场调查，加大招生宣传力度，拓宽生源渠道，扩大生源数量，稳定生源质量。2016年度招收新生329人。学院推进毕业生就业网络建设向纵深发展，重视系部在就业方面的主体作用，鼓励系部根据产业发展方向和企业需求主动联系企业开展毕业生就业工作，2016年度邀请30余家省内外大中型企业到学院召开招聘会，514名毕业生中498人顺利就业。

【教科研工作】 学院搭建依托行业和企业的教科研合作平台，组织教师广泛参与企业的技术改造和技术革新，并组织教师申报企业科研创新团队项目、科研管理创新成果、“五小”（小发明、小革新、小改造、小设计、小建议）项目等，并加快推进教科研成果转化和利用；举办“南苑大讲堂”，定期邀请行业、企业专家开展各类专题讲座，提高学生和教职工的创新意识、科研意识。2016年学院组织申报高等职业教育创新发展行动计划项目、省级人文社科项目、省教育与基础建设学会项目、省人文社科课题征集项目、淮北矿业“五小”项目共28项，省质量工程项目立项4项。

【以赛促学】 学院坚持“以赛促教、以赛促学、以赛促练”的方针，与企业合作承办各级各类技能大赛，并利用学院优质的实习实训资源，吸引企业到学院开展技术比武等，营造“学技术、练操作、比技能”的良好氛围。2016年，学生在省职业院校技能大赛、全煤教育协会技能大赛、全国大学生英语竞赛中获得一等奖1个、二等奖5个、三等奖9个。

【学生资助工作】 学院按照国家政策开展奖勤助贷补等资助工作，足额向学生发放各种奖助学金，从多方面对优秀学生和贫困学生进行资助。2016年，学院上报教育厅地方高校学生应征入伍服义务兵役学费补偿国家助学贷款代偿25人，资助金额17.25万元；评选国家奖学金1人，奖学金8000元；国家励志奖学金51人，奖学金25.5万元；国家助学金434人，资助金额65.1万元；淮北市助学金494人，资助金额49.4万元。

（陈 石）

科学技术

- 至2016年年底，全市规模以上高新技术企业达到76家，占规模以上工业企业的比重为9.4%；全年高新技术产业实现总产值477.9亿元，增长1.8%，增加值114.0亿元，增长5.3%
- 2016年，杜集高端装备高新产业基地被认定为国家火炬特色基地
- 2016年，淮北市国家气象观测站新址正式启用
- 2016年，濉溪县防空防震科普馆被评为省级防震减灾科普馆
- 2016年，市委党史研究室撰写的《邓小平与淮海战役胜利》荣获全省党史部门党史优秀成果奖论文类一等奖
- 2016年，《淮北市志（1991—2012）》获评全省地方志成果特等奖，《淮北年鉴》（2016）获中国出版协会编校质量评比二等奖

科技工作

截至2016年年底，全市规模以上高新技术企业达到76家，占规模以上工业企业的比重为9.4%；全年高新技术产业实现总产值477.9亿元，增长1.8%。获批省级科技项目13项，获省科技进步二等奖2项、三等奖6项。全年签订各类技术合同253项，增长175.0%，完成技术交易额1.7亿元。

【科技政策支持】 年内，市委、市政府相继召开全市工业和非公经济暨科技创新大会、全市供给侧结构性改革暨科技创新大会，把创新摆在发展全局的核心位置，将创新作为淮北市转型崛起的第一动力，加强顶层设计，谋划推进创新驱动的各项工作。发挥科技政策的导向和激励作用。落实《关于修订印发实施创新驱动发展战略进一步加快创新型省份建设配套文件的通知》（简称“1+6+2”配套政策），9家企业研发仪器设备购置、3项国家科技计划获省级补助资金575.8万元；落实市级扶持产业发展专项资金，兑现高新技术企业、工程技术研究中心、专利等政策资金901.35万元；落实高新技术企业所得税优惠政策，实现高新技术企业所得税减免2075.8万元。

【提升科技创新能力】 淮北市积极建设科技创新载体，杜集高端装备高新产业基地被认定为国家火炬特色基地，与凤凰山国家农业科技园区、烈山国家可持续发展实验区形成淮北市3个“国字号”科技品牌。濉溪经济开发区获批省知识产权示范园区，相山区获批省知识产权示范区。

建设创新研发平台。成立安徽矿山高端装备制造产业省级技术创新联盟。市开发区成立相邦铝基复合材料产业技术研究院，临涣工业园卓泰化工与天津大学建立联合研究中心。依托淮海集团，协同北京中国再制造联盟，筹建机械装备再制造产业技术创新联盟。依托安徽矿机，协同安徽理工大学，筹建矿山装备产业技术创新联盟。

建设创新人才团队。组织卓泰化工、巨丰光电、淮海奥可申报省科技创新人才团队，落实市级支持资金2600万元。卓泰化工许春建科技人才团队获省扶持资金600万元。天路航空科技人才团队获240万元省重大科技专项资金和市配套资金支持，果力智能获100万元省科技创新专项资金支持。

创新成果加速涌现。市级鉴定、验收科技成果52项，6项科技成果通过省级鉴定，8项科技成果获省科学技术奖，签订技术合同253项，完成技术交易额1.7亿元。2016年，发明专利申请2604件，发明专利授权909件，较上年299件增长22.1%。拥有有效发明专利890件，每万人口有效发明专利拥有量4.08件。

【产业技术升级】 年内，市科技局依据《淮北市创新驱动发展工程实施方案》，制定《淮北市创新驱动发展工程2016年工作方案》，推进“调转促”，确保创新驱动发展工程落到实处。实施重大项目，围绕产业技术升级，谋划实施一批科技重大专项，并获省科技重大专项、科技创新项目23项，项目支持资金2311万元。安徽矿机与北京奥宇可鑫研究院联合组建安徽淮海奥可装备再制造有限公司，推动杜集国家火炬高端装备制造基地产业升级和结构转型。加速科技与金融有效结合，设立总规模2亿元的天使基金，首期规模2000万元，优选12家高成长性企业入库，果力智能纳入尽职调查程序。落实企业专利权质押融资管理办法，天路航空获专利质押贷款1300万元。

【高新技术产业发展】 淮北市建立科技型、高新型、创新型培育三级体系和动态高新企业培育库，制定梯次培育计划，打造一批引领产业高端发展的创新型龙头企业，发展高新技术产业。入库企业120家，其中成熟期30家、成长期40家、初创期50家。年内，全市科技型企业200家、省创新型（试点）企业34家。2016年，新认定高新技术企业21家。实现高新技术产业总产值477.9亿元、增加值114.0亿元，同比分别增加1.8%和5.3%。

【“双创”平台建设】 全市已建成12个创新创业孵化平台，其中7个科技企业孵化器，5个众创空间。淮北方正智谷、恒源泰源创客、凤凰山梧桐树等众创空间建成运行。方正智谷、众邦机电、梧桐树获得省级众创空间备案，4个“星创天地”通过科技部备案。安徽果力智能科技公司的“面向工业4.0柔性制造的智能机械手”项目获得首届中国创新创业大赛机器人创客大赛总决赛一等奖。举办“江淮双创汇·走进淮北”活动和中国创翼互联网大赛，吸引100多个项目创新团队入驻双创平台、70多家风投机构参与创新创业，挖掘160多家优质创客项目。

气象工作

【气象现代化建设】 2016年，临涣煤化工基地环境气象监测预警中心项目的建议书经市发改委批复，列入《淮北市2016年政府性投资项目计划》，并获当地政府同意，已确定项目建设用地位置，完成拆迁补偿登记、代理机构招标和规划测绘，濉溪县建委规划办已批准选址意见书。淮北地区人工增雨防雹作业基地项目，市发改委、规划局、国土局等部门已预审批复，完成项目环评、稳评、能评、规划设计等前期工作，市财政将其列入2016年政府性投资计划。

中国气象局同意在淮北市新增布设一部新一代X波段多普勒天气雷达，该项目建议书获得市发改委批复并列入《淮北市2016年政府性投资项目计划》，建设用地已纳入南湖景区整体规划，并确定具体建设位置，市规划局已出具建设项目选址意见书。完成项目代理机构招标，进入项目整体设计阶段，雷达设备采购完成。

【气象服务】 年内，气象部门加强对重大天气过程的监测和预报会商，做到预报准确、气象情报传递及时、服务主动。积极为各级党委、政府提供准确、及时的决策气象信息，为社会提供快捷、全方位的公众气象信息。利用广播、电视、报纸、“96121”、淮北气象网、手机短信、电子显示屏、大喇叭、微博等多种传播手段以及广大乡镇信息员队伍，扩大气象信息覆盖面，做好各类气象服务工作。做好节假日、春运、重要农事季节、高考、中考及转折性天气来临前的气象预报服务，提高预报准确率和服务主动性，为市委、市政府提供准确、及时的决策气象信息，也为社会提供快捷、全方位的公众气象信息。全年发布《天气情况汇报》《气象信息专报》《重要天气信息专报》《重要节假日气象服务专报》《春运天气专报》《农业气象情报》等各类气象服务材料260余期，发布预警信号10种、137次（含发布、变更、确认、解除），气象服务短信336条，服务人次达140万余人次。

针对“2016中国淮北食品工业博览会”“第十届房地产展示交易会”的气象服务，市气象局滚动制作精细化服务材料，加强短时临近预报和预警信息服务。每天通过手机短信、电话、报告等方式向市委、市政府、房展会组委会等相关人员发送近期天气形势和逐日天气，为政府决策提供参考。

做好乡村旅游、休闲农业气象服务工作，每周五通过气象短信平台，对外发布周末天气情况及气温、湿度、风向、紫外线指数等与旅游相关的气象要素，共发布乡村假日旅游气象信息39期，服务约22万人次。开展新业务，完善雾霾和空气质量预报。加强与环保部门的合作，实现气象、环保数据共享，建立每日联合会商机制，对可能出现的污染时段和区域进行研判，每天发布一次空气污染气象条件预报。

与市农委、农机等部门合作，开展全市气象专家联盟第二次工作会议，再次讨论修订《淮北市气象灾害应急预案》中的有关内容，并对气象为农服务产品进行探讨；组织市农技站、植保站专家参加全省小麦赤霉病防治会议，加强小麦赤霉病防控工作，确保全市小麦丰产丰收；联同农业专家多次深入大田，了解小麦苗情和土壤墒情，为开展小麦产量预报、指导后期管理，提供数据保障。加强与农委、农机等部门合作，合理安排春耕春播、夏收夏种、秋收秋种等关键农事季节的气象预报服务，共发布春耕春播、夏收夏种、秋收秋种气象服务专报20余期，服务20多万人次。在影视天气预报栏目和“96121”自动答询平台中增加气象为农服务内容，开辟为农气象服务专栏，并通过微博、手机短信、电子显示屏、广播、电视、报纸等形式及时向公众传播气象信息。

汛期，全体业务人员坚持24小时无缝隙值守，并从人员培训、制度建设、后勤保障、气象服务等方面入手，切实做好各项准备工作。组织气象预报人员集体学习各项规章制度和预案，定期开展学习交流，多次开展应急演练，熟悉业务流程和应急预案，强化预报业务技术，增强业务人员预报技能和工作责任心，确保汛期气象服务工作正常开展。对出现在淮北市区域内的高温、暴雨、雷雨大风等强对流天气，均提前准确发布预警信息。

【综合气象观测】 2016年，淮北市国家气象观测站新址正式启用，气象仪器全部投入正常运行。气象测报数据无缺测和误测记录出现，测报准确率为100%，资料传输及时率不断提高。年内，组织开展业务应急演练2次，提高观测员的应急处置能力，较好地保持观测数据的连续性，提高气象资料的可用性。

【人工影响天气】 全市共有三七高炮6门，火箭发射设备9套，专用作业车辆3部，建成标准化人影作业基地5个，流动作业点11个。在地方武装部门及各乡镇的支持下，组织建设人影专业小分队5个。开展无人机人影作业试验，取得成功，并将在无人机上加载空中气象要素记录设备，实时把测量到的气象要素值传送到监控室，使人工增雨作业更具科学性，有效提高人影作业的效益。召开人影作业社会化岗位承揽协议签订仪式，标志着淮北市人影作业政府购买服务工作又迈出坚实的一步。全年人影作业受益农田面积总计约 150 万亩。

【气象服务新农村建设】 年内，全市 22 个乡镇（街道办）实现气象灾害防御管理全覆盖；全市共有 33 个乡镇综合信息服务站，其中 22 个（镇、办）信息站，11 个村级示范点信息站。信息员 413 名，其中（镇、办）气象信息员 22 名，村级气象信息员 391 名。气象信息员经常深入乡村集镇和田间地头向农民开展气象服务，引导农户调整生产生活，确保农忙时节工作平稳有序，充分发挥气象信息员桥梁纽带作用。

全年在濉溪县各乡镇及城市主干道等处安装 21 块气象显示屏，是全市百姓身边的“气象台”、农户种植的“好帮手”、增收致富的“信息窗”，成为党委政府政务公开的“好平台”、社会公益宣传的“主阵地”。

【气象防灾减灾管理】 2016 年，市气象局贯彻落实《安徽省气象灾害防御条例》和省、市政府关于气象灾害防御工作的一系列政策法规文件精神和要求，不断完善“政府主导、部门联动、社会参与”的气象防灾减灾机制。完善基层气象灾害防御组织体系，实现市、县、乡三级政府气象灾害防御机构全覆盖。完成暴雨、洪涝气象灾害风险普查。加强气象灾害防御管理，推进气象服务进社区、进公园、进车站等。淮北气象、广电两部门建立预警发布绿色通道，联合发布气象预警信息。与市民政局共同签署《防灾减灾联动共享信息员队伍合作协议》，联合开展减灾社区建设，实行防灾减灾和灾害预警信息共享，提升全市防灾减灾能力。

【聚农 e 购工作】 2016 年，市气象局成立淮北市发展聚农 e 购工作领导小组、制定气象局 2016 年聚农 e 购工作计划。召开全市气象为农服务工作会议暨聚农 e 购发展推进会，就全市农业龙头企业、销售企业、专业合作社等如何入驻“聚农 e 购”电子商务平台问题进行讨论。利用展会、博览会等契机，走访调查、挖掘本地名特优农产品，开展聚农 e 购宣传推广工作。与农委合作，把聚农 e 购作为气象部门服务农村电商和精准扶贫的有效切入点，开展农村电子商务服务。全年新型农业经营主体（三区）60% 完成惠农账号注册工作，全省注册人数排名第一。

【气象行政执法】 2016 年，市气象局全面梳理法律法规赋予的气象行政管理职能，制定并公示落实本单位权力清单、责任清单和收费清单制度。进一步规范防雷行政审批、防雷安全监管和升空物安全管理工作。落实事中事后监管责任，开展气球施放管理、探测环境保护、防雷安全管理等方面的执法监督。稳步推进防雷改革工作，梳理防雷安全监管重点单位。联合市安监局下发年度防雷安全检测工作计划，组织志愿者开展送防雷等安全知识进广场农村学校等活动，扩大宣传面，推进社会管理职能。

【应急体系建设】 年内，市气象局通过预警信号短信发布平台接收决策预警信息 5000 余人。完成国突平台与其他预警信息平台的连接工作，完善各类预警信息发布系统的集成，逐步实现气象灾害预警信息加工制作平台与突发事件按预警信息发布系统的无缝连接以及与现有的各类发布手段自动对接工作。全年通过国突平台发布各类预警信息 133 条。

【气象科普宣传】 市气象局面向社会每月定期开放气象科普场馆，全年接待 1 万多人次。同淮北市科协组织开展 2016 年中小学生气象科技小论文（小短文）竞赛活动，西园中学、梅苑中学、第二中学、第五中学和濉溪县城关中心校等 9 所中小学的 50 多名学生参加活动。以世界气象日、防灾减灾日、科技活动周等科普宣传活动为契机，推进气象科普进校园、进农村、进社区、进企业，增强群众防灾避灾能力。

（张永芹）

防震减灾

【地震应急】 2016 年，市防空防震办完成地震应急预案修订工作。构建以市政府、市防空防震办及各成员单位组成的“1+1+N”应急预案管理体系（1 个市政府制定的地震应急预案、1 个市防空防震办制定的地震应急预案、53 家成员单位及所属下属单位制定的地震应急预案）。“5・12”前后，市防震减灾工作领导小组成员单位开展地震应急演练，县、区政府开展地震应急桌面推演；全市中小学校、公办医院在“5・12”前后均组织开展地震应急演练，参加演练群众达 30 余万人。参加省人防办组织的全省指挥通信跨区演练和皖盾亳州—2016B 人防地震应急综合演练，所有演练科目达到考核要求。投资 20 万元购置破拆类、通信类、防护类应急装备；投资 20 万元新建 5 个社区基层工作站的应急装备库；濉溪县投资 240 余万元新建应急救援装备库。

【地震灾害预防】 2016年，淮北市立足农村防震薄弱环节，坚持问题导向，注重政策引导，强化“防”“救”实效，开展农村防震减灾“四个一”（每个村有一个宣传栏、每个季度开展一个专题宣传、制定一个完善的村庄地震应急预案、开展一次地震应急演练）活动。9月18日，组织开展警报试鸣和防空疏散演练。全市中小学、大中专院校在9月18日9时18分同步开展防空袭演练和形式多样的爱国主义教育活动，受训师生达20余万人，警报鸣响率达100%。

【科普宣传与教育】 市防空防震办通过创建科普示范学校，让防空防震科普知识走进大中小学课堂。在全市644所中小学校、3所大中专院校开展不同层次的防空防震科普讲座，实现科普校园全覆盖。濉溪县职业教育中心、城关学校第四小学、烈山宋疃中学3所学校获得省级防震减灾科普示范学校称号。利用“3·1”国际民防日、“5·12”防灾减灾日、科普宣传周等重要时间节点，进一步创新丰富防空防震“六进”（进社区、进校园、进机关、进农村、进企业、进家庭）活动，着力拓宽受众面。2016年，在企事业单位、社区开展科普宣传活动达40余场，发放《防空防灾应急手册》2000余份，防空防震法律法规及科普宣传资料近3万份。全年推送防空防震图文信息230余条，淮北电视台每周三、周日在黄金时段播放《居安思危备战人防》科教片，受教育群众10万余人。积极推进县区级防空防震科普馆建设，市县防空防震科普教育基地（场馆）年均接待参观群众4万人次。濉溪县防空防震科普馆被评为省级防震减灾科普馆。

（张永泉）

5月12日，在梅苑中学进行地震应急综合演练

党史研究工作

【党史资料征集】 2016年，市委党史研究室重点征集新中国成立以来特别是中国特色社会主义时间段的党史资料，共征集文献资料、档案资料、大事记、回忆录、专题资料等100余万字。特别是在新四军史料抢救工作方面，组织力量，给尚健在的30多位新四军老同志拍摄照片数千幅，征集到回忆录60篇，信件2封，音像资料1盒。加强资料信息化建设，初步实现电子化。

【党史编研成果】 年内，市委党史研究室撰写的《邓小平与淮海战役胜利》荣获2011年以来全省党史部门党史优秀成果奖论文类一等奖，《岁月如歌——淮北煤矿的早期开发和建设》获2011年以来全省党史部门党史优秀成果奖著作类二等奖，《安徽省革命遗址通览·淮北卷》获三等奖。完成《中国共产党淮北历史（第二卷）》初稿，40万字。编辑出版《中国共产党淮北市历次代表大会资料选编》，37.8万字。编辑出版《淮北市社会主义时期文献资料选编》（第三辑），26.95万字。与市民政局、市双拥工委、市委老干部局联合出版画册《永远的记忆——淮北市新四军老战士剪影》。编辑出版市新四军历史研究会会刊《向前》（第50—52期）。编辑出版《淮北党史》（第41—42期）。撰写完成社会主义时期专题《淮北市开展工矿废弃地复垦利用的探索与实践》《关于加快淮北市红色文化旅游产业发展的思考》《粉碎“四人帮”后两年淮北市教育科技事业的拨乱反正》《濉溪县手工业的社会主义改造》4篇。撰写论文《淮海精神永远的丰碑》《抗战初期淮北地区地方武装的组建经过及原因探析》2篇，其中《抗战初期淮北地区地方武装的组建经过及原因探析》获市双拥征文优秀奖。编写完成《中国共产党淮北市历史大事记（2015年）》。撰写完成《突出发挥“飞地”优势引领淮北转型崛起——关于加快段园工业集中区发展的调研报告》《创新开展招商引资工作是淮北转型崛起的关键》2篇调研报告，为全市转型崛起献策出力。

【党史宣传教育】 5月10日，市委党史研究室召开全市党史工作座谈会，学习贯彻全国、全省党史研究室主任会议精神。会议传达学习中央政治局委员、中央书记处书记、中央办公厅主任、中央直属机关工委书记栗战书，省委副书记李国英的重要讲话精神和全国、全省党史研究室主任会议精神，重点部署2016年全市党史工作。组织开展“领导干部党史教育日”主题活动。7月1日，与市委组织部联合举办以纪念中国共产党成立95周年和红军长征胜利80周年，学习中国共产党的历史、弘扬长征精神为主题的全市领导干部党史教育日活动。召开各种纪念座谈会。7月21日，市委党史研究室、市新四军历史研究会联合召开纪念建党95周年座谈会，学习习近平总书记在庆祝中国共产党成立95周年大会上的讲话。10月20日，市委党史研究室、市新四军历史研究会、市李时庄研究会联合召开纪念中国工农红军长征胜利80周年座谈会。完成“领导干部党史教育基地”申报工作，推荐刘开渠纪念馆、淮海战役总前委旧址纪念馆——临涣文昌宫2处，作为对全市领导干部和中青年干部进行党史教育的重要载体。做好《党史纵览》等党史书刊的宣传发行工作。获全省党史宣传教育及刊物工作先进单位称号，1人荣获全省党史宣传教育及刊物先进工作者称号。组织开展党史宣讲活动。2016年，组织人员到结对帮扶村张院村和杜集社区上党课3次。

（郜　快）

地方志工作

【《淮北市志（1991—2012）》获评全省地方志成果特等奖】 在2016年全省地方志成果评比中，《淮北市志（1991—2012）》获志书类特等奖第一名。时任市委副书记、市长、市地方志编纂委员会主任黄晓武作出重要批示：“《淮北市志》获省特等奖第一名，可喜可贺！望珍惜荣誉，再接再厉，进一步做好市志工作，以史为鉴、记史育人，为促进淮北发展再做新贡献。”副市长、市地方志编纂委员会常务副主任王莉莉作出批示：“请市地方志办公室再接再厉，多出成果，以优秀的精神文化产品提振淮北士气，满足人民群众在城市认同和自豪感方面的需求。”

【地方志资料年报工作】 根据国务院《地方志工作条例》规定：每一轮地方志书编修完成后，负责地方志工作的机构在编纂地方综合年鉴、搜集资料以及向社会提供咨询服务的同时，启动新一轮地方志书的续修工作。市方志办启动地方志书资料年报工作，按年度全面搜集、整理上一年度本行政区域自然、整治、经济、文化、社会等方面发展情况的资料，利用“地方志在线编纂系统”编写志书卡片、资料长编等。及时收集资料，有效防止资料遗失。

年内，各承编单位编写2013—2015年度志书卡片，上传图片，建立电子资料库，为第三轮地方志编修储备资料。

【《淮北市相山区志》《淮北市烈山区志》获全省地方志成果二等奖】 在2016年全省地方志成果评比中，《淮北市相山区志》《淮北市烈山区志》获志书类二等奖。《淮北市相山区志》2015年12月由方志出版社出版，全书96万余字，210余幅图片，全彩印刷，图文并茂。全书上限溯至事物发端，下限为2013年底，客观记述了区域内自然、政治、经济、文化、民俗等方面的历史和现状，体现了鲜明的城区特色。《淮北市烈山区志》全面、系统、真实、客观、准确地记述1980年至2012年区境内自然、经济、政治、文化、社会诸方面发展和变化。全书共计110万字，设33章、167节，图片140余幅。

【《淮北史话》获全省地方志地情类成果一等奖】 在2016年全省地方志成果评比中，《淮北史话》获地情书类一等奖。《淮北史话》于2014年7月出版，全书11万余字，收录历史图片30余幅，全面梳理并展现淮北市悠久的历史和浓郁的地方文化，为社会各界广大群众尤其是青少年提供了一本了解淮北历史文化的通俗普及读物。

【依法治志】 年内，开展国务院《地方志工作条例》颁布十周年主题宣传活动，加大对《全国地方志事业发展规划纲要（2015—2020年）》的宣传力度。广泛征求各承编单位意见，开展《淮北市地方志工作管理办法》修订工作，健全和巩固基层地方志机构，促进地方志工作规范化、法治化。

【加强志鉴业务指导】 年内，市方志办加强《濉溪县志》（通志）指导力度，邀请方志专家欧阳发及省地方志办公室相关领导为志书篇目框架“把脉”，督促县方志办修改篇目结构。指导《临涣镇志》编委会配齐编纂班子，帮助设计篇目，并到临涣镇实地指导编纂工作，督促资料收集，力争进入中国名镇志文化工程。参与并指导《黄里村志》编纂工作，提交初稿参加中国名村志文化工程实施方案（讨论稿）和篇目研讨会。修改后的篇目在10月召开的“中国名村志文化工程启动会”上作为范例进行推介。

【《口子酒志》出版发行】 12月，市方志办与口子酒业合作编纂的《口子酒志》由黄山书社出版发行。《口子酒志》属于安徽省地方志丛书，该书采用述、记、志、传、图、表、录等体裁，以志为主，结构由概述、大事记、专志、人物、附录5个部分组成，采用章、节、目、子目体例。专志分为9章40节，上限起于有史记载的口子酒起源及口子酒生产厂成立（1949年），下限止于2015年年底。全书53万余字，200余幅图片。《口子酒志》编纂工作启动于2014年年初，数易其稿，精雕细琢，凝聚了口子人和方志人的大量心血。

【《淮北年鉴》（2016）获中国出版协会编校质量评比二等奖】 《淮北年鉴》（2016）于10月由黄山书社出版发行，共计76.7万字，收录图片170余幅。该卷年鉴设特载等31个栏目，卷首设中文、英文目录，卷中设栏目标题页，并设提示性小标题，卷末设主题索引，方便读者检索。市方志办坚持“分工负责、责任明确”的原则，将年鉴稿件的编辑、校对、审定等工作落实到具体责任人，利用地方志在线编纂系统开展编纂工作，实现网上编辑、审稿、合拢成书，缩短编纂时间，提高编纂效率。在中国出版协会组织的2015—2016年度年鉴编校质量评比中获二等奖。

【地情研究】 2016年，市方志办主动融入淮北经济、政治、文化、社会、生态发展的全局，把文化软实力转化为发展中坚实的智力支撑，实现地方志工作的社会价值。与市纪委、市政府办公室合作编写《淮北清正廉史》，挖掘淮北历史上的清廉名士与廉政故事，厘清淮北廉政文化发展脉络，为普及型廉政读物。编纂《淮北旧志辑考》，梳理淮北市行政区域内的历史发展脉络，古今对照，校注考究。与市民政局合作，以全国第二次地名普查为契机，启动《淮北地名故事》《渐行渐远的村庄》编纂工作。地情杂志《淮北文化》第7、8辑出版，共20万字，文化内涵丰富。《淮北大事记》共出版3期，向市领导及各部门赠阅800余册。

【方志馆建设】 市方志办加强方志馆建设和维护，提升公众服务水平。加快对志书、年鉴、地情书等成果的数字化速度，完善数字方志库。丰富馆藏图书，加强与全国各地市志书、年鉴、地情资料的交流。根据读者需求，将开馆时间调整为周二至周日，为读者提供更优质服务。

【方志信息化建设】 市方志办加快方志信息化建设进程，融入智慧城市建设。年内，举办12期志鉴业务培训班，在全市推广使用地方志在线编纂系统进行志书年鉴编纂。委托新影捷信息技术有限公司开发预分词检索系统，实现多个词汇组合搜索，为地方志资料的二次开发利用奠定基础。对“淮北地方志”网站进行改版，扩充内涵，丰富栏目。利用网站平台，报道方志工作动态，做到大事要事及时发布、地情信息定期发布，发挥方志网站对外宣传、服务工作、传播知识的作用。委托淮北日报社新媒体中心运营微信“方志淮北”，设置方志动态、志海撷要、话说淮北等栏目，每月更新3次，每次发布2～3条，传承淮北历史文化，讲述相城古今往事，展示地方志工作成果，使地方志工作更接地气，影响面更广。

文化·传媒·体育

■2016年11月，淮北隋唐运河文化古镇被省新闻出版广电局授予“安徽省广播影视产业园区”称号

■2016年，淮北市公布第三批市级非物质文化遗产项目名录推荐项目4类、14项

■2016年9月，“智汇淮北”手机客户端正式上线，关注人数超过3万人

■2016年，淮北市运动员在省级以上比赛中获金牌41枚、银牌36枚、铜牌22枚

文化事业

2016年年末，全市有线电视和有线数字电视户数分别为31.0万户和18.6万户，全市广播综合人口覆盖率100%，电视综合人口覆盖率96%。全市有7家数字影院，52块影幕。全市有文艺表演团体28家，其中国有艺术院团2家。国有博物馆5家，公共图书馆5家。全年举办大型文化活动40场，群众性文化活动116次，专业文艺团体演出303场，各类表演团体送文化下乡213场，创作剧（节）目32个。全年报纸出版发行269万份，销售收入920万元；出版物发行单位135家，销售总额16358万元。

【文化活动】 年内，市文旅体委协助举办政协茶话会、老干部座谈会、团拜会文艺演出、淮北市2016新年音乐会；组织下基层巡回演出60余场。组织开展淮北市庆祝建党95周年系列庆祝活动，“精致淮北·红旗飘扬”淮北市庆祝建党95周年文艺演出。组织举办“淮北是我家”第八届全市音乐、舞蹈大赛，大赛历时近4个月，700个节目参与，演出群众达4000余人次。市合唱团参加合唱曲目《你是我的玫瑰花》在2016中国香港第五届“中国梦·夕阳美”国际中老年艺术大赛上荣获特金奖。在安徽省第十一届艺术节上，市文旅体委组织声乐、器乐、戏曲《我的土地》《沃土藏金》，舞蹈《运河·魂》《灵》《不忘初心》以及选送10幅书画作品参加展演。青年歌手陶波、赵丽娜入围声乐综合场前三名展演；青年演员赵文东入围中青年戏曲才艺展综合场；中青年书画家姚志军、张冰、张树波的作品入选国家艺术节书画展。举办第八届淮北市“和谐家园”少儿百米长卷绘画暨书画展活动。组织全市幼儿园和小学的400余名学生现场绘画；征集全市少儿书画作品2000余件，精选200余件优秀作品分别在市文化馆和合肥安徽画廊集中展览。

【创建基层文化服务中心】 市文旅体委推进省级基层综合性文化服务中心创建工作，经省文化厅确认濉溪县临涣镇综合文化站、杜集区高岳街道办杜集社区文化活动中心、相山区人民路街道办锦华苑社区文化活动中心、相山区东街道办供电社区文化活动中心为省级基层综合性文化活动中心创建试点，相关创建工作已经启动。

【文化民生工程】 年内，市文旅体委提高公共文化场馆的服务水平和质量，使免费开放资金用到实处、发挥作用。免费开放的36个文化场馆，包括5个公共图书馆、5个文化馆、5个博物馆、21个乡镇综合文化站。要求各场馆制定开放计划，确保每周开放时间不少于5天，各馆（站）各功能室正常开放运行。农村文化建设专项补助项目早计划、早启动，以确保高质量完成全年任务，全年文化信息共享工程完成55.2万元；送戏进村完成258场；农村电影放映完成3354场。

【文化场馆建设】 市文旅体委推进公共文化场馆数字化建设和“两馆”联盟工作。市数字图书馆完成网站建设和服务器、端口测试。市文化馆网站完善网上培训和艺术欣赏资源。牵头组织开展“精致淮北是我家·优秀文化进万家”系列活动。全市图书馆阅读推广联盟开展“好书大家读”——全民阅读推广活动，各级公共图书馆、基层综合文化站图书室和农家书屋根据当地年节特点，组织开展读书征文、经典朗诵、灯谜竞猜、书画摄影、专题讲座等丰富多彩、群众乐于参与的系列文化活动。市文化馆活动联盟组织开展“好戏大家看”——送戏进基层活动，以政府购买服务方式，市文化馆组织送戏5场，全市累计送戏进基层30余场，组织各类群众文化活动150余场次。

文化遗产保护

【柳孜运河遗址环境整治工程】 年内，完成柳孜运河遗址保护与环境整治——围栏加固工程。沿街居民房屋立面仿古改造工程完成。景观绿化及排水工程完成60%，核心区智能化工程完成80%。建设柳孜运河遗址环境整治工程——薰衣草庄园，项目占地650亩，投资总额约1.8亿元，于10月对外开放。高标准实施百善至柳孜段道路绿化工程。

【文物保护工作】 年内，全国重点文物保护单位“临涣古城墙保护规划”获国家文物局审核批准，将制定保护修缮方案，争取国家文物局经费，实施保护环境整治和修缮展示工程。“石山孜遗址保护规划”通过省文物局初审，经进一步修改完善，已报送国家文物局审核。省级文物保护单位“青龙寺保护修缮方案”通过省文物局审核，并拨付50万元经费支持青龙寺的保护修缮。省级文物保护单位“徐氏祠堂”保护修缮招标工作完成。

【渠沟遗址考古发掘】 2月中旬，渠沟遗址发掘工作开始。渠沟遗址分为7000年前古人生活生产遗址区和战国至汉代墓葬区两部分：墓葬区是历年来淮北市古墓群考古发掘墓葬数量及形制最多的一次，也是古墓葬群出土文物、出土珍贵青铜器最多的一次。遗址区是继石山孜遗址（现位于市经济开发区新区，全国重点文物保护单位）之后关于淮北市历史文化探源又一次重大发现，是安徽省发现的极少数距今7000年以上的遗址，在整个淮河流域为数甚少，其文化层较厚，面貌独特，内涵丰富，是了解安徽乃至淮河流域史前文化发展不可多得的珍贵材料。

【非物质文化遗产保护】 年内，公布第三批市级非物质文化遗产项目名录推荐项目4类14项。组织张氏剪纸、南派唢呐、临涣茶饮习俗、夏派唢呐、泗州戏5个项目申报第五批省级非物质文化遗产项目。举办“非物质文化遗产走进现代生活”为主题的全市非遗项目展演展示活动。遴选淮北市市级以上非遗名录项目16项进行现场展演，宣传介绍项目40余项。

文化产业

2016年，全市文化产业法人单位数量1180家，比上年增长12%；规上文化产业法人单位数量47家，比上年增长15%；文化产业增加值15.69亿元，比上年增长4.77%，占全市GDP的比重2.06%。

【出台文化经济政策】 《淮北市人民政府关于加快发展体育产业促进体育消费的实施意见》由市政府第57次常务会议通过，并以淮政〔2016〕21号文件发布实施。按照意见要求，到2025年，全市基本建成布局合理、功能完善、门类齐全的体育产业体系，初步形成体育公共服务与市场服务相结合、体育事业与体育产业相协调、体育产业与其他产业相融合的良好发展局面。全市体育产业总规模达到100亿元左右，建成1至2家省级体育产业（示范）基地。确保经常参加体育锻炼的人数达到110万人，人均体育场地面积达到2平方米，体育公共服务基本实现全覆盖。

【文化企业百强评选】 年内，市文旅体委做好全省民营文化企业百强评选工作，共有三家企业入选2015年度全省民营文化企业百强，分别是佳瑞印刷包装有限责任公司、莱博特相框制造有限责任公司和亿隆塑业有限责任公司。

【产业扶持】 市文旅体委完成2015年度市级产业扶持资金申报工作。相王影视文化传媒有限公司制作的《血战小朱庄》和市体育文化传媒有限公司举办的5项国家级单项赛事共获市财政事后奖补资金66万元。完成中央财政文化产业发展专项资金的申报和文化产业重点项目申报工作。

【群众艺术队伍培育】 年内，全市5家民营艺术院团获全省民营艺术院团“百佳院团”称号。开展文艺骨干和辅导员集中、专题、进点培训，强化人才队伍建设。2016年，新招募、注册群众文化辅导员52人，较2015年增长15%。推进“百馆（站）千村”文化结对活动，拓展结对范围，延伸服务领域，健全辅导网络，依托全市文化馆活动联盟，各级文化馆（站）与140个行政村进行文化结对，采取文化“送”与“种”结合的方式，加强基层文化干部活动组织能力和文艺骨干业务素质培养。2016年，全市累计结对开展培训600余次，开展文艺相关讲座120余次，直接参加培训人数达18000余人次。

【影视产业园区建设】 年内，淮北市完成隋唐运河古镇申报省级影视产业园区和拍摄基地的材料申报工作。多方协调，规划建设具有影视外景、影视制作、影视会展、影视旅游综合功能的影视产业园区和影视拍摄基地，规划面积近4万平方米，引导相王影视文化传媒有限公司、淮北市广播电视台、濉溪县广播电视台、尚德传媒有限公司、安徽金百合影视文化传播有限公司等6家影视制作机构签订入驻协议。11月，淮北隋唐运河文化古镇被省新闻出版广电局授予“安徽省广播影视产业园区”称号，实现淮北市省级文化产业园区的“零突破”。

新闻出版

【开展全民阅读活动】 3月22日世界诗歌日，市文旅体委联合市文联、淮北日报社、东篱书院以“与春相约为你读诗”为主题，开展全民阅读活动。开展“4·23”世界读书日大型阅读活动，组织淮北日报社、市新华书店等出版、发行单位开展图书展销、赠送，增强全民阅读活动氛围。5月5日，联合市委宣传部、市邮政局等多家单位在市体育中心广场开展“全民阅读”图书联展活动。6月16日，市文旅体委联合市残联、市文明办、市教育局开展残疾人读书达人大赛活动，调动青少年残疾人热爱读书的积极性。8月15日，省新闻出版广电局等多个部门联合举办的全省中华经典诵读电视大奖赛活动中，淮北市获优秀组织奖和优秀奖。多次组织新华书店等部门走进农村、军营、厂矿、学校等地开展全民阅读、免费送书、图书优惠联展等一系列的活动。

【出版物清理整顿】 年内，淮北市按照国家新闻出版广电总局令第2号，《内部资料性出版物管理办法》对照执行。淮北市有内部资料性出版物18家，有4家单位因缺乏出版资金主动申请停办，经过整改，有1家内部资料没有按时完成整改被注销，其余13家全部通过。

【文化市场监管】 市文旅体委与市“扫黄办”联合召开实体书店“扫黄打非·护苗2016”专项行动，在全市范围内开展以护助少年儿童健康成长，远离和抵制有害出版物为主题的2016“绿书签”系列宣传活动。开展“扫黄打非”·秋风2016专项行动，严厉打击假媒体、假记者站、假记者及侵权盗版活动。清查各类非法报刊采编机构，取缔非法设立的编辑部、记者站、工作站，查处非法从事新闻采编活动的机构和人员。同全市规模以上的20多家实体书店签订书店“护苗”承诺责任书，让少年儿童远离有害读物，使他们多读书、读好书，更好地健康成长。

【清理整顿驻淮北记者站、发行站】 年内，对9家驻淮北记者站进行全面清理整顿后，报经省新闻出版广电局批准，同意保留5家驻淮记者站，分别是安徽日报驻淮北记者站、安徽市场星报驻淮北记者站、安徽经济报驻淮北记者站、安徽工人日报驻淮北记者站、安徽电视台驻淮北记者站。

【数字印刷专题调研】 年内，组织开展数字印刷专题调研，了解掌握淮北市近年来新审批的数字印刷企业现状，摸清淮北市数字印刷市场保有量、饱和度、业务外流情况等，听取企业意见，为企业答疑解惑、献计献策，增进双方的了解，拉进双方的距离。围绕解决淮北数字印刷企业面临的困难和亟待解决的问题，思考从政府层面解决问题的措施。共召开专题座谈两次，发放问卷调查表61份，回收56份，形成专题调研报告并上报。

【印刷企业统计年报工作】 截至2015年年底，全市有各类印刷企业229家，其中出版物印刷企业5家，数字印刷企业3家，包装装潢印刷企业23家，其他印刷品印刷企业53家，复印打字单位145家。全年资产总额4.32亿元，工业总产值4.51亿元，从业人员0.16万人。其中，出版物印刷企业总产值0.05亿元，包装装潢印刷企业总产值4.2亿元，其他印刷品印刷企业总产值0.26亿元。印刷企业工业总产值超过5000万元的企业3家，其中两家印刷企业入选安徽省民营企业100强。

【印刷市场监管】 市文旅委做好“两节”期间、“五一”期间、暑期、国庆期间印刷市场监管工作和校园周边环境整治工作，重点抓好“印刷品承印验证制度”等五项制度的建立健全工作。加大对违法违规印刷经营行为的查处力度，严格对印刷违法违规行为进行行政处罚，规范印刷经营行为。根据《全省新闻出版广电系统“守护平安—火灾防控”专项行动实施方案》的通知，组织人员对全市印刷企业进行地毯式摸底排查，对存在安全生产隐患的限期整改，对整改不力的坚决予以关停。组织开展印刷企业换证工作，共换发各类到期印刷企业证37家次，勘验新申办印刷企业5家次。

广播影视

【突出主题宣传】 淮北市广播电视台组织开展公益广告创作展播活动及弘扬社会主义核心价值观主题原创网络视听节目征集推选活动。展播公益广告3589条，制作上报27件公益广告作品，公益广告作品《时刻准备拿着》《保护知识产权》《预防艾滋病》《人鸟家园》4部作品被省局作为2015—2016年度国家广播电视公益广告扶持优秀项目上报国家广电总局，濉溪县广播电视台获得全国公益广告优秀传播机构称号。参加省新闻出版广电局、省教育厅、团省委、省网宣办共同举办的以“弘扬社会主义核心价值观·共筑中国梦”为主题的原创网络视听节目征集推选活动，共征集、上报微电影作品24件，7件作品分获一、二、三等奖，占全省获奖作品的四分之一。

【文明城市创建宣传】 按照创建文明城市要求，发挥广播影视工作的宣传优势，宣扬道德模范，普及文明习惯，传播诚信理念，制作“最美淮北”系列微电影、专题片，开展“劳模风采”主题微电影大赛。制定《淮北市广播影视行业诚信管理制度》，使全市广播影视行业经营行为有章可循、有法可依。对全市6家影院进行规范管理，制定操作细则，要求影院管理制度健全、服务规范、文明有序；公共安全消防设施完好，达到国家标准；有禁烟标识，无吸烟现象；设立学雷锋志愿者服务台，有相应的公共文明引导志愿服务人员；在醒目位置，设置“遵德守礼”提示牌及社会主义核心价值观公益广告。

【电影放映】 全市农村电影放映实现全覆盖，2016年共放映农村电影3372场，占全年任务总数3312场的101.82%，观众总人次120余万人次；其中“爱教片”放映总场460场次，观众总人次529560人次，提前超额完成全年电影放映任务。

举办“节日电影进社区”“学雷锋电影放映专题”“城市广场电影周”“文化惠民消费季电影放映活动”等专题放映活动，共放映城市公益电影321场，深受市民好评。4—5月，举办“关爱留守儿童播撒爱心阳光”为主题的百场爱国主义教育影片展映活动，共放映城市公益电影106场，受教育学生近万人。

【广播电视村村通工程】 年内，淮北市广播电视村村通工程进入常态化管理养护阶段，运行有序。4月，开展对广播电视村村通用户的回访活动，回访显示广大农民对广播电视村村通的知晓率和满意度都很高。2016年，全市广播电视综合覆盖率达到98.5%，入户率超过80%，40~60套电视节目进村入户，远远高于国家广播电视村村通工程建设要求的标准。上半年，在铁佛镇黄集村进行大喇叭村村响的试点建设工作，5月该项目完工，在秸秆禁烧等工作中发挥较大的作用，受到广大农民群众欢迎。

【城市数字影院】 淮北市大力加强数字影院建设，制定城市数字影院建设规划，引导社会资金进入，所有数字影院项目均享受市级招商引资各项优惠政策。2016年全市有数字影院6家，银幕34块，实现数字电影院线的城乡全覆盖，全年票房收入近4000多万元，观众近806万人次。

【广播电视专项整治】 淮北市开展“打击黑广播”和“整治非法卫星电视地面接收设施”的专项行动，持续保持黑广播、非法卫星电视地面接收设施专项治理的高压态势。全年组织多部门联合行动2次，出动人员59人次，车辆8台（次），侦测不明信号5次，巡查铁塔411座，张贴《通告》300余份、查处黑广播1个。相王府宾馆、口子国际大酒店等在用接收境外节目单位，未发现超范围接收现象。非法电视台点在淮北市杜绝，非法安装“小锅”现象得到有效遏制。5月，在全市广电系统内开展为期一个月的整治医疗广告专项行动。

【播出制度建设】 年内，根据人员工作变动情况，适时调整充实市安全播出指挥部。针对安徽汛情严重以及夏季火灾多发的实际，市文旅体委制定应急预案。重新修订《淮北市广播电视安全播出应急预案》，组建广电抢修队，与消防、供电、气象部门联系沟通，开展防汛、防火演练，锻炼队伍，提升防汛防火技能。加强值班值守，执行24小时值班制度，规定各单位主要领导要亲自上岗带班，重要岗位明确专人负责，确保万无一失。加强督促检查，组织2次全市安全播出大检查。通过安全大检查，排查隐患、堵塞漏洞，确保安全播出。

（张纯莉）

传　媒

淮北日报

【重大活动宣传报道】 淮北日报社贯彻落实市委、市政府的重大决策部署，围绕中心，服务大局，把握经济社会发展“新常态”，坚持正确的舆论导向，唱响淮北好声音。完成省市党代会、省市“两会”以及食品工业博览会、段园葡萄采摘节、石榴文化旅游节等重大节会的宣传报道工作。强化新闻策划，注重新闻创新，做好“全面深化改革进行时”“聚焦九个一工程”“两学一做争当先锋”等重大主题宣传。深化“走转改”（走基层、转作风、改文风），持续关注“行车难停车难”等民生热点。全年实施重大主题报道40余项，开设专题专栏70余类，刊发报道7000余篇，在省级以上媒体刊发外宣稿件2000余篇。

中国共产党淮北市第八次代表大会胜利召开后，淮北日报社按照“总体规划、分层实施、深度挖掘、重点推进”的要求和“有利于争取国家、省政策、项目、资金支持，有利于调动企业、部门、县区各方面积极性，有利于加快和整体推进转型崛起步伐”的原则，开设专题专栏，通过评论、政策解读、访谈、记者调查等多种形式，全面反映淮北市抢抓转型崛起机遇、谋求经济社会健康发展的积极举措，转型崛起的理念借助强大的宣传攻势深入人心。

【媒体融合】 淮北日报社加强新媒体平台建设，畅通内部编采渠道，提高内容原创能力，推动报网互动融合，初步形成平面媒体和移动媒体融合发展的新格局。淮北新闻网、淮北网微博微信粉丝数近30万人，影响力名列全市前茅，并创下单条资讯阅读量88万人的纪录；“智汇淮北”手机客户端于2016年9月正式上线，关注人数超过3万人。凭借在新媒体技术和运营方面的优势，持续开拓新媒体平台托管运营业务市场，主动对接，精准服务，加强沟通，所托管运营微信公众号的数量从年初的9个增至18个，社会反响良好。

【城市外宣品牌建设】 淮北日报社通过"走出去、请进来"的方式，依托"城市之间"外宣品牌，加强与外界的联系。借助省级以上主流媒体，对淮北转型崛起的思路、做法、进展进行及时宣传，争取国家和省级有关部门与社会各界的支持。构建全方位、多层次、宽领域的外宣格局，拓展新闻外宣、文化外宣、旅游外宣、经贸外宣等多种渠道，加大对外推介淮北的工作力度。

【多元经营】 年内，淮北日报社开辟广告市场，加大活动策划力度，减缓广告收入下滑趋势。在广告市场整体低迷的形势下，报社的政务广告平稳发展。《淮北日报》《淮北晨刊》发行量分别较上年减少16%、13%。小记者培训中心发展小记者3260人，出版《成长周刊》42期，开展专题培训和社会实践活动90余次。培育壮大新产业、新业态，尚德文化传媒公司实现收入1200万元；网络传媒公司通过微博微信托管运营以及开展线上线下活动等，实现收入200万元；尚善商贸公司全力打造"相土风情"系列土特产品，实现销售额150万元。

（张诗瀚）

体　育

2016年，淮北市举办全民健身活动50次，其中1000人以上活动5次，参加活动总人数10万人次。组织开展全市元旦长跑、全民健身日等大型群体活动。淮北市运动员在省级以上比赛中获金牌41枚、银牌36枚、铜牌22枚；王键获得里约残奥会举重银牌。年内承办全国青少年羽毛球淮北站比赛、全国羽毛球业余俱乐部赛（淮北站）和安徽省第四届全民健身运动会系列选拔赛等。

【举办多项赛事】 年内，淮北市举办多项赛事，包括淮北市迎春羽毛球联谊赛、淮北市女子门球赛、淮北市第二届乒乓球联赛、淮北市中小学生篮球赛、淮北市首届青春毅行活动、"我爱足球"中国足球民间争霸赛（淮北赛区）、淮北市老年人竞技麻将比赛、淮北市篮球联赛、淮北市中小学生游泳比赛、市直机关干部职工羽毛球赛、淮北市第三届羽毛球冠军赛等。

【全民健身设施建设】 淮北市加大全民健身设施建设力度，争取国家、省级公益金资助，2016年争取专项资金1070万元，计划建设杜集区全民健身中心、4个农民体育建设工程、1个笼式足球场，市、县全民健身中心建设工作已启动。2016年，全市有市体育场、市体育馆、市射击馆、网球中心、塑胶篮球场、塑胶田径场等大型体育场馆；中小型体育设施共建设24个全民健身广场，279个行政村实现农体工程全覆盖，在20个社区建成社区体育俱乐部，500多条健身路径；各类民营健身会所有羽毛球馆、乒乓球馆、游泳馆、跆拳道馆、轮滑场等。

【全民健身活动】 市文旅体委发挥政府引导示范作用，在节假日等时间节点举办大型、综合性群体活动。广泛开展健身秧歌、健身气功、空竹、太极拳、街舞、拉丁舞、健身腰鼓、健身操等综合性全民健身运动。举行元旦长跑美丽南湖徒步行活动、迎新春军民篮球友谊赛、庆"八一"军民联欢游泳比赛、全国百城千村健身气功展示及市第三届健身气功比赛、8月8日"全民健身日"庆祝活动。参加安徽省第四届全民健身运动会，组织265人的代表队参加33个大项中的22个项目比赛，展示淮北市全民健身竞技运动水平。

【体育协会】 2016年，成立淮北市牌类竞技协会和淮北市田径运动协会。至是年年底，全市共有市级体育协会20家、俱乐部12家，其中AAA级三家，AAAA级一家。体育协会每年组织全民健身活动50余次，参与人数达十多万人次。市盛大体育俱乐部将足球列为培训重点，与一中联办，培养足球运动员苗子，2016年省锦标赛男足（甲组）获得亚军。市实验高级中学传奇俱乐部男篮在2016年省锦标赛上获甲组第三名、乙组第四名，全省篮球冠军赛获第四名。西园中学俱乐部将排球后备人才作为培训重点，培养提供优秀排球运动员苗子。

【体育指导】 2016年，淮北市培训二级社会体育指导员160名、三级社会体育指导员570名，全市共有各级社会体育指导员3589名，对全民健身活动开展起到积极引领作用。

【体彩公益金筹措】 8月25日，淮北市人民政府第64次常务会议同意市文旅体委与烈山区继续合作推进体彩公益金筹集工作，对所得的体彩公益金市级分成部分（体彩销售额的4.8%）按1 ：2.5比例分别由市级和烈山区财政统筹使用，专款用于社会公益事业和体育事业的发展；资金由市财政按季度拨付。相山区、杜集区今后可参照执行。烈山区2016年度体育彩票销售额截至7月达2.14亿元，相山区、杜集区将参照该模式运作，所得体彩公益金市级分成部分将有力地促进淮北市和三区体育事业、体育产业发展。

（张纯莉）

卫生

■2016年年末，全市共有卫生机构712个（含村卫生室），床位12204张，卫生技术人员10845人

■2016年，淮北市荣获“安徽省卫生城市创建工作先进城市”称号

2016年年末，全市共有卫生机构712个（含村卫生室），床位12204张，卫生技术人员10845人。其中，医院70个，床位9303张，卫生技术人员7012人，执业医师及助理医师2511人；乡镇及街道卫生院28个，床位1320张，卫生技术人员1313人，执业医师及助理医师630人；妇幼保健院（所、站）6所，床位220张，卫生技术人员313人，执业医师及助理医师155人；疾病预防控制中心5所，卫生技术人员152人，执业医师及助理医师99人；诊所、卫生所、医务室119个，执业医师及助理医师121人；村卫生室306所，执业医师及助理医师87人。

医疗体制改革

【落实公立医院人事薪酬制度】 2016年，市卫生计生委落实公立医院人事薪酬制度，协调编办对市属公立医院备案编制进行核定，核定备案编制991个，与市人社局、市编办联合印发《淮北市直属医疗机构公开招聘专业技术人员暂行办法》，启动市直属医疗机构专业人员自主招聘工作。市人民医院、市中医医院、市妇幼保健院、市第四人民医院4家市直医疗卫生机构自主招聘各类专业技术人员124名。市人社局印发《关于完善公立医院人事薪酬制度的实施意见的通知》对医院工资总额“四个挂钩”机制提出新的工作要求。年内，参加改革的5家市级公立医院人员经费支出占比，市人民医院为35.4%，市中医医院为40.8%，市妇幼保健院为46.2%，市传染病医院为35.4%，市第四人民医院为34.1%。

【完善综合医改工作推进机制】 10月17日，市政府召开医改领导小组扩大会议，医改领导小组成员单位、县区政府、5家市级公立医院院长参加会议，传达全省医改推进会议精神，确定市医改领导小组调整人员名单；部署医改重点工作任务，医改领导小组成员单位及县区政府分别签署《淮北市深化医药卫生体制综合改革2016年度主要任务分解责任书》。二级以上医院均按要求通过门户网站或公告栏张贴等形式完成医疗服务信息公开，公示情况及主要指标数据分析由市卫生计生委统一在网站上公示。

【县域医共体试点建设】 2016年，濉溪县作为第二批新增“县域医共体”试点县，启动医共体试点工作。确定县医院及县中医院两家医院为县域医共体试点牵头医院。两家牵头单位分别与18家镇卫生院（分院）协商，双向选择，最后成立县医院医共体和县中医院医共体。在医共体内实现“基层首诊、双向转诊、急慢分治、上下联动”有序转诊局面；一般常见病留在中心（镇）卫生院诊治；轻度疑难复杂或急性期的常见病，由县级医院派专家现场指导镇卫生院就地治疗，因镇卫生院技术条件所限的，转往县级医院诊治。县级医院与中心（镇）卫生院建立双向转诊，2016年乡镇卫生院上转牵头医院1041名病人，县级牵头医院下转93名病人。依据《濉溪县县域医疗服务共同体2016年城乡居民合作医疗基金按人头付费总额预算实施方案》，新农合基金实行按人头总额预算交于两个医共体牵头单位包干，超支不补，结余留用。按季度预拨和考核，年终结算的总原则，县合管中心按照文件要求将前三季度农合基金按比例拨付至两个医共体牵头单位，按照2016年补偿方案落实相关报销政策。

濉溪县按照省卫计委“100+N”和“50+N”病种分级诊疗要求，结合群众需求和医疗机构发展潜力，从省级制订的参考目录中遴选并制定濉溪县医疗机构分级诊疗具体病种目录。濉溪县医院、县中医院通过与省市级医院“结对子”、特色专科人员重组、骨干医生派出进修等措施，着力提高自身的医疗服务能力。2016年，濉溪县医院、县中医院两家牵头医院的100+N病种住院人次较2015年同期显著增加，濉溪县医院增幅达28.1%。

【家庭医生签约服务】 2016年，开展家庭医生签约服务，通过签约服务力推公共卫生服务项目的落实。至12月31日，全市共签约居（村）民约141.3万人，成立公共卫生团队461个，全市老年人、高血压、糖尿病等重点人群有偿签约达14万人，服务覆盖率达到省级民生工程考核要求。全市家庭医生签约服务信息系统于12月19日经省卫计委验收,签约人员信息成功上传省平台。在省卫计委召开的家庭医生签约数据分析会议上，全省16个地市中，淮北市现场抽查的有偿签约真实度和准确性达90%，满意率为100%。

年内，濉溪县为全县24967名农村建档立卡的贫困户和126名计划生育特殊困难家庭人口、相山区、杜集区和烈山区为5177名贫困户、366名计划生育特殊困难家庭人口，实施家庭医生有偿签约服务的财政兜底保障，即个人付费的30～100元的“有偿签约服务包”由县区财政全额支付。

【药品供应保障制度改革】 全市各级公立医疗机构药品、高值医用耗材全部实行网上采购。2016年，医疗机构网上采购药品共计37265.21万元，其中县以上医疗机构网上采购药品30783.49万元，基层医疗机构网上采购药品 6481.72 万元。强化重点药品监控。按县以上医疗机构和基层医疗机构两个层次，分别对省卫计委下发的重点监控药品目录（县以上医院 30 个品种，基层医疗卫生机构 20 个品种）采购使用情况进行监控，制订《关于医疗机构采购使用重点监控药品目录情况有关事项的通知》，规定县级以上医疗机构被监控重点药品目录内单品种采购使用金额占比大于 1% 的药品，原则上暂停采购不少于 3 个月，时间自 2016 年 1 月 1 日至 3 月 31 日；大于 2% 的，原则上暂停采购不少于 6 个月，时间自 2016 年 1 月 1 日至 6 月 30 日；大于 5% 的，原则上不再采购。基层医疗机构被监控重点药品目录内单品种采购使用金额占比大于 3% 的药品，原则上暂停采购使用不少于 3 个月；大于 5% 的，原则上暂停采购使用不少于 6 个月；大于 8% 的，原则上不再采购使用。

【医疗保险制度改革】 2016 年，市新农合继续扩大按病种付费范围至 267 个病种，全市按病种付费执行率达 54%，达到省卫计委工作要求。在县二级及以下 38 家新农合定点医疗机构全面实施按床日付费制度，建立医疗机构自我费用约束机制和风险共担机制，达到“病人更受益、医院更积极、基金更节省”的三重效果。

【基层医改】 年内，濉溪县配备 215 台健康一体机及相关附件，于 2016 年 7 月中旬完成省卫计委组织的验收，健康一体机设备应用充分且管理较好。开展“群众满意的乡镇卫生院”“群众满意的村卫生室”“群众满意的社区卫生服务中心”3 项评选活动。濉溪县四铺镇、南坪镇、临涣镇中心卫生院获国家级“群众满意的乡镇卫生院”称号，濉溪县刘桥镇彭楼村卫生室、濉溪镇黄桥村卫生室获 2016 年度“群众满意的村卫生室”创建活动省级先进单位。推荐任圩社区卫生服务中心、西街道社区卫生服务中心为淮北市“群众满意的社区卫生服务中心”。通过创建活动，进一步提升基层医疗机构的服务能力和诊疗水平。

预防保健

【卫生服务均等化建设】 2016 年年底，全市居民健康档案规范化电子建档 190.7 万册，电子建档率 87.51%，达到省民生工程考核要求。发放健康教育印刷资料 64 万份，设置健康教育宣传栏 6597 个，举办健康教育讲座、咨询活动 3000 多次；适龄儿童免费接种第一类疫苗、儿童免疫规划疫苗接种率均保持 90% 以上，建卡率均达 95% 以上；65 周岁以上老年人、高血压患者、Ⅱ型糖尿病患者规范管理率均达到 80% 以上。上报乙、丙类 18 种传染病报告 9982 例，报告率达 100%；全市严重精神障碍患者在册管理 8766 人，患者在册率 4.09‰，患者管理率达 90.7%；孕产妇系统管理率达 85.9%，3 周岁以下儿童系统管理率达 86.6%；开展卫生监督协管巡查次数 1 万余次，信息报告次数 2000 余次，开展卫生监督协管服务的比例均达到 95% 以上；结核病患者（包括耐多药患者）管理率达到 92%，各项基本公共卫生服务工作稳步推进。

【疾病防控免疫规划】 淮北市实施扩大国家免疫规划，为 0 ～ 6 周岁儿童免费提供疫苗接种，接种品种包括 11 种疫苗，有效预防 12 种疾病。2016 年，累计接种 56.7 万针次，接种率保持 90% 以上。制发规范化门诊建设标准和考核办法，针对门诊硬件建设、人员配备、冷链管理、疫苗领发等工作环节，逐项开展检查，现场验收通过 26 家。组织开展预防接种人员培训 3 期，培训 400 余人次。联合市教育局下发《关于进一步规范全市入托入学儿童预防接种证查验工作的通知》，借助入托入学儿童预防接种证查验活动，完成漏种疫苗补种，强化儿童免疫屏障。联合市总工会，组织全市预防接种服务技能竞赛活动，全面提升预防接种服务技能。

【精神病障碍患者管理】 全市有市精神病院、相山区精神病院、阳光心理医院 3 家精神疾病专科医院，能收

10 月 11 日，市卫生计生委在任圩街道开展“健康中国行”主题宣传活动

治患者400余人。争取建设项目，中央财政投入4400万元支持市精神病院和相山区精神病院完成1.8万平方米病房建设，为市精神病院和相山区精神病院配备价值450余万元专业诊疗仪器。指定市精神病院为新农合定点医院，提高报补比例，实行定额付费，2016年，重性精神疾病门诊治疗1184人，总治疗费用72万元，新农合补偿52万余元；住院治疗762人，总治疗费用342万元，新农合补偿221万元。建立信息沟通机制，与市公安局联合下发《关于进一步做好严重精神障碍患者排查清理及信息交换工作的通知》，定期交换患者信息，建立信息沟通共享长效机制。强化严重精神障碍患者管理。发动基层医务人员，进村入户，摸底调查，做到应管尽管、不漏一人。2016年，全市严重精神障碍患者在册管理8766人，患者在册率4.09‰，患者管理率达90.7%。

【重大传染病防控】 年内，扩大艾滋病咨询监测，全市设立自愿咨询检测门诊13个，免费提供咨询检测服务，接受咨询检测3100人次；开展暗娼、性病门诊男性就诊者、孕产妇三类人群艾滋病监测，共监测1200人。对看守所、拘留所羁押人员，开展艾滋病宣传检测1689人次。组织高危行为干预活动。年初摸底绘制美容美发、洗浴等高危场所分布图，宣传干预暗娼3951人次，发放宣传手册等5015份、安全套18405只，检测艾滋病抗体749人。加强艾滋病患者管理。对发现的感染者每年随访2次，病人每年随访4次，为病人免费提供抗病毒治疗药品，检测健康指标。2016年，免费抗病毒治疗及感染者随访管理479人，为病人报销治疗费用120万元，随访管理率100%。开展技能培训。开展技能培训5期，培训治疗医生、基层工作人员253人。组织参加全省寄生虫病防治技术竞赛，淮北市代表队荣获团体奖一等奖，荣获个人单项一等奖1个、二等奖5个、三等奖3个。

【妇幼健康服务】 年内，加强高危孕产妇管理。在两家三级综合医院和1家妇幼专科医院设立再生育门诊，完善高危孕产妇救治转诊网络，濉溪县成立高危孕产妇和新生儿救治中心。对高危孕产妇实施精准服务，引导科学生育，全方位开展孕期跟踪服务，加强产后访视管理。2016年，发现高危孕产妇8123人，管理率和住院分娩率均达100%。开展“两检一补”（婚前医学检查、孕前优生检查、孕早期增补叶酸）、“两个筛查”（产前筛查、新生儿疾病筛查）出生缺陷综合防治，推进妇幼健康服务项目，强化质量管理。2016年，免费婚前健康检查37512人，免费孕前优生健康检查25862人，开展免费新生儿疾病筛查29822人，筛查率达99.0%。建立剖宫产手术评审和约谈制度，强化孕产妇心理咨询服务，落实剖宫产手术指征，全市剖宫产率为35.4%，较上年同期下降17%。引导农村孕产妇住院分娩，简化农村孕产妇住院分娩服务流程，补助农村孕产妇住院分娩18851人，孕产妇住院分娩率保持99.9%以上。

卫生应急

【卫生应急能力建设】 年内，及时调整突发公共卫生事件应急处理领导小组，调整充实突发公共卫生事件专家委员会成员，重新组建6类、18支市级卫生应急专业队伍。做好H7N9流感、霍乱等突发急性传染病防控和食物中毒处置工作，及时、妥善处置多起突发公共卫生事件，信息报告率100%；高效开展突发事件医疗卫生救援，事件处置率100%；开展卫生应急预案修订，完善预案体系；组织开展培训工作，提高综合处置能力；开展突发事件公共卫生风险评估工作，提高突发公共卫生事件监测预警能力。

【突发舆情应对】 2016年，针对山东问题疫苗事件，市卫计委及时通过《淮北日报》《淮北晨刊》、市卫生计生委网站、“健康淮北”微博等，宣传科学预防接种知识，公布全市54家正规预防接种门诊名单，引导群众科学了解预防接种知识并正确接种，消除群众恐慌心理，维护正常预防接种秩序和社会稳定。对“城镇一个孩子家庭申领计划生育奖励扶助”“独生子女证6月30日以后停办”等谣言，通过市卫生计生委官方网站、“健康淮北”官方微博、“健康之声”栏目和淮北发布微信等宣传“全面两孩”政策，进行辟谣。

爱国卫生

2016年，淮北市荣获“安徽省卫生城市创建工作先进城市”称号，渠沟镇荣获“安徽省卫生乡镇”称号，市公安局等24家单位荣获“安徽省卫生先进单位”称号，濉溪镇蒙村等19个行政村（社区）荣获“安徽省卫生先进村（社区）”称号。

【卫生城镇创建】 杜集区高岳街道办事处、相山区渠沟镇创建省级卫生镇，打造创建典型，以点促面，示范带动。2016年，全市共申报省级卫生镇、村（社区）、卫生先进单位49家，市级卫生镇、村（社区）、卫生先进单位82家；市级无烟单位86家。市爱卫办积极组织力量，按照标准进行验收，验收结果报市爱卫会主任会议审议通过，并进行公示，新申报的省级卫生单位、镇、村（社区）资料上报省爱卫办。

【农村改水改厕】 淮北市以改水改厕为抓手，加强设施建设，农民群众生产生活环境得到优化。配合市美好办、市民生办和各县区抓好“美丽乡村”建设中的改厕工作。淮北市11个镇政府驻地以及36个“美丽乡村”中心村是2016年农村卫生改厕试点工作村。由市卫计委（爱卫办）牵头的11个镇政府驻地的改厕任务全部完成。

【水质监测】 市卫计委（爱卫办）组织协调做好农村改水和水质监测、环境卫生监测工作，2016年共监测114份水样，其中市政水56份，农村水58份，任务完成率100%；监测10个镇（街道），40个行政村，200个家庭监测户，40份土壤样品，任务完成率100%。

【病媒生物防治】 年内，市卫计委（爱卫办）对已建成的10000个毒饵站、5000个捕蝇笼、200个灭蝇灯加强维护使用。加强对三区“六小行业”的监管、消杀，加大对城乡接合部、小街小巷的治理力度，加快农贸市场的建设与改造，突出解决城市污水、垃圾、空气污染等问题。

【健康教育与健康促进】 淮北市围绕创建省级卫生城市目标，制发全市健康教育工作要点。针对不同季节和疾病发生规律，为全市社区卫生服务机构、镇卫生院设计、制作、发放健康教育宣传栏。全年向社区卫生服务机构、镇卫生院印制发放健康教育宣传栏11期3000余份。举办全市健康教育技能培训班1期，到相山区、烈山区举办健康教育技能专题培训2期。围绕科学就医、合理用药、烟草控制、慢性病防治等主题，深入社区、机关、学校、厂矿企业，开展20场健康教育巡讲，听众人数达2万余人。举办社区居民、大学生健康素养知识竞赛。开展疾病防治知识宣传活动，利用街头咨询、健康讲座等多种形式开展宣传，组织编写印发《四害防治》《寨卡病毒防治知识》等宣传资料10种15万余份。开展卫生日主题宣传，组织开展“3·24”结核病防治日、“5·31”世界无烟日、“爱国卫生月”、“健康中国行”、“12·1”世界艾滋病日等大型街头宣传咨询活动。开展百千万结核病防治志愿者传播活动，40名志愿者接受教育，推荐10名优秀志愿者参加省级评选。推进健康促进医院创建工作。市人民医院、市中医医院、市妇幼保健院、淮北矿业集团职业病防治院4家试点医院通过省级考评验收，荣获“健康促进医院”称号。

卫生监督

【推进依法行政】 2016年，市卫计委代拟《淮北市人民政府办公室关于推进医疗卫生与养老服务相结合的实施意见》《淮北市人民政府关于健康脱贫工程的实施意见》《中共淮北市委、淮北市人民政府关于落实全面两孩政策改革完善计划生育服务管理的实施意见》《中共淮北市委办公室、淮北市人民政府办公室关于坚持和完善计划生育目标管理责任制的实施意见》4个文件，按规范性文件制定程序，经法制工作部门合法性审查之后报市委、市政府发布。编制权力运行监管细则，对市卫生计生委保留、取消、下放、转移的90项各类行政权力，按照简政放权、放管结合、优化服务的要求，逐项制定事中事后监管细则、行政处罚裁量基准，明确监管任务、监管程序、监管责任等；制定公共服务事项清单，包含45项方便群众的服务事项，逐项编写服务指南，收费标准、联系电话、办事流程在指南中明确；规

7月，市疾控制中心工作人员在桓谭公园开展蚊蝴密度监测

范中介服务事项清单，按照激活市场、减少企业成本的要求，对行政权力清单中涉及行政相对人收费的项目进行清理，最终保留10条中介服务事项。

【规范行政审批】 年内，执业医师注册、变更，执业护士注册、延续、变更共5项即办件，均能即时规范完成办结。2016年，市卫计委窗口共接收医护人员执业注册延续变更事项材料2100份，办结2100份，即办率100%，并及时录入市政府权力清单运行平台。省级委托下放审批事项有放射工作人员证办理、职业健康检查机构审批、消毒产品生产企业卫生许可、涉及饮用水卫生安全产品卫生许可4项内容，市卫计委按照省卫计委《关于做好省级卫生行政审批项目下放、委托下放承接工作的通知》要求，及时完成相关事项内容审批，并在要求的网站上完成公示，录入市政府权力清单运行平台。2016年，受理省级委托下放审批事项21件，办结21件，办结率100%。

【完成国家公共卫生监督抽检】 年内，淮北市完成2016年国家公共卫生重点监督抽检计划。公共场所卫生：对10家游泳场所进行检查，采集游泳池水样25份；对98家住宿、沐浴、美容美发场所监督监测，监测222次，实验室检验361份样品。生活饮用水卫生：对60家集中式供水、二次供水单位和水质进行监督抽检。开展辖区内农村集中式供水单位基本情况调查，抽检水样266份。学校卫生：对71家学校的教学环境、传染病防控、饮用水以及学校内游泳池的卫生管理情况进行监督，并对57家学校进行卫生综合监督评价。涉水产品，对市场上生产销售的13个品种的水质处理器进行监督抽检。检查现制现售饮用水自动售水机的应用现场，并抽检产品卫生质量。消毒产品，对1家消毒产品生产企业、2家经营单位进行抽查，抽检湿巾4份，抗抑菌剂5份。传染病防治，对二级以上医院、20%基层医疗机构及8家二级病原微生物实验室的传染病防治工作开展情况进行监督抽查，对151家传染病监管试点单位进行评价，优秀49家、合格69家，重点监控33家。

【卫生监督稽查工作】 全年通过查阅资料、现场抽查等方式对监督执法机构进行稽查，共计开展内部稽查5次、层级稽查1次，稽查人数195人次，书写稽查笔录17份。对县、区范围内的被监督单位进行问卷调查，调查涉及卫生监督员日常监督频次、服务态度、执法程序、办事原则等方面，共抽查52家被监督单位。通过调查发现被监督单位满意率达到99%以上，未发现卫生监督员有“吃、拿、卡、要”等现象。2016年，共接到各类投诉举报和咨询57起，调查核实办结并反馈57起，反馈率100%。

【基层和民营医疗机构监管】 年内，全市召开市管民营医疗机构专项整顿工作会议，对28家镇卫生院、17家社区卫生服务中心、68家民营医院实行全覆盖整治。通过整治活动，进一步规范基层和民营医疗机构及其人员依法执业行为、医疗技术临床应用行为、疫苗预防接种行为和放射诊疗活动。加大处罚力度，查处淮北九龙医院超范围执业案、淮北卫校附院出租科室案、淮北矿工总医院出租科室案等重大案件，吊销医疗机构执业许可证1家，罚款、没收违法所得350余万元。

中医中药

【深化中医药工作改革】 2016年，推进中医药支付方式改革，将中医药发展纳入全面深化改革年度目标任务。深化城市公立中医医院改革试点，推广实施中医优势病种临床路径，推动中医药参与公共卫生服务，推进国家基本药物中药品种的规范使用，全面实施中医药服务百姓健康推进行动，推动了中医药更加惠及百姓。

【中医医院建设】 按要求实施改善医疗服务行动计划，完成对濉溪县中医医院持续改进检查评估工作，配合省卫计委完成市中医医院持续改进和大型中医医院巡查等检查评估工作，市中医医院为省级示范中医院。加强中医医院重点中医专科（专病）建设，逐步构建中医预防保健服务体系，截至2016年，市中医院有国家中医“十二五”重点专科建设项目1个，省名老中医工作室建设项目3个，省中医“十二五”重点专科建设项目3个，省中医特色专科2个，市重点专科5个等40多个专（病）科和医技科室。推进中医“治未病”工作，发挥中医药特色优势，开展多种形式中医药科普宣传，普及基本的中医药预防保健技能，扩大中医药覆盖面。

【提升基层中医药服务能力】 根据《关于印发淮北市基层中医药服务能力提升工程实施方案的通知》要求，进一步加强基层中医药服务能力建设，烈山区被评为安徽省中医药特色社区卫生服务示范区，开展全国社区中医药工作先进单位的创建活动。已实现基本公共卫生中医药健康管理项目实现覆盖40%人群的目标。推进中医药政策在基层贯彻落实，健全基层中医药服务网络，加强中医药人才培养和队伍建设，重视中医药特色优势建设，推广基层常见病多发病中医药适宜技术，推动基层医疗卫生机构开展中医预防保健服务。

医院管理

【平安医院建设】　年内，淮北市实施“双提升工程”（医疗水平提升工程与群众就医满意度提升工程）。制定《淮北市医疗质量控制中心建设方案》，逐步建立健全淮北市级质控网络。全市11家二级以上医疗机构参加医疗责任保险。开展门诊病人、出院病人满意度调查，结果向社会公示。淮北矿业集团职防院利用自身优势，顺利通过国家三级康复医院评审，走出医养结合的新路子。朝阳医院、爱尔眼科医院等民营医疗机构实现了快速发展。市级卫生信息专网建成启用。

【惠民医疗服务】　全市组织11家医疗机构开展窗口医务人员服务礼仪集中轮训，掌握“六个一句”“十个一点”，营造文明服务氛围。坚持“以病人为中心”，执行首诊责任制，出台各项改进措施159条，为患者提供便民服务，进一步改善医疗服务环境，持续提升医疗服务水平。全市二级以上医院建立顾客服务中心14个，统一受理群众咨询、投诉等事务，开展出院后电话随访、社会满意度调查工作。主动发布医疗信息25万条，增强社会监督的有效性。

【医疗质控管理】　淮北市共成立7个质控中心，分别是市急诊急救质控中心、市临床输血质控中心、市临床药事质控中心、市麻醉质控中心、市医疗文书质控中心、市医院感染质控中心、市影像质控中心。全市18家二级以上医院均按要求完成每季度医疗服务信息公开工作，覆盖率100%、公开内容完整率100%。

（梁　仓）

淮北市人民医院

淮北市人民医院占地面积84.7亩，建筑面积77553平方米。有编制床位1327张，临床科室35个、医技科室8个，省级临床医学特色专科1个，市级重点学科10个，市级特色专科1个。拥有GE1.5T核磁共振仪、飞利浦64排128层螺旋CT、大型DSA、全套进口内窥镜系统、直线加速器和模拟定位机等具有国内外先进水平的医疗设备。

2016年门诊59.9万人次，同比增长0.52%；急诊8.8万人次，同比增长12.64%；出院4.87万人次，同比减少3.6%；手术1.54万台次，同比减少3.71%；平均住院日8.8天，同比减少0.2天；全年收入5.71亿元，同比增长0.47%。2016年，医院被评为全国百姓放心百佳示范医院、安徽省健康促进医院创建优秀单位、安徽省手卫生管理优胜单位。任千里当选省第十次党代会代表，刘永刚获评“安徽优秀科技工作者”，检验科吴信宏、心内一科吕留强、呼吸科孙伟、外一科赵玲、小儿科梁丽获评“山南市优秀援藏干部”。

【分级诊疗和医联体建设】　年内，医院落实医改指令性任务，深化改革领导小组及下设的5个专题组，研究部署医改重点工作任务，报送医改监测数据，人教科完成调资以及编制备案和岗位核定工作。推动分级诊疗和医联体建设。医务处根据省卫计委规定的高血压、糖尿病等6个病种，制定《分级诊疗实施方案》，建立双向转诊工作机制，规范转诊流程和患者登记管理。医院分别与涡阳县中医院、淮北四院、杜集区人民医院等10家医疗机构签订医疗联合体协议，并对医联体内转诊信息进行登记。

【临床路径管理】　年内，市人民医院全面推行临床路径管理，医务处定期组织召开临床路径个案管理员会议，及时分析问题，提出改进意见；联合药学部，对临床路径的具体用药进行审核。全年开展临床路径管理、电子路径执行中常见问题及对策、电子路径执行步骤等集中培训3次，规范科室临床路径档案管理，建立临床路径及单病种QQ群，发现问题及时沟通，促进临床路径管理工作的开展。2016年，28个临床科室开展62个病种，共入径10624例，同比增加4.49%，入径率79.9%，入径完成率96.05%（国家卫计委标准入径率≥50%，入径完成率≥70%），按临床路径管理病例数占比达到21.82%。

【药品管理】　2016年，医院完善药品用量动态监测和超常预警制度，建立重点药品管控机制，对“省重点药品监控目录”的20个药品品规实施暂停使用或限量采购管理。全年国家级基药使用比例为15.21%，省级基药使用比例67.78%，抗菌药物使用强度下降到32.55（DDDs），各项指标全部达到国家标准要求。药占比下降到29.75%（不含慢特中草药），《安徽省公立医院重点药品监控目录》品种使用金额占比10.22%，以上指标均位列全省三级综合性医院前列。加强综合治理，大幅降低耗占比。

【智慧医疗】 医院信息科启动“互联网＋医疗”工程，开通网上挂号及手机 APP，并与“淮北 APP”打通，患者可在网站或手机上进行挂号、交费、充值、查询报告等操作；开通“淮北市人民医院”微信公众号和支付宝账号；接入省医疗便民服务平台及淮北智慧城市服务平台，为患者提供更多的网络入口；在门诊部大厅，提供免费 Wi-Fi 服务。

【改进医疗质控管理】 医院采取业务查房、院长夜查房、网上质控、抽调临床科室质控员现场检查及病历质量检查等方式，改进环节质量、终末质量管理，对于核心制度执行情况运用“核查清单法”，保证检查全面性。每季度根据检查中发现的问题，制定各科室整改重点，分阶段推进整改工作，并依据当季度问题及上季度追踪检查结果，制定下一季度检查重点，通过闭合管理的方法使临床科室掌握和执行核心制度，并对已整改落实的问题进行随即抽查验证。2016 年开展质控检查 705 次，核查运行病历 8035 份，归档病历质控 6000 份。

【院感质量管理】 医院制定《医院感染管理十三五规划（2016—2020 年）》《安全注射制度与操作规范》，编印《2016 年版医院感染管理规章制度与标准操作规程》。2016 年选派相关人员参加院外感控培训 17 人次，开展院内感控培训 19 次，累计培训人员 2000 余人。组织无纸化考试 3 场，参考 864 人次，合格 562 人次，合格率 65.05%。修订院科两级手卫生标准操作规程和《手卫生专项核查表》，并对医务人员开展知识培训。2016 年，手卫生知识知晓率 75.00%（2015 年为 73.97%），正确率 69.68%（2015 年为 82.27%），依从率 72.28%（2015 年为 70.02%），知晓率和依从率较上年同期增加。

【医疗应急管理】 医院修订《医院应急预案总则》《地震灾害卫生应急预案》，制定《2016 年应急任务分解表》；人教科将安全知识、应急技能培训及考核纳入医院年度培训计划；各牵头科室定期对各级各类人员进行应急相关法律、法规、预案及应急知识、技能和能力的培训并组织考核。选派相关工作人员参加省、市级应急培训和演练。2016 年，开展各类应急培训演练 30 余次，顺利完成萧县“3·25”车祸伤者、市二幼受伤师生和烧伤燃气抢修人员救治等卫生应急任务，完成各类保健任务 35 次，专家派遣及时率、到位率 100%。

【学科建设】 2016 年，7 项科研项目完成鉴定，4 项科研项目获得淮北市第十七次科学技术成果三等奖。开展新技术 8 项，其中 2 项为安徽省首例，1 项获安徽省消化年会早癌图像诊断大赛二等奖。发表 CN 级学术论文 22 篇，核心期刊 18 篇。举办省级、市级继续教育项目 125 项，接收蚌埠医学院、安徽医科大学等院校实习医生、护士 333 人，接收进修人员 14 人次。组织 9 人参加全省全科医生转岗培训理论强化班，完成 2015 年度全科医生临床实践轮转工作。选派 6 人到上级医院进修学习，安排 240 余人次外出参加各类学术交流。

【实施医疗健康扶贫工程】 落实好惠民工程项目。眼科、耳鼻喉科分别完成贫困白内障复明工程 160 例、新生儿听力筛查 4301 例和成人助听器验配 15 例。开展对口援助工作。医院先后派出医务人员落实对萧县人民医院及濉溪县人民医院、临涣镇卫生院的对口援助工作；心内一科、呼吸科、眼科等选派人员承担安徽省“组团式”援藏工作，首批援藏派驻 4 名医务人员，第二批派驻眼科 1 名医务人员。院团委根据团省委、省卫计委要求，选派检验科主管检验师 1 名对口支援渠沟镇卫生院。承担“三无”人员救助工作。2016 年，医院开辟绿色通道，对淮北市行政区域内发生的急重危伤病、需要急救但身份不明确或无力支付费用的 64 例患者，实施无条件救治，医院垫付费用近 11 万元。

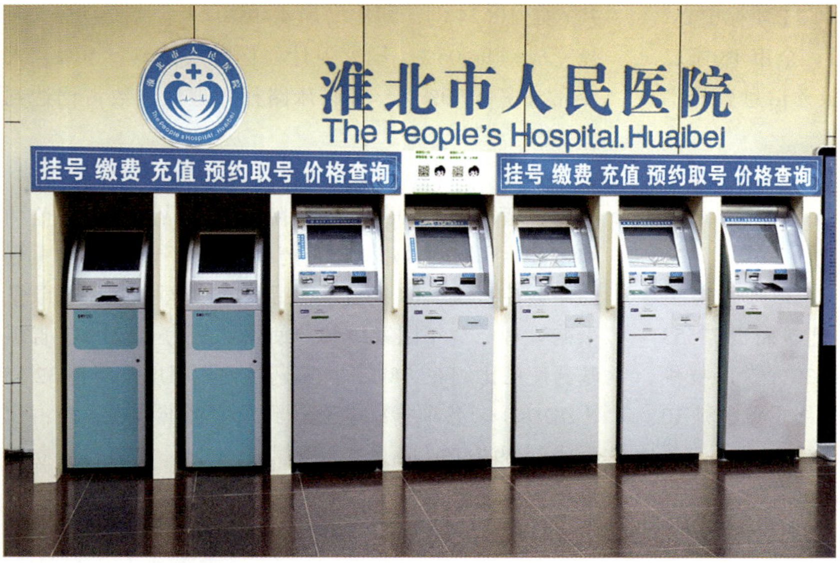

医院设置自助设备方便患者挂号、缴费，改善就医环境

【化解医患矛盾】 年内，市人民

医院坚持问题导向，开展满意度调查工作。规范患者回访结果的收集、整理、上报、处理等程序，建立《患者回访意见反馈处理流程图》《患者意见收集及反馈处理制度》。做好满意度调查和出院病人的入户回访工作。2016年，患者服务中心对2.45万住院患者进行电话回访，其中有效回访1.53万件，满意度为98%。对1.74万名门诊患者进行电话回访，发放医疗信息反馈卡2000余份，入户回访170人次，整理出意见及建议880余条。做好门诊投诉受理工作。全年接待投诉41件。

【健康公益宣传】 2016年，医院通过媒体、院报、公益活动向公众传播健康知识。全年举办控烟管理培训班8次，开展街头控烟宣教活动4次，戒烟门诊为约300名烟民提供戒烟服务，各临床科室共举办健康教育讲座252期，社区服务科开展各类健康教育讲座23次、街头宣传与义诊活动26次。

（牛孝斌）

淮北市中医医院

2016年，医院门诊149812人次，同比增长5.3%，住院8678人次，同比减少15%；手术438台次，同比减少15%；床位使用率66.5%，同比下降16%；平均住院日12天，同比增长2.5%。全年总收入为9469.83万元，总支出为9757.01万元。医院被省卫计委授予“健康促进医院”称号。

【公立医院医改试点】 年内，市中医医院构建医联体，推动分级诊疗工作建设。医院与安徽省中医院、省针灸医院、县中医院签订松散型医联体，与相山区人民路社区、任圩社区签订紧密型医联体。完善药品、医用耗材带量采购工作。医院加强药品、医用设备及医用耗材（含检验试剂）采购使用管理。按招标程序进行采购，每季度报告一次药品、设备及医用耗材采购作用情况。药品采购使用国家基本药物占比25.11%，省基本用药占比93.49%。高值耗材实现100%网上采购，加强对药品、医用耗材重点监控品种的监测，促进临床合理用药、用械。药品收入占医疗收入比34.71%，耗材收入占医疗收入比1.42%。

全面推行临床路径管理，按临床路径管理的出院人数占比21.3%。推进出院病人按病种付费结算，按病种付费（农合）的出院人数占比58.5%。职工医保门急诊次均费用167.98元，同比降低10.17%，住院次均费用5297.84元，同比降低4.71%；城镇居民医保门急诊次均费用413.03元，同比降低5.01%，住院次均费用5434.65元，同比增长1.8%；农合次均住院费用5469.11元，同比降低2.47%。实施专项绩效奖励。

【医疗服务提升】 医院开展《病历书写基本规范》培训，加强对中医药基础理论和实践技能的教育和培养；邀请江苏省徐州中医院专家对医院临床人员进行“三级查房”规范培训。加强疑难病例讨论学习。派遣院内专家组到徐州中医院观摩学习各种病历讨论，组织专家组参与科室病历讨论和上级医师查房，针对发现的问题及时纠正。医院聘请徐州医科大学临床学院院长对全体医务人员进行教学查房培训及伦理学培训，邀请江苏省伦理学专门人员指导医院成立医学伦理委员会。

以重点专科为辐射，开展中医特色诊疗等项目，以特色促优势。开展中医护理技术，充实临床新技术及传统疗法的的内涵，提高中医治疗率。妇产科与康复科协作开展“腹针与中药灌肠治疗盆腔炎”临床研究，获得省卫计委立项资助；肛肠科开展10余种特色疗法，临床疗效显著。针灸科特色疗法彰显，药占比较低（8～15%）。

【优质护理服务】 市中医院通过岗位管理实现住院病人包干的护理责任制，丰富护理内涵，提供从入院到出院的全程优质护理服务。修订优质护理绩效考核方案，细化各项质量标准，制定健康教育路径，加强中医特色健康教育。优质护理服务示范病房覆盖率达100%。全院实施中医护理方案47个，中医护理技术13项，各科室开展中医护理操作6项以上，肺病科开展中医护理进社区活动，弘扬中医药文化。重视中医护理创新工作，将平衡拔罐引入用于咳嗽，喘证等病症。严格执行各项感染控制制度与医院感控的考核标准细则。年内，医院感染监控院内病人例数为8476例，监控率100%，发生院内感染48人，感染率0.56%，漏报2例，漏报率4.16%。开展医院感染卫生学和消毒灭菌效果监测，共采样监测标本667例，合格率99.5%。市疾控中心对市中医院进行采样监测合格率100%。开展目标性监测，检测ICU、妇产科病人共270例，无医院感染发生。开展细菌耐药性监测，标本送检286例，多重耐药菌38例，均为社区感染。

【基础设施建设】 2016年，医院添置128层螺旋CT、DR，高压注射器，高清宫腔镜，结肠透析治疗仪，添置特需病床、电动直立床，价值100万余元的康复设备。建设标准化化验室、制剂室，完善设施配置，提升医疗服务水平。对门诊部分科室进行布局调整、装修，门诊安装电梯，添加候诊椅，方便患者就医。装修肾病科、康复科、体检中心、北门诊名医堂，美化诊疗环境，提高群众就医感受。2016年，医院获省卫计委4项中医药科研计划课题项目；护理人员获全市护理技能竞赛团体三等奖、全市中医护理技能与养生操竞赛团体一等奖。2016年安徽省护理技能竞赛中，中医医院获团体三等奖，董影影获个人第四名，宋迎迎获第七名，张玲芝获第九名。外科刘利、治未病科王洪刚当选安徽省健康素养巡讲专家。医院代表队获“济人杯”首届安徽省中医药养生保健知识电视大赛三等奖。被省卫计委授予“健康促进医院”称号。

淮北矿工总医院集团

淮北矿工总医院集团是淮北市唯一一家跨地区的大型医院集团，下辖淮北市精神病防治院、淮北市肿瘤医院以及16家分院、27家矿区保健站、十余家社区服务中心（站）等，服务范围覆盖淮北、宿州、亳州、永城等地市。

总院始建于1958年，是淮北市建院最早、规模最大，集医疗、教学、科研、预防、保健、康复于一体的大型综合性三级甲等医院，是蚌埠医学院非直属教学医院、国家矿山医疗救护中心安徽省分中心。占地158亩，医用建筑面积11.8万平方米，床位1500张。

【华润凤凰全资控股淮矿医院】 华润凤凰医疗控股有限公司由华润医疗集团和凤凰医疗集团重组而成，创建于1988年。集团投资和管理的医疗机构数量超过100家，开放床位数近1.2万张，是中国最大的医疗产业集团。2014年12月，淮北矿工总医院集团原为华润医疗集团旗下的非营利性医院集团之一，2016年11月23日，正式成为华润凤凰全资控股的医疗机构。

【完善医疗质量考核】 医院集团实行季度综合检查和单项考核、院长行政查房等相结合，质量考核涵盖平均住院日、I类切口抗菌药物合理使用、临床路径、病案归档、合理用血、核心制度、三甲技术项目、病案质量、不良事件等质量管理项目。定期检查考核，建立终末病历质量检查制度，对20%的出院病历进行质量检查，控制重大缺陷病历的发生；加强临床路径管理，提高临床路径管理病例入径率和完成率，临床路径入径率在80%以上，入组完成率在70%以上，入组病例平均住院日和均次费用较2015年同期均有所降低；严把剖宫产指征，剖宫产率从60%降至40%；落实国家恶性肿瘤诊疗规范，推进肿瘤等重大疾病的规范化诊疗。

【临床药事管理】 年内，医院加强辅助用药、抗菌药物、门诊输液、抗肿瘤201药物以及毒、麻、精、放等药品管理。加大合理用药的培训教育和违规用药的通报处罚力度，每月进行I类切口和合理用药点评。2016年，医院集团进行4次合理用药全员培训，开展合理用药抢答赛；点评处方4.8万例，合理率达75.1%，同比增加11%；医嘱点评中I类切口抗菌药物使用率35.19%，同比下降16%，合理率84.3%，同比增加20%。

【院感质量管理】 年内，医院调整院感委员会，加强三级网络防控，每周定期检查核心制度落实情况，每天对院感信息系统疑似感染病人进行筛查审核，及时上报院感数据；每季度编发《医院感染通讯》，报道医院感染信息动向，2016年感染率1.68%。加强院感知识培训，举办医院感染法律法规、手卫生、职业暴露防范、消毒隔离感染等培训班，对卫生部下发的医院感染六项行业标准及手卫生规范进行专项培训，合格率达100%。制定医务人员职业暴露预案，落实医务人员职业暴露防护制度及锐器损伤报告制度，全年共15人发生职业暴露，无一例发生不良后果。

【学科建设】 2016年，在淮北市第四周期重点学科评价中，总院心血管内科等9个专科获淮北市重点学科称号，内分泌科获淮北市特色专科称号。全年接收进修人员、院校实习人员、蚌埠医学院临床医学生共352人，完成临床带教任务；组织参加“皖南医学院第四届实习生技能大赛”，获团体二等奖、单项第一名，彰显总院的雄厚教学实力。举办国家级继续教育学习班1期（“甲状腺疾病诊治进展学习班”），省级医学继教班9期，市级66期。开展新技术、新项目，如心内科“三维标测下行复杂心律失常射频消融术”、血管外科“插管接触溶栓治疗下肢深静脉血栓形成”、急诊科“高压氧联合纳洛酮与依达拉奉治疗急性一氧化碳中毒的临床观察”、肾内科“腹膜透析在终末期肾脏病人群的临床应用研究”、内分泌风湿科“短疗程益赛普联合来氟米特对血清阴性脊柱关节病疗效观察”、妇产科“经阴道剖宫产术后子宫切口憩室修补术”、麻醉科“超声引导下多根神经阻滞在大隐静脉手术麻醉当中的应用”、输血科“自体输血”等。其中检验科“改良Hodge试验检测kpc型碳青酶烯酶方法的临床应用及耐药机制研究”获淮北市科技进步二等奖，泌尿外科“肾癌保留肾单位手术的临床研究”获淮北市科技进步三等奖。

【加大市场营销力度】 年内，组织开展义诊52次（大型义诊9次），发放宣传材料1万余册，测量血压、血糖和提供健康咨询1万余人次，免费提供心电图、B超检查800余人次。组织人员赴金寨华润希望小镇开展大型义诊；配合临床科室共开展学术讲座6次，并在淮北市电视台《直播淮北》栏目进行转播；举行健康讲座16期，提升总院品牌在周边地区的影响力。

推进医联体建设，与7家厂矿单位签订工伤定点救治协议；与13家医院、社区卫生服务中心签订医联体协议，达成双向转诊意向，初步构建医联体雏形。落实新农合报销政策，实现淮北市辖区内所有分院新农合联网直报；开通涡阳县、萧县的农合病人即时结报程序，打通总院医保直报的瓶颈，解决当地老百姓看病难的问题。

【后勤保障】 年内，医院集团完成燃气锅炉及室外管网的设计、招标和改造工程，保证总院安全供暖。利用中央财政补贴，精神病防治院综合病房楼主体完工，进入装修阶段。修缮杨庄分院病房大楼等，改善分院诊疗环境；招标采购281台医疗设备，为部分分院购置CT、腹腔镜等，保证临床业务的开展。信息化建设方面，完成手麻管理及心电电生理信息系统；更换网络防火墙并完成内网新网段的扩容；对4家分院的HIS系统进行替换。

【履行社会责任】 医院集团落实对口支援，作为省卫计委“万名医师支援农村卫生工程”项目的指定单位，与杜集区人民医院签订“对口支援”协议，制定对口支援工作方案，进行业务指导等帮扶；选派专家援助西藏山南地区人民医院。服务好矿区职工，由于淮北矿业经营形势严峻，资金周转困难，拖欠医院集团医保资金达2.6亿元，医院集团利用银行贷款维持正常运营，一如既往地服务好矿区患者。实行门诊药品零差价，分院取消门诊药品15%加价，真正让患者看得起病、看得好病。

全年选派4名医务人员分别到浙江大学附属妇产科医院、复旦大学附属儿科医院等全国知名医院进修学习；11名医护人员到省立医院、省儿童医院、省妇幼保健院、浙江大学附属妇产科医院和上海第一妇婴保健院进行短期专项进修；44人次外出参加省级和国家级专业学术会议。加强继续医学教育管理，继教参加率99.72%。

【加强医院内部管理】 年内，医院对产前筛查采取“一对一”跟踪服务；开展临床路径20个病种、2679例，优质护理覆盖面66%，临床合理用血培训率100%，临床合理用血99%以上；加强医院感染管理和监测工作，规范医疗废物处置；医疗责任保险23.49万元，稳妥处理医疗纠纷；进一步完善自行采购范围内的器械、药品和耗材招标采购制度，建立专家库，规范申请、论证、采购等流程；100%执行省药品招标采购目录，100%执行省、市医用耗材招标采购目录，基本药物采购额占比高于国家、省规定的最低比例；严格依法执业，在岗专业技术人员持证上岗合格率100%。

【落实公共卫生职能】 年内，医院落实传染病报告制度，规范上报传染病370例；妥善处置各类突发公共卫生事件，完善发热门诊，严格执行疑似患者转诊流程；完善突发事件预案，开展全员培训演练工作，建立医院卫生应急队伍。开展新生儿疾病筛查和产前筛查，共筛查新生儿4321名，产前筛查5406例；7月，与相山区妇幼保健所合作，为免费婚检提供技术支撑；加强妇幼健康督导整改工作，进一步规范妇女保健、儿童保健以及出生证发放各项工作。落实卫生支农城乡医院对口支援工作，对口支援宋疃卫生院共30人次。推行自然分娩工作，出台专项制度，将“降低剖宫产率”纳入绩效考核。

（张娉娉）

淮北市妇幼保健院

淮北市妇幼保健院1976年筹建，1981年10月1日开诊。搬迁后的市妇幼保健院2004年5月28日开诊。医院占地42亩，有业务用房1.4万平方米，其中病房楼7层，开放床位200张，为国家级爱婴医院。2016年，医院门诊较上年同期增长7.8%，出院人次较上年同期增长13.9%，分娩人次较上年同期增长16.2%。医疗收入较上年同期增长6.8%，总支出较上年同期增长7%。

【学科建设】 2016年，医院与省儿童医院合作，在淮北市率先开展儿外科微创技术，共实施微创手术61例。

淮北市传染病医院

2016年，市传染病医院总收入514.99万元，其中财政补助收入415.27万元，医疗收入65.94万元，药品收入24.18万元。总支出388.51万元，其中医疗业务成本130.65万元，管理费用144.39万元，收支结余126.48万元，比上年增长30.63%。

【综合医改试点】 医院实施药品零差率销售，以实现有效控制患者医药费用不合理增长。从4月1日起，全面实施药品零差率销售（中药饮片除外），患者负担不增逐减，群众就医满意度逐步提高。与县区医院组建实质性医疗联合体，落实16个病种分级诊疗指南，高血压、糖尿病等患者规范化诊疗和管理。落实基本药物和药品、耗材采购工作制度。医院执行带量采购合同，药品采购实行网上采购，全年购进国家基本药物品种218种，国家基本药物采购额6.6万元，药品采购10.5万元，国家基本药物占全部药品总采购金额的比例为62.93%。

【公共卫生管理】 市传染病医院设立发热门诊、肠道门诊等传染病专科门诊。开展相关传染病应急救治业务培训，参加人感染H7N9禽流感、中东呼吸综合征、寨卡、霍乱等传染病疫情检测及救治工作。健全重大疫情应急救治预案，成立应急救治小组，准备一定数量应急病房及物资储备。9月，组织一次呼吸系统疾病突发事件的院内应急演练。建立完善传染病管理的各项制度，各临床科室及专科门诊严格遵守首诊医师负责制，发现甲类、乙类、丙类传染病或疑似病人，首诊医师能够按规定时间及时上报，按要求填写传染病报告卡，及时上报院感办。网络直报人员按照网络直报要求在规定时间内及时上报，无缓报、漏报、瞒报情况发生。

【医患纠纷整治】 市传染病医院建立医疗纠纷报告制度，及时妥善处理医疗投诉和纠纷。在门诊大厅设立举报箱、导医台，畅通举报渠道。定期向社会和来院病员征求意见，对群众反映的问题逐项梳理，登记，及时研究解决。成立由医务科牵头、院相关领导及相关科室参加的医疗事故处理小组。按时购买医疗责任险，聘请法律顾问，并与市医调委和市卫计委医政科建立有效沟通机制，落实大额赔偿与责任追究制度，构建和谐医患关系。定期召开医务人员座谈会，发放满意度调查表，进行出院患者随访，出院患者满意度明显提升。年内，医院无医疗差错事故及责任纠纷、投诉事件发生。

（孙 艳）

淮北市第四人民医院

2016年，医院医疗总收入为3345.76万元，其中医疗收入2906.26万元。药占比为37.82%，耗材占比为4.27%。门诊诊疗56547人次，住院5691人次。手术783例，其中四类手术（疑难重症手术、科研手术、新开展手术、多科联合手术）26例。

【医联体建设】 年内，市第四人民医院探索医联体建设，加强与上、下级医院之间的联系，向上与市人民医院、市中医医院签订医联体协议，向下与五沟医院、童亭社区及韩村镇、临涣镇等周边村卫生室签订医联体协议，并制定《淮北市第四人民医院双向转诊工作实施方案（试行）》，全面落实分级诊疗、双向转诊、急慢分治工作，为患者提供方便、快捷、优质，连续性的医疗服务。

【卫生应急管理】 2016年，医院共组织开展院前急救应急演练2次，成立淮北四院应急小分队，保障卫生应急工作。12月，组织5名医护人员参加淮北市临涣焦化股份有限公司苯泄漏应急演练，配合各应急部门负责医疗救护工作，完成演练任务。

【医德医风教育】 年内，医院分层次进行医德医风教育和社会主义核心价值观教育，引导医护人员加强医德医风建设，树立正确的人生观、价值观。2016年未发生一例因医德医风引起的纠纷，住院患者满意率在95%以上。

【家庭医生签约服务】 2016年，医院开展家庭医生签约服务工作。11月，组织人员深入社区进行宣传讲解、设立咨询台及发放宣传资料等，多形式开展家庭医生签约服务工作，共签订家庭医生有偿服务包22个。

（曹晨娜）

淮北矿业职业病防治医院

2016年，淮北矿业职业病防治医院完成业务收入1.58亿元。其中，集团公司医保收入4807.71万元，同比增加817.97万元，增长20.5%；市医保收入947万元，同比减少125万元，降幅11.7%；全费收入270万元；市、县新农合收入519万元，同比增加88万元，增长20.4%。总支出9188.58万元，同比增加864.57万元。其中，药品器械费支出2132.2万元，同比增加64.63万元；工资支出2840.16万元，同比增加171.84万元；低值易耗品支出449.73万元，同比减少144.44万元；四项费用支出43.87万元，较上年略有降低。诊疗12579人次，住院10646人次，病床使用率82.2%，病床周转次数1.1次/月。全年体检28718人次，同比增长12%，体检收入972万元。

【康复医疗】 年内，职防院依托三级康复医院品牌优势，与院校开展合作，扩大办医规模。淮北市首家工伤职业康复中心于8月运行，填补省内行业空白。增设高压氧舱等新的康复项目，巩固康复治疗效果。开展对外托管业务，枣庄康复医院初步具备病员收治能力。

【职业病防治】 2016年职防院开展各项检测评价业务62家，开展检测评价的38家地方企业中，35家为私营企业，进军外部市场初见成效。完成职业健康体检

42376人次，其中集团内部35349人次，集团外7027人次，并全部作出体检结论和评价。开展尘肺会诊6次，新诊断尘肺病人58人，晋期病人2人。完成肺灌洗手术139例（含柳工集团1例），为灌洗禁忌症病人提供综合治疗。完成职业病诊断资质和煤矿职业卫生技术服务资质续展工作，通过理化实验室计量认证并成功扩项。

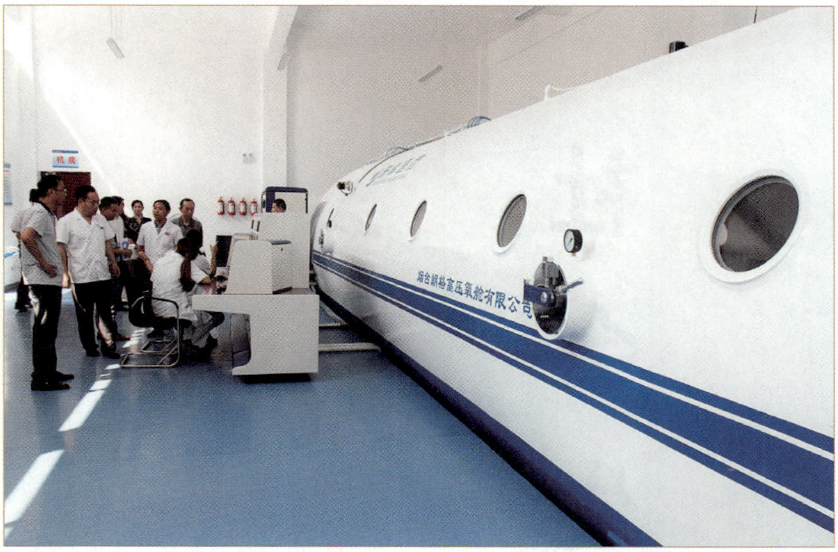
职防院高压氧舱

【健康养老】 “孝心坊”老年用品机厂店正式营业，主要经营中老年家庭医疗器械、中老年家庭运动健身用品、按摩保健产品、中老年日常用品、老年礼品、中老年服饰等。惠康老年公寓二期场地租用职防院原尘肺病房楼1层至4层用于医养结合养老服务，建筑面积4500平方米，开设床位200张，于2016年投入使用，共有床位300张。老年公寓主要提供专业化医养结合养老服务，有单人间、双人间、三人间等多种类型老人居室，室内空调、电视、卫生间、暖气、医疗呼叫系统等一应俱全，配套有康复室、娱乐室、配餐室、餐厅等生活娱乐设施。

【经营管理】 年内，职防院下发《安徽皖北康复医院内部市场化考核办法》，工资收入直接与成本、绩效挂钩。坚持“定额消耗”原则，严格控制运行成本，2016年仅低值易耗品一项就减少支出144万多元。对后勤服务部、职防医药连锁公司、职业病危害因素检测评价中心等开展内部审计，关闭亏损商店1家。全面实施药品带量招标采购。添置高压氧舱、彩超、128层CT等大型医疗设备。5月，安徽皖北康复医院经营性质“非转营”工作全面落实。注册成立安徽相王医院管理有限公司，拓展对外合作平台。10月，完成职防医药连锁公司收购。开展高新技术企业申报工作，已有14项实用新型技术和3项发明专利获得国家知识产权局专利申请受理。

【医疗技术提升】 年内，职防院组织参加职业卫生技术服务机构专业技术人员资格考试，20人考取甲级证书。加强医联体合作共建，申请加入安徽医科大学第二附属医院医联体。做好科研管理工作，“煤工尘肺合并2型糖尿病同型半胱氨酸的相关影响因素分析”立项为科研课题。开展医疗教学和继教培训，全年举办39期市级继教班、1期省级继教班，参训人员1500人次；举办淮北市医学会物理医学与康复学分会年会。选派医护骨干15名到北京、徐州等医院进修，提升医护人员业务技术水平。

（王　娴）

社会生活

■2016 年，市殡葬服务中心获“全国殡葬工作先进集体”称号

■2016 年，淮北市在全省率先制定《就业脱贫实施方案》

■2016 年，全市城镇居民人均可支配收入 27248 元，农村居民人均可支配收入 10653 元

人口控制

【两孩政策落实】 2016计生统计年度，全市共出生人口28929人，其中“二孩”出生14466人，较上年同期增加3684人，增幅34.17%，符合预期增量；多孩出生1206人，其中政策外多孩360人，政策外多孩占总出生比例1.24%，低于控制目标；全市出生人口性别比为108.96，较上年年末（110.38）下降1.42个点，平稳持续降低。结合淮北市实际，报市委市政府审核出台《中共淮北市委淮北市人民政府关于落实全面两孩政策改革完善计划生育服务管理的实施意见》《淮北市人民政府关于健康脱贫工程的实施意见》《中共淮北市委办公室淮北市人民政府办公室关于坚持和完善计划生育目标管理责任制的实施意见》和《淮北市人民政府办公室关于推进医疗卫生与养老服务相结合的实施意见》共4个文件，就切实做好新时期计划生育工作提出具体实施意见和工作措施。所辖三区一县出台相关落实方案，做到上下联动、合力推进。

【规范生育登记】 2016年，淮北市采取三项便民措施规范生育登记。取消“二孩”审批。对生育两个以内（含两个）子女的，实行生育登记。减少办证所需材料。对于全员人口信息系统能够核实的信息，不再要求当事人提供原件。落实首接责任制。管理地或户籍地不得推诿延办或不办，对于符合条件且材料齐全的即时办结或按法定时限办结。截至12月底，全市共计开展生育登记24758例，生育审批491例。

【计划生育优质服务】 年内，淮北市全面启动计划生育优质服务先进单位创建活动，在落实党政责任、加强综合治理、巩固基层网络、依法规范管理、提升服务水平、完善扶助保障、做好宣传倡导、强化信息支撑、注重工作成效、纳入社会评议10个方面精准发力，着力提升计划生育优质服务水平。相山区被评为“全国计划生育优质服务先进单位”。

落实计划生育目标责任制和一票否决制，将计划生育工作重点列入市委、市政府重要议题及年度重点工作督查范围，明确市牵头领导和责任单位；市委严格执行市管领导班子和领导干部综合量化考评制度，对提拔重用的74名县级及以上干部、对104名市党代会代表均严把计划生育政策执行关；市政府与各县区、经济开发区、驻淮北各大企业签订计划生育目标管理责任书，按责任目标落实情况兑现奖励。对落实责任到位、工作先进的单位予以通报表彰，2016年兑现2015年度计生奖励55万元。

【流动人口计生服务管理】 2016年，组织开展流动人口“关怀关爱·优质服务”专项活动，组织“新市民健康城市行——人口流动健康同行”系列宣传，实施流动人口健康促进示范企业、学校和健康家庭建设工作，以李楼社区和渠沟社区流动人口均等化服务及社会融合示范点为引领，推动流动人口与常住人口民生工程基本公共卫生计生服务融合，推进健康教育、预防接种等12项流动人口公共服务，全市建立流动人口健康档案2万余份，新打造相山区康乐社区、电力社区，杜集区石台中心社区3个省级城市生活e站，依托建成的29个省级城市生活e站，挂牌成立20个家庭发展中心。开展区域协作，分别与常熟市、上海徐汇区等13家单位签订流动人口计生服务管理协议书，先后成立“宁波市淮北籍流动人口计划生育协会”等2家异地协会，组建“双堆集镇驻杭州市流动人口党支部”等9家流动人口党支部。全年共协查各类信息1.2万余条，协助办理计生证件300余件，协助安排孕环情监测服务700多人次，解决就业150多人，协助淮北籍流动人口入托、入学等300余例。

杜集区朔北社区城市生活e站“二孩生育课堂”开讲

【计划生育家庭发展】 年内，计划生育伤残家庭和死亡家庭扶助金由国家标准的270元、340元/月/人，统一提标至410元/月/人；农村奖励扶助享受的年龄由国家规定的60周岁提前至50周岁，每人每年发放720元；农村独生子女满16周岁后，每月继续发放独生子女父母奖励金25元，农村双女户落实绝育措施在给予不低于4000元一次性奖励的基础上，于次年起，每年每户继续享受不少于200元的节育奖励金，直至夫妻一方与奖励扶助制度接轨。市直有关部门在制定出台相关优惠政策措施时，侧重于计生家庭的倾斜。人社、教育、民政等部门对计划生育家庭在新农保、新农合、子女入学、发展生产等方面给予特殊照顾。

淮北市对计生特殊困难家庭实施“1+3全覆盖”的帮扶措施，即安排一名镇（办）领导干部，负责了解需求、落实政策、解决困难；一名村（居）班子成员，负责家访服务、安抚慰问、生活照料，每月至少上门探望一次，特殊情况随时到访；一名家庭医生，负责建立家庭健康档案，每月至少上门一次，动态监护家庭成员的身体健康状况。2016年，全市共确认国家奖扶对象2969人，特扶对象493人；发放奖励扶助金296.9万元，特别扶助金271.6万元；50~59周岁奖扶扩面对象4686人，发放奖励扶助金349万元。

【“向幸福出发”121行动】 年内，开展幸福家庭创建活动和新家庭计划，为每一个家庭送一份“助福祥单”（家庭文明单，促进家庭文明；家庭健康单，守护家庭健康；家庭优生单，为优生护航；家庭致富单，帮扶家庭致富；家庭奉献单，引领家庭奉献）；用两个项目支撑（“幸福家庭推选活动”项目，“创建家庭发展服务中心”项目）；靠一个网络保障〔网格员+计生专干+村（社区）医生〕，为每个家庭提供卫生计生综合服务，提升群众幸福指数，有效提高家庭发展服务水平，为淮北市创建“全国幸福家庭示范市活动”提供有效载体。全市评选出张飞等12个“幸福家庭”，其中杜集区刘村家庭以“别样的幸福”脱颖而出，被评为全国百名“幸福家庭”之一。打造锦华苑社区、郭王村等8个示范点，建设南山、桂苑、榴园、黄新庄等10个家庭发展服务中心，实施新家庭计划项目。对493名计划生育特殊家庭人员联系帮扶全覆盖，提供就医“绿色通道”服务。

【“两非”违法行为治理】 2016年，全市共查结“两非”案件37件，其中判处有期徒刑4人，吊销执业医师证12本，吊销护士执业证2本，吊销医疗机构许可证1本，罚款23万余元。综合治理出生人口性别比成效显著。

【妇幼保健和计生资源整合】 2016年，市编办出台《关于市及三区妇幼保健和计划生育技术服务机构整合的通知》，市卫生计生委、市编办联合制定《关于优化整合淮北市妇幼保健和计划生育技术服务资源的实施意见》。濉溪县、相山区、杜集区、烈山区均完成妇幼资源整合挂牌并正常开展工作。全市共完成组建妇幼保健计划生育服务机构市级1个、县级4个、镇级34个，为卫生计生各项技术服务顺利开展提供可靠的队伍保障。濉溪县将妇幼保健计划生育服务机构纳入基层医改，执行事业单位财政一类保障、二类管理的机制，强化绩效管理，调动妇幼保健计划生育服务机构人员工作积极性。市妇幼保健院病房大楼增扩建筑面积2.9万平方米，新建保健楼面积5400平方米，床位增至800张。

（梁　仓）

民政工作

【低保救助标准提高】 在全国低保工作绩效评价考核中，淮北市代表安徽省接受测评，连续两年荣获全国第一。2016年淮北市连续第6年提高城乡低保保障标准，城市低保方面，市辖3区提高至510元/月，濉溪县提高至475元/月。农村低保方面，提高至3150元/年，提前实现农村低保和扶贫标准“两线合一”。2016年，全市累计保障城市低保对象40.6万人次，支出低保金12102万元；累计保障农村低保对象32.6万人次，支出低保金6036万元。

【医疗救助日臻完善】 年内，淮北市修订《淮北市城乡医疗救助实施办法》，全面开展重特大疾病医疗救助，医疗救助范围进一步扩大。完善“一站式”即时结算平台，实现与新农合数据的资源共享。2016年，累计救助12.4万人次，支出救助金3966万元。

【城乡居民临时救助】 淮北市建立“救急难”主动发现救助管理网络，实行县、镇、村三级联动，做到早发现、早救助、早干预，畅通救助“绿色通道”。全年对1934名困难群众给予一次性临时救助，发放救助金466万元。

【农村五保供养标准提高】 年内，制定《农村五保供养及运行维护实施办法》，农村五保分散供养标准为2400元。集中供养标准以供养机构星级评定划分综合定额供养标准。2016年，全市有五保对象6579人，累计发放五保供养资金3301.94万元。

【养老服务体系建设】 2016年，淮北市探索“以医助养、寓养于医、医养结合”新路，全市建成16家医养结合型养老机构。发展特色性、品牌型、个性化服务，重塑农村养老机构品牌。15家敬老院完成转型升级，11家敬老院被评为三星级敬老院。推进政府购买居家养老服务工作，为281名80周岁以上城市低保空巢老人开展购买服务工作。落实“银龄安康行动”，共出资140余万元，为低保、五保、优抚老人购买意外伤害保险，惠及3.7万余人。5家单位被评为第二届省级敬老文明号，2家单位被评为第二届国家级敬老文明号。4人荣获全省福星、孝星称号，10人荣获省“敬老爱老助老模范人物”称号。

【残疾人基本生活保障】 淮北市将重度残疾人护理补贴纳入民生工程，具有淮北市户籍、持有第二代残疾人证且残疾等级被评定为一级、二级且需要长期照护的重度残疾人，每人每月给予60元护理补贴。2016年，全市发放重残补贴20616人，资金1463.20万元。保障孤儿404人，发放孤儿基本生活保障补助金315.84万元。

【减灾和救灾】 2016年，市民政局建立民政灾害信息员数据库，加强民政与气象两部门在气象灾害防御领域的合作，实行信息员队伍联动共享。下拨中央冬春救助资金400万元，救助受灾困难群众19337人。濉溪县刘桥镇王堰村、相山区渠沟镇郭王村被评为“全国综合减灾示范社区”。

【基层政权建设】 2016年，淮北市印发《关于加强城乡社区协商的实施方案》，明确协商机构、内容、形式、程序议程，全市450个城乡社区均建立协商委员会。试点“142”工作法，将基层民主协商与四议、两公开有机结合。农村社区建设成效显著，实现镇级为民服务中心和社区服务终端两级服务网络全覆盖，形成“基础+协会”服务体系，全市建立社区服务网点1500余个。

【社会组织管理】 淮北市建立全市互联互通的登记许可制度，完善培育扶持政策，出台《政府购买社会组织服务办法》，建立评估机制，形成市、县(区)、镇(街)、农村社区社会组织“四级网络”和市、县(区)两级的“五位一体”(登记管理机关、社会组织服务中心、促进会或联合会、信息网站和网格化管理)的社会组织信息化平台体系，开展社会组织统一社会信用代码转换工作。开展全市性行业协会商会与行政机关脱钩工作，53家全市性行业协会商会参加首批脱钩试点。举办首届社会组织公益创投活动，对入围的公益创投项目给予资金资助，鼓励社会组织参与社会公益事业。

【婚姻登记】 年内，市民政局推进婚姻登记信息化建设，推广婚姻登记预约服务，推行结婚登记颁证仪式和婚姻家庭辅导，开展AAA级婚姻登记机关创建工作，濉溪县、杜集区、烈山区3家婚姻登记机关重新选址新建登记大厅，并搬迁使用。全市结婚登记23333对，离婚登记5900对。

【殡葬管理】 市民政局在全市殡葬系统开展“殡葬服务提升年”活动，对沿街抛撒冥纸、冥物不文明行为进行专项整治行动。举办首届“殡仪馆开放日”，增强殡葬行业透明度，提高殡葬服务满意度，市殡葬服务中心获“全国殡葬工作先进集体”称号。安徽省殡葬协会二届二次理事会议在淮北市召开。

【地名管理】 市地名办完成杜集区高岳街道和朔里镇的行政区划调整，开展平安边界建设，通过定期走访、联席联谊活动及时化解矛盾纠纷。召开淮北宿州徐州界线联检暨平安边界建设会议，与徐州市签订平安边界建设协议书。建立界线界桩管理制度，平安边界建设有序有效。

【双拥工作】 年内，淮北市被全国双拥工作领导小组、民政部、中央军委政治工作部授予“全国双拥模范城”称号。市民政局围绕全国双拥模范城的创建要求，突出从“双堆”到“双拥”的鲜明主题，进一步擦亮红色城市名片。着眼军民融合式发展，突出双拥文化建设，举办双拥征文比赛、编印《永远的记忆——淮北市新四军老战士剪影》画册。深入抗洪一线与边海防慰问淮北籍官兵，有效提振淮北部队及淮北籍边海防官兵的精气神。

【落实优抚政策】 淮北市以全面落实“普惠”加“优待”政策和完成烈士纪念设施保护建设任务为重点，提升全市优抚工作服务水平。实施“关爱工程”，提高优抚对象生活保障水平，累计向10767名优抚对象发放各类抚恤补助资金4872万元。实施“健康工程”，加快推进优抚医疗“一站式”结算工作，全年用于优抚对象的医疗补助资金共计300.5万元。实施“追思工程”，进一步提升烈士褒扬水平，举办“烈士纪念日”活动，建立缅怀为民族独立、人民解放事业英勇献身的革命烈士长效机制。

【退役士兵安置】 市民政局按照“扶持就业、经济补偿、重点安置、城乡一体”的总体思路，推进退役士兵安置改革，开展退役士兵免费职业教育和技能培训，主动对接市场，扶持自主就业的退役士兵，挖掘接收单位安置潜力，确保符合安置政策的退役士兵得到妥善安置。

（毛贝贝）

劳动就业

【就业形势稳定】 2016年，淮北市实施更加积极的就业政策，大力实施“创业江淮”行动计划，依托“五园”平台建设，打造新型孵化平台和众创空间。牵头承办“中国创翼”青年创业创新大赛“互联网+”单项赛全国总决赛，11家创业团队和企业、15家知名投资机构入驻淮北。烈山电子商务创业园被批准为省级创业园。举办“就业援助月”“春风行动”等专项活动。应届高校毕业生总体就业率达95%以上，就业困难人员再就业1405人，失业人员再就业8604人。发放创业担保贷款2.51亿元。全市新增城镇就业4.27万人，城镇失业率控制在4.2%以内。创业培训3605人，发放创业担保贷款2.5亿元，开发公益性岗位2201个，失业人员再就业率55%，就业困难人员帮扶就业率62%。

【服务实体经济发展】 年内，市人社局落实促进经济持续健康发展的政策措施，依照政策降低两项社会保险缴费费率，为企业减负1.46亿元；继续实施援企稳岗政策，帮助困难企业缓缴社会保险费11.37亿元，发放稳岗补贴9383万元。按照失业预防和调控六个到位的要求，核准28家企业规模性减员1190人，有效预防大规模减员的发生。

【化解过剩产能安置职工】 2016年，市人社局报请市政府出台化解过剩产能职工安置工作实施意见，拨付煤炭行业化解过剩产能职工分流安置资金4.29亿元。承办全省就业创业“四进四扶”集中推进行动启动仪式暨化解过剩产能岗位对接（芜湖·淮北）首场招聘会，达成就业意向1439人。在烟台等地建立劳务输出基地，转岗就业5353人。淮北矿业、皖北煤电两大煤企已妥善安置分流职工9789人，实现职工安置分流“零上访”。淮北市化解煤炭行业过剩产能过程职工安置工作经验，在全省人力资源社会保障局长座谈会上进行交流发言。

【实施就业脱贫工程】 淮北市在全省率先制定《就业脱贫实施方案》，实施四大行动计划，为贫困人口就业脱贫量身打造脱贫方案，在全省首创印发《就业脱贫手册》，建立4个就业脱贫清单，5家企业获批省级就业扶贫基地，通过基层公共服务岗位安排650名贫困劳动者就业。淮北市就业扶贫工作处在全省先进行列。

【劳动关系机制建设】 2016年，淮北市制定《关于构建和谐劳动关系的实施方案》。推进集体合同制度攻坚计划，开展“邀约行动月”活动，集体合同签订519份，集体合同覆盖率达82%，企业劳动合同签订29.95万人，企业劳动合同签订率达90%。依法实施劳务派遣行政许可，规范劳务派遣用工。开展劳动力市场指导价位工作，制订企业在岗职工工资调查实施方案，调查各种类型的企业80余家，形成2016年度人力资源市场指导价位。

【健全劳动人事争议调处机制】 市人社局完善案件分类处理机制，持续推进仲裁机构实体化建设，提升区级仲裁院办案效能。制订《仲裁裁决书制作规范》，提高办案质量，立案受理劳动人事争议案件206件，涉及职工418人，法定期限内结案率达93.2%。

【劳动保障监察】 2016年，淮北市各级劳动保障监察机构完成清理整顿人力资源市场秩序专项行动，共检查各类人力资源服务机构和劳务派遣单位33户，查处无职业介绍许可证6家，现场取缔无证经营3家。加大劳动保障日常巡查力度，巡查用人单位207家，涉及劳动者2.18万人，责令补签劳动合同1600余份、清退押金3.5万元、补缴社会保险300多万元、发放拖欠工资683万元。行政处罚31起，上缴财政罚没金额44.21万元。做好农民工工资清欠工作，在全省率先出台《淮北市全面治理拖欠农民工工资问题实施意见》，协调处理拖欠农民工工资投诉561起，帮助1.58万名农民工协调发放工资2亿元，举报投诉案件结案率达95%以上。

社会保障

2016年，全市各项社会保险基金总收入36.99亿元，社保基金总支出37.87亿元，社会保险基金累计结余达97.3亿元。

【养老保险】 城镇职工基本养老保险参保42.54万人，城镇职工基本养老保险基金收入20.55亿元，基金支出22.34亿元，年末职工基本养老保险基金累计结存71.66

亿元。按照规定为8.11万名企业离退休人员调整养老金，人均月增加138.61元，人均月养老金达1900.12元。企业退休人员纳入社区管理服务率保持在88%以上。全市被征地农民养老保险参保率96%，2.49万名被征地农民领取养老保险待遇，累计支付被征地农民养老金1.9亿元，被征地农民养老保险基金结余13.1亿元。城乡居民养老保险是年缴费和领取待遇人员68.75万人，累计为23.17万人足额发放养老金1.95亿元。

【医疗保险】 城镇基本医疗保险参保规模达93.46万人，其中，城镇职工参保人数46.11万人，城镇居民参保人数47.35万人。全年城镇职工基本医疗保险基金总收入7.19亿元，支出6.59亿元，年末城镇职工基本医疗保险累计结余10.34亿元；城镇居民医疗保险基金总收入2.15亿元，支出2.07亿元，基金滚存结余1.13亿元。全面建立城镇居民大病保险制度，实施商业保险机构经办运作，全年有1878人次享受居民大病保险待遇597.43万元。

【失业保险】 城镇职工失业保险参保人数25.37万人。失业保险基金收入2.11亿元，基金支出2.36元，基金累计结余6.85亿元。为9643名失业人员核发失业保险金9792.36万元，为9290人代缴医疗保险费3005万元。

【工伤保险】 工伤保险参保人数32.65万人。全年工伤保险基金收入1.9亿元，基金支出2.35亿元，基金累计结存1.77亿元。全年认定（视同）工伤1650人，对1770人进行伤残等级评定。深入实施“同舟计划”（建筑业参加工伤保险专项扩面行动计划），大力推进参加工伤保险工作，按建设项目参保方式参加工伤保险178家，涉及职工53214人。

【生育保险】 生育保险参保人数22.94万人。生育保险基金收入2708万元，生育保险基金支出1785万元。年末生育保险基金累计结存2103万元。

【社保基金管理】 推进社会保险基金监管系统联网应用，落实《淮北市社会保险经办机构内部控制制度》，履行监管职责，加强现场监督检查，有效地防范基金风险。开展淮北市企业职工退休审核审批专项检查工作，对正常退休领取异常的46人进行全面核查，对特殊工种提前退休、因病提前退休、因病退职进行抽查，共抽查59人。

（滕　明）

民族·宗教

【组织体系建设】 年内，淮北市民族宗教工作纳入各级目标管理考评，与综治、干部培训、扶贫等重点工作一并考核，推动民族宗教工作任务全面落实。强化民族宗教工作议事协调机构，实施联席会议制度，推动信访、民宗、公安、民政等部门齐抓共管民族宗教工作。市民族宗教工作领导小组和市民委委员单位在政策宣传、精准扶贫、事件处置等具体工作中发挥职能作用。巩固民族宗教工作三级管理网络，建立约谈机制推动基层党委政府更加重视民族宗教工作，在重点社区（村）配备民族宗教工作联络员，基层管理网络更加健全。构建跨地区协作框架，重点抓好与少数民族输出地区的联系合作，建立信息共享，非法宗教活动联合处置机制。与甘肃临夏州、青海海东市等少数民族流出地区民族部门签订《协作协议》，建立协作管理的机制。

【优化公共服务工作】 市民委（宗教局）对保留的2个行政审批事项进行流程再造，优化审批机制，提高审批效率。将16项法定职权和上级授权确定的监管事项编制成《市民委（宗教局）权力运行监管细则》，上报市政府审定。梳理、公开9项公共服务事项，编制《公共服务清单指南》，上报市政府集中审核。

【行政执法主体建设】 年内，市民委（宗教局）建立健全行政执法主体，完善行政执法责任制。组织机关干部参加全省行政执法人员资格认证培训，取得执法资格。落实年度教育培训计划，举办基层民族宗教工作干部培训班，把中央会议精神传达到基层，推动三级管理网络发挥作用。建立动态业务指导制度，多次深入一线，实地指导县（区）处置各类突发事件。

【基督教教职人员培养】 2016年，通过试讲考评认定备案49名基督教传道员；召开“基督教中国化”座谈会；指导市基督教两会（基督教协会、基督教三自爱国运动委员会）举办全市牧师、长老讲经讲道比赛，引导宗教教职人员提升神学修养，以社会发展需要为导向阐释宗教教义。

【民族宗教政策宣传】 民委、宣传、统战、教育等部门共同制定《2016年度民族团结进步宣传教育活动方案》，共同实施、共同推进；民族团结进步示范单位创建“六进”机制常态化，命名市级示范单位4个，推荐省级示范单位2个；开展“宗教政策法规学习月”活动，宗教界政策法律意识提升；连续5年实现“零朝圣”目标；深化反邪教舆论宣传，组织专题培训、张贴宣传图画，群众的防邪反邪意识提高。

【民族服务管理】 淮北市建立外来少数民族人口“来淮、在淮、离淮”管理制度，依托社区网格化管理，坚持定期联系走访机制，镇（办）、县（区）、市民委定期上门走访在淮北外来少数民族工商户。建立外来少数民族人员信息台账，及时分析问题、跟进服务，为外来少数民族工商户创造良好的经营环境。

【民族共同富裕】 市民委（宗教局）落实帮扶少数民族脱贫计划。前期谋划方案，结成对子，中期会议调度，督促推进，24家委员单位一户一策精准扶贫，确保少数民族贫困户脱贫任务的完成。管好用好民族发展资金。集中资金扶持烈山区、杜集区少数民族种植、养殖业，让有限的资金产生最大的效益。组织少数民族致富就业技术培训。举办两期少数民族群众实用技术培训班，近百名少数民族群众学到致富技术。

【推进城市民族工作】 淮北市发挥志愿者等社会组织优势，开展民族一家亲爱心义诊活动，加强清真食品安全监管，办理少数民族成分变更和回民土葬手续，完善穆斯林墓地建设，为少数民族群众提供法律服务。规范外来少数民族传统节日活动和宗教活动，让城市更好接纳少数民族，让少数民族更好融入城市。

【宗教事务管理】 市民委（宗教局）注重发挥政府服务功能，让宗教界共享社会发展成果，全市宗教教职人员社保参保率100%。依法做好宗教团体年检工作，监督、指导宗教团体依法、依章程开展活动。指导杜集区成立佛教协会，在全省率先完成宗教团体建设任务。

以年度述职、民主测评为抓手，强化宗教团体班子成员和教职人员规范管理，落实末位诫勉谈话机制，宗教团体管理工作有效推进。在宗教界培育和践行社会主义核心价值观，着重抓好爱国主义、法治宣传、公民道德和和谐理念“四项教育”，将爱国、法治、德治、和谐等基本价值追求融入宗教思想和教规教义，引导宗教走中国化道路。

【宗教活动场所管理】 市民委（宗教局）全面推行宗教活动场所财务管理“三人三锁”制度、财务收支公示制度，管好“钱箱子”，减少矛盾隐患。落实宗教活动场所安全管理机制，抓好节假日、重大宗教活动的应急处置工作，事前演练、现场督察，确保宗教活动安全有序。推进和谐寺观教堂“规范年”活动，组织全国创建和谐寺观教堂先进集体和先进个人评选；举办“和谐寺观教堂”创建活动培训班；开展正信教育、道风教育等爱国爱教学习活动，及时清理各种非法宗教出版物，主动抵制宗教渗透，维护宗教领域和谐稳定。全市224处各类宗教活动场所未发生安全事故。

扶贫工作

淮北市下辖一县三区，贫困人口42164人，其中濉溪县2012年被确定为有扶贫开发任务的县，有贫困村22个，建档立卡贫困人口36603人。2016年，濉溪县完成4个贫困村出列，14773人脱贫，完成年度减贫任务的101.2%；三区完成4390人脱贫。至2016年年底，全市还有贫困村18个、贫困人口11365人，其中濉溪县有贫困村18个、贫困人口10194人，全部纳入国家建档立卡贫困人口。

【高位推进扶贫工作】 年内，市委、市政府将扶贫脱贫工作作为第一民生工程来抓，成立由市委书记、市长挂帅的扶贫工作领导小组，多次召开扶贫工作领导小组会议，部署脱贫攻坚各项工作任务。市人大、市政协多次视察并听取脱贫攻坚工作进展情况，召开政协“精准扶贫”界别协商会，主动建言献策，推动脱贫攻坚各项工作。四大班子领导分别联系10 ~ 20户贫困户，随机走访督查，通过以点带面，推进脱贫攻坚工作。县（区）四大班子领导在扶贫一线进行督导落实。完善政策支持，结合“十三五”规划和淮北市《关于坚决打赢脱贫攻坚战的实施意见》，制定《关于财政支持脱贫攻坚的实施方案》《关于健康脱贫工程的实施意见》等“1+19”配套文件。县区政府和市直相关部门出台相应精准脱贫实施方案，打出政策组合拳，提高精准扶贫、精准脱贫针对性和实效性。细化目标责任，制定《2016年扶贫开发工作要点》和年度脱贫计划，将扶贫任务逐项分解至各县区、各单位、各镇（办），层层签订目标责任书，并将其纳入领导班子和领导干部年度考核，实行“一票否决”，做到责任落实到村、到户、到人，形成齐抓共管的工作格局。

【完善扶贫工作体系】 淮北市建立市、县（区）、镇（办）和村四级扶贫网络，市、县（区）设立专门扶贫机构，充实扶贫人员力量，镇（办）强化扶贫工作站建设，贫困村派驻工作队，非贫困村明确扶贫专干，形成“四级联动、一体作战、合力攻坚”的工作体系。已在

22个省建档贫困村和18个、50户贫困户以上的非贫困村设立驻村帮扶工作队，驻村工作队队员223名，选派“第一书记”或镇包村干部担任扶贫队长，帮助贫困村建强班子队伍、理清发展思路、培育特色产业。建立扶贫结对帮扶体系。完善单位帮村、干部帮户“双包定点”工作机制，分类划定帮扶“责任区”，在全市开展“一对一”“多对一”结对帮扶活动，参与包村帮扶单位达342个，市、县（区）、镇（办）、村四级干部与所有贫困户结成对子，做到“帮扶不漏户、户户见干部”，实现帮扶工作全覆盖。建立扶贫督查调度体系。加强督查调度，强化跟踪问效，按时间调度通报、按节点督查推进、按情况约谈问责，强化扶贫任务落实。2016年，市委组织部、市委督查室、市政府督查室、市扶贫办等组成联合督查组，开展全面督查3次，确保脱贫攻坚任务高质高效推进。县区也成立精准扶贫督查组，落实“月督查、季调度、年评议”的督办工作机制。

【夯实扶贫基础】 年内，精准识别帮扶对象，采取“五看”工作法，通过逐户走访，核查信息，完善台账，全面掌握贫困户家庭情况，找准致贫症结，了解生活需求和发展意愿，做到底数清、情况明。根据摸底排查情况，建立以扶贫对象和需求、扶贫目标和时限、扶贫措施和脱贫责任为内容的“四项清单”制度，绘制脱贫路线图，“量身”定制脱贫计划，为精准脱贫打下坚实基础。加强业务培训。举办脱贫攻坚专题培训班，对全市从事脱贫工作的党员干部和基层人员集中进行业务知识培训，县区和镇村组织不同层次的培训班、现场会等200余场次，累计培训9000多人次，提升各级扶贫工作人员业务能力水平。发放《安徽省脱贫攻坚操作规程》和《安徽省脱贫攻坚政策问答》万余册，开展“脱贫攻坚政策问答、脱贫攻坚操作规程”知识测试，召开扶贫档案管理和产业扶贫现场观摩培训会，增强扶贫工作人员对政策的知晓度和熟悉度。建立动态机制。实行“一户一本台账、一名帮扶责任人、一套帮扶措施”，定期对建档立卡对象实施监测评估，力争符合贫困标准的一人不漏、不符合贫困标准的一人不进，确保每个贫困家庭都得到精准帮扶。

【产业脱贫工程】 淮北市实施农业产业扶贫八大专项行动、推广13种产业扶贫模式，扶持贫困村、贫困户因地制宜发展特色种养业、生态旅游等，变“输血式”扶贫为“造血式”扶贫。为22个贫困村每个村建设60千瓦光伏发电站，将发电站收入纳入村集体经济，可为每个贫困村带来每年不少于6万元的经济收入。启动户用光伏发电建设项目，受益贫困户320户，每户每年增收3000元左右。推行“土地＋务工＋帮扶”扶贫模式、“农业新型经营主体＋贫困户”产品扶贫模式、资产收益扶贫模式，带动4000名以上有劳动力的贫困人口增收脱贫。濉溪县统筹市级专项资金1100万元作为贫困村资产投入县建投公司，并与贫困村签订投资入股协议书，建投公司每年按7%的利率向贫困村分红，每村每年稳定获取3.5万元集体资金积累。

【智力扶贫工程】 淮北市向农村倾斜教师资源，加强信息化建设，提升贫困村学校办学条件，推进教育优质均衡发展。对贫困家庭在园幼儿予以800元学前教育资助；对中职、普通高中建档立卡困难学生发放助学金，免除学杂费；对考入大学贫困家庭子女给予每人3000元的捐助，使贫困家庭子女有接受教育和学习技能的机会。

【健康脱贫工程】 淮北市全面落实省健康扶贫“351”（贫困人口在省内县域内、市级、省级医疗机构就诊的，个人年度自付封顶额分别为0.3万元、0.5万元和1.0万元）和“180”政策（慢性病患者1个年度内门诊医药费用、经新农合、大病保险、医疗救助和兜底保障补偿后，剩余合规费用由补充医保再报销80%），对全市因病致贫家庭进行摸底登记，对建档立卡贫困户参加新型农村合作医疗个人缴费给予补贴，扩大贫困户医保报销范围，降低补偿门槛，提高补偿比例，加大医疗救助力度。2016年，濉溪县累计为贫困户家庭报销367.84万元，相山区制定贫困户医疗扶贫方案，对贫困户新农合个人缴费部分全额补贴，加大患病贫困户医疗救助，在合作医疗、大病保险和民政救助补偿后，个人自付的合理医疗费给予再次救助。杜集区对接医疗机构，为贫困户开展“家庭医生签约服务”。

【基础设施建设扶贫工程】 淮北市整合专项资金、地方债务资金用于贫困村生产生活条件改善，全市已改造完成农村危房户822户，其中建档立卡贫困户334户，补助资金已全部打卡发放到位；计划建设农村道路475公里，已开工532.5公里，开工率112%，已完工326公里；启动贫困村安全饮用自来水“村村通”，改造新建3座水厂。投资80余万元对7个贫困村环境问题进行重点整治，申报4个村为省级环境治理生态村，加强环境治理，改善生态环境。

【社会兜底脱贫工程】 淮北市制定“两线合一”方案，将农村低保标准由2520元/年提高至3150元/年，提前完成省政府提出的农村低保标准和扶贫标准“两线”合一的目标任务。全市有5960名扶贫对象纳入农村低保范围，占全市低保人数的23%。

在全省首创编制发放《就业扶贫手册》，明确就业脱贫政策条款，设立就业创业脱贫台账，实现就业创业脱贫对象“精准识别、精准帮扶、精准管理”。在全市开展贫困劳动者摸底调查，筛选出700余名符合就业扶贫条件的贫困劳动者，并纳入省就业扶贫系统。确定5家企业为省级就业扶贫基地，初步拿出适合贫困劳动者就业岗位960个。

【金融扶贫】 淮北市支持濉溪农商行、邮储银行等金融机构对有发展意愿、发展潜质、资金需求和还款来源的贫困户提供5万元以内、3年以下免抵押担保的信用贷款，累计发放贷款4000余万元。设立扶贫小额信贷风险准备金200万元，财政贴息专项资金50万元，并为小额信贷的贫困户购买“扶贫小额信贷人身意外伤害险”。

【社会扶贫】 淮北市组织“民企帮村”精准扶贫行动，22家民营企业与22个贫困村结成帮扶对子，推动资金、技术、人才、信息等市场要素向贫困村聚集。开展“精准扶贫与妇女发展”活动，培育出牡丹种植示范点、龙腾养殖基地和翰丰服装加工企业等一批女性企业家和致富能手，帮助贫困妇女增加收入。与联通公司合作，开展“雨露计划”培训，实施产品保障终端补贴等雨露惠农计划。结合“聚农e购”农产品电子商务平台，优先推广销售贫困户名特优农产品，已在7个贫困村建成8个村级电商服务站和8个贫困村物流快递服务点，200多户贫困户、十多个品种的农产品进入购物平台，销售额近百万元。开展“10·17”全国扶贫日活动，在报纸上开设专刊，在电视上开设专栏，在政府门户网站上开设专版，宣传扶贫政策和扶贫公益信息，号召广大市民参与扶贫项目认领和认捐行动。活动期间，淮北汇鑫置业公司认领铁佛镇黄集村维修旧桥项目，路达运输公司认领四铺镇周陈村路灯安装项目，全市共募捐善款60余万元、物资5万元。濉溪县韩村镇举办“迎中秋扶贫义演捐赠活动”，杜集区开展扶贫济困送温暖活动，烈山区开展“精准扶贫·巾帼在行动”结对帮扶活动。

城镇居民生活

2016年，淮北市应对各种风险挑战，探索转型发展新路，坚持稳中求进工作总基调，以供给侧结构性改革为主抓手，统筹推进稳增长、调结构、惠民生、防风险各项工作，经济发展稳中有升，居民收入稳步增长，社会大局和谐稳定。全市城镇居民人均可支配收入27248元，比上年增加1558元，增长6.1%；城镇居民人均消费支出16739元，比上年增加821元，增长5.2%。

【城镇居民收入增速平缓】 全年城镇居民人均工资性收入16409元，同比增长5.8%。城镇居民人均经营净收入3834元，同比增长5.9%。城镇居民投资意识日益增强，投资渠道日益多元化；全年城镇居民人均财产净收入1849元，同比增长6.3%。国家持续多年上调企业离退休人员养老金标准，促进城镇居民转移性收入的稳定增加；全年城镇居民人均转移净收入5156元，同比增长7.1%。

【消费性支出】 2016年，淮北市城镇居民恩格尔系数为31.4%，比上年同期下降1.6个百分点，城镇居民生活水平有所提高。八大类消费支出六升两降，其中食品烟酒、居住、生活用品及服务、交通通讯、教育文化娱乐、医疗保健支出分别增长0.2%、0.5%、1.1%、27.2%、39.8%，10.2%，衣着、其他用品和服务支出分别下降17.7%、40.2%。

农村居民生活

2016年，淮北市积极推进新型城镇化，促进全域统筹发展；提升农业现代化水平，深入推进农业供给侧结构性改革，增加绿色优质农产品供给；美丽乡村建设全面铺开，启动村庄环境整治，推进特色小镇建设；扎实推进精准扶贫、精准脱贫，促进农民持续快速增收。全年农村居民人均可支配收入10653元，比上年增加771元，增长7.8%。其中杜集区、相山区、烈山区、濉溪县分别为11308元、10787元、10621元、10600元，分别增长8.3%、7.7%、7.4%、8.1%。

【农民收入稳步增长】 全年农村居民人均工资性收入4170元，同比增长7.3%。农村居民人均经营净收入4062元，同比增长7.3%。农村居民人均财产净收入198元，同比增长8.7%。农村居民人均转移净收入2222元，同比增长9.6%。

【消费支出】 2016年，全市农村居民人均消费支出7709元，增长6.7%，恩格尔系数为31.7%。八大类消费支出五升三降，其中衣着支出增长13.7%，生活用品及服务支出增长2.8%，交通通讯支出增长28.4%，教育文化娱乐支出上升49.6%，医疗保健支出上升35.4%，食品烟酒支出下降8%，居住支出下降2.1%，其他用品和服务支出下降28.2%。

（蔡　崑）

经济开发区

■2016年，淮北经济开发区完成规模以上工业增加值69.9亿元，同比增长14.1%；完成进出口总额1.3亿美元，同比增长30%

■2016中国·淮北煤基新材料及化学品发展论坛在口子国际大酒店举行

■2016年4月，濉溪经济开发区被公布为安徽省首批省知识产权示范园区

淮北经济开发区

2016年，淮北经济开发区实现固定资产投资174.37亿元，同比增长12%；完成财政总收入3.93亿元，同比增长30%；区级收入1.8亿元，同比增长63.7%；完成规模以上工业增加值69.9亿元，同比增长14.1%；完成进出口总额1.3亿美元，同比增长30%。

【园区招商】 开发区管委会围绕园区主导产业开展招商工作。设立长三角、珠三角、现代服务业3个招商中心，长期开展驻点招商。与上海通信制造业行业协会、东莞电子信息行业协会等建立合作关系，精准了解招商动态，深挖招商线索。与上海方面在战略规划、产业合作、共建共享、创新创造4个领域搭建合作平台，累计洽谈项目12个，总投资逾80亿元。先后推动市政府与上海产业合作促进中心、上海电气集团、上海均瑶集团等机构签订战略合作协议。上海豪晟创新科技园及首期子项目签约落户。长治电子、锂离子动力电池、年产6万吨聚酯纤维项目等5个5亿元以上大项目签约落地。

【科技创新】 年内，开发区新增淮矿勘探、津奥铝业、相邦复合材料等7家高新技术企业。高新技术企业数占规上企业比重达13.6%；佳平工矿和元力金属2家企业获批淮北市科技型企业；相邦复合材料、康尔欣生物制药获批淮北市工程技术研究中心；金岩高岭土获批省级工程技术研究中心；中意胶带公司被省科技厅、省经信委、省知识产权局确定为首批省知识产权示范培育企业；华润金蟾药业公司通过2016年第一批企业知识产权管理规范试点验收，验收成绩为优秀。

【企业帮扶】 开发区管委会开展以“解决发展难题，壮大园区经济”为主题的帮联企业专项行动，累计帮助企业解决问题50余个；为20余家企业争取各类专项资金1714.8万元；4家企业通过股权融资直接融资5300万元；帮助区内企业招工20多家，解决用工2000多人，帮助企业申请省财政职工技能培训补贴22.5万元。贯彻《关于进一步推动企业上市和直接融资的意见》，对10家重点企业进行上市培育。6月，千一智能正式在新三板挂牌，成为淮北经济开发区首家新三板挂牌企业。至2016年年底，新增安来机电、元力金属、汇强高分子、津奥铝业等9家四板挂牌企业。

【配套设施建设】 年内，开发区管委会完成建筑面积为3.7万平方米的一期创业园7号至10号厂房建设、孟庄路建设和相邦游园建设。面向园区企业和矿山集地区居民完成龙湖新村公开配租646套。龙支河龙湖水污染综合治理项目EPC治理方案审批通过，启动招标工作。开发区审核公告目录修订工作完成。长城创业园8万平方米标准化厂房项目开始实施。

【社会事务管理】 开发区管委会制定《淮北经济开发区2016年文明创建工作要点》，开展园区环境及综合管理、志愿者服务、道德讲堂等活动，完成文明创建相关工作。做好信访及农民工工资清欠工作，成立农民工工资清欠办公室，累计处理办结农民工投诉68起，清欠农民工工资100余万元，200余名农民工全额或部分拿到工资。对3家存在恶意拖欠现象的企业和建筑公司进行立案查处。

【非公企业党建】 开发区非公党委下属党组织41个，其中单独组建39个，联合组建2个，覆盖53家企业和1个社会组织。2016年，对园区50余家已经建立党组织和部分未建立党组织的企业进行调研，新成立柯雅、京信、相邦等5家支部。先后举办入党积极分子培训班、企业支部书记培训班、党建指导员培训班及出资人培训班，累计培训四批次120余人。继续对党员服务中心进行再建设，非公党建服务中心面积增至400平方米，达到省级开发区标准。加强非公企业纪检组织建设，有5家企业开展市级示范点建设。

附：入区企业选介

安徽瑞科玛电池有限公司

安徽瑞科玛电池有限公司创立于2016年3月17日，是专业从事研发、生产和销售动力电池的大型企业。注册资金5000万元，其总部位于深圳市。公司在淮北经济开发区投资5亿元，建设年产1.08亿支18650动力电池项目的生产基地，项目建设完成后，年生产总值可达15亿元。公司在全国拥有30多家销售网点，产品基本覆盖各个领域。

安徽相源新能源有限公司

安徽相源新能源有限公司成立于2016年8月，位于淮北经济开发区新区尚河路南、唐山路东。公司主营18650动力锂电池，是集研发、生产及销售为一体的新能源企业。项目总投资6亿元人民币，可年生产销售动力锂离子电池1亿支，年产值5亿元人民币以上。公司一期项目设有恒温除湿无尘净化生产车间，厂房建筑面积8000多平方米，配备国内一流的，日产15万支18650高倍率动力锂电池的自动化生产线。

淮北市长治智能电子科技有限公司

淮北市长治智能电子科技有限公司成立于2016年9月，位于淮北经济开发区新区，占地面积203亩。主要从事手机、电视、电脑、汽车及电子设备零部件加工制造；3C、通讯、机电、智能家居、机器人及其他自动化设备设计制造；军工、航天、高铁、船舶等金属零部件及其他设备的进出口业务。

公司采用边投产边建设的模式，10月开始陆续安排设备进驻，200台设备已经全部到位并进行调试，空气压缩机、真空泵机组、自动流水线、高度测量仪、三坐标测量仪已经全部安装完成，2000千伏安变压器安装完毕。

（张　平）

安徽（淮北）新型煤化工合成材料基地

2016年，安徽（淮北）新型煤化工合成材料基地实现工业总产值171.47亿元，同比增长14.77%；实现固定资产投资20.96亿元，同比增长3.6%；实现税收3.54亿元。

【招商引资工作】 2016年，基地管委会多次赴北京、上海、南京、苏州、镇江等地开展招商引资活动30余次，接待到淮北市考察客商达百余人次。针对当前产业发展形势，成立3个招商引资工作组，分别对接“全国500强企业”及京津冀、长三角、珠三角区域，搜集有效项目信息，增强招商引资实效。管委会深化多元招商机制。发挥中石化联合会、中国煤炭加工利用协会、中国炼焦协会、上海化工协会、省重化办、天津大学等在化工领域内的影响力，开展对外招商活动；配合驻沪办、驻浙办、各招商团开展招商活动。基地管委会组织专人研究上海市危化品管控正面清单，及时捕捉江苏沿江石化产业大调整的信息，与上海合作促进中心、上海化工协会、中国化工企业管理协会等机构商洽，获取上海产业转移的具体信息，与上海华谊集团、惠生（中国）有限公司等企业建立联系，开展以商引商。2016年基地固定资产投资15亿元，主要来源于焦化二期、干熄焦、卓泰混合芳烃加氢、淮北宝相空分项目等。

【2016中国·淮北煤基新材料及化学品发展论坛举行】 10月27—28日，由中国石油和化学工业联合会、淮北市政府联合主办的2016中国·淮北煤基新材料及化学品发展论坛在口子国际大酒店举行。中国石油和化学工业联合会副会长周竹叶，省政府副秘书长汪莹纯，工信部原材料司石化处处长、高级工程师朱宝菊，中国石油和化学工业联合会煤化工专委会副秘书长王秀江，省重化工专家办公室主任李朝东，中国工程院院士、清华大学教授金涌，清华大学山西清洁能源研究院常务副院长张建胜等有关专家学者、行业协会和企业家代表，市领导黄晓武、戴启远等出席论坛。金涌、朱宝菊、王秀江等十多位领导和专家在论坛上作主题报告。是日，2016中国·淮北煤基新材料及化学品发展论坛座谈会举办。与会领导和嘉宾就资源型城市转型、煤化工园区建设、精细化工发展方向、体制机制改革、科技创新等方面提出富有建设性的意见和建议。金涌被聘为淮北市人民政府产业发展顾问。

【项目建设】 年内，新启动10万吨/年环己酮仿生催化氧化联产己二酸与己内酯项目，由安徽卓泰化工投资建设，计划投资7.5亿元。项目用地组卷报批，项目建议书通过专家评审，投资方在筹建中试装置。启动中泰国际城市综合管廊预制化综合产业基地项目，总投资3亿元，建设现代化建筑工程产业化新型建材园，主要研发、销售城市综合管廊、海绵城市建设及其他基础市政等产业化预制构件产品。

焦化二期综合利用项目进展顺利，4座焦炉全部建成投产，甲醇系统已投料。20万吨混合芳烃加氢项目建设完成，于8月月初试运营。润亚蒸汽岛一期项目建设完成，于8月月初投产运营。上海宝钢气体空分项目主体完工，已与焦化二期同步投产。铁路物流项目维修车间建成，新增用地已获省国土厅批复。

【基础设施建设】 基地天然气设施配套项目，由安徽华润燃气有限公司投资建设，管道自基地北路东端已铺设约2公里。基地双回路供电项目，供电线路及开闭所设计完成，已立项报批，项目总投资约1200万元。孟沟治理项目，治理河道1300米，项目内容包括污水、疏浚、绿化及桥梁工程等，项目总投资额约1600万元，年内完成立项报批。安置房项目，总建筑面积8.9万平方米，建设610套安置房及配套公用建筑，土地征收和施工设计完成，围墙及场平工程正在进行施工，至年底已完成21栋建筑土方开挖及基础，占基础总工程量的

50%，完成6栋主体结构，完成投资3000万元。

【土地征收】 2016年，基地管委会计划征收土地516亩。小湖集车站改扩建工程项目用地146亩，于6月获省国土厅批复；项目储备用地370亩，该土地勘界定标完成，至年底土地补偿协议已签订；焦化二期防护区二期村庄搬迁工程，韩村镇已启动搬迁工作，人口房屋登记完成，10月月底前完成泰化路两侧各10米范围内搬迁及拆除工作，完成段楼、小王家、小刘家整体搬迁。

（崔玉侠）

附：入区企业选介

安徽卓泰化工科技股份有限公司

安徽卓泰化工科技有限公司成立于2014年，位于安徽（淮北）新型煤化工合成材料基地工业园区，是一家以化工产品开发、生产和销售为主体的大型化工企业，主要产品为芳烃的精制（苯、二甲苯、烷烃混合物、溶机油等）与深加工环己酮、己二酸、可降解塑料单体制造等。

公司在淮北市建设一期20万吨混合芳烃加氢项目和二期10万吨环己酮仿生催化氧化联产己二酸与己内酯项目。一期项目于2016年5月月底试生产，主要产品为苯、甲苯、二甲苯约14万吨，烷烃混合物4万吨，200号溶剂油1万吨，重苯1万吨，吡啶500吨。二期项目于2016年8月开工建设，新建一套10万吨/年环己酮仿生催化氧化联产己二酸与己内酯装置，年加工环己酮10万吨，年生产己二酸12万吨、己内酯1万吨、混合脂肪酸2万吨。

临涣水务股份有限公司

临涣水务股份有限公司由淮北矿业股份有限公司、安徽国华投资集团有限公司、淮北双龙矿业有限责任公司出资，于2007年2月组建成立。拥有96公里淮水北调管道和占地180亩的水处理厂及配套引供水管网，具有日生产工业清水23万吨、除盐水1万吨能力，总资产7.2亿元。

一期水处理工程2005年10月开工建设，2007年3月投产。以临涣矿、童亭矿、海孜矿矿井疏干水、中水、浍河水作为水源，日生产工业清水8万吨、除盐水1万吨，投资1.1亿元；淮水北调管道工程从符淮新河取水，投资6.9亿元，最大年调水量7630万立方米。2007年10月动工，2009年10月全线调试成功。

二期水处理工程2012年3月开工建设，设计日处理能力15万吨，投资1.6亿元。项目建设减少水污染和对地下水的开采，既缓解水资源严重短缺的局面，又有利于煤焦化电产业的持续健康发展，还可为淮北、宿州等用水大户提供用水服务，支援地方工农业生产建设。

2016年8月，正式启动临涣水务股份有限公司上市工作。翌年2月27日，经全国中小企业股份转让系统（“新三板”）审核，同意挂牌上市。股票代码：871172。

临涣选煤厂

临涣选煤厂初建于1990年6月，原设计年入洗能力为300万吨，是一座集中型炼焦煤选煤厂，入洗临涣、海孜、童亭、许疃等十余家煤矿的原煤。2004年开始扩建，入洗能力达到每年450万吨；至2009年年底，拥有东、西两区6个系统9条生产线，年入洗能力达1600万吨。临涣选煤厂是亚洲最大的炼焦煤选煤厂。

临选厂生产工艺采用世界上最先进的无压重介三产品旋流分选、粗煤泥重介分选、细煤泥脱泥浮选、尾煤浓缩压滤回收等加工工艺，具有分选精度高、产品结构调整灵活、技术先进、系统可靠、自动化程度高的特点，可以同时分选焦煤、1/3焦煤、肥煤、瘦煤等精煤品种，并实现洗水闭路循环和零排放，是亚洲规模最大、引进设备最多、工艺最先进、系统最复杂的大型炼焦煤选煤厂。主产品精煤为特低磷、特低硫、黏结指数高、质量稳定的冶金用主焦精煤。精煤产品主要供应宝钢、马钢等国内大型冶金企业以及临涣焦化、上海焦化等大型焦化厂，副产品煤泥、中煤、矸石输送至中利电厂作为发电燃料，实现循环经济。2016年上半年，精煤产率高达53.56%；吨原煤加工成本由2012年的31.16元下降至2016年的25.86元，最大降幅达5.3元/吨，经济运行质量得到显著提升。

临涣中利发电有限公司

临涣中利发电有限公司是由淮北矿业集团与皖能集团合资兴建的独立发电企业，是安徽省“861”行动计划重点工程之一。电厂项目规划总装机容量为4×300兆瓦循环流化床锅炉发电机组，总投资大约56亿元，分两期建设。其中，一期工程装机容量为2×300兆瓦，于2009年进入商业运营；二期工程2×330兆瓦循环流化床机组于2013年6月25日和7月17日通过168小时试运行，正式进入生产运行。该项目煤矸石、煤泥和混煤三种燃料混烧的300兆瓦CFB机组，国内外尚属首次，具有很强的示范性。2016年，1号机组获全国2015年度循环流化床同类型机组能效对标竞赛三等奖。截至是年10月，公司四台机组累计发电44.27亿千瓦时，掺烧煤泥108.85万吨、矸石181.81万吨，实现利润总额1.39亿元。

淮北新宇工贸有限责任公司

安徽新宇工贸公司隶属于安徽淮海实业发展（集团）有限公司，注册资本2000万元，固定资产8700万元。2016年有从业人员1303人，各类专业技术人员160余人。拥有淮北强力矸石建材综合利用有限公司（全资）、淮北利能商贸有限公司（控股子公司），下辖装运、燃料、工程机械车辆维修、机电设备制造、建筑安装、选煤材料、劳务服务7个专业化分公司。公司主营煤炭、货运（物流）、建筑安装、工程机械装卸与维修、机电设备制造与安装、劳务等。主要产品有全煤矸石新型墙材系列、耐磨陶瓷管道系列、皮带式给料机、磁铁矿粉、无纺工业过滤布、烘干煤泥。淮北新宇工贸有限责任公司被评为2015年A级纳税人。2016年11月16日，中泰淮海高新技术有限公司投资合作签约仪式在口子国际大酒店举行。中泰淮海高新技术股份有限公司由中泰国际高新技术有限公司、淮北市交通投资有限公司、淮北新宇工贸有限公司和中泰国际（淮北）建设工程产业化咨询有限公司共同出资建设，主要从事建设工程产业化技术的研究、应用和推广，各类新型建材产品的研发、销售和推广以及绿色建材产业园区的投资、招商和运营等。

（崔玉侠）

濉溪经济开发区

【工业经济】 2016年，开发区规模工业企业产值完成292亿元，同比增长12.4%；规模工业企业销售产值273亿元，同比增长8.3%；其中，战略新兴产业产值98亿元，同比增长6%。规模工业增加值完成67.8亿元，同比增长8.9%；规模工业企业已申报10家，完成任务的125%。固定资产投资累计完成71.5亿元，其中工业投资完成65.8亿元；工业技术改造投资完成36.1亿元。申报限额以上商业企业数4家，完成任务的100%。批发零售业销售额完成14亿元，同比增长112%。进出口总额达到18224万美元，其中出口总额17718万美元，进口总额506万美元。完成财政收入4.48亿元，较上年同期增长15.8%。

【招商引资】 2016年，濉溪开发区招商引资任务内资为16亿元，省外资金30亿元，外资9000万美元，签约数任务为8个，重点信息数32个。截至年底共完成引进内资18亿元，完成任务的112.5%；省外资金30亿元，完成任务的100%；引进外资9169万美元，完成任务的101%；共签订投资协议10个，分别是诺贝特汽车电器、宜兴佳晨压铸机、麦能电器、力加力铝业、鹏晟彩印、恒瑞汽配、上海电气、莱博特家居、万恒机电、广博机电，完成目标任务的125%；已落地亿元以上工业项目6个，分别是亿利节能、奥川机车、利丰电器、麦能电器、共创模具、北工汽车部件；上报重点信息86个，完成目标任务的268%。围绕开发区铝基新材料等主导产业，开展招商引资与项目对接活动。3月，与500强企业中国有色矿业集团中色投资发展有限公司签订战略合作框架协议。9月28日，在上海承办皖沪开发区及企业对接活动暨濉溪经济开发区承接上海产业转移招商对接会。

【争创省战略性新兴产业集聚发展基地和省知识产权示范园区】 濉溪县抓住安徽省实施有色金属产业调整和振兴计划的重大机遇，立足自身比较优势，坚持以铝基新材料产业为重点方向，着力打造和培育首位产业，延伸产业链条，壮大产业规模，铝产业基地集聚效应和牵动能力不断增强。开发区内有美信铝业、富士特铝业、银丰铝业近30家铝加工企业，企业集聚效应逐步显现，具备年加工各类铝材约70万吨的能力，已基本形成高精铝板带箔、车用轻量化配件、再生铝以及高端装备铝材研发等较为完整的产业链条。开发区加强争创省战略性新兴产业集聚发展基地和省知识产权示范园区工作。4月，安徽省公布首批省知识产权示范园区名单，濉溪经济开发区成为19个示范园区之一。5月17日，开发区通过省第二批战略新兴产业集聚发展基地评审答辩，并被确定为同组唯一一家接受现场考核的基地，专家评审组现场考核后给予充分肯定。8月，濉溪经济开发区铝基高端金属材料产业集聚发展基地被评为安徽省第二批战略新兴产业发展基地。

【“三城同创”工作】 开发区按照“工业新城、县城新区、产城一体”的发展理念，以“突出重点、弥补短板、综合提升”为方针，开展“三城同创”工作。不断完善开发区功能服务和配套设施。实施区内一期绿化提升工程，绿化总面积11.35万平方米，总投资400万元；实施玉兰路桥节点绿化、王引河污水管网对接、金桂路慢车道人行道改造等工程，完成区内道路标线画线工作，对合欢路北段延伸工程、沱河西路旁的绿化工程建设范围内涉及的房屋进行征迁。对51家申报公租房的企业进行第四次摇号，分配房源357户，252户申请第五批公租房待审核。开发区安居、畅通、增绿、惠民、街巷改造、管理提升六大工程稳步推进。

【企业监管与服务】 开发区对区内80余家规模企业实施包保责任制，主动为企业解决生产经营中的土地、资金、创新、市场等方面存在的困难和问题，促进企业做大做强。2016年，开发区加强对企业上市的培育和辅导，已有安徽口子酒业股份有限公司、安徽理士电源技术有限公司和安徽广博机电有限公司3家上市企业；辅导3家企业、培育13家企业开展上市工作。

【科技创新】 开发区引导企业走自主知识产权、自主品牌、自主创新之路，构建以企业为主体、市场为导向、产学研相结合的技术创新体系，截至2016年年底，全区高新技术企业总数达到20家。5月，安徽省铝制品质量监督检验中心揭牌运行；由市县科技局与省科技厅对接设立安徽省铝基新材料产业技术研究院；与清华大学轻金属研究所教授李建国、无锡银邦金属复合材料研究院院长周德敬对接设立博导工作室。鼓励企业积极申报专利，专利申请量169个，完成任务的113%。

【强化土地集约节约】 开发区管委会对于区内已获取土地指标的企业，按照协议逐一排查，同时要求企业倒排工期列出工程进度表。针对存在土地部分闲置的企业，推进土地优化配置利用，可以继续建设的，监督其尽快增加投资；入驻新项目无法继续建设的，对其闲置无法利用的土地进行收储，2016年，通过股份转让、收购重组等方式先后盘活顺通玻璃、辉腾工贸等企业。

（王　翠）

附：入区企业及项目选介

安徽理士电源产业园

安徽理士是理士国际技术有限公司下属的企业，由安徽理士电池技术有限公司和安徽理士电源技术有限公司组成，总建筑面积27万平方米，投资额20亿元人民币，员工4000余人。企业主要经营各类铅酸免维护阀控式蓄电池、车用电池等生产和销售，产品远销东南亚、欧洲、美洲的120多个国家，在国内通过30个办事处销售全国各地。2016年实现产值52亿元，税收近2亿元，出口创汇1.02亿美元。

安徽理士先后获得国家AAA级标准化良好行为企业、国家高新技术企业、中国海关分类管理AA级企业、国家级出口产品质量安全示范企业、安徽省机电出口企业、安徽省百强高新技术企业等称号，通过ISO9001质量体系认证、ISO14001环境管理体系认证、环保“三同时”、清洁生产体系验收等。

安徽浩丰实业有限公司

安徽浩丰实业有限公司位于濉溪经济开发区，项目计划总投资2亿元，规划用地280余亩，规划建筑面积9万平方米。截至2016年年底，完成投资2亿元，建有厂房7万余平方米，2016年度完成生产总值2亿元。

公司主要生产各类内燃机活塞、缸套等，为五十铃、小松、日野、尼桑、三菱、丰田、洋马、现代、大众、珀金斯、卡特、道依茨、奔驰、本田、通机、玉柴等100多个车型提供2000多个品种规格。产品以柴油车活塞为主，同时生产各种汽油车活塞轿车、摩托车、（游艇、园林机械）活塞，以及活塞缸套、活塞环、销卡等。

产品主要工艺与技术有铝合金、锻造铝、锻钢、铸铁、钢顶铝裙，镶圈增压，内冷油道，异型销孔，销孔镶铜套活塞等，表面处理工艺有镀锡、磷化、石墨喷涂、丝网印刷、硬质阳极氧化、微孤氧化处理。2016年，公司与上海交通大学合作试制新材料的铝活塞，新产品采用含一定量陶瓷的铝基复合材料，其性能大大优越于ZL108、ZL109普通材料生产的活塞。

安徽华中天力铝业有限公司

安徽华中天力铝业有限公司坐落于濉溪经济开发区，于2012年7月投资建设。公司占地面积390亩，已形成铝合金铸轧、铝板、带、箔、再生铝资源完整产业链条。作为铝制品中上游企业，向下游厂家输出产品。生产的铝合金产品涵盖多尺寸、多规格、多系列产品，为航空航天、汽车轻量化、包装印刷、船舶、机械、食品、医药、电子通信、建筑装饰等行业的发展提供强有力的原材料支持。

公司采用回收周边涉铝企业废旧铝、边角料为原料，进行加工生产再生铝合金锭，使之成为保值增值、循环利用的“绿色铝”，同时解决下游涉铝企业铝锭（铝液）供应不足问题。

公司拥有倾斜式铸轧机、四重不可逆式冷轧机、冷精轧机、纵剪机列、横剪机列、重卷切边机、拉弯矫直机列、轧辊磨床、全油回收系统、西门子板型仪、再生铝生产线等设备44台（套），形成年生产15万吨高精铝板带箔及11万吨再生铝的生产规模。整体项目于2012年10月开工建设。2013年10月再生铝项目试生产，2015年6月铸轧、冷轧车间设备调试生产，2016年3月正式投产，是年实现销售收入2.89亿元。

杜集经济开发区

2016年，杜集经济开发区以“二次创业”为新起点，围绕创建高端装备制造产业集聚发展基地目标，以转型升级为主线，以招商引资和项目建设为切入点，以体制机制改革为动力，狠抓工作落实，园区各项工作取得新成效。全年规模以上工业企业实现产值131.7亿元，同比增长6.7%；工业增加值35.29亿元，同比增长7.5%；固定资产投资19.87亿元，同比增长9.5%。

【园区招商】 开发区围绕矿山装备传统产业改造提升和新材料、新能源等新兴产业，引进培育并重，聚焦重点区域、重大项目，梳理产业链条，锁定重点企业，开展产业招商和以商招商。2016年，实际利用外资1670万美元；新开工项目4个，其中5亿元以上2个。海螺水泥熟料生产线、上海电气光伏发电、浙江格鲁斯设备等项目入园建设。中高动力产业园、花园新材料、二十二冶住宅产业化等项目签订框架协议。

【项目建设】 开发区落实“四督四保”（督查推进新建项目，保证开工率；督查推进续建项目，保证竣工率；督查推进竣工项目，保证达产率；督查推进储备项目，保证转化率），紧盯项目建设目标，排定项目建设任务清单，采取任务交办单、倒排工期、挂图作战等形式，定期督查调度项目进度。海螺4500吨熟料生产线进入设备安装阶段；上海电气屋面9兆瓦光伏发电具备并网发电条件；重点工程山河大道全面开工建设；众创产业园全面启动，其中正雄制衣开始安装设备；浩康汽配、淮孚气体、健祥体育器材等做好开工前的各项准备。

【高铁新区配套建设】 对接高铁新区，调整完善开发区总体规划、土地利用规划、环评规划和控制性详细规划，完成国家开发区审核公告目录修订工作。实施青春路以北、山河大道以南土地收储，新增建设用地约1200亩。采取政府采购模式，完成紫藤北路、紫昱路西段等主干道路绿化，在园区主要路段路口安装统一规范的道路标牌、企业标识。开展大气污染防治，强化在建工地和辖区内混凝土搅拌站管理，加强巡查和整治，促进企业按照规范要求进行生产建设。

【引导企业主动转型升级】 安徽山河将已有的煤机产品掘进机推广到非煤矿山掘进及工程隧道掘进领域；安徽矿机与北京奥宇可鑫联合实施矿山装备再制造基地；林光钻探公司转型生产现代农业机械；皖矿机电研发生产的DQD10/20型风动单轨吊设备处于国内领先水平。组建安徽省高端矿山机电装备产业技术创新战略联盟。2016年，开发区新增“专精特新”企业2家，省两化融合示范企业2家，省级工程技术中心1家，新增高新企业4家，新增发明专利申请量220件，授权量64件。

【盘活闲置资产】 2016年，开发区建立可利用闲置资源清单。加大低效用地和闲置资产的盘活力度，对企业闲置资源摸底排查，采取约谈问责、清理补偿、协议收回、项目嫁接等处置方式，完成6家企业资产盘活和二次招商，共盘活低效土地约400亩、闲置厂房5.5万平方米，发展新项目10个。

【服务企业发展】 开发区加强企业生产经营的监督和指导，定期对辖区内企业（项目）进行调研帮扶，帮助解决困难和问题。加强代办服务，拓宽服务范围，2016年共为项目办理环评、规划、土地、勘探、设计和审图等事项百余件。落实土地出让金返还、皖北贴息、专项资金和环评验收检测费减免等优惠政策，累计支持资金7505万元。

附：入区企业及项目选介

安徽省矿业机电装备有限责任公司

安徽省矿业机电装备有限责任公司隶属于安徽淮海实业发展集团，是国家煤机装备制造业骨干企业。公司占地面积1000亩，职工1000余人，其中，各类专业技术人员311人，高级技术职称61人、中级技术职称96人、中高级技师63人。拥有各类机床及高精设备2000余台，专业从事煤矿综采、综掘、支护、运输装备的制造、安装及维修。主导产品有液压支架、刮板输送机、皮带输送机、掘进机、单轨吊机车、设备列车、超前支护装置和防爆电器产品等。可根据地质条件和用户需要，实施设备选型、设计、制造、安装调试工程。

公司是国家高新技术企业、安徽省“信息化和工业化融合”示范企业、安徽省产学研合作基地和教学实习基地、安徽省煤矿机械标准化技术委员会承办单位。公司下设国家级检测中心1个、省级技术中心1个、工程硕士培养工作站1个，拥有矿山工程总承包三级资质和机电工程总承包二级资质，是国内首批通过“职业健康安全、环境、质量”三管理体系认证的煤机制造企业之一。

2016年实现销售收入11.7亿元，国内煤机装备制造行业百强排名第14位。

淮北市中芬矿山机器有限责任公司

淮北市中芬矿山机器有限责任公司成立于1995年，占地面积120亩，具有年产冶金、化工、矿山设备2.5万吨的生产能力。公司技术力量雄厚，拥有省级企业技术中心和一支产品开发、工程设计、设备制造和安装调试的专业队伍。

公司研制开发的由可编程序控制的GZN系列周边液压驱动、液压自动分段提耙、高效智能化浓缩机直径达80米；研制开发的NXZ系列液压双驱动、中心传动、液压自动提耙高效浓缩机直径达60米。该两大系列浓缩机均处于国内技术领先、国际技术先进水平，曾获多项国家专利。公司大型浓缩机在国内市场占有率约40%，产品还远销俄罗斯、印度、巴西等国家。公司先后获全国十佳选煤设备制造厂、全国质量诚信示范企业、全国消费者信得过产品、安徽省机械行业50强等称号。2016年实现销售收入9940万元，上缴税收650万元。

淮北林光钻探机电工程有限公司

淮北林光钻探机电工程有限公司是皖北地区专业生产和销售各类钻头、钻杆、钢塑复合管、聚乙烯管等矿用产品的重点企业，是煤炭科学研究总院、杭州钻探机械公司在淮北地区授权的产品代加工企业。

公司拥有先进的钻杆加工设备和先进的加工工艺，被国内数家钻机生产厂家指定配套用高强度钻杆。2012年，公司研发生产的煤矿井下用系列高强度钻杆被安徽省科技厅授予高新技术产品。公司拥有一套先进的钢管涂塑设备，可生产各种规格的涂塑钢管，填补了省内矿用涂塑钢管的一项空白，该产品被授予安徽省高新技术产品。2016年，公司实现销售收入3500万元，上缴税收170万元。

日产4500吨新型干法水泥熟料生产线项目

日产4500吨新型干法水泥熟料生产线项目由安徽海螺集团有限公司与安徽淮海实业发展有限公司共同投资建设。为贯彻实施国家水泥工业结构调整政策，充分发挥安徽海螺集团优势，结合区域水泥市场规划、矿山资源、拟建场址建设条件等各方面因素，拆除淮北众城水泥有限责任公司原有两条低效产能水泥熟料生产线和两台水泥磨及其辅助设施，在原址新建一条日产4500吨新型干法水泥熟料生产线。该项目总投资10亿元，主要建设内容：扩建一条日产4500吨新型干法水泥熟料生产线，配套9兆瓦纯低温余热发电系统和日处理300吨城市生活垃圾处理系统。截至2016年年底，项目全面开工建设，进入设备安装。项目完全建成后，可新增产值6亿元，实现税收约2400万元。

（李　颖）

凤凰山经济开发区

2016年，凤凰山经济开发区新增恒光供热、乾阳工贸、和源塑业、华浩食品、方盟食品等15家规模以上工业企业，总数达98家。完成规模以上工业总产值228.9亿元（其中，57家食品工业产值达165.8亿元），同比增长8.5%；完成规模以上工业增加值50.35亿元，同比增长11.2%；完成固定资产投资37.17亿元；完成限额以上零售业0.67亿元。

【招商引资】 年内，开发区完成招商引资固定资产投资8亿元，引进5亿元以上项目2个，分别是中农批淮北新农商项目、安徽物流信息港项目；引进亿元以上项目3个，分别是安徽通和食品项目、安徽敬贤堂中药物

中国·淮北食品工业博览会4月21—23日在凤凰山经济开发区举办

流项目、安徽杨府锦调味品项目。开展零土地招商活动，开发区内已盘活闲置厂房约18万平方米，签约入驻29家企业，有15家投入生产，14家正在装修。金富士食品、智信堂生物科技、天德医药物流、丰硕食品、中淮饮品、杨府锦食品、通和食品、敬贤堂物流、快递物流园、悦味轩等项目已生产或试生产；中农批淮北新农商项目已启动；现代物流信息港项目土地指标已落实，正在进行土地征收工作；九九食品正在施工；汉芳生物科技有限公司、安徽鲜满多食品有限公司建成投产，完美项目年内基本建成。

【园区建设】 依据新一轮国家开发区审核公告目录的要求，修改完善《凤凰山经济开发区总体规划》和《凤凰山开发区控制性详细规划》，将总体规划面积由原来的19.6平方公里调整为16.2平方公里，控制性详细规划面积调整为9.3平方公里。新建580米污水管网，完善配套基础设施。梳理出企业办事程序及优惠政策，完善开发区服务企业流程图，制定重点项目推进计划书和服务企业包保方案，实现服务企业一企一策。通过组织园区企业参加各类金融对接会，帮助企业拓宽融资渠道，解决融资难题。依托凤凰山实业公司，对园区企业进行精准扶持，帮助企业解决资金压力。鼓励校企合作，开展科技创新工作，帮助食亿鲜食品申报省认定企业技术中心；新选择、正大源、尊龙、恒信、JINGUAN及图、食亿仙、曦强集团及图、瑞纯及图、早餐工程皖徽香昱园及图共9件商标被认定为省著名商标。2016年，共帮助优乐食品、办辰饮品、相王科技等6家企业成功挂牌上市“四板”。

【社会事务】 开发区依托社会事务服务中心，为辖区内群众办理各种事务。在民政方面，为辖区50户困难户发放慰问金2.25万元，王店社区创建为区级双拥示范社区；发放贫困孤儿救助金2.16万元，百岁老人补贴1.44万元，贫困残疾人生活补助16.28万元。在社保方面，中心所辖社区总人口约为1.3万人，社保领取待遇人数2142人，参保缴费人数7648人；办理已参保人员社会保障卡4000余人；办理新农合5000人，缴费金额75万元。应确权土地面积为9156.99亩，已实际完成土地确权总面积为9900.25亩，打证率在90%以上。

【非公企业党建工作】 开发区开展“两学一做”学习教育，开设现场课堂。企业支部书记利用班组会的机会，为全体党员上党课；优秀党员利用车间休息的时机，现身说法，为党员上技能展示课；在企业党员中开展“亮身份、作承诺、当先锋、树形象”活动。开发区55个党支部中，书记上党课55次，创建服务型党组织29个，党员作出服务承诺190项。依托党群服务中心、党群活动中心建设“红色港湾”，为园区企业提供管家式服务。制定“一线工作法”方案，开展党员干部帮联企业活动，上门解决问题；开设“二维度”党建论坛，共同探讨非公企业党建工作的新思路、新举措；实行品牌服务、共建服务与人才服务“三步走”战略；围绕创建基层服务型党组织，开展服务党员、职工、社会和发展的“四服务”活动；全年开展每周谈心会、每月生日会、季度培训会、半年党课会、全年表彰会，丰富企业党员的组织生活。

附：入区企业选介

安徽杨府锦调味食品股份有限公司

安徽杨府锦调味食品股份有限公司成立于2015年12月，占地面积约30亩，拥有1万多平方米的生产车间及办公楼。公司主要进行味精、鸡精、鸡汁、复合调味料、香辛佐料、食用调味酱等调味品的生产和销售。年均调味料产量达3万余吨，是安徽乃至华东地区大型调味品生产基地之一。

公司注重品牌建设，与国内知名的营销策划团队合作，打造以口子牌味精、调味料为代表的“口子”系列，鸡精、鸡汁、鸡粉、各类复合调味料和香辛佐料及各类调味酱为代表的“杨府锦”系列。

安徽贝宝食品有限公司

安徽贝宝食品有限公司成立于2015年4月，是淮北市唯一一家果蔬罐头生产大型企业，占地60亩，总投资额超过3.5亿元。公司实现“农户+基地+公司+客户”的经营发展模式，建立自己的芦笋、蘑菇、杏、草莓、山楂、黄桃、梨、苹果等果蔬基地。

公司配备有果蔬罐头生产车间、装罐车间、包装车间、原料仓库、成品库、办公楼、职工宿舍楼、职工餐厅、污水处理站及配套冷库等综合性建筑群。建设国际先进的果蔬罐头生产线6条，年产罐头可达5万吨。

公司建立果蔬罐头生产的可追溯系统，对果蔬罐头所有种植的原始信息进行记录和编码识别，以及质量信息追溯网络、市场网络等。

公司主要生产芦笋、蘑菇、杏、草莓、山楂、黄桃、梨、苹果、什锦水果等果蔬产品，拥有HACCP、ISO22000、IFS、KOSHER、BRC、FDA等多项国际认证证书，产品销往欧美、中东、俄罗斯、东南亚、非洲等国家和地区，解决1000多人就业，直接受益农户近3万户。

烈山经济开发区

2016年，烈山经济开发区完成规模企业总产值63.03亿元；工业增加值完成13.77亿元；固定资产投资完成20.38亿元，其中工业投资17.08亿元；新增规模企业10家；工业技术改造投资完成11.5亿元，区级税收完成1800万元。

【招商引资】 开发区坚持“招大引强、外引内增”的招商思路，围绕园区三大主导产业创新招商模式，有效开展以商招商、购买社会服务招商、特色园区招商，增强招商的针对性、主动性、实效性。年内，开发区到长三角、珠三角等地开展招商推介活动，接待省内外客商来访78批次，储备招商信息36个，奥凯服饰、蓝树叶等项目建成投产，十七冶集散中心项目已建成；AG玻璃、宇凯物流、智能车库项目开工建设。

【园区建设】 年内，开发区完善工业平台建设，实施园区基础设施和配套建设，为企业职工提供食宿、文化娱乐等场地，让企业放心、职工安心。园区启动青龙山现代物流园配套服务中心建设，实施青龙山现代物流园绿化、亮化、美化提升工程，排污、供电、给排水等配套设施建设；开展刘庄等老园区提升和改造工程。

【企业提升发展】 开发区制定园区企业评级考核评价方案，对园区企业分类。成功收回5家企业闲置土地235亩。加大工业经济运行调度，突出扶大活小帮困，建立一企一案，把脉问诊。开发区紧盯当前资本市场建设重大机遇，鼓励企业通过资本市场直接融资，借助“新三板、四板”平台，培育拟上市企业资源，年内，琪嘉日化成功上市。海晟新能源、正浩机械等企业在省股权托管交易中心正式挂牌上市。加强与淮北矿业集团、淮海实业发展集团公司对接，搭建劳动用工平台，推进劳动者与用工企业的有效对接，服务企业发展，帮助劳动者实现就业。

【帮联企业工作】 开发区落实淮北市、烈山区关于转作风、提效能工作举措，改进工作作风，深化效能服务，以主动的态度开展服务工作，帮助解决企业最关心、最直接、最迫切需要解决的问题。举办政银企座谈会，加强银行金融机构与企业的沟通联系，建立更加紧密合作关系，解决企业“贷款难、融资难”问题，通过“税融通”“4321”新型政银企担保体系等方式帮助企业融资，争取盛大投资公司支持等，树立企业的发展信心，做到政府搭台、企业唱戏，银企双赢，共同发展。

【非公企业党建工作】 开发区管委会将党建工作与企业发展有机融合，提升非公企业党组织和党员引领示范作用，使党建工作成为推动园区科学发展的内在动力。通过开展岗位比武、业务竞赛，在企业经营和技术研发中展示先进性，激发个人发展潜力，提高企业的科技创新能力；发挥青年双创微课堂头脑风暴作用，激发创新创业思维；创新开展车间党课微课堂，将服务企业、促进经济发展作为出发点，通过搭平台、建阵地、提升服务质量，帮助企业制定科学发展规划，引导企业走创新驱动、转型发展道路，助力企业强大发展。

附：入区企业及项目选介

安徽三诚管桩有限公司

安徽三诚始创于2003年，总部位于淮北市烈山区，是专业生产预应力混凝土管桩、管桩附件以及桩基础施工的企业。拥有成熟的管桩附件生产基地，专业的运输队伍，可以为客户提供管桩生产、运输及基础施工一条龙服务。产品通过IS09001 ：2000质量管理体系认证，借鉴各地区管桩生产经验，汇集一批专业的管理、生产和技术人员，采用成熟的生产工艺和优良的原材料，保证管桩的高质量和高稳定性，为安徽省内基础建设提供优质的产品和良好的服务。

2016年增加生产线1条，实现年产值1.2亿元，税收380万元。是年3月，公司被烈山区评为“2015年民营经济十强企业”。

安徽圣方机械制造有限公司

安徽圣方机械制造有限公司位于烈山区新蔡工业园，总投资6290万元，占地68亩，是一家集钻探设备、钻探工具等产品开发、制造、销售、服务为一体的生产企业。公司投资2亿多元，建成2万平方米的现代化生产厂房。

公司拥有中高级技术人员80余人，专业技术人员比例居同类企业前列。生产的钻头、钻杆等矿用设备技术皆获得煤安标志认证，拥有一批经验较为丰富的专业技术、生产、售后服务人员，生产设备齐全，检查试验手段完善，产品质量稳定可靠，服务及时。公司同各大煤炭、冶金设计院建立良好的技术协作关系，适用市场的需求不断开发新产品。

安徽朗朗好心人食品有限公司

安徽朗朗好心人食品有限公司是一家集生产、经营和科研开发为一体的现代化食品生产企业，主要产品为香辣牛肉、泡椒凤爪、酱香肘、梅菜扣肉、五香猪拱嘴、酱香猪耳等酱卤制食品以及五香宝肚、台湾烤肠、哈尔滨红肠等灌肠系列食品企业，产品销往全国各地。公司占地50亩，总投资5360万元，建筑面积约1万平方米，其中厂房7265平方米，办公楼1800平方米，固定资产达4500多万元。

公司通过ISO22000：2005食品安全管理体系认证，被评为“安徽省农业产业化省级龙头企业”“安徽省专精特新中小企业”“淮北市科技型企业”“安徽省重合同守信用企业”，“好心人”被评为“安徽省著名商标”。董事长史华利被评为“淮北市创业带头人”“淮北市2015年度经济人物”提名奖。

2016年“朗朗好心人”商标被认定为“安徽省著名商标”，“朗朗好心人牌”酱香肘荣获第十四届中国国际农产品交易会（昆明）参展产品金奖并被评为“淮北市十大土特产（食品）”。公司承担国家、省、市级科技项目十余项，现拥有发明专利2项、外观设计专利1项，实审专利7项，是合肥工业大学产学研基地，与南京农业大学、安徽师范大学等高校组建产学研合作团队。

淮北旭日建材有限公司

淮北旭日建材有限公司成立于1995年，中国混凝土外加剂协会会员单位，是皖北最大、品种最全的混凝土外加剂生产厂家之一。主要生产速凝剂、减水剂、防水剂、泵送剂、缓凝剂、早强剂、防冻剂、助磨剂、膨胀剂等系列产品。

公司拥有国内先进的技术配方和生产工艺，技术力量雄厚，工艺设备先进。产品已通过ISO9001国际质量管理体系认证和国家CCC强制性认证，广泛应用于高速公路、水利、矿井、桥梁以及房建工程等重点建设项目。

2016年，公司有萘系减水剂、脂肪族系减水剂、聚羧酸高性能减水剂生产线16条，防冻剂、膨胀剂、速凝剂、早强剂等粉剂生产线4条。

淮北传化公路港物流项目

项目位于烈山区青龙山现代商贸物流园内，由国内领先的公路物流行业平台整合运营商——传化物流集团建设，拥有物流信息交易中心、城市物流配送中心、智能车源中心、三产配套服务中心、汽修汽配中心五大功能板块，通过传化首创的“公路港物流服务平台”模式实现“物流＋互联网＋金融”的创新。淮北成为构建“中国公路物流网络运营系统”的重要节点，形成全国公路物流运力池，最大限度降低空驶率，有效拉伸淮北公路物流短板，提升物流效率，完善城市物流功能，促进生态环保，推动行业转型升级，提升区域经济运行质量。

截至2016年年底，淮北传化公路港物流项目一期工程完成95%，园区道路、主体建筑内部施工、室外管网等施工完毕。公路港将培育200多家物流及相关企业，建设运营100多条覆盖全国的城际货运班车专线，服务淮北及周边地区1万多家企业。年内，物流信息交易中心板块已提前试运营，部分商户已入驻物流信息交易中心，利用传化物流“陆鲸”“易货嘀”等线上产品面向全国货运车主发布运输信息。

（韩　艳）

县区概况

■2016 年，濉溪县被授予“全国电子商务进农村综合示范县”称号

■2016 年，濉溪县临涣镇荣膺安徽“千年古镇”

■2016 年，相山区获批安徽省知识产权示范区

■2016 年 8 月 10 日，杜集区首届装备制造产业发展论坛在口子国际大酒店举办

濉溪县

濉溪县位于安徽省北部，素有“酒乡煤城”“运河故里”等美誉，总面积1987平方公里，人口108万人。2016年完成生产总值251亿元，同比增长10.2%。城镇和农村居民人均可支配收入分别达到24560元、10595元，分别增长7%、8%。是年，濉溪县跻身“全国县域经济投资潜力百强县（市）”榜单第49位。淮海战役双堆集烈士陵园被评为国家AAA级红色旅游景区，凤栖湖湿地公园被评为省级湿地公园。

【工业经济发展】 2016年，濉溪县新增规模工业企业34家，规模工业企业达288家，产值超亿元企业达160家。规模工业增加值130亿元，增长12%；财政收入30.2亿元，增长6%；固定资产投资282亿元，增长15%；社会消费品零售总额86.7亿元，增长11.4%。铝基新材料、装备制造、食品加工三大产业增加值占全部工业增加值的比重达51.5%。国家高新技术企业达25家，矿山机器、协力重机研发的新产品填补国内空白。高新技术产业和战略性新兴产业产值同比分别增长11%、26%。万元GDP和单位工业增加值能耗同比分别下降3.5和4.1个百分点。铝产业基地入驻铝加工企业近30家，基本形成较为完整的铝产业链条，华中天力等13个铝加工企业建成投产，年加工铝材能力70万吨。铝基高端金属材料产业集聚发展基地在全市率先进入“全省24个战略性新兴产业集聚发展基地”行列。南坪中广核、刘桥恒瑞等5个光伏发电项目开工建设，上海浦发生物质发电项目加快推进。2016年，各园区规模工业产值达530亿元，占全部规模工业产值的93%，园区支撑县域经济发展的能力显著增强。

【农业经济发展】 2016年，粮食生产实现“十三连丰”，小麦单产连续4年超千斤，农产品商标达186件。“濉溪粮食”品牌建设加快推进，专用小麦产量占50%以上，全省品牌粮食建设现场会在濉溪召开。新增家庭农场360家、产业化联合体6家、农业产业化龙头企业18家。建成5个粮库标准仓和收纳仓等“粮安工程”。农村土地确权登记颁证试点全面完成，供销社改革、林权制度改革等深入推进。新增造林面积2.4万亩，建设森林长廊示范段49.8公里，五年森林增长工程建设通过省级验收。农田水利基本建设连续五年荣获省“江淮杯”奖。

【招商引资】 2016年，濉溪县成立上海、广东2个招商联络组和9个招商分局，举办濉溪铝产业招商暨发展论坛、安徽濉溪·温州经济交流恳谈会等招商活动。全年引进省外资金91.5亿元，利用外资2.25亿美元，引进5亿元以上项目5个。签约恒瑞铝压铸等产业项目44个，总投资100.9亿元。

【商贸服务业】 年内，培育限上商贸流通企业31家，总数达116家。在全省成立首家县级邮政业发展中心。浍河复航多式联运现代物流、超快物流等项目加快建设，农村物流配送中心建成试运营。县电子商务公共服务中心及服务平台建成运营，“濉溪青年创业园”建成挂牌。建成京东淘实惠服务中心、淘宝特色馆等电商平台20个、镇村电商公共服务联系点77个、邮政服务网点141个，新注册电商企业37家，跻身“全国电子商务进农村综合示范县”，濉溪县电子商务产业园被认定为“安徽省小微企业创业基地”。2016年金融业税收达1.3亿元。开展“税融通”业务、实施“4321”新型政银担合作模式、设立续贷过桥资金等方式，全年帮助企业融资85亿元。以0.9亿元省级战略性新兴产业专项引导资金与徽商银行合作，设立4.5亿元产业基金。创新土地出让方式，全年挂牌土地1584亩，土地出让金收入达5.05亿元。建投集团设立濉溪建徽城镇化一号基金等方式，全年融资授信87.9亿元。

【城乡建设】 年内，濉溪县开展全国县级文明城市、国家园林县城和全省卫生县城创建活动，实施安居、畅通等六大工程，县城功能持续增强，人居环境显著优化。碱河路铁路立交桥、郭楼桥建成通车，河西区岱河西路、闸河西路、百合路、合欢北路南段加快建设。县体育场塑胶跑道及附属设施改造完成，县医院门诊综合楼完成主体工程。实施20条背街小巷整治，百姓出行更加方便。五里郢游园景观绿化加快推进，完成乾隆湖公园一期等18个节点绿化，创建国家园林县城通过省级初核，已向住建部提交申报材料。恒大名都四期、御溪荣境等房地产项目加快建设，完成房地产投资11.6亿元。推进“三线四边”环境综合整治，城中村、城乡接合部、老旧小区、集贸市场等脏乱差现象明显改善。开展秸秆禁烧、燃煤锅炉整治、扬尘污染治理等大气污染防治，空气质量显著改善。高效推进棚户区改造，南关、淮海南居等续建项目全部封顶；北关一期加快建设，四里庄、仲小庄等实物安置项目完成招标；货币化项目序时推进，完成房屋征收面积160余万平方米，实现开工户数15366户。百善镇跻身全国重点镇，刘桥镇被评为全国文明村镇，临涣镇、双堆集镇获“全省特色景观旅游名镇”称号，临涣镇进入“全省千年古镇”候选名单。规划建设中心村59个，建成省级森林城镇3个、森林村庄40个。在全市率先开通4条纯电动公交线路，结束建县66年无公交公司的历史。完成425.3公里 “农村道路畅通”工程，全年农村公路投资达10亿元。濉漆路、濉岳路、南双路和省道101一期、省道202等建成通车。

【民生保障】 年内，濉溪县成功申报全国结合新型城镇化开展支持农民工等人员返乡创业试点县，全县实现新增城镇就业17534人、下岗失业人员再就业3500人、就业困难人员再就业250人。全县城乡居民养老保险参保52.34万人，续保34.12万人，目标完成率达102%。

【首届皖北“互联网+粮仓”创新发展论坛举办】 4月22日，安徽首届皖北“互联网+粮仓”创新发展论坛在濉溪县举行，来自京东、甲骨文、淘实惠等全国和地方知名互联网企业的高管、电子商务专家、省内相关市县领导以及各农业合作社、农产品加工企业等负责人参加会议。此次活动由濉溪县人民政府主办，濉溪县电子商务公共服务中心、安徽大学电子商务创新发展中心承办，淮北市电子商务协会、濉溪县电子商务协会协办。活动以“跨界汇智聚力 激活粮农电销”为主题，探寻粮农企业如何融入互联网大潮，全面搞活粮食流通，促进农民卖粮增收，加快由“种得好”向“卖得好”转变，得到多家中央和省市以及境外媒体的关注。

（王 欣）

附：濉溪县辖镇简介

濉溪镇

濉溪镇位于濉溪县最北部，东邻烈山区，西北与刘桥镇接壤，南界与古饶镇平山村连接，北与相山区毗连，为濉溪县政府所在地。总面积73.8平方公里，辖5个村，总人口9万余人。

2016年全镇实现财政收入4.9亿元，同比增长3%；固定资产投资完成62.5亿元，其中工业性固定资产投资17.75亿元，分别占全年任务数的125%和101%；技术改造投资完成10亿元，同比增长6%，占全年任务的102%。

【经济运行质量不断改善】 2016年，全镇民营经济收入达128亿元，同比增长7%；实现民营经济增加值39亿元，同比增长8%，民营经济上交税金达3.96亿元；新增规模以上工业企业2家，规模以上企业总数达到42家；规模以上企业实现销售收入90亿元，实现增加值21.5亿元，同比增长5.1%；战略性新兴产业完成产值30.5亿元，增速16%。完成主板上市辅导1家，“新三板”挂牌1家，区域“四板”挂牌2家，上市挂牌企业后备资源库15家。

【招商引资工作】 年内，濉溪镇完成内资约12亿元，占全年任务的240%；完成省外资金8.2亿元，占全年任务的103%；外资完成3000万美元，占全年任务的100%。主动服务濉溪镇重点企业，外贸出口完成2000万美元，备案企业1个，分别完成全年任务的100%；培育限额以上商贸企业8家，其中新增规上服务企业3家，分别完成全年任务的100%；限额以上企业销售总额28.46亿元，占全年任务的413%，社会消费品零售总额增速达13%，高出任务0.5个百分点。

【服务业发展】 年内，濉溪镇按照“调整产业结构、推动产业提升”的工作思路，引导三产服务业的大发展、大繁荣。在做好淮海国际商贸城、中瑞批发市场、真棒超市、顺达物流等传统商贸服务业的同时，御溪国际商贸城、恒大商城等重点项目顺利建设。优化产业结构，推进电子商务发展，电子商务产业园于3月启动投入使用，2号、3号厂房已建成，入驻电商企业22家，培育6个农特产品上线销售，实现线上交易额3000万元，分别占全年任务的105%、110%、300%。

【民生保障】 2016年，共实施4个“一事一议”建设项目，其中道路建设面积8915平方米、太阳能路灯224盏、下水道工程810米，总投资199万元，申请财政奖补135万元，道路和太阳能建设已全面竣工。补助类项目按照政策要求和规定，通过一卡通准确、足额打卡发放到户；城乡低保月人均补助达到人均补助标准；新型农村养老保险实行全覆盖；城镇居民医疗保险覆盖人数完成全年任务；新型农村合作医疗参合超额完成全年任务；减免贫困白内障患者复明手术已完成分解；村农家书屋及乡镇综合文化站全部免费开放。

【改善人居环境】 濉溪镇坚持以城带乡、城乡统筹，实施城乡环境综合整治活动，城乡建设步伐加快，人居环境显著改善，在城市社区累计投入资金600多万元；濉溪镇农村工程道路加宽项目共2.8公里，涉及蒙村、王冲孜2个村，全部工程已完工；开展棚户区改造工作，2016年全镇共实施棚户区改造项目21个、10133户，累计征收房屋面积163.22万平方米。年内，具备条件能够启动的12个棚改项目已全部启动，其中老濉河东、四里庄已拆迁完成，十南、北环、北关二期，南三桥等地块已基本完成协议的签订工作。辖区内环境质量提升，完成秸秆禁烧、主要污染物减排、大气污染防治工作。取缔辖区高污染石料加工厂3家，主要污染物减排达到规定标准，整治辖区环保不达标企业2家，完成辖区燃煤锅炉淘汰任务，两季秸秆禁烧全部实现零火点。

【现代农业】 年内，全镇粮食生产实现连年增长，小麦单产507.5公斤，玉米单产550公斤，大豆单产135公斤；累计流转土地2662.31亩用于果蔬、花卉等种植；新增家庭农场3家，市级示范农场2家；规模饲养比重提高5.5%，重大畜禽疫病强制性免疫率达100%，规模以上农产品加工产值增长7.5%；全镇农民人均收入增长13%，达11888元。完成森林增长工程任务。累计开展各类科技培训36期1800人次，完成专利申请80件。

【就业创业】 年内，全镇完成SYB创业培训人数65人，新培育"小老板"832人，带动就业6580人，培育创业典型7户，创业明星3户，增发创业小额担保贷款4180万元，新增城镇就业3670人，参加四期全民创业大讲堂，开展"春风行动"岗位对接会1场，完成41家企业用工备案，人数达1680人。

刘桥镇

刘桥镇西与河南永城市接壤，北接相山区渠沟镇，东连濉溪镇，南邻濉溪经济开发区、铁佛镇，距淮北市区10公里，面积85平方公里。为副县级建制镇，全国文明村镇、安徽省十佳宜居宜业乡镇、省新农村建设和城乡一体化试点镇，辖刘桥、彭楼、陈集、丁楼、关帝、前吕楼、后吕楼、小城、任圩、孟口、周大庄、周口、王堰、干庄、火神庙、杨庄、留古17个村民委员会。2016年，辖区常住人口57774人。

2016年，镇财政收入完成13152万元，全社会固定资产投资完成19.31亿元，工业总产值18.2亿元。新增规模工业企业4家，规模以上企业达39家；完成工业固定资产投资9.5亿元。

【农业经济】 2016年，刘桥镇有耕地6.9万亩，林地面积2.5万亩，实现农业总产值7.1亿元，粮食总产量94.1万吨。拥有畜牧养殖大户185户，其中500头（只）以上养殖场（户）105家，百头以上养殖户40户；种植大户72家，连片种植50亩以上大户48家。水产养殖面积达6800亩，年水产产量201吨，年产值220.6万元，规模养殖户96家；有农民专业合作社65家、家庭农场46家，其中省级示范农场1家、市级5家。农民专业合作社12家，家庭农场26家，全镇种植蔬菜0.4万亩，预计蔬菜总产0.5万吨，实现产值210万元。

年内，全镇完成17个村、216个村民小组、10944户、63790.35亩的农村土地承包经营权确权登记颁证工作，登记完成率为97.6%。新打机井50眼，开挖疏浚2条大沟、4条中沟、4条小沟，治理河塘两口。推进留古、杨庄万亩基本农田整治项目。完成"森林增长工程"1000亩。

【招商引资】 2016年，刘桥镇完成招商引资项目21个，实际利用内资近20亿元，规模以上企业数量达到39家，规模以上工业增加值由2011年的0.86亿元增加到2016年的4.26亿元。其中，投资总额3.2亿元的40兆瓦安徽恒瑞光伏发电项目、投资总额3亿元的20兆瓦宿州华电光伏发电项目和投资总额4亿元的50兆瓦安徽林洋光伏发电项目开工建设。恒坤铝业项目总投资1.7亿元，项目占地100亩；巨哲箱包项目总投资1.5亿元，占地面积64亩，年产各类箱包3000万件，软陶产品100万件；新兴皇苑新能源科技公司项目、小城商贸城项目等重点项目有序推进。

【"小老板"培育工程】 2016年，刘桥镇实施"小老板"培育工程，鼓励支持能人创办企业，兴办实体，吸引外出务工人员返乡创业，通过城镇开发改造，建设商贸市场、商贸街、商业综合体，新增限额以上商贸企业3家，民营企业24家，个体工商户185户，培育"小老板"340个，保持民营经济增加值增长态势。

【城乡统筹发展】 2016年，城镇建成区面积扩大到12.9平方公里。新建农民新区住房面积近60万平方米，城镇化率由24%提高到52%。前吕楼村、后吕楼村、周口村和陈集村4个行政村及农民新区入住居民全部用上自来水、天然气。顺利实施11个美丽乡村示范村建设，荣获"全国文明镇"称号。城镇各类休闲公园及绿地5处，总面积1370多亩；各企事业单位建有绿地920亩；居住区绿地605亩；人均公共绿地面积7.9平方米。全镇森林覆盖率30.5%，绿地率为33.2%，人均公共绿地7.9平方米，河道绿化率91%，道路绿化率95%，顺利通过省级森林城镇建设验收，凤栖湖湿地公园被省林业厅批准为省级湿地公园。加大搬迁新村、基础设施建设资金投入力度，实施农民新区、小城新区等城镇建设重点工程20多项。累计整治脏乱差自然庄26个，通过农村道路改造和村级"一事一议"，加快镇村道路建设，升级改造镇村道路10.5公里，加固危桥5座，新建桥梁3座。

【环境综合整治】 2016年，刘桥镇新成立城管队和环卫所，做好“清、拆、建、管、绿、引、控”七字文章，开展门头店招、“店外店”、拆违控违、违法用地、石料厂、污染企业、“脏乱差”、农民建房八项专项整治活动。清除更换广告牌300余处，拆除“店外店”彩钢瓦房275处，强制拆除违章建房面积1.2万平方米，控违面积1.8万平方米，对12宗200余亩违法占地进行拆除并复耕复绿，强制拆除非法石料厂8家，拆除道路两侧“遮羞墙”2000余米，修补人行道1.6万平方米，复绿补绿1.2万平方米；规范违法建房70多户，审批建设38户，杜绝未批乱建现象的发生。集中开展打击违法违规建设6次专项行动，对镇内30余家非法加工石料厂强制取缔，对小城新区地面附属物依法强制拆除。2016年，刘桥镇开展环境卫生、交通秩序、占道经营专项治理活动，完善近30家机关单位和17个村包保责任制，落实200多个沿街门店“门前三包”制度，环境卫生和交通秩序整治效果初显。

【社会保障】 年内，刘桥镇完成危房改造任务306户，新建前楼、刘桥两个村民活动中心，彭楼村、陈集村养老服务站投入使用，新建300张床位，刘桥院二期和民政服务中心工程基本完工。重点将精神病、艾滋病、大病重度残疾人及困难群众等群体纳入低保范围，已享受城乡低保3036户、5334人，共发放低保金1234.2万元，对不符合条件的农业低保户取消185人，城市低保取消370人，新增454户、685人。全年发放城乡低保金1230万元。大病救助86人、18.3万元，临时救助75人、1.4万元。五保老人集中供养105人、分散供养288人。完成9个村卫生室改造工程，公共卫生服务均等化逐步推进。

【镇域经济发展现场会召开】 11月29日，濉溪县镇域经济发展现场会在刘桥镇召开。会议的主要任务是，贯彻落实“一创双加”行动，加快全县镇域经济发展。市委常委、濉溪县委书记李加玉出席会议并讲话。李加玉一行实地察看刘桥镇棚户区改造、恒瑞（永瑞）40兆瓦农光互补、安徽恒坤铝业二期、城乡建设用地增减挂、民生停车场建设、刘桥镇开放式服务中心等项目建设现场，到陈集村贫困户程红先家中开展走访活动，实地督查刘桥镇精准扶贫工作开展情况，随后在刘桥镇召开现场会。会上，县委常委、常务副县长王申通报县域经济和镇域经济发展情况，刘桥镇就镇域发展情况作典型发言，各镇（园区）作交流发言。

百善镇

百善镇地处濉溪县中部，北距县城20公里。东连四铺镇，南邻临涣镇，西接铁佛镇，北靠濉溪镇。总面积260平方公里，辖22个行政村。总人口11万余人。

2016年，百善镇实现地区生产总值83亿元，同比增长10.67%。规模工业增加值14.5亿元，增长17.6%，财政总收入1.57亿元，增长11.4%。实现社会消费品零售总额0.72亿元，同比增长38.5%。引进市外资金10亿元。签约牧原食品等产业项目4个，总投资22.5亿元。

【柳孜薰衣草庄园项目】 薰衣草庄园项目是柳孜隋唐大运河遗址公园的重点项目。2015年12月开工建设。项目占地约600亩，总投资1.6亿元。主要种植薰衣草、马鞭草等，建有婚礼文化礼堂，规划建设儿童游乐园、跑马场、采摘园、烧烤园、人工湖等景点娱乐项目。年内，薰衣草庄园项目进展顺利。

【产业提质增效】 年内，百善食品加工产业示范园区入驻规模工业企业达37家。总投资3.25亿元的华安丰牛羊肉深加工项目建成投产，皖雪食品、翔宇物流、神华肉制品等企业不断壮大，神华肉制品于2016年5月31日挂牌上市。年初，百善镇承办皖北“互联网+粮仓”创新发展论坛，有效宣传和推介百善，食品、物流两张名片知名度不断提升。扶持商贸流通、养老休闲等业态，玫瑰园商务中心项目已建成，即将投入使用。全年可实现规模工业产值72亿元。

【城乡建设】 年内，贫困村道路改建工程完成4.98公里，撤并村畅通工程完成19.48公里。强力推进百善村、茶安村、马乡村美丽乡村建设，美丽乡村建设总投资557万元。开展“三线四边”环境综合整治和秸秆禁烧等专项整治，百善镇污水处理厂正式开工建设，城乡生态文明环境持续优化。

【民生保障】 2016年全镇民生支出6352万元，增长6.1%。实施金融扶贫、教育扶贫、产业扶贫、健康扶贫等脱贫攻坚“十大工程”，累计脱贫478户、1509人。城乡低保、医疗救助、五保供养、残疾人生活补贴等民生政策全面落实，就业水平提高。

临涣镇

临涣镇位于濉溪县中南部，东连韩村镇，南邻五沟镇，西与涡阳县石弓镇、青町镇接壤，北接百善镇、距濉溪县城37公里。临涣镇总面积168平方公里，下辖19个行政村，总人口约10万人。

2016年，临涣镇累计完成重大项目建设5.57亿元，社会固定资产投资11.7亿元，工业固定资产投资6.8亿元，规模工业增加值8.36亿元，工业技术改造4.6亿元，财政收入1.78亿元。

【荣膺安徽“千年古镇”】 12月，由省民政厅、省城乡和住房建设厅、省旅游局、省文物局、省地方志办公室联合举办的千年古镇、千年古村落评选活动揭晓，临涣镇被评为“千年古镇”。千年古镇、千年古村落的评选是保护地名文化遗产，传承传播地域特色文化，为经济社会发展和文化旅游建设打造知名品牌，增强文化软实力的重要举措。

【招商引资】 年内，临涣镇实现签约落地招商引资项目3家。投资1.5亿元的安徽双林生物质燃料项目，车间主体已建成；投资2.12亿元，年产5000吨汽车铸件生产线建设项目，一号车间已建设完成；投资1.2亿元，年出栏4万头高品质绿色猪场建设项目，与客商签订投资协议。

【城乡建设】 年内，投资1200余万元的铚城大道扩建工程开工建设；投资700余万元的淮海路改造提升工程开工建设；投资400余万元的高皇新村避险项目和投资800余万元的梁庙新村避险项目完成招标；做好镇政府驻地建成区环境整治规划编制工作，编制完成市级美丽乡村陈口中心村、梁庙中心村、海孜中心村美丽乡村实施方案，建成区环境整治工程及3个市级美丽乡村项目进入规划设计阶段，部分项目进入招标程序。投资4500万元的高标准农田治理项目、投资1200万元的梁庙村农业综合治理项目及投资1100万元的农村道路畅通工程全面开工。

【社会保障】 2016年，临涣镇共发放农村低保资金276.88万元，发放五保供养资金134.38万元，发放冬春救助资金15万元；投资300万元的政务服务中心建成使用，形成集民政、社保、农技服务、综治维稳信访为一体的一站式服务中心；农村危房改造项目完成136户；组织申报的革命烈士纪念陵园项目开工建设；精准扶贫工作有序开展，全镇建档立卡的贫困户3341户、贫困人口6881人，对扶贫户开展免费就业培训220余人、创业技术培训班3期，小额信贷评级授信3341户，危房改造136户。全年实现脱贫1729户、3380人。

韩村镇

韩村镇位于濉溪县南部，距县城35公里，南邻五沟镇，北靠百善镇，东与孙疃镇接壤，西与临涣镇相连。总面积120平方公里，下辖13个行政村，总人口约7万人。

2016年，韩村镇完成工业总产值33亿元，工业增加值7.3亿元；全社会固定资产投资23.22亿元；工业固定资产投资15.74亿元；商贸零售额6797.8万元；财政收入2.38亿元。新增规模工业企业2家，总数达25家，产值超亿元企业达8家；新增私营企业97户、个体工商户318户，总数分别达到426户、3101户。全年利用外资4亿元；引进规模项目12个，其中5000万元～1亿元项目4个，1亿～3亿元项目2个。

【农业发展】 2016年，韩村镇粮食产量达112.5万吨，小麦亩产达534.8公斤。新型农业经营主体加快发展。农民专业合作社增至23家，家庭农场增至52家，其中省级示范家庭农场3家、市级8家。发展设施蔬菜、花卉经果林等特色种植8000余亩。农业产业化较快发展，经营主体规模流转土地近万亩，推进农业产业联合体建设。标准化、规模化饲养小区增至6家，市级以上农业产业化龙头企业达4家。农业基础设施投入1218.99万元，完成建元、大庄高标准基本农田建设项目2.44万亩；投入1200万元，完成河涯、胜利高标准农田治理项目1万亩；小型水利改造提升等项目推进，开挖、疏浚沟渠102条，开挖土方60万立方米，新打、恢复机井431眼，改造农村公路危桥230座，新建桥梁6座，建成森林长廊示范片1820. 2亩，高标准完成“千万亩森林增长工程”2651.7亩；马店、大殷、淮海三村美丽乡村建设通过省验收，建元村美丽乡村建设投资940万元，项目全部完工。韩村镇区整治、小湖、河涯中心村建设共投资560万元，各项目已全部完工。农业综合配套改革推进。全面完成农村土地确权发证工作，土地确权面积11.2万亩；农民年人均纯收入达9810元。

【商贸物流业】 年内，韩村镇新培育限额以上商贸企业2家，总数达8家。物流运输业不断发展壮大，翔宇物流等发展迅速；浍河疏浚工程全面开工，可较大程度降低物流成本；农村商品流通服务体系建设扎实推进，10余家大中型超市投入运营，形成祁集、韩村、小湖3个镇商贸中心。已发展电商108家。电子商务园、青年电商创业园、韩村镇电商协会在濉溪县率先成立，电商配送中心在装修中；阿里巴巴“村淘”项目成功入驻马店、建元两村；实施“互联网+”行动，物流快递、网上购物等新型业态迅速发展。

【改善人居环境】 年内，韩村镇推进“三城同创”，实施安居、畅通、增绿、惠民、街巷改造、管理提升等工程，城乡建设面貌焕然一新。新建村村通道路工程19.7公里，新装太阳能路灯691盏，新增供排水管道8.94公里，新增绿地面积25.6公顷，新建公厕7座，街头小巷改造24.1公里。市政基础设施累计完成投资2960万元。综合环境明显改观。道路畅通工程建设稳步推进，总投资2882万元，新建及加宽道路31.29公里。加强生态保护与环境治理，推进美丽乡村建设，实施森林增长工程、“三线四边”绿化提升行动。开展非法石料场清理、燃煤小锅炉整治、集中开展拆违控违等大气污染防治，2016年午、秋两季，实现秸秆禁烧“零火点”的目标，空气质量明显改善。环卫保洁市场化管理，垃圾日运日清，城乡交通、绿化等综合环境显著提升。

【改善民生民计】 年内，韩村镇实施脱贫攻坚十大工程，累计整合扶贫资金402万元，全年实现脱贫188户、549人。以“小老板”培育工程为抓手，推进“双创”（大众创业、万众创新）活动，全民创业就业成效显著，培育小老板380人，新增城镇就业1260人、转移农村富余劳动力8540人。新农保、新农合、社保参保率连续多年达98%以上。农业保险参保率87.9%，农业抵抗风险能力增强。学前教育、义务教育办学条件显著改善，新建高宅中心幼儿园投入使用；民办教育规范发展，育蕾学堂、建元中学招生规模不断扩大。科技工作不断进步，新增专利申请30件。基层医药卫生水平不断提升，15个村均建立卫生服务站；镇卫生院与县医院结对进行医共体建设，推进优质医疗服务资源共享；开展家庭签约医生服务4085例，满足不同层次医疗服务需求。群众文化体育活动丰富多彩，全年送文化下乡演出70多场次，其中与鼎鑫文化发展股份公司合作，在淮海村村民大舞台每周均有精彩演出，丰富群众文化生活。

南坪镇

南坪镇地处濉溪县东南部，东连宿州市祁县镇、桃园镇，南邻双堆集镇、蒙城县许疃镇，西与孙疃镇、五沟镇接壤，北接宿州市区，是淮北市的南大门，有“浍南雄镇”之称。总面积225.29平方公里，下辖20个行政村。

2016年，南坪镇完成全社会固定资产投资7.9亿元；招商引资完成3.17亿元，限额以上企业销售额2267.4万元；社会消费品零售总额增速12.5%；培育限额以上商贸企业1家；培育引进电商企业3家，培育3种农产品上线销售，线上交易额实现107万元。

【在建项目建设】 2016年，总投资2.8亿元的省961工程南坪船闸和浍河航道疏浚项目，已完成投资9000万元。该项目共拆除房屋94户、13840平方米，征用土地502亩，全部按计划完成，项目建设有序推进。徐州万达医疗器械公司投资1.3亿元的淮北慈济医院项目，占地78亩，已完成投资1800万元。农村道路畅通工程完成1670万元，千亿斤粮食增产项目完成1500万元。

【招商项目建设】 任楼煤矿塌陷区水面漂浮光伏发电项目一期，计划总投资1.6亿元，建成20兆瓦渔光互补光伏发电项目，已完成投资1.2亿元。中广核太阳能有限公司在镇工业集中区投资4亿元，建40兆瓦农光互补光伏发电项目，项目用地1300多亩，已完成投资1880万元。易事特新能源有限公司光伏发电和中草药种植项目一期计划投资2亿元，兴建20兆瓦农光互补光伏发电项目，占地700亩，已完成投资2810万元。淮北汉世伟投资有限公司投资生猪养殖企业，总投资1.42亿元，年出栏生猪15.5万头，占地156亩，已开工建设。

【美丽乡村建设】 2016年，南坪镇被省市批准的美丽乡村建设有4个，分别是黄沟村、大王村、街西村和镇区整治。其中黄沟村为省级美丽乡村中心村建设，为新村建设项目；大王村、街西村为市级美丽乡村中心村建设，为旧村改造；镇区整治建设为全县6个重点镇区整治乡镇之一。黄沟中心村新村建设规划建筑面积3.5万平方米，可容纳人口2600余人，一期已经入住，二期工程建设已基本完成。大王、街西两个中心村旧村改造项目接近尾声。驻地建成区环境整治主要是提升小城镇整体形象，镇区环境治理项目。项目建设方面，农贸街、钢构大棚等项目已完工。3月，对镇政府门前的花园路和农贸街南段实行严管，严格街道车辆管理，对乱停乱放的车辆依法实行贴单处理；对经营户占道经营及出店经营进行集中整治，保证车辆通行和经营秩序。依据县《2016年度美丽乡村专题建设资金安排草案》，黄沟中心村新村建设投资620万元，街西村中心村旧村改造投资110万元，大王村中心村旧村改造投资110万元，建成区整治投资340万元。

【农业生产】 南坪镇实施“小麦高产创建活动”和“玉米振兴”计划。小麦单产528.5公斤、总产1.25亿公斤。规模饲养比重提高5%，重大畜禽疫病强制免疫率100%。有家庭农场10家，规模养殖场18家，流转土地1500亩。建设葛圩1万亩农田水利示范田，已硬化田间道路水泥路面6.5公里，修铺矸石路4公里；修建桥涵170座；新打机井150眼。大王、蒋湖农田水利基础设施建设全部完成，半铺农田水利基础设施建设基本完成。投资2000万元的桃花、香山、太平等村土地综合治理项目全部完成。全镇共有20个村、367个村民组，25997户村民，耕地面积24.2万亩，12月上旬全面完成土地确权颁证工作。

【精准扶贫】 2016年，南坪镇领导重视抓扶贫、培育产业抓扶贫，多方支持抓扶贫、因户施策抓扶贫、结对帮扶抓扶贫，计划脱贫701户、1780人。镇办通过入户核实，实事求是地录入贫困对象的各项信息资料，确保户有表、村有册、镇有电子档案台账。南坪镇有2个贫困村：其中路东村贫困户84户、281人，耿庙村贫困户139户、236人。

孙疃镇

孙疃镇位于濉溪县中南部，南北与濉溪县南坪、四铺接壤，东西与宿州、东铺村相邻。总面积268平方公里。下辖孙疃、任李、秦口、六八里、王楼、刘寨、尤沟、四李、燕头、炮楼、杨柳、沟西、刘圩、陈楼、楼坊、代庙、耿圩、王圩、大田、郭集、郜桥、徐圩22个村，170个自然庄。

【经济运行平稳】 2016年，孙疃镇实现财政收入0.7亿元，全社会固定资产投资5亿元，工业固定资产投资1.5亿元。规模企业7家，规模工业企业实现工业总产值6.7亿元，实现销售收入6.7亿元；实现工业增加值1.2亿元；淮北市隋唐木业有限公司由规模以下企业转为规模以上企业。培育淮北市美嘉琪门业有限公司、淮北百善堂大药房2家限额以上商贸企业，已认定1家（淮北市美嘉琪门业有限公司）。认定2000万元项目1个，完成招商引资1亿元，占年度目标100%。

【农业现代化】 年内，孙疃镇加强农田水利基础设施建设，提高农业综合生产能力、促进农业可持续发展。完成高标准农田治理项目8万亩，水利灌排项目6.5万亩。调优农业产业结构，优质小麦、玉米等传统农业发展壮大，连续两年实现小麦“千斤镇”的目标。新增土地流转面积2000亩，培育和扶持50亩以上的土地规模流转点17个。春季栽植杨树3.5万棵、高杆女真3.5万棵、竹柳1.5万棵，猕猴桃等经济林木80亩，苗木成活率达90%以上，完成植树造林812.5亩。完成生猪出栏65000头，肉牛出栏1280头，肉羊出栏7875只，小家禽出栏200万羽，新发展养鸡大户2户，养猪大户3家。

【精准扶贫】 孙疃镇坚持“一村一策、一户一法”的扶贫方针，出台《关于开展精准扶贫结对帮扶工作任务的通知》，要求镇村干部结对帮扶贫困户，镇干部做到全覆盖，并制定“精准扶贫精准脱贫一览表”，完善“一图一单一手册”，落实“一户一档”，有序推进脱贫工作的开展。2016年，79名有劳动能力的建档立卡贫困户被聘为公益性岗位的保洁人员，贫困户中的9名大中专学生申办教育资助，16名大中专学生申办雨露计划，242户贫困户享受最低生活保障，23户贫困户进行危房改造，29户“三无”（无劳、无智、无人赡养）的扶贫户实施户用光伏发电项目。

【民生保障】 年内，全镇城乡居民养老参保人数达4.4万人，60周岁以上老人领取养老保险金的1.4万多人，新增城镇就业2561人、农村劳动力转移就业26887人，协调解决小额贴息创业贷款1700余万元；完成农村危房改造80户；农村合作医疗参合率逐年提高，全镇筹集参合资金1104万元，受益群众达14.55万人次，补偿金额3350.75万元；农村955户低保户，557名五保供养对象做到应保尽保。发放农村计划生育家庭奖励资金107万余元；做好农村饮水安全工程，9500多户，6万多人享受清洁饮水。

【镇村建设】 年内，孙疃镇以美丽乡村建设及环境综合治理为契机，加快镇村建设步伐，累计修铺村村通36.56公里，改造农村危桥2座。结合压煤村庄搬迁刘圩、陈楼两个美丽乡村基本建成，聚集人口近1万人；秦口、六八里两个居民集中区正在建设中。新配备垃圾车11辆，垃圾桶130个，盖垃圾池65个。镇区配套功能逐步完善，建设高标准的垃圾中转站，垃圾做到日产日清；成立孙疃镇市容执法队并对镇域内多个街区进行专项治理，乱搭乱建、乱摆摊点现象得到有效治理。

五沟镇

五沟境地处濉溪县西南部，东与孙疃镇、南坪镇为邻，南与亳州市蒙城县交界，西与亳州市涡阳县接壤，北接韩村镇。辖五沟、白沙、白寺、魏庙、藕池、界沟、张圩、南湖南、北湖南、王圩、邵长营、曹坊、孟集、童亭、大陈、石门、国政、土楼、庙前、袁店、肖店21个村。总面积210平方公里，总人口107609人，人口密度每平方公里89.35人。

农村淘宝站，方便村民购买物美价廉的商品

【经济概况】 2016年，工业总产值19.86亿元。拥有规模工业企业3家，工业企业56家，就业3573人；实现工业增加值7.8亿元，比上年增长10.2%。镇内有五沟、白沙、袁店、界沟、大陈5个乡村集贸市场，年成交额16亿元，比上年增长6.7%。财政收入2.1亿元，比上年增长14.6%。各类存款余额8.82亿元，比上年减少11%；各项贷款余额1.28亿元，比上年增长1%。

【农业发展】 2016年，农业总产值8.5亿元。粮食作物以小麦、玉米、大豆为主。2016年生产粮食29万吨，其中小麦17.82万吨，玉米8.67万吨，大豆1.43万吨。蔬菜种植面积0.2万亩，产量2万吨，主要有黄瓜、西红柿、豆角等。畜牧业以猪、羊、家禽为主，年生猪存栏量3万头，出栏量万头；羊存栏量1.6万只，出栏量2.8万只；家禽存栏量20万只，出栏量48万只。

【教育文化】 2016年年末，有公办独立园3所，在园幼儿863人；民办幼儿园20所，在园幼儿2866人；小学22所，在校学生4983人；九年一贯制学校2所，在校学生848人；初中2所，在校学生2714人。财政预算内教育经费625万元，比上年增长10.1%，预算内教育经费占财政总支出比例为10.1%。有镇文化站1处，村级文化活动中心21处，各类文化专业户14户，从业人数166名，年参加演出2910次。镇文化站图书室1个，村农家书屋21个，留守儿童活动室7个，未成年人活动中心4个，共藏各类图书4.325万册。

【卫生体育】 2016年年末，有各级医疗卫生机构27家，民营医院3家，门诊部2个，床位128张；固定资产总值3460万元。专业卫生技术人员117名，其中执业医师51人，执业助理医师24人，注册护士24人。全年医疗机构（门诊部以上）完成诊疗18.7万人次。全镇21个村参保新型农村合作医疗98469人，参保率96.39%。有体育健身场所45处，每年都定期举办迎春运动会、广场舞大赛、物资交流会、篮球邀请赛、学校运动会各1次。

【社会保障】 2016年，城镇最低生活保障人数51人，支出17.69万元，月人均收入289元；医疗救助160人次，民政部门资助参加合作医疗1768人次，支出80.5万元；农村最低生活保障人数1510人，支出309.6万元，月人均收入130元；国家抚恤、补助各类优抚对象565人，抚恤事业费支出128万元。新建五沟、界沟两个敬老院，床位300张，收养农村五保人员118人；全镇参加新型农村社会养老保险58775人，参保率90%，应续缴保费人员为45664人，续保率98%。

（范胜明）

双堆集镇

双堆集镇位于濉溪县最南部，北与南坪镇接壤，东与宿州市埇桥区、南与蚌埠市怀远县、西与亳州市蒙城县毗邻。总面积244.5平方公里，耕地面积26.2万亩，总人口10万余人，辖23个行政村，384个自然庄，是淮北市唯一一个纯农业大镇，是安徽省特色景观旅游名镇。

【农业发展】 双堆集镇推进高标准农田治理，完善农业生产基础设施，2016年小麦平均亩产达530公斤，玉米平均亩产达570公斤。推进标准化饲养小区建设，新建标准化饲养小区2个，畜禽强制性疫病免疫率达100%。培育新型农业经营主体，共新增家庭农场6家，规模流转土地面积3600亩。推进森林增长工程，完成植树造林面积2203亩。

【“小老板”创业培育工程】 2016年，全镇新增个体工商户360户，私营企业5家，培育创业明星8人，新建村级创业点3个，开展创业培训5期，培训学员150人，累计推介小额担保贷款 1320 万元，实现创业带动城乡劳动者就业 2895 人。

【环境综合整治】 双堆集镇以农村环境综合整治为突破口，通过规划引导、资源整合，突出特色、分类指导，着力打造各具特色的美丽乡村。2016 年度市级美丽乡村中心村沈湖村和罗集村，重点建设环境整治、卫生改厕、村庄绿化亮化等项目。开展“三线四边”环境综合整治，着重改善村容镇貌。推进新技术，加强对农业面源污染的监管和治理。加大秸秆禁烧工作资金投入，加强机械管控，全面落实值守点建设，实现秸秆的全量还田。

【社会事业】 年内，双堆集镇对贫困人口进行重新核实评定，精准识别贫困人口，完成 1547 户、4757 人和 3 个贫困村识别的建档立卡工作，并按照“六个到村到户”（结对帮扶干部到村到户，产业发展扶持到村到户，教育培训安排到村到户，农村危房改造到村到户，扶贫生态移民到村到户，基础设施建设到村到户）。精准帮扶要求，落实结对帮扶，引导社会力量参与扶贫开发。2016 年，全镇农村公路畅通工程总里程达 97.8 公里，贫困村道路、罗陈路和刘滩路北段已经基本结束，刘滩路南段、东双路和建制村道路正常施工。全年兑现节育奖励 8.58 万元，独生子女保健费 26.73 万元；孕前优生健康检查 1348 人。全年向 723 名优抚对象发放优抚金 350.5 万元；发放春季救灾款 20 万元，惠及 575 户、1115 人；向 475 名五保户发放五保金 123.8 万元；向 646 户农村低保户发放低保金 273.1 万元；受理大病医疗救助 40 人，补助资金 16.5 万元。

（郝圣楠）

铁佛镇

铁佛镇地处濉溪县城西南部，西连永城市候岭乡，北连刘桥镇，东连百善镇，南连临涣镇。总面积 256.7 平方公里，其中耕地面积 24.6 万亩。下辖道口、周圩、刘楼等 26 个行政村，总人口 134773 人。

铁佛镇煤炭、铁矿资源丰富，已探明煤炭储量 4 亿多吨，煤种为低灰低硫优质无烟煤，与永城煤种、煤质相同，多分布张黄庄村、卧龙村及其附近较大面积内，镇内建成卧龙湖煤矿，系省“861”重点工程，为国企性质。铁矿石储量 700 万吨，多分布邹楼村及附近。

【农业经济】 2016 年，铁佛镇农业总产值达到 9.2 亿元。扩大优质小麦种植面积，实现优质小麦种植 100% 全覆盖；20 万亩“全国绿色食品（小麦）原料生产基地”通过二次认证，小麦单产连续 3 年突破千斤。2016 年生产粮食 18.39 万吨，较上年增加 0.59 万吨。新增农业新型经营主体 21 家，累计达 227 家。新增流转面积 0.8 万亩，培育高效种植示范区 7 个。年出栏各类家禽牲畜 530 万只（头）以上，养殖业年产值达 2.8 亿元。2016 年生猪饲养量 10 万头，年末存栏 4 万头；羊饲养量 4.5 万只，年末存栏 3.1 万只；家禽年饲养量 400 万只。拥有养殖业大户 194 家，规模以上养殖场 25 家，百头以上养羊户 6 家。拥有农业机械 1738 辆，总动力台数 1307 台，机械化收割水平达 100%。

【工业经济】 铁佛镇工业主要以农产品加工、面粉加工、饲料加工等为主。2016 年，规模工业总产值达到 7.19 亿元，实现 17% 的增长率，规模以上工业企业 4 个，分别为鲁南面粉（集团）有限公司、金华面粉有限公司、弘实粉业有限公司、绿康源饲料有限公司，其中金华面粉、鲁南面粉、弘实粉业 3 家公司年产值超亿元。拥有全国驰名商标 1 个，省优产品 3 个。

【商贸金融】 2016 年，铁佛镇有商业网点 3177 个，职工 10312 人，其中企业户 21 家、个体户 3156 家。社会商品零售总额达 12 亿元，较上年增长 7%；拥有城乡集贸市场 14 个。财政总收入 3006.7 万元。镇内有中国农业银行铁佛支行、中国邮政储蓄铁佛支行、安徽农商银行铁佛支行、安徽农商银行岳集支行 4 家金融机构。

【民生保障】 2016 年，全镇城镇最低生活保障户 74 户 105 人，支出 32980 元，月人均 314 元。民政部门资助参加合作医疗支出 28.21 万元，农村最低生活保障户数 1291 户、2771 人，支出 43.82 万元。抚恤事业费用支出 502.82 万元。敬老院 1 家，床位 100 张，收养农村五保人员 17 人。社区服务中心 1 个。油榨村、店孜村、铁佛村、岳集村、周圩村、古城村等村建成自来水厂，供水普及率为 92%。

（吕申申）

四铺镇

2016 年，四铺镇完成财政税收 8744.3 万元，固定资产投资 4.22 亿元，规模工业总产值完成 9.6 亿元。限上商贸企业销售额累计完成 1822.2 万元，增速排名全县第二。

【项目建设】 2016 年，四铺镇引进汇佳教育，总投资近 5000 万元，通过认证资金 4000 万元，引入淮北丰宝农业发展有限公司。省道203快速通道、濉溹路、濉刘路、黄陈路建设工程基本完工。通村公路、道路畅通工程、贫困村道路、撤并建制村道路建成73.78公里，有效地改善镇村交通状况。对违法违规建筑，予以拆除，并开展拆违控违回头看工作，对拆违控违个案作新的梳理，规范农民建房审批手续。

【农业经济】 四铺镇是农业大镇，以种植小麦、玉米、大豆为主。2016年，小麦面积21.75万亩，平均单产514.8公斤；玉米21.22万亩，单产528公斤；优质大豆0.5万亩，单产136公斤。“隋圆蜜”西瓜种植面积逐渐扩大，辐射带动周边多个村镇，自发形成西瓜批发市场，品牌效应日益显现。新庄花卉远销全国各地。2016年，家庭农场增至114家，其中市级示范家庭农场10家，省级示范家庭农场1家，规模流转土地35600亩。持续推进森林增长工程建设，推进快速通道森林长廊和农田林网建设，新增造林面积4296.5亩。养殖业快速发展，全镇存栏生猪36362头，牛736头，羊9268只，家禽62.3万羽。人均牧业收入1800元，年均增长3.71%。

【城乡建设】 2016年度美丽乡村周陈村7个建设项目和侯庙村8个项目均基本建成，项目资金均为110万元。环境治理有序推进，城乡面貌日益改善。各村都成立环保队伍，经费由镇政府统一拨付。市容管理和镇区环卫工作均采用政府购买服务的方式进行市场化运作。垃圾中转站累计收集转运垃圾6000多吨，有效地改善四铺镇的环境卫生。

【社会事业】 2016年，四铺镇通过财政发放类资金3756万元。危房改造任务85户，全部通过验收，资金打卡发放到位。开展安全生产大检查，对辖区范围内学校，矿企、非煤矿山、加油站点、烟花爆竹经营点、液化气经营点、食品药品、浴池、超市和建筑工地等人员密集场所，全面开展安全生产大检查工作，对检查处的问题及时督促落实整改。

相 山 区

2016年，相山区地区生产总值增长8.7%，达到195亿元；财政总收入完成11.2亿元、地方财政收入完成4.62亿元，同比均有所下降；固定资产投资增长8.3%，达到195亿元；城镇居民人均可支配收入增长6%，达到30870元；农村居民人均可支配收入增长7.1%，达到10730元，全区经济社会继续保持运行平稳、结构优化、民生改善、社会和谐的良好态势。

【经济增长支撑有力】 2016年，相山区共谋划实施重点项目122个，实际完成投资130亿元，占年计划的111%。万达城市综合体项目开工建设。中国农批淮北大市场项目土地成功摘牌。促进社会消费。加强流通主体培育，新增限额以上商贸流通企业14家。引导电商企业做大做强，相王网络被评为安徽省十佳电商产业链服务商，生活直通车被评为安徽省十佳新锐网商。开展“双百”促消费活动，组织开展各类大型促销活动117场次，实现销售额4.47亿元。实现社会消费品零售总额169.2亿元，增长11.6%。加大企业孵化力度，落实《相山区促进外贸发展奖励办法》，全区新增6家进出口实绩企业，实现外贸进出口8400万美元，增长5%。

【招商引资工作】 相山区全面推行“4664”工作机制（落实四项工作目标、抓好六项重点工作、建立六项工作清单、发挥四个招商平台作用），成立13个招商团，组建1个驻外招商工作组，围绕现代服务业、绿色食品产业及战略性新兴产业，开展精准招商、协会招商和产业链招商，与徽商理事会签订战略合作协议，汉芳生物科技、北京鲜满多、南翔云集文化特色街区等9个重点项目签约，引进完美生物科技项目，实际利用内资65亿元、外资10180万美元。恒源泰中国梦景双创空间孵化器项目开启产业招商新模式。

【商贸服务业快速提升】 年内，隋唐运河古镇五凤三阁对外开放；国购商业广场开业运营；伯瑞特国际酒店（温哥华大酒店）进行室内装修；安邦商业广场、金地商业广场等项目主体竣工。举办第五届中国淮北食品工业博览会。组织参加国际徽商大会、省农交会。2016年全区完成服务业增加值137.6亿元，增长8%。

【绿色食品产业加速集聚】 凤凰山食品经济开发区累计入驻企业202家。金富士休闲食品、中淮食品、智信堂生物科技、通和食品等项目建成投产；天德医药物流、邮政快递物流园等项目建成运营；绿色食品旅游文化博览园一期特装展改造项目基本完工；中国物流信息港项目已完成规划设计，进行用地征收。2016年，全区新增规模以上工业企业17家，完成规模以上工业增加值56亿元，增长12%。

【现代农业】 年内，相山区稳步推进农村改革，郭王村农村集体资产股份制改革试点工作全面完成，土地确权登记颁证工作通过省市两级验收。进一步优化农业产业结构，发展壮大经营主体，全年新增规模高效经济作物种植面积550亩，建设国家级蔬菜标准园1个，培育省级农民合作示范社1家、省级示范家庭农场1家、省级农业产业化联合体3家。加大名特优新农产品支持和保护力度，申报绿色农产品8个，“黄里笆斗杏”获批中国农产品地理标志认证。凤凰山现代农业示范区被评为省级现代农业示范区。

【供给侧结构性改革】 年内，制定《相山区扎实推进供给侧结构性改革实施方案》，细化“三去一降一补”（去产能、去库存、去杠杆、降成本、补短板）具体措施。盘活开发区闲置厂房约21万平方米，签约入驻企业37家，杨府锦调味品、佳羊生物科技等15家企业建成投产。实施棚改攻坚行动，获批国开行、农发行授信棚改贷款69.56亿元，成立“自改委”，创新实施“专业化测绘、专业化审计、专业化评估、专业化拆除、专业化审核”五个专业化的阳光透明征收模式，全年实施32个棚改项目，累计拆迁房屋面积55万平方米，货币化安置率达到100%，商品房去化周期缩短至7个月。成立区国有资产管理局，加强资本运作，公开选聘淮北凤凰山实业公司管理人员，全年累计完成融资7.6亿元，为重大基础设施建设项目提供有力资金支持；通过银行委托贷款等方式，帮助11家入园企业解决融资难题。出台《关于加快相山区企业上市（挂牌）及直接融资工作实施方案》《相山区扶持产业发展专项资金使用暂行办法》，支持企业健康发展。安徽百晟新农业科技公司、安徽顶味食品等9家企业在科技创新板成功挂牌。获批国家专项建设基金3.242亿元，争取中央预算内投资项目资金2785万元。稳步推进税收征管体制改革，区国税局与南黎、三堤口等5个街道签订委托代征协议。全面实施“营改增”工作，开展降低企业社保缴费基数、失业保险单位缴费比例、住房公积金单位缴费比例等试点，有效降低企业负担。

【“双创”示范基地建设】 年内，加快方正智谷、恒源泰源创客、梧桐树等众创空间建成运营，协助承办第二届“中国创翼”青年创业创新大赛“互联网+”单项赛全国总决赛。中国芳香产业技术创新战略联盟落户相山。果力科技“柔性智能机械手”荣获首届中国“双创”机器人创客大赛第一名。淮北凤凰山科技创业基地完成产值近12亿元，带动就业2300余人。加强企业技术改造，新选择食品、永骏生物科技、亿隆塑业等企业纳入省技术改造项目库，全年完成工业技改投资16亿元，增长12.9%。鼓励企业科技创新，食亿鲜食品有限公司技术中心获批省级企业技术中心，徽香昱原早餐工程完成省重点实验室申报工作并被授予第五届“市长质量奖”。提升企业品牌，快乐真棒集团荣获省级两化融合贯标企业称号，曦强乳业集团大红枣牛奶获“省工业精品”称号，鑫乐源食品、尊龙环保公司等5家企业被评为省“专精特新”企业。2016年，全区申请各类专利979项，授权专利326项，专利申请和发明专利授权量保持全市领先。相山区获批安徽省知识产权示范区。

【城乡统筹发展】 年内，相山区全面完成符夹线扩能、惠苑路步行街、泉山支路等24个市政工程项目征收。刘庄安置房和西山路渠沟片区安置房交付使用，大梁楼村庄搬迁安置房工程全面开工建设。深化城市管理体制改革，完成城管和环卫、市政道路、工程建设、园林绿化等市级职能下划衔接工作。创新推广城管队员在路上、环卫机械保洁进小区等城市管理方式。智慧城市指挥中心完成设计方案评审，进入设备招投标程序。持续开展老旧小区综合整治，投资8000万元对156个老旧小区实施改造提升，完成相山家园、任圩等5个农贸市场升级改造工程。借助棚改政策机遇，推动老城区11个零星地块改造成广场或停车场。实施森林增长提升工程，建设森林长廊示范段9.8公里，新增湿地绿化面积300亩。点面结合，序时推进整区美丽乡村建设。编制《渠沟镇政府驻地建成区整治规划》，土楼村道路硬化、改水改厕、钟楼村民服务中心和知青馆等9个项目全部完工。黄里风景区完成概念性规划评审，景区5公里道路畅通工程全面竣工。举办第一届黄里杏花节、相山区第一届菊花展。集中开展垃圾清理整治专项行动，农村生活环境进一步优化。

【社会保障】 2016年，相山区投资13.98亿元、实施31项民生工程。完成第二批公租房配租出售工作。系统录入保障性住房3971套，完成省考核目标的178.4%。渠沟镇卫生院整体搬迁暨卫生监督业务用房和相山精神病院改扩建项目主体建成。相山区被评为全省妇幼健康优质服务示范区，获批“创建国家全域旅游示范区”。渠沟镇被评为安徽省卫生镇。郭王村跻身全国综合减灾示范社区。打造庆相桥、梅苑2个精品城市社区。开展校园阳光体育运动，淮纺路小学获得第三届上海国际交互绳大赛少年组冠军。扩大就业创业，全区新增就业11250人。落实脱贫攻坚“1+6”配套政策文件，75%的贫困人口实现脱贫。制定《相山区大气污染防治60天攻坚行动方案》，辖区PM10平均浓度下降7.9%。加大城市黑臭水体整治力度，重点推进老濉河等河道垃圾清理。

（安　然）

附：相山区镇、街道办事处简介

渠沟镇

渠沟镇地处淮北市西郊，南接市区人民路，北依相山，东傍濉河，西与河南接壤，202省道与101省道交叉穿境而过。面积59.17平方公里，辖12个行政村，人口5.3万人，辖区4.6万亩耕地。

2016年，渠沟镇完成镇级财政收入1921万元，上报固定资产投资13.68亿元，工业性投资7.5亿元，工业技改投资5.5亿元，限上社会消费品零售总额24.3亿元，规模工业总产值5.15亿元，服务业增加值16.2亿元。实现农村居民人均可支配收入11022元，实际利用外资720万美元。新增安徽顺城新型建材有限公司1家规模工业企业；新增安徽云品酒店管理有限公司1家限上商贸业；新增淮北晨昇汽车服务有限公司1家限上服务业。

【招商引资】 2016年，渠沟镇引进规模项目3个，存量厂房利用1.4万平方米。全年组织外出招商和接待到镇洽谈活动20余次，其中赴宁夏、北京、安徽界首、南宁等地开展针对性的专题招商活动4次。与淮北市连通市政工程公司签订投资协议并开工建设，投资2.3亿元；安徽弘顺医药公司流转土地1500亩用于中草药基地建设。

【项目建设】 年内，渠沟镇紧盯今麦郎食品有限公司、北京美丹食品有限公司、四川豪吉食品有限公司等国内行业五十强和亿元以上重大项目，主动跟踪对接，精准发力；与北京鲜满多食品有限公司达成初步合作意向，并落户凤凰山开发区；利用淮北举办食品工业博览会契机，邀请今麦郎食品有限公司参展，特装展效果良好；树立“筑巢引凤”理念，着力优化投资环境，渠沟工业项目区招商引资平台建设加快推进。安徽顺成新型建材项目投产，亿翔中草药提取项目厂房建设稳步推进。

【现代农业发展】 渠沟镇推进农业产业结构调整，以美好大道为轴线，沿其两侧发展现代农业示范区。油坊村千亩绿叶菜基地、鲁楼村千亩花卉苗木基地、张集村千亩芦笋生产基地、张楼村千亩黄桃基地、郭王村50万公斤金针菇种植基地建成，直接带动2500余名村民就近就业，基地范围内农村居民可支配收入达到1.2万元以上。利用农业综合开发项目资金加强基本农田基础设施建设，改善农业生产条件。推进土地确权登记颁证工作，全镇符合确权颁证农户10010户，完成颁证率达100%、发证率100%。启动郭王村农村集体资产股份制改革试点工作，完成前期村集体资产清查与登记造册工作，有序开展资产评估和人员身份界定，试点工作已全部结束；完成新增造林面积1500亩，森林覆被率达23.1%，林木绿化率达33.5%，张集、钟楼两个村庄分别获得“省级森林村庄”称号。落实耕地和基本农田保护责任，确保耕地保护面积不减少，基本农田保护率不降低；落实土地执法动态巡查制度，组织执法监察动态巡查110余次，发现违法用地16处，立案查处6宗。

【美丽乡村建设】 2016年，渠沟镇规划美丽乡村建设示范点2个，重点建设项目10个，计划总投资1500万元。重点建设镇政府所在地土楼美丽乡村示范点，钟楼村美丽乡村示范点建设，完善徐集、张集美丽乡村示范点建设。镇政府驻地建成区环境整治、道路排水工程、土楼农贸市场改造提升工程、总长度6.75公里的钟楼村道路硬化工程、钟王路改造工程均已竣工并通过验收。钟楼村民服务中心及知青馆建设工程主体完工，室内装修、室外工程全部完工。钟楼、油坊、梨园、土楼村改厕工程正在施工中，户内水改厕方面，钟楼已改30户、土楼已改200户。张集安置房小区围墙、监控、硬化、大门等配套工程已完工。南环线沿路各村道路硬化工程已竣工并通过验收。徐集村徐集自然庄道路新建及排水管网工程已竣工并通过验收。大梁楼村庄搬迁工程于10月21日开标选定施工单位，已进场施工。

【文明创建】 渠沟镇组织志愿服务队走上街道、深入小区开展白色垃圾清理、“牛皮癣”清除、节能环保、文明劝导等活动，营造卫生、整洁、文明、有序的镇村环境；开展“关爱空巢老人”“关爱留守儿童”等爱心帮扶活动；坚持定期不定期督查镇村环境卫生，发现问题及时解决，对环卫管理不到位的地方及时下发整改通知书，督促限期整改；开展沿街市场集中整治专项活动，规范经营行为。

【卫生城镇创建】 渠沟镇通过安装宣传牌、绘制文化墙等方式营造浓厚的创卫氛围。加大资金投入力度，用于新增环卫设施、辖区道路建设、污水处理厂、垃圾中转站及旱厕、农贸市场的改造、提升工程，夯实创建卫生城镇工作基础；多次组织城管、文明办、创卫办等部门，对集贸市场开展综合集中治理，全面制止车辆乱停乱放，出店、占道经营，乱设摊群点，乱搭乱建等行为；成立镇创卫工作督查组，每月开展至少3次的明察暗访，对督查中发现的问题下发督查通报，要求责任单位限时整改，对整改不到位的约谈相关责任人，达到以制度管人、管事的目的。

【社会保障】 渠沟镇做好城乡居民养老保险工作，办理城乡居民养老保险业务21683人次，缴纳城乡居民养老金144余万元。新型农村合作医疗参保人数38707人次。发放城乡低保金1199人，城乡低保医疗救助金24户，做好居家养老工作，审核发放高龄补贴230人。完成354人贫困残疾人生活救助申报和系统录入工作。为97名贫困残疾人申请每年1000元的药费补助。深入推进计生工作，实施家庭发展支持政策，共确立奖励扶助对象179名，特别扶助对象10名，发放独生子女保健费103550元。做好扶贫开发工作，调查摸底，精准核查，全镇有贫困户375户、1173人，通过产业帮扶、政府兜底、大病救助等措施，使75%的贫困户达到脱贫，完成2016年脱贫目标任务。

【基层党建工作】 4月，全面完成镇党委换届选举工作，高票选出新一届党委委员9名、纪委委员5名，其中1名大学生村官进入镇党委班子。采取差额选举的方式，率先在全区完成出席区党代表的代表选举工作，选举出24名区党代表。加强党员干部队伍建设。制定《2016年渠沟镇党员发展计划》，发展党员9名。举办“两学一做”学习教育暨入党积极分子培训班，32名入党积极分子参加培训。发挥远教站点、党员轮训等载体平台，分三批次开展党员轮训1期，其他各类培训10次，培训党员1000余人次。选派2名优秀村干部到巢湖市挂职学习。结合秸秆禁烧工作，组织全镇党员开展“亮身份、亮承诺、亮服务”行动。组织镇领导班子、部分机关党员、村“两委”成员98人于“七一”建党节前往徐集村烈士陵园，举行烈士公祭活动。做好优秀党组织、党员评选表彰活动，评选出最亮红星党员7人、优秀党组织书记3人、先进党组织4个。利用“宣讲形势送政策”“领导干部上讲台”“秸秆禁烧”等活动，组织党员干部把党课送到基层。2016年，全镇党员干部带头上党课15场，观看电教片2场，参加人数700多人，发放《党章》等书籍资料300多本。坚持分类培训，依托“微党课”、农村党员学习日、结对帮扶、“互联网+党建”等方式，为党员送党章、送学习资料。开展“不望推车情、干部户户行”入户联系大走访活动，确保走访全覆盖。结合精准扶贫工作，对辖区566户贫困户开展走访活动。结合秸秆禁烧工作，组织选派干部和大学生村官开展秸秆禁烧政策巡回宣讲10余次。

（孟祥兵）

任圩街道办事处

任圩街道位于市区近郊东南部，北接东山街道，南临濉溪县、烈山区，东与烈山镇、高岳街道毗邻，西连人民路街道和南黎街道。辖区总面积14平方公里，辖寇湾、李桥等10个社区，总人口2.5万余人。

2016年，任圩街道累计完成固定资产投资43亿元，社会消费品零售总额35亿元，服务业增加值6.6亿元，外贸进出口总额800万美元，培育新增限上商贸及服务业企业6家，实现规模工业总产值7000万元，引进内资11亿元，引进任圩老年公寓“医养融合示范基地”建设项目。汽车产业快速发展，新增汽车“4S”店5家，小微汽车销售企业11家，全年实现新车销售3.4万辆、二手车交易1.1万辆，销售额突破45亿元。

【项目建设】 隋唐运河古镇五凤三阁景区投入运营，仿古商业街一期主体工程完工，运河人家加快建设。中湖治理项目清理补偿工作接近尾声，已交地1.3万亩，共拆除各类附属物300万平方米，迁坟1万余座。儿童公园项目完成前期选址、勘探工作。余庄棚改项目，完成610户宅基地及附属物丈量工作，安置协议签订中。桂苑东路全面完成征收补偿及现场清理工作、碱河路已完成34户居民的征收补偿及现场清理，并开始道路施工。龙山南路、黎苑东路、勤学路等市政道路基本建成。

【文明创建】 年内，办事处对照全国文明城市测评体系，对软件资料、硬件设施、场馆建设逐项核对，对标达标。投入近500万元重点实施仁和小区和红星社区基础设施改造。开展“六示范”（示范街道、示范社区、示范小区、示范楼栋、示范街巷、示范农贸市场）创建活动，新星社区为全区首批文明创建示范社区，重点打造好人文化、楼道文化和社会主义价值观广场，小区创建水平得到较大提升。推进以“物社一体”为重点的物业管理创新，实行市场化运作、人性化服务，首府小区荣获2016年全省物业管理优秀小区称号。建立长效机制，采取日督查、月考核、季评比方式，奖优罚劣，促进文明创建常态化开展。对违章建筑实行“零容忍”。强化源头防控，实行24小时不间断巡查，全年共拆除违法建筑近10万平方米，违章建筑实现“零增长”，特别是有效遏制中湖项目区违章建筑蔓延的态势。

【安全生产】 年内，办事处抓住隐患排查和彻底整治两个重点，强化队伍建设、制度建设、责任落实三个关键，做到安全生产常抓不懈、警钟长鸣。全年开展以“打非治违”“老庄拆除”“汛前整治”“校园安全”等为主题的安全生产专项整治行动11次，排查安全隐患点355处，设立警示牌76块，发放催办通知书400余份，完成整改350处，长效监管5处。特别是“老庄拆除”专项行动中，共拆除危房户200余户，消除任圩街道最大的安全隐患，实现安全生产“零事故”的目标。

【民生保障】 办事处利用第二批公租房配租出售机遇，275户无房户申请到公租房，缓解群众的住房难问题。建立仁和小区小型工程修复长效机制，居民关注的屋面维修、下水道疏通、盖板更换等问题得到彻底解决。“一站通”平台投入使用，实现居民办事的“一站受理、一点办结”，其中，李桥社区“一站通”成为全市推广的“范本”。实施改厕工程，新建、改建卫生厕所15座，解决居民的如厕难问题。开展家庭医生签约活动，共签约1460户。实施文化惠民工程，成立仁和老年艺术协会，不定期为居民开展文艺演出和书画展活动。

落实城乡低保、城乡大病医疗救助、城乡居民养老保险等各项社会保障政策，支持新农合、城镇居民医疗保险等事业发展。街道享受低保人员1870人，月发放低保金51万元；接受医疗救助人员24人，落实救助金额8.9万元；办理城乡居民基本养老保险11353人，城镇居民基本医疗保险16259人，失地农民养老保险2201人。

【精准扶贫】 办事处组织42名党员干部与145户贫困户开展结对帮扶，组建扶贫工作队1支，落实就业扶贫、教育资助、医疗保障、低保兜底等帮扶措施，共解决实际问题36个。116户居民成功脱贫，脱贫率达79.8%，实现既定脱贫目标。

【基层党建工作】 年内，办事处完成任圩、余庄、寇湾、李桥、南黎路5个社区党组织的优化设置。新建非公党组织11个，单独组建率达33.6%。创新“两学一做”学习教育载体，推出“四级党员庆七一、忆苦思甜话发展”特色活动，通过“老党员讲故事、新党员谈感想、吃杂面窝头、尝生日蛋糕”等环节，帮助党员牢固树立“四个意识”。开展四个专项清理，共清理不按期换届党支部1个、清缴党费32272元。远程教育有新突破，寇湾社区实现户户通。在社区，组织党务骨干培训150余人次，开展知识竞赛2次，评先评优1次，党员志愿服务活动100余次。推出“四化同步”“希望新星”等党建品牌。在企业，突出“红色引擎”主题，开展党员示范岗、党员责任区、“双亮双比双争”等活动，共设立党员示范岗20个，建立党员责任区15个。

充实基层党建力量，选派26名机关干部担任非公党建指导员，3名大学生充实到基层一线从事党务工作，解决有人干事的问题。落实党建经费，投入10万元用于社区党员教育、管理、培训、慰问、表彰活动，投入13万元用于社区阵地建设。保障非公企业经费，为8家非公企业发放补助资金3.8万元，保证活动正常开展。

东街道办事处

东街道办事处于1971年5月设立。东邻东山路，南连符夹铁路，西至相山路，北靠相山，辖区总面积4.64平方公里，总户数15827户，总人口4.04万人。辖铁路、闸河、八号桥、机厂、供电、幸福、民生7个社区。

【招商引资】 2016年，总投资1.5亿元人民币的内蒙古弘山文化交易中心观光旅游项目于12月3日签订投资协议；上海施可达岩棉有限公司的“新型环保保温材料”项目已完成选址工作，进入注册公司商标及申请立项。

【支持项目建设】 年内，办事处完成市重点项目古城东路道口拆迁工作和环山东路西段拆迁工作；完成符夹线扩能工程项目拆迁工作，东街道辖区内共计10户，与9户签订协议；长山路西组团二期征收补偿方案已印发，三榜公示完毕，9月19日启动征收补偿协议签订工作，已签订协议67份。

【计生工作】 年内，东街道辖区常住总人口45134人，其中育龄妇女12422人，流动人口701人，其中孕检对象99人，人口综合节育率99%。2016年度期内出生282人，政策符合率为91.10%。“全面两孩”政策放开后，为符合“二孩政策”的夫妻申请再生育证，规范计生行政行为，严把办证关，街道共计办理独生子女父母光荣证29本，流动人口婚育证明11本，办理生殖保健服务证285本，生育证5本。开展免费孕前优生健康服务，到小区内宣传，印刷《致辖区待孕妇女一封信》《免费孕前优生健康检查服务指南》等资料5000份，出版一期专栏，制作宣传展板进行宣传，2016年度共检查190对。年内，开展“全面两孩宣传月”活动，利用计生宣传专栏，制作“全面两孩”展板在7个社区展出，同时对计生专干、辖区单位计生干部就新时期人口工作和全面两孩政策进行专题培训。

【民生保障】 年内，街道低保户有231户、451人，季发保障金131224元；享受廉租住房保障补贴户116户、

269人；有百岁老人6人，每人每月发放400元；居家养老2人，每人每年发放1200元居家养老服务补贴券；为33名低保大病患者提供26095元的一站式救助，为3名低保重病患者提供8567元的救助。有75人享受重度残疾人救助（一级、二级），每人每年800元，三级、四级残疾人救助26人，每人每年400元；享受精神病药物补助29人，每人每年1000元；重度残疾人护理补贴216人，每人每月60元；为1名重度肢体残疾人申请电动轮椅。年内，共开发社区就业岗位613个，采集和发布用工信息304条，成功介绍就业613人；帮扶申请困难援助对象53人，协助办理就业失业登记证79人；帮助申请办理小额担保贷款59人，申请金额达590万元。养老保险共办理1437人，其中为820人办理60周岁以上符合参保条件老人的参保登记、审核及开户工作，16～59周岁适龄参保缴费人数为617人。

【物业管理】 年内，办事处打造“三位一体”的物业管理新模式，民生社区在全市率先建立社区居委会、业主委员会、物业服务中心“三位一体”的开放式小区物业管理机制，得到省住建厅领导的肯定。闸河社区矿务局小区纳入物业管理新模式。推进开放式老旧小区物业管理示范工作，办事处对民生社区的矿林小区进行试点工作，通过建立社区物业服务中心，实施基础物业服务，对小区和楼道进行“三清理”，对老旧居民楼进行外粉和楼道内刷，安装11个电子监控，新建停车场1个，划设56个停车位，规范小区停车，居民生活更加安心有序。

（朱灿灿）

西街道办事处

西街道办事处，原称相山办事处，成立于1963年3月，1973年更名至今。位于市区西部，是淮北市的经济、文化中心，东至相山路，西到电厂西山脉，北靠相山，南邻惠黎路。面积6平方公里，常住人口6.8万，流动人口0.12万；辖区县级以上单位65家。街道下设党政办、计生办、民政办、经济发展办、武装部、就业和社会保障所等15个职能部门及8个社区居委会。有1个社区党委、12个党总支、76个党支部，2010名中共党员。

【商贸服务业】 2016年，街道完成社会消费品零售总额50亿元，限额以上零售额完成24亿元。服务业增加值完成32.8亿元。新增星达珠宝、敬贤堂、浅草湾连锁酒店限额以上商贸企业3家；新增限上服务业企业相山之声文化艺术公司和赏识教育2家。民营经济，全年新增私营企业307家、新增个体工商户891家。城镇居民收入达到33550元。规模工业完成0.95亿元，完成全年任务的118.25%。

【招商引资】 2016年，街道实际利用外资11亿元，完成全年任务的100%；招商引资项目固投资金完成2.1亿元，完成全年任务的140%；引进亿元以上项目上海合鸣照明电器有限公司的植物生长灯项目（1.15亿元）和北控集团光伏项目（1.1亿元）2个，超额完成任务；存量厂房利用20800平方米，完成全年任务的208%。引进蒙牛集团、北控集团、恩度集团、福建奔达旅游公司、四川大英聚能科技公司、塞上无极生物科技、老鸡山农业有限公司、山东泉林纸业、常州永葆环保科技有限公司、山东联荷电商、铭一大健康等有效信息11个。

【棚户区改造】 年内，建立包点领导联系重大项目和重点工作调度制度，推进辖区在建重点项目建设进度。协调安居开发公司，做好五号公馆项目（统一家园棚户区）安置房的维稳工作。依法征收与自愿自改相结合推进棚户区改造，实行一个项目、一个工作组、一套推进方案，发挥自改委政策宣传、问题反馈、调解纠纷、全程监督的桥梁和纽带作用，推进棚户区改造进程。2016年西街道棚户区改造任务共7个项目，已完成公园二号门前地块、洪山路与环山路交叉口东地块、一中南门和西山隧道东地块4个项目的棚改任务；西园中学大门两侧项目签约121户，模拟签约17户，发放22户超市自购购房券，规划方案通过待专家评审；永光巷北地块摸底调查工作结束，共涉及10户居民，征收方案已确定；零星地块拟列入2017年棚改计划。

【社区网格化管理】 社区推进标准化建设，出台《西街道网格化管理考核办法》，加强网格员考核，与相山区一并同奖同罚，鼓励先进，鞭策后进。以“责任网格化”为手段，实行“以网格为责任单位、全责管理”的工作模式，坚持“定格、定员、定责、定岗”的四定原则，建立网格化管理信息库，将社区工作前移、管理服务下沉，实现全方位动态服务和管理格局。完善各项服务功能，开展劳动就业、社会保险、计划生育、安全教育、法制宣传、法律服务、科普宣传、流动人口服务管理等工作，为居民提供“零距离”服务，群众满意度进一步提高。加强社工队伍建设管理，在“3·15”国际社工日，组织10多名社工在鹰山社区开展“发展社会工作，助力扶贫济困”关爱困难家庭活动。做好养老服务站的安全监管，重点对养老服务站的水、电使用情况、消防通道的畅通情况、灭火器、应急照明灯和疏散指示灯等设施配置运行情况，以及各个活动室电器线路、电器运行等进行全面检查。

【物业管理】 西街道有物业管理小区 14 个，企业自管小区 2 个，社区代管小区 3 个。2016 年，推进开放式老旧小区建立社区、业主委员会、物业企业“三位一体”的工作机制，结合街道实际，已打造安康小区、新华巷 100 号小区和振兴新村 3 个准物业管理小区，建立 3 个小区业主委员会及物业管理运行机制，完成准物业管理年增 30% 覆盖率的任务。并按照物业管理现代化、信息化、规范化标准，完成西街道物业服务中心和安康、新华、利民、建安 4 个社区物业服务中心的建设。推行城管、社区、业委会、网格员“四位一体”的管理模式，推进小区物业管理精细化。街道城管队伍分片包干，加大综合巡查和执法力度，落实城管执法进小区及网格，整治乱堆乱放、乱搭乱建、散养家禽、毁绿种菜等不文明行为。

【环境卫生专项整治】 街道办以街巷整治为重点，做好辖区环境综合整治工作。规范九州巷内 20 家小餐饮店将食品加工制作放置室外（前坊后店）、出店占道经营行为，清洁地面和店招；在主次干道画设停车道，有序规范停车的位置和方向，规范车辆停放；落实门前三包，以教育巷“示范”为重点，以点带面，辐射其他街巷，结合老旧小区改造，着力打造示范街巷和小区，完成教育巷、新华巷、安康小区等示范街巷、社区、小区的综合整治工作。对于毁绿种菜、散养家禽、乱扯乱晒、乱堆乱放、卫生死角等问题，街道实行城管、环卫、物业及社区多部门配合的执法机制。进行排查和清理。全年清理建筑垃圾 230 余车，乱堆乱放等生活杂物 400 余车，收缴非法广告 4000 余张，清理小广告 2480 余处、小菜园 50 余处，更换窨井盖 60 余处，疏通下水道 60 余处，更新公益广告 1000 余块，签订“门前三包”责任书 2400 余份，清理出店及占道经营 1400 余次，画线规范机动车和非机动车停车位 1500 余个。

【违建防控】 街道办建立违法建设动态巡查机制，对各类新增违法建设第一时间发现、第一时间制止、第一时间查处、第一时间拆除，杜绝搭建、抢建行为。2016 年共拆除西山隧道周围和西园中学两侧违建 4000 平方米、各类乱搭乱建 1170 平方米，将违法建设制止在萌芽状态，确保违法建设零增长。并对建安路、环孟西路等易出现乱搭乱建之处加强防控力度。

（尹　振）

相南街道办事处

相南街道办事处成立于 1997 年，所辖区域东与任圩街道毗邻，西至濉溪路，南临惠民路，北接惠黎路，面积约 7 平方公里，人口 70933 人。办事处党工委下设 12 个社区党支部，党员 1314 名，街道办内设党政办、组宣统、纪委、计生办、文明办、民政办、社保所、武装部、工会、妇联等职能部门 20 余个。下辖春秋、海宫、启明、西城、中城、城里、相阳、黎苑、杏林、凯旋、惠苑路 11 个社区居民委员会，驻街单位 190 余家。

【重点项目建设】 2016 年，街道办引进内资 11 亿元，项目固定资产投资完成 1.8 亿元，引进亿元以上项目 3 个。富丽华大酒店项目总投资 3.2 亿元，土地已摘牌，缴纳土地出让金 1.09 亿元，完成土地平整。火狐狸服装批发市场项目总投资 1.2 亿元，落地在天骄国际商业广场，占地 6000 平方米，正式营业。紫园广场项目总投资 1.8 亿元，完成规划，基础已开挖。全年上报有效招商信息 9 个，分别是江门市十月初五饼家（澳门）有限公司、江门市滨崎食品有限公司、上海市上好佳有限公司、安徽采蝶轩食品有限公司、大连百奥泰有限公司、永吉鸿运大连有限公司、辽宁医诺有限公司、中山嘉华实业（中小企业互联网创业园）、福建美一食品。存量厂房利用完成 1 万平方米。

【社会治安综合治理】 2016 年，街道办与社区、辖区单位签订目标责任书 34 份；开展综治宣传 3 次，开展矛盾纠纷排查 42 起，化解 40 起；加强校园环境整治 2 次，维护校园安全，建立禁毒三级网络，与精神病监护人签订责任书 34 份，防止精神病人肇事肇祸，不断加强综治维稳信访工作中心和社区工作站建设，基础工作不断夯实；开展平安家庭、平安社区、平安市场创建活动，不断提升街道创建水平。

【民族宗教工作】 街道办调整民族宗教工作三级网络，宗教委员和社区联络员共计 10 人，三级网络覆盖率达到 100%。全年走访慰问居住在辖区的少数民族家庭 5 次，给他们带去党和政府的温暖，做好防范和抵御宗教渗透工作，在重点敏感时段，组织工作人员深入各场所，开展对涉及民族宗教领域矛盾纠纷和不稳定因素的排查，做到情况预判在前、措施安排在前，妥善协调处理好涉及民族宗教领域的矛盾纠纷，做好各类信访工作，依法维护少数民族、信教群众的合法权益。

【社会保障工作】 2016年度新增就业120人，采集用工信息180条，下岗失业人员再就业14人，安置“4050”人员11人，帮扶困难人员再就业40人，求职登记75人，发放就业失业登记证129人。推荐小额担保贷款44人，申请金额440万元。为125人办理养老医疗保险补贴，总补贴金额359892元。办理城乡居民基本养老保险1883人，完成任务的104.6%。认证城乡居民基本养老领取待遇人员1525人，其中通过1409人，死亡18人，未通过98人。2016年度城镇居民医疗保险办理19318人，其中成人15710人、儿童3608人，共计288.39万元。

【计划生育管理与服务】 相南办下辖11个社区居委会，50家驻街单位。2016年有常住人口66205人，其中已婚育龄妇女15988人；2016年统计辖区人口出生率为8.36‰，计生率（符合政策生育率）为98.74 %。2016年，街道办11个社区共打造市级示范社区3个，其中相阳社区和黎苑社区为三星级示范社区，惠苑路社区为五星级示范社区。春秋社区、中城社区生活e站已验收使用。春秋社区等3个社区生活e站共开展知识讲座18次，内容有女性生殖健康讲座、家庭教育、技能培训等。全年入户宣传计生政策1500户，配合卫生服务中心进行12项公共卫生清理。督查社区环境改造7个社区，病媒防治督查4次，除四害4次。完成315对夫妇免费孕前健康检查。2016年度应用办证系统已办理证件750例，其中生殖保健服务证536例，独生子女光荣证210例，流动人口婚育证明4例，在城市生活e站网站上申请办证45例。

【信访工作】 2016年，街道办受理信访问题198件，已结案164件。先后解决重点督办中泰广场、国购广场、金色云天、怡和佳园、翠苑小区等拆迁项目诸多遗留问题等信访案件，涉及人数120人。街道办对辖区内12户困难信访群众进行“两节”慰问，协助办理信访救助、低保、经济适用房申报、廉租房补贴、廉租房申报、下岗再就业、大病救助等事项，有力缓和社会矛盾。全年向区委、区政府和市、区信访局上报信访信息和动态100多条次，及时化解环球大厦、大世界、中央花城、火车站南广场、相阳棚户区改造等18批次合计240人次集体上访的群众。

【司法工作】 2016年，街道办累计开展法治宣传38次，其中法律进社区15次（含针对不同人群的专题讲座5次），法律进学校3次，法律进机关3次，法律进店铺6次，法律进广场3次，法律进公交站台3次，法律进菜市场3次，分别在海宫广场和国购广场举办法治文艺演出1场。相南司法所为108名群众提供法律咨询服务，共办理法律援助案件19件，其中婚姻家庭案件9件，交通事故2件，合同纠纷8件。指导社区人民调解委员会及时排查化解矛盾纠纷，参与指导调解复杂案件8次，其中调解常年信访案件3次。司法所到各社区实地指导调解业务21次。举办社区调解员业务培训班4期，指导社区人民调解员调解技巧及卷宗制作。为辖区人民调解员发放人民调解补贴1.1万元，促进各社区调解业务的开展。

【安全生产】 2016年，街道办共检查学校3家，幼儿园13家，加油站4家，烟花爆竹专营店5家，年终临时店4家，危化品经营（无仓储）9家，KTV4家，建筑工地2家，各类经营门面768家。共发现问题16处，现场整改14处，限期整改2处，全部整改完毕。联合派出所进行消防检查，共检查465家；联合市场监管所进行食品安全检查，共检查16家；开展职业健康检查，检查3家。开展防震演练1次，参加演练126人，联合凯旋社区、海宫学校消防应急演练1次，参加人演练300多人，西城社区消防应急演练1次，参加演练120人。投入资金26万余元，对区政府北围墙、西城社区围墙、海宫社区办公楼、居民楼、翠峰小学围墙等安全隐患进行整改。

（陈　松）

东山街道办事处

东山街道位于相山区东部，东与杜集区高岳街道毗邻，南邻任圩街道，西连东街道，北接杜集区高岳街道，总面积约17.6平方公里。总人口3万余人。下辖祥和、东山、新村、博山、建国、周庄、方顶、马庄8个社区居委会。

2016年，东山街道办事处被评为省级节约型公共机构示范单位，新村社区、东山社区被评为全国文明社区、全省社区党建工作示范点、淮北市卫生社区，方顶社区党支部被评为全市先进基层党组织。

【主要经济指标平稳增长】 2016年，东山街道完成固定资产投资4.6亿元；完成社会消费品零售总额2亿元，其中限额以上零售额完成1.08亿元；服务业增加值完成6.8亿元；新增私营企业100家，新增个体工商户100家。城乡居民可支配收入33500元；实际利用市外资金11亿元；项目固定资产投资1.5亿元；利用外资完成720万元；外贸进出口完成100万美元。

【项目建设】 周庄安置房开工建设，方安二期安置房建成；2016年度民生工程各项目标任务按序时进度顺利完成。重点工程征迁持续推进。泉山路立交桥辅道、泉山支路、古城东路道口、符夹线扩能项目征迁工作完成。棚户区改造有序推进，方顶一期棚改，7天完成协议签订，3天完成房屋拆除，创造棚改新速度。方顶棚户区改造二期项目分5个组团压茬推进，完成协议签订和房屋拆除工作。周庄区棚改完成协议签订工作。

【文明创建提档升级】 年内，办事处以创建全国文明城市、全省卫生城市为切入点，突出问题导向，盘点销号抓整改，开展大环境治理、文明创建六示范、好人评选、志愿者服务等工作，对辖区内的2个农贸市场、7座公厕、5个小区基础设施进行改造提升，将特凿市场打造成精品农贸市场。严格防控违法建设行为，全年未增加1例违法建设建筑。

【社会保障】 办事处推进城乡居民养老保险、医疗保险参保续保工作，养老保险参（续）保752人，医疗保险参保6760人。办理城市低保263户、527人，发放低保金187万元。做好救灾救济工作，为15人次办理8.1万余元大病医疗救助，为42人次办理一站式救助；做好公租房配租出售工作，为232户住房困难家庭提交申请。全年未发生拖欠农民工工资案件。

【综治维稳】 以创建"平安东山"为目标，建立"条块结合，点线构筑"综治新格局，排查调处矛盾纠纷41起。落实信访包案责任制，抓好源头预防和信访隐患排查，解决信访件10余件，信访办结率100%，调解各类矛盾纠纷32起，消除重大信访隐患3起。组织开展安全生产大检查，加强重点行业、重点领域、重要节点时段的隐患排查整改。全年检查生产经营单位165家（次），查出一般隐患36条、重大隐患2处，全部整改到位。

三堤口街道办事处

三堤口街道位于淮北市西南部，北临人民路，南至三堤口；东起符夹线，西至濉河。下辖7个社区1个居委会。面积约6.8平方公里。辖区内有安徽口子酒业股份有限公司、淮北矿业集团工程建设有限责任公司、市烟草专卖局（公司）、淮北钢丝绳厂、皖北煤电公司总仓库等大型企业。

2016年，三堤口街道完成固定资产投资16.3亿元，社会消费品零售总额5.6亿元，服务业增加值完成10.91亿元，其中限上零售额完成3.3亿元。新增限上商贸企业1个（安徽中塑包装有限公司），新增限上服务业1个（淮北市明仁医院）；新增私营企业102家，个体工商户203家。城镇居民收入达到34000元，增长10%。规模工业完成0.95亿元。

【项目建设】 年内，金地广场主体建成，新柳弯项目（马楼安置房）主体工程竣工；朱东朱西安置房项目基本建成，共6栋楼，建筑面积4.8万平方米，已建成5栋。完成纺织厂平房、马楼庄二期、南苑小区二期、一建一处宿舍、轧花厂、天宏面粉厂家属院棚户区改造。完成符夹线扩能、梅苑西路道口、梅苑西路和第二届"中国创翼"青年创业创新大赛"互联网+"专项赛总决赛基地等项目征收工作。

【物业管理】 年内，办事处督促辖区6家物业服务公司，按照物业服务合同要求履行服务，建立健全投诉机制，投诉记录规范，问题处理及时，做到小修不过夜，全年受理投诉60起，处理56起。全面落实城管执法进社区，加大执法力度，联合城管查处拆违8处，毁绿种菜28处。联合相关部门开展电梯安全检查6次。

【参与文明城市创建】 根据《相山区城市管理示范路创建工作实施方案》要求，街道开展桂苑路创建工作，开展"门前三包"、占道经营集中整治活动，共清理占道经营42家，流动摊点65处。开展烧烤排档整治活动，要求沿街烧烤夜市配置地板革、垃圾桶，实行"线内"经营，"限时"经营；安排5名城管队员定点巡查，发现问题，立即整改。桂苑路附近车流人流量大，垃圾随手乱扔现象比较严重，街道办协调龙吉顺保洁公司加强保洁。联合三堤口市场监督管理所对桂苑路餐饮行业进行卫生、食品安全等方面检查，坚决取缔无证经营的店铺，提高附近居民的用餐环境。围绕关爱他人、关爱社会、关爱自然志愿服务活动，累计开展志愿服务活动36次，在辖区形成良好的志愿服务氛围。全年推荐出"楼道好人"71人，评选出"社区好人"24人，推荐"相山好人"10人。2016年，共拆除各类违法建设30余处，无新增违法建设。

【民生工程】 年内，街道办设置社会救助窗口，建立健全"一门受理、协同办理"机制，确保困难群众"救助有门、受助及时"。全年申报医疗救助13人，救助金额2.6万元，一站式医疗救助123人，救助金额137865元，临时救助两户金额8000元。及时开展重度残疾人护理补贴工作，为辖区242名二级以上残疾人申请残疾人护理补贴，补贴金已按月全部发放到位。为辖区202户居民申请公租房。为1420户独生子女家庭、69名独生子女退休职工申报独生子女保健费和一次性奖励，将计划生育独生子女家庭奖励政策落到实处；为奖励扶助对象（国家奖扶5人，奖扶扩面46人）和32名特别奖励扶助对象发放奖励扶助金。

【社会治安综合治理】 年内，街道党工委、办事处与各社区、各单位签订综治目标责任书，街道每半月对矛盾纠纷排查调处进行信息报送和处理。对突发群体性事件制定三个工作预案：情报工作预案、劝访工作预案和处置工作预案，视情况启动应急预案，使群体性事件未扩大化并得到及时有效遏制处理。2016年排查出各类矛盾纠纷38起，调处38起，调处率达100%；接待群众36批128人次，化解答复16件（其中带案下访化解12件）。网上办理案件6件，结案6件，信访事项按期办理率100%，按期答复率100%。开展严打整治，落实人防（巡逻队伍）、物防（小区安保）、技防（监控摄像）等措施和制度，加强治安防范。

人民路街道办事处

人民路街道办事处于1999年11月成立，时称相山区相东街道办事处筹备组。2000年3月，改为相山区人民路街道办事处筹备组，由原相山区任圩镇的张寨居委会、权园居委会组成。2002年5月正式挂牌，2008年4月成立办事处。总面积5.4平方公里，下辖5个社区居民委员会，人口1.5万人。2016年，锦华苑社区获评省级“低碳示范社区”。

【经济运行】 2016年，办事处完成项目固定资产投入3亿元；引进亿元项目1个，另承载万达商业综合体项目；利用存量厂房10080平方米；实际利用外资750万美元；完成外贸进出口165万美元；完成固定资产投资13亿元；完成社会消费品零售限上总额3.15亿元；服务业增加值完成7亿元；新增限上商贸企业1个，新增规上服务业企业1个，新增私营企业200家，新增个体户100家。

【重点项目建设】 年内，办事处推进重点项目建设。万达广场项目完成土地征收、房屋拆除、净地交付工作，已开工建设；太阳城商业综合体项目已建设至地面5层；蓝鲸广场主体正在施工；温哥华城大酒店装修基本完成；淮北矿业行政中心安置房基本建成；园林棚改三组已启动征收工作，已签约28户；龙山南路、黎苑东路、梅苑东路、泉山路立交桥辅道征收工作全部完成，进入施工；方安南路、桓谭东路已纳入权园、园林二期棚改项目。

【推进惠民工程】 办事处推进各项民生工程，困难群众保障、城镇医疗救助、廉租房补贴等民生任务完成。城镇居民养老保险参保724人，完成全年任务的103.8%；新农合办理2162人；发放最低生活保障待遇603户、1412人，共发放低保金2990360元；城镇医疗救助365人次，救助总金额371669元。

【物业管理】 办事处推进“三位一体”的物业管理机制，对发现之旅小区、慢城小区毁绿种菜、违章建筑进行集中整治，投资200余万元进行补绿、硬化、停车位等基础设施建设。配合安监等职能部门对辖区电梯进行年度安全审核工作，全年无一例电梯安全事故。

【志愿服务】 年内，社区党支部运用“党支部携手志愿者”服务民生的创新模式，取得很好效果。街道、社区志愿者结对帮扶，开展献爱心、送温暖活动，逢年过节走访慰问老干部、老党员、残疾人以及五保户老人，常年开展“春节送对联”“端午节品粽子”“重阳节茶话会”等活动。

（刘婧君）

刘桥街道办事处

刘桥街道地处淮北、濉溪、永城三角地带，距离淮北市中心约20公里，交通便利。总面积0.91平方公里，总人口2万余人，流动人口800余人，主要为矿劳务工、协议工及家属、务工农民。辖区内主要有恒源煤电公司以及大型国有煤炭企业刘桥一矿，是皖北地区重要的煤炭基地；辖区有皖北局二院、两矿物业管理处、淮北六中、刘桥矿小学、刘桥派出所、中国工商银行等单位。下辖东、西、北、恒源4个社区。

2016年，刘桥街道实际利用市外资金完成1.08亿元；实际利用外资480万美元。引进上海佳养生物科技有限公司，签约成立淮北佳养生物科技并落户凤凰山经济开发区；存量厂房利用1万平方米。新增私营企业30家，新增个体工商户100家。

【物业网格化管理】 街道物业网格化管理形成长效机制，办事处和两矿物业管理处建立城市管理联席制度并形成长效工作机制，资源共享，共驻共建，共同服务辖区居民。刘一小区和恒源小区干净整洁，垃圾死角得到整治，乱停乱放、乱拉乱扯，小广告、小菜园得以有效治理，沿街门面规范经营，无出店经营、占道经营，公共场所无散养鸡狗、白色垃圾，体育设施无严重损毁、无人为破坏，街道、各社区各活动室基本齐备，运转良好，正常开展活动。

【群众参与社区建设】 办事处通过召开居民代表大会、物业合作联席会议、登门走访和开展志愿服务等形式，广泛收集辖区单位、门店商户、社区居民对城市管理工作的意见和建议。通过开展“居民门前三包”“文明经营户”“最清洁楼栋”评比等活动，树立好榜样，起好示范带动作用，并发动辖区单位、门店商户、居民群众积极行动共同参与美好家园建设。各社区充分利用辖区资源，成立秧歌队、健身舞队等，开展丰富多彩的社区文化活动，倡导积极健康的生活方式。

【完善社区组织机制】 办事处建立健全以社区党、团组织为领导机构的城市管理网络。把广大党团员组织起来，发挥他们在社区管理中的先锋模范作用。通过开展一系列的文体活动、教育活动、创建活动，陶冶社区居民的情操。社区管理“条块结合，以块为主”，成立流动党、团员联络站，设立“学雷锋志愿服务点”，组织志愿者队伍、辖区单位、门店商户、社区居民共同参与，定期组织开展活动，以彻底整治社区“脏、乱、差”现象，使“城市管理为大家，管好城市我参加”的理念家喻户晓，在社区的每一个角落、每一个空间掀起争做文明市民、建设美好家园的热潮。

【城市管理队伍】 年内，办事处设立门店管理协会，沿路商户自发成立门店管理自律协会，签订文明经营承诺书，用“自律”方式解决沿街门店的管理难题。设立物业管理合作协会。由社区牵头，成立由两矿物业公司、两矿双退办、关工委、学校、医院及居民代表为会员的物业管理合作协会。及时发现、劝阻、通报、协助处置各种违法违规行为，探索物业管理与社区居民自治相结合的新模式。

南黎街道办事处

南黎街道位于人民路以南、南黎路以北，铁路线以东，泉山路以西区域，下辖李楼、丁楼、桂苑、梅苑、学院5个社区，总面积13.5平方公里，总人口3万余人。

2016年，街道利用市外资金完成11.2亿元，存量厂房利用10050平方米。引进智选假日酒店投资5.2亿元。利用外资734万美元、外贸进出口354万美元。完成固定资产投资21.73亿元，其中工业投资完成2.75亿元。完成社会消费品零售总额9.57亿元。城镇居民可支配收入提高8%，达到40201元。

【棚户区改造】 南黎街道下辖社区成立“自改委”（棚户区自主改造委员会），做好民意收集、政策宣传等工作，确保棚改工作有序推进。街道办按照分批签约、压茬拆迁的方式稳步推进棚改工作。5月月底启动丁楼棚改测绘工程，7月中旬测绘工作完成。由于丁楼棚改工程体量过大，街道将丁楼棚户区项目分块推进，至12月月底，棚改项目进入全面签约、动迁阶段，年底完成签约735户。

【重点项目征迁】 符夹线扩增项目正常施工。街道与铁路方面负责人紧密对接，符夹线旁影响施工的树木已完成砍伐，确保扩增搭建线路工作正常运行。桂苑中路贯通工程。桂苑中路西侧涉及的拆迁工作已完成，市重点局进入施工。桂苑中路东侧加油站附近完成附属物拆除及清运工作。梅苑路贯通工程涉及的原三酒厂房屋院内所有建筑于11月3日完成拆迁。勤学路项目涉及被征收44户居民，已完成39户协议签订和房屋拆除工作。

【社区建设】 2016年，办事处全面打造梅苑社区服务中心，申请妇联专项资金，打造妇女儿童活动中心。加强社工队伍建设、优化人员结构，建立健全教育培训机制。引导社区人员填报安徽省社会工作者职称考试，已有5名社区工作人员获得社会工作者职称。每月定期邀请市、区先进典型到街道交流工作经验，为社区工作人员传授民政、计生、信访等工作好做法、好经验，提高社区工作人员工作能力。桂苑社区投入专项资金用于扶持民间团体发展，组织居民成立梅、兰、秋、菊老年文艺团体，秧歌队，书法协会等，利用节假日开展各项活动，丰富居民业余生活，推动社区文化发展。

【物业管理】 街道下辖25家居住小区，其中企业自管小区3个、单位自管小区5个、社区托管小区5个，已引进23家物业管理公司，小区物业覆盖率达92%。街道根据小区居民的意愿，组织引导居民成立业委会，监督和协助物业公司为业主提供更好的服务。物管办积极推进“三位一体”工作机制建立，落实综合执法进小区，加大对辖区内违章建筑、毁绿种菜等违法行为的依法查处，全年查处违章建筑和毁绿种菜80余次。街道物管办协调社区，与技术监督局等相关单位做好电梯安全监管工作，全年未出现电梯伤人事故。

【文明创建】 年内，办事处以整治重点街巷为突破口，协调区相关部门，对辖区职大美食广场、梅苑社区旱厕、华佳梅苑、奥斯卡春城等部分基础设施项目进行升级改造，投入资金300余万元，并全部改造完毕。建立健全环境卫生管理制度，落实长效管理措施，强化考评督查，抓好清洁保洁工作。开展环境整治“梳理行动”，开展“清理垃圾、清除违章、美化环境”专项整治活动20次，组织街道机关干部、社区干部、社区志愿者500人次，清扫楼院、粉刷楼道、清除乱张贴广告，清理卫生死角37处，垃圾49车。

【违法建设防控】 南黎城管中队联合社区人员做好控违、拆违工作，及时发现违建苗头，共接到群众举报电话70余次，拆除违规搭建板房、围墙150余处。梅苑社区两处违建房屋、万马小区违规扩院、锦绣和庄小区7户违建进入违建拆除程序，对可伦小区商业门面违规搭建、丽水园小区商业门面违规扩建等违法建筑物进行依法拆除，拆除面积达400余平方米、围墙120余米，动用人员280余人次、挖掘机5台次，有效遏制小区违法建设之风。

【打造楼宇经济集群】 年内，南黎街道以金方大厦、帝景翰园两大商圈为依托、以商务楼、功能性板块和区域性设施为主要载体，开发、出租楼宇引进各种企业，全面推动服务业快速发展。街道成立楼宇经济协调服务委员会，加强与南黎市场监管所、税务局、派出所等部门沟通联系，共同对楼宇经济进行专项服务管理。成立南黎楼宇经济招商引资小组，搭建招商平台，建立招商项目信息库，推行专业招商、特色招商，促进相同或相关行业在一栋或几栋楼宇内聚集，打造楼宇经济集群，形成规模效应。

（甄卉于）

曲阳街道办事处

曲阳街道地处城乡接合部，东起濉溪路，西临202省道，南到老濉河，北至徐里，辖区面积18.2平方公里，总人口5万余人，是相山区西大门。下辖濉河、任井、刘庄、渠沟、惠民、电力、滨河、前黄、下街、黄里和后黄11个社区，其中任井、渠沟、电力、惠民、前黄、下街、黄里和后黄8个社区为“村转居”社区。

2016年，曲阳街道实现社会消费品零售总额4.12亿元，其中限额以上零售业完成2.19亿元。服务业增加值4.4亿元，新增限上商贸企业2个，新增限上服务业企业1个。新增私营企业53家，新增个体工商户215家。利用省外资金11亿元，固投资金1.71亿元，引进汉芳芳香产业园1个规模项目，利用外资800万美元，外贸进出口1200万美元，固定资产投资16.97亿元。

【重点项目建设】 年内，恒大雅苑安置房项目建成交付，418户群众回迁；商业1号~19号楼已竣工交房，20号楼主体结束。西山路综合改造安置房工程渠沟片区安置房已交付，1537户群众回迁新房。任井片区13栋主体结构及安装工程基本完毕。顺和家园安置房工程共4栋，2栋已完工，2栋进行户外粉刷。商品房（7栋）其中2栋装饰已完成，进入水电安装。黄里风景区项目完成可行性研究报告，经市发改委审批立项，景区概念性规划修改稿通过区政府专题会议审议。内蒙古弘山文化古民居项目签约落户。黄里笆斗杏地理性标志通过国家农业部门评审。完成运销三公司家属楼、红方小区2个棚改项目。

【物业管理】 年内，街道设立物管办，社区设立物管站，在濉河、惠民等开放式老旧小区成立物业服务中心，实现机构、人员、制度到位，保障小区物业管理工作有效开展。实施“综合执法进社区”，在水清木华小区、滨河花园小区实行居委会、业委会、物业服务企业“三位一体”工作机制，每月集中开展违章建筑、毁绿种菜、散养家禽等违法行为查处活动两次，改善小区环境。加强对物业公司的监督考核，对存在的问题责令其限期整改，促使物业公司更好地发挥作用。

【文明创建】 办事处利用电子显示屏、展板、条幅、微信平台、志愿服务等多种渠道浓厚创建氛围，提升群众知晓率和满意度。好人效应不断放大，至2016年年底已评选出楼栋好人199名，社区好人155名，街道好人18名，相山好人6名，淮北好人1名。硬环境不断改善，划设停车位近500个，开展“五清理二规范”活动12次，完成任井、电力两社区老旧小区改造和辖区空中管线整治，辖区环境持续改善。在9月全省文明创建模拟测评中，街道办整改率位居全市第一。

【创新服务举措】 年内，办事处将“互联网+”模式引入到服务群众的具体实践中，精心搭建“馨曲阳”“新动态”“心服务”微信公众服务平台，三个板块涵盖文明相山、“党务课堂”、廉政警示等15个栏目，以图文并茂的形式推送街道、社区日常工作动态、与群众息息相关的民生信息、各项惠民政策、群众办事流程等，为群众提供了零距离的优质服务，塑造“服务型”街道新形象。

【创建卫生城市】 办事处开展多途径、多形式、全方位的省级卫生城市创建活动，完善监督、责任追究、奖惩等有效机制，促进创卫任务落实。荣获省级卫生单位2家，曲阳街道和濉河、刘庄、电力、渠沟、任井、滨河、前黄、下街8个社区获评“市级无烟单位”，渠沟、电力、任井、滨河4个社区获评“市级卫生社区”。

【民生工程】 2016年，街道新增城乡低保户80户、151人，取消144户、245人，至年底，共有城乡低保户1296户2043人，全年发放低保金709万元。落实城乡大病医疗救助优惠政策，从根本上解决城镇居民看病难、看不起病，因病致贫、因病返贫等问题，实现人人享有基本医疗保障的目标，办理成人医疗保险9296人、139.44万元，儿童1861人、27.92万元，学生191人、2.87万元，大学生7人、1050元，享受医疗救助615人，落实救助金额98.9万元。建立覆盖城乡的养老服务保障体系，办理失地农民养老保险115人；城镇居民养老保险1980人；纳入社区管理的企业退休职工957人，移交社区管理服务率100%。266人享受高龄津贴，全年发放资金9.94万元；濉河、渠沟2个社区养老服务站投入运营。办理就业失业登记证152人次、就业困难证49人次，初审创业小额贷款12人、120万元。开展残疾人救助工作，摸排统计持证残疾人653名，全年对302名残疾人实施生活救助，落实救助资金20.52万元，34名持证贫困精神病患者享受精神病人服药及住院费用报销。

【安全生产监管】 办事处严格执行安全生产“党政同责、一岗双责”制度和“管行业必须管安全、管业务必须管安全、管生产必须管安全”的要求，坚守安全红线，健全街道、社区、网格三级监管责任体系。街道配备专职森林防火员5名、应急消防队伍26人，打造黄里、下街2个微型消防站示范点；配备食品安全监管员1名，社区配备食品安全协管员11名，相山家园农贸市场配备食品安全监测设备，营造安全生产浓厚氛围。坚持日常监管与重要时段监管相结合的方式，加大安全隐患排查力度，围绕建筑施工、烟花爆竹、危化品、餐饮场所液化气、幼儿园、危房、人员密集场所等重点领域行业，开展联合执法检查18人次，排查28个学生之家，整治9家；取缔无证经营瓶装液化气1处，纠正宾馆、超市、网吧消防设施缺失、消防通道堵塞问题2个，拆除危房2处、危墙2处，切实消除安全隐患；开展安全生产宣传培训6次，发放各类宣传资料2500余份，开展专项应急演练4次。

杜 集 区

【概况】 杜集区位于淮北市东北部，地处淮海经济区腹地，交通运输便捷，京福、连霍高速穿境而过，距徐州观音机场60公里，至连云港港口240公里。连接京沪、京九、陇海三大铁路干线的快速连接线—符夹铁路贯穿杜集南北，并设有站点。区域面积240平方公里，下辖朔里、石台、段园3个镇和高岳、矿山集2个街道，总人口35万。2016年，实现生产总值92.6亿元，增长8.4%；固定资产投资201.4亿元，增长11.1%；地方财政收入2.94亿元，剔除营改增因素影响，增长7%；财政支出10.1亿元，增长13.9%；社会消费品零售总额32.3亿元，增长11.6%；城镇、农村居民可支配收入26292元、11308元，分别增长6.3%、8.3%。完成规模以上工业增加值57.1亿元，增长11.7%。新增规模以上工业企业20家，总数达182家。电子信息、节能环保、新材料等战略性新兴产业提速发展，实现产值70.5亿元，增长8.6%。

【重点项目建设】 杜集区加大项目投资，完善项目协调推进机制，2016年完成投资46亿元，实施重点项目建设77个，斯瑞普橡塑、建联木业等在项目建成投产，海螺水泥、上海电气生物质发电等新上项目开工建设，口子产业园、力诺光伏发电二期等续建项目加快推进。征收房屋202万平方米，有力保障棚户区改造、高铁新区和符夹线扩能改造等重大项目顺利实施。

【扶持企业发展】 杜集区根据企业实际情况和个性化需求，量身定制服务套餐，帮助企业解决融资、用地、用工等难题256件，向37家企业提供续贷过桥资金5.5亿元。持续推动大众创业、万众创新，开展创业培训450人，提供创业指导500人次，新增私营企业397户、增长57.5%，新增个体工商户1165户、增长28%。

【强化资金，保障土地】 2016年，杜集区成功申报公租房基础设施配套、双龙棚户区改造等8个中央预算内投资和国家专项建设基金项目，获批资金1.9亿元。增资3272万元做大盛典融资担保公司规模，实现国有控股，在保余额4.1亿元。全年完成股权直接融资6.5亿元。多途径保障发展用地，上报获批各类建设用地2744亩，清理闲置用地294亩。

【招商工作】 年内，杜集区先后赴北京、上海、浙江等地考察恒源泰、上海电气、花园集团等100余家企业，接待鸿世电器、中铁置业等企业到杜集区考察110余批次，东湖文化乐园、西域风情园等40余个项目签约。利用闲置厂房、土地开展二次招商，紫朔环保、格鲁斯设备等39个项目启动，其中贝仕达电子、淮海奥可装备再制造等24个项目建成投产运营。全年完成招商引资规模项目固定资产投资21.7亿元，5亿元以上规模项目3个。利用外资1亿美元，外贸进出口总额5800万美元。

【科技创新】 拓展创新创业空间，新增授权发明专利79件，新申报发明专利274件。安徽省高端矿山装备产业技术创新战略联盟成功获批。安徽省采掘设备工程技术研究中心挂牌成立。思苑科技、恒远建材获国家科技型中小企业技术创新扶持。安徽矿机电液控液压支架入选省重大技术装备首台（套）名录。

【各项改革不断深化】 年内，杜集区积极搭建国有资本市场化运作专业平台，健全东兴建投运营机制，重组、新建8家子公司，有效盘活国有资产。设立城镇化基金5亿元，争取政府债券3亿元，有力推动开发区基础设施建设和实体经济发展。农村土地承包经营权确权登记颁证和集体产权制度改革试点全面完成，颁发土地确权证2.53万份，双楼村成为全市首个集体经济“股份村”。深化义务教育管理体制改革，实施教师无校籍管理改革试点。加快医药卫生体制综合改革，巩固基层医改成果，稳步推进医联体建设。

【现代农业生产】 年内，杜集区巩固小麦高产创建成果，粮食生产实现“十三连丰”。农业产业化水平不断提升，规模以上农产品加工业产值达45.4亿元，增长15.3%。高岳省级现代农业示范区加快建设，优质特色产业基地初具雏形。大力发展新型农业经营主体，新增土地流转1200亩，家庭农场增至102家，农民专业合作社发展到143家。加快美丽乡村建设，由点到面、全面铺开，全年投入资金4942万元实施建设整治类项目79个，3个镇政府建成区整治、6个中心村改造提升工程全面完成，矿山集整体推进工作顺利实施。朔里镇入选安徽省首批特色小镇。

【民生工程建设】 2016年，杜集区用于民生领域支出8.5亿元，占财政总支出的85%，34项民生工程投入2.1亿元，群众得到更多实惠，荣获全省2016年度民生工程绩效奖补先进区。精准制定扶贫举措，明确路径，全面完成1629人脱贫任务。抢抓“棚户区改造决战年”机遇，全年签订征收补偿协议11387套（户），超额完成年度目标任务。推进文明城市创建，投入4000余万元实施36项创建惠民工程。

【生态环境持续改善】 2016年，完成森林增长工程造林2058亩，森林长廊建设14.2公里，投资327.6万元实施东部石质山场森林多目标经营工程，全区森林覆盖率达到28.2%。总投资2430万元的龙岱河治理工程全面竣工，总投资3500万元的东湖宜园建成开放，景观效果提升。开展大气、水污染防治攻坚行动，持续推进户外广告、车窗抛物、违法建设等专项治理。秸秆禁烧连续三年实现“零火点”。

【社会事业协调发展】 杜集区继续实施学前教育三年提升计划，新建改扩建幼儿园5所。依法保障教育投入，落实义务教育保障经费1588万元，荣获全省党政领导干部履行教育职责督导考核优秀等次。文化服务品质逐步提升，原创大戏《颛孙子张》入选全省“四个一”精品演艺项目。强化“校园第一课”法治宣传品牌，开展“七五”普法。深化平安杜集建设，持续推进基层综合维稳信访工作中心（站）规范化、社会服务管理信息化建设。实行诉访分离，推进网上信访，完善信访和调解联动工作体系。夯实安全生产责任制，开展食品药品、治超控违等重点领域整治，群众安全感和幸福感进一步增强。

【高岳街道与朔里镇部分行政区划调整】 2月，经省政府批准，杜集区高岳街道与朔里镇的部分行政区划进行调整。将杜集区高岳街道管辖的双楼村、任庄村、李洼村、孙庄村的北外环路北侧的村民组（面积8平方公里，人口2.1万人），划归杜集区朔里镇管辖。调整后将有利于促进城市规划和高铁新区建设，更好发挥高铁新区辐射带动作用，为重点镇朔里镇建设拓宽发展空间。同时对于更加合理配置公共资源、提高为民服务水平，推动美丽乡村及和谐社会建设也将起到积极推动作用。此次调整是根据淮北市未来发展趋势，广泛征求各相关部门、人大代表及涉及调整的镇、村、村民组意见的基础上作出的决定。

【首届装备制造产业发展论坛举办】 8月10日，杜集区首届装备制造产业发展论坛在口子国际大酒店举办，论坛以“转型与智造”为主题，由中国机械工业联合会特聘专家、绿色制造产业技术创新战略联盟副秘书长、教授级高级工程师、研究员方杰作题为《“十三五”中国装备制造业科技发展方向》的报告，安徽理工大学机械工程学院副院长、教授王开松作题为《智能矿山技术发展及装备应用》的报告，中国矿业大学博士、教授、博士生导师程刚作题为《工业机器人的应用及其发展》的报告，中国科学技术大学博士、教授陈锋作题为《国产龙芯处理器与智能制造》的报告。

【杭淮惠龙物流园正式运营】 物流园坐落于淮北市东外环龙湖工业园，具有独特的区位优势，交通便利。该物流园占地168亩，建筑面积3万平方米，具有仓储、停车、住宿、餐饮、配货、加油、汽车修理维保等多种服务功能。园区可同时停泊大型车辆1000余台，停泊车辆配货效率高，园区统一为车主办理加入惠龙易通会员，免费办理惠龙信用卡，可享受高速收费、加油等优惠。11月，淮北杭淮惠龙物流园顺利融入全国物流网络。

【首届南山文化旅游季系列活动】 3月31日，杜集区在矿山集街道南山村部举行第五届群众文化艺术节暨首届长寿南山文化旅游季活动。活动围绕“长寿南山 汉韵悠然”主题，包含文艺表演、摄影比赛、美食展示、花果采摘、民俗文化展示等一系列活动，带给市民不同的文化体验。汉韵水街50多家店铺正式开业，淮北市非物质文化遗产展览在汉韵水街里展现独特魅力。

（聂礼保）

附：杜集区镇、街道办事处简介

高岳街道办事处

高岳街道位于淮北市东市区，是淮北市的东大门。总面积47平方公里，辖6个村委会、4个社区居委会、3个职工家属委员会，48个居民组，142个村民小组。全办总户数23791户，总人口97310人。2016年，高岳街道被评为安徽省城乡社区协商示范街道，高岳社区被评为安徽省和谐社区，双楼村被评为安徽省社区协商示范村。

【经济运行】 2016年，高岳街道完成地方财政收入9464.81万元；固定资产投资完成71.9亿元，增幅10.7%；规模以上工业总产值完成106亿元；规模以上工业增加值完成24亿元，增幅14%；工业投资增长15%，战略性新兴产业增加值增长15.2%；新增规模企业7家，新增限额以上商业3家；社会消费品零售总额8.2亿元，增长11.7%；外贸进出口1020万美元，新增进出口实绩企业1家，实际利用外资1773万美元，实际利用省外资金12.1亿元；新增认定高新技术企业1家；城镇居民人均可支配收入28195元，增幅6.4%；农村居民人均可支配收入11516元，增幅8.4%。

【招商引资质效提升】 年内，街道办先后接洽新疆金源祥、山东宇研光能等项目30余个，西域民族风情园和环盾光伏项目实现签约并开工，投资5亿元的规模项目海螺水泥顺利开工建设，投资1.5亿元的国际电商园已引进上海环球车享有限公司等企业入驻。为企业提供优质高效保姆式的服务，在选址、征地、基建、办证等环节全程服务，帮助企业协调解决生产经营中遇到的困难和问题，维护企业合法权益。帮助企业转型合作，对现有闲置资产盘活重组，通过二次招商，易房新材料成功签约。

【项目建设】 2016年，街道办实施13个重点项目，东庄安置点、金达节能等8个续建项目完成序时进度，口子农业园等5个新建项目顺利开工。东庄、圣庄、孙庄3个安置项目主体封顶；现代农业示范园入驻企业10余家；金达项目一期全部达产；红星美凯龙二期进行场内土地平整及试桩；高岳棚户区征收拆迁工作全部完成；健翔体育器材项目办理用地规划手续；西域花海风情园开工建设；国际电商园引进上海环球车享有限公司等企业入驻。

【农业发展】 依托高岳现代农业示范区建设，发展壮大绿色蔬菜、有机食品、精品水果主导产业，打造绿色基地建设。培育新型农村经营主体，加快农业规模化、标准化、品牌化、产业化步伐；推进农产品精深加工，延长产业链，提高农业附加值；拓展农业生产功能，探索发展集观光、旅游、农家乐为一体的都市休闲农业。完成土地确权工作，实际确权面积17895亩，涉及7个村居，5286户，发证5286本，夯实农村综合改革工作基础。加强农田水利基础设施建设，小麦平均单产507公斤，实现十二年连增。

【民生工程】 2016年，街道办全面完成涉及的26项民生工程任务（其中，工程建设类任务5项，资金类21项），工程类于10月完成，资金类于11月全面发放结束，政策知晓率达100%。完成政府补贴清理、五保供养、低保复核和敬老院三星级创建工作。全年发放低保资金645.57万元，保障城乡低保1435户。城镇新增就业人数完成1712人，完成任务107%，困难人员再就业完成101人，完成126%；就业技能培训完成405人，完成101%。全面落实城乡医疗救助、社会救助、灾情统计工作。城镇居民医疗保险、城乡居民养老保险均按时完成，失地农民养老保险有序推进，残疾人救助与康复工作任务全面完成。实施精准扶贫，因村因户施策，用活用好用实扶贫政策和项目，提高贫困户收入生活水平，实现扶贫开发年度目标。

【棚户区改造】 2016年，街道办完成高岳街棚户区改造项目120亩房屋拆除工作，拆迁房屋约8万平方米，孙庄、高岳社区棚户区改造项目共签订协议近1800户，孙庄地块顺利摘牌，提前完成市区棚改民生工程考核任务。小刘庄和龙山北路棚改项目开始启动。符夹线扩能及高铁沿线征地拆迁工作有序推进。

【提高城镇化水平】 2016年，街道办实施文明创建工程13个，项目投资1680万元，其中区拨付资金360万元，街道办事处配套资金1320万元。加大城乡环境综合治理，推行环卫市场化运作，全年累计向市宇能热电厂运送生活垃圾23725吨，日平均65吨，生活垃圾无害化处理率达98%以上。落实控违拆违“村为主”工作机制，实行驻村巡查、网格化管理等制度，全年拆除违法建设280处、2.9万余平方米，查处违规车辆545余辆。

（尚芬红）

矿山集街道办事处

矿山集街道位于淮北市东部新城区，辖区总面积42平方公里，下辖3个村委会和8个社区居委会，总人口9万余人。

2016年，矿山集街道完成地方财政收入3394.96万元，固定资产投资42.3亿元，规模工业总产值56亿元，社会消费品零售总额7.3亿元。城镇居民可支配收入实现25920元，同比增长8.2%；农村居民可支配收入11865元，同比增长10%。外贸进出口1020万美元，实际利用外资1715万美元。新增规模以上工业企业4户；新增限额以上流通企业1家；新增私营企业67户，新增工商户229户；完成四板挂牌企业3家。

【项目建设】 2016年，办事处列入区领导联系督查重大项目共10个，计划总投资6.42亿元，完成6.93亿元，占年计划的107.9%。上海电气生物质能热电项目锅炉、办公楼、冷却塔等建设有序推进；杭淮惠龙物流园项目开始营业；双龙棚户区改造项目（一期）土地挂牌出让结束；东湖文化乐园勘探、立项工作已完成；南山公共健身活动中心项目立项、土地批复已完成；南山梦幻庄园项目选址已确定，进入规划设计；开发建设南山生态长寿休闲养生基地；梧桐中路改造项目（杜集段）施工正常开展；安民路全长3.8公里，矿山集境内约2.8公里。涉及矿山集办事处275户居民征收签约基本结束，道路建设正常推进。实施淮海东路北侧拆迁；龙发路全长2.1公里，道路红线宽35米。涉及矿山集办事处25户居民及村集体附属物征收签约完毕，项目建设正在开展。

【精准扶贫】 2016年，矿山集街道脱贫目标任务42户、102人，按照精准识别、精准施策、精准帮扶、精准脱贫的要求，实施危房改造、养殖产业、就业、创业、健康、雨露助学等十大扶贫工程。投入扶贫资金42.63万元。其中上级扶贫资金39万元，自筹资金3.63万元。完成危房改造4户，购买羊147只，建羊舍16处，发放电动三轮车18辆、建温室大棚1座，发放秋种肥料84袋，代缴2017年新农合102人。经过市第三方评估，全部脱贫。

【农业发展】 2016年，街道新增造林面积625亩，完成千万亩森林增长工程560亩，密植彩化石质山造林2500亩，岱河治理边坡美化彩化160亩。小型农田水利项目中完成土石方6.5万立方米，滴灌水保工程200亩，完成岱河附属物清理清点补偿工作。新增规模家庭农场2家，农业观光采摘园2家。引进农作物新品种3个，开展农民技术培训280人次。完成土地确权面积9200亩，发放土地确权证3200户。新增复垦耕地179亩，完成2000亩基本农田建设方案编制工作。

【城镇建设】 龙湖新景二期和新湖路安置房完成分配并投入使用。全年完成房屋征收13万平方米，棚户区开工1350套，超额完成全年任务，在杜集区考评中位居第一。新建10万平方米龙昌游园。4条城市道路同时开工建设。农村公路工作有序推进，完成辖区内50.6公里农村公路养护工作，完成六和社区1200平方米道路修建，850米道路畅通工程及南山环山路2公里安保工程。

【民生工程】 全年发放城市低保796.3万元，困难补助20万元，优抚款93万元，五保经费17.5万元。发放贫困重度残疾人生活救助39.8万元，开展困难群众临时申报救助。就业和社会保障工作有序进行，城镇新增就业1700人，安置失业人员再就业900人，困难人员再就业105人，困难人员再就业率达到72%；城镇登记失业率控制在4%，组织就业技能培训400人；发放创业贷款600万元。城乡居民养老保险参保13134人，城镇居民医疗保险办理20182人。

【文明创建工作】 年内，创建淮海东路“严管一条街”，拆除不规范户外广告招牌48处，整治出店经营店铺75家，拆、建标准规范停车场5个。整治农贸市场，建设规范文明市场，矿山集农贸市场被省精神文明建设委员会、省工商局等7部委授予安徽省文明集市，为淮北市唯一一家。对全办居民小区开展脏乱差集中整治，做好中央文明委测评验收工作。

4月26日，省人大常委会副主任梁卫国莅临朔里镇指导工作

【环境污染治理】 街道开展大气污染防治工作，完成餐饮业油烟整治任务4家，工业燃煤锅炉1家。开展“三场一站”整治活动，依法取缔违规企业2家。开展主次干道环境综合整治工作，加强路面“抛洒滴漏”治理。加强辖区内饮用水源地的保护，开展黑臭水体整治和管理。以大气监测为中心全面加强全办环境治理，PM10指标控制在80微克以内，全市第一。完成垃圾无害化处理总量17713吨，垃圾无害化处理率98.8%。

【文化事业】 年内，街道举办迎新春文艺演出、凝心聚力放飞中国梦主题文艺演出、“两学一做”学习教育文艺演出。承办杜集区第五届群众文化艺术节暨长寿南山文化旅游季活动。完成3个行政村农村文化建设专项补助，每村放映公益电影12场，每村开展体育活动6场。街道青少年综合服务平台被评为安徽省示范性青少年综合服务平台。杜集社区综合文化服务中心被列为“安徽省社区综合文化服务中心试点”单位。南山空竹协会代表队在2016北京市第三届全国花式空竹大赛中，获得团体一等奖。

朔里镇

朔里镇位于淮北市北部，总面积50.05平方公里，耕地3.13万亩，塌陷地2.3万亩，优质水面0.78万亩。下辖8个行政村，3个居委会，48个自然村，人口7.1万人。

2016年，完成地方财政收入2900万元，规模企业产值47亿元，固定资产投资33.55亿元；新增规模企业6家；外贸进出口320万美元；社会消费品零售总额6.18亿元；农村常住居民人均可支配收入11286元，城镇常住居民人均可支配收入26989元。

2016年11月，朔里镇被省住建厅、省发改委、省财政厅评为安徽省第一批省级特色小镇；12月，朔里镇沈集村村民王玉美被评为“安徽好人”。是年，创建省级森林村庄1个（徐楼村）。

【种植业】 截至2016年年底，全镇可耕地面积31300.6亩，其中粮食种植面积25436.5亩，瓜菜面积5352.1亩，设施蔬菜面积512亩；水果面积8546亩；粮经比1 ∶ 0.56。粮食作物主要种植以小麦、玉米、大豆为主，主要集中在沈集、官庄、矬楼、徐楼、葛塘、坡里6个行政村。沈集湖形成“万亩小麦高产示范基地”，全镇粮食产量实现十一年连增；经济作物主要种植棉花、花生、油菜；生产的黄瓜和甜瓜被认定为“无公害”农产品。水果种植主要分布在葛塘、坡里、官庄3个村，水果年总产量17092.9吨。

【养殖业】 全镇可养殖水面7834亩，其中精养塘1215亩，水产品种总量1021.2吨。家畜、家禽养殖，全镇形成以金水、天顺、浩琛为龙头的肉鸭蛋鸡养殖基地，年出栏5000只以上的养殖肉鸡大户220户，2016年年末家禽存栏103260只，牛存栏156头，羊存栏7196头，兔存栏17892只，禽蛋产量219吨，年出栏肉鸭520万只。

【农田水利建设】 年内，朔里镇疏浚大沟2条（葛洼沟、朱楼南北沟）长2.9千米，在龙支沟新建大沟桥1座，在葛洼沟新建小沟桥6座，机电井修复40眼（徐楼村20眼、沈集村20眼），修复节制闸2座（葛洼闸、龙支沟闸），坑塘水土保持面积1980平方米。工程竣工后有效的提升灌溉条件，降低涝渍灾害的发生。

【项目建设】 全镇12个重点项目累计实现投资4.2亿元，完成总投资额的104%。其中，皖能液化气加注站项目、中心水厂管网项目、斯瑞普橡塑制品项目建成投产，朔里镇朔南棚户区改造项目，一期安置点附属物清理结束，用地手续已经省政府批准，已经进场施工。农贸市场项目，已开工建设。做好高铁新区规划4条道路土地征收工作，建设路和紫昱路基坑及施工道路土地征收完成，具备进场条件。

【村镇建设】 2016年朔里镇加快推进基础设施建设，投资136万元的葛塘、坡里、沈集、朔北4个村4.59公里的道路畅通工程，已建成通车。争取省住建厅专项资金，组织实施蔡祖路排水渠工程。在全区率先完成棚户区签约任务，签订协议1139户，完成下达任务的107.4%，一期安置房土地挂牌出让。按照序时进度推进美丽乡村建设，纳入镇区整治的6个工程已经基本完工，东方朔广场、街头游园初具雏形，镇区整体形象得到较大改善；段庄、葛塘2个中心村所有建设内容基本完工，“段庄飘香”“秀美葛塘”的特色乡村风貌进一步彰显。

【群众体育】 2016年，朔里镇新增晨晚练点6处（徐楼刘屯，徐楼岳常庄，矬楼村部广场，段庄村北段庄，朔南社区朔东、朔西），组织参加三级社会指导员和群众文化辅导员培训人员20人，二级社会体育指导员6人，一级社会体育指导员1人。

【社会事业】 2016年，朔里镇发放低保金、五保供养金、医疗救助金等各类资金1394.39万元，惠及5718人；开办技能培训班5期，培训学员333人；办理就业失业登记证264人、就业实名认证259人，累计新增就业1600人；城镇居民养老保险新参保320人、续保6778人；城镇居民医疗保险新参保385人，续保10738人；新农合参合19553人；被征地农民养老保险参保3285人。深入开展精准扶贫，309户558人实现脱贫。落实“村（居）为主”工作机制和计生专干管理和绩效考核，兑现利益导向各类优惠政策资金68.63万元，落实免费孕前优生健康检查313对。

【参与文明创建】 年内，朔里镇实施集贸市场改造等文明创建惠民项目，全面实行城乡环卫一体化运作模式。全年拆除违章建筑1.3万平方米。建立健全农村三结合的卫生保洁工作机制。开展“我们的节日”、道德讲堂、志愿服务、“好媳妇好婆婆”评选等活动，常态创建机制初步形成。创新农村党员干部义务奉献日、低保户包段包片和专职队伍三结合的卫生保洁机制，引进两家保洁公司实行市场化运作；推行网格化管理，包保到人，强化督查监管；按照“户收集、村集中、镇运输”模式，规范垃圾处理，全年完成生活垃圾无害化处理1万余吨，日均32.7吨。申报约650亩的工矿废弃地、增减挂钩和补充耕地项目，已进入招标阶段。完成2家餐饮业油烟整治任务，改造燃煤锅炉2处，依法取缔违规排放企业1家，限期整改企业5家。依法取缔龙河、岱河河道内非法水产养殖5处，累计打捞垃圾3吨，辖区居民生活环境得到改善。

（张梦琪）

石台镇

位于淮北市东部，东部、北部与萧县永堌、龙城两镇毗邻，西、南部与杜集区朔里镇、矿山集街道相连，总面积51.33平方公里。下辖7个村（社区），约5万人。

2016年，石台镇完成地方财政收入1080万元，固定资产投资20.91亿元，限额以上社会消费品零售总额52518万元。完成规模以上工业企业总产值14.53亿元，同比增长9.08%；实现工业增加值3.61亿元，同比增长13.5%。实际利用市外资金10.6亿元，利用外资1650万美元，新增规模以上工业企业完成4家，新增限额以上商贸流通企业1家。

石台镇石台村土地流转承包户种植新型瓜种

【招商引资】 强化责任，建立招商引资目标管理责任制，开展全员招商。全年完成规模项目固定资产投资4.1亿元，占年任务的102%；完成全年任务的100.7%。完成贝仕达电子科技、雪飞制衣、新威纺织招商引资申报认定企业3家；完成盘活休克企业3家。

【项目建设】 市重点工程口子产业园项目1510亩土地的征收、补偿、拆迁工作全部完成，场地平整、围墙、基础设施基本完成，制曲车间、酿造车间全面开工；贝仕达电子一期建成，二期已部分投产，带动就业约200人；万锦颐养中心开工建设，淮北市科目二考试中心项目已启动建设。龙腾休闲度假村项目逐步完善规划设计，天路通用机场项目编制概念性规划。

【农业发展】 年内，全镇农村土地确权总面积27247.91亩，确权总户数7050户，发证6913户，发证率98.06%。培育淮北市锦川牧业有限公司、淮北市红硕园艺农民专业合作社两家农业产业化龙头企业，生产形势稳定，西瓜和花菜等优势农产品取得良好经济效益。调整优化产业结构，蔬菜、瓜果等高效特色农业基本形成，1000多亩果园获得丰收。粮食总产量实现1.6万吨。梧桐山育之宝柏籽鸡被评为有机农产品。实施森林增长工程，造林200亩，2016年被授予“安徽省森林城镇”称号。

【扶贫工作】 按照精准扶贫、精准脱贫的要求，石台镇因人施策、因户施策，从产业发展、危房改造、医疗救助、教育帮扶、社保托底等方面，制定帮扶脱贫措施。推进扶贫项目的落实，并按照程序规范使用扶贫资金，291户、601人贫困人口如期脱贫，实现“两不愁，三保障”（稳定实现扶贫对象不愁吃、不愁穿，保障其义务教育、基本医疗和住房）。申报的刘洼湖6100亩高标准农田治理项目获省市批准。

【城镇基础设施建设】 年内，石台镇加强基础设施建设。实施道路网格化工程。累计投入818万元用于道路路网建设，新建道路总里程达10.53公里；累计投入640万元用于完善城镇公共设施建设。真棒超市和紫金城广场建设街区两处小品景观已完成。农贸市场升级改造工程在建设中。市政供水管网和燃气管道铺设到镇区。美丽乡村建设完成镇区整治规划、黄庄中心村规划和污水管网规划。建设黄庄新村改厕、绿化、房屋外立面整治、雨污分流打造工程，各项工程进展有序。加快棚户区改造，争取国开行贷款4.85亿元和专项资金2000万元，计划改造1236户（套），已完成全部前期工作，安置房用地已摘牌。

【惠民政策落实】 2016年，石台镇有优抚人员217人，共发放优抚资金77908.5元。城乡医疗临时救助81人、179164元，大病救助12人、61847元。全镇参合人数17818人，筹集参合款213.816万元。争取资金救助“两癌”（宫颈癌、乳腺癌）患者和贫困妇女。贫困重度残疾人生活特别救助532人、34.9万元。开展计划生育专项清理和服务工作，清理新婚漏报55例，出生漏报33例；开展流动人口均等化服务工作，为46名流入人口开展服务102次。做好就业促进和社会保障工作，新增城镇就业1500人，新增农村劳动力转移就业724人，办理农民工技能培训8期，完成就业技能培训425人。完成城乡居民养老保险10050人。完成国土资源动态巡查100余次，发现制止违法用地12起，拆除违章建筑物19户，面积约为4111平方米。

【安全生产监管】 石台镇实行安全生产“一票否决”，加强安全生产执法检查，开展液化气、建筑施工、加油加气站、消防安全检查、非煤矿山非法开采等安全专项检查12次，共查处大小隐患40余处，得到有效整改和控制。开展打非治违工作，年内共开展工贸企业安全生产专项检查4次、28家，查处各类安全隐患18起，督促整改18起，坚决杜绝各类重特大安全事故的发生。

段园镇

段园镇地处苏皖两省、徐州淮北萧县三（市）县结合部，西距萧县高铁北站5公里，东距徐州市中心15公里，徐州观音国际机场30公里，连云港港口236公里。比邻连霍、合徐高速公路出入口，311国道、301省道、徐阜铁路穿境而过，交通便捷，素有“安徽北大门”之称。2016年，面积43平方公里，辖7个行政村、4个煤矿企业社区，总人口63187人、22610户。

【工业经济】 2016年，段园镇实现固定资产投资33.1亿元，同比增长10.08%；规模以上工业企业增加值8.99亿元，同比增长14.08%；新增规模以上工业企业4家，分别为淮北汉晟门业有限责任公司、淮北汇润塑业有限公司、淮北金鑫电动车有限公司、安徽建联木业有限公司；战略性新兴产业实现产值18.78亿元，同比增长15.01%；社会消费品零售总额完成5.58亿元，同比增长12.5%；地方财政收入完成1474万元；规模项目固定资产投资完成5.1亿元，新认定5亿元以上规模项目飞地葡萄产业园；新增限额以上商贸流通大个体户1家淮北市段园镇汪家羊肉馆。2016年，被省政府列为安徽省第五批产业集群专业镇。

8月9日，时任市长黄晓武出席第三届段园葡萄采摘节

【招商引资工作】 2016年，段园镇共签约项目8个，新增项目备案20家。重点推进投资6.82亿元的段园特色葡萄小镇项目、投资1.5亿元的厦门中诚达生物科技项目、投资2.2亿元的徐州三野制冷项目和投资2.3亿元的远红外温热健康项目。全年引进内资13.3亿元，完成年任务的102.3%；外资1660万美元，完成年任务的101.2%；实际利用省外资金完成12.6亿元，招商引资工作连续4年位居杜集区第一。

【工业集中区建设】 2016年，园区被列入杜集区督查重点的工业项目13个，完成投资12.83亿元，占年计划投资的114.7%。续建项目5个，中联机械、金鑫电动车、力诺光伏电站3个项目竣工，建联木业、常熟标准件厂开工建设。做好800千伏晋南至南京输电线路的征地拆迁工作以及符夹线扩能改造工作。至2016年年底，园区入驻工业项目企业70余家，规模以上工业企业28家。

【现代农业】 2016年，段园镇深化农业产业结构调整，大力发展现代农业，突出抓好特色葡萄乡村旅游产业发展。重点培育农业产业化龙头企业“甲级队”，推动农产品加工业由初级加工向精深化加工转型升级，规模以上农产品加工产值同比增长8%。进一步引导群众依托葡萄产业优势，抓特色、提产量、增面积，葡萄品质提升工程加速推进，产业链条逐步延长。大力发展棚膜经济，建设精品大棚200亩，在大庄村、袁庄村、欧集村建设葡萄避雨栽培、套袋技术1000余亩，引进泽山一号等10余个葡萄新品种。全镇农村土地确权登记工作全部完成，7个行政村农户全部实现领证；实施千万亩森林增长工程，因地制宜地推进村庄田园化、庭院花园化、社区园林化、城镇森林化。加快土地流转步伐，培育家庭农场，全面推行标准化生产，提升农产品质量。

【第三届段园葡萄采摘节】 8月9日，淮北市第三届段园葡萄采摘节在段园镇开幕。采摘节以“繁荣葡萄文化、建设精致淮北”为主题，节会期间，举办葡萄王大赛、书画摄影展、精品葡萄园采摘等活动，吸引徐州、宿州、永城等周边游客近万人。是月，段园镇大庄村葡萄酒窖建成面向游客开放，成为外地游客品尝段园葡萄、品味葡萄文化和感受精致淮北独特魅力一扇新的窗口。

【文明创建工作】 2016年，段园镇成为全市文明创建率先达标的两个乡镇之一。通过公益广告、专栏标语等方式，开展社会主义核心价值观、中国梦等系列宣传活动。开展“五好文明户”及各类道德模范评选活动，在全镇形成人人学习模范、人人争当模范的良好社会氛围。以城镇卫生清洁工程、城镇绿化工程、规范市场经营等工作为重点，开展大环境综合整治工作。对辖区内重点地区的道路路面进行重新硬化，13条近18公里道路升级改造，道路交通环境显著改观。

【美丽乡村建设】 段园镇有大庄、牛眠、北陈、毛庄4个美丽乡村示范点。2016年，投资1690万元，重点打造牛眠新村、镇政府驻地建成区、毛庄村、北陈村等4个村庄的48个项目。高起点编制《毛庄美丽乡村建设总体规划》《北陈美丽乡村建设总体规划》等，在原有旧村的基础上，进行适宜改造。投资370万元的镇政府驻地建成区、投资415万元的毛庄中心村、投资475万元的北陈中心村、投资430万元的牛眠中心村改造完工。道路硬化及铺设柏油路面共计12公里，安装太阳能路灯90盏，修建下水道14公里，修建花坛、打造绿地面积约1.2万平方米，修建健身广场3处，新建水冲厕所3座，户改厕完成365户。对村庄周边环境进行集中整治，拆除乱搭乱建，粉刷房屋外墙，新建毛庄村、祁村、北陈村服务大厅，安装视频监控。镇政府驻地及3个中心村脏、乱、差现象得到改观，人居环境显著改善。

【脱贫攻坚】 2016年年初，段园镇开展摸底大走访活动，各包村领导、包村干部下村入户核查贫困户基本情况，填写《贫困户基本信息采集表》，确定贫困户名单，共262户、428人。针对有劳动能力和劳动需求的贫困户，通过采购合格本地山羊、危房改造、大病救助、购买残疾人轮椅、购买肥料等帮扶措施，开展种植、养殖等产业扶持，全年完成脱贫184户、301人。

【改善民生】 2016年，段园镇发放7000多万元“惠民红包”，倾力促进民生改善，力争放大惠民效应，让更多发展成果惠泽民众。就业技能培训600人，新增就业1500人。城镇居民基本医疗保险参保总人数1.42万人，参保率96%；城镇居民基本养老保险参保人数1.64万人，参保率99.44%。农村低保帮扶60户、97人，发放资金27120元；城市低保帮扶282户、408人，发放资金143781元；完成困难残疾人生活特别救助603人，发放重度残疾人护理补贴598人；组织11名脑瘫残疾儿童参加康复训练项目，并为精神病残疾人成功申报精神病药物补贴66人、6600元。救助孤儿12人，按照每人每月600元打卡发放。推进农村危房改造任务，7户农村危房户喜迁新居。段园镇敬老院被评定为二星级敬老院，有五保户39人，其中分散供养3人，集中供养36人；集中供养每年6000元/人，分散供养每年2400元/人。全年开展送电影下乡活动共计84场次、“送戏进万村”4场次，提升了群众的精神文化生活。

（孙祥逊）

烈山区

烈山区位于淮北市主城区南部，素有淮北市门户区和南大门之称，总面积388平方公里，人口38万人。全区辖烈山、宋疃、古饶3镇和杨庄、临海童、百善、任楼4个街道办事处，1个经济开发区。76平方公里的淮北经济开发区新区和40平方公里东部新城区均在境内。

烈山区是中国土地复垦示范区、开放性农业示范区、可持续发展实验区、全国经济林产业示范百强县（区）、全国六大石榴基地、中国软籽石榴基地、全国农业旅游示范区。

【中国共产党烈山区第七次代表大会召开】 6月24—25日，中国共产党烈山区第七次代表大会召开。大会应到代表259名，实到代表258名。大会以无记名投票方式选举产生新一届区委委员、候补委员，区纪委委员和烈山区出席市第八次党代会代表。大会以举手表决方式，一致通过《中国共产党淮北市烈山区第七次代表大会关于六届区委工作报告的决议》《中国共产党淮北市烈山区第七次代表大会关于六届区纪委工作报告的决议》。25日，烈山区委七届一次会议选举胡百平为书记，岳军芝、周无事为副书记。

【经济运行平稳有序】 2016年，烈山区实现地区生产总值78.9亿元，规模以上工业增加值41亿元，固定资产投资完成90.5亿元，同比降幅分别为8个百分点、21个百分点和35个百分点；社会消费品零售总额完成28亿元，同比增长11.3%；地方财政收入完成30113万元，城镇居民可支配收入25798元，农村居民可支配收入10744元。

【优化产业结构】 烈山区全面落实供给侧结构性改革，全面实施“调转促”（调结构转方式促升级），着力培育壮大金龙电子、金龙光电触摸模组、新骏电子等电子信息产业，完成战略性新兴产业增加值3.8亿元；加快推进电力项目建设，总投资54亿元的平山电厂二期135万千瓦新型高效发电机组开工建设；装备制造、纺织服装、食品工业等传统产业趋稳向好，完成工业技改投资19亿元。商贸物流强势推进，国购汽车文化园一期建成使用，传化公路港物流投产试运行，青龙山铁路“无水港”项目加快建设，外贸出口6150万美元。电子商务加快发展，宝创电子商务创业产业园获“安徽省青年创业园”称号，培育电子商务企业及配套企业16家。旅游产业加速壮大，四季榴园AAAA级景区品质不断提升，南湖湿地公园景区建成使用，乡村旅游景点日益兴起。优势果蔬产业规模不断扩大，规范流转耕地面积3375亩，榴园省级现代农业示范区质量持续提升，古饶现代农业示范区建设稳步推进，成功培育市级示范合作社12家，市级家庭农场9家，规模以上农产品加工产值达41.2亿元。

【推进项目建设】 烈山区全力服务市重点工程建设环境，做好淮北市一中新校区、市人民医院东院区、平山电厂二期、梧桐中路、孟山南路等市重点工程施工环境保障。完成房屋征收面积110万平方米。建立和完善项目建设推进机制，落实县级领导干部包保、督查重大项目等工作举措，全年排定市重点项目58个，项目总投资394.24亿元，年度计划投资36.46亿元，完成投资40.1亿元，国购汽车文化园、格力电器物流等19个续建项目积极推进，淮北华翊文创科教城、园中园孵化器等16个新开工项目加快建设。新增宸宇汽车等规模工业企业15家。新增私营企业413户、个体工商户910户，分别完成年度目标的137%、151%。

【深化各项改革】 年内，烈山区推动“放管服”（简政放权、放管结合、优化服务），取消行政权力事项70项，行政审批事项精简到47项，完善三级政府权力清单平台建设。推行“互联网＋政务服务”，运用电子政务、电子招标和网上办事等平台办结事项3092件。稳步推动财税金融体制改革，推进“4321”政银担风险分担机制，政银担体系在保合作业务达49户、2.12亿元，南方气体、中威矿山等7家企业在“四板”成功挂牌。做好农村综合改革试点工作，巩固农村土地承包经营权确权颁证试点成果，推进蒋疃村农村集体产权改革试点，建立健全农村集体“三资”管理运营新机制。实行公务用车制度改革，公务用车全部纳入平台化管理运作。统筹推进教育、医疗、文化等重点领域改革。

【强力推进招商引资】 2016年，烈山区成立11个招商团，加大精准招商力度，瞄准电子信息、商贸物流、文化旅游等主导产业大招商、招大商。全年新签约项目26个，完成省外资金66亿元，规模项目完成固定资产投资20亿元，新增5亿元以上重大项目3个，备案项目216个，7项清单全部编制完成。淮北圣爱榴园、金龙AG玻璃等项目签约。

【园区建设】 烈山区完善园区基础配套设施，开展新蔡、刘庄等园区提升和改造工程，5平方公里“园中园”承载能力进一步提升。实施青龙山现代物流园基础设施建设，加快园区转型升级，启动青龙山现代物流园配套服务中心建设。中小企业孵化器入驻企业11家。制定园区企业评级考核评价方案，摸排处置僵尸企业，督促企业对低效利用土地增加投资，收回3家企业闲置土地190亩。优化企业帮办服务，通过“税融通”“4321”政银担体系等方式帮助企业融资近3亿元，搭建劳动用工平台，帮助解决企业用工500余人。

【文明创建工作】 烈山区落实文明城市创建工作三年行动计划，争创安徽省文明城区和未成年人思想道德先进城区，开展“行走烈山”督查活动，创新文明创建“积分制”考核办法，开展硬化美化亮化净化行动，全面完成工人村大街整治、乡镇周边环境整治等18个文明创建年度重点工程，重点实施老旧小区改造、农贸市场规范化管理等32个区域整治提升项目。2016年，烈山区被评为全省农村社区建设示范区，涌现出区级以上道德典型和好人129人，开展各类志愿服务活动2.2万人次。

【棚户区改造】 2016年，烈山区成立包保工作组和棚改自治委员会，棚改工作高效有序公平推进，全年实施棚改项目17个，拆迁面积260万平方米，争取棚改资金25亿元，货币化安置10675户，货币化安置率100%。采取“限房价，竞地价”的模式进行政府回购安置房建设，华家山小区、凤凰花园等6个回购安置房开发建设方案已制定完成。

【美丽乡村建设】 年内，烈山区完善村庄建设规划，全面推进镇政府所在地、中心村建设和自然村环境整治，烈山镇列入整镇推进试点镇，宋疃镇政府驻地建成区完成建设，半峭、黄营等6个中心村建设不断完善，榴园、蒋疃、赵集等示范点辐射带动效应凸显，美丽乡村建设正由“以点为主”向“由点带面”转化，镇、村人居环境大幅提升，在全国25个美丽乡村建设标准化试点中率先通过国家验收。

【生态环境建设】 烈山区加大大气污染治理力度，推进“四治”攻坚行动，取缔非法炼焦场12家，关停11台工业锅炉，全年秸秆禁烧工作实现“零火点”，PM10降至达标值。推进水环境综合整治，开展小型水利工程改造提升工程，完成雷河大堤、化（华）家湖中心岛美化工程，全区饮用水达标率始终保持100%。开展“三线三边”环境整治，完成千万亩森林增长工程2000亩，全区森林覆盖率、林木绿化率分别达到33.68%、42%。严厉打击非法开采行为，共拆除非法加工场（点）46家，立案查处15宗，下达处罚决定书10份，移送司法机关5件，非法加工场（点）基本取缔到位。

【民生保障】 烈山区加大民生投入力度，落实30项民生工程，2016年共投入民生工程资金15.7亿元。城乡居民养老保险和城镇居民医疗保险参保人数分别达到8.9万人和6.35万人，全年支付城乡居民医疗救助金和低保金达523万元、3479万元。推进创业富民工程，完成就业技能培训6007人，新增就业8082人，转移农村劳动力就业2824人，城镇登记失业率控制在4.2%以内。保障性安居工程建设进展有序，在建保障性住房5369套，分配公租房324套，发放廉租住房补贴49.5万元。开展脱贫攻坚，严格落实责任，多措并举，全年实现脱贫人口1192人，完成年度脱贫任务。

【社会事业】 年内，完成烈山区教育“十三五”规划编制，义务教育均衡化高位推进，累计投入1333万元用于加强学校基础设施建设。文体事业繁荣活跃，区文化馆、区图书馆、石榴博物馆免费开放，举办第七届石榴文化旅游节，组织各类文体活动413场次。新改建村卫生室7个，公共卫生服务水平持续提升。深化食品安全网格化监管，群众饮食安全得到有效保证。完成发明专利申请179件，授权37件。

【基层党建工作】 烈山区从严落实基层党建工作责任制，坚持“书记抓、抓书记”，建立三级党组织书记抓基层党建问题“三清单”，全面完成8个“书记领办项目”。执行村居干部集中办公、坐班值班、全程代办等制度，完成4个软弱涣散基层党组织整顿工作。落实基层党建保障工程三年行动计划，全年共拨付村级组织基本运转经费159万元，发放村干部基本报酬563.89万元，提升5个集体经济5万元以下村，完成6个集体经济空白村转化。创新党员学习教育载体，结合“两学一做”学习教育创设的“草根宣讲团”“车间微课堂”“村民论坛”等特色做法被《安徽新闻联播》多次宣传推介。

（张　涛）

附：烈山区镇、街道办事处简介

烈山镇

烈山镇地处淮北市东部新城区，东邻宿州市，南接宋疃镇，北靠相山区、杜集区，西连濉溪县。总面积118平方公里，辖14个村（社区），总人口7.8万。全市重点旅游景区两山两湖（塔山、龙脊山，南湖、化家湖）、明清石榴园、塔山“四季榴园” 景区坐落境内。

【镇域经济实力稳步提升】 2016年，烈山镇引进亿元以上项目1个（平山电厂灰场），完成储备项目15个，其中5亿元以上项目1个，完成招商引资规模项目固定资产投资5亿元。工业经济实现预期目标。完成规模工业总产值32亿元，固定资产投资32亿元，其中工业投资2.5亿元，新增规模以上服务业4家。一批农业经济合作社、家庭农场、土地流转大户等经济实体逐渐发展壮大，生产经营能力提高，转型发展初见成效。财政税收实现突破，完成财政税收4900多万元。

【重点项目建设】 年内，烈山镇落实项目包保责任制，全力完成拆迁征地任务，确保重点项目如期落地。高标准完成297户民房和25家企业的征收，促成梧桐中路如期开工；按时交付净地，为市一中新校区、人民医院东院区、淮北文创科教城等项目创造开工先决条件。新湖路、望湖路等其他8条道路的征收工作基本完成，确保烈山水厂、平山电厂灰场、中湖治理、“两山治理”、金龙电子光电触摸模组等重大项目按时开工建设。

【城乡统筹发展】 烈山镇推进棚户区改造工作。8名班子成员牵头，抽调精干力量，成立8支专职队伍，同时启动14个棚改项目的征收工作。9686户棚改征收任务完成5000多户，超过50%，其中土型、凤凰两社区共完成3000多户，完成任务的90%。至12月月底，棚改征收任务基本完成。美丽乡村建设进一步提标扩面。巩固提升榴园、华家新村、蒋疃村的建设成果，村容村貌常态保持整洁，村民素质提高。全面启动南庄村美丽乡村建设，水冲公厕、风貌改造、道路硬化、环境整治等四项工程全面完成。

【文明创建】 年内，烈山镇投资100多万元，对镇政府周边环境进行彻底改造，涂白沿街墙体，修复破损路面，画设路面标志，整理过路杆线，更换统一门头广告，增设统一制式的公益广告，重新铺设院内的沥青路面，修复办公大楼，镇政府周边面貌焕然一新。坚持山场治理不手软，盗采山石、非法加工石料杜绝，坚决关停煤场等非法污料堆物，监管施工现场，扬尘现象得到有效遏制，秸秆禁烧连年零火点，大气质量明显好转。强化对农村清洁工程的监督考核，城乡面貌保持常态化整洁美观。志愿者服务持续深入开展，居民素质明显提高。

【社会保障】 年内，烈山镇119户贫困户276名贫困人口全部纳入帮扶计划，包保到人，制定精准帮扶措施，针对贫困户具体情况通过产业扶贫、医疗救助、教育帮扶、危房改造、政府兜底等途径帮助脱贫，全镇累计发放扶贫资金50多万元。全镇城乡居民养老保险参保率达到95%以上，新农合参保率达到98%以上，发放农村低保金326万元，城镇低保金1378万元，五保供养金84万元，贫困残疾人补贴65万元，保障低收入人群的基本生活。

宋疃镇

宋疃镇位于烈山区东南部，东部、南部以山为界与宿州市毗邻，西与古饶镇隔濉河相望，北与烈山镇以合徐高速出入口相连，合徐高速公路、101省道、新东外环路、符夹铁路、濉河航道穿境而过，合徐高速公路入口、董圩水运码头坐落境内。全镇下辖6个行政村、7个居委会，106个自然村，总人口7.2万人，总面积101.8平方公里。

2016年，实现财政收入2424万元；实现固定资产投资10.35亿元，其中工业投资完成4.02亿元；新增规模以上企业2家；实现规模工业总产值22.3亿元；新增限额以上商贸流通企业2家；新增私企59家，新增工商户368户；成功申报黄营灵枣国家地理标志产品。

【项目建设】 年内，传化物流园建成投产，符夹线扩能改造配套取料场治理工程建设完工，淮萧客车联络线石料开采道砟料场建设完成；缘山小区二期主体竣工，省道254（古毛路）工程土地及地面附属物征收清点工作、省道101土地及附属物清点工作全部完成。

【“三农”工作】 2016年，宋疃镇粮食产量3.4万吨，农民人均纯收入增长12%，森林增长工程新建经济林560亩，完成义务植树26万株，四旁植树32万株，全面完成区下达的森林增长工程及创建全国绿化模范城市任务，农村土地承包经营权确权登记颁证工作全面完成。全镇脱贫166户、430人，脱贫人口达到91%，完成80%的脱贫目标任务。农产品确保质量安全，重大动物疫病免疫率100%。完成10户农村困难家庭危房改造。

【民生保障】 年内，宋疃镇通过项目资金投入和“一事一议”财政奖补工程，投资865万元，建设乡村道路22公里；投资250万元，安装路灯746盏。推进镇域城乡居民养老保险工作，续保率达到100%；加强就业和社会保障工作，城镇居民收入增长8%。全镇有农村低保对象645户、1159人，发放补助资金323万元。全面推进素质教育和农村义务教育经费保障机制等政策，完成控辍保学（即控制学生流失数量，保证在校生数量）任务。

【维稳工作】 2016年，宋疃镇共调处和化解矛盾22起，辖区内社会大局总体稳定；处理信访件218件，其中通过安徽省信访信息系统转来173件，全部办结，按期办结率100%；来访接待45件，全部协调处理。

【文明创建工作】 宋疃镇开展环境整治、拆违控违、志愿活动等工作，共投放宣传展板125块，宣传标语306幅，出动800多人次参加各类公益性活动，文明创建深入人心。开展“三边三线”整治工作，涂白墙面4万平方米，清理4大堆736车垃圾。

【美丽乡村建设】 年内，宋疃镇认真落实美丽乡村建设任务。和村共计22个项目，完成投资800万元；镇政府驻地建成区5个项目，投入300万元；费寨村、黄营村市级示范村建设顺利实施，每个村3个项目，各投入100万元。

【资源保护】 宋疃镇强化动态国土资源巡查，规范用地管理。推进非法采石整顿工作，2016年开展山场巡查200余次，发现并制止非法采石70余次，暂扣施工机械36台次，暂扣打孔机2台次、发电车1辆、钻杆60余根，拆除非法石料厂17家，辖区内非法采石得到有效遏制。

【安全生产监管】 宋疃镇深刻吸取“12·26”事故教训，牢固树立“红线”意识和“底线”思维，时刻绷紧安全生产这根弦，不断加大监管力度。2016年，开展安全检查170次，下发责令改正书165份，查出安全隐患550条，对检查中发现的安全隐患，及时下达限期整改通知书，消除安全隐患。

古饶镇

古饶镇地处烈山区南部，东与宋疃镇为邻，东南与宿州市埇桥区汴河镇接壤，南部、西部与濉溪县四铺镇相连，北接烈山镇。总面积156平方公里。下辖山西、王店、草庙、秦楼、太山、南园、张庄、双河、谷山、大何、山南、山北、刁山13个村和半峭、殷楼、新村、赵楼、况楼、平山、赵集、土山8个居委会。

2016年，古饶镇完成工业总产值14.4亿元，工业增加值3.61亿元，固定资产投资13.58亿元，工业投资0.5亿元，实现财政收入0.396亿元，城镇居民可支配收入14297元。

【项目建设】 年内，赵集第十批次工矿废弃地治理项目有序推进；第三、第四、第五批次工矿废弃地治理和刁山敬老院建设等项目全面完成；草庙村3000余亩基本农田再提高项目竣工验收；古四路、刘濉路、村道畅通工程和7个村居“一事一议”道路建成通车。

【农业生产】 2016年，古饶镇实施半峭、草庙两个现代农业综合配套治理片项目；开展小型水利改造提升工程，修建赵集东顺山沟护坡0.85千米，新打机井50眼、维修100眼，新建大沟桥3座、中沟桥6座、小沟桥12座和新北沱河排涝站1座。实现新增流转土地2000亩；推进省道235道路两侧和新北沱河等重点区域森林增长工程1646亩；完成18个村（居）12.3244万亩耕地土地确权登记颁证工作。王引河、新北沱河两大农业产业带、古赵路西段现代农业科技示范园和东段规模养殖示范园两大农业产业园加速形成；发展各类新型农业经营主体11家，助推全镇传统农业向现代农业转变进程。

【镇村环境治理】 年内，全镇区域卫生保洁市场化运作长效机制全面确立，做到保洁全天候、无盲区。拓宽畅通24.9公里部分村居重点干道，道路通行能力大大提升。全市美丽乡村赵集社区示范点建设推进，公共服务和基础设施提升完善。初步形成以晚秋黄梨为“一村一品”主导产业。半峭、新村两个镇政府周边社区美丽乡镇建设全面启动，实施洁化、绿化、硬化、美化工作。高标准绿化矿东路、镇前路。村居、集镇落实管理巡查网格化，村容集貌建设和管理实现有序、规范。

【社会保障】 年内，古饶镇实现城镇新增、下岗失业、农村劳动力转移等就业目标；及时足额发放农村低保优抚、五保供养、大病救助、残疾人生活补贴、计生奖励扶助等惠民资金；城乡居民养老保险、城镇居民医疗保险实现全覆盖，新型农村合作医疗覆盖面达98%以上。按照精准识别、一户一策的原则，开展精准扶贫工作，有贫困户152户、259人。创新社会管理，发挥村（居）群众工作站、说事室、调委会在社会服务管理中的作用，有效化解部分信访积案。

杨庄街道办事处

杨庄街道位于烈山主城区，东接烈山镇，西邻濉溪县，南连古饶镇，北靠相山区，是烈山区最大的街道办事处。面积18平方公里，辖7个社区（其中，直管“村改居”社区3个，代管企业社区4个），常住人口5.2万人。

2016年，杨庄街道完成地方财政收入2205万元，新增规模工业企业2家、规模服务业1家、商贸业4家；固定资产投资完成11.8亿元；工业技改投资完成2.23亿元；规模工业总产值完成7.3亿元；规模工业增加值完成1.9亿元。

【招商引资】 年内，组织招商小组赴南京、溧阳、无锡、泉州、厦门等地学习考察、开展招商活动；利用市第七届石榴文化旅游节的机会，邀请外商前来洽谈投资。全年内资完成10亿元；淮北红日服饰有限公司、南湖雅苑大型超市2个规模项目申报成功；规模项目固定资产总投资0.54亿元，占目标任务的27.4%；储备规模项目10个，其中5亿元项目1个；实际利用外商直接投资完成1800万美元。

【城乡基础设施建设】 年内，办事处全力推进杨庄矿一二三居、工人村菜市场、小吃一条街、公共厕所等硬件设施升级改造；做好孟山南路、淮水北调、青龙山无水港等市政重点项目征地拆迁和杨庄五居棚户区改造工作；利用“一事一议”财政奖补资金，实施黄桥社区道路、太阳能路灯项目建设，城乡基础设施完善。

【社会保障】 年内，阳光就业完成1120人，占全年目标任务的124.4%；就业技能培训完成400人，提前完成全年目标任务；新型农村合作医疗完成2995人，参保金额35.4万元；计生特别扶助、奖励扶助分别完成24人和7人，发放特扶资金93720元、奖扶资金5280元；城乡居民养老保险完成1186人；城乡居民医疗保险完成14401人；向723户低保户发放低保金4236870元，发放生活困难补助125449元、医疗救助170217元；重度残疾人救助、贫困精神病人药物补助分别完成321人和64人，重度残疾人护理补贴完成152人。

【文明创建】 年内，街道办全员参与文明创建工作，实行网络化管理和领导包保责任制。有序实施杨庄矿中心社区部分居民小区、工人村菜市场、公厕、杨庄矿体育广场等硬件设施提升改造工程，开展市容市貌、环境卫生、市场环境、文化环境、窗口服务等全方位整治，重点整治工人村菜市场、小吃一条街、临时果蔬市场、一实小门前路等占道经营、乱设摊点现象。以市民学校、道德讲堂、青少年宫等为阵地，加强对机关人员、辖区居民及青少年的文明礼仪、社会主义核心价值观教育，群众的文明素质、道德水平明显提高。

（吕文峰）

临海童街道办事处

临海童街道地处濉溪县韩村镇西，临涣矿北门，南临五沟镇，北靠祁集。1996年2月设立，辖临涣社区、童亭社区、海孜社区、临选厂社区。

【文明城市创建】 办事处建立健全监督考核机制，成立由党委书记任组长、其他班子成员任成员的领导小组，对4个社区的文明创建工作实行包保责任制。工作中，既做到分片分工负责，又做到相互协作配合，文明创建工作稳步推进。营造创建氛围，投入资金安装各类宣传板牌，确保抬头见宣传的浓厚氛围。打造社区文化宣传长廊工程，打造党建文化进楼道宣传阵地，主动作为解决创建工作难题，志愿服务活动被烈山区和淮北市推为星级服务团队。

【社会事业】 年内，办事处做好育龄妇女“三查一治”疾病、新增二孩生育指标发放、计生户优抚政策落实等计划生育工作，受到居民的好评。孕前检查达到100%，期内避孕率达100%，办证率达100%，发放独生子女保健费40475元，发放困难家庭救助金5000元，特别扶助对象14人，特别扶助金57120元，大学生救助3人，发放救助金6000元。加大走访和调查力度，对各类申报对象进行严格把关，按要求和程序办理，街道共有低保户138户、284人，做到应保尽保，无人情保、关系保。有28户、56人享受廉租房补贴，每季度发放补贴21744元；26户申请公租房，已有20户成功申请。14人享受伤残军人优抚补贴，每季度发放44462.5元。医疗救助临时救助5人，共计14000元；医疗救助11人，救助金额61952元；164人享受护理补贴，共发放9840元。3名孤儿每月共计发放1800元。残疾人救助对象70人，发放救助金73600元，其他救助金累计发放20640元。城镇医疗保险已办8575人，养老保险续保办理322人。

百善街道办事处

百善街道位于皖北煤电百善煤矿工人村内，东、西邻姚乡，南邻百善镇，北临姬乡。1996年3月设立。下辖南村、北村2个社区居委会。总面积21.5平方公里，辖区总人口1.7万余人。

【文明创建工作】 办事处结合辖区实际，建立健全文明创建台账数据，对创建任务实行划片包干，分片督查，责任到人，确保辖区创建不留死角。重点整治张贴小广告、出店经营、车辆乱停乱放、乱拉乱建等突出问题。年内，共制作大小宣传板牌400余块，发放调查问卷1000份，发放宣传手册500本，提高广大居民参与的热情。全年开展各类学雷锋志愿服务活动、便民活动30余次，道德讲堂宣讲12次，逐步将文明创建推向常态化。开展双拥工作，进一步加强军民团结、社会和谐，成立“双拥”工作领导小组、制定工作计划并开展“八一”拥军爱民活动、慰问伤残军人，拥军爱民活动宣讲等。2016年，慰问辖区9户伤残军人。

【计划生育工作】 年内，街道办与6个属地单位及社区签订《目标责任书》，确保计生管理责任落实到位。出台一系列便民、利民的服务制度，提升计划生育服务的规范性。利用有线电视、标语、宣传画等多种途径，开展宣传教育活动，发放计生宣传手册2000余本，开展宣传宣讲活动12次，扩大计划生育政策知晓率。与社区卫生服务站联合开展卫生健康知识讲座、免费为辖区老年人体检，慰问辖区失独家庭4户，开展家庭医生签约服务。

【民生保障】 年内，街道办完成新增就业20人，完成目标任务100%；安置就业困难人员再就业10人，完成目标任务100%。2863人参加城镇医保，完成应保尽保人数的96%；新增参保人数15人，合计为978人办理城镇居民养老保险；按时完成辖区1856名退休人员的认证审核工作。2016年低保新增申请人员审核通过4户，在审核3户，累计新增享受低保人员14人，年度累计发放低保救助金额33600元。公租房新申请通过2户，廉租房补贴审核通过6人，年度累计发放补贴金额50760元。贫困大学生救助6人，累计发放救助金额11000元。完成19名重度残疾人困难户登记，发放补助金12800元。登记精神残疾人6人，发放补助金6000元；残疾人托服2人，发放补助金2000元。按照序时进度完成社区服务中心建设、菜市场大棚改造建设工程，将惠民政策落到实处。

【综合治理工作】 2016年，街道办注重普法宣传教育，开展依法治理和法治创建活动、宪法日法制宣传活动、江淮普法行活动、法治文化作品展、与辖区企业共创法治社会联合活动。将依法行政落到实处。全年与8家综治维稳目标责任单位签订责任书。整合街道、社区资源，成立街道综治维稳信访工作中心和社区综治维稳信访工作站。开展矛盾纠纷排查调处工作，维护辖区稳定。多手段开展综治维稳宣传教育，开展“综治宣传月”活动，落实各项措施，严防邪教组织的破坏活动，防止政治敏感事件发生。发挥公安派出所、社区群防群治作用，确保辖区不发生重大刑事案和治安案件。全年调解化解矛盾纠纷287起，辖区维稳综治工作形势良好。

（刘天立）

任楼街道办事处

任楼街道地处南坪镇任集街东侧，东邻南坪镇任圩村，南邻南坪镇任楼村，北邻邵钱路。总面积0.45平方公里，总人口11万余人。辖西园社区。

【计划生育】 年初，街道办分别与驻街单位、社区签订计生目标管理责任书，保证计生工作的正常开展。利用“三八”妇女节、“5·29”计生协会日、“7·11”世界人口日等重大节日开展“全面二孩政策”“居民健康素养”“流动人口均等化”等方面的宣传。开展优质服务进万家活动，随访、送政策、送礼品和送证上门，为120多名育龄妇女免费开展孕前优生健康检查，为1200名已婚育龄妇女、5名困难家庭和空巢老人开展免费体检。利用春节、中秋等节日，对街道16户低保户及低保边缘户等计划生育困难户进行上门慰问，发放慰问金2万余元。

【文明创建工作】 年内，办事处投资5万余元，制作社会主义核心价值观、未成年人思想道德教育、讲文明树新风、公益广告、图说价值观、楼道文化等各类创城宣传板牌600余块。组织开展各类学雷锋志愿服务活动、“我们的节日”主题文化活动等宣传20余次。完善创建活动的场所和阵地建设，投资3万余元购置街道和社区创建场所设备。全面清理整治社区大环境。组织50余人，对社区等重点部位进行常态化保洁，投资2.5万元对社区楼栋外墙进行粉刷涂白。发挥地企共建机制。协调任楼煤矿和任楼物业共同加强对社区的管理和治理力度，形成政府、企业全面共建的格局，确保软硬件的全面达标。组织学雷锋志愿者对社区死角垃圾清理10余次，对社区白杨河里的杂草垃圾进行彻底清理，防止水污染。关停油烟污染饭店小吃6家。

【民生保障】 年内，办事处完成新增就业220人；完成城镇居民医疗保险2195人；为165人办理城镇居民养老保险；为4户低收入家庭申请办理廉租房补贴；救助2名重度残疾人困难户和2名精神残疾困难户，补助金及时足额发放；办理医疗救助2人次；为7名下岗失业人员办理困难人员认证和养老保险补贴申请；为5名贫困大学生申请6000元救助金。

【安全生产监管】 年内，办事处开展安全生产大检查活动10次，其中开展专项检查6次，特别是对辖区餐饮业、学校、超市、老年活动中心等人员密集场所进行检查。对查处的大小安全隐患12处，全部及时整改，保障人民群众生命财产安全。

人物

■全国五一劳动奖章获得者

■淮北市 2016 年度 “中国好人”

■领导干部名录

全国五一劳动奖章获得者

李　珍

李珍，女，中国邮政集团公司淮北市分公司淮西支局局长。2016年荣获全国五一劳动奖章。

1997年3月参加工作，李珍从踏上工作岗位的第一天开始，就暗下决心要成为邮政大楼里的“业务状元”。她从最简单的盖邮戳、点钞、打字开始，每天不停地练，向书本学、向身边的同事学，别人下班了她还接着练。就这样凭借自己的努力，她很快成了能够独当一面的业务骨干。1998年、1999年连续两年获淮北市邮政局“技术能手”称号；2000年在全省业务技能大比武预赛中获得冠军。凭着待客户如家人般的贴心服务和娴熟过硬的业务技能，李珍赢得了客户、领导以及同事们的赞赏，2001年被任命为营业班班长。

基层的管理工作繁杂而又忙碌，但微笑始终挂在李珍的脸上。她每天忙碌于营业厅，用自己多年的前台营业工作经验抓基础管理，用自己的实际行动感化着每一位员工，起到了模范带头作用。她在日常工作中用心服务，关注服务细节，如为客户提供一次性手套、客户寄递重要票据时为其准备了小塑料封装袋。这些小创新让窗口服务有了明显的进步，并在全省进行了推广。李珍所在的班组先后荣获2007年淮北市“青年文明号”、2008年淮北市“工人先锋号”和2011年淮北市“五一巾帼标兵岗”等称号；她个人荣获五一劳动奖章和安徽省“模范文明职工”称号。

2013年10月，李珍所在的邮政营业班组升格为支局建制，她也由原来的班长晋升为支局长。李珍结合支局实际，首创营业“七步曲”（即“站相迎、笑相问、热情答、双手递、快速办、礼貌别、目相送”），并在全市邮政服务窗口推广应用。2015年开始创建“李珍劳模创新工作室”，首创优质服务“四个一”（即一本《淮西邮政支局员工个人服务礼仪规范》、一部《服务礼仪晨操》录像、一部《淮西邮政支局之歌》MV、一首《淮西邮政支局之歌》），成为全省邮政规范化服务培训教材样本。李珍还积极承担淮北市邮政公司入职员工培训工作，每年培训员工约50多人。是年，她所在的支局荣获安徽省“工人先锋号”称号，2014年、2015年连续两年荣获淮北市邮政分公司先进支局等称号。

淮北市2016年度“中国好人”

贾凤英

贾凤英，女，淮北市相山区三堤口街道银鑫花园小区的一位普通居民。75岁的她，不离不弃照顾脑瘫的养子45年，无怨无悔，备受邻里称道。2015年贾凤英当选11月份“安徽好人”。2016年1月，荣登“中国好人榜”。

45年前，年仅30岁的贾凤英和丈夫马华斌收养了刚出生不久的男婴马安东。然而没过多久，马安东就被查出患有先天性脑瘫。面对亲友们的劝告，贾凤英夫妇没有放弃。他们说，他们是马安东的家人，是他这辈子的依靠。

贾凤英夫妇都是普通工人，家境并不富裕，为了给马安东治疗，他们四处奔波，用光了家中本就微薄的积蓄，贾凤英却无怨无悔。

45年如一日，夫妇俩用全部的心血和爱悉心照料着这个不会喊一声爸妈、不会走路的养子。如今，年逾古稀的贾凤英仍然每天围着儿子忙个不停，给儿子穿衣、洗澡、梳头、喂饭……贾凤英用45年的日夜坚守、不离不弃书写了一段感天动地的母子情深、人间大爱。

马彩侠

马彩侠，女，濉溪县铁佛镇张黄庄村村民，29年如一日，独自照顾90岁的奶奶、70岁的婆婆和两个未成年的孩子。2013年她被评为淮北市“十大好媳妇”，2014年4月被授予安徽省“最美媳妇”称号，2016年2月荣登“中国好人榜”。

马彩侠20岁出头时，与同村的小伙王化良结婚。刚过门的她，面对的是卧床不起的公公和身体有病的婆婆，以及守寡多年的奶奶。丈夫会点木匠手艺，跟随同村的人做点木工装潢赚钱养家，家里的事情帮不上忙，所以照顾奶奶和公公的任务就落在了她身上。马彩侠的公公由于长期卧床，四肢无力，她每天除了给公公端饭倒水之外，还定时帮公公按摩手脚、活动筋骨。家中的几亩地也靠她去经营，婆婆帮不上忙，但从未听她有过怨言。

公公因病去世后，马彩侠夫妇带着守寡的奶奶、婆婆和自己的两个孩子一起生活。虽然生活不富裕，但是一家人依然幸福地过着日子。然而天有不测风云，2011年病魔夺走了马彩侠相濡以沫的丈夫，家中的顶梁柱不在了，繁重的家务，拮据的经济，让生活更加艰难起来。

为了补贴家用，马彩侠在附近的矿上餐馆找了份临时工，这样既能照顾到家里又能有一份收入。年近90岁的奶奶心疼孙媳妇，平时在村里捡捡破烂。上进的孩子们也心疼母亲，刻苦学习，用优异的成绩来回报她。如今，马彩侠的女儿考上了淮北师范大学，儿子考上了临涣高中。孩子出息了，马彩霞又喜又愁，她暗下决心：即便再苦再累，也要让孩子们上好学，有出息。

李 虎

李虎，22岁，首钢工学院机电工程系大三学生。他自愿捐献造血干细胞，为一名12岁白血病患儿送去重生希望。2015年李虎当选7月份“安徽好人”。2016年3月，荣登“中国好人榜”。

李虎家住淮北市濉溪县百善镇张庄村程孜湖庄。2013年，刚入校的他在参加一次无偿献血活动时，了解到造血干细胞移植是治疗白血病、恶性贫血、淋巴瘤等造血系统和免疫系统疾病的最佳手段，捐献造血干细胞不会损害自身建康，却能挽救白血病等患者的生命，已成为众多患者获得重生的希望和最佳途径。他立即报名加入中华骨髓库，成为一名造血干细胞捐献志愿者。

非亲缘基因配型的相合概率，在三万分之一到百万分之一之间。2014年10月，李虎接到通知，其造血干细胞与一名12岁白血病患儿初配成功。李虎是首钢第一位、北京市第206例，也是中华骨髓库第4752例造血干细胞捐献者。

2015年3月10日，在空军总医院，李虎捐献了造血干细胞。为了采集健康的造血干细胞，从1月体检后，李虎就按照要求，在饮食、运动等方面苦下功夫，尽力保持健康的身体和良好的状态。当天，躺在病床上的他，双臂被插上输血管，身旁的细胞分离机不停过滤着血液中的干细胞。3个小时后，成功采集到约55毫升的造血干细胞。

在捐献现场，中国造血干细胞捐献者资料库管理中心为李虎颁发荣誉证书，北京红十字会也为他送来博爱奖状。捐献成功后，不少在京媒体对他的义举进行连续报道。一时间，其感人之举传遍京城，感动了万千北京市民。

王新具

王新具，男，濉溪供电公司职工。20年不离不弃守护重度烧伤妻子、帮助妻子重新站立。2016年4月，荣登“中国好人榜”。

1995年8月21日，王新具的妻子张翠红在上班时被突然起火的化学物品烧伤，全身烧伤面积达到87%，从此丧失了行动能力。

住院期间，王新具无微不至地照顾妻子。在住院长达101天的时间里，张翠红始终没有生过褥疮，连主治医师都为之惊叹。在张翠红烧伤后恢复的前两年，王新具每天都要给她洗漱、按摩、锻炼肌肉，每过一个半小时，就要给她翻身，以免长褥疮。王新具制定了特殊的训练方法，使张翠红下肢肌肉没有一点萎缩，并逐渐能够站立起来。

王新具二十年如一日照顾烧伤的妻子，并将家庭里里外外收拾得干净整洁，他的爱与责任，带领妻子逐渐走出病痛的阴霾。

刘广平

刘广平，男，相山区东山街道办东山社区居民。40年如一日，他照顾瘫痪妻子，无怨无悔，任劳任怨。2016年4月，荣登“中国好人榜”。

1976年，刘广平的妻子王桂兰因中毒导致全身瘫痪，无法言语。为了妻子，刘广平将当时只有7岁的儿子、3岁的女儿以及尚在襁褓中的小女儿送回砀山老家，交给亲戚照顾。妻子卧床期间，刘广平忙完单位的工作就赶紧回家，做饭、洗衣、给妻子按摩，半夜里还要经常起来给妻子翻身。在刘广平的悉心照料下，1982年，王桂兰的腿能动了。为了帮助妻子进一步恢复，刘广平买了一把轮椅，经常推着妻子出门散步、放松心情。到了20世纪90年代初，王桂兰逐渐能站立了。现在，刘广平也已经退休，有了更多的时间照顾妻子，每天早上5点多，他就会准时起床，为妻子准备早饭，帮妻子穿衣服……40年间，刘广平无怨无悔地照顾妻子，用自己的行动诠释了爱的真谛。

魏 杰

魏杰，男，淮北供电公司的一名普通员工。16年来，魏杰共募集善款数十万元，救助需要帮助的人。他累计献血72次，在他的带动下，淮北供电公司的100多人也加入到无偿献血和各种志愿服务活动中。2016年5月，魏杰荣登“中国好人榜”。

16年来，魏杰热心参与各种社会公益事业，在他的积极倡导下，共募集了爱心款项数十万元，用于救助困难莘莘学子、病重儿童和贫困家庭。从2000年11月份第一次献血开始至今，他已累计献血70余次，献血总量达7万多毫升。16年里他风雨无阻，只要接到中心血站的电话，立即前往。为了让身体保持健康状态，魏杰不抽烟，不喝酒，坚持锻炼身体，每星期登山4次，体重由原来的85公斤，下降到现在的70公斤左右。在魏杰的带动下，淮北供电公司黄晓兴、李新尚、王超、刘飞等100多人也加入到无偿献血和各种志愿服务活动中。

2012年9月16日，魏杰接受红十字会的邀请成为一名造血干细胞捐献志愿者，并抽取血样，有关资料进入“中华骨髓库”。2013年12月，因累计献血超过40次，魏杰荣获“全国无偿献血奉献奖金奖”。

王　莉

王莉，女，濉溪县双堆集镇管家庄村民，28年来无怨无悔守护瘫痪丈夫。2016年6月，荣登“中国好人榜”。

1991年，20岁的王莉经人介绍，从老家蒙城赵集乡嫁给了双堆集镇管家庄村民管振。婚后，夫妻二人恩爱有加，随着孩子的出生，一家人其乐融融。然而，1998年，王莉的婆婆因患有胃癌晚期而离世，近10万元的治疗费给这个原本就不富裕的家庭带来了沉重的负担。紧接着公公因为肠糜烂卧床不起，又让这个家庭雪上加霜。面对生活的窘境，丈夫管振决定外出打工，谁知在干活时不慎从二楼楼顶落下，昏迷不醒，经过医院的全力抢救，虽然保住了性命，但却全身瘫痪、重度脑震荡。在丈夫住院期间，王莉把家里的田地和孩子，托付给了自家的姐姐们，自己一个人在任集租了一间房子，做点零活，每天往返于医院和出租屋之间，风雨不断。

2001年，王莉带着丈夫回到了管家庄。每天早上王莉早早地起来做饭，送走几个孩子上学后，给公公和丈夫喂完饭，就开始洗衣服，打扫院子，下地做农活，晚上还要给公公和丈夫擦洗身子。就这样日复一日、年复一年，15年间，她从没想过放弃丈夫。近几年，两个女儿先后出嫁，小儿子考上了芜湖职业技术学院，原先欠下的二十多万元的债务如今只剩下了三四万元。她说：“现在孩子们都长大了，我更能安心地照顾管振和公公了，别说是15年，就是25年、35年，我也会一直伺候他们。”

郭士发

郭士发，男，淮北市烈山区第一实验小学教师，他冒着生命危险跳水勇救落水儿童。2016年8月，荣登“中国好人榜”。

“救命啊，有人落水了，快来救人啊！”2015年7月24日傍晚6点半左右，53岁的郭士发带着孙女和侄子，在南湖人行步道南岸凉亭外边走边玩时，突然听见有人大声呼救。只见在湖南岸居士林西侧的一座拱形大桥不远处，一名孩子在水中不停挣扎着。郭士发闻听后立即一路狂奔至落水点救人。

南湖为淮北市多年来形成的采煤沉陷区，岸陡水深。当郭士发跑到落水点的时候，落水女孩已经滑进了4米远的深水区，两只小手还在不停地向后划水，离岸边越来越远。由于不识水性，女孩在接连呛了好几口水后，整个脑袋沉进水里，只能看到几缕长发漂浮在水面，身体迅速向水底沉去。郭士发跳进水里后一个猛子潜入小女孩身边，在水中迅速对女孩展开施救，他轮换双手多次潜入水底，尽可能的将其头部托出水面。小女孩见有人施救，本能地抓住郭士发的手不肯丢掉，导致两人都迅速下沉。郭士发果断甩开小女孩的手，再次浮出水面，迅速绕到孩子背后，一把挽住孩子的腰部，把孩子往岸边推。快游到岸边的时候，水草突然缠住了他的脚，使他双腿动弹不得，郭士发试了很多次都没能摆脱，情急之下，他奋力把孩子往前一推，这时在岸边的人立即伸手把孩子拉上岸。郭士发则迅速调整上岸方向，凭着多年冬泳练就的强健体魄和娴熟水性，终于摆脱了水下杂草的缠绕，游到了岸边。

小女孩得救后，郭士发脱下湿透的上衣拧干水，带着自己的孙女和侄子默默离开了现场。

李从忠

李从忠，男，刘桥镇王堰村杜庄人，他为人忠厚老实，乐于帮助邻里，几年来，他先后六次从沟里救起6人，被百姓誉为最美“救生员”。2016年9月，荣登“中国好人榜”。

2015年9月1日晚19时30分左右，吃完晚饭的李从忠蹲在自家小商店门前刷牙，突然听到“哎呀”一声尖叫，转头一看，不远处一辆电动三轮车连人带车，都栽进杜庄沟中。

“坏了！有人掉水里了！”63岁的李从忠扔下手中的牙刷和牙缸，奔向出事地点。没顾上脱衣服和鞋子，就跳入水中。他先一把抱起在水中一边扑腾一边“嗷嗷”直哭的孩子，将他送上岸，又折回身拉着在水中挣扎的女子陈萍，同时放声大喊：“救人啊，有人掉水里了！”杜四宝等村邻闻声赶来，众人合力把吓傻的女子，连同电动三轮车一起拉上岸。看到母子平安了，浑身滴着水的李从忠才悄无声息地回家换衣服。

李从忠勇救母子的故事传开后，不时有村民跑到小店里问他：“老李头，你当时咋想的？救人的时候就没后怕过？”“哪里来得及多想，跳下去先救人再说。如果想太多，那就耽误救人喽。”每次，李从忠还会乐呵呵地补一句，“你要是遇到这事，也不会多想，及时救人要紧！”

李老汉在杜庄沟边开小商店20余年，近几年，他曾先后六次从沟里救起6人，其中多为年龄小、骑自行车的孩子。

朱远东、徐 东

朱远东、徐东是铁佛镇岳集村人，两人不顾安危勇擒歹徒、挽救花季少女生命，书写了一首人间正气歌。2016 年 10 月，荣登“中国好人榜”。

2013 年 11 月 20 日早上，铁佛镇原副镇长朱远东欲到岳集医院办事，遇见张美丽及其侄子徐东。二人告诉朱远东，有名女孩可能被人挟持。

原来，张美丽清晨五点起床去晨练，发现桥南头停着一辆红篷机动三轮车，附近的地上躺着一个学生模样的女孩子，正在痛苦地呻吟。张美丽想走近看个究竟，一个男子突然出现，将女孩抱上三轮车，并说自己把女孩撞倒，要拉她去医院救治，随后驾车朝岳集医院方向驶去。

张美丽觉得不对头，喊来侄子徐东，一起到岳集医院查探究竟。结果到医院没见到抢救现场，问医生也没见到人。朱远东意识到事情的严重性，拿出手机报了警，随后安排徐东沿濉岳路查找。

很快，徐东发现了红篷三轮车，朱远东立即带人赶到现场。还没到三轮车近前，就见一 30 岁左右的男子提着裤子从车厢内走下。朱远东、徐东大声喊道：“你干什么呢？别走！”男子做贼心虚，急忙跳上三轮车驾车逃跑。朱远东带人开车堵截，徐东骑着电瓶车紧追，铁佛派出所民警和岳集中心校的教师堵住多个路口。三轮车在一条田沟边发生侧翻，正当男子点火欲烧毁相关证据时，朱远东、徐东等冲上前去，协助民警将他制服。随后，朱远东、徐东在三轮车车厢内找到了那名女孩，并协助 120 把她送往医院救治。

后经审讯得知，事发当日，该荆姓男子看到了清晨上学的女孩，遂心生歹念，用木棍将其击晕，随后把三轮车开到偏僻处，对女孩实施了侮辱，事后还想杀死女孩。由于朱远东、徐东等人警惕性高，紧追不舍，才最终挽救了女孩的生命。

周雪峰

周雪峰，男，淮北市首府实验小学校长，推行“幸福教育”、照亮学生人生路。2016 年 11 月，荣登“中国好人榜”。

2013 年，周雪峰通过公开招聘，担任新建的首府实验小学校长一职。周雪峰与 12 位“拓荒者”一起，带领 108 名学生，开启了校史。担任校长以来，周雪峰雕琢精致校园、打造“幸福教育”，学校发展日新月异，校园文化欣欣向荣，已经成为淮北新城区教育的一道靓丽风景。

为了让学校有魂、有根，周雪峰提出打造“幸福教育”的理念，参与设计制作校园吉祥物——“幸福鸟”，并针对学生建立三级激励评价机制，将“幸福鸟”作为奖品奖励给优秀学生，在学生提高学习兴趣、遵守校园秩序等方面都起到良好的激励引领作用。周雪峰还创办“名师工作坊”，积极寻找“教研合伙人”，招募省内外名师加盟，为学校教学教研把脉，定期修正办学方向。

三年的校长生涯，周雪峰带领教师团队攻坚克难，不断创新教学理念、教学方式，将一所新建学校办得有声有色。周雪峰本人也多次受邀到郑州大学、安徽师范大学、亳州师院等高校为教育界同行作学校管理方面的专题报告。

领导干部名录

（截至 2016 年 12 月 31 日）

市委

书　　记　肖超英（女，—2016.8）
黄晓武（2016.8—）

副 书 记　黄晓武（—2016.8）　戴启远
李　明（2016.8—）

常　　委　赵怀印（—2016.8）
沈光继（—2016.12）　谌　伟
宰学明　朱浩东　顾　文（女）
王志强（—2016.1）
曾　明（—2016.9）
孙劲飚（挂职，2016.3—）
任　东（2016.9—）
李加玉（2016.9—）

秘 书 长　谌　伟

副秘书长　张李节　郑红献　李　明　张信鹏
张德明（—2016.12）　刘　辉

市人大常委会

主　　任　肖超英（女，—2016.9）
黄晓武（2016.9—）

副 主 任　方宗泽（2016.1—）　高学峰
杨彦颖　李晓光　余敏辉
秘 书 长　陈朝祥
副秘书长　刘晓楠　焦守江

市人民政府

市　　长　黄晓武（—2016.9）
戴启远（2016.9—）
副 市 长　沈光继（—2016.12）
王志强（—2016.1）
李　明（2016.12—）　朱浩东
孙劲飚（挂职，2016.5—）
王莉莉（女）　张家忠　钱界殊
秘 书 长　宋　伟
副秘书长　刘　政　王　联（—2016.9）
朱德海　刘　超（—2016.6）
周　杰　彭　朝（—2016.5）
卢先真（—2016.12）
郑红献（—2016.9）
王大剑（—2016.9）　韩海林
颛孙新龙　施立生
陈贤新（挂职）
刘　辉（—2016.9）
王　峰（2016.11—）

市政协

主　　席　曾凡银
副 主 席　陈美德　王　平　王云升
张　辉　蒋守彬　李彦秋
钱丹婴（女）　冯志强
秘 书 长　徐　超
副秘书长　程晋明　贺红民　丁红梅（女）
范向东（2016.4—）　陈爱军

市纪委

书　　记　宰学明
副 书 记　王传贺　汪　琳（女）　赵德荣
常　　委　王劲松　焦守江（—2016.9）
王　超（2016.9—）　陈再军
刘　密（2016.9—）
刘　浩（2016.9—）

监察局

局　　长　王传贺
副 局 长　王劲松　焦守江（—2016.10）
尹建军

淮北军分区

司 令 员　曾　明（—2016.5）
政　　委　郭念华（—2016.8）
陈学斌（2016.8— ）
参 谋 长　方　丹
政治部主任　陈瑞春
后勤部长　吴春龙（—2016.3）

市委工作部门及直属单位

市委办公室

主　任　李　明
副主任　王静敏（女）　刘　浩　陈　青

市委组织部

部　长　任　东
副部长　徐福信　梁龙义　韩生祥
梁　巧（女，2016.3—）

市委老干部局

局　长　韩生祥
副局长　王圣臣　李广莉（女）

市委宣传部

部　　长　顾　文（女）
副 部 长　范向东（—2016.4）
吴鸿雁（女）　王合军
丁傲然（2016.4—）
讲师团团长　范向东（—2016.3）
讲师团副团长　丁傲然（—2016.3）
徐凤林（2016.4—）

市委统战部

部　长　谌　伟
副部长　杨旭初　韩　敏（女）
高修涛　李振球

市委政法委

书　记　赵怀印（—2016.10）
李　明（兼 2016.12—）
副书记　杨洪飞　王亚杰　朱士珍

市委政策研究室

主　任　张李节

副主任　赵文浩（—2016. 12）
　　　　梁　巧（女，—2016.3）

市委、市政府信访局
局　　长　刘　辉
副 局 长　刘学清　李晓梅（女）　周鲁全
纪检组长　李克林

市直机关工委
书　　　记　张红玉
副　书　记　丁丽徽（女）　李志舜
纪工委书记　沈自力
工 会 主 席　潘红旗

市编办
主　任　王　联
副主任　周允礼　王景华

保密委员会办公室（市国家保密局）
专职副主任　郝海文
办公室主任（保密局局长）　刘安顺

市委党校
党委书记、常务副校长　戎培阜
副书记、纪工委书记　张从清
副校长　陈　星（2016.12—）　陈经明　马　跃

市委党史研究室
主　任　任予俊
副主任　李春雷

市档案局（馆）
局　长　彭　朝
副局长　肖　文（女）　任　浩

市文明办
主　任　王合军
副主任　盛　磊（—2016.5）　杨体忠（2016.5—）

淮北日报社
党委书记、社长　张士锋
总编辑、副社长　王晓明（—2016.6）
副 社 长　周严谨
副总编辑　李少华　刘永忠
纪委书记　黄向东

工会主席　王春莉（女）

市人大常委会工作部门、专委会

办公室
主　任　寇鹏飞
副主任　张　漪

信访办
副主任　宋文红（女）

研究室
副主任　陈钦连

综合处
副处长　蔡　锐

法制工作委员会
主　任　荆志霖
副主任　王泽江　徐凤民（2016.5—）

内务司法（民宗侨外）工作委员会
主　任　王泽江（—2016.9）
副主任　荆志霖　徐　敏　徐凤民

财政经济（预算审查）工作委员会
主　任　连　宁
副主任　倪　黎（女）　郭学军

教育科学文化卫生工作委员会
主　任　张永宏
副主任　高西军　陈爱萍（女）　王晓东

城乡建设环境与资源保护工作委员会
主　任　常兆朗
副主任　仲继扬　李　梅（女）

农业与农村工作委员会
主　任　苏　均
副主任　张杰民

人事代表选举工作委员会
主　任　徐红华（女，—2016.9）
副主任　王钢锋

政府机关及工作部门

市政府办公室（法制办公室）

党组书记　宋　伟
主　　任　刘　政
副 主 任　贾鸿鹰（女）
　　　　　王　超（—2016.9）　许胜利
　　　　　程荣华　沈玉莲（女，2016.11—）
纪检组长　欧阳林光

市委市政府目标办

主　任　谢从宝（—2016.5）
　　　　周世明（2016.5—）
副主任　王世勇

市政府研究室

主　任　周世明（—2016.5）
副主任　代礼红

发展和改革委员会（物价局）

主　　任　李令安
副 主 任　胡孝武（—2016.12）
　　　　　宋愚贤　李　勇
总经济师　王安岩
纪检组长　龙保民
公管办主任　戴宏侠（女）
价检局局长　宋　勇

经济和信息化委员会

主　　任　袁九森
副 主 任　陈　星（—2016.12）
　　　　　吴书祥　胡文莉（女）
　　　　　赵文浩（2016. 12—）
政治处主任　陈　耿
纪工委书记　张先玉

教育局

局　　长　陈新华
副 书 记　孟祥春
副 局 长　郭成华（—2016.5）
　　　　　徐光辉（—2016. 12）
　　　　　渠晓峰　张　刚（2016.5—）
纪委书记　石　琳（女）
总 督 学　李　荣（—2016.3）
　　　　　邓　鹏（2016.3—）
工会主席　李玉柱
党委委员、市一中党委书记　陈　杰

科学技术局

局　　长　王淮海
副 局 长　黄传壁（—2016.7）　马广梅（女）
纪检组长　陶　卓

民族事务委员会（宗教事务局）

主任（局长）　高修涛
副主任（副局长）　赵德堂　郭成连

公安局

党委书记、局长　张家忠
副书记、副局长　黄思敏
副 局 长　陈钦民　李兰群（女，—2016.11）
　　　　　张　勇（2016.11—）
纪委书记　祝　鑫
政治部主任　王永飞
党委委员、交警支队队长　刘　松
相山分局局长　张　勇（—2016.11）

民政局

局　　长　王治江
副 局 长　许志刚　叶红建　贾　超
双拥办主任　马俊辉
纪检组长　胡利球（女—）

司法局

局　　长　刘继英（女）
副 局 长　郭振明　李光辉
纪检组长　陈龙海
政治处主任　贾俊峰

财政局（国有资产监督管理局）

局　　长　姜　颖（女）
副 局 长　仲　杰　项　珺
总会计师　焦福生
纪检组长　田跃全

人力资源和社会保障局

局　　长　徐福信
副 局 长　刘兰君（女）　池国柱（—2016.5）
　　　　　王献文　王自美　明　磊（2016.5—）

工会主席 魏 坚

国土资源局

局　　长 曹宏新

副 局 长 邹 勇 徐 涛 金 星

总工程师 张 震

纪委书记 戚宏智

环境保护局

局　　长 郭海磊

副 局 长 李春虎 李长立 夏学勇

纪检组长 秦雪山

总工程师 禹 雷

城乡建设委员会

党委书记、主任 张 力

党委副书记、纪委书记 杨忠敏

副主任 张振标 顾华银 李玉军 周向众

交通运输局

党委书记、局长 李公峰

党委副书记、副局长 张怀宁（—2016. 3）

副　局　长 孙远立 任士新 石 峰（兼）

纪工委书记 许海平

工 会 主 席 丁道杰

农业委员会

主　　任 王家春

副 主 任 张永生 姚玉桂 张素梅（女）

纪委书记 李继友

总农艺师 周茂红

水务局

局　　长 王明新

副 局 长 何 斌 陈令彬

纪检组长 吴富德

总工程师 刘红军

林业局

党组书记 盛 林

局　　长 陈 英（女）

副 局 长 陶士军 王 峰

纪检组长 施二明

商务局

党组书记、局长 孙兴学

副 局 长 金 文 曹崇君（2016.5—）
李升平 王家平

纪检组长 刘玉林

商贸市场建设促进中心主任 李永法

文化旅游体育委员会

党委书记、主任 李 强

副　主　任 方启明 杨 颖（女） 孙 妍（女）
盛 杰 吴文阁 王学成（—2016.5）

纪工委书记 夏奎典

工 会 主 席 雷 军

卫生和计划生育委员会

党委书记、主任 张 辉

党委副书记 戴 敏（女）

副　主　任 戴万里 陈忠新
杨 浩（2016.5—） 孙 欣
李端举 蒋连东（—2016.5）

纪工委书记 李晓丽（女）

工 会 主 席 张绍良

审计局

局　　长 赵拥军

副 局 长 徐 君 陈玉健

总审计师 周玉贞（女）

纪检组长 孟祥龙

经济责任审计局局长 朱金亮

外事（侨务）办公室

主　　任 李向阳

副 主 任 李 备

侨联主席 章 芳（女）

统计局

局　　长 王亚辉

副 局 长 李 强 王 建

总统计师 聂泽语

工商行政管理局

局　　长 赵 健

副 局 长 戚贤祥 程春芳（女）

纪检组长 李葆平

质量技术监督局

局　　长　唐世军
副 局 长　冯诗振　杨　浩（—2016.5）
　　　　　蒋连东（2016.5—）
纪检组长　王　影（女）

安监局（煤炭局）

局　　长　许　成（—2016.5）
　　　　　刘　超（2016.5—）
副 局 长　韦群智　梁敦福　田怀东
纪检组长　孟福生
总工程师　韩进波

粮食局

局　　长　王俊敏
副 局 长　周荣辉　杨石磊　单增华
纪工委书记　杜永连

食品药品监督管理局（食品安全委会会办公室）

局　长（主任）　徐向阳
副局长（副主任）　司晓飞　郑　峰　赵海浩
纪检组长　王淮建

城乡规划局

局　　长　钱界殊（兼）
副 局 长　邵珠光　段传彬
　　　　　王永涛（—2016. 3）
　　　　　徐殿忠（2016. 5—）
纪检组长　王学昆
总规划师　曹新立

城市管理综合执法局

局　　长　朱　龙
副 书 记　刘长勤
副 局 长　张永祥　王清建
纪工委书记　朱　鹏
工 会 主 席　马汝华（女）
党委委员、环卫处处长　牛　犇

人民防空和防震办公室

主　任　张洪海
副主任　李宝玉　张存华

市委、市政府派出机构

经济开发区管理委员会

管委会主任、党工委副书记　胡　亮
纪 工 委 书 记　马文杰（女）
管委会副主任　刘　明　王　峰（—2016. 12）
　　　　　　　苗中治（2016. 12—）　吕　锋

政务服务中心管委会

主　　任　鲁孝诗
副 主 任　郭成华（2016.5—）
　　　　　吴海良　张启航
纪工委书记　黄永福

政府直属事业单位

招商局

局　长　王全军
副局长　陈言超　许秀霞（女）　任启仲

安徽（淮北）新型煤化工合成材料基地管委会

党工委书记、主任　朱浩东
常务副主任　许　炜
副 主 任　沈慧星（女，—2016.5）　丁　江
　　　　　张　伟（挂职）

房地产管理局

局　　长　李建华
副 局 长　邹　浩　郭维权　李　健
纪检组长　吴延成

地方志编纂委员会办公室

主　任　张继玲（女）
副主任　张　红（女）

机关事务管理局（市委市政府接待办公室）

局长（主任）　郑红献
副局长（副主任）　程家仓　王冠宇

供销合作社

主　　任　刘　峰（女）
监事会主任　王经富（—2016.10）
副 主 任　朱安杰（—2016. 10）　张　健
纪 委 书 记　王　平

工 会 主 席　孙淑玲（女）

金融办

主　任　任启峰

副主任　陈贤新（挂职）　王祥顶

住房公积金管理中心

主　任　江学奎

副主任　张淑梅（女）　朱启东

公共资源交易中心

主　　任　任宇慧

副 主 任　王　元　宋　平（—2016.10）　赵永安

纪检组长　袁　伟

建投控股集团有限公司

董事长、总经理　顾　俊

副总经理　陈　伟　张立哲　左钱发

总会计师　高　军

纪委书记　王献忠

市红十字会

秘书长　王富强

南湖景区建设指挥部办公室

主　　　任　张　力

常务副主任　张振标

副　主　任　尹建军　胡　燚　池圣洲　陈　伟

市政协工作部门

办公室

主　任　陈爱军

副主任　王仓启

提案委员会

主　任　林学勤

副主任　刘　鹏

经济委员会

主　任　何根忠

副主任　田　锟

人口资源环境委员会

主　任　薛振屏（女）

教科文卫体委员会

主　任　赵　轶（女，—2016.6）

副主任　王　跃

社会和法制委员会

主　任　崔兰亭

副主任　王道吾

民族宗教和外事委员会

主　任　王继平（—2016.10）

副主任　季　香

文史和学习委员会

主　任　杨　玲（女）

政法部门

市中级人民法院

院　　长　余跃武

副 院 长　李玉科　梁卫华　王咏梅（女）　杨春杰

纪检组长　孔令勇

执行局长　齐敦全

市人民检察院

检　察　长　唐保银（2016.9—）

副 检 察 长　杨开江（—2016.7）　孙光伦　胡守斌　陈永亮

纪 检 组 长　张海君（女）

政治部主任　杨永峰

武警淮北市支队

支　队　长　黄　晋（—2016.5）

　　　　　　吴　宝（2016.5—）

政　　　委　陈　跃

副 支 队 长　王照青

参　谋　长　桂沪军

政治处主任　张　兵

后勤处处长　吕　伟

武警淮北消防支队

支　队　长　从德斌

政　　　委　宁　超（—2016. 7）

　　　　　　刁书杰（2016. 7—）

副 支 队 长　邵　强　董立兵（2016. 11—）

参 谋 长　刘　磊（—2016. 12）
　　　　　邓翔宇（2016. 12—）
政治处主任　王德科
后 勤 处 长　董立兵（—2016. 11）
　　　　　朱金鹏（2016. 11—）
防火处处长　吕本谦

民主党派、工商联

民革淮北市委员会
主　委　朱先明
副主委　赵　岩　陶晓光　范浩然

民盟淮北市委员会
主　委　张　辉（—2016.12）
　　　　陈　英（女，2016.12—）
副主委　陈　英（女，—2016.12）　宋文红（女）
　　　　鲁　峰　张　萌（2016.12—）

民建淮北市委员会
主　委　程晋明
副主委　段国华（—2016. 12）　李新华
　　　　周玉贞（女，2016. 12—）

民进淮北市委员会
主　委　余敏辉（—2016.12）
　　　　刘添才（2016.12—）
副主委　彭玉亭（女）　李万民（—2016.12）
　　　　刘添才（—2016.12）
　　　　尹建军（2016.12—）
　　　　李祥礼（2016.12—）

农工党淮北市委员会
主　委　冯志强
副主委　丁言荣　刘永刚　黄　虹（女）

致公党淮北市委会
主　委　董　哲
副主委　杨保愉　张弘勇（女）

九三学社淮北市委员会
主　委　王莉莉（女）
副主委　李　敏　陈忠新

人民团体

市总工会
主　　席　张香娥（女）
副 主 席　孙秋玲（女）
纪检组长　张传军

共青团淮北市委员会
书　记　张红君
副书记　黄培培（女，—2016.4）
　　　　沈慧星（女，2016. 5—）
　　　　张　利（—2016.11）

市妇女联合会
主　席　刘妍梅（女）
副主席　王艳艳（女）　荣　丽（女）

市文学艺术界联合会
主　席　陈　辉
副主席　张明山　谢　芳（女）

市科学技术协会
主　席　周爱民
副主席　王云升　李　哲

市工商业联合会
党组书记　韩　敏（女）
主　　席　姚　勇
副 主 席　赵家兵　张　勇

市残疾人联合会
理 事 长　王　雷
副理事长　朱忠慧

市贸促会
会　长　刘步群
副会长　刘彦华

市社会科学界联合会
主　席　吴鸿雁（女）
秘书长　徐凤林（—2016. 3）

市归国华侨联合会
主　席　章　芳（女）

副主席　李淮海　唐为民

食品行业协会

会　长　胡　元

副会长　徐　进　杨金鸽　孙宜彬　王　瑾
　　　　王　灿　高绪宏　郭　杰　周汉东
　　　　丁怀珍

部属、省属及其他单位

淮北矿业（集团）公司

董事长、党委书记　王明胜

党委副书记、总经理　方良才

党委副书记　袁兆杰

副总经理　黄建宇　谢道成
　　　　　程真富　王圣茂

工会主席　张　宇

总工程师　葛春贵

总经济师　孙　方

纪委书记　周　伟

股份公司监事会主席　刘　杰

股份公司副总经理　陈亚东　邵　华

股份公司安监局局长　周卫金

皖北煤电集团公司

董事长、党委书记　杨　军

总经理、党委副书记　龚乃勤

党委副书记　梁克智

副总经理、恒源股份公司董事长　邓西清

总工程师　吴玉华

工会主席　汪永茂

纪委书记　李双玉

总法律顾问　朱凤坡

副总经理　钱学森　孙　伟

中煤矿山集团建设有限责任公司

董事长党委书记　赵士兵

总经理、党委副书记　郑玉建

党委副书记　丁　伟

纪委书记、工会主席　朱建平

董事、党委委员　徐炳喜

副总经理　王继献　王元曦　张亚光
　　　　　徐辉东

总法律顾问　张美玲

办公室主任　王振江

安徽淮海实业发展有限公司

董事长、党委书记　童伯根

党委副书记、总经理　汤忠喜

党委副书记、纪委书记　李双玉

副总经理　宋吉庆　杨玉章

工会主席　王嘉毅

总会计师　贾玉山

大唐淮北发电厂

厂　长　郑作礼

党委书记　赵建军

副厂长　鲁叶茂　钟国胜　张　雨

纪委书记、工会主席　李　刚

总工程师　陆　卿

总会计师　许　振

淮北国安电力有限公司

总经理　廖雪松

党委书记、副总经理　李　义

副总经理　刘养炯

纪委书记　王昌文

总工程师、工会主席　唐连军

淮北师范大学

党委书记　王　磊

校　长　王建刚（—2016. 6）
　　　　陈士夫（2016. 6—）

党委副书记、纪委书记　朱德顺

副校长　谢阳群　李铁范　蔡　雷　李福华

淮北职业技术学院

党委书记　汪绪武

院　长　魏仕民

副院长　姬兴华　张　亚

纪委书记　王　伟

安徽矿业职业技术学院

院　长　葛　侃

党委书记　卜晓忠

纪委书记　纵瑞宾

副院长　黄　明　安　东　何　鹏

中国人民银行淮北市中心支行

行　长　荣　刚

副行长　李　纯　程云龙

纪委书记　李希峰

中国银行业监督管理委员会淮北监管分局

副 局 长　梁　禾　樊跃进　葛德坤

纪委书记　梁作军

中国农业发展银行淮北市分行

行　长　尹正浩

副行长　罗雪军　祝召峰　刘光文

中国工商银行股份有限公司淮北分行

行　　长　王晓东

副 行 长　李　健　陆　梅　杨笑梅

纪委书记　阚泽瑞

工会主席　朱永久

中国农业银行股份有限公司淮北分行

行　　长　王汉志

副 行 长　武　龙　刘园苑　陈德强

纪委书记　陈忠梅

中国银行淮北分行

行　　长　刘家润

纪委书记　周力生

副 行 长　王　慧　林　泉　欧阳浩

中国建设银行淮北市分行

行　长　李　辉

副行长　李帮红　邢　雁　梁敏志
　　　　黄文辉　侯　军

徽商银行淮北分行

行　长　韩东升

副行长、纪委书记　葛凤江

副行长、工会主席　滕苍松

中国邮政储蓄银行股份淮北市分行

副行长　方海涛　周卫红　万安平

招商银行股份有限公司淮北分行

行　长　臧　宁

副行长　陈　嵩

淮北农村商业银行

董 事 长　夏　平

行　　长　王海燕

党委副书记　丁世民

副 行 长　陈学智　王正志

监 事 长　张友平

中国人民财产保险股份有限公司淮北市分公司

总 经 理　马新礼

副总经理　冯建军　范　纯　吴海燕（女）

中国人寿保险股份有限公司淮北分公司

总 经 理　钱晓菊

副总经理　赵家文

驻淮单位

国家税务局

局　　长　何章礼

副 局 长　徐长兴　黄　舰　孙雪峰

纪检组长　龚炳杰

总会计师　张胜利

地方税务局

局　　长　戴国琨

副 局 长　李成志

纪检组长　刘　权

气象局

局　　长　张学贤

副 局 长　丁言杰　党修伍

纪检组长　马致华

市盐务局

局　长　汝国华

副局长　李　辉

副局长、纪委书记　边洁如

省邮政公司淮北市分公司

总经理、党委书记　张　帆

副总经理、纪委书记、工会主席　王春华

副总经理　任根深

国家统计局淮北调查队

队　　长　戴　浩

副 队 长　刘震宇

纪检组长　史先东

市烟草专卖局（公司）

局长、经理 蒋跃进
副 局 长 张建华
副 经 理 李 刚
纪检组长 朱训伟

淮北出入境检验检疫局

局 长 胡 军
副局长 甘 迪 雷能文

国网淮北供电公司

党委副书记、总经理 张 瑞
党委书记、副总经理 关敬东
副总经理 李淮海 王克杰 郝韩兵
纪委书记、工会主席 汪 泳
国网濉溪县供电公司总经理 梁 伟

省无线电管理委员会办公室淮北管理处

处 长 王 伟

中国电信淮北分公司

总 经 理 赵 明
副总经理 张德龙 沈春生 王 严

中国移动淮北分公司

总 经 理 卞士勇
副 经 理 朱顺银 王 滨
总经理助理 焦 记

中国联通淮北市分公司

总 经 理 郭文祥
副总经理 徐 耀 姜 煜 吴 磊 王忠伟

安广网络淮北分公司

总 经 理 赵新武
副总经理 杨文开 许胜利 李 甬

省地矿局三二五地质队

队 长 汪冬生
纪委书记 郑明涛
副 队 长 连长城 黄才启
副队长、总工程师 章中九

邮政管理局

局 长 石 峰
副局长 牛家红

中国铁塔公司淮北市分公司

总 经 理 胡震中
副总经理 丁 冬

市辖县区

濉溪县

县委

书 记 李加玉
副书记、县长 赵德志
副书记 徐从亮
常 委 朱 群 刘 铁（女） 朱成文
周 昆 曹崇君（—2016.5）
王 申 徐 虎 孙荣本
胡远文（2016.6—）
亓 峰（2016.6—）

县人大常委会

主 任 李相军
副主任 闻 斌 赵 岩（女） 吕廷华 王成武

县政府

县 长 赵德志
副县长 王 申（2016.5—） 曹崇君（—2016.5）
胡远文 亓 峰 朱秀芳（女）
吴 杰 王永涛（2016.4—）
沈振宇（挂职） 刘晓云（挂职，女）
葛风江（挂职）

县政协

主 席 杨恒仁
副主席 张发杰 李家龙 沈志华
任 婷（女） 刘继华

县纪委

书 记 刘 铁（女）

相山区

区委

书 记 王 波
副书记、区长 胡启书
副书记 郜锦华

常　委　赵德华　邵　青（女）
李　峰　黄培培（女，2016.4—）
侯孝东　曹　梅（女）
杨宏军　吴　林（—2016.5）
王子晖（2016.5—）
徐小丹（挂职，女，2016.12—）

区人大
主　任　李　标
副主任　李锦生　王　军　朱正春

区政府
区　长　胡启书
副区长　邵　青（女）　李　峰
田永立　戴剑锋　林晓海
徐小丹（挂职，女，2016.12—）
刘法民（挂职，2016.10—）

区政协
主　席　李清平
副主席　李　瑛（女）　张仁喜　李世林
李良成　刘　斌

区纪委
杨宏军

杜集区

区委
书　记　张保成
副书记、区长　徐　涛
副书记　郑晓野
常　委　孙国华（—2016.4）
栗　红（女，2016.4—）
戚德新　王庆江　姜　灵（女）
毛啸箭　苗中治　谢　谢
王学成（2016.5—）

区人大
主　任　王建辉
副主任　宫继红（女）　王　振
刘　颖（女）

区政府
区　长　徐　涛
副区长　王庆江　谢　谢
王　蕾（女）　葛　益
陈明月　陆兴培（挂职）

区政协
主　席　欧阳林芝（女）
副主席　彭宪新　范浩然
徐　敏（女）　刘　影（女）

区纪委
书　记　孙国华（—2016.4）
栗　红（女，2016.4—）

烈山区

区委
书　记　胡百平
副书记、区长　岳军芝（女）
副书记　周无事
常　委　张　刚（—2016.5）　周　飞（2016.5—）
邓顶宇　栗　红（女，—2016.4）
孙国华（2016.4—）
吴成民（—2016.5）
胡家培　雷明星（2016.5—）
盛　磊（2016.5—）
张建忠（2016.5—）
赵先贺（2016.6—）

区人大
主　任　陈　琳
副主任　王文英　戴　玮　张友建　李晓潭

区政府
区　长　岳军芝（女）
副区长　周　飞（2016.5—）　邓顶宇
尤墩宇　张玉玲（女）
李祥礼　池圣洲

区政协
主　席　马建国
副主席　缪　瑾（女）　朱成武
田　骊（女）　王志祥

区纪委
书　记　栗　红（女，—2016.4）
孙国华（2016.4—）

专

文

■智慧城市建设

■淮海经济区核心区城市简介

智慧城市建设

作为第二批国家智慧城市试点市，淮北市通过与行业领军企业开展战略合作，运用云计算、大数据、物联网等技术，加大数据开发和信息共享力度，不断提升“互联网＋政务服务”水平和城市智慧度，企业和群众办事创业更加便捷，社会公众对放管服改革拥有了实实在在的获得感。2016年，淮北市荣获国家新型智慧城市模拟路演优秀城市奖、2016中欧绿色和智慧城市奖先行奖。

【编制“新型智慧城市建设总体规划和顶层设计”】 淮北市以五大发展理念为指引，编制完成《淮北市新型智慧城市整体规划和顶层设计（2016—2020年）》，并于4月22日通过市政府常务会议审议。该项目明确提出“民生服务”“产业转型”和“城市运行”三大建设目标，5项主要任务和24项具体工程。淮北市加强与国家信息中心等有关部门的高层对接，建立战略合作和业务指导关系，积极争创“国家新型智慧城市试点”，为推动城市可持续发展积蓄新动能。

【扩容市级政务云中心】 淮北市构建可按需分配、动态扩展的市级政务云平台，定期扩容软硬件支撑设备。该中心按照“大集中、大整合、大共享”原则，以公安人口信息为基础，融合40个部门业务数据信息3.99亿条，构建了人口库、证照文库和地理空间库，规划构建法人库、宏观经济分析库，打破信息孤岛，实现数据信息互联互通、充分共享；集中部署政府网站、社会服务管理信息化平台、政府权力清单运行平台和公共信用信息共享服务平台。市公务办公网、市政府门户网站群和市政府信息公开网站系统运转良好，实现市直、县区和乡镇三级党政机关的一体化办公以及信息资源集中发布。

【完善推广社会服务管理信息化四大业务平台】 淮北市建成一体化社区政务服务平台（一站通系统），将政务服务延伸到社区和村，全市174个社区、276个行政村已全覆盖，各部门下沉社区办事项总数达231项，涉及公安、民政、人社、卫计、残联等11个部门。政府权力清单网上运行平台全线开通，全市十大类政府权力事项和部分公共服务事项、13168项全部在网上运行，个人、法人可登录淮北市网上办事大厅申办事项。建成一体化社会治理平台（网格化管理），完成城区2.5维地图和主城区3维地图，完成网格划分及网格员队伍组建。建成一体化社区信息采集平台（一网清），依托网格员，实现对“人、地、事、物、组织、舆情”六要素信息的常态化采集上报和动态实时更新交换。

【“爱淮北”智慧城市门户和APP上线运行】 2016年10月，由淮北市人民政府主导的“爱淮北”智慧城市WEB门户和手机APP正式上线，实现网上办事、政务服务、信息查询、预约挂号、缴费订票、水电燃气手机缴费、查询个人信息、家政服务、公益服务、吃喝玩乐等应用，居民足不出户就能享受便捷生活服务。

【实施平安城市二期工程和智慧城管项目】 平安城市二期工程和智慧城管项目于2月22日正式开工，已完成基坑挖掘1418个（剩余345个），浇筑1389个（剩余374个），手井1390个，立杆859个；基础网络部分完成光缆施工1075个；移动警务系统试运行；边界接入完成设备安装和调试工作；机房装修部分全部完成。

【淮北市公共信用信息服务平台上线运行】 淮北市以“一网三库一平台”（一网是信用淮北网站；三库是个人征信库、企业征信库及社会组织征信库；一平台是社会征信服务平台）模式整合全市各级各部门的信用信息，推动信用信息共享服务，完善社会信用体系的支撑和保障。

【推进电、水、气、暖“四表”一体化采集建设】 淮北市利用电力系统现有的采集平台，大力推进水、电、气、暖等公共事业数据一体化远程抄收，减少抄表工作量和硬件重复建设，提升智能化社区建设水平。“四表合一”采集建设工程在凤凰城小区、国购小区开展的试点工作卓有成效。

淮海经济区核心区城市简介

淮北市 地处苏、豫、皖三省交界。下辖濉溪县、相山区、杜集区、烈山区，主城区为相山区。拥有淮北经济开发区、安徽（淮北）新型煤化工合成材料基地、濉溪经济开发区、凤凰山经济开发区、杜集经济开发区、烈山经济开发区、安徽省南北合作园区—濉溪芜湖现代产业园，全市总面积2741平方公里，建成区面积84.6平方公里；总人口217.9万人，其中市区常住人口104.8万人，城镇化率达61%。2016年获全国绿化模范城市、国家信用城市试点、国家低碳城市试点。2016 年，全市完成生产总值 799 亿元，增长 5%；财政收入 93.3 亿元，保持正增长；固定资产投资 958.9 亿元，增长 3.6%；规模以上工业增加值 463.7 亿元，增长 3.2%；社会消费品零售总额 315.9 亿元，增长 11.5%；进出口总额 6.1 亿美元，增长 6.3%；城镇、农村居民可支配收入 27248 元、10653 元，分别增长 6.1%、7.8%，物价基本稳定，实现充分就业。

济宁市 位于山东省西南部，地处鲁苏豫皖交接地带。下辖市中区、任城区、兖州区、微山县、鱼台县、金乡县、嘉祥县、汶上县、泗水县、梁山县、曲阜市、邹城市。全市总面积 11187 平方公里，人口 808.19 万人。济宁地区历史文化悠久，是东夷文化、华夏文明、儒家文化、水浒文化、运河文化的重要发祥地之一。据初步核算，2016 年全市实现地区生产总值 4301.82 亿元、按可比价格计算增长 8.0%；全市固定资产投资首次突破 3000 亿元，完成 3278.97 亿元、同比增长 13.4%；全年进出口总额 359.84 亿元、增长 6.5%；社会消费品零售总额完成 2071.89 亿元、增长 8.4%。城乡居民人均可支配收入 21854 元、增长 8.6%。其中，城镇居民人均可支配收入 29987 元、增长 7.5%；农村居民人均可支配收入 13615 元、增长 8.3%。城乡居民收入倍差降至 2.20，比上年同期缩小 0.02。

连云港市 位于江苏省北部，下辖新浦区、海州区、连云区 3 个市辖区，新海新区、连云新城 2 个城市功能区，灌南县、赣榆县、东海县、灌云县 4 个县级行政区。总面积 7499.9 平方公里，市区建成区面积 120 平方公里。连云港依山傍海，山海相连，港城相拥，是全国 49 个重点旅游城市和江苏省 3 大旅游区之一，拥有“中国优秀旅游城市”“中国旅游品牌十大目的地”“中国最佳旅游目的地”“中国旅游竞争力百强城市” “中国最令人向往的地方”等旅游品牌称号。境内拥有名胜风景区 17 个，素有“东海第一胜境”之称。2016 年，连云港市完成地区生产总值 2376.48 亿元，增长 7.8%；固定资产投资 2385.16 亿元，增长 14.8%；规模以上工业增加值 1302.48 亿元，增长 9.3%；社会消费品零售总额 933.31 亿元，增长 12.4%；进出口 704006 万美元，增长 -12.5%；城镇、农村居民可支配收入 27853 元、13932 元，分别增长 8.3%、9.0%。

商丘市 位于河南省东部，豫鲁苏皖四省结合处，辖夏邑、虞城、柘城、宁陵、睢县、民权、梁园区、睢阳区、永城市六县二区一市，总面积 10704 平方公里，人口 810 万人。商丘是全国商品粮生产基地、优质棉生产基地、优质种子生产基地、优质红富士苹果生产基地、无籽西瓜生产基地、酥梨和辣椒生产基地、山羊板皮生产基地和瘦肉型猪生产基地，是全国著名的“泡桐之乡”，为全国平原绿化先进市。煤炭储量达 100 亿吨的永夏煤田为全国六大无烟煤基地之一。商丘是淮海经济区核心区共同体城市、大京九经济协作带成员市、唯一中原经济区承接产业转移示范市。拥有国家级的商丘保税物流中心。2016 年，商丘市生产总值 1974.02 亿元，比上年增长 8.6%；人均生产总值 27124 元，比上年增长 8.4%；全年社会消费品零售总额 754 亿元，比 2015 年增长 12.9%；全年进出口总额 24622 万美元，比上年下降 18.1%。其中，出口总额 22798 万美元，下降 14.4%；进口总额 1824 万美元，下降 47.0%。

宿迁市 位于江苏省北部、地处长江三角洲地区，是长三角城市群成员城市，也是淮海经济圈、沿海经济带、沿江经济带的交叉辐射区。下辖沭阳县、泗阳县、泗洪县、宿豫区、宿城区、宿迁经济技术开发区、市湖滨新区，苏州宿迁工业园区和市洋河新区，总面积 8555 平方公里，总人口 555 万人。宿迁市是中国优秀旅游城市、国家园林城市、国家卫生城市、中国金融生态市、联合国环保节能新型示范城市。2016 年全市实现地区生产总值 2351.12 亿元，比上年增长 9.1%；人均 GDP 达 48309 元；规模以上工业企业实现产值 4313.56 亿元，比上年增长 13.0%；全年完成固定资产投资 955.72 亿元，比上年增长 10.6%。其中工业投资完成 785.68 亿元，增长 7.1%；全市固定资产投资完成 2059.58 亿元，比上年增长 12.0%；财政收支平稳增长，实现财政总收入 444 亿元；实现社会消费品零售总额 705.54 亿元，比上年增长 12.6%；实现进出口总额 24.22 亿美元，比上年下降 6.8%。其中出口 18.71 亿美元，增长 1.2%；进口 5.51 亿美元，下降 26.5%；居民人均可支配收入 18957 元，比上年增长 9.3%；按常住地分，城镇居民人均可支配收入 24086 元，增长 8.3%；农村居民人均可支配收入 13929 元，增长 9.1%。

宿州市 位于安徽省北部，东邻宿迁、徐州，西连商丘、淮北，北扼菏泽，南接蚌埠。下辖砀山、萧县、灵璧、泗县 4 个县，埇桥区 1 个区，1 个省级开发区、宿马现代产业园区和高新技术产业开发区，总面积 9787 平方公里，人口 651.66 万。宿州市是长三角城市群、中原经济区重要节点，宿淮蚌都市圈、宿淮城市组群城市，安徽区域中心城市之一。所辖四县一区均为全国著名粮棉大县，素有“果海粮仓”之称，小麦、玉米、花生产量居全省第一，萧砀百里黄河故道是全国最大的连片水果产区，灵璧、泗县均为全省畜牧十强县，砀山酥梨、萧县葡萄、符离集烧鸡、夹沟香稻米等名优特产久负盛名。煤层气探明储量 600 亿立方米，煤炭探明储量 60 亿吨，占淮北煤田储量的 75% 以上，是国家规划的 13 个大型煤炭基地之一。宿州市被誉为“书法之乡”和“杂技之乡”。2016年全市生产总值1351.82亿元，增长9.1%；财政收入139.80亿元，增长11.3%；固定资产投资1269.98亿元，增长12.1%；规模以上工业增加值405.60亿元，增长9.3%；社会消费品零售总额476.92亿元，增长12.3%；进口总额46971亿元；居民人均可支配收入15511元，增长9.1%，其中，城镇、农村常住居民人均可支配收入25533元和9917元，分别增长8.1%、8.5%。

徐州市 地处苏鲁豫皖四省接壤地区，下辖铜山、鼓楼、云龙、贾汪、泉山5个市辖区，丰县、沛县、睢宁3个县，邳州、新沂2个县级市。总面积11258平方公里，其中市区面积3037平方公里，人口866.9万人。徐州市是淮海经济区的中心城市，江苏省重点规划建设的四个特大城市和三大都市圈核心城市之一，国家“一带一路”重要节点城市，淮海经济区中心城市，长江三角洲区域中心城市，徐州都市圈核心城市。“楚韵汉风、南秀北雄”是徐州最为鲜明的地域文化特质。交通便捷发达，素有“五省通衢”之称，是全国重要的交通枢纽。2016年徐州市作为江苏省唯一城市正式列入国家“十三五”服务业综合改革试点。2016年，徐州地区生产总值5808.52亿元，人均生产总值66845元，超过1万美元。高新技术产业实现产值5177.46亿元，增长14.9%；实现农业总产值1052.65亿元；规模以上工业实现总产值14113.93亿元，同比增长15.0%；规模以上工业实现增加值3010.33亿元；社会消费品零售总额2659.39亿元，增长12.8%，增速居江苏省首位；进出口总额62.48亿美元，同比增长15.4%，其中，出口总额52.54亿美元，增长19.7%，2项增速均居江苏省首位。全年实际利用外资15.06亿美元；实现固定资产投资4797.33亿元，同比增长12.5%；亿元以上在建项目951个，同比增加378个，完成投资额增长32.7%，其中亿元以上新开工项目658个，同比增加233个，完成投资1417.07亿元，增长13.7%；县域地区生产总值4196.45亿元，规模以上工业增加值2508.15亿元，固定资产投资3480.41亿元，增长16.2%，社会消费品零售总额1316.29亿元，增长13.2%。

枣庄市 位于山东省南部，东依临沂，西靠微山，南接徐州，北临邹城。下辖市中区、薛城区、峄城区、山亭区、台儿庄区和滕州市。总面积4563平方公里，常住人口394万人，枣庄是山东省重要的现代煤化工、能源、建材和机械制造基地，新兴科技创新基地，鲁南地区中心城市之一枣庄是国家商品粮基地，是全国著名的“芸豆之乡”“土豆之乡”和无公害蔬菜基地。2016年9月，枣庄入选“中国地级市民生发展100强”之一。2016年，全市生产总值2142.63亿元，增长7.2%；公共财政预算收入147.40亿元，可比增长3.8%；规模以上工业增加值增长6.2%。其中，轻工业增长7.1 %，重工业增长5.8%，轻工业快于重工业1.2个百分点；固定资产投资1788.51亿元，增长10.0%；社会零售品销售总额892.3亿元，增长10.8%；进出口总额89.85亿元，下降9.4%。其中，出口81.21亿元，下降7.0%；进口8.64亿元，下降27.5%；居民人均可支配收入为20644元，增长8.2%。其中，城镇居民人均可支配收入为27708元，增长7.4%；农村居民人均可支配收入为13018元，增长8.1%。

经济论坛

■以“党建+”模式引领社区良性发展
■“三变”：激活农村发展一池春水

以“党建+”模式引领社区良性发展

——关于相山区春秋社区党建工作的调查与思考

相山区春秋社区现有居民2633户、7600余人，下设1个社区党总支、3个党支部，共有党员128人。近年来，该社区坚持以党建引领发展，积极探索社区党建工作的新模式、新方法，在社区党组织和党员干部带动下，仅仅几年时间，一个原本脏乱差的老旧社区，涅槃重生，焕发生机，蝶变成美丽文明的新家园，社区实现经济、政治、文化、社会、生态建设“五位一体”和谐发展。先后荣获“全省五四红旗团支部”“全省第四届文明社区”“淮北市先进基层党组织”“淮北市第二届文明社区”等称号。市委书记黄晓武对春秋社区“党建+”模式予以充分肯定，并要求在全市加以推广。近期，市委政策研究室对此进行专题调研，深感春秋社区实施“党建+”模式的成功探索，是新形势下加强城市基层党的建设的重大创新，也是推动社区和谐发展的有效方法。

一、“党建+创新创业”，集聚科学发展合力

春秋社区不断强化党建对创新创业的引领作用，优化环境，努力实现党建工作和创新创业的双向互动、同频共振。让“双创”氛围更浓。坚持传统手段与现代方法相结合，依托社区居民大会、党员代表大会、宣传栏和QQ群、微信群等平台，广泛宣传创新创业政策，及时传递创新创业信息，营造了“鼓励创新创业、支持创新创业、投身创新创业”的浓厚氛围，社区居民创业意愿不断增强。让“双创”环境更优。积极争创“创业型社区”和“诚信社区”，组织开展“诚信兴业、文明服务”等主题教育实践活动，大力营造“人人讲诚信、事事做诚信”的创新创业环境；成立由辖区400余户商户组成的自治商会，搭建了商户创业交流的信息平台，同时每月评选10户优秀商户、10户合格商户，发放流动红旗并给予奖励，引导商户规范经营、文明经营。让“双创”动力更足。依托社区劳动保障服务站，推动辖区商户、私营业主、企事业单位与就业人员的用工对接，106名下岗失业人员实现了再就业；举办创业典型报告会，开办社区就业技能培训班，邀请家政、财会等专家授课，提升群众的创业能力；针对创业人员资金短缺问题，积极协调银行、担保公司等金融机构，协助创业居民办理小额贷款1000余万元，今年以来，社区新增私营企业、个体工商户50余户，带动就业200余人。

二、“党建+社区管理”，促进社会和谐安康

春秋社区注重发挥党组织核心领导作用，积极推行人性化、网格化、立体化管理，为社区全面发展营造和谐的社会环境。实施人性化管理。坚持以人为本、执政为民，凡是社区内和群众有关的事项，都充分征求群众意见，保障群众的知情权、参与权和决策权，做到社区的事情居民提、居民议、居民监督。如在小区环境整治中，社区党总支先后召开社区居民大会、党员代表大会、社区党建联席会议、民主议事会、恳谈会，广泛听取群众对小区改造的建议，在此基础上形成了群众满意的整治方案。2016年，春秋社区召开居民议事会12次，讨论低保评定、物业管理等各类事务30余件，一批涉及群众利益的问题得以解决，居民满意率达到98%以上。实施网格化管理。将辖区居民楼划分为10个社区网格，组建了以党员网格责任人—党员楼栋长—党员信息员—党员志愿者服务队为主框架的网格管理队伍；制定了社区网格化管理制度，明确社区网格责任人、楼栋长、信息员工作职责，建立居住人口、驻区单位、特殊群体三本台账，并将民政、计生、就业、社保、综治等工作向网格下沉，社区管理实现了全方位、无缝隙、全覆盖。实施立体化管理。春秋社区作为开放式小区，居住人员复杂、社会矛盾易发，仅靠社区自身难以实现有效管理。为此，社区整合社会各方力量，成立了由城管人员、公安民警、网格员、志愿者组成的“四位一体”立体化管理队伍，健全完善联合管理工作机制，加强配合，整体联动，推动了矛盾纠纷和安全隐患的解决，促进了社区和谐发展。多年来，春秋社区未发生一起重大刑事案件，成为全市最稳定的社区，多次荣获“相山区平安社区”和“无毒社区”等称号。

三、“党建+环境再造”，装扮社区靓丽风景

春秋社区主动聚焦小区环境问题，抓住淮北市老旧小区改造机遇，在社区党组织带领下，大力实施环境再造工程，全力打造靓丽社区。环境整治抓细抓实。小区改造中，坚持问题导向，从群众反映最强烈的问题入手，科学确定改造方案。注重抓细抓实，将居民楼前小花园铲除，释放出的空间，铺设面包砖，设置晾晒区，修建健身点，划定停车位，此举既解决了小区停车难、一楼居民晾晒难和群众锻炼无场所问题，又让小花园蚊蝇丛

生、卫生环境差的状况得以从根本上解决。针对小区污水横流、管线杂乱、灯光黑暗等问题，将小区下水管道全部改粗、对破旧窨井盖进行更换，集中捆束空中管线，安装照明路灯，同时修补破损道路、涂刷老旧墙体、栽植绿化树木，原本脏乱差的小区环境面貌焕然一新。环境保持抓常抓长。好的环境关键在于长期保持。为此，社区党总支积极建制度、抓管理，加快建立环境保持长效工作机制。成立社区环卫保洁队和卫生环境保护队，实施居民“门前卫生三包”制度，加强环境卫生巡查监管，做到垃圾日产日清，定期组织党员志愿者开展小广告清理、出店经营劝导等活动，加强小区环境保护宣传，组织开展“卫生之家”“环保卫士”评选，引导群众自觉养成讲究卫生、保护环境的文明习惯，小区环境保持进入“人人参与、自我监督、自治管理”的良性轨道。

四、“党建 + 社区文化”，提升社区文化品位

春秋社区紧贴群众需求，以党的建设带动文化建设，构建公共文化服务体系，丰富群众文化生活，实现以文化凝聚人心、靠文化激发活力。建好社区文化主阵地。在社区办公楼内，建立了图书室、电子阅览室、多功能活动室，为社区党员群众提供了集学习、娱乐、休闲为一体的活动场所。利用楼栋墙面，打造社区“好人巷”，19 位群众身边好人上墙集中展示；210 个单元楼道入口墙面，绘制了 500 余幅国学经典名著、名人故事字画；每户居民一楼阳台外侧，悬挂印有社会主义核心价值观、淮北文明 18 条等内容的宣传展板，社区每个角落都成为文化宣传的主阵地。开启社区文化新生活。为更好地丰富群众精神文化生活，成立“春秋社区艺术团”“书香御园书画社”，充分利用小区广场和社区服务中心，组织开展社区趣味运动会、“老年赛歌会”“彩色周末”“欢乐大广场”等群众性文化活动，鼓励党员群众广泛参与自创自演特色文艺节目，以群众喜闻乐见的形式宣传党的路线方针政策。释放社区文化正能量。依托社区文化主阵地，定期举办宣讲会、先进报告会、演讲比赛，群众更多地被吸引到社区中来，到社区看书、上网、听报告成为群众的生活内容；楼道好人文化、传统文化的打造，让群众在耳闻目睹间，受到了教育熏陶，遵守社会公德、职业道德、家庭美德成为居民的自觉行为，邻里和睦，文明健康的良好风气加快形成。

五、“党建 + 民生服务”，增进社区居民福祉

春秋社区坚持以保障和改善民生为重点，健全服务体系，搭建服务平台，拓展服务内容，不断提升社区居民的获得感、幸福感。一是全方位服务。建成“社管通”一站式服务大厅，将社区党建、人口计生、劳动保障、民政等工作全部纳入服务窗口，健全规范全程受理、事项公开、首问负责、分办落实、限时办结、服务承诺等各项制度，社区政务服务体系不断健全，居民办事更加方便快捷。在单元楼道内设立公告栏，供水供电供气、管道疏通、家政服务等电话刻印其上，为群众生活提供了便利。多次邀请市人民医院、市爱尔眼科医院等专家来社区义诊，社区成为群众的服务之家。二是全覆盖服务。建立社区服务信息体系，社区居民、单位基本情况、服务需求信息全部录入微机，定期复核更新，实现服务对象、服务内容全覆盖。在做好社区普通居民服务的同时，把空巢、孤寡老人、残疾人以及困难户等弱势人群作为重点服务对象，建立关爱档案，做到三到场（即婚丧嫁娶到场、逢年过节到场、发生纠纷到场），让他们感受到党和政府的温暖。加强对辖区商户、企事业单位服务，及时宣传工商、税务、城市管理等政策法规，发布最新商业信息，定期邀请专家学者、政府人员来社区讲座授课，做好防火防盗等安全防范提醒，及时发布《每周治安播报》，加大社区巡逻力度，防范治安事件发生。三是全天候服务。社区建立了服务窗口 AB 岗、节假日值班等工作制度，细化社区工作职责、明确工作人员行为规范，做到在工作时间内，群众有事随来随办；设立社区少年之家活动室，指派责任心强、具有较高文化知识的社区工作人员和党员志愿者担任辅导员，辅导孩子作业，组织下棋、拼图等娱乐活动，解除了一些双职工、经营户孩子放学后无人看护的后顾之忧。建立社区 QQ 群、微信群，开设民情信箱、民情服务热线，印制爱心联系卡、便民服务手册，让居民享受 24 小时优质服务。

春秋社区探索实施的“党建 +”模式的生动实践，实现了社区良性和谐发展，赢得了政府、群众的双满意，引发了我们深刻的思考。

思考一：做好社区党建工作，必须始终把为民服务放在心上。观念决定行为。只有党员干部的思想认识提高了，全心全意为人民服务的宗旨牢固树立了，心系群众、服务群众，才能成为广大党员干部的价值追求和行动自觉，党建工作才能更有战斗力。春秋社区在党建工作中，始终把为民服务作为工作的出发点和落脚点，坚持从群众的角度看问题、想办法、办实事，以责任心提供优质服务、提高办事效率，以耐心化解矛盾纠纷、促进和谐稳定，以细心帮扶弱势群体、丰富社区文化，从而换来了群众的放心、舒心和开心，最终赢得了民心。

思考二：做好社区党建工作，必须与经济社会发展深度融合。推动经济社会发展，全面建成小康社会是我们党现阶段的战略目标。如果脱离发展这个中心，就党建抓党建，党建工作就会偏离正确方向，也失去了生命力。社区党建只有与经济社会发展深度融合起来，才能实现党建工作和经济社会发展的双向互促，良性互动。春秋社区坚持把党的引领作用、基层党组织的战斗堡垒作用、党员的先锋模范作用，充分体现于社区建设的各个环节，渗透到经济建设、文化建设、生态建设、社会建设各个方面。正是因为党建工作植根于经济社会发展之中，社区党建的路子才越走越开阔，越走越顺畅。

思考三：做好社区党建工作，必须与人民群众需求高度契合。群众的诉求是党建工作的方向。社区党建工作，只有贴近群众，把群众的需求放在首位，想群众所想，急群众所急，才能得到群众的真心拥护和支持。春秋社区坚持把党建工作与创新创业、社区管理、环境建设、社区文化、民生服务等群众关注的工作结合起来，倾听民意、化解民忧，一件件小事的解决，汇聚成群众对社区党组织的信任和支持。实践证明，群众的需求是党建工作的力量之源，只有自觉把广大人民群众的利益维护好、实现好、发展好，才能激发社区党组织的向心力、凝聚力，才能巩固和夯实党的执政之基。

思考四：做好社区党建工作，必须始终坚持改革创新不懈怠。创新是党建工作的动力源泉。春秋社区跳出党建抓党建，大力实施党建＋模式，是党建工作与时俱进、实现思维方式创新、方法手段创新、工作机制创新的重大探索。共驻共建机制、“四位一体”管理模式、“三心”工作法等一系列创新举措的实施，推动了社区党建工作水平的大提升。春秋社区的实践告诉我们，改革创新是社区党建工作的活力之源，只有以改革创新的精神推进社区党的建设，社区党建工作才能迸发新活力，党的事业才能蓬勃发展。

思考五：做好社区党建工作，必须打造一支高素质的党员队伍。上面千根线，下面一根针。党在城市的所有工作，都要依靠基层党员群众去完成。春秋社区党建工作之所以能够高效推动，就在于有一支勇于担当、甘于奉献，具有高度责任心的党员队伍。要把加强党员队伍建设作为社区党建工作的基础，在提高社区党员素质、加强监督管理的同时，对于社区党组织和基层党员，要在经费投入、政治待遇、生活保障上予以倾斜，进一步激发出社区党员的干事热情和内在动力，确保全市基层社区党组织良性运作。

（市委政策研究室）

“三变”：激活农村发展一池春水

——关于杜集区双楼村开展农村集体资产股份合作制改革试点的调查与思考

杜集区高岳办事处双楼村位于城市近郊，是全国开放式村部发源地，全村总人口5600多人。2016年3月，该村选择瓦房自然村启动实施农村集体资产股份合作制改革（以下简称“三变”改革）试点。围绕“经验可复制”“成果能推广”目标，该村积极探索、稳步实施，到当年12月全面完成改革试点工作，实现资源变资产、资金变股金、农民变股民的“三变”，村级集体经济得以壮大，农民财产性收入不断增加，激活了农村发展的一池春水，其改革做法受到副省长方春明的充分肯定。近期市委政研室联合市农委、杜集区，就双楼村“三变”改革试点工作情况进行深入调研。

一、变中求破——杜集区双楼村农村集体资产股份合作制改革试点的创新举措

开展“三变”改革，是加快构建新型农业经营体系，赋予农民更多财产权利的具体举措。作为我市第一批改革试点村，如何破好改革局、下好试点棋，双楼村进行了积极探索。

立足村庄实际，以“微单元”试点稳妥推进。一是选准“试点村”重点突破。双楼村是2008年由4个行政村合并而成，各村集体资产极不平衡，且群众改革意愿也不尽相同，如果以整村推进的方式开展改革，实施难度大，极可能引发新的矛盾和冲突，影响到村庄的和谐稳定。在全面掌握村情，充分征求群众意见的基础上，该村决定选择集体经济基础较好、群众改革意愿较强的瓦房自然村先行试点，破题开局。二是集中“大智慧”明确方向。组织部分村干部、党员代表和村民代表，赴北京市大兴区、顺义区和我省宣城市，学习借鉴外地改革经验。多次召开村“两委”会、党员大会、村民代表大会，研究讨论改革实施方案，重点就组织领导、改革重点、操作流程、保障措施等进行明确，经公示无异后，报街道办审核、区农委审批，确保了改革的正确方向。三是坚守“稳定线”规范运作。坚持稳字当头，守住集体资产不被侵蚀、农民利益不受损害这条改革底线，改革中坚决做到依法依规、规范运作，对于法律政策规定的严格按照规定办，没有法律政策依据的，在不违背国家、集体利益前提下，经村民讨论同意后，严格按照程序实施。加强对改革矛盾风险的防控，准确把握群众思想动态，加强矛盾排查，制定化解预案，及时将矛盾化解在萌芽状态。在推进改革中，该村未发生一起上访案件。

抓住关键环节，以“三清楚”要求有序推进。一是

清产核资查清楚。摸清家底是顺利推进“三变”改革的基础。只有资产“清”，群众才能心里“亮”。为此，该村推选德高望重、群众信得过的离职老村长、老党员、村民代表和村“两委”主要负责同志共同组成清产核资小组。在区、街道有关人员现场指导监督下，采取发放资产登记卡、实地测量等方法，对村集体资产全面分类登记造册。委托具有资质的淮北淮信资产评估事务所，对集体资产进行评估，经评估该村集体经营性资产为811万元，群众对此予以认可。二是身份界定弄清楚。统筹考虑户籍关系、土地承包经营权情况、生产生活历史以及对集体资产贡献大小等因素，制定《双楼村集体资产股份制改革人员身份界定方案》，并在村部和村民小组公告。指派公道正派的村民，挨家挨户开展摸底登记，外出务工人员以电话告知，做到登记村不漏户、户不漏人，经户主签字和按手印确认后，汇总成册并张榜公布界定结果。三是股权配置分清楚。科学民主确定折股量化的资产范围和量化方式。将双楼村集体经营性资产全部量化到村集体和集体经济组织成员，按照3∶7的比例划定集体股和个人股。针对村集体资产主要部分是村造纸厂，为更好地体现公平合理，经过全体村民讨论决定，凡造纸厂破产前年满18周岁的本村人员在享受1股基本股的同时，另享受一股农龄股。

坚持民主公开，以“直通车”手段阳光推进。一是让群众知晓事不漏项。围绕“为什么改、改什么、怎么改、改有什么好处”，该村通过悬挂横幅、张贴标语，进家入户发放“明白纸”、辅导资料，对村改革组织者、实施者进行培训等多种方式，加大对改革目的意义、实施步骤等进行全方位、全覆盖宣传，真正使改革做到家喻户晓、人人皆知，推进改革势在必行，实施改革我必参与，成为广大村民的共识。在启动改革摸底中，瓦房村群众改革支持率达到90%以上。二是让群众决策不包办代替。将权力交给村民，在试点村确立时，镇村不下死命令，而是听取群众意见，绝大多数群众愿意搞才启动实施。改革中，涉及身份界定、股权量化都由群众自主决策。双楼村书记徐亲振说，仅确定改革试点村这件事，村里就先后召开3次村两委会进行商议，经党员大会审议和村民代表会议决议，才最终把这件事定下来，群众对此非常满意。三是让群众监督不留盲区。始终把改革置于群众监督之中，对于清产核资、身份界定、股权量化等涉及群众利益的重大事项进行三榜公示，改革实施中坚持做到一碗水端平、坚决杜绝暗箱操作，确保了改革的阳光公正。改革测评显示群众满意度达到99%以上。

强化上下联动，以“大团队”模式协同推进。一是组织领导齐发力。市委、市政府高度重视“三变”改革，将其列入年度全面深化改革目标任务，制定出台《全市农村集体资产股份合作制改革试点工作指导意见》，从宏观层面加强对改革的指导。市农委、杜集区、高岳街道办事处、双楼村分别成立了改革试点领导小组，配齐配强工作人员，健全完善工作机制，制订改革方案，推动改革实施。二是推动落实一体化。工作中，坚持做到市、区、街道、村四级联动，做到一体化协同推进。实施一竿子插到底调度，市农委、杜集区定期深入双楼村开展专项督察，加强指导监督；杜集区出台《集体资产股份合作制改革工作流程》《按月报送专项制度》《季度分析专项制度》等文件，明确“时间表”，划定“路线图”，确保改革按照“六个阶段、八步程序”扎实规范推进。双楼村结合实际，认真做好改革各项具体工作。三是保障支持全方位。强化业务指导，市农委3次组织区、街道办相关人员及试点村两委成员参加市级培训班，系统学习改革试点的政策文件，全面掌握改革试点工作的政策、步骤和方式方法。强化经费保障，杜集区安排4万元资金，专项用于试点改革工作。强化工作指导，市农委、杜集区、高岳街道办抽调多名业务骨干，蹲点驻村，全力做好改革的业务指导、政策解读、协调联络。

二、变中求赢——杜集区双楼村农村集体资产股份合作制改革试点的综合功效

双楼村通过开展“三变”改革，增加了农民财产性收入、壮大了村级集体经济，完善了村级治理结构，推动了双楼村的良性和谐发展。

一是保障了农民集体财产权利的实现。改革前，村集体资产由村民共同共有，管理使用由村两委负责，村民对集体资产“看得见、摸不着”，对此漠不关心。改革后，村级集体资产折股量化到每个成员，农民对集体资产股份占有、收益、继承的权利得到有效保障，群众成为集体资产和集体经济的受益者，对集体资产的运营使用更加关心关注了，也促进了集体资产的保值增值。据了解，改革后双楼村集体资产得到盘活，以前造纸厂闲置土地每年3万元对外租赁都无人问津，现在对外承包年租金达到16万元，鱼塘也重新丈量发包，村集体资产年增收近30万元。

二是加快了农村封闭经济向市场经济的转变。“三变”改革，村里成立了亿丰源股份合作社，搭建了村级集体经济组织走向市场的大平台，农村集体经济加快从封闭走向开放。农民和集体之间按股分配利益联结机制的构建，倒逼着合作社董事会成员想思路、谋发展，农村经济发展的内生动力不断增强。调研中，双楼村党支部书记、亿丰源农业合作社董事长徐亲振介绍说，“下一步，我们将依托合作社，围绕集体资产做文章，通过招商引资、合作开发等多种方式，进一步盘活集体资产，让它发挥出更大的效应、创造出更高的价值”。

三是推动了农村社会治理结构的变革。改革后，双楼村形成了以村党支部、村委会、农民专业合作社“一体两翼”的新型治理结构，农村基层组织职能进一步理顺。党组织从复杂的经济事务中解放出来，专司基层党建工作。村委会回归村务管理和服务，集中精力搞好村民自治、村务管理和公共服务。集体经济组织负责集体资产运营和管理，通过发展壮大村级集体经济，增加村民的财产性收入。

四是促进了农村社会的和谐稳定。改革后，村集体资产总额情况、使用状况等全部公开、一清二楚，群众有了“明白账”，心里更加敞亮了。集体资产交由合作社经营，制订完善了资源管理、资产运营、收益分配等一系列制度，有效杜绝了集体资产流失现象发生，群众更加放心了。改革的实施，也让村干部与群众联系更加密切了，村支部的凝聚力不断增强，认可度不断提高，有效维护了农村社会和谐稳定，巩固了党在农村的执政基础。

三、变中求思——杜集区双楼村农村集体资产股份合作制改革试点的深刻启示

双楼村“三变”试点改革的实践探索，其典型做法无疑对我市全面推开改革有着很好的借鉴意义，也给我们带来了深刻的思考和启示。

启示一：抓好“三变”改革，必须因地制宜。改革无定式。各村之间由于经济发展水平、集体资产状况、村民改革意愿等情况各不相同，这就决定了改革不能一个模式、一刀切，必须立足实际，因村施策。双楼村在推进改革中，坚持把上级改革精神和本村实际结合起来，在改革试点村庄确定上，不是一味贪大求全、整村推进，而是试点先行，抓点带面；在改革方案制定时，不是拿来主义、照搬照抄，而是结合村情、科学确定，从而走出了一条具有双楼特色的改革之路。

启示二：抓好“三变”改革，必须尊重民意。群众是改革的主体，没有群众的理解、支持和参与，改革是不可能取得成功的。双楼村在推进改革中，注重发挥群众的主体作用，无论是改革决议、改革形式、改革方案的制定，还是身份的界定标准、股份的如何量化等具体工作，都充分征求群众意见，真正让群众自己做主、自己决定。群众在改革中感受到了主人翁地位，对改革的认同感不断增强，从而激发了群众参与改革的热情和动力。

启示三：抓好“三变”改革，必须“稳”字当头。改革绝不能牺牲稳定，如果因改革破坏了稳定，改革也就失去了意义。双楼村在推进改革中，始终把维护稳定放在首位，坚持在稳定的大局下谋划和推动改革，努力做到以改革促稳定，以稳定保改革。工作中，严格依法依规操作，切实做到公开公平公正，积极稳妥处理好各种利益关系，全力做好矛盾风险的防控和化解，最大限度地维护了群众的利益，从而实现了改革和稳定的良性互动。

启示四：抓好“三变”改革，必须勇于创新。创新是推动改革的强大动力。在不违背中央改革精神原则下，就要鼓励群众大胆地闯、大胆地试，唯有如此，改革才能取得突破，取得更大的成效。双楼村在推进改革中，注重激发群众的创新创造热情，着力在创新体制机制、工作方式方法上下功夫。如通过建立股份合作社，搭建起集体资产高效运营的平台；创新开展集体资产第三方评估，赢得了群众的认可；创新实施的按贡献给予农龄股的做法，确保了股份量化的公正合理。

启示五：抓好“三变”改革，必须集聚合力。“三变”改革是一项系统工程，各级党委政府、村级组织和广大群众必须通力协作、共同推进。双楼村在推进改革中，市区街道三级党委政府，加强组织领导，严格落实责任，强化监督指导，把好改革方向；农业、林业、发改、财政、国土、工商等部门各司其职，通力协作；村级组织奋战一线，精心实施；广大农民群众积极参与、勇于创新，从而汇聚起推动改革的强大合力，确保了改革的保质高效完成。

（市委政策研究室）

附录

■淮北市2016年国民经济和社会发展统计公报

■文件辑存

统计资料

淮北市 2016 年国民经济和社会发展统计公报

2016 年，面对复杂多变的宏观经济形势，市委、市政府牢固树立和贯彻落实发展新理念，认识适应引领经济发展新常态，团结带领全市人民，坚持稳中求进工作总基调，以供给侧结构性改革为主抓手，统筹推进稳增长、调结构、惠民生、防风险工作，全市经济稳中有进，各项事业全面发展，社会大局和谐稳定，为实现淮北转型崛起奠定了坚实基础。

一、综合

年末全市户籍人口 216.5 万人，比上年增加 411 人；常住人口 220.8 万人，比上年增加 2.9 万人，增长 1.3%。户籍人口城镇化率 50.1%，比上年提高 2.0 个百分点；常住人口城镇化率 62.1%，比上年提高 1.4 个百分点。全年人口出生率 12.83‰，比上年上升 0.57 个千分点；人口死亡率 4.44‰，比上年下降 0.24 个千分点；人口自然增长率 8.39‰，比上年上升 0.81 个千分点。

表 10　　2016 年末全市户籍人口及构成

指标	年末数（人）	比重（%）
全市户籍人口	2165386	—
其中：城镇人口	1084308	50.1
乡村人口	1081078	49.9
其中：男性	1111582	51.3
女性	1053804	48.7
其中：0 ~ 17 岁	450398	20.8
18 ~ 34 岁	579901	26.8
35 ~ 59 岁	783400	36.2
60 岁以上	351687	16.2

初步核算，全年全市实现地区生产总值（GDP）799.0 亿元，按可比价格计算，比上年增长 5.0%。其中第一产业增加值 61.6 亿元，增长 3.2%；第二产业增加值 450.2 亿元，增长 3.3%；第三产业增加值 287.3 亿元，增长 8.1%。三次产业结构比例为 7.7:56.3:36.0，与上年相比，一产比重下降 0.1 个百分点，二产比重下降 1.8 个百分点，三产比重提高 1.9 个百分点。人均生产总值 36427 元，比上年增加 1370 元，按可比价格计算，增长 3.8%；按年均汇率折算为 5484 美元。

表 11　　2016 年全市生产总值（GDP）

指标	完成数（亿元）	比上年增长（%）
地区生产总值	799.0	5.0
农林牧渔业	64.3	3.6
工业	411.2	3.3
建筑业	39.4	4.2
批发和零售业	57.6	6.3
批发业	42.6	6.1
零售业	15.0	7.0
交通运输、仓储和邮政业	31.8	4.5
住宿和餐饮业	17.1	7.3
住宿业	7.7	7.6
餐饮业	9.4	7.0
金融业	37.3	20.0
房地产业	30.3	1.3
房地产业（K 门类）	11.8	-5.3
自有房地产经营活动	18.5	5.0
其他服务业	110.0	8.4
营利性服务业	41.9	16.3
非营利性服务业	68.1	3.9
第一产业	61.6	3.2
第二产业	450.2	3.3
第三产业	287.3	8.1

全年居民消费价格上涨 1.3%，构成居民消费的八大类商品价格“六涨一降”。其中食品烟酒类价格上涨 3.2%，衣着类上涨 0.9%，生活用品及服务类上涨 1.3%，教育文

化和娱乐类上涨2.5%，医疗保健类上涨4.8%，其他用品和服务类上涨2.9%；居住类下降0.6%，交通和通信类下降3.5%。工业生产者出厂价格下降2.0%；工业生产者购进价格下降0.5%，其中燃料动力类价格上涨3.6%。

表12 2016年价格指数（以上年为100）

指标名称	指数
居民消费价格指数（CPI）	101.3
食品烟酒	103.2
#粮食	98.9
鲜菜	111.7
畜肉	110.6
水产品	105.5
蛋	99.0
鲜果	91.7
衣着	100.9
居住	99.4
生活用品及服务	101.3
交通和通信	96.5
教育文化和娱乐	102.5
医疗保健	104.8
其他用品和服务	102.9
商品零售价格指数	100.5
工业生产者出厂价格指数	98.0
工业生产者购进价格指数	99.5
燃料、动力类购进价格指数	103.6

全年新增城镇就业岗位42707个，7424名下岗失业人员实现再就业，年度城镇登记失业率4.16%。年末全市从业人员118.5万人，比上年增加2.2万人。其中，第一产业从业人员38.1万人，比上年减少0.1万人；第二产业从业人员37.0万人，比上年减少0.5万人；第三产业从业人员43.4万人，比上年增加2.8万人。推进商事制度改革，在全省较早实行“五证合一、一照一码”登记制度；全年新增私营企业4141户，新增注册资金275.7亿元；新增个体工商户12713户，新增个体从业人员28346人。年末全市实有个体工商户99248户，个体从业人员30.7万人；实有私营企业18475家，注册资金966.4亿元。

二、农业

全年实现农林牧渔业总产值（现价）108.3亿元，按可比价格计算，比上年增长3.6%。其中农业总产值56.2亿元，增长2.7%；林业总产值4.3亿元，增长13.5%；牧业总产值38.8亿元，增长3.7%；渔业总产值4.8亿元，增长4.0%；农林牧渔服务业总产值4.2亿元，增长7.1%。全年粮食播种面积364.8万亩；粮食生产实现“十三连丰”，全年粮食总产量达到126.9万吨，其中夏粮94.8万吨，下降0.1%，秋粮32.1万吨，下降8.0%；小麦单产稳定在千斤以上，每亩产量达到500.2公斤。油料产量4366吨，下降8.6%；棉花产量681吨，下降19.3%；水果产量15.0万吨，增长6.4%，蔬菜产量48.8万吨，下降5.2%。全年人工造林面积1939公顷，森林抚育面积11791公顷，四旁（零星）植树399.3万株；年末林木蓄积量350万立方米，森林覆盖率19.7%。全年猪、牛、羊、家禽分别出栏69.0万头、1.2万头、43.0万只和2100.5万只，分别增长0.2%、8.6%、3.0%和9.3%；肉类总产量9.8万吨，增长3.0%；禽蛋产量6.1万吨，增长2.0%；奶类产量3.0万吨，增长28.8%。水产品产量3.0万吨，增长2.6%。年末全市生猪存栏46.9万头、牛存栏1.7万头、羊存栏21.2万只、家禽存栏919.6万只。

年末全市农业机械总动力296.1万千瓦，比上年增长3.0%；农用排灌动力机械1.3万台，与上年基本持平；农用拖拉机11.9万台，下降0.6%；农用运输车1.8万辆，增长3.3%。全年完成机耕作业面积190.4千公顷，机播面积232.7千公顷，机收面积221.7千公顷。全年农药使用量3257吨，化肥使用量（折纯量）10.6万吨，农村用电量32309万千瓦时。

表13 2016年主要农产品产量

产品名称	完成数（吨）	比上年增长（%）
粮食	1268831	-2.2
#夏粮	948024	-0.1
秋粮	320807	-8.0
油料	4366	-8.6
#花生	2268	-6.9
油菜籽	1661	-9.7
棉花	681	-19.3
蔬菜	487739	-5.2
水果	149570	6.4
肉类	97640	3.0
禽蛋	61179	1.9
水产品	29690	2.5

三、工业和建筑业

全年完成全部工业增加值411.2亿元，比上年增长3.3%，工业占GDP的比重为51.5%，对全市经济增长的贡献为35%，拉动全市GDP增长1.7个百分点。全年新增规模以上工业企业109家，总数达到838家；规模以上工业增加值增长3.2%。36个行业中21个行业增加值实现增长，其中电力行业增长36.2%，机械制造、食品、纺织服装和建材业分别增长6.2%、5.4%、0.4%和6.4%；煤炭和炼焦行业分别下降3.9%和1.5%，非煤工业占全市工业增加值比重为71.7%，比上年降低0.5个百分点。全年战略性新兴产业实现产值282.5亿元，增长6%，占规模以上工业比重达到15.4%；高新技术产业实现增加值114.0亿元，增长5.3%，占规模以上工业比重达到24.6%。

在重点统计的13种工业产品中，有7种产量实现增长。其中，发电量197.1亿千瓦时，增长28.4%；白酒40145千升，增长12.7%；服装6218.7万件，增长1.7%；焦炭253.8万吨，增长11.0%；水泥985.1万吨，增长4.0%。全年原煤产量4500.3万吨，下降13.6%；洗精煤1434.7万吨，下降7.4%；纱5.9万吨，布10335.1万米，分别下降1.5%和3.2%。

全年规模以上工业企业实现主营业务收入2376.5亿元，比上年增长2.3%；实现利税150.6亿元，增长45.8%，其中利润73.8亿元，增长122.6%。工业经济效益综合指数221.9%，比上年提高14.2个百分点；产品产销率98.03%，比上年下降0.55个百分点。

2016年全市规模以上工业增加值增长速度

表14

指标	比上年增长（%）
工业增加值	3.2
其中：轻工业	3.4
重工业	3.1
其中：煤炭行业	–4.0
电力行业	36.2
煤化工业	–1.6
机械制造	6.2
食品工业	5.4
纺织服装	0.4
建材行业	6.4

2016年工业主要产品产量及增长速度

表15

产品名称	计量单位	完成数	比上年增长（%）
原煤	万吨	4500.3	–13.6
洗精煤	万吨	1434.7	–7.4
发电量	亿千瓦时	197.1	28.4
小麦粉	万吨	139.3	3.4
饲料	万吨	176.6	1.4
饮料酒	千升	141473	9.8
白酒（折65度商品量）	千升	40145	12.7
啤酒	千升	101184	8.7
纱	吨	59011	–1.5
布	万米	10335.1	–3.2
服装	万件	6218.7	1.7
焦炭	万吨	253.8	11.0
水泥	万吨	985.1	4.0
瓷质砖	万平方米	1388.1	–5.7
日用玻璃制品	吨	71422	–0.3

年末全市资质内总承包和专业承包建筑业企业47家，从业人员21743人；全年完成建筑业总产值34.0亿元，下降23%；竣工产值24.9亿元，增长3.0%；建筑业劳动生产率15.6万元/人。全年房屋建筑施工面积214.9万平方米，竣工房屋面积55.1万平方米。

四、固定资产投资

全年累计完成固定资产投资958.9亿元，增长3.6%。其中，项目投资866.8亿元，增长11.5%；房地产投资92.1亿元，下降37.7%。从三次产业看，第一产业投资21.8亿元，下降29.1%；第二产业投资540.1亿元，下降6.1%；第三产业投资397.0亿元，增长24.3%。从工业投资看，全市工业完成投资486.9亿元，下降13.7%。其中，采矿业投资9.9亿元，下降73.1%；制造业投资447.6亿元，下降5.3%；电力、燃气和水的生产供应业投资29.5亿元，下降46.2%。

全年房地产开发完成投资92.1亿元，比上年下降37.7%，其中住宅投资60.8亿元，下降33.9%。房屋施工面积1427.2万平方米，下降1.4%；房屋竣工面积176.4万平方米，增长9.1%；商品房销售建筑面积119.1万平方米，下降5.9%，其中住宅销售建筑面积112.1万平方米，下降2.6%。

全年安排重点项目498个，完成投资443.0亿元。申能安徽平山电厂一期超临界燃煤机组并网发电，煤化工基地焦化二期、卓泰一期项目建成投产，传化物流项目公路港主体功能区投入运营。S101合相路一期建成通车，S203煤化工快速通道全线贯通，梧桐中路、符夹线扩能改造配套道口、中湖治理、烈山卧牛山山体修复及景观建设、金龙机电二期触摸模组及安徽理士电子等项目已开工正在加快建设。

2016年全市分行业固定资产投资额及增长速度

表16

行业	投资额（万元）	比上年增长（%）
固定资产投资	9588824	3.6
第一产业	217800	-29.1
第二产业	5400731	-6.1
#工业投资	4869101	-13.7
采矿业	98734	-73.1
制造业	4475572	-5.3
电力行业	294795	-46.2
第三产业	3970293	24.3

五、国内贸易

全年社会消费品零售总额315.9亿元，比上年增长11.5%。按经营地统计，城镇消费品零售额253.1亿元，增长11.3%；乡村消费品零售额62.7亿元，增长12.2%。按消费类型统计，商品零售额301.7亿元，增长11.3%；餐饮收入14.1亿元，增长15.9%。从限额以上单位商品零售类值看，全市粮油、食品类商品零售额25.5亿元，增长10.2%；饮料类商品零售额4.4亿元，增长8.4%；烟酒类商品零售额8.8亿元，增长6.1%；服装鞋帽、针、纺织品类商品零售额8.2亿元，下降3.1%；日用品类商品零售额7.0亿元，增长8.4%；家用电器和音像器材类商品零售额7.8亿元，增长4.8%；中西药品类商品零售额2.1亿元，增长7.3%；石油及制品类商品零售额14.0亿元，下降2.0%；汽车类商品零售额27.7亿元，增长20.3%。全市纳入统计的10家开展网络零售业务的限额以上批发零售企业，实现网上零售额1.7亿元，增长146.5%。

六、对外经济和旅游业

全年进出口总额61320万美元，比上年增长6.3%，其中出口57038万美元，增长4.5%。从贸易结构看，一般贸易出口54385万美元，增长7.4%，加工贸易出口2646万美元，下降33.0%；从产品结构看，机电产品出口15601万美元，下降4.6%，高新技术产品出口13152万美元，增长15.3%，纺织服装出口9826万美元，下降19.3%。全市完成进口4283万美元，增长32.2%。全年新批外商投资企业2家，实际利用外商直接投资64780万美元，比上年增长8.0%。全年招商引资规模项目实际完成固定资产投资158.7亿元，引进并开工协议投资5亿元以上项目15个。

全市有相山风景区、隋唐大运河博物馆、龙脊山风景区、南湖风景区、双堆集烈士陵园、临涣文昌宫淮海战役总前委旧址及东湖风景区等9处A级景区，其中4A级景区2处，3A级景区3处，2A级景区4处；拥有口子国际大酒店及相王府宾馆等星级宾馆4家，其中五星级1家，3星级2家，2星级1家；旅行社36家，省级旅游农家乐21家，旅游商品定点企业11家，旅游从业人员3261人。全年共接待海外游客21340人次，比上年增长15.1%；接待国内游客824.1万人次，增长15.2%。旅游外汇收入926.5万美元，增长15%；国内旅游收入44.3亿元，增长15.2%。成功举办2016淮北食品工业博览会、淮北煤基新材料及化学品发展论坛、石榴文化旅游节、段园大庄葡萄节等活动。

七、交通、邮电

全年公路客运量1736万人，旅客周转量149220万人公里，公路货运量12469万吨，货运周转量1980834万吨公里。年末全市公路里程4182.1公里（包括村道）。其中高速公路95.0公里，国道155.0公里，省道123.5公里，县道532.7公里，乡道622.0公里，村道2653.1公里。年末全市民用汽车拥有量20.6万辆，比上年增长14.9%，其中私人汽车拥有量18.1万辆，增长16.1%。

全年邮政行业完成业务总量3.0亿元，较上年增长30.6%；实现业务收入2.0亿元，比上年增长27.1%。其中快递业务量达到788.0万件，比上年增长49.4%；快递业务收入0.8亿元，比上年增长50.2%。年末全市邮政营业网点56个，机要通信网点2个，村邮站16个，信箱（筒）58处。全市共有快递企业25家，其中邮政速递物流公司（EMS）1家，民营快递企业24家，快递网点145个，各类车辆479辆，从业人员668人。

全年电信业务收入12.6亿元，比上年增长3.8%。年末固定电话用户22.2万户，比上年减少2.7万户，其中城市电话用户13.0万户，农村电话用户9.2万户。年末移动电话用户161.9万户，比上年增加5.2万户。全市电话普及率达到85.1部/百人。年末国际互联网宽带接入用户42.4万户，比上年增加4.9万户。

八、财政、金融和保险业

全年完成财政总收入93.3亿元，比上年增长0.1%。其中地方一般预算收入59.2亿元，比上年减收1.1亿元，下降1.8%；上划中央收入32.5亿元，比上年增收1.3亿元，增长4.2%；出口货物退增值税1.5亿元，下降17.0%。分级次看，市级财政收入63.0亿元，下降2.7%；濉溪县财政收入30.3亿元，增长6.4%。全市完成财政支出142.7亿元，增长8.5%。其中一般公共服务支出12.7亿元，增长16.9%；教育支出25.7亿元，增长15.4%；文化体育与传媒支出2.3亿元，增长4.3%；节能环保支出6.7亿元，增长183.2%；农林水事务支出12.6亿元，增长8.7%；社会保障和就业支出15.4亿元，下降4.1%；医疗卫生与计划生育支出12.6亿元，下降7.0%；交通运输支出11.6亿元，下降3.0%。

表17

2016年财政支出情况

项目	完成数（万元）	比上年增减（%）
财政总收入	933126	0.1
上划中央收入	324692	4.2
#税收收入	321421	3.8
地方一般预算收入	591763	-1.8
#税收收入	396866	-6.1
出口货物退增值税	15217	-17.0
国有资本经营预算收入	1454	1430.5
财政支出合计	1426554	8.5
#一般公共服务支出	126929	16.9
公共安全支出	67811	27.7
教育支出	256519	15.4
科学技术支出	9646	-28.3
文化体育与传媒支出	22914	4.3
社会保障和就业支出	154124	-4.1
医疗卫生与计划生育支出	125693	-7.0
节能环保支出	66546	183.2
城乡社区事务支出	144933	-23.5
农林水事务支出	126030	8.7
交通运输支出	116458	-3.0

年末全市金融机构人民币各项存款余额1321.8亿元，比年初增加286.0亿元，比上年增长27.6%；其中住户存款余额654.9亿元，比年初增加71.4亿元，增长12.2%；金融机构人民币各项贷款余额795.5亿元，比年初增加93.8亿元，增长13.4%。金融存贷比60.2%，比上年下降7.6个百分点。

表18

2016年末全市金融机构人民币各项存贷款余额及增长速度

指标	年末数（亿元）	比年初增加（亿元）	比上年末增长（%）
金融机构人民币各项存款余额	1321.8	286.0	27.6
住户存款	654.9	71.4	12.2
非金融企业存款	252.9	51.1	25.3
广义政府存款	337.3	87.1	34.8
金融机构人民币各项贷款余额	795.5	93.8	13.4
住户贷款	164.5	8.5	5.4
非金融企业及机关团体贷款	631.0	85.3	15.6
短期贷款	308.3	38.2	14.3
中长期贷款	280.8	34.8	14.0

全年保险公司保费收入27.6亿元，比上年增长24.5%。其中，人寿保险保费收入16.9亿元，财产保险保费收入10.7亿元。支付各类赔款及给付13.7亿元。其中人寿保险业务给付8.4亿元，综合赔付率49.8%；财产险业务赔款5.3亿元，赔付率49.2%。

全市4家证券机构证券账户（沪深合计）数量12.9万户，比上年增长11.2%；证券代理交易额1462.9亿元，比上年下降46.8%。中投证券、阳光人寿落户淮北，省股权托管交易中心皖北融资中心开业运营，成为全省唯一的区域股权市场融资中心。3家企业在“新三板”挂牌，38家企业在省区域四板挂牌。

九、教育和科学技术

年末全市共有普通高等院校3所，当年招生10668人，在校学生38168人，当年毕业学生8932人。各类中等职业学校12所，其中普通中专学校4所，成人中专学校2所，职业高中6所；在校学生18058人，当年招生5374人，当年毕业学生10858人。普通中学122所，在校学生103549人。其中高中22所，在校学生40444人，当年招生13460人；初中100所，在校学生63105人，当年招生21799人。小学311所，在校学生144577人，当年招生25756人；幼儿园276所，入园儿童73016人。小学适龄儿童入学率100%，初中学龄人口入学率99.47%；小学毕业生升学率达到99.34%，初中毕业生升学率达到89.35%。年末全市中小学共有教职工18062人，其中专任教师16683人。全市各级各类学校（不包括高校）校舍建筑总面积362.3万平方米；普通高中生均占有校舍建筑面积17.9平方米，普通初中生均占有校舍建筑面积16.9平方米，小学生均占有校舍建筑面积5.9平方米，中职生均占有校舍建筑面积35.2平方米。

2016年全市各类学校基本情况

表19

指标	学校数（所）	招生数（人）	在校生数（人）	毕业生数（人）
普通高等教育	3	10668	38168	8932
中等职业教育	12	5374	18058	10858
高中	22	13460	40444	15516
初中	100	21799	63105	21034
小学	311	25756	144577	21943

积极培育和发展高新技术企业，新认定高新技术企业21家，全市规模以上高新技术企业达到76家，占规模以上工业企业的比重为9.4%；全年高新技术产业实现总产值477.9亿元，增长1.8%，增加值114.0亿元，增长5.3%。获批省级科技项目13项；获省科技进步二等奖2项、三等奖6项。全年共签订各类技术合同253项，增长175.0%，完成技术交易额1.7亿元。全年专利申请量与授权量分别为2604件和909件，其中发明专利申请量与授权量分别为1572件和365件，分别比上年增长2.4%和22.1%，拥有有效发明专利890件，每万人有效发明专利拥有量4.08件。

全年全市产品质量监督抽查190家企业7类17种576个批次产品和商品，完成强制检定计量器具29890台（件、组），强检计量器具受检率达到96.0%。年末全市共有省名牌产品54个，国家地理标志保护产品3个。

全市有气象台站2个，开展121电话天气自动答询的台站1个；开展人工影响天气业务的单位2个；防雹、增雨累计收益面积595平方公里，增雨量297.5万立方米。全市有天气预报服务网站3个。全年降水量980.5毫米，年平均气温15.7摄氏度，无霜期251天。

十、文化、卫生和体育

年末全市有广播电视台2座，广播电台3座，中波发射台1座，电视转播台2座，有线电视和有线数字电视户数分别为31.0万户和18.6万户，全市广播综合人口覆盖率100%，电视综合人口覆盖率96%。全市共有7家数字影院，52块影幕。全市有文艺表演团体28家，其中国有艺术院团2家。国有博物馆5家，公共图书馆5家。全年共举办大型文化活动40场，群众性文化活动116次，专业文艺团体演出303场，各类表演团体送文化下乡213场，创作剧（节）目32个。全年全市报纸出版发行269万份，销售收入920万元；出版物发行单位135家，销售总额16358万元。

年末全市共有卫生机构712个（含村卫生室），床位12204张，卫生技术人员10845人。其中医院70个，床位9303张，卫生技术人员7012人，执业医师及助理医师2511人；乡镇及街道卫生院28个，床位1320张，卫生技术人员1313人，执业医师及助理医师630人；妇幼保健院（所、站）6所，床位220张，卫生技术人员313人，执业医师及助理医师155人；疾病预防控制中心5所，卫生技术人员152人，执业医师及助理医师99人；诊所、卫生所、医务室119个，执业医师及助理医师121人；村卫生室306所，执业医师及助理医师87人。

全年举办全民健身活动50次，其中1000人以上活动5次，参加活动总人数10万人次。组织开展全市元旦长跑、全民健身日等大型群体活动。我市运动员在省级以上比赛中获金牌41枚、银牌36枚、铜牌22枚；王键获得里约残奥会举重银牌。

十一、人民生活和社会保障

全年居民人均可支配收入20238元，比上年增加1301元，增长6.9%。全年城镇居民人均可支配收入27248元，比上年增加1558元，增长6.1%。城镇居民人均消费支出16739元，增长5.2%。其中食品烟酒支出5263元，增长0.2%；衣着支出1182元，下降17.7%；居住支出2968元，增长0.5%；生活用品及服务支出902元，增长1.1%；交通通讯支出2237元，增长27.2%；教育文化娱乐支出2058元，增长39.8%；医疗保健支出1838元，增长10.2%。年末城镇居民人均住房建筑面积41.4平方米，比上年减少0.6平方米。每百户城镇家庭拥有家用汽车17.9部，电冰箱100.3台，洗衣机99.9台，热水器99.3台，空调137.8台，彩色电视机116.7台，计算机60.2台，移动电话222.1部。农村居民人均可支配收入10653元，比上年增加771元，增长7.8%。全年农村居民人均消费支出7709元，增长6.7%。其中食品烟酒支出2444元，下降8%；衣着支出518元，增长13.7%；居住支出1626元，下降2.1%；生活用品及服务支出493元，增长2.8%；交通通讯支出856元，增长28.4%；教育文化娱乐支出949元，增长49.6%；医疗保健支出727元，增长35.4%。年末农村居民人均住房建筑面积51.0平方米，比上年减少1.4平方米。每百户农村家庭拥有家用汽车7.4部，电冰箱95.0台，洗衣机95.0台，热水器88.4台，空调67.1台，彩色电视机120.9台，计算机17.3台，移动电话244.9部。

2016年居民可支配收入、消费支出及增长速度

表20

指标名称	全体居民		城镇居民		农村居民	
	指标值（元）	增长（%）	指标值（元）	增长（%）	指标值（元）	增长（%）
可支配收入	20238	6.9	27248	6.1	10653	7.8
工资性收入	11239	6.5	16409	5.7	4170	7.3
经营净收入	3931	6.5	3834	5.9	4062	7.3
财产净收入	1152	7.2	1849	6.3	198	8.7
转移净收入	3916	8.1	5156	7.1	2222	9.6
消费支出	12924	5.9	16739	5.2	7709	6.7
食品烟酒支出	4072	–1.7	5263	0.2	2444	–8.0
衣着支出	902	–11.4	1182	–17.7	518	13.7
居住支出	2401	0.0	2968	0.5	1626	–2.1
生活用品及服务支出	729	1.9	902	1.1	493	2.8
交通通信支出	1654	28.0	2237	27.2	856	28.4
教育文化娱乐支出	1590	42.7	2058	39.8	949	49.6
医疗保健支出	1369	15.5	1838	10.2	727	35.4
其他用品和服务支出	208	–37.9	290	–40.2	96	–28.2

年末全市参加城镇职工基本养老保险人数42.5万人，比上年增加1.0万人；参加基本医疗保险人数93.1万人，比上年减少3.3万人；参加失业、工伤和生育保险人数分别为25.4万人、32.7万人和22.9万人，分别比上年末增加1484人、9242人和3138人。年末参加城乡居民养老保险人数75.7万人，其中农村居民参保人数63.6万人，参加城乡居民养老保险人数比上年末减少1029人。全市新农合参合人数125.9万人，参合率为100.8%。

全市享受城市居民最低生活保障人数28779人，享受农村居民最低生活保障人数26043人。年末各类收养性单位2家，床位260张，收养各类人员104人。建立社区服务中心174个，网点1510个。全年销售社会福利彩票18025万元，筹集社会福利资金5100万元。

推动棚户区改造与老旧小区整治、公共设施完善相结合，实施棚改项目84个、开工棚户区改造48501套，棚户区改造和保障房基本建成27566套。加大货币化安置力度，货币化安置42386套，货币化安置率87.4%。开工建设率、基本建成率均居全省第一，货币化安置率居全省第五。

全年培训残疾人1100人次，689名残疾人实现就业再就业。投入85.5万元，帮扶救助10711名贫困重度残疾人和359名贫困残疾学生、贫困残疾人家庭子女。为残疾人免费配发辅助器具3002件；1122人次残疾人得到康复服务。

十二、城市建设、环境保护和安全生产

组织新一轮城市总体规划修编，编制完成城市特色风貌规划、海绵城市建设规划、城市管廊规划、省级开发区总体规划及控制性规划。获批国家低碳城市、国家气候适应型城市建设试点。鹰山南路、长山南路铁路立交桥等10个项目建成通车，东部新城、高铁新区11条路网加快推进，惠苑路步行街、环山东路西段等5条“断头路”顺利贯通，相山公园二号门停车场等一批便民设施建成使用，东湖宜园建成并向市民开放。全年新增绿地198.83万平方米、改造提升绿地164.89万平方米，新增街头绿地（游园）18个，建成城市绿道36.3公里。年末城市人均道路面积16.91平方米，建成区绿化覆盖率44.98%，人均公园绿地面积16.72平方米，城市用水普及率99.15%，燃气普及率98.58%。

全市PM10平均浓度降至87微克/立方米，同比下降3微克/立方米，完成省控目标。全年空气质量优良天数239天，优良率65.5%；集中式饮用水源地水质达标率100%；声环境质量符合功能区划标准，昼间年平均值51.7分贝；危险废弃物安全处置率100%。化学需氧量排放比上年实际削减1.92%，氨氮排放比上年实际削减5.60%，二氧化硫排放比上年实际削减4.89%，氮氧化物排放比上年实际削减5.05%。

全年全市共发生各类安全生产事故69起，死亡80人。与上年相比，事故起数减少1起，下降1.4%；死亡人数增加3人，上升4.0%；发生1起死亡3人以上交通事故。其中，工矿商贸行业发生安全生产死亡事故11起，死亡12人；道路交通发生死亡事故58起，死亡68人，与上年相比，事故起数减少7起，下降11%，死亡人数与上年持平。亿元GDP生产安全事故死亡人数0.1人，下降0.01%。

注：1. 本公报数据为初步统计数。

2. 生产总值及各产业增加值绝对数按现价计算，增长速度按可比价计算。

3. 国家统计局对三次产业和行业实行相对分离的划分标准，第一产业指农林牧渔业（不含农林牧渔服务业），第二产业指工业（不含开采辅助活动，金属制品、机械和设备修理业）和建筑业，第三产业指除第一产业、第二产业以外的其他行业。

4. 规模以上工业统计范围为年主营业务收入2000万元及以上的工业企业；固定资产投资统计范围为计划总投资500万元以上项目及房地产。

文件辑存

淮北市国民经济和社会发展第十三个五年规划纲要

第一篇　把握发展机遇　全面建成小康社会

第一章　“十二五”发展的成就

“十二五”时期是淮北发展攻坚克难、励精图治的五年。面对复杂多变的宏观形势和诸多矛盾相互叠加的严峻挑战，特别是“十二五”中后期，煤炭价格出现“断崖式”下跌，其税收大幅锐减，经济下行压力加剧。在市委、市政府的坚强领导下，全市上下紧紧围绕“精致淮北”

建设工作主线，主动适应新常态，大力推进城市转型，努力打造精良产业，着力建设精美城市，积极凝练精深文化，全力锤炼精细作风，经济社会发展取得显著成就，为全面建成小康社会奠定了坚实基础。

全面建设精致淮北，综合实力连上台阶。全市地区生产总值连续跨过500、600、700三个百亿元台阶，预计2015年达到765亿元，年均增长9.7%。人均地区生产总值近6000美元，进入中等偏上收入发展阶段。财政收入93.2亿元，年均增长5.9%。实现社会消费品零售总额283.2亿元，年均增长16.3%。五年累计完成全社会固定资产投资3493.7亿元，年均增长20.3%。

积极打造精良产业，转型升级步伐加快。大力实施工业强市战略，工业经济实现较快增长，预计2015年规模以上工业增加值达到490亿元，年均增长11.2%。工业化率达到56%，位居全省第二位。产业结构不断优化，战略性新兴产业加快发展，非煤产业增加值占工业总量的比重达到70.8%，民营经济增加值占比达到48%。现代农业发展步伐加快，粮食生产实现“十二连丰”，主要农产品产量全面增长，农机化水平和规模养殖比重分别达到86%和78%，位居全省前列。上市公司达到4家，省区域四板挂牌企业达到26家。商贸物流、信息服务、文化旅游等服务业加快发展。

大力建设精美城市，城乡发展展现新貌。着力实施“东进、南扩”的城市发展战略，老城改造全面提速，东部新城建设进展有序，主城区扩容提质，城市建成区面积达到80平方公里。预计2015年户籍人口城镇化率达到61%，位居全省前列。荣获“全国文明城市提名奖”和“全省文明城市”。入选国家智慧城市试点市、国家第四批餐厨废弃物综合利用和无害化处理试点城市。创建全国绿化模范城市，山水生态园林城市的架构初步成型。美好乡村建设加快推进，城乡一体化水平进一步提升。烈山区入选全国美丽乡村建设标准化试点，濉溪县获评全省美好乡村建设先进县，相山区获评省级森林城市，榴园村成为全省宜居村庄示范村。

持续改善社会民生，生活水平不断提升。坚持民生优先，大力推进以民生工程为重点的社会建设，五年累计民生支出454.4亿元，占财政总支出的82.4%，人民群众幸福感显著提升。居民收入稳步提高，预计2015年城乡居民人均可支配收入分别达到25690元和10030元。城乡居民养老保险和医疗保险基本实现全覆盖，新农合参合率全省第一，率先实现市级统筹。食品药品安全保障水平持续提升。在皖北地区率先基本普及学前教育，市辖三区全部通过国家义务教育均衡发展验收认定。柳孜隋唐运河遗址跻身世界文化遗产名录。在全省率先完成广播电视“村村通”工程并通过验收。就业再就业实现新突破，入选省“公共就业服务专业化”试点市，荣获“全国创业先进城市”荣誉称号。

扎实推进项目建设，发展基础进一步夯实。坚持项目带动战略，强化项目责任制，完善重大项目督查机制，一批事关长远、牵动全局的重大项目相继建成投产，“十二五”以来累计完成重点项目投资2018亿元。大唐虎山电厂、中利电厂二期、美信铝业、淮北山河矿机设备制造一期、华孚纺织工业园一期、火车站改扩建等一批重大产业和基础设施项目相继建成或竣工投产。泗许高速淮北段、济祁高速淮北段建成通车，南坪港实现通航，淮北师范大学新校区、市职教园区一期正式投入使用，南湖景区核心区建成并向市民开放。符夹线扩能工程、青阜线电气化改造、淮北至萧县北客车联络线、平山电厂、20万吨混合芳烃加氢、淮水北调及市级配水工程、焦化二期等项目加快建设。

加快促进开放合作，园区发展跨越提升。建立招商引资项目库，完善“六个一”工作机制。传化物流公路港、相邦新材料、弘邦铝业、博瑞车业、海聚科技园、华中天力、淮海食品科技产业孵化基地、思朗食品、隋唐运河古镇等一批重大招商项目落户淮北。“十二五”以来累计直接利用外资22.8亿美元，年均增长25.7%；累计实现进出口总额22.6亿美元，年均增长22.4%。坚持引进来和走出去相结合，积极参与中原经济区、淮海经济区协作。加快园区扩区建设，园区承载力不断增强。市开发区成为全省产城一体化试点园区。濉溪开发区荣获“安徽省铝基新材料高新技术产业基地”等称号。临涣工业园被批准为安徽（淮北）新型煤化工合成材料基地。凤凰山开发区获准扩区并被科技部批准为国家农业科技园区。濉溪芜湖现代产业园加快建设。

深入推进改革创新，发展后劲不断增强。大力推进行政管理体制改革，精简行政审批事项，优化再造审批流程，市级行政权力事项精简率49.1%。省城乡一体化综合配套改革试点深入推进。作为全省唯一地级市，获批开展全国中小城市综合改革试点。以实行居住证制度为主要内容的户籍制度改革走在全省前列，在全省率先启动农村土地承包经营权抵押贷款试点。创新土地节约利用机制，被列为全国首批工矿废弃地复垦利用试点市。积极推进投融资体制改革，成立市投融资委员会。“营改增”试点稳步开展。深入推进基层医药卫生体制改革，县级公立医院全部实行药品零差率销售。食品药品综合监管体制改革顺利完成。大力实施创新驱动战略，先后两次荣获“全国科技进步先进市”荣誉称号。烈山区成为全省农村综合改革示范试点区，荣获全国可持续发展试验区。相山区获批全省服务业综合改革试点和省知识产权强县工程试点区。濉溪县临涣镇获批为第三批全国发展改革试点镇。

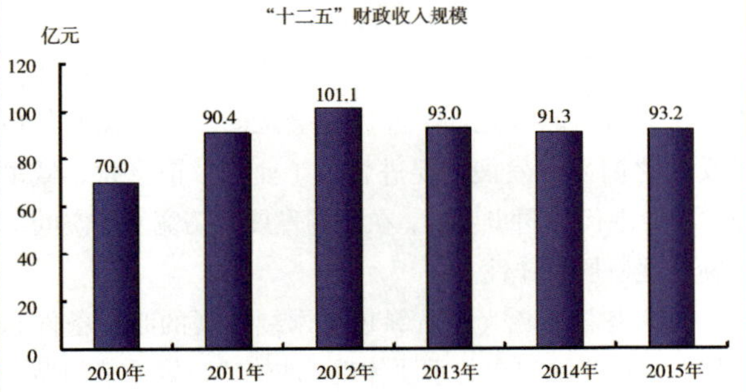

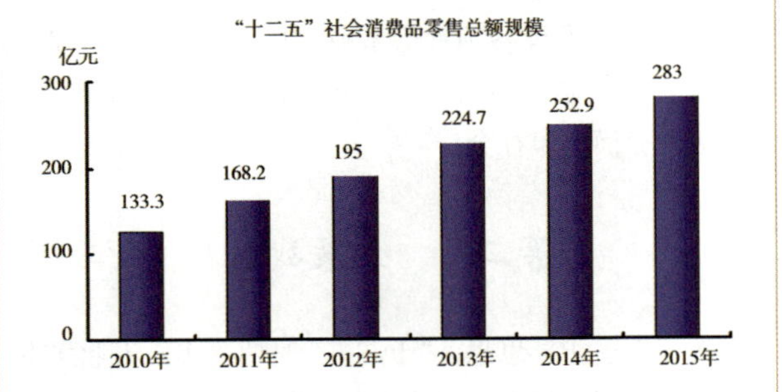

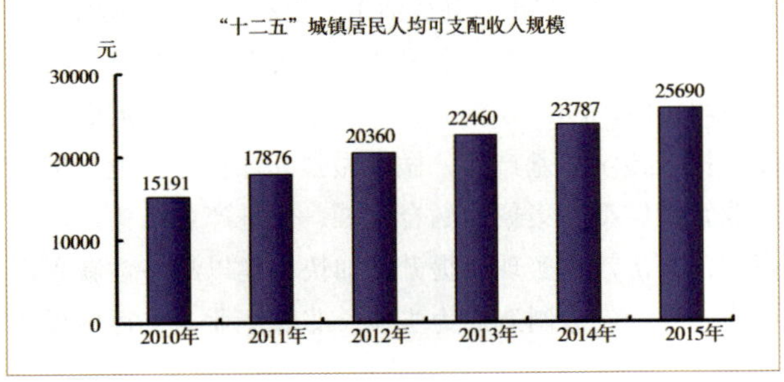

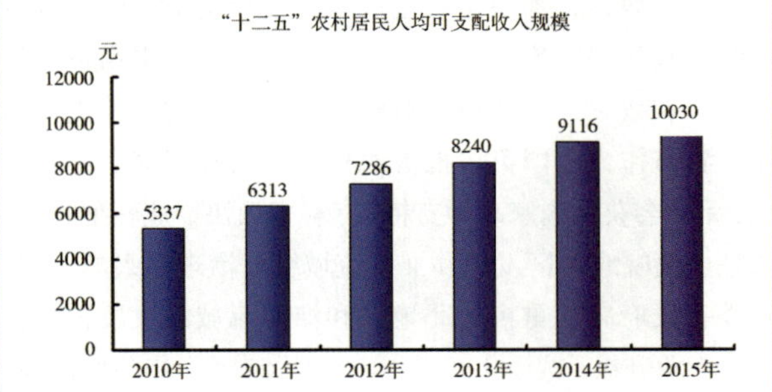

注：2013 年及以前年度该指标为农民人均纯收入口径。

第二章　"十三五"面临的形势

"十三五"时期，世界经济在深度调整中曲折复苏，新一轮科技革命和产业变革蓄势待发。我国经济在转型中保持中高速增长。经济长期向好的基本面没有改变，发展韧性、潜力和空间十分巨大。同时，也面临发展方式粗放，创新能力不强，部分行业产能过剩严重，企业效益下滑，城乡区域发展不平衡，资源环境约束趋紧，基本公共服务供给不足，收入差距较大，人口老龄化加快等诸多矛盾叠加、风险隐患增多的严峻挑战。我省进入长三角城市群，一体化发展步伐加快，调结构转方式促升级深入实施，国家新型城镇化试点省、全面创新改革试验区等加快推进，淮河流域综合治理和振兴发展规划启动，经济增长新动力新机制加速形成。总体来看，我市加快发展具有良好的外部环境，面临诸多战略机遇。一是国家重大战略实施为我市提升对外开放水平带来难得机遇。国家深入实施"一带一路"、长江经济带、京津冀协同发展"三大支撑带"战略，加深了区域间要素流动和板块间互动效应。我市可借力"一带一路"，加快推动煤炭、水泥、装备制造等传统产业走出去，深化对外产业合作。对接长江经济带，特别是抓住上海打造全国创新中心，大量的二产需要外迁的有利时机，吸引聚集高端制造业生产加工环节和科技成果转化型企业。对接京津冀，可承接北京非首都功能疏解转移，吸引高等院校、中央企业和科研院所来我市开展多方面合作，为提升产业层次创造条件。二是我市开展中小城市综合改革试点的机遇。我市作为国家中小城市综合改革试点市，将在城市投融资、土地要素流动、基本公共服务供给、城市管理等重点领域推进改革，有利于在政策、资金等方面争取国家更大支持，进一步增强发展动力和活力。三是资源型城市转型和老工业基地调整改造的机遇。今后一个时期，国家着力实施供给侧改革，从生产供给端入手，去产能、去库存、去杠杆、降成本、补短板，提高投资有效性，加快培育发展新的发展动能，改造提升传统比较优势，增强持续增长动力。国家要提高供给体系质量和效率，必然加大对转型升级城市的政策支持力度。我市作为全国第二批资源枯竭城市和国家老工业基地，无疑会获得国家政策支持，有利于加快产业转型升级。四是加快皖北地区发展和淮河流域综合治理振兴的机遇。省委省政府高度重视皖北地区和淮河流域的发展，将在特色产业升级、城镇化建设、航道等级提升、塌陷区治理、园区合作和扶贫攻坚等方面进一步加大支持力度，我市有望借助政策扶持，实现加快发展。

同时也要看到，未来五年我市发展还面临诸多困难和挑战。一是经济增长面临较大压力。“十二五”中后期，受煤炭产能过剩影响，我市经济增长高位回落，以煤为主的单一产业结构短期内转型困难，经济增长面临发展动力不足的压力。二是结构不优问题突出。以煤炭为主的传统产业优势弱化，战略性新兴产业规模小，现代服务业比重偏低，农业现代化水平不高，民营经济发展活力不足，经济转型升级面临较大困难。三是煤炭企业困难加大。随着能源生产和消费结构改变，我国煤炭产能过剩格局短期内难以缓解，我市煤炭企业利润下降、亏损加大、职工生活困难、失业压力增大等经济与民生问题交织，面临的困难更大更复杂。四要素资源环境约束加强。新常态下，我市低成本优势趋于弱化，劳动力外流趋势明显。资金、土地、水等要素资源紧缺状况加剧，沉陷区治理压力持续累积，节能减排形势严峻。五是城市发展空间有限。我市作为皖北地区重要城市，受行政区划影响，城市承载空间偏小，集聚产业、人才等要素资源空间受到制约。六是创新创业能力不强。公共创新创业平台、人才引进、配套服务等方面均存在短板，创新创业氛围不浓，对高端人才、企业和产业的吸引力较弱。

综合判断，我市总体上发展机遇大于挑战，我们要牢牢抓住战略机遇，坚定信心、趋利避害、主动作为，努力把淮北发展推向新的更高水平。

第三章　指导思想和发展目标

第一节　指导思想

高举中国特色社会主义伟大旗帜，全面贯彻党的十八大和十八届三中、四中、五中全会精神，以马克思列宁主义、毛泽东思想、邓小平理论、“三个代表”重要思想和科学发展观为指导，深入贯彻习近平总书记系列重要讲话精神，按照“五位一体”的总体布局和“四个全面”战略布局，牢固树立创新、协调、绿色、开放、共享的发展理念，着力提高发展的质量和效益，以城市转型为主线，深入推进国家中小城市综合改革试点，探索建立引领经济发展新常态的体制机制和发展方式，建设精致淮北，全面建成小康社会。

实现全面建成小康社会奋斗目标，推动经济社会持续健康发展，必须把握以下基本理念：

——坚持创新发展。创新是引领发展的第一动力。深入实施创新驱动发展战略，加快体制创新、科技创新、管理创新、文化创新等各方面创新，积极推进工业化与信息化深度融合，加速科技与经济深度融合，促进发展动力从主要依靠资源和低成本劳动力等要素投入向创新驱动转变。

——坚持协调发展。协调是持续健康发展的内在要求。深入推进城乡之间、经济社会之间、物质文明与精神文明之间协调发展，促进新型工业化、信息化、城镇化、农业现代化同步发展，在协调发展中拓宽发展空间，不断增强发展整体性。

——坚持绿色发展。绿色是永续发展的必要条件和人民对美好生活追求的重要体现。加快建设资源节约型、环境友好型社会，探索绿色低碳生产模式、消费模式和城乡建设模式，实现经济效益与生态效益的有机统一，形成人与自然和谐发展的现代化建设新格局。

——坚持开放发展。开放是加快发展的必由之路。进一步强化开放意识，全方位扩大开放，加快融入全球和区域经济一体化，积极拓展合作领域和范围，坚持“引进来”与“走出去”相结合，充分利用“两个市场”“两种资源”，提升对外开放水平。

——坚持共享发展。共享是科学发展的本质要求。按照人人参与、人人尽力、人人享有的要求，坚持保基本、守底线，加快发展各项社会事业，健全完善保障和改善民生的长效机制，不断提高群众生活品质，让全市人民共同迈入全面小康社会。

第二节　发展战略

按照上述指导思想，“十三五”时期要实施工业强市、创新立市、创业兴市、开放活市、生态美市五大战略。

工业强市。紧抓“中国制造 2025”战略机遇，大力实施调转促“496”实施方案，培育壮大战略性新兴产业，改造提升传统煤基产业，做优做强非煤优势产业，推动产业智能转型、集聚和融合发展，促进产业结构迈向中高端，经济效益实现新提升，加快构建以战略性新兴产业为先导、先进制造业为主体、非煤产业为支撑的现代产业格局。

创新立市。围绕转变发展方式，着眼提质增效，强化创新驱动，加快企业创新能力建设，促进战略性新兴产业集聚区发展，积极培育新产业、新业态和新模式，推动科技创新、管理创新和商业模式创新的有机结合，促进经济增长由要素依赖向创新驱动转变，争创国家创新型城市。

创业兴市。弘扬创业精神，加大创业扶持，培育创业主体，拓展众创空间，掀起大众创业万众创新新高潮。引导全民创业向更高层次迈进，支持中小微企业向集群化、“专精特新”转变，打造具有核心竞争力的民企航母，不断提高民营经济和非煤产业对经济增长的支撑作用，以创业推动振兴发展。

开放活市。按照优势互补、互利共赢原则，加快融入长三角一体化进程，加强与中原经济区、淮海经济区的规划统筹和产业协作。积极利用外部资源，聚焦精准招商、产业链招商，将引资、引智、引技有机结合，推动优势装备制造企业开展国际产能合作，对内对外开放并重、引进来和走出去相结合，形成全方位对外开放新格局。

生态美市。以综合治理采煤塌陷区为重点，加强城乡环境综合整治，切实恢复与重构矿区自然生态，全面改善生态环境质量。推进能源资源节约集约利用，构建循环型产业体系和消费模式。促进美好乡村和生态城市建设，科学布局生态空间，建设人与自然和谐共生的美丽淮北。

第三节　发展目标

总体目标是：到2020年，经济总量争先进位，发展速度皖北领先，全面建成小康社会。地区生产总值跨越1300亿元台阶，人均地区生产总值超过1万美元，在全省位次前移，皖北门户地位更加凸显。通过五年努力，将淮北建成全国资源型城市转型升级样板区和山水生态宜居城市。具体目标是：

经济持续健康较快增长。地区生产总值年均增长10%，超过1300亿元；人均地区生产总值突破1万美元，超过全省平均水平；固定资产投资五年累计达到6500亿元，年均增长12%；社会消费品零售总额达到500亿元，年均增长12%；财政收入跃上新台阶，达到140亿元。

产业升级取得实效。深入实施调结构转方式促升级“496”实施方案，到2020年，全市三次产业结构进一步优化，以战略性新兴产业为先导、先进制造业为主体、现代服务业大发展的现代产业格局基本形成，产业迈向中高端水平。三次产业结构调整为5 ∶ 57 ∶ 38。工业内部结构持续优化，非煤产业占工业比重提高到80%。现代服务业和现代农业发展步伐加快，现代服务业增加值占服务业比重达到60%，农产品加工产值与农业产值之比达到6.15 ∶ 1。

创新创业活力增强。创新创业体系更趋完善，基本形成适应创新驱动发展的制度环境。大众创业、万众创新呈现新气象。科技园区发展平台更加坚实，高新技术企业形成集聚发展态势，企业创新主体地位更加突出。研究与试验发展经费支出占地区生产总值比重超过2％，高新技术产业增加值占规模以上工业比重达到40%，规模以上工业企业研发机构覆盖率达到40%。质量品牌建设取得突破，创建省级以上驰名（著名）商标160件以上，省名牌产品60个以上。

改革开放不断深化。国家中小城市综合改革试点取得积极进展，重点领域和关键环节改革取得明显成效，资源型城市转型的体制机制不断完善，部分改革试点走在全省乃至全国前列。开放合作广度和深度不断拓展，五年累计利用外资达到40亿美元，累计实现进出口总额40亿美元。

城乡建设更加精美。新型城镇化试点深入实施，美好乡村建设扎实推进，城乡空间布局进一步优化，城市基础设施不断完善，城市综合承载力和管理水平显著提升，城市对人口的集聚力不断增强，户籍人口城镇化率加快提高，山水生态宜居城市特色更加彰显。中心城区建成区面积达到96平方公里，户籍人口城镇化率达到63%。80%以上中心村达到美好乡村建设标准。

生态环境日趋优良。全面完成省下达的节能减排和碳排放目标，能源资源开发利用效率不断提高。城乡环境综合治理深入推进，水源和土壤质量大幅提升，空气质量优良天数占比达到89%以上，生产生活方式绿色水平不断提升。主体功能区布局和生态安全屏障基本形成，园林城市和绿化模范城市建设走在全省前列。

社会民生持续改善。城镇居民可支配收入增长与经济增长同步，农村居民可支配收入增长高于经济增长，分别达到40500元和17600元。现行标准下农村贫困人口全部脱贫。各项社会事业加快发展，社会保障制度进一步健全，基本公共服务均等化水平稳步提高。法治淮北建设取得显著进展，社会治理水平不断提高，社会更加和谐稳定。

“十三五”时期经济社会发展主要目标

表 21

指标		2015 年预计	2020 年目标	年均增长（%）	指标属性
一、经济总量					
地区生产总值（亿元）		765	1300	10	预期性
规模以上工业增加值		11.2（十二五年均增长）		10.5	预期性
人均地区生产总值（美元）		近 6000	10000		预期性
财政收入（亿元）		93.2	140	与经济增长同步	预期性
全社会固定资产投资总额（亿元）		3493.7（十二五累计）	6500（十三五累计）	12	预期性
社会消费品零售总额（亿元）		283.2	500	12	预期性
二、创新发展					
研究与试验发展经费支出占地区生产总值比重(%)		1.3	＞ 2		预期性
高新技术产业增加值占规上工业增加值比重（%）		24	40		预期性
民营经济增加值占地区生产总值比重（%）		48	57		预期性
每万人口发明专利拥有量（件）		2.43	5.2		预期性
三、协调发展					
户籍人口城镇化率（%）		61	63		约束性
常住人口城镇化率（%）		61	65		预期性
三次产业结构		8 ∶ 61 ∶ 31	5 ∶ 57 ∶ 38		预期性
非煤产业占工业总产值比重（%）		70.8	80		预期性
现代服务业增加值占服务业比重（%）		—	60		预期性
四、绿色发展					
空气质量指数（AQI）达到优良天数占比（%）		87.4	省下达		约束性
PM10 年均浓度值（$\mu g/m^3$）		90	省下达		约束性
耕地保有量（万公顷）		16.8	17.7		约束性
万元地区生产总值用水量（立方米）		54.8	41		约束性
单位地区生产总值能耗降低（%）		3.5	省下达		约束性
主要污染物排放减少（%）	化学需氧量	0.71	省下达		约束性
	氨氮	0.75	省下达		约束性
主要污染物排放减少（%）	二氧化硫	2.19	省下达		约束性
	氮氧化物	3.37	省下达		约束性

续表

指标		2015 年预计	2020 年目标	年均增长（%）	指标属性
五、开放发展					
进出口总额（亿美元）		5.5	10	10	预期性
实际利用外资（亿美元）		6	9.5	11	预期性
实际利用省外资金（亿元）		351	400	2.6	预期性
六、共享发展					
年末总人口（万人）		216.5	224		约束性
常住居民人均可支配收入（元）	城镇	25690	40500	与经济增长同年	预期性
	预期性	10030	17600	高于经济增长	预期性
城镇新增就业数（人）		45678	200000（十三五累计）		预期性
基本养老保险参保人数（万人）		116.9	108		约束性
基本医疗保险参保人数（万人）		96.4	95		约束性
劳动年龄人口平均受教育年限（年）		13.3	13.5		约束性
每千名老人拥有养老床位数（张）		40	45		预期性
农村贫困人口脱贫（人）		4301	42700（2017 年全面完成）		约束性
城镇棚户区住房改造（户）		11136	109540（十三五累计）		约束性
美好乡村建设达标率（%）		21.3	> 80		预期性

第二篇　优化产业结构　打造富有竞争力的精良产业

科学把握资源型城市转型发展规律，深入实施创新驱动发展战略，加快实施调结构转方式促升级“496”实施方案，努力推动增长动力实现新转换、产业结构迈向中高端，打造具有核心竞争力的精良产业，走出一条具有淮北特色的新型工业化和资源型城市转型发展之路。

第一章　全力推进工业转型升级

抢抓新一轮科技革命和产业变革机遇，围绕资源型城市转型发展的要求，大力培育发展战略性新兴产业，加快传统优势产业转型升级，推进产业集群发展、智能转型和绿色提升，全面提高工业经济整体素质和核心竞争力。

第一节　推动战略性新兴产业集聚发展

深入实施《战略性新兴产业集聚发展及园区转型升级工程》，重点发展新型煤化工合成材料、铝基新材料、电子信息、高端装备制造、绿色食品、新能源、生物医药七大战略性新兴产业，到 2020 年，全市战略性新兴产业基地产值达到 3000 亿元，确保 1 ~ 2 个进入省战略性新兴产业集聚发展基地，成为全市经济发展增长极。

1. 新型煤化工合成材料。

加快推进安徽(淮北)新型煤化工合成材料基地建设，促进煤炭精深加工和多元转化。以焦化项目为基础，对焦化副产物精深加工和循环利用，重点建设甲醇和烯烃、芳烃及下游合成材料、高端精细化工、专用化学品等项目，不断延伸煤电化产业链，向高端化、精细化发展。将基地打造成为“产业规模一流、技术装备一流、产业链完整性一流、管理服务一流、绿色循环发展一流”的新型煤化工合成材料基地，建成安徽省重要的煤基化工新材料基地、国内有重要影响的新型煤化工基地、国家级循环经济发展示范基地。到2020年实现产值1000亿元。

2. 铝基新材料。

围绕“铝材原料—变形铝合金—高精板带箔”“铝材原料—变形铝合金—挤压铝基新材料(管、线、型材)”“铝材原料—变形铝合金—锻压铝合金新材料(汽车轻量化零部件)及粉末”“铝材原料—压铸铝合金—铝合金铸件(铝镁汽车轮毂、发动机等)”四个产业链，依托龙头企业，加快建设铝基新材料产业园和铝基复合材料产业园，积极引进产业链上下游配套企业，集中力量发展铝基新材料和高端装备制造铝合金新材料，培育铝基新材料产业集群，打造全国具有重要影响力的铝基新材料产业基地。到2020年实现产值300亿元。

3. 电子信息。

根据电子信息产业跨界融合的发展趋势，顺应国内电子信息产业布局向中西部转移的态势，依托海聚科技园、金龙电子、迎辉光电等龙头企业，定位产业链重点环节，重点发展智能终端、物联网、储能电池、行业电子、核心电子元器件、新型电子材料等领域，大力引进国内外知名企业和配套中小企业，促进产业集聚和融合发展，打造成为全省重要的移动通讯产品生产基地。积极引进3D打印与信息技术综合能力强的高新技术企业，建立基于“互联网+”的3D打印服务基地，促进我市增材制造(3D打印)产业发展，尽快形成产业规模。到2020年实现产值550亿元。

4. 高端装备制造。

依托矿机装备制造产业基础，发展高端成套矿机装备，进一步向现代农业装备、电力机械、环保设备、数控化装备、机器人、军工机械等高端装备制造方向拓展，培育高端装备制造产业基地。积极引进一批智能制造项目，向研发设计和高端智能装备升级。重点扶持具有自主创新能力、生命力强、市场前景好的中小型企业，为大型高端设备企业提供配套，延伸高端设备产业链条。到2020年实现产值400亿元。

5. 新能源。

充分利用淮北及周边地区各大矿区采煤沉陷区大量的闲置水面和塌陷地、丰富的太阳能资源、良好的电网接入系统等优势，积极引进国内行业龙头企业来淮建设光伏发电项目。以淮北经济开发区、濉芜现代产业园为依托，重点发展太阳能光伏电池、组件、逆变器及配套设备等产业，形成太阳能光伏应用与产业发展相互依托、互动发展的格局。加强生物质能开发利用，推进秸秆发电，鼓励固体成型燃料利用，建设生物质炭气电联产项目和沼气集中供气工程。加快全市风电资源开发，推进配套电网建设，建设一批风光互补电场。积极推进瓦斯发电项目。到2020年，新能源发电装机容量达到150万千瓦，新能源产业实现产值100亿元。

6. 绿色食品。

依托农产品资源优势，以凤凰山、百善等食品产业园为载体，大力发展粮食、果蔬、肉制品、方便食品、饮料酒等绿色食品产业，着力提高食品产业科技含量和质量安全水平。树立抓食品必须创品牌的理念，引导产业向绿色、有机、休闲、保健、安全、养生等高端化、功能性方向发展，培育若干特色品牌。依托“黄淮粮仓”打造“国人厨房”。拓展延伸产业链，提高产业附加值，积极发展食品包装、食品物流等配套产业，加快建设食品产业集群，建设成为国家级绿色食品产业基地。到2020年实现产值550亿元。

7. 生物医药。

充分发挥现有生物产业基础，大力发展生物医药。选择一批基础条件好、技术条件成熟、产学研关联度较高的生物产业领域和重点产品，对接国家重大专项，以促进创新成果产业化为核心，突破一批具有重大支撑和引领作用的关键技术，壮大华润金蟾、科宝生物、安徽康尔欣生物制药等一批龙头企业，实现重点领域的跨越式发展，逐步将生物产业培育成为支柱产业和新的经济增长点。瞄准中医药健康服务，加快引进培育集种植(养殖)、提取、研发和生产为一体的现代中医药生产企业，把安徽康尔欣生物制药建设成仿野生石斛系列产品生产基地，把华润金蟾打造成国内一流的抗肿瘤中药和中药配方颗粒基地。到2020年，力争实现产值100亿元。

专栏 1：

“十三五”战略性新兴产业重点项目

新型煤化工合成材料：20 万吨混合芳烃加氢、煤焦油加氢、环己酮仿生催化氧化联产己二酸与己内酯、5 万吨针状焦、焦炉气综合利用甲醇、甲醇制汽油、甲醇制烯烃、乙二醇、10 万吨/年碳酸二甲酯、25 万吨/年聚丙烯、丙烯深加工、年产 10 万吨费拖合成高级蜡、年产 8 万吨费蒽油深加工等项目。

铝基新材料：年产 20 万吨铜铝复合线、年产 15 万吨高精铝板带箔、年产 5 万吨亲水铝箔、年产 1000 万平方米 CPI 基板、年产 2 万吨电子铝箔、年产 19 万吨超大规格特种铝合金板带材、年产 36 万平方米幕墙板、2.4 万吨彩涂铝卷、年产 5 万吨半钢性食品级铝箔、年产 32 万吨高档热镀铝锌硅钢板及彩涂生产线、年产 200 万只镁铝车轮、年产 5 万吨铝容器加工生产线、年产 10 万吨轨道交通用大型铝型材、年产 10 万吨节能环保铝合金型材、年产 10 万吨新能源高端铝型材等项目。

电子信息：IDC 枢纽中心（二期）、金龙光电、移动终端及相关配件生产线、北斗终端产业化生产基地、智能家居设备、智能穿戴设备、台湾昱雷 OLED 发光材料、裸眼 3D 智能手机和智能平板、物联网设备生产线、物联网传感节点芯片研发及产业化等项目。建立互联网 3D 打印服务中心和 3D 打印教育中心，培养 3D 打印技术与原有学科相融合的创新型人才，做好 3D 打印产业人才储备。

高端装备制造：年产 10000 台工业机器人基地、年产 100 万台伺服电机、智能制造科技产业园、煤矿机械再制造等项目。运用 3D 打印技术实现高端装备制造。

新能源：淮北矿业光伏发电项目（装机 65MW）、易事特生态旅游农业光伏发电项目、濉溪县韩村镇临涣水库光伏发电项目（100MW）、濉溪县刘桥镇光伏发电项目（100MW）、濉溪县南坪镇光伏发电项目（50MW）、濉溪县五沟镇光伏发电项目（50MW）、烈山区古饶镇晶科光伏发电项目（30MW）、烈山区明久光伏电站项目（30MW）；上海电气濉溪生物质发电项目（30 MW）、上海电气杜集区秸秆发电项目（30MW）、上海浦发濉溪生物质发电项目（30 MW）、淮北矿业南坪生物质发电项目（30 MW）、力诺光伏电站、海润农光互补光伏电站、新建瓦斯电站项目（新建 28 台发电机组）；光伏太阳能玻璃建设项目、ESS 高效能源存储系统项目、濉溪县太阳能铝合金材料生产项目、杜集区年生产安装 30 万平方太阳能板生产线项目和太阳能、风能系列产品生产线项目等。

绿色食品：凤凰山绿色食品基地、宝迪食品科技城、百善现代健康食品工业园、全聚德食品加工及冷链物流、德国威廉.沙赫尔食品、天津大海食品、广东潮州食品园、康师傅方便食品、上好佳休闲食品、旺旺烘焙类食品、喜之郎休闲果品、今麦郎食品、好丽友食品、三全食品、上海太太乐生物科技保健品、香飘飘饮料加工、卡拉宝功能性饮料生产、广州乐百氏功能性饮料生产、口子东山产业园等项目。

生物医药：华润中药配方颗粒提取工程、安徽康尔欣“石之企（仙）”系列产品生产线、安徽科宝生物制药、中药及保健食品产业园、淮北中加生物医药中间体产业城、中药饮片生产线、氨基酸生产线等项目。

第二节　加快传统优势产业改造提升

深入实施《传统产业改造提升工程》，坚持创新驱动，推进新一轮技术改造，加快新一代信息技术与制造业深度融合，更加注重内涵式发展，提高运营的质量和效益，做到资源高效、循环、低碳利用，促进煤炭、电力、装备制造、纺织服装、新型建材五大传统产业向价值链高端延伸。

1. 煤炭。

转变煤炭发展方式，合理控制新增产能，推动煤炭绿色开采。加快国有煤矿改造升级，提升煤矿机械化、自动化、信息化水平，优化煤炭开发布局，提高生产集中度。加大对煤炭伴生资源高岭土的开发利用，提高产品技术含量，扩大市场份额。积极培育和扶持活性炭产业，壮大产业规模，形成品牌优势。引进先进技术工艺，探索利用粉煤灰提取铝和沸石，进一步延伸煤炭产业链。推进煤炭液化、气化等清洁化利用，全面提升煤炭产业的综合创新能力，促进煤炭产业由单一能源向互联智能能源转变。实施瓦斯治理、水害防治、应急避难救援等重大安全工程，推行煤矿安全生产标准化，不断提高煤炭安全、高效开采水平。到 2020 年产值达到 300 亿元。

2. 电力。

支持淮北矿业、皖北煤电谋划建设煤电一体化项目，推进煤炭就地转化，进一步提高煤炭集中高效发电比重。做好延伸、跨越文章，拉长“煤—电—焦—化—材”产业链条。加快建设大型清洁高效坑口燃煤电厂、热电联产和资源综合利用电厂。建设国家示范工程平山电厂二期（1×135 万千瓦）项目，积极推进国安二期、虎山二期、临涣中利三期、大唐热电联产等项目。推进并网配套工程建设，积极争取与国家“西电东送”“北电南送”工程互联互通，拓展省外电力供应市场。到 2020 年，电力装机容量达到700万千瓦。

3. 装备制造。

推进煤炭机械产业改造提升，重点发展大型化、成套化、智能化等技术含量高、附加值高的煤炭综采综掘设备、洗选加工装备、高端矿山装备等，建设国家新型工业化矿山机械装备产业示范基地。加强高效防爆电机、节能变压器、智能化断路器、低能耗电线电缆等电工电气产品研发与推广。积极发展新型车用铅酸蓄电池、锂离子电池及其他节能产品，加快建设特色鲜明、具有竞争优势的濉溪县电池产业集群。推进通用设备、金属制品等产业高端化发展。到2020年，总产值达到600亿元。

4. 纺织服装。

坚持做高产业、做精工艺、做大品牌，依托华孚纺织工业园和杭淮现代纺织工业园，积极延伸产业链，提高加工深度和档次。加快扩大紧密纺比重，重点发展高档精梳纱线、色纺纱线、差别化纱线、纯棉和混纺高档提花面料、生态和仿真高档服装面料。扩大高档服装面料和宽幅家纺面料生产规模，探索发展功能性面料、环保型纺织品和智能化纺织品。加大技术创新和改造力度，大力推广绿色清洁印染和小批量的柔性整理加工。支持创建服装自主品牌，积极引进高档服装和家用纺织企业，不断提升服装加工规模和档次。到2020年，总产值达到200亿元。

5. 新型建材。

立足资源、能源优势，以循环经济为抓手，不断扩大煤矸石、粉煤灰、煤渣等固体废弃物资源化利用规模，大力生产保温砌块、蒸压砖、陶粒等新型建筑材料，加快建设淮海实业集团新型建材示范基地。培育发展节能环保高分子材料、新型保温隔热材料及其它新型建材。到2020年，总产值达到250亿元。

专栏2：

“十三五”传统产业重大项目

煤炭：新建信湖矿、赵集矿、张楼（单集）矿等，改扩建杨柳煤矿、袁店一矿、袁店二矿、许疃矿、恒源煤矿、任楼煤矿、卧龙湖煤矿等。（十三五以改造为主）

电力：平山电厂二期、国安电力二期、大唐虎山电厂二期、大唐热电联产、临涣中利电厂三期等项目。

装备制造：濉溪汽车关键零部件高新技术特色产业集群、濉溪先进装备制造产业、冠鑫汽车ABS生产、成源汽车部件生产、汽车轮毂生产、汽车动力电池研发与生产、安徽宸宇汽车部件制造、中加汽车配件及五金产业城、杜集区煤矿机电装备制造、不锈钢带生产、年产200万件汽车用铝合金精密铸件等项目。

纺织服装：华孚色纺二期、启鑫10万吨紧密纺二期、年产1000万套羊毛衫生产线、苏杭服饰、联利发纺织服饰、蓝天纺织等项目。

新型建材：安徽（淮北）新型煤化工合成材料基地千亩建材园、海螺合作日产4500吨水泥熟料生产线、淮海实业集团大型预制构件、濉溪尾矿资源综合利用、复合材料生产线建设、微晶石装饰材料等项目。

第三节　促进开发园区特色发展

坚持“突出特色、创新驱动、开放合作”原则，明确各开发园区主导产业和发展方向，大力培育特色产业集群，加快推进产城融合，引导各开发园区分工合作、联动发展、转型升级，努力把开发园区打造成产业转型的示范区、对外开放的新高地、产城一体的新城区和体制机制创新的先行区。

打造特色产业集群。围绕各园区主导产业，以重点企业为龙头，积极建设园中园，加大承接产业转移力度，不断延长产业链，加快培育特色产业集群，重点建设新型煤化工合成材料基地、铝基新材料产业基地、电子信息产业基地、绿色食品产业基地、高端装备制造产业基地等。

加快产城融合发展。坚持基础设施建设适度超前，统筹规划建设主城区和开发区公共服务设施，优化开发区产业功能、城市功能、生态功能布局，合理确定产业、公共服务、居住和生态用地比例，提高开发区人口承载能力。加快推进市开发区新区产城一体化进程。

推动绿色集约发展。严把环境准入关，投资强度、容积率、建筑密度、能耗等不达标的项目禁止入园。加快开发园区环保基础设施建设，逐步实现污染物集中处置。鼓励开发园区建设循环、低碳、生态等绿色园区。不断提高单位面积土地投入和产出强度，鼓励建设多层标准化厂房，引导中小项目向标准化厂房集中。

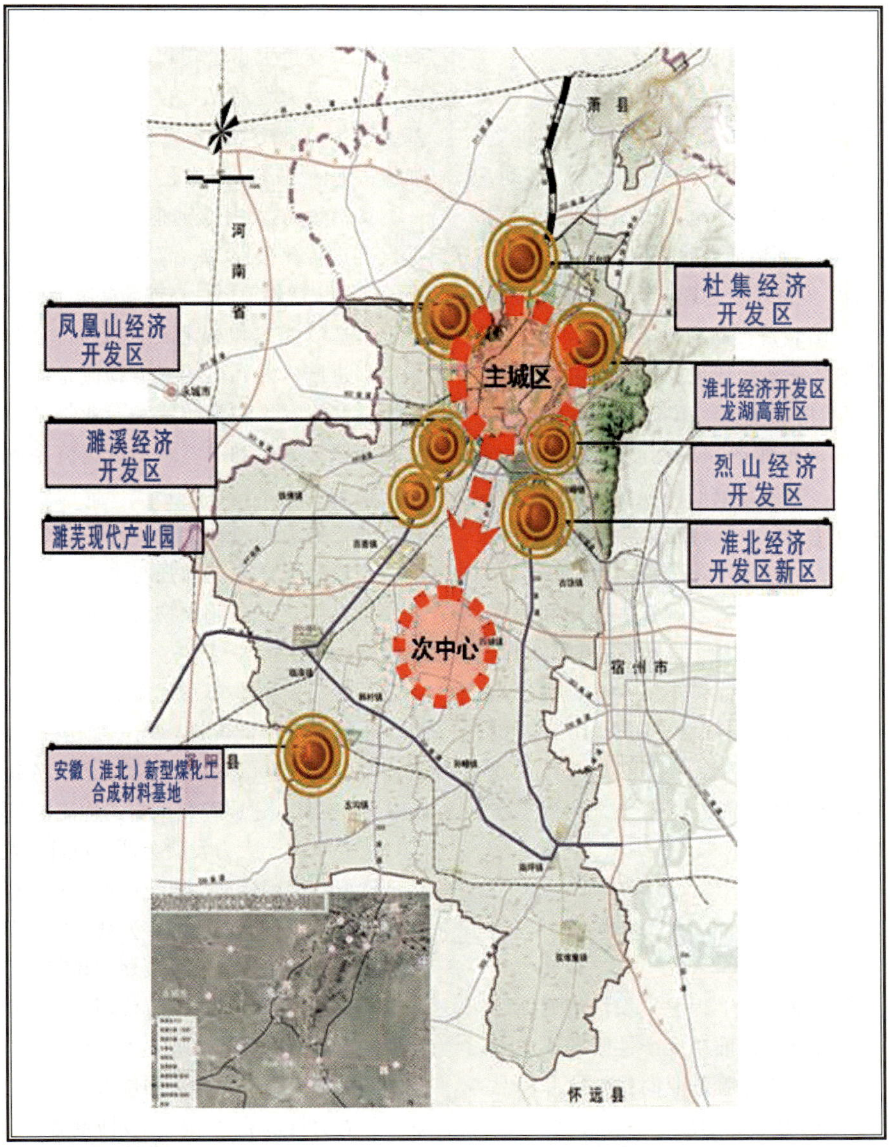

淮北市开发园区规划图

专栏3:

“十三五”各开发园区发展重点和方向

淮北经济开发区：重点发展电子信息、新材料、高端装备制造、新能源和生物医药等主导产业，创建国家级开发区，到2020年产值突破1000亿元。

安徽（淮北）新型煤化工合成材料基地：重点发展煤化工产业，建成“煤－焦－化－电－材”循环经济示范园区，打造新型煤化工合成材料产业基地，到2020年实现产值1000亿元。

濉溪经济开发区：重点发展铝基新材料、汽摩配加工制造和机电装备制造等三大产业集群，争创国家级经济技术开发区，到2020年实现产值500亿元。

凤凰山经济开发区：重点做大做强绿色食品产业，着力建设“六好”精致园区，建成国家农业科技园区。到2020年实现产值500亿元。

杜集经济开发区：重点发展装备制造、高端农业机械等产业，打造国家级煤矿机械产业示范基地，到2020年实现产值400亿元。

烈山经济开发区：重点发展商贸物流、电子信息和高新技术产业，打造成现代物流园区。到2020年实现产值200亿元。

濉芜现代产业园：重点发展装备制造业和新能源，建成装备制造业基地，到2020年实现产值150亿元。

第四节　加强质量品牌建设

贯彻国务院《质量发展纲要》，深入实施《推进质量品牌升级工程》，持续开展质量强市、强县（区）活动，积极争创国家质量强市示范城市，全面提升淮北产品质量、工程质量、服务质量、环境质量水平。

强化质量标准。推广先进质量管理方法，推进关键领域质量攻关，筹建国家矿山装备产品质量监督检验中心，加快检验检测技术支撑服务平台建设，提高产品质量。以争创中国质量奖、省政府质量奖、市长质量奖为引领，提升标准研制水平，推动企业产品采标。到2020年，质量建设水平明显提高，争创省政府质量奖1～2个，评选市长质量奖8～10个。企业主导或参与制修订国家、行业和地方标准20项以上，主导产品采标率达到80%。

做好商标品牌培育。大力实施名牌发展战略和商标战略，积极鼓励扶持企业参与申报驰名、著名和知名商标，引导走品牌兴企之路，加大品牌保护力度，充分发挥品牌效应。到2020年，全市争创中国驰名商标10件，国家地理标志保护产品2个，省著名商标80件，培育淮北市知名商标100件，安徽名牌产品20个，淮北市知名产品40个，品牌经济比重超过65%。

第二章　促进服务业提速增质

深入实施《加快服务业发展工程》，积极拓展新领域、发展新业态、培育新热点，推动生产性服务业向专业化和价值链高端延伸，生活性服务业向精细化和高品质转变。加快服务业集聚区建设，形成经济发展新支撑。到2020年，新增规模以上现代服务业企业40个，新增5个以上省级服务业集聚区，全国500强服务业企业1家。

第一节　优先发展生产性服务业

以促进产业转型升级为导向，以信息化为技术支撑，以服务模式和管理方式创新为路径，大力发展现代金融、现代物流、商务服务等生产性服务业，促进与一、二产业协同联动发展，培育服务经济新增长点。

现代金融。积极引进各类金融资源，大力发展村镇银行等中小金融机构和小贷、担保等新型金融市场主体，争取设立融资租赁、消费金融、互联网金融等非银行金融机构，构建多层次金融机构体系。加快地方金融发展平台建设，组建淮北金控集团、同创担保集团和省股权托管交易中心皖北融资中心，积极推动政府融资平台市场化改革。加快资本市场发展，着力扩大股权融资规模，推进优质企业主板上市，支持中小企业在“新三板”挂牌融资，支持上市公司再融资和并购重组。完善创业投资机制，大力发展私募投资基金、风险投资基金、产业基金等各种股权类投资基金。到2020年，全市金融业增加值占地区生产总值比重达到5%。

现代物流。依托交通枢纽、产品集散地和产业集聚区，重点推进传化公路港、青龙山铁路无水港、凤凰山物流园、邮政快递物流园、高铁新区物流园等物流园区建设，着力打造以能源和重化工产品为特色的两淮物流中心。积极引进国内外知名第三方物流企业，大力发展第三方物流；突出发展物流园区和专业物流中心；大力培育现代物流服务品牌和有竞争力的物流企业，改造升级物流企业信息化水平，促进物流、商流、信息流、资金流互联互通，努力构造社会化、专业化、信息化、规模化的现代物流服务体系。加强与本地物流企业合资合作，培育一批品牌化、专业化物流企业。重点发展农村物流和综合配送，完善市—县—乡—村物流体系。鼓励供销系统、邮政行业、商贸零售系统龙头企业充分拓展现有配送业务，积极发展共同配送、统一配送。力争到2020年，实现增加值90亿元，培育壮大主营业务超过亿元以上的物流企业15家，建成皖北重要的物流枢纽城市。

商务服务。大力发展会计、审计、税务、工程咨询、认证认可、信用评估、经纪代理、管理咨询、市场调查等专业服务。积极发展律师、公证、司法鉴定、经济仲裁等法律服务。加快发展项目策划、并购重组、财务顾问等企业管理服务。规范发展人事代理、人才推荐、人员培训、劳务派遣等人力资源服务。加大企业总部、地区总部、采购中心的培育引进力度。加快市会展中心建设，整合社会资源，着力打造淮北食品工业博览会、石榴文化旅游节等展会品牌，提高展会规模和档次。以老工业区搬迁改造为契机，努力把老工业区打造为我省高端商务服务业发展的示范区，建设成为区域性高端智力服务综合区。

科技服务。大力发展研究开发、技术转移、创业孵化、知识产权、科技咨询和综合科技服务。面向铝基新材料、煤化工合成材料、绿色食品等产业基地和集群，建设一批公共技术研发服务平台。依托市内外科教资源，建设一批产学研相结合的产业技术研究院、企业技术中心、重点实验室、协同创新中心等科技公共服务平台，推动科技服务与企业对接，促进工业设计与科技成果产业化。支持科技型中小企业发展。提升科技服务对全市产业结构调整的支撑能力。

第二节　提升发展生活性服务业

把握消费需求升级大趋势，面向城乡居民生活，丰富文化旅游、商贸流通、居民服务、健康养老等生活型服务业内容和形式，推动向绿色、特色、便民化发展，稳步提升多样化居民服务水平。

文化旅游。加强文化旅游产业与煤炭产业、食品制造产业、现代农业等业态深度融合发展，打造隋唐运河历史文化、精品工业旅游、美好乡村自然风光和红色传统教育等精品旅游路线。加快推进南湖景区、中湖景区、龙脊山风景区、“四季榴园”风景区、“长寿南山”风景区、口子文化博览园、濉溪文化产业园、烈山文化创意产业园、淮海战役纪念馆、总前委旧址等旅游景点建设。深入挖掘研学旅行资源，培育一批适宜中小学生寓教于乐的研学旅行基地。

商贸流通。完善城市商贸服务功能，加快引进大型商业综合体，优化商业网点结构和布局，引导主城区商贸服务业由带状分布向现代化商圈转变。加快农贸市场提档升级，实施城区农贸市场维修改造计划。积极推进传统商贸业与电子商务、连锁经营等现代新型业态融合发展，支持供销、邮政、商贸流通企业开展连锁配送，构建便捷、高效、安全的城乡流通体系。完善农村服务网点，发展农村连锁经营网络。积极开展多层次示范创建，打造一批特色商贸“金字”招牌。

居民和家庭服务。优化社区商业网点规划布局和业态配置，鼓励建设社区便利店、快餐店、配送站、维修服务、再生资源回收点及健康、养老、看护等大众化服务网点于一体的社区综合服务中心。推进农村村居社区化，打造集商贸、餐饮、公共服务、文化、生活、配送为一体的多功能农村社区中心。加快发展家政、残疾人居家照护、婴幼儿保育等居民服务业。鼓励和支持社会力量创办、发展多种形式的社区服务机构，形成多层次、多形式的家庭服务市场和经营机构。

健康养老。树立健康养老大产业观念，全面放开养老服务市场，大力拓展养老服务领域，构建以居家为基础、社区为依托、机构为补充的多层次养老服务体系。加快淮矿集团职防院健康养老等项目建设，推动医疗卫生和养老服务融合发展。加快公办养老机构服务模式创新，提升服务能力。支持社会资本通过参与购买服务、股权合作等方式增加养老服务和产品供给。积极推进健康培训、健康咨询、健康保险等行业与养老服务融合发展。

房地产。加快农民工市民化，扩大有效需求，打通供需通道，消化库存，稳定房地产市场。落实户籍制度改革，允许农业转移人口等非户籍人口在就业地落户。以满足新市民住房需求为出发点，把公租房扩大到非户籍人口。发展住房租赁市场。鼓励房地产开发企业适当降低商品住房价格。取消过时的限制性措施。增强房地产中介、物业管理等服务功能，健全房地产市场服务体系。

第三节 推动消费结构升级

引导居民消费朝着智能、绿色、健康、安全转变，以扩大服务消费为重点带动消费结构升级。加快移动互联网、物联网、大数据等现代信息技术应用推广，着力扩大信息消费，推动电子商务 B2B、C2C 及 O2O 市场发展。切实落实职工带薪休假制度，大力发展多样化生活性服务消费和绿色消费。支持流通企业线上线下融合发展，利用电子商务平台创新服务模式。进一步加强消费基础设施和流通网络建设，推进“电子商务进农村”“农村商品流通服务体系建设”等重点农村流通工程。支持城市停车、新能源汽车充电等新型消费设施建设。加强消费者权益保护。完善消费品质量安全追溯制度、召回制度和市场准入、退出制度。

专栏 4：

“十三五”现代服务业重点项目

现代金融：安徽煤炭期货交割厂库，浙江南浔农商行、马鞍山农村商业银行、中原银行等设立分支机构，淮北金控集团、同创担保集团、省股权托管交易中心皖北融资中心、金融服务中心等项目。

现代物流：传化物流公路港、青龙山铁路无水港；凤凰山物流园、邮政快递物流园、高铁新区物流园、中易物流园、百善物流园、淮海现代物流园；公路铁路联运物流配送中心、濉溪县中瑞农产品批发市场改造升级工程等项目。

商务服务：淘宝特色中国淮北馆、京东中国特产淮北馆、惠民生活直通车服务平台、淮北市会展中心等项目。

文化旅游：淮北隋唐运河古镇文化旅游、口子文化博览园、乾隆湖景观绿化、红色文化公园、龙脊山综合开发、南湖大型游乐场、回龙山生态旅游、凤凰山食品工业旅游、煤矿工业研学旅行基地、游客集散中心等项目。

现代商贸：中国供销集团淮北农产品批发市场、万达商业广场项目、红星国际广场、淮海义乌国际商贸城等项目。

健康养老：市人民医院东院区、淮矿集团职防院健康养老服务、淮矿集团袁庄矿康复养老项目、淮北龙脊山生态养老休闲度假区、相宜缘养老服务、百孝汇养老公寓、淮北老年康复医院、中道脉和养生保健老年公寓、怡心养亲苑度假中心等项目。

第三章　推进农业现代化建设

深入实施《农业现代化推进工程》，发挥国家农产品主产区优势，以农业产业化为抓手，以龙头企业为支撑，稳步提升农业综合生产能力，加快转变农业发展方式，着力构建现代农业产业体系、生产体系、经营体系，走三次产业融合发展之路。

第一节　调整优化农业产业结构

在稳定粮食生产基础上，大力调整优化农业产业结构和布局，构建南粮、北菜、东部沿山特色水果、近郊休闲观光农业四大产业板块，全面提升农业综合生产能力和效益。

提高粮食综合生产能力。坚持稳定总产、提高单产、优化品质的总体思路，不断增强粮食生产能力。实行最严格的耕地保护政策，坚守耕地红线，全面划定永久基本农田，深入实施高标准农田建设规划，开展土壤有机质提升行动，加快推进中低产田改造，不断扩大高标准农田面积。推进农业机械升级换代，提高农机化水平。开展粮食绿色增产模式攻关活动，推进良种良法配套，农机农艺融合。力争到2020年，建成高标准农田149万亩，粮食总产量稳定在120万吨。

大力发展标准化规模养殖。稳定发展生猪、家禽养殖，加快发展草食动物养殖，着力打造100万头生猪、3000万只家禽、100万头（只）食草动物等标准化规模养殖基地，加强动物疫病防控，实施畜禽良种工程，全面提升畜禽良种化、养殖设施化、生产规范化、防疫制度化、粪污处理无害化水平。充分利用塌陷水面资源，积极发展水产健康养殖，重点建设万亩城郊休闲渔业基地和万亩标准化精养鱼塘。到2020年，畜禽规模化养殖比重达到85%以上。

加快发展高效特色农业。城市近郊以温室、大棚为主，重点发展设施农业，大力发展规模化蔬菜种植基地，积极创建国家和省级蔬菜标准园，打造设施蔬菜标准化生产基地。东部沿山地区积极发展以葡萄、石榴为主的特色水果，着力建设特色水果种植带，不断扩大“段园葡萄”“榴园石榴”等水果品牌的影响力。加快建设城郊苗木花卉基地和林木良种基地，扶持壮大林木花卉业。加快建设东外环休闲农业长廊，连接榴园、高岳、凤凰山等现代农业示范区，打造都市休闲农业产业圈。

第二节　加快构建新型农业经营体系

坚持和完善农村基本经营制度，坚持农民家庭经营主体地位，引导土地经营权规范有序流转，创新土地流转和规模经营方式，积极发展多种形式适度规模经营，提高农民组织化程度。

提高农业产业化水平。按照做大总量、培育品牌、集群发展的方向，推进农产品加工业向精深加工转型升级。培育壮大一批在全国、全省居行业前列的农产品加工骨干龙头企业，加快构建现代农业产业化联合体。继续推进凤凰山、百善两大农业产业化示范区和省级农业现代示范园区建设，推动农产品加工业集聚发展，积极打造全国重要的农产品深加工基地。开发农业多种功能，促进农村一二三产业融合发展，推进农业产业链和价值链建设，提高农业附加值。到2020年，培育农产品加工骨干龙头企业200家，农产品加工总产值达到800亿元。

大力培育新型农业经营主体。加大政策扶持力度，着力培育壮大职业农民、家庭农场、专业经营大户、农民合作社等新型农业经营主体，不断提高农业规模化组织化经营水平。全面完成农村土地承包经营权确权登记颁证工作，完善农村土地流转服务平台，鼓励农户依法采取转包、出租、互换、转让及入股等方式流转承包地，引导土地承包经营权向生产和经营能手集中，大力培育和发展种养大户、家庭农场。支持新型农业经营主体开展全程土地托管或主要生产环节服务托管。到2020年，农业适度规模经营比重超过40%，家庭农场和农民合作社分别达到2000家和1500家。

健全农业科技和社会化服务体系。积极构建现代农业科技创新推广体系，建立农业科技协同创新联盟，发挥农业科技创新驱动作用。继续加强基层农技推广、农业有害生物监测预警防控和动物防疫体系建设，增强农业公益性服务能力。开展政府购买农业公益性服务，积极发展农业经营性服务，培育壮大专业服务公司、专业技术协会、农民经纪人、龙头企业等各类社会化服务主体，提升农机作业、技术培训、农资配送、产品营销等专业化服务能力。加强农业社会化服务市场管理，规范服务行为，维护服务组织和农户的合法权益。加强农产品流通设施和市场建设，积极构建农产品冷链物流体系，实施农户科学储粮工程。积极发展现代种业。增强供销合作社为农服务能力。提高农村气象防灾减灾和气象为农生产服务水平。

第三节　提升农产品质量安全水平

加快发展无公害、绿色、有机和地理标志农产品，打造一批优质农产品品牌，在蔬菜、水果标准园和畜禽养殖标准化示范场、水产标准化健康养殖示范场率先实现无公害生产全覆盖。加强农业投入品等源头鉴定，加强风险检测和执法监测，开展质量安全可追溯试点，健全从农田到餐桌的农产品质量安全全过程监管体系。建立健全“黑名单”制度和有奖举报制度。加强农产品质量安全检验检测机构建设和管理，完善监管机制，严厉打击非法添加、制假售假等行为。积极创建国家、省级农产品质量安全县和出口食品农产品质量安全示范区。

第四节　促进农业健康可持续发展

科学合理使用农业投入品，实现化肥、农药用量零增长。推广节水灌溉，推行农艺节水保墒技术，推广抗旱品种，加快农业高效节水体系建设，发展节水农业。综合治理地膜污染。防治耕地重金属污染。加强病死畜禽无害化处理设施建设，控制畜禽养殖污染。通过肥料化、饲料化、基料化等方式，推进农作物秸秆综合利用。实施新一轮退耕还林工程，加大人工造林和封山育林力度，提升林业生态功能。严控工矿企业排放和城市垃圾、污水等农业外源性污染。

专栏 5：

“十三五”现代农业发展重点工程

高标准农田建设工程：淮北市粮食绿色增产模式攻关活动项目、濉溪粮食增产示范工程、濉溪县田间工程建设项目。

现代农业示范区提升工程：凤凰山省级现代农业示范区建设项目、高岳省级现代农业示范区项目、朔里现代农业示范园项目、古饶现代农业科技示范园项目、濉溪现代农业示范区提升项目、百善国家级现代农业示范区创建项目、榴园省级现代农业示范区项目、盛景农业生态示范园。

规模养殖基地建设工程：百万头生猪标准化规模养殖基地建设项目、2000 万只家禽标准化规模生产基地建设项目、100 万头只草食动物标准化规模养殖基地建设项目、特色水产标准化养殖基地建设项目。

特色农业基地建设工程：10 万亩设施蔬菜标准化基地建设项目、10 万亩优质水果基地建设项目、20 万亩良种繁育基地建设项目。

第四章　大力实施“互联网 +”淮北行动计划

以创建国家智慧城市试点为契机，加快信息基础设施建设，深入推进互联网与经济社会融合发展，逐步走出具有淮北特色的智慧城市发展之路，建成智能化、信息化、网络化的“智慧淮北”。

第一节　加强信息基础设施建设

加快构建高速、移动、安全、泛在的新一代信息基础设施，推进“光网城市”建设。大力实施宽带网络光纤化改造，实现城区光纤到户全覆盖和行政村 100% 通光缆，进一步提高互联网出口带宽。推进“无线城市”建设，加强 4G 网络和无线局域网建设，无线宽带网络市区覆盖率达到 100%。完善通信普遍服务机制，开展网络提速降费行动。加快推进下一代广播电视网和交互式网络电视建设，不断优化网络性能。全面推进“三网融合”。建设公共资源数据库和智慧城市公共信息平台。加强安全测评、容灾备份、电子认证、应急指挥等城市信息安全基础设施建设，建立公共网络、政务网络和无线电的信息安全体系，提升信息安全保障能力。到 2020 年，城市家庭宽带接入能力达到 100Mbps，农村家庭宽带接入能力达到 20Mbps。

第二节　积极推动互联网与产业融合发展

大力推进互联网与重点产业领域的深度融合，实现产业跨界创新、融合发展，推动新技术、新产业、新业态蓬勃发展。

“互联网 +”制造。以发展智能制造为突破口，以传统行业信息化改造为着力点，加强企业生产过程、生产装备、生产产品和生产服务的智能化、信息化建设。鼓励制造业企业通过互联网与产业链各环节紧密协同，促进生产、质量控制和运营管理系统全面互联，力争到 2020 年 70% 以上的骨干企业实现关键环节信息技术集成应用，大中型企业关键工序数控率达到 80% 以上。积极开展两化融合试点示范工作，统筹推进“两化”融合示范区、示范企业和示范项目的建设。以淮北矿业等国家级、

省级贯标试点企业为龙头，加快推进企业两化融合管理体系标准对标工作。

“互联网+”服务业。加快相山区凤凰山电子商务产业园、烈山区青年电子商务创业（产业）园、杜集区淘宝村电子商务物流园、濉溪县农村电子商务产业园等项目建设。鼓励企业开展大宗原材料网上交易、工业产品网上定制、上下游关联企业协同发展。推进传统商贸企业发展集电子商务、电话订购、城市配送为一体的新型购物模式。引导外贸和中小微企业利用阿里巴巴、淘宝网、京东商城、苏宁等知名第三方平台开展业务。立足名优特农产品资源优势，推进农村电子商务发展，打造集农业生产、展示、销售、农产品安全追溯等为一体的特色电子商务交易平台。鼓励支持网络科技型企业不断创新商业模式，充分运用电子商务、移动互联网技术，实现商业产业发展与消费业态升级高度融合，打造一批致力于提供从城市商圈到社区服务的O2O店商型企业和服务类电子商务平台。鼓励大数据、云计算在物流快递领域的应用，支持建设智能快件箱、智能仓储体系。引导物流快递企业与电子商务企业深度融合，推进县区到行政村的物流快递配送网络和村级配送网点建设。鼓励企业开展跨境电子商务。

“互联网+”现代农业。培育一批网络化、智能化、精细化的现代“种养加”生态农业新模式。鼓励互联网企业建立农业服务平台，支持新型农业生产经营主体，加强产销衔接，实现农业生产由生产导向向消费导向转变。推广成熟可复制的农业物联网应用模式，构建天地一体的农业物联网测控体系，发展智能节水灌溉、测土配方施肥、农机定位耕种等精准化生产方式。推动畜牧水产养殖基地普及应用饲料精准投放、疾病自动诊断、废弃物自动回收等智能设备。

“互联网+”智慧能源。加快发电设施、用电设施和电网智能化改造，提高电力系统的安全性、稳定性和可靠性。建立能源生产运行的监测、管理和调度信息公共服务网络，推进能源生产智能化。加强分布式能源网络建设，建设以太阳能、风能等可再生能源为主体的多能源协调互补的能源互联网。开展绿色电力交易服务区域试点，推进以智能电网为配送平台，以电子商务为交易平台，融合储能设施、物联网、智能用电设施等硬件以及碳交易、互联网金融等衍生服务于一体的绿色能源网络发展。统筹部署电网和通信网深度融合的网络基础设施，实现同缆传输、共建共享。

第三节　建设全省电子政务领先城市

以现有电子政务网以及“数字淮北地理空间框架平台”为基础，扩容升级打造政府部门共享的高速骨干网络平台。加大政府部门电子政务建设的整合力度，建设统一的基于云计算的电子政务公共平台。完善网上办事大厅的建设，推动各级政府行政办事大厅向网上转移，打造“网上政府”。优化服务流程，实现行政审批等事项“一站式”网上办理与“全流程”效能监督。建设市级政务大数据中心，完善人口、法人、空间地理、宏观经济、文化等政务数据库，建立政务数据资源的共享开放机制，推进大数据创新运用。支持企业开展数据开发运用和数据增值服务，推动社会服务模式创新。到2020年，实现90%的政府权力事项网上办理，政府效能大幅提升，力争建设成为全省电子政务领先城市。

第四节　大力发展智慧民生

充分利用信息化手段，改进公共服务模式和提供方式，提升信息便民利民和公平普惠水平。按照“大集中、大整合、大共享”的原则，以公安人口信息为基础，融合民政、人社、卫计等部门数据信息，建设社会服务管理信息化综合平台。推进平安工程视频监控系统二期、数字城管监督指挥系统等项目建设，实现城市数字化和网格化管理。推进智慧医院、远程医疗建设，普及应用电子病历和健康档案，促进优质医疗资源纵向流动。建设具有随时看护、远程关爱等功能的养老信息化服务体系。建立公共就业创业信息服务平台，加快推进就业信息联网。加快社会保障信息化体系建设。建设完善教育信息化基础设施，构建利用信息化手段扩大优质教育资源覆盖面的有效机制，推进优质教育资源共享与服务。加强数字图书馆、数字档案馆、数字博物馆等公益设施建设。

专栏 6:

“互联网 +”重点领域

“互联网 +”制造：建设智能工厂、数字化车间，加快人工智能交互、工业机器人等技术装备在生产过程中的应用。支持企业利用互联网采集、对接个性化需求，推进设计研发、生产制造和供应链管理等关键环节的柔性化改造。鼓励企业开展故障预警、远程维护、质量诊断、远程过程优化等互联网在线增值服务。

“互联网 +”服务业：开展电子商务进农村综合示范县区、电子商务示范基地、电子商务示范企业创建，建设电子商务产业园区。推进服务类电子商务的发展，壮大惠民移动互联网服务平台“生活直通车”，鼓励支持登陆新三板。引导电商与快递企业合作发展便民利商新业态，推进电子商务与物流快递协同发展试点。依托互联网建设高效物流体系。

“互联网 +”现代农业：鼓励互联网企业建立农业服务平台。推广成熟可复制的农业物联网应用模式。利用现有互联网资源，构建农副产品质量安全追溯公共服务平台。推进信息进村入户试点，鼓励通过移动互联网为农民提供生产生活信息服务。

“互联网 +”智慧能源：建立基于互联网的能源生产调度信息公共平台。开展新能源微电网示范项目建设，构建新能源微电网技术体系和管理体制。拓展电力直接交易平台功能，鼓励发展用户端能源共享经济和自由贸易。

“互联网 +”电子政务：建设高效电子政务平台，形成网上服务与实体大厅服务、线上与线下服务紧密结合的政府服务新模式。运用互联网提升社会保险、就业创业、人才服务、职业培训、气象等公共服务水平。推进社会保障卡加载更多功能，实现一卡通。

“互联网 +”便捷交通：鼓励互联网平台为社会公众提供实时交通运输状态查询、出行路线规划、网上购票、智能停车等服务。推动交通运输信息互联互通。利用大数据平台挖掘分析公众出行需求、枢纽客流规模、车辆船舶形势特征等。

“互联网 +”医疗：鼓励医疗机构与互联网企业合作建立医疗网络信息平台，开展数字网络医院试点，建设全省统一的互联网“健康云”信息服务平台。鼓励大中型医院搭建远程诊疗信息平台，加快普及居民健康卡惠民应用。积极利用移动互联网提供在线预约、候诊提醒等便捷服务。

“互联网 +”教育：推动中小学校应用互联网平台，提供教育教学质量和教育治理能力。鼓励互联网企业与职业教育学校合作，探索职业教育、劳动力技能培训等教育公共服务新模式。

“互联网 +”城市管理：建设涵盖重要部门、行业、领域的公共安全视频图像信息传输网络和共享平台，加快城市管理涉及的各领域、行业、部门之间的数据资源在线集成，运用新一代信息技术构建城市管理服务体系。

第五章 推动军民融合发展

积极对接国家和省军民融合发展规划，依托能源、装备等产业基础，找准我市经济社会发展与国防建设的共振点，推进军民融合深度发展。支持民营企业进入军品科研生产和维修领域，推动民用科技成果向国防领域转化，重点在航空航天、电子信息、轨道交通、装备制造、新材料、物联网、3D 打印等领域实施军民技术相互渗透。加快推进海聚信息北斗 /GPS 智能通讯终端生产基地、天路航空通用飞行器等项目建设。加强军地科技交流合作，大力发展军民两用产业，打造军民融合产业示范基地，创建军民融合创新示范区、示范企业和示范产品。

第三篇 统筹城乡发展 加快城乡一体化进程

坚持市县协同、城乡一体，加快新型城镇化建设，大力发展县区经济，强化基础设施支撑，不断增强发展的协调性，在协调发展中拓宽发展空间，在加强薄弱领域中增强发展后劲。

第一章 加快新型城镇化建设

坚持以人的城镇化为核心，突出中心城区的引领带动作用，推动城镇化建设进入以提高质量为主的转型发展的新阶段，实现生产空间集约高效、生活空间宜居适度、生态空间山清水秀。

第一节 优化提升主城区能级

顺应城市工作新形势，贯彻落实“一尊重、五统筹”战略思想，提升城市规划建设管理水平。围绕提高城市宜居性，加强城市功能规划，着力增强城市内部不同功能区布局的合理性，使住宅、商业、办公等不同功能区相互交织、有机结合，实现城市功能的协调兼容互补。实施“416”城市空间发展战略，以人民路、孟山路、沱河路和梧桐路为四条发展轴带，以东湖、南湖、中湖、北湖聚合而成的生态绿带为核心，构筑相山、濉溪、烈山、杜集、东部新城、经济开发区六个城市组团，拓展城市发展空间。坚持主城区发展以“东进”为主方向，集中优势资源建设东部新城，加大公共服务设施和市政设施建设力度，全面提升东部新城的承载力和公共服务水平。加快老城区主次干道、背街小巷改造升级，畅通城区交通微循环。加快棚户区改造，推动供排水、燃气、污水处理等市政设施向城市周边延伸，全面改善人居环境。树立自然生态的建设理念，科学编制地下空间综合利用、城市排水（雨水）防涝、绿地系统等规划，推进“海绵城市”建设。按照统筹近期与远景发展、统筹东部新城与老城、统筹各类管线实际发展的原则，编制城市地下综合管廊建设规划，提高管廊建设的综合效益。大力发展城市现代服务业，增强与完善城市服务功能，提升主城区综合承载力和辐射带动能力。积极推进相濉同城化，形成市县“交通同网、生态共筑、功能互补、体系相融”的同城化发展框架。

专栏 7：

六大城市组团主要功能

相山组团：大力推进老城改造和景观整治，完善道路交通系统，加快棚户区改造，升级改造服务业，建设城市行政中心和商务中心。实施城市西延战略，推进淮海路、人民路西延工程及淮海西路两侧商业开发，打造相山西部绿色食品工业新城。

杜集组团：着力建设以高新产业研发与技术转化为主要特色的城区和科技创新示范基地。加强东湖新城基础设施建设，加快高岳矿山集城市组团发展步伐。发挥高铁枢纽的区位交通优势，积极发展商务办公、商贸物流等生产性服务业，打造淮北北部门户。

烈山组团：重点发展南湖片区，加强城市园林绿化建设和粉尘控制，改善城市生态环境。积极发展现代物流、电子信息等产业，建设货运枢纽。

濉溪组团：积极推进相濉同城化，加大濉溪老城改造力度，打造主城区重要的产业组团和生活休闲副中心。

东部新城组团：突出生态建设，不断提升综合服务功能，着力建设以教育科研、行政办公、金融商贸、旅游休闲为主的生态城区和智慧城区。

经济开发区组团：依托市经济开发区，大力推进产城融合，加快建设以战略性新兴产业、装备制造业和现代服务业为主导的城市综合功能区。

第二节　加快建设城市次中心

抓住国家推动新型城镇化建设的战略机遇，结合采煤沉陷区村庄搬迁安置，按照中等县级城市的规模，高标准规划建设淮北新型煤化工合成材料搬迁安置基地，培育打造具有居住、文化娱乐、商务商贸、科教研发、医疗卫生、休闲旅游等综合服务功能的新城区，成为产城一体、经济繁荣、生态美好和充满生机的城市南部次中心。结合浍河复航及浍河经济带发展规划，促进临涣、韩村、孙疃、南坪一体化发展。

第三节　促进小城镇特色发展

以提高综合承载力为基础，以产业特色化为方向，以“扩权强镇”为动力，加快中心城镇建设步伐，促进农产品精深加工产业和农村服务业发展，打造一批产业特色鲜明、服务功能完善、人居环境良好的新型小城镇，促进农业转移人口就地就近城镇化。进一步壮大百善、朔里等全国重点镇，加快建设段园、南坪、临涣、五沟、渠沟、古饶等中心镇，因地制宜发展特色产业，按照市政标准改造和完善城镇基础设施，提升文化教育卫生等公共服务水平，完善城镇综合服务功能，增强产业人口集聚能力和辐射带动能力。到2020年，重点培育1–2个新兴小城市。

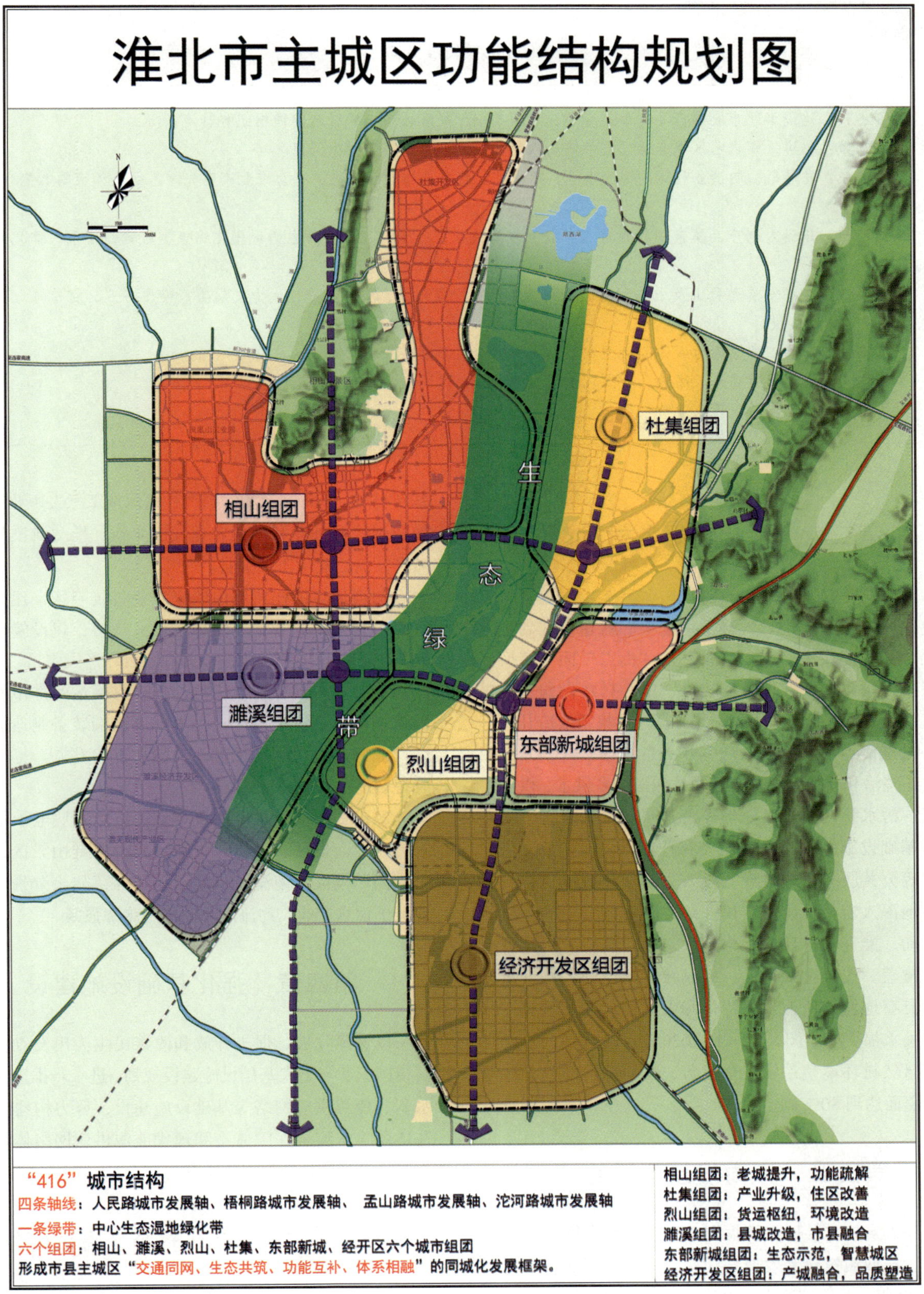

淮北市主城区功能结构规划图

专栏8：

中心镇发展方向

百善镇：建设淮北市农副产品深加工基地，濉溪县中部经济区中心，区域交通枢纽和物流中心。

朔里镇：推进采煤塌陷区综合治理，加快高铁新区建设，打造淮北北部门户。

段园镇：发展机械制造业和休闲观光农业，建设皖苏跨省合作的示范区，成为淮北市率先融入徐州都市圈的先行区、桥头堡。

南坪镇：建设农副产品集散中心和加工中心，以发展商贸、工业、居住为主的现代化综合型城镇，宿淮一体化发展的门户区。

临涣镇：重点发展煤化工及采矿配套设备制造等产业，强化综合服务功能，大力发展生产性服务业，打造淮北具有较强影响力的增长极。

五沟镇：发展工贸服务为一体的新型城镇，成为市域南部重要节点城镇。

渠沟镇：大力发展高产、高效、生态、休闲旅游农业，建设农业产业化示范区。

古饶镇：重点发展现代农业。

第二章　深化美好乡村建设

按照发展中心村、保护特色村、整治空心村的要求，调整完善村庄布点规划，科学编制中心村建设规划。推动美好乡村建设由“以点为主”向“由点带面”转换，分层推进镇政府所在地环境提升、中心村建设和自然村环境整治。因地制宜采用采煤塌陷搬迁、集镇改造开发、空心村整治、建设征地搬迁、并村自建等模式，大力推进村庄整治和新型农村社区建设。加强城乡供水、供电、供气、污水管网、垃圾处理等公共基础设施对接，提高城乡基础设施的共享度；加大农村教育、卫生、文化、体育等公共服务设施建设的投入力度，让城镇公共服务更多地深入农村、惠及农民。结合“三线三边”环境整治活动，推进农村环境综合整治，实现农村生活垃圾治理全覆盖。按照融入自然、彰显特色的原则，重点建设一批具有地域特色、生态特色和人文特色的示范村，打造农民幸福美好家园。力争到2020年，全市镇政府所在地和自然村环境整治实现全覆盖，规划保留的中心村建设覆盖面达到80%以上。

第三章　大力发展县区经济

深入实施《县区经济振兴工程》，大力推进新型工业化、新型城镇化和农业现代化，增强县区综合实力。到2020年，县区地区生产总值、财政总收入分别达1000亿元、77亿元，分别占全市的80%以上、55%以上。

濉溪县。坚持工业化、城镇化双轮驱动，以濉溪经济开发区、濉芜现代产业园等为主要载体，重点发展铝基新材料、装备制造和农副产品精深加工三大产业集群。加快现代服务业和现代农业发展步伐。推动濉溪县统筹城乡发展、建设工业强县。

相山区。依托凤凰山国家农业科技园区，建设国家级绿色食品产业基地。发挥主城区优势，建设皖北地区商贸中心。打造现代服务业和绿色食品产业强区。

杜集区。发挥高铁优势，积极对接徐州都市圈，发展现代商贸物流集聚区。大力发展高端装备制造业，推动产业向集群化、特色化、高端化方向发展。打造高端装备制造业和服务业强区。

烈山区。依托现有产业基础，重点发展电子信息和物流产业。发挥旅游资源优势，建设龙脊山景区，“四季榴园”景区，南湖、华家湖景区等精品旅游景点。打造电子信息产业、物流产业和休闲旅游强区。

第四章　强化基础设施建设

以保障发展、促进开放和改善民生为出发点，紧密衔接国家和省重大基础设施建设规划，进一步推进交通、水利、能源供应网络等基础设施建设，努力构建综合交通体系、水安全保障体系和现代能源供应网络体系，着力提升对经济社会发展的承载力。

第一节　构筑现代化综合交通运输体系

加快完善干线交通路网，提高交通线路建设等级，强化交通枢纽和公共交通运输体系建设，推动交通智能化，进一步增强对外对内交通通达能力。

铁路。建成淮北至萧县北客车联络线、青阜铁路电气化改造、符夹线扩能工程，推动淮北纳入全国高速铁路网络。开工建设淮北—合肥、徐州—淮北—阜阳城际铁路，实现与合肥经济圈和淮海经济区的快速连通。开展淮北—商丘—菏泽城际铁路项目前期研究。积极推进城市轨道交通项目。

公路。积极推进“大外环”交通项目建设，在主城区和濉溪县城外围，形成高等级环城大道，串联高速公路连接线，实现与泗许、合徐、连霍、济祁等高速公路的高效衔接。推进徐淮阜高速公路、淮徐快速通道建设，打通淮北至徐州、至阜阳快速通道。实施一批省道改造、县道改省道项目，加快形成以高速公路为主网、以国道、省道、县乡道为补充的综合公路网络。实施农村道路畅通工程和村村通拓宽工程，完善乡村道路，提升农村交通通行能力。

航空。积极开展淮北民航机场的规划研究，加快前期工作进度。

内河航运。重点实施“一航两港两闸”工程（浍河四级航道、南坪港、韩村港、南坪船闸和临涣船闸），提升浍河航道通行能力。积极推进萧濉新河航道升级改造工程，贯通洪泽湖，连接大运河，融入苏北、苏南航道网络，加快实现“通江达海”。

综合交通枢纽。以淮北长途汽车客运新站和坡里高铁站为中心，强化各交通运输方式的衔接与整合，实现旅客运输“零距离换乘”和货物运输“无缝衔接”。加快濉溪县客运新中心、五里郢城乡客运一体化换乘中心、汽车南站二级综合客运站、东部大学城客运换乘中心和烈山客运物流服务中心等项目建设，完善市域客货综合集疏运体系。

公共交通体系。大力发展城乡公共交通，加密主城区、濉溪县城和各开发园区公交线路和站点，推进主城区连接各乡镇公交线路常态化，开通一批重点乡镇间、乡镇与重点村之间的农村客运班线。加强综合交通服务体系建设，完善交通公共信息和服务平台，推动交通管理智能化。

专栏9：

“十三五”交通基础设施建设重点项目

铁路：淮北至萧县北客车联络线、青阜铁路电气化改造、符夹线扩能，淮北—合肥城际铁路、徐州—淮北—阜阳城际铁路，谋划推进城市轨道交通项目、淮北—商丘—菏泽城际铁路等项目。

干线公路：徐淮阜高速公路项目、S441济祁高速连接线项目；S203淮六路连接线、S101合相路二期、S254古毛路二期、S235濉唐路二期、S337西临路、S303泗永路、S336宿涡路等道路改建、改造。

内河航运：沱浍河航道整治项目，南坪港、韩村港、南坪船闸和临涣船闸建设项目，萧濉新河航道升级改造项目等。

货运站场和交通枢纽：淮北长途汽车客运新站、坡里高铁站、濉溪县客运新中心、五里郢城乡客运一体化换乘中心、汽车南站二级综合客运站、东部大学城客运换乘中心、烈山客运物流服务中心等。

公共交通：到2020年形成55条城市公交线路，完善交通公共信息和服务平台，建成智能化交通管理体系。

民用机场：规划建设淮北机场。

第二节　强化水安全保障

以“治水保安、兴水富民”为核心，加快推进重点流域防洪减灾治理工程，构建水资源综合保障体系，不断提高城市供水和农村水利保障能力，维护区域水生态安全。

防洪减灾。抢抓新一轮淮河流域综合治理政策机遇，积极推进淮河重要支流包浍河治理和中小河流治理，实施河道疏浚和堤防加固，增强河道防洪保安能力。加快实施大中型病险水闸除险加固工程，基本完成城市防洪达标建设，提升城区和重要工业园区防洪水平。

水资源调配。推进淮水北调淮北市配水、采煤沉陷区蓄水综合利用等重点工程建设，实施河湖连通工程，增强城市蓄水能力，改善缺水地区水源条件。加快启动城市应急备用水源工程，建设一批县乡自来水厂，缓解城市和重要工业园区水源不足问题。规划建设城市涵水工程及城市排水管网项目，增强对雨水的自然积存、自然渗透、自然利用，提高城市涵水、保水能力。落实最严格的水资源管理制度，强化水资源“三条红线”管理，控制用水总量，提高用水效率，限制水功能区纳污。

农村水利。实施农村饮水提质增效工程，着力提高农村自来水普及率、供水保证率和水质合格率，实现自来水村村通。加强农田水利建设，推进农村地区抗旱应急水源和农田排灌体系建设，实施农业高效节水工程和田间工程，修建排灌沟渠、桥涵闸、机耕道，增强农村水利保障能力。

淮北市"十三五"综合交通重点建设项目图

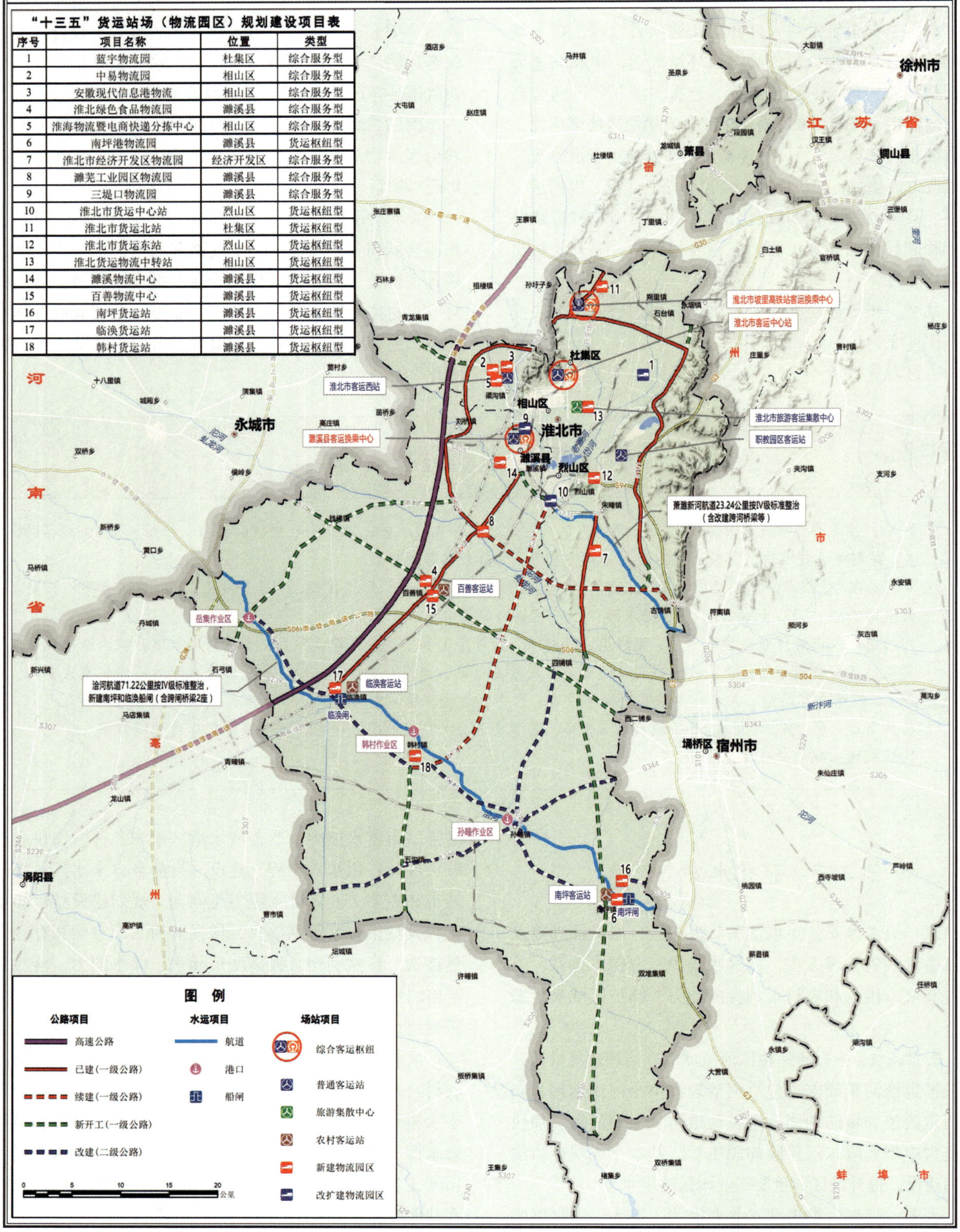

"十三五"货运站场（物流园区）规划建设项目表

序号	项目名称	位置	类型
1	蓝宇物流园	杜集区	综合服务型
2	中易物流园	相山区	综合服务型
3	安徽现代信息港物流	相山区	综合服务型
4	淮北绿色食品物流园	濉溪县	综合服务型
5	淮海物流暨电商快递分拣中心	相山区	综合服务型
6	南坪港物流园	濉溪县	货运枢纽型
7	淮北市经济开发区物流园	经济开发区	综合服务型
8	濉芜工业园区物流园	濉溪县	综合服务型
9	三堤口物流园	濉溪县	综合服务型
10	淮北市货运中心站	烈山区	货运枢纽型
11	淮北市货运北站	杜集区	货运枢纽型
12	淮北市货运东站	烈山区	货运枢纽型
13	淮北货运物流中转站	相山区	货运枢纽型
14	濉溪物流中心	濉溪县	货运枢纽型
15	百善物流中心	濉溪县	货运枢纽型
16	南坪货运站	濉溪县	货运枢纽型
17	临涣货运站	濉溪县	货运枢纽型
18	韩村货运站	濉溪县	货运枢纽型

专栏 10:

"十三五"水利基础设施建设重点项目

防洪减灾：包浍河治理，萧濉新河、闸河、龙岱河等城市防洪综合整治；萧濉新河黄桥闸、王引河仲大庄闸、沱河徐楼闸、洪碱河浍楼闸等大中型病险水闸除险加固；实施水利信息化工程。

水资源调配：淮水北调淮北市配水项目、城市应急备用水源工程、采煤沉陷区蓄水综合利用项目等；濉溪县大田家、杜集区朔里等重点乡镇水厂建设项目。

农村水利：实施农村饮水提质增效工程，解决全市农村48.5万人自来水村村通；小农水重点县项目。

第三节　加强能源供应网络建设

适应城乡发展和产业升级新要求，统筹城乡配电网建设，发展智能电网，推动清洁能源、分布式能源科学利用，推进电力交易多元化，确保电力输送满足城乡发展和产业园区建设需要。支持过境特高压项目建设。大力推进电动汽车充电基础设施建设。加快完善油气管网布局，积极争取国家气源气量支持，推动与相邻省份互联互通，实现"多气源一张网"，提升全市供气保障水平。积极培育用气市场，在中心城区推进天然气冷热电三联供，稳步推动天然气供气范围向镇村延伸。

第四篇　深化改革创新　增强经济社会发展动力活力

把深化市场化改革作为加快发展的主动力，把大众创业、万众创新作为转型发展的主抓手，不断深化重点领域和关键环节改革，全力推进创新创业，大力发展民营经济，以改革释放新红利，以创新增强新动力，全面激发市场活力和社会创造力。

第一章　深化重点领域和关键环节改革

坚持市场化方向，深入推进中小城市综合改革试点，统筹推进重点领域和关键环节改革，破解体制机制障碍，加快形成改革成果。

第一节　推进中小城市综合改革试点

围绕增强城市资源聚集能力、人口吸纳能力和综合承载能力，突出"产、钱、地、人、治"，全面推进产城融合、城市投融资、土地要素、民生保障、城市治理等重点领域改革，着力解决制约城市转型发展的深层次矛盾。通过2~3年试点努力，推进改革的体制机制基本建立，改革取得初步成效。到2020年，产城融合发展机制逐步健全，公共服务保障水平不断提升，土地要素流动机制不断完善，多元可持续的城市投融资模式基本建立，城市管理体制改革不断深化，城市综合承载能力明显提升，集聚和辐射能力进一步增强。

第二节　深化农村综合改革

充分利用耕地、山地、塌陷区等多种土地资源，发展多种形式适度规模经营。积极培育新型农业经营主体的经营体系。全面完成农村土地承包经营权、集体土地所有权、集体建设用地和宅基地使用权的确权登记颁证。完善农村宅基地管理制度。建立农村转移人口和矿区闭矿进城人员与新增城镇建设用地人地挂钩机制，探索建立"地票"交易制度。完善农村集体产权权能，探索农村集体经营性建设用地使用权入市改革，开展农村集体产权股份合作制改革试点，建立统一规范的农村产权交易平台。完善村级公益事业一事一议财政奖补机制，支持村内公益事业建设。

第三节　加快行政体制改革

进一步转变政府职能，厘清政府权责，持续推进简政放权、放管结合、优化服务，严格履行并动态调整市、县政府及部门权力清单和责任清单。全面深化行政审批权相对集中改革，清理、减少前置审批事项，简化办事程序，提高政府效能。探索建立行政服务效能综合评价考核机制。加快政企分开、政资分开、政事分开，加大购买服务力度，推动事务性管理由政府向社会组织转移。稳步推进事业单位分类改革。加快食品安全、安全生产、环境保护、劳动保障、城市管理等领域综合执法改革。积极推进开发园区管理和招商体制机制改革。深入推进公共资源交易监督管理体制改革，整合建立统一的公共资源交易平台，探索建立行政服务效能综合考评机制。

第四节　稳步推进国有企业改革

坚持分类指导、一企一策，推进具备条件的国有企业兼并重组、整体上市。协同推进淮矿集团、皖北煤电、淮海实业、中煤矿建等国有企业深化改革，发展混合所有制经济，加快转型发展。深化国有企业劳动、用工、分配三项制度改革，维护职工合法权益。推动市县融资平台公司资产重组，分离经营性业务，建成独立市场主体。完善国有资产监管体制和经营机制，以管资本为主加强国有资产监管。积极推进国有企业开展国际产能合作，促进过剩产能走出去。科学统筹市与四大省属企业发展规划，合理配置各种生产要素，优化全市生产力布局，推动市企产业紧密衔接，实现市企融合发展。

第五节　深化财税金融体制改革

统筹推进预算管理体制、政府投融资体制改革。贯彻落实全面规范、公开透明的预算制度，完善政府预算体系，实施跨年度预算平衡机制和中期财政预算规划管理，强化预算公开、执行、监督和管理。整合财政专项基金，通过股权投资基金、产业投资基金、PPP合作等融资模式，吸引社会资本参与城市基础设施和公共服务建设。加大政府购买公共服务力度，加强财政资金绩效管理。落实创新产品、绿色产品的政府采购政策。积极贯彻深化国税、地税征管体制改革方案，加强税收征管，优化纳税服务。完善政府债务管理，稳妥推进存量债务置换工作。加快健全地方金融体系，积极打造一批地方金融骨干企业，大力发展普惠金融，规范发展互联网金融，降低企业融资成本，促进金融支持实体经济发展。深化农村金融改革，完善农业保险制度。建立产业投资基金、创业引导基金等，健全基金运行管理机制。

第二章　全力增强创新驱动力

抢抓省全面创新改革试验区机遇，深入实施《创新驱动发展工程》，增强企业创新能力。营造创新创业发展环境，掀起大众创业、万众创新新高潮，建设成为省级创新型城市。

第一节　提高企业创新能力

围绕战略性新兴产业和重点企业，鼓励开展技术创新、管理创新和商业模式创新，提高企业研发能力。建设提升一批工程技术研究中心、企业技术中心、重点实验室等，推动铝基新材料、新型煤化工合成材料等产业关键技术攻关，实施创新企业百强计划，开展科技型、高新型、创新型企业梯次培育，打造一批引领产业发展的省级以上高新技术企业和创新型企业，支持有实力的企业引进或并购境内外创新能力强的企业和研发机构，加快培育一批具有较强竞争力的科技“小巨人”企业。充分利用国内高校科技力量，深化产学研合作。支持产业链上下游企业、科研院所组建产业技术创新联盟，促进工业设计与科技成果产业化，开展技术攻关、成果转化、人才培养等多方面交流合作。加强与长三角地区、中关村示范区、合芜蚌试验区等区域战略合作，充分运用互联网技术，加强跨区域利用创新资源，实现科技资源开放共享。到2020年，培育2 ~ 3家国家级创新型企业，30家以上科技“小巨人”企业；规模以上工业企业研发机构覆盖率达到40%，高新技术企业数占规模以上工业企业比重达到15%。

第二节　加强创新平台建设

实施开发园区科技提升计划，大力推进龙湖高新技术开发区、濉溪经济开发区创新园区、杜集矿机装备高新技术产业基地、凤凰山国家农业科技园、烈山经济开发区雷山项目区等创新载体建设，引导人才、项目、知识产权等创新资源向园区集聚。鼓励各级政府通过盘活商业用房、闲置厂房、物流设施等资源，建设一批创新创业园，形成“创业苗圃+孵化器+加速器+产业园”孵化体系。推动北大方正智谷科技园建设。鼓励社会资本参与科技孵化器建设，支持搭建大学科技园、大学生创业孵化基地等创新平台，缩短孵化周期，提高孵化效率。充分发挥地方和高校各自优势，加强与淮师大等高校的创新合作，实现市校融合发展，推动高校教育和地方发展转型升级。到2020年，建成省级以上科技创新创业服务平台5家，组建产业技术创新战略联盟5家。

第三章　大力发展民营经济

深入实施《民营经济提升工程》，坚持把发展民营经济和促进“大众创业、万众创新”紧密结合起来，推动更多社会成员兴办经济实体，全面提升民营经济总量、效益、活力和贡献。到2020年，全市民营经济增加值占地区生产总值的比重达到57%，力争60%；全市销售收入超10亿元的民营企业达到40家以上。

第一节 全面放开民间资本投资领域

坚持非禁即入原则，支持民营经济依法进入金融、教育、医疗、文化、保障性住房和交通、电力、市政公用等领域。加大政府与社会资本合作（PPP）项目推广力度，向民营资本推出符合产业政策、有利于转型升级、投资回报率较高的合作项目，激发民间资本投资热情。鼓励民营资本通过出资入股、收购股权、认购可转债、股权置换等多种方式，参与国有企业改制重组、国有控股公司增资扩股以及企业经营管理。提高民营经济外向发展水平，深化与省内外知名民营企业合作发展，引进更多企业家、战略投资者、技术和管理人才来淮投资兴业。

第二节 加快民营经济结构调整

积极引导民营经济向战略性新兴产业、产业链中高端转移。充分发挥民营经济的自主创新能力，实施大规模技术改造，促进主导产业、传统产业领域的优势骨干民营企业提高行业竞争力。依托制造业优势，引导民营企业在信息服务、现代物流、工业设计、科技咨询、节能服务、会展等生产性服务业领域快速发展。建立民营经济发展基金，推广“税融通”，对在转型升级中出现暂时性困难、有市场、有效益、信用好的重点民营企业，按照“一企一策”原则实施重点帮扶。

第三节 推动大众创业万众创新

充分发挥行业领军企业的主力军作用，以市职教园区、省级开发园区为主要载体，实施“创翼起飞、圆梦淮北”行动计划，实施青年人才创业工程、科技人员和高校毕业生创业领航工程、返乡农民工创业工程、创客能力培养工程、创业平台搭建工程等。大力发展市场化、专业化、集成化、网络化“众创空间”，为小微创新企业成长和个人创业提供低成本、便利化、全要素的开放式综合服务平台。提升创新创业服务水平，降低创新创业门槛，综合运用政府购买服务、无偿资助、业务奖励等方式，为初创企业提供法律、知识产权、财务、咨询、检验检测认证、技术转移、创业培训、创业担保贷款等服务。引进培育一批天使投资人和创业投资机构，形成一批众创、众包、众扶、众筹等支撑平台。

第五篇 扩大对外开放 拓展合作共赢新空间

积极融入“一带一路”和长江经济带建设，全面推进区域开放合作。搭建开拓国际市场新平台，增强大融合、大开放下集聚要素和配置资源能力，加快构建开放型经济新格局。

第一章 全面加强区域合作

全面参与淮海经济区核心区一体化发展，主动对接长江经济带和中原经济区，促进区域间产业、市场和要素资源的全方位对接，不断拓展开放发展空间。

第一节 积极融入淮海经济区核心区一体化发展

积极推进装备制造、绿色食品、新型建材、纺织服装等优势产业对接，不断增强产业配套能力，拓宽企业发展空间。加强与淮海经济区核心区城市在资金、技术、信息、人才等方面的合作与交流，提升要素保障水平。加快区域交通基础设施互联互通，加大跨界河流治理、大气污染防治等生态合作，形成联防联控合力。积极推进核心区文化旅游、医疗卫生、科技教育等双边、多边沟通与合作。

第二节 主动对接长江经济带

积极参与长江经济带建设，加强与长江经济带沿线地区交流与合作，实现优势互补共同发展。深化与长三角地区等领域合作。主动融入长三角新一轮发展，积极承接产业转移，强化产业发展。加强在物流运输体系、通关一体化、信息共享等方面的对接。推动资本、技术、人才等优势要素与我市人力资源等优势要素双向流动。积极参加各类展会，广泛开展经贸合作。建设长三角地区重要能源产业基地、优质农副产品供应基地。争取成为长三角城市经济协调会成员。

第三节　推进中原经济区建设

紧抓中部崛起和中原经济区建设机遇，全面推进区域内产业、交通、旅游、环保、人才等方面的合作对接。以能源、绿色食品、新材料等产业为重点，加强产业协作和优势互补，打造中原经济区重要的煤机装备基地、食品产业基地、铝工业基地。打通豫东皖北综合交通通道，推进徐州—淮北—阜阳高速公路、沱浍河四级航道整治等重大基础设施建设。加强文化旅游、物流基地协作开发，提升隋唐大运河旅游品牌实力。协同推进矿区生态环境和煤矿塌陷区治理工程，提升区域整体生态承载能力。加强与经济区优势企业、高校、科研院所的合资合作及人才资源互通共享。

第四节　全面参与淮河生态经济带建设

紧紧抓住国家和省推进淮河流域综合治理与振兴发展的重大机遇，认真研究相关政策措施，围绕实施综合治水、航道等级提升、特色产业升级、城镇化建设和脱贫攻坚等五大工程，超前谋划一批重大项目，争取列入政策支持范围。重点在新型煤化工合成材料、铝基新材料、清洁能源和可再生能源、低热值煤发电等优势产业方面对接项目。加快资源型城市转型，推进煤矿棚户区改造、沉陷区综合治理、浍河航道整治、淮水北调跨流域调水等重大工程实施。

第五节　深化南北合作

深入推进濉芜现代产业园建设，加强产业的对接与合作，力争一批知名企业、龙头企业、牵引性及辐射性较强的企业入驻园区，加快形成主导产业集聚态势。突出园区产城一体、融合发展，加强园区基础设施建设，努力将共建园区打造成为皖北“四化”协调发展的先行区、宜居宜业的现代新城。积极引进战略投资者，鼓励园区在运行机制、集约用地、园区管理、招商引资等方面大胆探索，创新投融资机制，不断集聚企业资源，增强园区辐射和带动力。拓展与皖江城市带更多地区的合作，不断放大园区的辐射和示范效应。

第二章　大力推进招商引资

大力促进招商引资提质提效，围绕新型煤化工、铝基新材料、电子信息、高端装备制造、绿色食品、新能源、生物医药等战略性新兴产业，加强与大型科研院所、高校合作交流，推动引资与引智、引技相结合，引进一批行业领军企业，培育一批自主研发能力突出的骨干企业。瞄准央企、知名民企引进一批龙头企业，实施延链补链强链工程，加快产业集聚，提升产业整体实力。围绕现代物流、电子商务、文化创意、健康养老等服务业，实施现代服务业“短板”提升工程。创新招商引资方式，实施专业招商、全民招商、组团招商、挂职招商，积极探索网络招商、委托招商等，鼓励开展依托标准化厂房、低效闲置土地等开展“零土地招商”和“二次招商”，努力提高招商精准度。建立第三方专家项目筛评制度，严把“产业、用地、环保、实力、效益”五个关口，切实提高招商引资工作质量。不断完善招商引资工作机制，实施招商引资负面清单制度，健全招商引资目标任务考核体系。规范招商引资优惠政策，优化招商安商服务，持续提升投资发展环境。

第三章　着力提高对外开放水平

参与“一带一路”建设，主动融入新亚欧大陆桥经济走廊，开展中德、中波、中俄经贸合作。继续扩大外贸规模，优化外贸结构，逐步提高新材料、生物医药等高技术产品的出口比重，加快纺织服装等传统优势出口产品升级换代。加强营销和售后服务网络建设，提高传统优势产品竞争力。巩固出口市场份额，推动外贸向优质优价、优进优出转变。重点培育进出口额过千万美元企业，壮大出口主体，引导出口产业集聚发展。积极组织企业参加中博会、广交会、厦洽会、东盟博览会、中俄博览会等国内外重要展会，推动企业开拓新兴市场。以高新技术企业为平台，积极引进国际先进技术，增强企业技术竞争力。支持企业扩大对外投资，推进优势企业开展国际产能和装备制造合作，深度融入全球产业链、价值链、物流链，增强跨国经营能力和抗风险能力。鼓励企业建立境外资源开发基地，承揽对外承包工程，开展对外劳务输出和服务外包。支持企业根据需求申报自用或公用保税仓库及保税物流中心等海关特殊监管区。建好青龙山铁路“无水港”，提高外贸服务水平。

专栏 11：

"十三五"开放合作重大项目

区域互联互通工程：城际铁路建设项目、高速公路建设项目、城际间快速通道项目、内河航运建设项目。

国际产能和装备制造合作工程：能源方面，推进煤电企业在境外勘探开采煤炭资源和发展煤炭工业，参与重大电力项目合作。装备制造方面，鼓励装备制造企业开展融资租赁业务，支持有条件的企业在境外投资建厂。轻工方面，选择劳动力丰富、成本较低、市场广阔的国家和地区，建立境外纺织、食品加工基地。农业方面，支持在境外投资建设农产品生产加工、技术培训和推广示范基地。

第六篇　加强社会建设　切实保障和改善民生

坚持共享发展，突出民生重点，坚持普惠性、保基本、均等化、可持续方向，从解决人民最关心最直接最现实的利益问题入手，增加基本公共服务供给，把发展改革成果更多、更公平地惠及全市人民，着力增进人民福祉，实现全市人民共同迈入全面小康社会。

第一章　深入推进脱贫攻坚

落实"精准扶贫，精准脱贫"战略部署，坚持"一村（户）一策"，因人因地施策，全面推动扶持对象、项目安排、资金使用、措施到户、因村派人、脱贫成效等"六个精准"，提高扶贫实效，确保全市 22 个贫困村和农村贫困人口全部脱贫。实施产业脱贫工程。发展特色种养业扶贫，重点支持贫困村、贫困户因地制宜发展种养业和传统手工业。加强农民合作社和龙头企业培育，强化与贫困户的利益联结机制。积极探索资产收益扶贫，带动贫困户增收。实施就业脱贫工程。加大职业技能培训力度，确保平困户劳动力通过技能培训掌握一项致富技能。促进有能力在城镇稳定就业和生活的农村贫困人口有序实现市民化。实施生态保护脱贫工程。农村环境治理投入向贫困村倾斜，加快贫困村人居环境。实施智力脱贫工程。加强教育扶贫，努力构建到贫困村、贫困户、贫困人口的教育精准脱贫体系，加大对贫困家庭大学生的救助力度。实施社保兜底脱贫工程。完善农村最低生活保障制度，对无法通过产业扶持和就业帮助实现脱贫的家庭实现政策性保障兜底。实施健康脱贫工程。加大医疗救助、临时救助、慈善救助等帮扶力度，使贫困人口大病医治得到有效保障。实施基础设施建设扶贫工程。推动乡村道路、农网改造、农田水利、安全饮水、清洁家园等项目向贫困村倾斜。实施社会扶贫工程。广泛动员社会力量参与扶贫。进一步完善领导联系和单位帮扶贫困村制度，健全"单位包村、干部包户"和驻村扶贫工作队定点帮扶制度，做到不脱贫不脱钩。

第二章　提质发展教育事业

第一节　普及基础教育

按照教育质量提升与教育公平并举原则，进一步优化中小学和幼儿园布局，扩大优质教育资源覆盖面，加快缩小校际差距、城乡差距。实施第二期学前教育三年提升计划，重点发展农村学前教育、公办幼儿园和普惠性民办幼儿园，提高幼儿保教质量。巩固提高九年义务教育水平和质量，深入推进义务教育均衡发展。严格义务教育免试就近划片入学政策，适应户籍制度改革需求，建设城区义务教育学校。推进城乡义务教育公办学校标准化建设，改善薄弱学校办学条件。普及高中阶段教育，改进课程设置和教育方式，提高学生综合素质。到 2020 年，学前三年毛入园率达到 95%，义务教育巩固率达到 98%，高中阶段毛入学率达到 95%。

第二节　发展现代职业教育

建立现代职业教育体系，推进产教融合、工学结合、校企合作，培养高素质技能型人才队伍。大力发展中等职业教育，创新发展专科层次职业教育。坚持学校教育与职业培训并举、全日制与非全日制并重，积极发展多种形式的培训。强化政府对职业教育的统筹，创新社会力量兴办职业教育机制，建立企业参与办学机制。加强与国内外先进职业教育合作，鼓励市中等职业教育集团做大做强。实施中高职一体化改革，支持淮北职业技术学院争创省高水平技能型大学。到2020年，中等职业教育与普通高中教育办学规模大体相当。

第三节　深化教育改革

加强教师队伍师德和能力建设，培养一批名校长和名教师，建立教师无校籍管理制度，推进城乡教师交流，支持农村教师队伍发展。建立健全贫困学生资助体系和留守流动儿童、残疾儿童关爱体系，实现家庭经济困难学生资助全覆盖。办好特殊教育。深化教育综合改革，全面推进依法治教，完善以县为主的教育管理体制，改革招生考试和评价制度，推进教育公平，支持幼儿园和优质义务教育学校集团化发展，鼓励淮北一中、濉溪中学、实验高中等骨干学校建立创新教育联盟等。畅通继续教育终身学习通道。加强教育信息化建设，发展远程教育，开展数字校园、名师课堂、电子书包等行动。完善教育督导制度。支持和规范民办教育发展。加强学生心理健康教育。

支持淮北师范大学建设，不断改善办学条件，加快建成高水平有特色的师范大学。充分发挥淮北师范大学人才智力优势，加强市校合作，健全市校合作机制，推动市校双方融合发展、一体发展。

第三章　提高居民健康水平

第一节　健全医疗卫生服务体系

实施居民健康行动计划，完善公共卫生服务网络。加强传染病、慢性病、地方病等重大疾病综合防治和职业病危害防治，完善突发公共卫生事件应急体系，加强综合监测预警和风险评估。加强紧急救援体系建设。深化市级公立医院综合改革，着力健全分级诊疗、药品采购供应、医保管理等体系建设。完善县级医院、乡镇卫生院、村卫生室三级卫生服务网络，构建上下联动、衔接互补的医疗服务体系。促进医疗资源向基层、农村流动，大力发展全科医生、家庭医生、远程医疗。鼓励发展以公立医院为主体的医疗共同体、医疗集团，加强与长三角、淮海经济区等地区医疗合作。支持社会力量兴办医疗机构，加快落实非公立医疗机构在市场准入、社会保险定点、重点专科建设、职称评定、技术准入等方面与公立医疗机构享有同等政策，鼓励和支持公立医疗机构对口帮扶非公立医疗机构。广泛开展爱国卫生运动，倡导健康生活方式，提高国民身体和心理健康水平。大力发展中医药事业。到2020年，每千常住人口执业（助理）医师达到2.5人。

第二节　加快发展体育事业

统筹规划体育设施建设，加强城乡社区健身广场、健身苑、体育俱乐部建设，提高群众健身设施覆盖面。以城市公园、绿地、社区为节点，在城市社区建设15分钟健身圈、健身步道。积极推进“全民健身、健康淮北”活动，广泛开展学生阳光体育运动、农民体育健身工程、职工运动会等群众性体育活动，提高全民参与率。坚持体教结合，加强学生体质监测，不断提高国民特别是青少年体质水平。鼓励发展体育协会、健身团队、体育社团等社会组织，加大体育社会指导员培训力度，培育群众体育消费观念。推动体育场馆免费向公众开放，提高公共体育设施的使用效率和综合效益。鼓励社会资本投资体育产业，政府以购买服务等方式予以支持。到2020年，人均体育场地面积达到2平方米。

第三节　促进人口均衡发展

坚持计划生育基本国策，稳定适度生育水平，全面实施一对夫妇生育两个孩子政策。完善计划生育服务体系，实现城乡基本计生服务全覆盖，加强流动人口计生服务。倡导优生优育，提高生殖健康、妇幼健康、托幼等公共服务水平。健全计划生育利益导向体系，全面落实扶助关怀工作。健全人口基本信息共享机制。顺应人口老龄化形势，实施“医养结合”等新型养老模式，鼓励社会资本参与养老机构建设，构建多元化、多层次养老服务体系。坚持男女平等基本国策，保障妇女和未成年人权益。支持残疾人事业发展，健全扶残助残服务体系，全面推进城乡无障碍环境建设，加强残疾预防和康复工作，提高残疾人教育、医疗、就业等基本公共服务水平。

第四章　提升就业和社会保障水平

第一节　努力扩大就业

坚持就业优先战略，实施更加积极的就业政策，着力解决结构性就业矛盾。统筹推进重点群体就业，把高校毕业生就业摆在首位，引导农村劳动力就地就近转移就业，促进退役军人就业。以创新促进创业，以创业带动就业，建立创业服务平台，完善就业服务体系，鼓励自主创业和自谋职业。建立统一规范灵活的人力资源市场，促进人才合理流动。加强就业失业动态监测，积极开发政府购买基层公共管理和社会服务岗位，完善就业援助制度，促进城镇困难群体就业。加强职业培训和创业培训，推行终身职业技能培训制度，提升劳动者就业创业能力。加强劳动保障监察和争议调解仲裁，依法规范用工，维护企业和职工合法权益，构建和谐劳动关系。

第二节　健全社会保障体系

进一步健全更加公平、更可持续的城乡社会保障体系，全面落实全民参保计划，基本实现法定人员全覆盖。稳步提高社会保险待遇水平，缩小城乡、职业、人群间待遇差距。整合城乡居民基本养老保险制度、基本医疗保险制度，完善社会保险关系转移接续政策。推进机关事业单位养老保险制度改革，完善职工养老保险个人账户制度，健全多缴多得激励机制。建立基本养老金合理调整机制，发展职业年金、企业年金、商业养老保险。深入实施城乡居民、城镇职工大病保险制度，鼓励发展补充医疗保险和商业健康保险。进一步扩大失业保险、工伤保险、生育保险覆盖面。统筹城乡低保制度，完善特困人员供养制度和受灾人员救助制度，全面实施临时救助制度。全面落实儿童、残疾人、流浪未成年人救助政策，完善孤儿院、残疾人托养服务体系。加强优抚安置工作。促进慈善事业发展。推动保障性住房建设，完善公积金制度，切实保障中低收入人群住房需求。

第五章　提高城乡居民收入

拓宽居民增收渠道，推动城乡居民收入水平与全市经济发展水平相适应。以促进工资性收入增长为重点，明显增加低收入劳动者收入，扩大中等收入者比重，不断缩小收入差距。健全科学的工资水平决定机制、正常增长机制、支付保障机制，推行企业工资集体协商制度，完善最低工资增长机制。深化机关事业单位、国有企业工资制度改革，提高技术工人待遇。切实增加农民收入，认真落实粮食直补、良种补贴、农机具购置补贴、农资综合补贴等支农惠农政策，大力发展种养殖业、乡村旅游，稳步推进农村宅基地、土地流转改革，提高农民财产收益。积极发展个体私营经济，鼓励居民参与资本市场投资，分散投资风险，提高经营性和财产性收入。拓宽居民财产保值增值方式。

第六章　加强公共安全管理

牢固树立安全发展理念，健全安全生产、食品药品、防灾减灾、网络安全等公共安全体系，有效防控各类安全风险。严格落实安全生产责任制，进一步落实企业主体责任，坚决遏制重特大安全事故发生。加强高危行业、道路交通、公共场所、特种设备等重点领域安全检查工作。实施食品安全战略，强化依法治理、安全监测和社会共治，促进健康淮北建设。推进防灾减灾和应急体系建设，重点加强防洪、消防、防震、人防等防灾减灾基础设施建设。落实与省气象局签署的战略性合作协议，推进气象现代化建设，提高城乡基本公共气象服务均等化水平。健全突发公共事件应急机制，提高保障公共安全和处置突发事件能力。加强网络安全监管。

专栏 12：

淮北市“十三五”社会建设重点工程

教育能力提升工程。加快市一中东校区建设、濉溪县二中新校区建设。支持职教园区、市职教集团做大做强，建设一批高水准职业教育培训、实习实训、技能鉴定、技术研发、产业孵化和信息服务中心。谋划建设淮北应用大学。

健康淮北发展工程：推进市人民医院新院区、市三院（传染医院）、市老年康复医院、市肿瘤医院、市紧急救援中心、市四院等重大项目建设。

全民体育健身工程：加强群众健身设施布局，以城乡社区为节点，建设健身步道、早晚锻炼点，推进市体育中心建设项目、淮北市高科技电训中心项目、濉溪县文体中心项目、相山区全民健身中心项目建设。

养老服务促进工程：加强社区养老服务平台建设，支持社会资本参与举办养老机构，加快推进淮矿职防院健康养老服务，推动职业病防治院健康养老、南翔健康城、龙脊山生态养老休闲度假区等项目建设。

居民住房保障工程：全面推进濉溪县、相山区、杜集区、烈山区、凤凰山综合服务区等棚户区改造项目，使城市集中成片棚户区、城中村、旧住宅小区、国有工矿棚户区等居民住房条件明显改善。

人力资源和社会保障公共服务工程：利用智慧城市已建成的社管平台，建立市、县（区）、乡镇（街道）、村（社区）四级一体的人力资源和社会保障网上办事系统。

第七篇　培育精深文化　提升城市文化软实力

坚持社会主义先进文化前进方向，以创建全国文明城市为引领，加强社会主义精神文明建设，完善公共文化服务体系，培育提升文化产业，努力打造人文荟萃、特色彰显的精深文化，不断提升文化软实力，为精致淮北建设提供精神动力和文化支撑。

第一章　提升公民文明素养

实施公民道德素质提升工程，开展社会主义核心价值体系宣传教育，深入推进社会公德、职业道德、家庭美德、个人品德建设，突出抓好社会诚信体系建设，推进社会志愿服务工作。唱响主旋律，传播正能量，蓬勃开展群众性精神文明创建和文明旅游活动，积极弘扬廉政文化，发展健康向上的新媒体和网络文化，形成讲正气、知荣辱、乐奉献、敢担当的良好风尚。实施青少年、农民、城镇劳动者、领导干部和公务员、社区居民五大群众科学素质行动，提升公民科学素质。加强和改进新经济组织、新社会组织等领域思想政治工作。营造“崇尚好人、学习好人、争做好人”的社会氛围，叫响“淮北好人”品牌，提高全民思想道德水平。

第二章　争创第五届全国文明城市

依据《全国文明城市测评体系》和《全国未成年人思想道德建设工作测评体系》标准要求，实施《淮北市创建全国文明城市工作行动计划（2015—2017）》，大力开展创建全国文明城市活动。坚持城乡同治、全域共建，统筹推进城乡文明一体化发展。加大精细化管理力度，加快推进数字化城管建设。坚持点线面结合、联创联动，全面推动创建工作提档升级。开展文明单位、文明村镇、文明家庭、文明校园等创建活动，组织开展结对扶贫共建活动。动员全社会力量积极参与文明城市创建。持续推进多城联创，争创全国绿化模范城市、全国双拥模范城市、全国社会治安综合治理优秀城市、全国卫生城市等国家级荣誉。推进城乡环卫工作一体化和农村精神文明建设工作进程，促进农村乡风民风淳朴、人居环境优美和文化生活丰富。加强和改进未成年人思想道德建设，健全完善学校、家庭、社会“三结合”网络。培育和弘扬社会主义核心价值观，推进核心价值观进课堂。深入推进诚信建设制度化，打造优良的信用环境。持续推进志愿服务制度化。扎实推进文明旅游工作，不断提升公民旅游文明素质。建立完善有力的领导决策机制，多元投入的保障机制、科学高效的城市管理机制、科学全面的测评机制和严格的督查问责机制，不断提高创建工作制度化、常态化、规范化水平，为争创全国文明城市提供强有力的保障。力争2017年迈入全国文明城市行列。

第三章　完善公共文化服务体系

深入推进文化惠民工程，加快构建市、县（区）、镇（办）、村四级文化基础设施网络，促进城乡基本公共文化服务标准化、均等化发展。实施公共文化图书馆总分馆制，开展“百馆（站）千村文化结对”共建。加快文化主题公园、规划馆、科技馆、游泳馆等设施建设，推进乡镇（街道）综合文化站（服务中心）、农民文化乐园、城市社区文化活动中心建设。实施公共文化服务数字化工程。积极推进有线电视网络建设和数字化双向改造，加快直播卫星、有线电视、地面数字电视户户通建设，完善应急广播体系建设。创新公共文化服务方式，加快公共文化设施向社会免费开放，保障人民基本文化权益。积极开展群众性文化活动，提高全民文化活动参与率。鼓励社会资本以多种方式参与公共文化体系建设，培育文化非营利组织。

第四章　大力发展文化产业

提升发展文化旅游、演出娱乐等传统文化产业，积极开发数字动漫、网络传媒等新兴文化产业，推动文化与科技、创意设计服务等相关产业融合发展。统筹规划建设各具特色的文化产业园和文化村，优化文化产业布局。谋划利用老旧矿区厂房建设文化创意产业基地。加快文化旅游景区开发，提升景区文化内涵，延伸文化旅游产业链。加快发展骨干文化企业，培育新型文化业态，扩大和引领文化消费。传承创新优秀传统工艺美术品种和技艺，扶持发展现代工艺品产业。加大影视创作、发行、播映和衍生产品的开发力度，推动城市院线影院建设、改造和升级。到2020年，文化产业增加值占地区生产总值比重超过5%。

第五章 保护开发文化资源

深入挖掘两汉文化、隋唐运河文化、红色文化等历史文化资源，做好重点文物、非物质文化遗产、古籍的有效保护、开发和利用。以大运河申遗成功为契机，积极推进世界文化遗产隋唐运河柳孜遗址的保护与开发，建设柳孜运河遗址考古公园，进一步打响运河品牌。围绕临涣古城、四季榴园、淮海战役总前委旧址、口子酒文化博览园，着力打造春秋战国文化、汉文化、石榴文化、红色文化和酒文化等城市文化，培育书画、雕塑、中国结、汉画像石等一批文化产品品牌。加强地方戏曲保护与传承，开展多种形式的保护传承活动。修缮保护城隍庙、山西会馆、传统民居街区，深入挖掘非物质文化遗产项目，申报全国历史文化名镇；开展濉溪老城石板街保护修缮工程，结合口子酒文化宣传展示，申报全国历史文化名街；做好榴园村赵庄传统文化村落保护展示工程，推进乡村文化旅游，申报全国历史文化名村。完成青龙寺、徐氏祠堂、子张墓、天藏寺等一批文物保护修缮展示工程。

专栏 13：

“十三五”公共文化服务重点工程

文化设施提升工程：建设市规划馆、科技馆、游泳馆、文创科教城、歌剧院、全民运动健身中心、濉溪河西区文体中心；实施市“三馆一院”、县“两馆一场”达标升级工程，深入推进乡镇（街道）和村（社区）综合文化服务中心建设。到 2020 年，市级公共图书馆、文化馆 100% 达到部颁一级评估标准，县级 100% 达到部颁二级以上评估标准，乡镇（街道）村（社区）普遍建成基层综合性文化服务中心，100% 达到国家、省相关标准。全市美好乡村中心村建成农民文化乐园或达到农民文化乐园标准。

文化服务数字化工程：推动博物馆、文化馆和图书馆数字化建设，推进农村数字电影放映升级、农家书屋数字化转型。实施广播电视无线数字化覆盖工程，到 2020 年，基本完成全市有线电视网络数字化整转、双向化改造，全市农村地区实现广播电视户户通，实现城区双向网覆盖率 100%，农村双向网覆盖率 60% 以上。

第八篇 突出生态文明 建设精美城市

明确主体功能定位，牢固树立尊重自然、顺应自然和保护自然的生态文明理念，围绕精美城市建设和资源型城市转型，全面加强生态建设、资源节约和环境保护，促进绿色循环低碳发展，努力建设皖北特色山水生态城市。

第一章 促进人与自然和谐共生

有度有序利用自然，调整优化空间结构，构建科学合理的城镇化格局、农业发展格局、生态安全格局。以资源环境承载力为基础，合理确定城镇建设规模，严格控制各类建设空间无序扩张。尊重自然格局，依托城市地形地貌和人文特色，实行绿色规划、设计、施工标准。全面推行绿色制造和绿色清洁生产，推动建立绿色低碳循环发展产业体系。重视生态文明理念的传播，培育绿色生活方式，持续推进节俭养德全民节约行动。推动绿色消费，引导公众优先选择绿色标识产品。推动绿色办公和绿色采购。推动绿色殡葬。

第二章 明确主体功能定位

落实国家和省主体功能区规划，编制全市主体功能区规划，合理确定全市城镇、农业、生态三类空间，确保主体功能落实到乡镇，优化市域国土空间开发格局，引导资源要素按照主体功能区优化配置，促进各区域按照主体功能实现差异化发展。

第一节 城镇化和工业化重点开发区

包括城市规划建成区、集镇建设区和独立的产业园区用地。主要分布在中心城区、濉溪县城、新型煤化工合成材料基地、交通干线和重点镇，是淮北市经济建设和产业发展的核心地带。引导各类要素向此区域集中，积极推进城镇化和工业化发展，完善城市功能，改善人居环境，推进资源节约高效循环利用，加快建设市域产业和人口集聚区。

第二节　农业发展区

包括城市主要的连片生态绿廊和部分城市发展备用地、基本农田保护区、林地、矿产资源开采规划区等。该区域限制大规模的工业化城镇化开发，大力发展现代农业，提高农产品综合生产能力，加强生态建设和环境保护，打造城市生态屏障。

第三节　生态保育区

包括相山绿化保护区、龙脊山自然风景保护区的核心区和坡度大于25度的地区，南湖湿地公园和东湖湿地公园的重要地段，地下水饮用水源地保护区，河流、水库和湖泊水域，文物保护单位保护范围，矿产资源采空区，主要基础设施廊道。该区域禁止进行任何工业化城镇化开发活动，加大保护力度，严格执行保护禁止开发区域的法律法规，逐步引导开发主体和人口有序外移。

第三章　提升生态环境质量

坚持保护优先、自然恢复的原则，巩固提升国家园林城市创建成果，积极创建全国绿化模范城市、国家森林城市和全国环境保护模范城市，全面改善生态环境质量。

第一节　加强生态建设

大力推进采煤沉陷区治理，完善提升南湖公园，建设东湖、中湖、北湖公园，共同聚合形成主城区生态绿色核心。实施城市河湖连通与水系生态环境综合整治工程，推动老濉河、华家湖等城市水系生态环境综合治理和生态修复。大力推进农村河网水环境综合治理，实施县乡河道、村庄河塘、农村生产河道及田间沟渠疏浚整治工程，打造“河畅、水清、岸绿、景美”的农村生态水环境。推动矿山地质环境治理和生态环境修复工程建设。加快城区河湖等滨水沿线带状绿地和绿道建设，强化城市绿网连接线功能，形成完善的城市绿地系统。继续加强东部石质山场造林绿化。大力实施森林增长工程和“三线三边”绿化提升行动。打造“一带双城三青山、六湖九河十八湾”的山水生态宜居城市。

第二节　创建全国环境保护模范城市

以创建全国环境保护模范城市为抓手，统筹推进以大气、水、土壤为重点的污染综合治理。严格落实环境影响评价和“三同时”制度，强化主要污染物总量减排，确保完成省下达目标任务。严格实行环境空气质量和大气污染防治工作“双考核”制度，开展工业源、面源、移动源“三源”综合治理，重点加强煤炭生产、火电等工业过程大气污染的治理，加大秸秆综合利用和禁烧力度，加强大气污染区域联防联控联治，基本实现城市PM2.5监测与控制全覆盖。启动开展噪音环境、辐射环境等整治工作。加强饮用水水源地保护，积极防治和修复地下水污染，完善污水处理厂及配套管网建设，推进农村生活污水治理，基本消除城市黑臭水体，加强淮水北调淮北市配水工程水质保护，进一步改善提升水环境质量。启动实施土壤污染防治行动计划，强化土壤环境监测，优先保护耕地和集中式饮用水水源地等土壤环境。到2020年，城市污水处理率达到95%以上，8个重点镇全部建设污水处理厂。

第四章　促进资源节约高效利用

坚持节约优先，树立节约集约循环利用的资源观，努力转变资源利用方式，加强全过程节约管理，大幅降低能源、水、土地消耗强度，全面提高资源利用效率，实现各类资源节约高效利用。

第一节　节约利用能源

严格实施能源消费强度和总量“双控”制度，强化项目节能评估审查，实施重点用能单位节能低碳行动和重点产业能效提升计划。实施煤电节能减排升级与改造行动计划，落实环保电价政策。突出抓好工业、建筑、交通、公共机构等重点领域节能。实施绿色建筑行动，全市保障性住房和政府投资公共建筑全面执行绿色建筑标准。推行合同能源管理模式和能效“领跑者”制度。调整优化能源结构，加强煤炭清洁高效利用，降低煤炭消费比重。大力发展大容量高参数低能耗高效环保机组，提高电能在终端能源消费中的比重。加强煤炭瓦斯综合利用，减少温室气体排放。

第二节　节约利用水资源

实行最严格的水资源管理制度，以水定产、以水定城，深入推进节水型社会建设。实行用水总量和用水效率控制，落实水资源有偿使用制度。推进工业、农业、城镇等重点领域节水改造，推广使用节水技术、工艺和产品。推行合同节水管理。开展水效“领跑者”引领行动。建设地下水监测系统，开展地下水超采区综合治理。

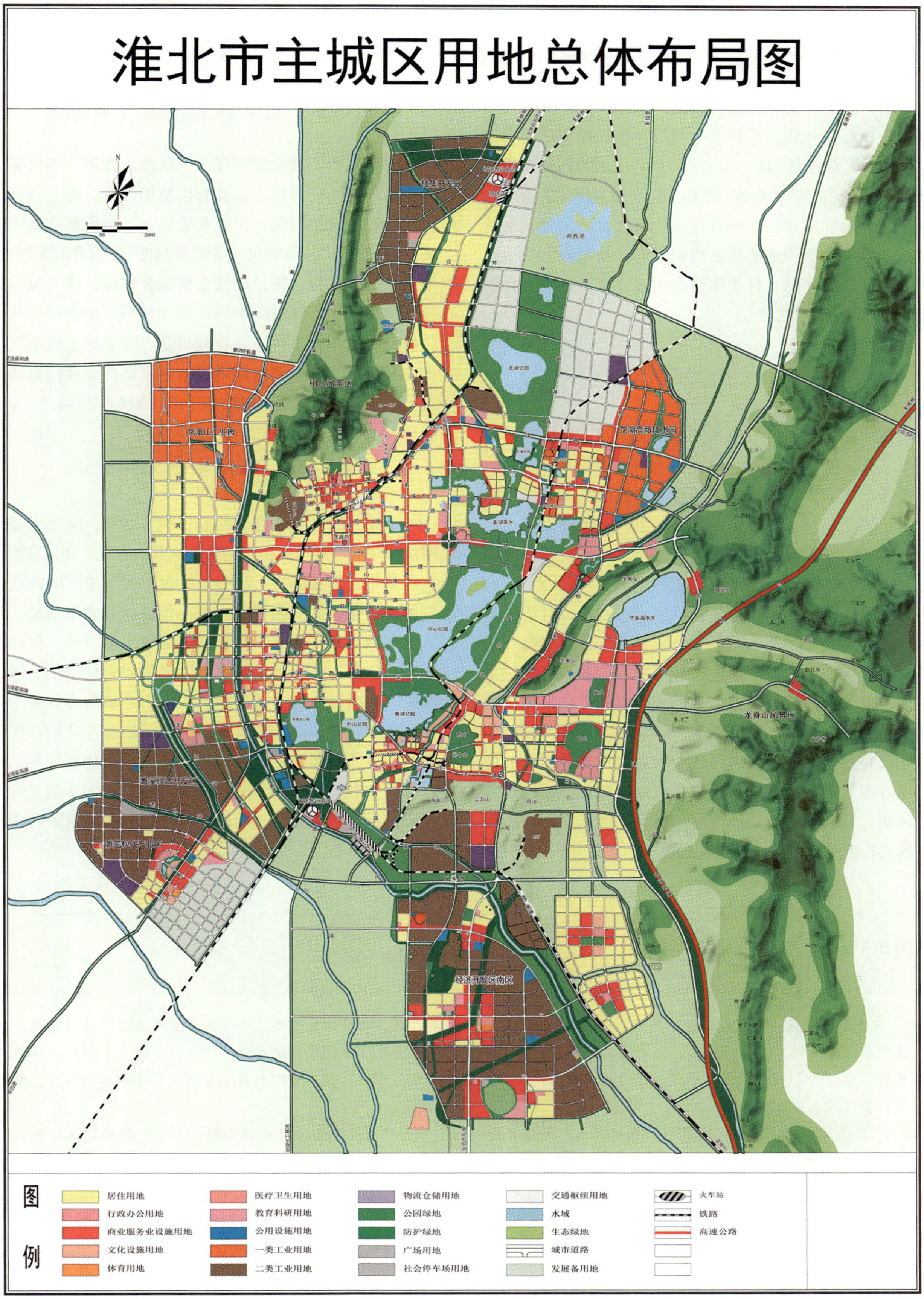

淮北市主城区用地总体布局图

第三节　节约集约利用土地

坚持最严格的节约用地制度，划定城市开发边界和基本农田保护红线。严格土地利用规划管控和建设用地总量和强度双控制，进一步完善城镇各类建设用地标准。全面开展独立工矿区改造，鼓励工矿企业利用存量土地、工矿废弃地和未利用地进行建设。建立盘活闲置、低效利用土地和新增用地的激励约束机制。鼓励开发利用地下空间。严格控制农村集体建设用地规模。探索实行耕地轮作休耕制度试点。

第五章　大力发展循环经济

按照减量化、再利用、资源化的原则，加快建立循环型工业、农业、服务业体系，提高全社会资源产出率，积极争创国家循环经济示范城市。依托国家工业循环经济示范园区建设，推行企业循环式生产、产业循环式组合、园区循环式改造，加快煤矿瓦斯、煤矸石等资源的综合利用，完善“煤—焦—化—电—材”循环经济产业链，力争主要资源综合利用率达到全国先进水平，打造国家煤化工循环经济发展示范基地。完善再生资源回收利用体系，积极发展“城市矿产”和再制造产业。完善城市生活垃圾分类回收系统，推进国家餐厨废弃物资源化利用和无害化处理试点城市建设。大力发展农业循环经济，构建农林牧渔多业共生的循环型农业生产方式。积极构建循环型服务业体系，推进服务主体绿色化、服务过程清洁化。培育一批循环经济示范典型，推广循环经济典型模式，推动循环经济形成较大规模。

第六章　营造生态文明社会风尚

第一节　建立健全生态文明制度

完善矿产资源规划制度，严格准入管理。加快矿业权市场建设，完善矿产资源有偿使用制度，建立健全矿山地质环境保护与恢复治理长效机制。全面实施城镇居民阶梯式水价、气价和电价等价格制度。探索推进用能权、用水权、排污权、碳排放权交易制度建设，建立吸引社会资本投入生态环境保护的市场化机制。健全环境风险防控和突发环境事件应急管理机制。建立健全温室气体排放基础统计制度和数据报告制度。坚持党政同责的要求，健全体现生态文明要求的干部政绩考核体系。

第二节　提高生态文明意识

组织开展各类生态文明宣传教育活动，普及生态文明法律法规、科学知识，提高公众节约意识、环保意识、生态意识，形成人人、事事、时时崇尚生态文明的社会氛围。将生态文明教育融入中小学课程和教学活动，纳入干部教育培训体系。广泛开展绿色生活行动，推动市民在衣、食、住、行、游等方面加快向勤俭节约、绿色低碳、文明健康的方式转变。积极引导消费者购买节能与新能源汽车、高能效家电、节水型器具等节能环保低碳产品。严格限制一次性用品的生产、销售和使用。推行绿色生态殡葬。严格限制发展高耗能、高耗水服务业。全面推行绿色办公，不断提升绿色采购在政府采购中的比重。

专栏 14：

“十三五”生态文明建设重大项目

生态建设提升工程：推进南湖景区提升工程、东湖生态旅游开发和乾隆湖生态整治；实施中湖矿山地质环境治理，建设淮北中湖国家级湿地公园；实施淮北东部石质山场林业多目标经营项目；凤西湖湿地公园项目、淮北矿山地质环境治理二期工程、临涣矿区沉陷区综合治理工程、闸河矿区沉陷区综合治理工程、城市水系生态环境及河湖连通项目，龙湖高新区鼎湖治理项目等。

环境污染防治工程：淮北市生活垃圾收运系统建设项目、东湖塌陷区存量垃圾治理工程、烈山和杜集片区污水转输工程、淮北市污水管网三期完善工程、淮北市老城区雨污分流项目、淮北市危险废弃物处理中心项目、淮北市餐厨废弃物资源化利用项目、淮北市建筑渣土处置项目等。

循环经济壮大工程：新型煤化工合成材料基地循环经济产业园、濉溪经济开发区循环经济示范区建设项目、尾矿资源综合利用项目、农作物秸秆生产高能饲料及循环利用项目、古饶生态循环肉牛养殖项目等。

第九篇 加强民主法治建设 提高社会文明程度

坚持党的领导，发展更加广泛、充分、健全的人民民主，加快推进“法治淮北”建设，提升社会治理水平，切实维护好人民权益，促进社会公平正义和和谐包容。

第一章 加强党的领导

充分发挥各级党委（党组）领导核心作用，加强制度化建设，改进工作体制机制和方式方法，强化全委会决策和监督作用，切实担负起管党治党的主体责任。完善党委研究经济社会发展战略、定期分析经济形势、研究重大方针政策的工作机制，健全决策咨询机制，提高决策科学化水平。坚持党管人才。强化基层党组织整体功能，发挥战斗堡垒作用和党员先锋模范作用。坚持从严治党，落实“三严三实”要求，严明党的纪律和规矩。落实党风廉政建设主体责任和监督责任，健全改进作风长效机制。强化权力运行制约和监督，构建不敢腐、不能腐、不想腐的有效机制，努力实现干部清正、政府清廉、政治清明，为经济社会发展营造良好政治生态。

第二章 发扬社会主义民主

坚持在党的领导下加强社会主义民主政治建设，健全民主制度，丰富民主形式，提升社会主义政治文明水平。强化人民代表大会依法履职，支持人民政协围绕团结和民主主题履行职能，推进政治协商、民主监督、参政议政。加大经济社会发展重大问题和涉及群众切身利益问题的公众参与度，推进公共决策民主化，依法保障人民各项权益，激发人民群众主人翁意识。推进权力运行公开化，完善党务公开、政务公开、司法公开和各领域办事公开制度，健全质询、问责、经济责任审计、引咎辞职等制度。广泛发展基层民主，推动完善城乡社区民主选举制度，鼓励成立村民理事会、社区理事会等基层群众性自治组织，实行群众自我管理、自我监督。全面贯彻党的知识分子、民族、宗教、侨务工作基本方针，切实做好民族、宗教等工作，巩固和发展最广泛的爱国统一战线。深化国防教育，完善国防动员体制，着力增强全面国防观念。全面落实优抚安置政策，推进“双拥”工作。加大地方志资源开发利用，推进智慧方志建设。加强档案基础设施建设，推动档案事业发展。加强工会、共青团、妇联、残联工作，提升联系和服务群众能力。继续推进保密、地震、红十字、民族宗教、工商联、对台事务等社会事业发展，不断提高社会事业保障经济发展的能力。

第三章 建设法治淮北

坚持运用法治思维和法治方式推进发展，大力推进依法决策、依法行政，建设法治政府，积极维护司法公正。加强法治宣传，不断优化经济社会发展的法治环境。

第一节 加快法治政府建设

开展重点领域立法工作，制定地方性规章。健全依法科学民主决策机制，落实公众参与、专家论证、风险评估、合法性审查、集体讨论决定的重大事项决策程序规定。严格执行政府重大事项由政府法制机构合法性审查。积极推行政府法律顾问制度和重大事项决策后评估制度。严格执行行政组织和行政程序法规制度，推进政府机构、职能、权限、程序、责任法定化，建立权责统一、权威高效的依法行政体制。加大政务信息公开力度，打造阳光政务。积极创建依法行政示范单位。深化行政执法体制改革，进一步理顺和完善工商、质监、食品药品等领域执法监管，积极探索公共卫生、安全生产、交通运输、城乡建设等领域综合执法。严格落实行政执法责任制，严格规范、公正文明执法。

第二节 大力维护司法公正

完善司法管理体制和司法权力运行机制，推动法院、检察院司法行政事务管理权和审判权、检察权相分离，落实依法独立公正行使审判权和检察权的制度。推进以审判为中心的诉讼制度改革，实行办案质量终身负责制和错案责任倒查问责制。落实领导干部干预司法活动、插手具体案件处理的记录、通报和责任追究制度。健全行政机关依法出庭应诉、支持法院受理行政案件、尊重并执行法院生效裁判的制度。构建公正阳光司法机制，拓展司法公开的渠道和范围，依法及时公开执法司法依据、程序、流程、结果和生效法律文书。充分发挥律师队伍在维护司法公正中的重要作用。

第三节　全面增强法治意识

实施“七五”普法规划，严格落实“谁执法谁普法”的普法责任制，大力弘扬法治精神，提高全社会法治信仰，着力在全社会形成学法遵法守法用法的良好氛围。积极发挥领导干部依法行政培训班、科学发展大讲堂等法治宣传教育平台作用，推动运用法治思维深化改革、推动发展、维护稳定。大力拓展法治宣传渠道，推广微信、微博普法，鼓励通过群众性法治文化活动普法。完善公共法律服务体系，加强民生领域法律服务，健全依法维权和化解纠纷机制。加强法律援助和法律服务工作，保障困难群众平等享受法律保护。强化法治的服务职能和保障作用。

第四章　完善社会治理

坚持关口前移、重心下移，推进社会治理精细化管理，依法化解社会矛盾，维护社会和谐稳定。以社区网格化管理、社会化服务为方向，健全基层综合服务平台，积极推进基层综治维稳信访工作中心（站）、县级矛盾纠纷联合调处中心建设，从源头上预防和减少社会矛盾。推行“阳光信访”，加快建设网上信访信息平台，畅通民意表达渠道，引导群众依法行使权利、表达诉求、解决纠纷。落实重大决策社会稳定风险评估制度，健全重大不稳定问题清单制度，完善社会矛盾排查预警和调处化解综合机制，用好“警民联调”工作机制。加强人民调解组织建设。强化应急管理，提升突发事件防范、应对和处置水平。完善社会治安防控体系，提高数字化防控设备覆盖率。严厉打击各类违法犯罪活动。做好预防青少年犯罪工作。争创全国社会治安综合治理优秀城市。加快完善大城管工作机制，全面提升城市管理常态化、市场化、精细化水平。加强对宗教活动的管理，创建“无邪教社区”。弘扬社会公德、职业道德、家庭美德等，营造和谐社会氛围。

第十篇　强化要素保障　筑牢经济社会发展支撑

加快政府职能转变，充分发挥市场配置资源基础性作用，增强项目支撑和资金、人才等资源要素保障能力，全面优化发展环境，强化规划落实、协调和监测评估，确保规划各项目标任务顺利实现。

第一章　扩大有效投入

坚持经济工作项目化、项目工作责任化，以事关全局和长远发展的重大战略项目为抓手，加强项目谋划，扩大有效投入，带动有效产出。把握国家宏观政策动态，超前谋划，主动对接，争取国家更多资金支持。加大产业发展支持力度，突出抓好战略性新兴产业、传统产业改造、现代农业、现代服务业等重大项目。加快新型城镇化推进力度，突出抓好城市基础设施、保障性安居工程、房地产等重大项目。加大基础设施领域投入，突出抓好铁路、公路、电力、新能源、农林、生态治理等牵动性、支撑力强的重大工程项目。加快社会事业发展，突出抓好教育、医疗、养老、就业服务等民生投入。围绕新建、续建、竣工、储备等关键环节，着力提高开工率、竣工率、达产率和转化率。建立健全市领导联系和分层分级调度机制，完善项目服务保障。进一步扩大民间投资，加快健全政府与社会资本合作机制，吸引社会资本参与投资建设重大项目。

第二章　拓宽融资渠道

瞄准国家宏观政策导向，认真研究国家产业政策和投资重点，积极争取项目资金。稳步推动政府投融资体制改革，改善政府性债务管理模式，争取发行地方政府债券。加快推进市、县（区）融资平台公司市场化转型。探索建立重点产业和基础设施建设产业基金，支持重点产业发展和基础设施、公共服务设施改善。积极推进PPP等市场化投融资模式，引导社会资本参与城镇基础设施建设、运营和管理，提高政府公共服务供给效率和水平。以着力解决中小企业融资难、融资贵为导向，深化金融产品和服务创新，发展普惠金融。积极拓展上市、债券、票据、天使投资、风险投资、股权投资等多元化直接融资渠道。

第三章　强化人才保障

充分发挥党管人才作用，加快推进《人才高地建设工程》，实施相城英才引育计划，大力引进和培育高层次创新创业人才、管理型人才和技术型人才，推动招才引智和本土人才开发“双管齐下”。创新招才引智方式，探索柔性引进模式，围绕产业发展重点，吸引一批高精尖人才通过担任顾问、技术入股、项目合作、短期挂职等方式来我市工作。统筹推进各类人才队伍发展，以重点人才项目为抓手，培育一批本土优秀创新创业人才。实施相城“金蓝领”万人计划，大力发展职业教育，推动以企业为主体、产业为纽带、政府为引导的技能型人才培育机制，培育实用紧缺型人才。加强人才平台载体建设，打造新型孵化平台和众创空间，建设一批创新创业园。优化人才服务，整合各类资源要素，探索打造创新创业人才服务中心，深化拓展领导干部联系优秀人才活动，为各类人才创新、创业、发展营造更加优良的环境。

第四章　优化发展环境

加强政府效能和作风建设，进一步细化工作任务，优化工作流程，增强政府服务的规范性、针对性、便利性和有效性，构建透明高效的政务环境。按照宽进严管原则，继续深化商事制度改革，探索全程电子化登记和电子营业执照管理，推进注册登记便利化，营造亲商、重商、护商的营商环境。实行统一的市场准入制度，清理各行业准入规则中不适当的限制性条件，营造宽松平等的准入环境。进一步加强知识产权的创造、运用、保护和管理，推动科技成果产权化、知识产权产业化，营造尊重知识产权环境。全面推动政务诚信、商务诚信、社会诚信等社会信用体系建设，加快建立守信激励和失信惩戒机制，打造诚实守信的信用环境，积极创建国家信用体系建设示范城市。强化多层次、多领域文明创建，积极营造具有亲和力和感召力的城市形象，改善人文社会环境。

第五章　健全实施机制

将多规合一理念贯穿规划实施全过程，以国民经济和社会发展规划为依据，加强城乡规划、土地利用总体规划、生态环境保护规划、矿产资源利用规划的有机衔接。坚持“规划引领、部门合作、平台整合、市区联动、试点先行”的总体工作思路，依托智慧城市信息平台，从规划内容、协调机制和行政管理多方面理顺“多规”关系，统筹推进“多规合一”工作。依据规划目标和任务，加强政府绩效评价与考核，完善考核评价指标体系，增强对结构优化、民生改善、环境保护等目标任务完成情况的综合考评。推动考评过程和结果公开透明化，增强政府绩效考评约束力。采取多种形式宣传解读规划，进一步统一广大干部群众思想认识，积极营造关心规划、支持规划、监督规划良好氛围。加强对规划实施的监督检查和跟踪分析，与时俱进、适时调整，开展规划中期评估，及时提出预测、预警意见和实施建议，自觉接受人大和社会监督。

中共淮北市委关于深入推进全面从严治党的实施意见

淮发〔2016〕8号

各县区委，市委各部委，市直各单位党组（党委），各驻淮单位党组（党委）：

全面从严治党，是全面建成小康社会、全面深化改革、全面依法治市的根本保证，也是建设精致淮北的根本保证。全市各级党组织和广大党员干部要深刻认识新的历史条件下深入推进全面从严治党的极端重要性和现实紧迫性，认真贯彻落实党的十八大和十八届三中、四中、五中全会精神，深入学习贯彻习近平总书记系列重要讲话特别是视察安徽重要讲话精神，坚持思想建党、制度治党，坚持突出重点、整体推进，坚持问题导向、标本兼治，坚持分类指导、优化功能，坚持弘扬传统、改革创新，全面加强党的思想建设、组织建设、作风建设、反腐倡廉建设和制度建设，推动理想信念更加坚定、组织建设全面过硬、干部作风持续改进、政治生态不断优化、制度体系日趋健全，为加快我市转型发展，全面建成小康社会、同步建成精致淮北提供坚强政治保障。

一、切实加强理论武装

1. 扎实开展“两学一做”学习教育。以尊崇党章、遵守党章为基本要求，以用习近平总书记系列重要讲话精神武装头脑为根本任务，对照“七个联系、三个深入思考”要求，采取灵活有效方式抓好党章学习，把党章内化于心、外化于行。认真学习习近平总书记关于改革发展稳定、内政外交国防、治党治国治军思想，认真学习以习近平同志为总书记的党中央治国理政新理念新思想新战略，坚持读原著、学原文、悟原理，深刻领会丰富内涵和精髓要义。严格落实党委（党组）中心组学习制度，充分发挥党校主渠道、主阵地作用，办好淮北科学发展大讲堂，用活开放式党校、家庭党校等平台，抓好干部在线学习，运用新媒体技术拓展学习载体，大力推动习近平总书记系列重要讲话精神进机关、进校园、进社区、进乡村、进企业。坚持学而信、学而用、学而行，把学习成果转化为扎实推进精致淮北建设，奋力实现“十三五”各项发展目标的新思路、新举措、新成果。

2. 切实加强理想信念和党性教育。加强马克思主义基本理论学习教育，坚持用中国特色社会主义理论体系武装头脑，树牢共产主义理想，坚定道路自信、理论自信、制度自信。深入开展“中国梦”主题教育和党史国史、省情市情教育，认真践行社会主义核心价值观，教育引导广大党员增强党的观念和党员意识，争当“讲政治、守规矩、重品行、敢担当、有作为”的先锋。

3. 不断加强意识形态领域工作。深入贯彻《淮北市党委（党组）意识形态工作责任制实施细则》，严格落实意识形态工作责任制，牢牢把握意识形态工作领导权主导权话语权。健全意识形态领域情况分析研判、预警和处置机制，妥善应对意识形态领域问题，加强对报刊、广播电视、网络等舆论阵地管理，积极开展思想舆论斗争，把好方向，敢抓敢管，严抓严管，长抓长管。

二、严格规范党内行为

4. 严守政治纪律和政治规矩。各级党组织和党员干部要增强政治意识、大局意识、核心意识、看齐意识，坚定不移向党中央看齐，向习近平总书记看齐，向党的理论和路线方针政策看齐，思想上政治上行动上始终同以习近平同志为总书记的党中央保持高度一致。坚决维护中央权威，对党绝对忠诚，确保中央、省委决策部署在淮北落地生根。

5. 严格执行民主集中制。学习贯彻习近平总书记重要批示、重温毛泽东同志《党委会的工作方法》，落实《中国共产党地方委员会工作条例》、《中国共产党党组工作条例（试行）》等党内重要法规及省委实施细则。坚持集体领导和个人分工负责相结合制度，健全完善议事决策机制，凡是涉及全局和长远发展的重大问题，必须在广泛听取意见基础上由集体研究决定，提高决策科学化、民主化水平。

6. 严肃党内政治生活。认真开展组织生活，严格执行“三会一课”、党员领导干部双重组织生活会、民主评议党员、党性定期分析等制度，推动党内政治生活规范化、制度化、常态化。建立经常性的提醒、批评和自我批评制度，以整风精神开好党员领导干部民主生活会，强化问题查摆整改，不断提高领导班子、领导干部发现和解决自身问题的能力。

三、从严选用管理干部

7. 严把选人用人关。认真贯彻《党政领导干部选拔任用工作条例》，坚持好干部标准，严格按照规定的原则、条件、程序、纪律选拔任用干部，加强对干部任用动议、民主推荐、讨论决定、任职等环节把关，全面推行“三进三访”延伸干部考察方式，提高选人用人公信度。突出党组织的领导和把关作用，改进民主推荐、民主测评，探索试行实名制推荐干部，坚持干部档案“凡提必审”、个人有关事项“凡提必核”、纪检监察机关意见“凡提必听”、反映考察对象有关问题的信访举报“凡提必查”，坚决防止带病提拔、带病上岗。贯彻中央、省委关于推进领导干部能上能下有关规定，构建干部能者上、平者让、庸者下的选人用人机制。

8. 加强领导班子和干部队伍建设。认真落实《市管领导班子和领导干部综合研判工作暂行办法》，统筹抓好各级领导班子建设，着力优化领导班子知识专业经历结构，加强年轻干部和女干部、少数民族干部、党外干部选拔培养工作，不断增强班子整体功能和合力，打造政治过硬、本领过硬、作风过硬、廉洁过硬的领导班子。深入推进重要岗位干部交流轮岗全覆盖，实现跨单位、跨部门、跨区域交流干部常态化、制度化。加强干部教育培训，加大实践锻炼力度，深入实施“5231”工程，持续推进“百名干部挂职”工作，改进后备干部人选产生方式，打造来源广泛、数量充足、结构合理、素质优良的干部队伍。

9. 强化干部监督管理。完善并严格落实谈心谈话、个人有关事项报告和函询、诫勉等制度，强化对干部交友圈、“八小时”以外的监督。突出对班子换届、干部调整等重要节点和关键岗位干部、“三重一大”重要事项的监督，深入推进审计监督全覆盖，探索开展“一把手”用人责任审查、编制责任审核、经济责任审计、生态责任严审“四责联审”，落实《党政领导班子主要负责人不直接分管人事、财务、工程建设、物资采购、行政审批等工作的暂行规定》，严格选拔任用职数预审制度，强化干部选拔任用过程管理，全面提升干部监督管理工作水平。

四、驰而不息改进作风

10. 持之以恒抓好中央八项规定精神和省30条、市20条规定落实。巩固拓展作风建设成果，完善落实“两清单一办法”，健全作风建设长效机制。密切关注“四风”新形式新表现，紧盯重要领域、重要问题、重要节点，加大明察暗访力度、频度和精度，从严查处顶风违纪行为。扎实开展作风建设创新项目活动，持续锤炼精细作风，切实以党风政风好转带动民风社风转变。

11. 激发党员干部敢担当、有作为。研究制定整治为官不为实施意见，深入开展严查吃拿卡要乱作为、懒政怠政不作为活动，褒奖敢担当、有作为的正面典型，严惩不愿为、不作为、慢作为、乱作为的反面典型。探索建立允许失误、宽容失败的容错纠错机制，把严格管理和热情关心干部结合起来，把干部在推进改革中因缺乏经验、先行先试出现的失误和错误，同明知故犯的违纪违法行为区分开来；把上级尚无明确限制的探索性试验中的失误和错误，同上级明令禁止后依然我行我素的违纪违法行为区分开来；把为推动改革的无意过失，同为谋取私利的故意行为区分开来，为敢担当的干部担当，对敢负责的干部负责。

12. 密切党群干群关系。强化宗旨意识，坚持领导机关和领导干部带头，自觉践行群众路线，不断增强群众工作本领，更好地组织动员群众、教育引导群众、联系服务群众。全面推行机关联系基层、干部联系群众“双联系”制度，认真落实调查研究、住村走访、结对帮扶等联系服务群众制度，深入推进精准扶贫、精准脱贫，不断拓展联系服务群众渠道。

13. 重视领导干部家风建设。教育引导各级领导干部正确对待亲情，决不利用手中权力为亲属、子女谋取不当利益。注重良好家风养成，管住管好配偶子女，严格遵守关于规范领导干部配偶、子女经商办企业行为有关规定。党委（党组）要把领导干部家风作为领导班子和领导干部作风建设的重要内容，定期检查有关情况。

五、不断夯实基层基础

14. 加强服务型党组织建设。适应服务对象、服务内容、服务方式的变化和需求，积极探索不同领域党组织设置和发挥作用的有效途径，实行基层党建项目化，推动全面从严治党向基层延伸。农村党组织要以“时时不忘推车情，党员干部户户行”为主题开展“入户连心”走访活动；街道社区党组织要以网格化管理为抓手提升便民利民服务质量；非公企业党组织要以“双强六好”为目标开展“业主党员同心、发展企业同力、工作目标同向”三同助力行动；社会组织党组织要以“双比双争”活动为引领推动党员在实践中建功立业；机关党组织要以落实“双报到”五个双向机制为重点巩固提升党员志愿服务品牌，进一步加强对国企党组织的指导和管理，切实增强基层党组织创造力、凝聚力和战斗力。加强基层服务型党组织带头人队伍建设，增强做好群众工作能力、依法办事能力和带领群众致富能力。加强基层党建工作创新，打造一批全省乃至全国叫得响的党建亮点。

15. 强化党员教育管理。严格执行《中国共产党发展党员工作细则》，把政治标准放在首位，严把发展党员入口关。贯彻落实《2014—2018 年全国党员教育培训工作规划》，扎实推进党员教育培训工作。开展党员组织关系集中排查，确保每名党员都纳入党组织有效管理之中。加强离退休党员和流动党员管理。积极稳妥处置不合格党员。

16. 提升基层党建工作保障水平。建立稳定的经费保障机制，把党组织工作经费纳入财政预算，健全村党组织党建工作经费和社区党组织服务群众专项经费制度，完善基层干部报酬正常增长机制；发展壮大村级集体经济，逐步消除集体经济“空白村”；抓好社区“一办四中心”场所建设，按照“六有”标准建设非公企业和社会组织党组织活动场所，确保基层党组织有钱办事、有地方办事。

六、深入推进反腐倡廉

17. 严格落实党风廉政建设“两个责任”。充分发挥纪委作为党内监督专门机关的作用，强化监督执纪问责。制定实施“两个责任”清单，建立“两个责任”约谈制度，完善市直单位党委（党组）“一把手”和县（区）党政“一把手”向市委全会述廉述责、部分市直单位和县（区）党委（党组）书记向市纪委全会述廉述责并接受市纪委委员提问和测评制度。出台“一案双查”办法，既追主体责任、监督责任，又追领导责任、组织责任，让失责必问、渎责必追成为常态。

18. 发挥巡察和派驻监督作用。抓好市县两级巡察机构建设，积极推进巡察全覆盖，突出政治巡察，重点发现违反党纪、“两个责任”缺失等问题，跟踪督办整改、移交事项，严肃追责敷衍整改行为。加强派驻监督工作，优化市直派驻机构设置，真正把“派”的权威和“驻”的优势发挥出来。

19. 突出抓早抓小抓预防。坚持纪在法前、纪严于法，深入践行监督执纪“四种形态”，综合运用谈话函询、组织处理和党纪政纪处分等手段，对党员干部苗头性、倾向性问题早发现、早提醒、早纠正，做到惩前毖后、治病救人。实施廉洁文化精品工程，运用新媒体、新载体传递廉洁新风尚，筑牢拒腐防变思想道德防线。深刻剖析严重违纪违法党员干部的典型案例，加大通报曝光力度，充分发挥警示教育基地作用，让广大党员干部受警醒、知敬畏、明底线。

20. 持续保持惩治腐败高压态势。坚持有案必查、有腐必惩，严肃查办发生在领导机关和领导干部中严重违纪违法案件，重点查处党的十八大以后不收敛不收手，问题线索反映集中、群众反映强烈，现在重要岗位且可能还要提拔使用的领导干部。加大对侵害群众利益问题的查处力度，坚决查处扶贫领域虚报冒领、截留私分、挥霍浪费问题，重点查办集体“三资”管理、土地征收、棚户区改造等领域违纪违法问题，着力解决群众身边的不正之风和腐败问题，厚植党的执政基础。

七、全面落实治党责任

21. 严格落实党建工作责任制。各级党委（党组）要强化抓好党建是最大政绩导向，严格落实管党治党政治责任，坚持党建工作和中心工作同谋划、同部署、同考核。各级党的建设工作领导小组要切实发挥作用，加强统筹协调，定期研究解决重大问题。各级党委（党组）书记要切实履行党建工作“第一责任人”的职责，其他班子成员要落实“一岗双责”。各级党的建设工作部门要严格落实职责范围内的党建责任。各级各部门要针对不同层次、不同领域党建责任主体，细化责任内容，建立责任清单，逐级压紧压实党建责任。

22. 深化党建制度改革。坚持继承传统与改革创新相结合，及时总结管党治党实践经验，深化对从严治党规律认识，以务实创新精神完善党的建设制度设计。按照中央、省委深化党的建设制度改革部署，科学编制制度建设中长期规划和年度计划，做好制度废改立工作，有序推进党的组织制度、干部人事制度、基层组织建设制度和人才发展体制机制等改革，着力推动制度规范全覆盖。加强党建研究，搞好党建调研，以理论创新推动党建制度创新。

23. 严格督查考核问责。建立健全全面从严治党工作专题检查督办、专项通报制度，及时发现解决问题，推进工作落实。把全面从严治党责任落实情况作为领导班子和领导干部综合考核的重要内容，完善党建责任考核与经济社会发展目标考核的双向联动机制，深化县（区）镇（办）党（工）委书记抓基层党建工作年度述职评议考核制度。坚持有责必问、失责必究，建立问责清单，以问责常态化促进履职到位。

24. 统筹推进各领域党建工作。深入贯彻落实《中国共产党统一战线工作条例（试行）》，扎实做好新形势下统战工作。进一步强化政法工作，履行好维护社会大局稳定、促进社会公平正义、保障人民安居乐业的职责使命，推进平安淮北、法治淮北和过硬队伍建设，争创全国社会治安综合治理优秀城市。继续加强党史研究、宣传及教育工作，发挥革命遗址的传统教育作用。不断提升党校师资水平，着力建设一流市级党校。加强和改进新形势下党的群团工作，着力增强政治性、先进性和群众性，积极构建党建带群建、群建促党建的良好格局。

全市各级党组织和广大党员要按照“四个全面”的战略布局，坚决贯彻执行中央和省、市委的决策部署，深入推进全面从严治党，全面提升管党治党科学化水平，为决胜“十三五”、实现“两个建成”奋斗目标作出新的更大贡献！

中共淮北市委关于印发《中共淮北市委工作规则》的通知

淮发〔2016〕16 号

各县区委，市委各部委，市直各单位党组（党委），各驻淮单位党组（党委）：

《中共淮北市委工作规则》已经市委同意，现印发给你们，请结合实际认真贯彻执行。

中共淮北市委

2016 年 10 月 24 日

中共淮北市委工作规则

第一章　总　则

第一条　为了落实全面从严治党要求，加强和改进市委工作，根据《中国共产党章程》《中国共产党地方委员会工作条例》《中共安徽省委工作规则》和党内有关规定，结合淮北实际，制定本规则。

第二条　本规则适用于中国共产党淮北市委员会（简称市委）及其常务委员会（简称常委会）。

第三条　市委在全市发挥总揽全局、协调各方的领导核心作用，按照协调推进“四个全面”战略布局，贯彻创新、协调、绿色、开放、共享的发展理念，对全市经济建设、政治建设、文化建设、社会建设、生态文明建设实行全面领导，对全市党的建设全面负责。

第四条　市委工作必须遵循以下原则：

（一）坚持高举中国特色社会主义伟大旗帜，树牢政治意识、大局意识、核心意识、看齐意识，坚决贯彻党的理论和路线方针政策，确保政令畅通。

（二）坚持立党为公、执政为民，认真践行党的宗旨和群众路线。

（三）坚持解放思想、实事求是、与时俱进、求真务实，结合实际创造性开展工作。

（四）坚持民主集中制，增强市委领导集体活力和党的团结统一。

（五）坚持党要管党、从严治党，始终保持党的先进性和纯洁性。

（六）坚持在宪法和法律范围内活动，依据党章和其他党内法规履职尽责。

第五条　市委主要实行政治、思想和组织领导，把方向、管大局、作决策、保落实：

（一）对全市重大问题作出决策。

（二）通过法定程序使市委的主张成为地方性法规、地方政府规章或者其他政令。

（三）加强对全市宣传思想文化工作的领导，牢牢掌握意识形态工作领导权、话语权。

（四）按照干部管理权限任免和管理干部，向国家机关、政协组织、人民团体、国有企事业单位等推荐重要干部。

（五）支持和保证人大、政府、政协、法院、检察院、人民团体等依法依章程独立负责、协调一致地开展工作，发挥这些组织中党组的领导核心作用。

（六）加强对全市群团工作和统一战线工作的领导。

（七）动员、组织全市各级党组织和广大党员，团结带领群众实现党的目标任务。

第二章　组织和成员

第六条　市委由市党代表大会选举产生，由委员、候补委员组成，每届任期 5 年。

市委常委会由市委全体会议（简称全会）选举产生，由书记、副书记和常委会其他委员组成。

第七条　市委委员、候补委员配备应当具有代表性，符合党龄、年龄、性别、专业等方面要求，并报省委批准。人选包括书记、副书记和常委会其他委员，一般还包括市政府领导班子成员，市人大常委会、市政协、市中级人民法院、市人民检察院主要负责人，市委和市政府有关部门主要负责人，市总工会、团市委、市妇联主要负责人，下一级党委和政府主要负责人，以及适当比例的基层党员。

第八条　每届任期内，市委委员出缺的由候补委员按照得票多少依次递补。递补后仍有空缺的，可以报省委批准后召开市党代表大会或者市党代表会议补选。

因调离本市、辞去公职、退休等原因不适宜继续担任市委委员、候补委员的，应当在 15 日内以书面形式向市委提出辞职申请。未按时提出辞职申请的，由市委按程序免去其市委委员、候补委员职务。

死亡、丧失国籍、被追究刑事责任、被停止党籍、受到留党察看以上党纪处分的，市委委员、候补委员职务自动终止。

辞去、免去或者自动终止市委委员、候补委员职务的，按照规定报省委备案。

第九条　常委会委员名额为 11 人。常委会委员配备，由省委决定。

第十条　市委设书记 1 名、副书记 2 名。市委换届时，书记、副书记和常委会其他委员由全会选举产生，并报省委审批。

第三章　职　责

第十一条　市委在市党代表大会闭会期间，执行省委的指示和市党代表大会的决议、决定，领导全市的工作。

第十二条　市委通过召开全会的方式履行以下职责：

（一）制定贯彻执行中央和省委决策部署以及市党代表大会决议、决定的重大措施。

（二）讨论和决定全市经济社会发展战略、重大改革事项、重大民生保障等经济社会发展重大问题。

（三）讨论和决定全市党的建设方面的重大问题，审议通过重要规范性文件。

（四）决定召开市党代表大会或者市党代表会议，并对提议事项先行审议、提出意见。

（五）听取和审议常委会工作报告或者专项工作报告。

（六）选举书记、副书记和常委会其他委员；通过市纪律检查委员会全体会议选举产生的书记、副书记和常委会其他委员。

（七）表决由常委会提名的县区委、政府领导班子正职和市委、市政府工作部门正职拟任人选和推荐人选。

（八）决定递补市委委员；批准辞去或者决定免去市委委员、候补委员；决定改组或者解散下一级党组织；决定或者追认给予市委委员、候补委员撤销党内职务以上党纪处分。

（九）研究讨论行政区划调整以及有关党政群机构设立、变更和撤销方案。

（十）对常委会提请决定的事项或者应当由全会决定的其他重要事项作出决策。

第十三条　常委会在全会闭会期间行使市委职权，主持经常工作。其主要职责是：

（一）召集全会，确定全会的议题和议程，向全会报告工作并接受监督；对拟提交全会讨论和决定的事项先行审议、提出意见。

（二）组织实施中央、省委决策部署和全会决议、决定。

（三）向省委请示报告工作，讨论和决定下级党组织请示报告的重要事项。

（四）对全市经济社会发展和宣传思想文化工作、组织工作、纪律检查工作、群众工作、统一战线工作、政法工作等方面经常性工作中的重要问题作出决定，审议通过相关党内规范性文件。

（五）研究制定常委会工作要点，审议市委向市党代表大会的工作报告、常委会向全会的工作报告，审议市纪律检查委员会向市党代表大会的工作报告。

（六）按照有关规定推荐、提名、任免干部，必要时对重要干部的任免征求市委委员意见；教育、管理、监督干部；研究决定党员干部纪律处分有关事项。

（七）研究决定立法涉及的重大体制和重大政策调整，以及地方性法规、地方政府规章制定和修改的重大问题，研究审定市人大常委会党组报送的立法规划和计划。

（八）定期听取市人大常委会党组、市政府党组、市政协党组、市中级人民法院党组、市人民检察院党组工作汇报。

（九）对应当由常委会决定的其他重要事项作出决定。

第十四条　书记主持市委全面工作，组织常委会活动，协调常委会委员的工作，对市委工作负主要责任。

担任市政府正职的市委副书记主持市政府全面工作，组织市政府党组活动。不担任市政府职务的市委副书记主要协助书记抓党的建设工作，同时可以根据需要协调和负责其他方面工作。

常委会其他委员根据分工负责有关工作，履行分管领域从严治党责任。

第十五条　建立市委职责清单制度，细化、明确常委会及其成员职责，并在一定范围内公开。

第十六条　认真履行全面从严治党主体责任，书记必须履行抓党建第一责任人职责。常委会定期研究党建工作，每年至少向省委和全会专题报告 1 次抓党建工作情况。

充分发挥市委党的建设工作领导小组职能作用，认真研究中央、省委党的建设重大决策部署的贯彻落实工作，加强对全市党的建设工作的系统谋划、统筹协调、整体推进和督促落实。

第十七条　加强基层党组织建设，实行党（工）委书记抓基层党建工作述职评议考核制度。常委会每年听取市委直属党（工）委书记抓基层党建工作述职，并进行评议考核。

第十八条　认真履行党风廉政建设主体责任，把党风廉政建设作为党的建设的重要内容，与经济社会发展各项任务同部署、同落实、同检查、同考核。领导和支持市纪律检查委员会履行监督责任，坚持纪在法前、纪严于法，严格执行和维护党的纪律，推动形成不敢腐、不能腐、不想腐的廉洁从政环境。

第四章　组织原则

第十九条　始终在思想上政治上行动上同党中央、省委保持高度一致，坚决贯彻执行中央、省委决策部署和决定，坚决维护中央、省委权威，任何工作部署都必须以贯彻中央、省委精神为前提。

每年按照要求，向省委作 1 次全面工作情况报告。执行中央和省委某项重要决定的情况应当专题报告。遇有重大突发事件、重大问题及时请示报告。

加强对下一级党组织工作情况报告的运用，总结经验、发掘典型、分析问题、完善政策。

第二十条　支持和保证下级党组织依法依规正常履职。凡属下级党组织职责范围内的事项，如无特殊情况，由下级党组织处理。

作出同下级党组织有关的重要决定，一般事前征求下级党组织意见。需要市党代表大会代表、下级党组织和党员了解的重要情况和重大问题，应当及时通报。

第二十一条　坚持民主集中制，实行集体领导和个人分工负责相结合的制度。

凡属应当由全会或者常委会会议讨论和决定的事项，必须由集体研究决定，任何个人或者少数人无权擅自决定。在集体讨论和决定问题时，个人应当充分发表意见、积极贡献智慧。个人对集体作出的决定必须坚决执行，有不同意见的可以保留，也可以向省委报告。

常委会委员应当根据分工和集体决定，勇于担当、敢于负责，切实履行职责；对不属于自己分管的工作，也应当从全局出发关心支持，加强研究，积极提出意见和建议。

第二十二条　书记应当带头执行民主集中制，充分发扬党内民主，善于集中正确意见，自觉接受常委会其他委员监督，不得凌驾于组织之上、班子之上，不得搞独断专行。

常委会其他委员应当支持书记开展工作，自觉接受书记对其工作的督促检查。

常委会委员应当在党性原则基础上维护团结，互相信任、互相谅解、互相支持、互相监督。

第二十三条　常委会委员代表市委的讲话和报告，署名发表或者出版同工作有关的著作、文章、言论，应当事先经过常委会审定或者书记批准。

常委会委员在调查研究、检查指导工作或者参加其他公务活动时发表的个人意见，应当符合市委集体决定精神。

第五章　议事和决策

第二十四条　坚持集体领导、民主集中、个别酝酿、会议决定，实行科学决策、民主决策、依法决策。

第二十五条　健全决策咨询机制，重大决策一般在调查研究基础上提出方案，充分听取各方面意见，进行风险评估和合法合规性审查，经过全会或者常委会会议讨论和决定。

凡提交全会、常委会会议审议的党内规范性文件等材料，由市委办公室进行合法合规性审查。

第二十六条　全会每年至少召开 2 次，遇有重要情况可以随时召开。全会由常委会召集并主持，议题一般由常委会征询市委委员、候补委员意见后确定。

全会应当有三分之二以上市委委员到会方可召开。市委委员、候补委员因故不能参加会议的，应当在会前2天请假，其意见可以用书面形式表达。根据工作需要，常委会确定有关人员列席全会。

第二十七条　根据讨论和决定事项的不同，全会采用举手、无记名投票或者记名投票等方式进行表决，赞成票超过应到会市委委员半数为通过。未到会市委委员的意见不得计入票数。市委候补委员没有表决权。会议讨论和决定多个事项，应当逐项表决。表决结果当场宣布。

第二十八条　表决县区委、县区政府领导班子正职和市委、市政府工作部门正职拟任人选和推荐人选，按照公布人选名单、介绍人选相关情况、进行审议、无记名投票表决和宣布表决结果等规定程序进行。

全会闭会期间急需任用的，由常委会作出决定，决定前应当征求市委委员、候补委员的意见。

第二十九条　对市委委员、候补委员作出撤销党内职务以上党纪处分决定，按照下列程序进行：

（一）市纪律检查委员会依照有关规定提出意见报常委会研究；

（二）常委会提请全会研究，由全会三分之二以上多数决定；

（三）全会作出处理决定后，以市委名义报省委批准；

（四）按程序下达处分决定。

在特殊情况下，先由常委会作出处理决定，待召开全会时予以追认。

第三十条　常委会会议一般每月召开2次，遇有重要情况可以随时召开。常委会会议由书记召集并主持。书记不能参加会议的，可以委托副书记召集并主持。会议议题由书记提出，或者由常委会其他委员提出建议、书记综合考虑后确定。

常委会会议应当有半数以上常委会委员到会方可召开。讨论和决定干部任免事项必须有三分之二以上常委会委员到会。常委会委员因故不能参加会议的应当在会前请假，其意见可以用书面形式表达。根据工作需要，会议召集人可以确定有关人员列席会议。

第三十一条　常委会会议决定事项的一般程序是：对议题作简要说明；常委会委员发表意见；会议主持人归纳讨论情况，提出综合意见。

会议主持人在充分听取常委会委员意见后再表明自己的意见。

第三十二条　根据讨论和决定事项的不同，常委会会议采用口头、举手、无记名投票或者记名投票等方式进行表决，赞成票超过应到会常委会委员半数为通过。未到会常委会委员的意见不得计入票数。会议讨论和决定多个事项，应当逐项表决。

常委会会议由专门人员如实记录，决定事项应当编发会议纪要。经常委会会议讨论通过、以市委名义上报或者下发的文件，由书记签发。

遇重大突发事件、抢险救灾等紧急情况，不能及时召开常委会会议决策的，书记、副书记或者常委会其他委员可以临机处置，事后应当及时向常委会报告。

第三十三条　市委及其常委会可以根据工作需要召开扩大会议，但不得代替全会、常委会会议作出决策。

第三十四条　需要提交常委会会议审议的重要事项，可以先召开书记专题会议进行酝酿。

书记专题会议由书记主持，副书记和其他有关常委会委员等参加，其中酝酿干部人事任免事项、讨论违规违纪干部处理事项和听取市委巡察情况汇报，由副书记和分管组织、纪检工作的常委会委员参加。

书记专题会议不得代替常委会会议作出决策。

常委会委员可以根据工作需要，在其职责范围内主持召开议事协调会议，研究解决有关问题，但不得超越权限作出决策。

第三十五条　加强对市人大、市政府、市政协等的领导，建立健全沟通协调机制，及时通报重要情况。注重通过国家机关、政协组织、民主党派、人民团体、基层单位等渠道，就经济社会发展重大问题和涉及群众切身利益实际问题，广泛协商、广集民智、增进共识、增强合力。

第六章　督查落实

第三十六条　市委通过全会作出的决策，由常委会负责组织实施；常委会作出的决策，由常委会委员分工负责组织实施。决策执行过程中需作重大调整的，应当按照谁决策、谁调整的原则通过召开全会或者常委会会议决定。

第三十七条　全会和常委会议定事项由市委办公室制定责任落实清单，明确责任人员和完成时限，抓好督查落实。

常委会定期听取督查落实工作情况报告。书记对重大决策部署的落实负总责，常委会委员对分管工作的落实负直接责任。

市委负责督促检查工作的领导小组要做好督查工作的组织领导和统筹协调。

第三十八条　积极探索建立市委重大决策部署贯彻落实工作推进机制信息化平台。

第七章　纪律和作风

第三十九条　市委及其成员应当加强思想政治建设，

坚持用马克思列宁主义、毛泽东思想、中国特色社会主义理论体系武装头脑，深入学习贯彻习近平总书记系列重要讲话精神，坚定理想信念，严守政治纪律和政治规矩。

第四十条　市委及其成员应当大力弘扬党的优良作风，深入贯彻落实中央八项规定精神和省“三十条”、市“二十条”，坚决反对形式主义、官僚主义、享乐主义和奢靡之风，自觉践行“三严三实”要求，认真执行政治纪律、组织纪律、廉洁纪律、群众纪律、工作纪律、生活纪律，切实做到为民、务实、清廉，营造良好政治生态。

模范遵守《中国共产党廉洁自律准则》等党内法规及规章制度，严格执行办公用房、公务用车、住房、公务接待以及出访等有关规定，管好亲属和身边工作人员。

第四十一条　严肃党内政治生活，按照规定参加民主生活会和组织生活会。

常委会按照规定召开民主生活会，开展严肃认真的批评和自我批评，增强解决自身问题的能力。常委会及其成员对民主生活会检查和反映的问题，分别制定整改方案和整改措施，列出整改清单，落实具体责任，明确完成时限，切实加以解决。

第四十二条　担任党政领导干部的市委委员、候补委员每年深入基层调研时间不少于60天。

市委委员、候补委员外出要按照中央和省、市委有关规定报备。

第八章　监督和追责

第四十三条　市委向市党代表大会负责并报告工作，自觉接受省委领导和工作监督，并接受省委和市纪律检查机关监督，接受下级党组织和党员群众的监督，接受各民主党派和无党派人士的民主监督。

第四十四条　有计划地邀请市党代表大会代表列席全会或者常委会会议等重要会议，适当增加列席的人员数量和频次，每名基层市党代表大会代表在任期内至少列席一次全会或者常委会会议。

定期组织市党代表大会代表通过调查走访、听取汇报、召开座谈会、个别访谈、现场观摩、调阅有关材料等方式，对涉及市党代表大会和市委职权范围内的有关重大决策、重要事项进行专题调研。组织市党代表大会代表开展提案提议，充分听取意见建议。

第四十五条　按照一心一意谋发展、聚精会神抓党建的要求，进一步完善市委管理的领导班子和领导干部综合考核机制，每年开展综合考核。

第四十六条　违反本规则有关规定的，根据情节轻重，给予批评教育、责令作出检查、诫勉谈话、通报批评或者调离岗位、责令辞职、免职、降职等处理；应当追究党纪政纪责任的，依照《中国共产党纪律处分条例》《行政机关公务员处分条例》等有关规定给予相应处分；涉嫌违法犯罪的，按照国家有关法律规定处理。

第九章　附　则

第四十七条　本规则自2016年10月25日起施行。以往有关规定与本规则不一致的，以本规则为准。

索引

A

B

C

D

F

G

J

K

L

M

N

T

W

X

Y

Z

供稿单位审稿人名单

（按篇目顺序排列）

丁言杰 张继玲 王建 王大春 李明 赵华 丁傲然 杨旭初
张胜柏 王景华 张伟 纵茜 郝海文 闫大利 陈松 刘政
李备 李永健 鲁孝诗 郑红献 王晓燕 黄鹏 陈爱军 王超
陈文法 张兵 从德斌 李明军 李新华 冯志强 张弘勇 张勇
李世宏 沈慧星 赵峰 吴鸿雁 刘步群 韩中超 章芳 王富强
陈永亮 谭晓虎 李光辉 赵文浩 吴宗二 姚瑞强 胡萍 徐从亮
陈英 陈令彬 梁晓峰 张力 张飞 唐成营 李建华 江学奎
何长海 李公峰 余明华 汪飞虎 何强 孟华清 丁铸 张健
郭晓玮 焦福生 张华 戴国琨 王江 顾俊 荣刚 邵志卓
刘家润 李辉 张秋娣 王宝华 唐扬彪 王九伟 况伟 刘山林
郑政 张红军 聂奇锦 陈平 王荣广 赵健 赵拥军 冯诗振
曹宏新 赵海浩 陈新华 赵彩凤 梁仓 田齐波 李长虹 招瑞英
汪绪武 孙晓君 任予俊 王龙根 王雅林 田永杰 程方 尹泉
李彬 许建华 吴华 王家祥